ENSEIGNEMENT
HISTORIQUE ET GÉOGRAPHIQUE

HISTOIRE ANCIENNE.

Classe de Troisième.

ENSEIGNEMENT HISTORIQUE ET GÉOGRAPHIQUE
DANS LES LYCÉES.

OUVRAGES SPÉCIALEMENT RÉDIGÉS
d'après le Programme du 30 août 1852,
Par MM. F. ANSART et Ambroise RENDU.

CLASSE DE SIXIÈME.

NOTIONS GÉNÉRALES D'HISTOIRE ET DE GÉOGRAPHIE ANCIENNES ET HISTOIRE DE FRANCE jusqu'à la fin de la première race. 1 volume in-12, broché, avec *Cartes géographiques*.   3 fr. 25 c.

CLASSE DE CINQUIÈME.

HISTOIRE ET GÉOGRAPHIE DE LA FRANCE, depuis l'avénement de la seconde race jusqu'à François 1er. 1 volume in-12, broché, avec *Cartes géographiques*.   3 fr. 25 c.

Le même volume, suivi de LA GÉOGRAPHIE PHYSIQUE DE LA FRANCE. In-12, broché.   3 fr. 85 c.

CLASSE DE QUATRIÈME.

HISTOIRE ET GÉOGRAPHIE DE LA FRANCE, depuis l'avénement de François 1er jusqu'en 1815. 1 vol. in-12, broché, avec *Cartes géographiques*.   3 fr. 25 c.

Le même volume, suivi de LA GÉOGRAPHIE ADMINISTRATIVE DE LA FRANCE. In-12, broché.   3 fr. 85 c.

CLASSE DE TROISIÈME.

HISTOIRE ET GÉOGRAPHIE ANCIENNES, depuis l'origine du monde jusqu'à la chute de l'Empire d'Occident. 1 volume in-12, broché, avec *Cartes géographiques*.   3 fr. 25 c.

Le même volume, suivi de LA GÉOGRAPHIE PHYSIQUE DU GLOBE (objet du cours. — Grandes divisions). In-12, broché.   3 fr. 85 c.

CLASSE DE SECONDE.

HISTOIRE ET GÉOGRAPHIE DU MOYEN AGE. 1 volume in-12, broché, avec *Cartes géographiques*.   3 fr. 25 c.

Le même volume, suivi de LA GÉOGRAPHIE POLITIQUE ET STATISTIQUE DES ÉTATS EUROPÉENS (la France exceptée). In-12, broc. 3 fr. 85 c.

CLASSE DE RHÉTORIQUE.

HISTOIRE ET GÉOGRAPHIE DES TEMPS MODERNES (1453-1815). 1 volume in-12, broché, avec *Cartes géographiques*.   3 fr. 25 c.

Le même volume, suivi de LA GÉOGRAPHIE PHYSIQUE ET POLITIQUE DE LA FRANCE. In-12, broché.   3 fr. 85 c.

Le cartonnage se paye en sus 25 c. par volume.

Tous les cahiers de géographie ajoutés à la fin de chaque volume peuvent se vendre séparément, brochés.   75 c.

Tous ces volumes répondent également aux questions d'Histoire et de Géographie des PROGRAMMES POUR LES BACCALAURÉATS ÈS-LETTRES ET ÈS-SCIENCES, qui sont insérés dans chaque volume avec renvois détaillés.

Paris. — Typ. de Mme Ve Dondey Dupré, rue Saint-Louis, 46.

ENSEIGNEMENT
HISTORIQUE ET GÉOGRAPHIQUE

D'APRÈS

LE NOUVEAU PLAN D'ÉTUDES

ET

LES PROGRAMMES ARRÊTÉS PAR M. LE MINISTRE DE L'INSTRUCTION PUBLIQUE

le 30 août 1852.

CLASSE DE TROISIÈME.

HISTOIRE ANCIENNE

PAR

MM. ANSART ET RENDU.

PARIS.
LIBRAIRIE ECCLÉSIASTIQUE ET CLASSIQUE
DE CH. FOURAUT,
RUE SAINT-ANDRÉ-DES-ARTS, 47.

1853

On trouve aussi à la même Librairie:

OUVRAGES DIVERS DE M. FÉLIX ANSART.

PRÉCIS DE GÉOGRAPHIE ANCIENNE ET MODERNE COMPARÉE, rédigé pour l'usage des Lycées, des Colléges et de toutes les Maisons d'Éducation.

Ouvrage renfermant tous les détails qui peuvent faciliter l'étude de l'Histoire et l'intelligence des auteurs classiques, *autorisé par le Conseil de l'Instruction publique;* 22ᵉ édition, revue avec soin. 1 vol. in-12, cartonné.................................. 3 fr.

On vend séparément :
LE PRÉCIS DE GÉOGRAPHIE ANCIENNE, 1 vol. in-12, cart. 1 fr. 60
LE PRÉCIS DE GÉOGRAPHIE MODERNE, 1 vol. in-12, cart. 1 fr. 60

PETITE HISTOIRE DE FRANCE, à l'usage des Classes élémentaires. Nouvelle édition (1853), complétement revue, *rédigée sur un plan nouveau*, et augmentée d'Exercices, de Cartes Géographiques et des Portraits des Souverains; 1 vol. in-18, cart......... 75 c.

Ouvrage *autorisé par le Conseil de l'Instruction publique.*

PETITE HISTOIRE SAINTE, à l'usage des Classes élémentaires des Colléges, continuée jusqu'à la Destruction de Jérusalem; nouvelle édition, augmentée de Questionnaires et de 2 Cartes Géographiques. 1 vol. in-18, cart........................... 75 c.

Ouvrage approuvé par NN. SS. les Archevêques de Paris, de Tours et d'Albi, le Cardinal Évêque d'Arras, et les Évêques de Langres, de Cambrai, d'Amiens, de Saint-Dié, de Beauvais et de Pamiers, et *autorisé par le Conseil de l'Instruction publique.*

VIE DE NOTRE-SEIGNEUR JÉSUS-CHRIST, littéralement extraite des Textes des Saints Évangiles, et suivie d'un Précis de la Doctrine Chrétienne, à l'usage des Classes élémentaires des Colléges; 4ᵉ édition, augmentée de Questionnaires. 1 vol. in-18 de 180 pages, cart................................... 75 c.

Ouvrage revêtu des mêmes approbations que le précédent.

OUVRAGES DIVERS DE M. A. RENDU.

PETIT COURS D'HISTOIRE à l'usage de toutes les Maisons d'Éducation.

Ce Cours, d'un prix extrêmement modique, est divisé en six parties:

I. — HISTOIRE ANCIENNE, 1 vol. in-18.
II. — HISTOIRE ROMAINE, 1 vol. in-18.
III. — HISTOIRE DU MOYEN AGE, 1 vol. in-18.
IV. — HISTOIRE DES TEMPS MODERNES, 1 vol. in-18.
V. — HISTOIRE DE L'ÉGLISE, revue, pour la doctrine, par M. l'abbé BLANC. 1 vol. in-18.
VI. — MYTHOLOGIE (sous presse), 1 vol. in-18.

Prix de chaque volume, avec Questionnaire, cart. 90 c.
Chacun des quatre premiers volumes est orné d'une Carte géographique.

Tout exemplaire non revêtu de la signature de l'un des auteurs et de celle de l'éditeur, sera réputé contrefait.

Le dépôt légal de tous les ouvrages annoncés ci-dessus et d'autre part ayant été effectué, les auteurs feront poursuivre rigoureusement toute contrefaçon ou traduction faite au mépris de leurs droits, soit en France, soit à l'étranger.

Extrait du Programme du 30 août 1852,

POUR L'ENSEIGNEMENT DE L'HISTOIRE ET DE LA GÉOGRAPHIE DANS LES LYCÉES.

CLASSE DE TROISIÈME.

Histoire ancienne.

Pages.

1. Limites du monde connu des anciens. — Configuration des trois continents. — Montagnes, fleuves, mers, grandes régions naturelles.   1
2. Traditions bibliques sur les premiers hommes. — Les races humaines. — Les patriarches. — Moïse. — Conquête de la terre sainte. — Les juges (1138-1096).   12
3. Les premiers rois (1096-976). — Le schisme des dix tribus (976); Achab. — Josaphat. — Jéhu et Athalie. — Prise de Samarie (721). — La captivité (606).   44
4. Aspect de l'Égypte; le Nil. — Les Pharaons. — Conquête de l'Égypte par les Perses (525). — Religion, gouvernement, arts et monuments de l'Égypte.   63
5. Assyriens et Babyloniens jusqu'à Cyrus. — Sémiramis. — Sardanapale (759). — Nabuchodonosor (561). — Religion, sciences et arts. — Ruines de Ninive et de Babylone.   77
6. Phéniciens. — Mèdes. — Perses sous Cyrus, Cambyse et Darius (559-485). — Étendue et divisions géographiques de l'empire Perse. — Religion, gouvernement, monuments.   89
7. Géographie physique de la Grèce. — Les Pélages. — Les Hellènes. — Religion; Grecs; demi-dieux; héros. — Oracles. — Amphictyonies. — Jeux publics. — Monuments primitifs.   108
8. Guerre de Troie (1193-1184). — Homère. — Conquêtes des Doriens (1104). — Colonies.   125
9. Institutions politiques de la Grèce. — Constitutions de Sparte et d'Athènes : Lycurgue et Solon. — Pisistrate et ses fils. — Archontat de Clisthène.   134
10. Guerres médiques. — Miltiade (490) et Léonidas (480). — Salamine (480) et Platée (479). — Cimon. — Eschyle et Hérodote.   152

11. Administration de Périclès.—Éclat des lettres et des arts. — Sophocle et Euripide. — Phidias. — La guerre du Péloponèse (431-404) : Ruine d'Athènes ; les trente tyrans. — Socrate, Platon, Hippocrate, Aristophane, Thucydide. 171
12. Expédition du jeune Cyrus.—Retraite des Dix-mille (401). —Xénophon.— Agésilas et le traité d'Antalcidas (387). — Puissance de Thèbes. — Épaminondas. — Philippe de Macédoine et Démosthène (359-336). 191
13. Alexandre (336-323). — Étendue de son empire. — Résultats de ses conquêtes.—Aristote.—Lysippe.—Appelle. 211
14. Démembrement de l'empire d'Alexandre. — Bataille d'Ipsus (301). — Royaume de Syrie (312-64). — Séleucus-Nicator, Antiochus le Grand, soulèvement des Machabées. — Royaume d'Égypte (323-30). — Les trois premiers Ptolémées.—Alexandrie. — Le musée. — La bibliothèque.—Cléopâtre.—Les Gaulois en Asie (278). 230
15. La Grèce entre la domination des Macédoniens et celle de Rome (323-146). — Les Gaulois en Grèce (279). — Philippe III et Persée.—Aratus et Philopœmen. 247
16. Géographie physique de l'Italie. Position de Rome. — Ses rois et ses premières institutions (754-510). 258
17. Fondation de la république. — Le sénat, les patriciens et les plébéiens. — Consuls. — Dictateurs. — Tribuns. — Les décemvirs. — Modifications successives des institutions romaines. — Fin des luttes intestines, union des deux ordres (510-366). 277
18. Caractère des premières guerres de Rome. — Invasion des Gaulois (390).—Guerres du Samnium et de Pyrrhus.—Organisation de la légion romaine. — Précautions prises pour assurer l'obéissance des vaincus : colonies, municipes. 288
19. Carthage ; son gouvernement, étendue de ses possessions. — Première guerre punique (264-241). 305
20. Seconde guerre punique. — Annibal et Scipion. — Constance de Rome (218-201). 316
21. Conquêtes hors d'Italie : chute de la Macédoine (148), de Corinthe (146), de Carthage (146), de Numance (133). — Viriathe. — Réduction en province de la Gaule cisalpine (191) et du royaume de Pergame (129). 326
22. État de la république romaine après toutes ces conquêtes ; nécessité d'une réforme — Tentative démocratique des Gracques (133-121). 337

Pages.
23. Guerres de Jugurtha et des Cimbres; Marius.—Guerre sociale.—Gouvernement aristocratique de Sylla (113-79). 350
24. Sertorius. — Spartacus. — Mithridate. — Grandeur de Pompée. — Cicéron et Catilina. 360
25. Le premier triumvirat. — César. — Conquête de la Gaule (58-50). — Géographie de cette contrée. — Mœurs, migrations et conquêtes des anciens Gaulois. 369
26. La guerre civile.— Pharsale. — Thapsus. — Munda. — Royauté de César sous le nom de dictature. — Lois et projets de César (49-44). 379
27. Le second triumvirat; Octave et Antoine. — Batailles de Philippes et d'Actium.—Chute de la république (44-30). 387
28. Organisation du gouvernement impérial. — Bornes et divisions géographiques de l'empire.—Siècle d'Auguste. — Cicéron. - Salluste.— Tite-Live.— Horace et Virgile (30 avant J.-C., 14 après). 396
29. Les empereurs de la famille d'Auguste. — Guerres dans la Germanie et en Orient. — Naissance et progrès du christianisme. — Le Nouveau Testament. — Premières persécutions.—Sénèque.—Lucain. — Tacite. — Pline l'Ancien (14-70 après J.-C.). 407
30. Les empereurs Flaviens. — Prise de Jérusalem. — Civilis. — Conquête de la Bretagne. — Les Daces. 423
31. Les Antonins.—État de l'empire au iie siècle de notre ère. — Monuments de la grandeur romaine. 427
32. Les empereurs syriens — L'anarchie militaire.—Première apparition des Francs. — Restauration de l'empire par les princes illyriens (193-285). 437
33. Dioclétien. — L'ère des martyrs (285-305). 444
34. Constantin. — Triomphe du christianisme. — Concile de Nicée. — Hiérarchie de l'Église. — Fondation de Constantinople. — Réorganisation de l'empire (306-337). 448
35. Constance et l'arianisme. — Julien et le dernier effort du paganisme.—Valens et le commencement de la grande invasion (337-378). 458
36. Théodose. — Partage définitif de l'empire. — Dernières années de l'empire d'Occident (378-476). 464
37. Condition de la Gaule pendant toute la durée de l'empire. 471

Baccalauréat ès Lettres.

PROGRAMME SOMMAIRE

D'HISTOIRE ET DE GÉOGRAPHIE

ARRÊTÉ PAR M. LE MINISTRE DE L'INSTRUCTION PUBLIQUE,

le 5 septembre 1852.

Histoire ancienne.

	PAGES.
1. Monde connu des anciens.	1
2. Temps primitifs.	12
3. Histoire du peuple de Dieu jusqu'à la captivité.	22
4. Égypte.	63
5. Assyriens. — Babyloniens. — Phéniciens. — Mèdes et Perses.	77, 89
6. La Grèce. — Sa position géographique. — Temps héroïques. — Colonies. — Institutions politiques, Lycurgue, Solon, Pisistrate.	108, 125, 134
7. Guerres médiques. — Guerre du Péloponèse. — Périclès. — Les Grecs en Asie.	152, 171, 193
8. Philippe de Macédoine et Démosthènes.	205
9. Alexandre. — Démembrement de son empire.	211, 230
10. La Grèce réduite en province romaine.	248
11. Géographie de l'Italie. — Position de Rome. — Les rois.	260
12. Fondation de la république. — Premières guerres de Rome.	277, 288
13. Les guerres puniques. — Annibal et Scipion. — Conquêtes des Romains hors de l'Italie.	310, 316, 326
14. Troubles civils. — Les Gracques. — Marius. — Sylla. — Sertorius. — Mithridate.	337, 350, 360
15. Pompée. — Cicéron et Catilina.	364, 366
16. César. — Premier triumvirat. — Second triumvirat.	369, 387
17. Organisation du gouvernement impérial. — Bornes et divisions géographiques de l'empire. — Siècle d'Auguste.	396
18. Les empereurs de la maison d'Auguste. — Naissance et progrès du christianisme.	407
19. Les empereurs Flaviens. — Les Antonins.	423, 427
20. Les empereurs syriens. — Dioclétien.	437, 444
21. Constantin. — Triomphe du christianisme — Théodose. — Partage définitif de l'empire. — Chute de l'empire d'Occident.	418, 464
22. Condition de la Gaule pendant toute la durée de l'empire.	471

HISTOIRE ANCIENNE.

CHAPITRE PREMIER.

GÉOGRAPHIE PHYSIQUE DU MONDE CONNU DES ANCIENS.

SOMMAIRE.

§ Ier. 1. Le monde connu des anciens avait pour limites l'océan Atlantique, le grand désert de Libye, l'océan Érythrée, le Gange, les monts Émodes et Imaüs, les plaines de la Scythie, le golfe Codanus, l'océan Germanique. Quelques contrées étaient imparfaitement connues au delà.

2. L'ancien continent, plus long que large pour les Anciens (7,200 kilom. sur 6,000), se divisait en Europe, Asie et Afrique.

§ II. 3. L'Europe, considérée comme la plus grande partie du monde, était limitée par le golfe Codanus, l'océan Germanique, le détroit d'Hercule, la mer Intérieure, la mer Égée, le Pont-Euxin, le Tanaïs. Elle offre au centre un massif compacte, mais au midi surtout, des côtes extrêmement découpées.

4. L'Asie connue des Anciens s'étendait depuis les limites orientales de l'Europe, l'isthme d'Égypte, le golfe Arabique, jusqu'à l'océan Érythrée, le promontoire Notium, les monts Himalaya, les grands déserts de l'Asie centrale. Elle présente un vaste plateau central flanqué d'immenses montagnes, et bordé de régions plus basses, arrosées de grands fleuves.

5. L'Afrique, vaste presqu'île triangulaire entre l'océan Atlantique, la Méditerranée, la mer Rouge et l'océan Érythrée, n'était connue au midi que jusqu'aux caps de la Corne et Prasum. Elle ne présente pas de golfes profonds, a peu de fleuves et est en grande partie couverte de sables brûlants. La côte septentrionale et la vallée du Nil étaient seules fertiles et bien connues.

6. Les montagnes de l'Europe sont les Pyrénées et les Cévennes, les Alpes, Jura et Vosges, le mont Hémus. Les fleuves : Tamise, Rhin, Weser, Elbe, Vistule, Seine, Loire, Garonne, Rhône, Tage, Èbre, Tibre, Pô, Danube, Borysthène, Tanaïs. Les mers : océan Hyperboréen, golfe Codanus, océan Germanique, océan Atlantique, mer Intérieure formant les mers Adriatique, Égée, Propontide, Pont-Euxin, Palus-Méotides.

7. Les régions naturelles entre lesquelles se partage l'Europe ancienne sont : la Gaule, la Germanie, la Sarmatie, les contrées du Danube, l'Espagne, l'Italie, la péninsule Hellénique, les îles Britanniques, la Scandinavie.

8. Les montagnes de l'Asie ancienne sont : le Taurus, le Liban, les monts Carduques, Paropamises, Imaüs, Émodes. Les fleuves : l'Halys, le Granique, le Scamandre, le Méandre, le Cydnus, le Jourdain, le Tigre et l'Euphrate, l'Indus, le Gange, l'Oxus, l'Araxe. Les mers : la mer Rouge, le golfe Persique, l'océan Érythrée, le golfe du Gange, le Grand-Golfe et le Très-Grand-Golfe, la mer Caspienne.
9. Les régions naturelles sont : l'Asie Mineure, l'Asie entre la Méditerranée et l'Euphrate, l'Asie du Caucase, l'Asie centrale, la Scythie, l'Inde.
10. Les montagnes de l'Afrique sont les monts Atlas ; les fleuves : le Nil, le Bagradas ; les mers voisines : l'océan Atlantique, la Méditerranée, la mer Rouge.
11. Les grandes régions naturelles : la vallée du Nil, l'Afrique septentrionale, l'Afrique intérieure.

§ Ier. LIMITES DU MONDE CONNU DES ANCIENS (1).

1. LIMITES. — La portion du monde qui a été le théâtre des événements de l'histoire ancienne est comprise tout entière dans ce que l'on est convenu de nommer l'Ancien continent, dont elle forme au plus le quart. Elle avait pour limites à l'O. l'océan Atlantique ; au S., le grand Désert de la Libye Intérieure (appelé aujourd'hui Sahara), les contrées inconnues de l'Afrique intérieure et l'océan Érythrée (aujourd'hui mer des Indes) ; à l'E., le Gange, les monts Émodes et Imaüs (aujourd'hui Mous-tagh, Bolour, etc.) ; au N., les immenses plaines de la Scythie et de la Sarmatie (Tartarie et Russie) (1), l'océan Sarmatique ou golfe Codanus (mer Baltique) et l'océan Septentrional ou Germanique (mer du Nord ou d'Allemagne).

Au delà de ces limites, les Anciens eurent quelques relations à l'E. avec les Indiens au delà du Gange, les Sines et les habitants des contrées industrieuses situées à l'orient de l'Imaüs ; au N. avec les Scythes, les Sarmates et les Scandinaves ; au S., avec quelques-uns des peuples des côtes orientales de l'Afrique, et peut-être des rives des fleuves de l'Afrique intérieure. Ces relations politiques ou commerciales ne leur procurèrent, toutefois, que des connaissances bien imparfaites sur les contrées situées hors des bornes que nous avons indiquées. Ainsi, ils connurent à peine de nom quelques-unes des contrées de l'Asie orientale, et, d'une manière plus incertaine encore, ces peuples nomades qu'ils réunissaient confusément sous la vague dénomination de *Scythes*, et qui devaient un jour se révéler

---

(1) Voir dans *l'Atlas historique dressé pour l'usage des colléges*, par M. Ansart, la carte comparative du MONDE CONNU DES ANCIENS, qui présente sur la même feuille les divisions et les noms anciens et modernes des principales contrées du monde.

à l'Occident d'une manière si terrible; en Europe, ils prenaient la Scandinavie pour une île et savaient à peine les noms de quelques-unes des nombreuses tribus de la Sarmatie et même de la Germanie; quant à l'Afrique, s'il est vrai, comme le raconte Hérodote (1), que des navigateurs phéniciens en eussent fait le tour sous le règne du roi d'Égypte Néchao, il est certain, ainsi que l'a dit un savant moderne (2), que cette circumnavigation n'avait nullement appris aux Anciens la véritable figure de cette vaste presqu'île, qu'ils supposaient de forme triangulaire et ne s'étendant pas au delà de l'Équateur.

Nous n'avons pas besoin d'ajouter que c'est bien vainement qu'on a prétendu voir l'Amérique dans la fabuleuse *Atlantide* de Platon. Si Colomb n'est pas le premier navigateur européen qui y ait abordé, les Normands du Xe siècle peuvent seuls, aux yeux de l'historien, prétendre lui ravir la gloire de cette découverte.

2. ÉTENDUE ET DIVISIONS. — En résumé, le Monde connu des Anciens, en comprenant sous ce nom les contrées mêmes dont les noms seuls étaient parvenus aux oreilles de leurs géographes, embrassait de l'O. à l'E., depuis le promontoire *Sacré* de l'Ibérie (cap Saint-Vincent, au S. du Portugal), jusqu'au promontoire *Notium*, ou du Midi (pointe de Cambodge), situé à l'E. du *Magnus sinus* (golfe de Siam), un espace de 7,200 kilomètres environ, et du S. au N., depuis le promontoire *Prasum* (cap Delgado), au S. de l'Équateur sur la côte orientale de l'Afrique, jusqu'à l'île de *Thule* (la plus grande des îles Shetland au N. E. de l'Écosse), un espace de 6,000 kilomètres environ. La terre était donc pour les anciens plus longue que large.

De là est venu le nom de *Longitude* donné à la plus grande dimension de la terre, c'est-à-dire, à celle de l'O. à l'E., et celui de *Latitude* appliqué à sa moindre dimension, c'est-à-dire, à celle du N. au S. Telle est l'origine de ces dénominations, dont l'usage s'est perpétué jusqu'à nous, quoiqu'elles n'aient plus leur signification primitive.

La portion du monde connue des Anciens était divisée par eux, comme par nous, en trois parties: l'*Europe*, l'*Asie* et l'*Afrique*; mais ils assignèrent longtemps à ces deux dernières une ligne de séparation différente de celle que la nature elle-même a tracée à l'isthme d'Égypte ou de Suez, et qui a fini par être définitivement admise. La limite entre l'Asie et l'Afrique était formée par le Nil, suivant les uns, et même, suivant les autres, par le grand *Catabathmus* ou la *Grande Descente*, chaîne de montagnes située plus à l'O. près du rivage de la Méditerranée. Ajoutons encore ici que les connaissances fort peu étendues des Grecs et des Romains dans

---

(1) Hérodote, IV, 42.
(2) M. Letronne, *Géogr.*, p. 87.

ces deux dernières parties du monde leur faisaient croire que l'Europe était à elle seule aussi grande que l'Asie et l'Afrique, tandis qu'elle n'est pas le quart de la première et guère plus du tiers de la seconde.

§ II. CONFIGURATION DES TROIS CONTINENTS.

3. ÉTENDUE ET CONFIGURATION DE L'EUROPE. — Les trois continents, ou les trois parties de l'ancien continent, l'Europe, l'Asie, l'Afrique, présentent une étendue et des aspects fort divers qu'il convient d'étudier successivement.

L'EUROPE, qui, dans l'état actuel de nos connaissances géographiques, n'est en quelque sorte qu'une presqu'île rattachée au vaste continent de l'Asie, occupait sur la carte du Monde connu des Anciens, quoiqu'ils ne lui supposassent guère que la moitié de son étendue réelle, une place relativement bien plus considérable. Elle n'égalait pas l'Asie et l'Afrique prises ensemble, comme le supposèrent quelques-uns de leurs géographes, qui y comprenaient toute l'Asie septentrionale ; mais les limites que l'on s'accorda plus tard à lui donner embrassaient encore une étendue à peu près égale à celle de la portion habitable et à eux connue de chacune des deux autres parties.

Ces limites étaient : au N., l'Océan Sarmatique, le golfe Codanus et l'Océan Germanique, supposés faire partie de l'Océan Hyperborée ou Glacial ; à l'O., le détroit de Gaule, l'Océan Britannique et l'Océan Atlantique ; au S., le détroit d'Hercule ou de Gadès et la mer Intérieure ; enfin, à l'E., la mer Égée, l'Hellespont, la Propontide, le Bosphore de Thrace, le Pont-Euxin, le Bosphore Cimmérien, le Palus-Méotide, et les vastes contrées inconnues de la Sarmatie et de la Scythie qui unissaient l'Europe à l'Asie. Quant à la limite qui séparait, de ce dernier côté, ces deux parties du monde, elle a varié plus d'une fois ; le cours du *Phase*, petit fleuve qui se jette dans le Pont-Euxin, sur sa côte orientale, au sud du Caucase, paraît avoir été la plus ancienne : on avait fini par adopter le *Tanaïs* inférieur (Don), avec le *Rha* (Volga), dans la partie supérieure de son cours.

L'Europe ancienne, dont les contours sont découpés par des mers et des golfes profonds, offre, au premier coup d'œil, dans sa partie centrale, une masse de terres compacte, qui s'étend depuis les mers qui baignent l'Europe à l'O. jusqu'aux limites que nous venons d'assigner à cette partie du monde à l'E. A ce grand massif central se rattachent, vers le S., trois presqu'îles assez considérables, entourées d'îles plus ou moins nombreuses, et qui durent aux avantages de leur situation la prérogative de jouer seules, pendant bien longtemps, un rôle important dans les affaires de l'Europe. Ces trois presqu'îles sont : la péninsule Hispanique, ou *Hispania* (Espagne et Portugal), à l'O.; la péninsule Italique, ou *Italia* (Italie), au milieu ; et à l'E. une troisième presqu'île, que nous désignerons par la dénomination de péninsule Hellénique, du nom des Hellènes ou Grecs, le plus célèbre des peuples qui l'ont habitée.

Au nord, le continent européen, tel du moins que le connaissaient les anciens, est moins découpé. Nous n'y remarquerons qu'une péninsule peu importante, connue dans l'histoire sous le nom de *Chersonèse cimbrique* (Jutland), et au nord de laquelle s'étend une grande terre, la *Scandinavie* (Suède et Norvège), que les anciens prenaient pour une île. Enfin, à l'O. et en dehors du continent, se développe le grand archipel des *îles Britanniques*.

4. ÉTENDUE ET CONFIGURATION DE L'ASIE. — Les connaissances des Anciens en ASIE, renfermées, comme nous l'avons déjà indiqué, dans la région S. O. de cette partie du monde, embrassèrent à peine la dixième partie de son immense étendue. Les bornes de ce continent, en y comprenant même les contrées que les Grecs et les Romains n'ont connues que de nom, étaient à l'O. le Rha (Volga), le Tanaïs (Don), le Palus Méotide, le Bosphore Cimmérien, le Pont-Euxin, le Bosphore de Thrace, la Propontide, l'Hellespont, la mer Égée, la mer Intérieure, l'isthme d'Égypte (auj. de Suez), et le golfe Arabique; au S., la mer Intérieure et l'océan Érythrée ou mer des Indes; à l'E., le promontoire *Notium* (pointe de Cambodje), situé à l'orient du Grand Golfe, *Magnus Sinus* (auj. golfe de Siam); au N. E., les hautes chaînes de montagnes où prennent leurs sources tous les fleuves qui se rendent au S. dans la mer des Indes (auj. les monts Himalaya, les plus élevés du globe), et le grand désert de l'Asie centrale (auj. de Cobi ou Shamo); au N., les déserts de la Scythie (auj. de la Tartarie indépendante), la mer Caspienne et les vastes plaines de la Sarmatie.

L'Asie, telle que nous la font connaître des relations encore imparfaites, se compose d'un vaste plateau central, dont les flancs sont soutenus de toutes parts, mais surtout vers le S., par des montagnes fort élevées, dans les vallées desquelles prennent naissance tous les grands fleuves de l'Asie. A partir de ces montagnes, le sol s'abaisse vers les mers qui circonscrivent l'Asie au N., à l'E. et au S. Vers l'O., l'aspect général du pays est un peu différent. On remarque bien quelques fleuves assez considérables, que les montagnes qui flanquent de ce côté le plateau central envoient vers les grands lacs ou mers intérieures, connues aujourd'hui sous les noms d'Aral et de Caspienne, ou même dans d'autres lacs de moindre importance; mais on reconnaît facilement que le sol se soutient encore à une grande hauteur, et forme, entre la Caspienne et le golfe Persique, un autre plateau secondaire dont les eaux s'écoulent dans ces deux mers. Ce plateau secondaire, dont les caractères physiques sont les mêmes que ceux du grand plateau central, sert en quelque sorte de liaison entre ce plateau central et les massifs élevés de montagnes qui couvrent toute la contrée renfermée entre la mer Caspienne, la mer Noire et la Méditerranée; massifs dont fait partie la chaîne du Caucase, qui occupe tout l'isthme compris entre les mers Noire et Caspienne, et d'où part la chaîne du Taurus. Cette dernière chaîne se prolonge à travers toute la vaste presqu'île occidentale de l'Asie, connue sous le nom d'Asie Mineure, et forme la ligne de partage entre les eaux qui tombent dans le Pont-Euxin et celles qui coulent vers la Méditerranée proprement dite, et vers la mer Égée ou Archipel.

5. ÉTENDUE ET CONFIGURATION DE L'AFRIQUE. — L'AFRIQUE, cette vaste presqu'île triangulaire, qui ne se rattache au continent asiatique que par un isthme étroit, et qui, telle que nous la connaissons aujourd'hui, a dans sa plus grande longueur 8,000 kilomètres environ sur près de 7,500 de large, avait pour limites le détroit de Gadès et la mer Intérieure au N., l'Océan Atlantique à l'O., l'isthme d'Égypte (auj. de Suez) qui la sépare de l'Arabie, le golfe Arabique et le grand Océan Indien à l'E. Les Anciens ignoraient les bornes de l'Afrique au S., leurs connaissances ne s'étant pas étendues au delà du cap qu'ils nommaient la Corne du Midi, *Noti Cornu* ou *Notou Keras* (cap de Sierra Leone, ou même cap Roxo), sur la côte occidentale, et du cap *Prasum* (cap Delgado, ou peut-être même cap de Brava), sur la côte orientale. Ils n'avaient complètement exploré que les côtes de la Méditerranée et avaient fort peu pénétré dans l'intérieur. Toutefois, les Carthaginois paraissent avoir poussé des caravanes jusqu'au delà du grand désert de Sahara, et, suivant Hérodote (voir ci-dessus n° 1), des vaisseaux phéniciens avaient fait, sous le roi d'Égypte Néchao, le tour de l'Afrique entière (chap. IV, § II, n° 54).

L'Afrique, et surtout l'Afrique Septentrionale, la seule connue des Anciens, diffère essentiellement par son aspect de celui que présente l'Asie, et surtout l'Europe. Au lieu de ces golfes profonds qui forment, en s'y enfonçant, de nombreuses presqu'îles et en rendent ainsi toutes les parties accessibles; au lieu de ces fleuves multipliés qui portent de toutes parts la fécondité, nous ne distinguons sur sa côte septentrionale que quelques enfoncements qui ne forment aucune péninsule et quelques cours d'eau qui ne méritent pas le nom de fleuves. Vers l'E. seulement un fleuve considérable traverse dans toute son étendue l'Afrique connue des Anciens; mais, dans la plus grande partie de son cours, il est renfermé dans une étroite vallée et ne reçoit pas un seul affluent. Un immense désert de sable s'étend depuis les bords de cette vallée jusqu'à l'Océan Atlantique, couvrant toute la surface de l'Afrique Septentrionale, et laissant au N., près des rivages de la mer Intérieure, une lisière plus ou moins étroite. C'est cette côte de peu de largeur et la vallée dont nous venons de parler qui renferment toutes les contrées de l'Afrique célèbres dans l'histoire de l'antiquité.

§ III. MONTAGNES, FLEUVES, MERS, GRANDES RÉGIONS NATURELLES.

6. MONTAGNES, FLEUVES, MERS DE L'EUROPE. —Nous

parcourrons l'un après l'autre, pour en achever la description, les trois continents dont nous venons de faire connaître l'aspect général.
— Les CHAINES DE MONTAGNES les plus connues de l'Europe ancienne étaient : les *Pyrénées* entre la Gaule et l'Espagne, auxquelles se rattachent au midi, les montagnes si divergentes de l'Espagne, et au nord les Cévennes (*Cebenna mons*); les *Alpes* qui sous divers noms séparent l'Italie de la Gaule, de l'Helvétie et de la Germanie, et dont une ramification septentrionale, le *Jura* (*Jurassus mons*), va rejoindre les *Vosges* (*Vogesus mons*); les *Apennins* qui traversent toute l'Italie ; le *Pinde* et ses dépendances en Grèce ; la chaîne du mont *Hémus* dans la Thrace.

Les FLEUVES les plus célèbres étaient en suivant les côtes du N. au S., puis de l'O. à l'E.: la *Tamesis* (Tamise) qui arrose l'Angleterre; la *Vistula* (Vistule), l'*Albis* (Elbe) le *Visurgis* (Wéser) et le *Rhenus* (Rhin), qui arrosent la Germanie; la *Sequana* (Seine), la *Ligeris* (Loire), la *Garumna* (Garonne) qui arrosent la Gaule ; le *Minius* (Minio), le *Tagus* (Tage), le *Bœtis* (Guadalquivir) et l'*Iberus* (Èbre) qui arrosent l'Espagne; le *Rhodanus* (Rhône) qui arrose le S. E. de la Gaule ; le *Tiberis* (Tibre) et le *Padus* (Pô) qui arrosent l'Italie; l'*Ister* (Danube) qui traverse l'Europe centrale, le *Borysthène* (Dniepr) et le *Tanaïs* (Don) qui arrosent la Sarmatie.

Les MERS qui avoisinent et qui pénètrent profondément le continent européen étaient celles sur lesquelles les Anciens possédaient les notions les plus complètes. Ils connaissaient au N. de l'Europe, mais en partie seulement, une mer intérieure, qu'ils regardaient comme un lac dépendant de l'OCÉAN HYPERBORÉE (Océan Glacial Arctique), appelé *Mori Marusa*, ou Mer Morte, savoir : le CODANUS SINUS (mer Baltique), au N. de la Germanie, entre la Chersonèse Cimbrique et la Sarmatie, dont la partie située entre l'embouchure de l'Elbe et celle de la Vistule était plus particulièrement désignée sous le nom de mer des Suèves (*Suevicum mare*), du peuple qui en habitait les bords ; et la partie orientale, sous celui d'Océan Sarmatique (*Sarmaticus Oceanus*), parce qu'elle baignait les côtes de la Sarmatie. Nous savons aujourd'hui que ce prétendu golfe forme une mer intérieure qui communique, non avec la mer Glaciale, mais avec celle du Nord, par le détroit nommé, sur d'anciennes cartes, *sinus Codani Fauces* (Skager-Rack et Cattégat).

Au midi de l'Europe se trouve la vaste mer découpée en golfes nombreux, subdivisée en un grand nombre de mers secondaires unies par plusieurs détroits, et qui, voisine des trois parties de l'ancien continent, a été le théâtre et l'instrument de toute leur activité commerciale comme de toutes leurs luttes maritimes, la MÉDITERRANÉE ou MER INTÉRIEURE (*Internum mare*) que les Anciens appelaient aussi *Nostrum mare* (Notre mer), parce que c'était la seule qu'ils connussent parfaitement. — Cette mer, qui devait son nom à sa situation au milieu des terres, se trouvait renfermée entre l'Europe au N., l'Asie à l'E., et l'Afrique au S. Elle communiquait avec l'Atlantique, à l'O., par le détroit de Gadès, *Gaditanum fretum* (détroit de Gibraltar), limite occidentale de l'Europe et de l'Afrique, appelé aussi par les Anciens détroit d'Hercule (*Herculeum*), parce qu'ils supposaient que c'était ce héros qui avait ouvert cette communication entre les deux mers, en séparant les montagnes *Calpe* (Gibraltar), en Europe, et *Abyla* (Ceuta),en Afrique, appelées depuis ce temps les *Colonnes d'Hercule*. Cette mer se divisait naturellement en six parties bien distinctes, savoir : 1° la *mer Intérieure* proprement dite, s'étendant au S. de l'Europe, du détroit de Gadès à la Phénicie; 2° la *mer Adriatique*, entre l'Italie, l'Illyrie et la Grèce; 3° la *mer Égée*, entre la Grèce et l'Asie Mineure; 4° la *Propontide*, entre la Thrace et l'Asie-Mineure, communiquant avec la mer Égée par l'*Hellespont;* 5° le *Pont-Euxin*, entre la Sarmatie et l'Asie-Mineure, uni à la Propontide par le *Bosphore de Thrace*; et 6° le *Palus Méotide*, joint au Pont-Euxin par le *Bosphore Cimmérien*.

7. **Grandes régions naturelles de l'Europe.** — A l'aide des mers, des fleuves et des chaînes de montagnes que nous venons de nommer, il nous est facile de partager l'Europe en régions naturelles. Nous en distinguons neuf principales, savoir :

Quatre au centre de l'Europe, qui sont :

1° La *Gaule*, comprenant la partie occidentale du massif central de l'Europe jusqu'au Rhin. Quelques îles fort peu importantes sont situées sur ses côtes occidentales et méridionales.

2° La *Germanie* avec la Chersonèse Cimbrique, comprenant la portion de ce même massif central qui s'étend entre le Rhin et la Vistule, et ayant le Danube et les monts Carpathes pour limites au S. Nous y rattacherons la *Chersonèse Cimbrique*, dont l'étendue n'est pas assez considérable pour mériter une description particulière.

3° La *Sarmatie*, comprenant la Chersonèse Taurique, formée de toute la partie orientale du massif central européen, et ayant pour limites au S. les monts Carpathes et le cours du Tyras ou Danaster (Dniestr).

4° Les *Contrées du Danube*, nom sous lequel nous réunissons les divers pays connus des Anciens sous les noms de *Vindélicie, Rhétie, Norique, Pannonie, Mésie* et *Dacie*. Cette Région Naturelle, composée de presque tous les pays arrosés par le Danube ou ses affluents, a pour bornes, au N., ce fleuve, les monts Carpathes, et le Tyras ou Danaster; et au S., les Alpes, avec les chaînes de montagnes qui en forment la prolongation au S. E., et vont rejoindre le mont Hémus, qui continue cette limite jusqu'au Pont-Euxin.

Trois autres Régions Naturelles sont situées au S. de l'Europe :

5° La Péninsule *Hispanique* ou l'*Espagne*, séparée par les Pyrénées du massif central européen, et à laquelle se rattachent les îles connues sous le nom de *Baléares*.

6° La Péninsule *Italique* ou l'*Italie*, séparée du massif central par les Alpes, et à laquelle se rattachent, outre quelques petites îles répandues le long des côtes, trois autres plus considérables situées à l'O., qui sont : la *Corse* (*Corsica*); la *Sardaigne* (*Sardinia*), et la *Sicile* (*Sicilia*).

7° La Péninsule que nous avons désignée par le nom d'*Hellénique*, et que la chaîne du mont *Hémus* (Balkan) sépare du massif central. De nombreuses îles en entourent les côtes.

Enfin les deux dernières Régions Naturelles placées toutes les deux, du moins eu égard aux connaissances des Anciens, hors du continent européen, sont :

8° L'archipel des *Iles Britanniques*, situé au N. O. de l'Europe, et composé de deux grandes îles entourées d'un nombre considérable de petites.

9° La *Scandinavie*, située tout à fait au N. de l'Europe, et à laquelle nous rattacherons les îles placées près de ses côtes, et parmi lesquelles elle se trouvait confondue par les Anciens, qui étaient loin de soupçonner son immense étendue.

8. Montagnes, fleuves, mers de l'Asie. — Les chaînes de Montagnes les plus connues dans l'Asie ancienne étaient : le *Taurus* et l'*Anti-Taurus*, avec leurs ramifications, dans le S. de l'Asie Mineure et dans la Syrie ; le *Liban* et l'*Anti-Liban* dans la Phénicie, dont une ramification se termine par le mont *Horeb* et le mont *Sinaï*, en Arabie ; les monts *Carduques*, dans l'Arménie, qui entourent plusieurs lacs et auxquels se rattache le mont *Ararat*; le *Caucase*, entre le Pont-Euxin et la mer Caspienne ; les monts *Paropamisus* ou *Caucase indien*, au S. de la Bactriane, s'étendant depuis le mont Caucase jusqu'aux limites septentrionales de l'Inde et divisant la Scythie en deux parties bien distinctes ; les monts *Imaüs*, limites de l'immense plateau qui occupe toute l'Asie Centrale. C'est à cette dernière chaîne que se rattachent les plus hautes montagnes du monde connu des Anciens, les monts *Émodes* (l'Himalaya), dont certains pics dépassent 8,000 mèt.

Les Fleuves les plus célèbres étaient, en suivant d'abord les côtes du Pont-Euxin, puis de la mer Égée, de la mer Intérieure, et enfin de l'Océan Érythrée, l'*Halys* qui arrose la Phrygie, la Paphlagonie et la Cappadoce, le *Granique* qui arrose la Mysie, le *Scamandre* qui arrose la Troade, le *Méandre*, célèbre par ses détours multipliés, entre la Lydie et la Carie, le *Cydnus* dans la Cilicie, le *Jourdain* dans la Palestine, le *Tigre* et l'*Euphrate* qui arrosent l'Asie centrale, l'*Indus* (auj. *Sind*) et le *Gange* qui arrosent les Indes ; au N., l'*Oxus* qui se jette dans la mer Caspienne, et l'*Araxe* qui se jette dans le lac Oxien.

Les Mers connues des Anciens autour du continent asiatique étaient les suivantes :

Le grand *Océan Indien* forme au S. de l'Asie plusieurs golfes d'une grande importance, qui étaient appelés par les Anciens : *mer*

Rouge (*Arabicus Sinus*), véritable mer intérieure entre l'Égypte et l'Arabie; *golfe Persique* (*Persicus Sinus*), entre l'Arabie et la Perse; *océan Érythrée* entre l'Afrique, l'Arabie et l'Inde; *golfe du Gange, Gangeticus sinus* (golfe du Bengale); *Grand Golfe, Magnus sinus* (golfe de Siam); *Très-grand Golfe, Maximus Sinus* (mer de Chine). On compte en Asie plusieurs mers intérieures ou plutôt plusieurs grands lacs, que les Anciens nommaient : la *mer Caspienne*, qui sépare actuellement l'Asie de l'Europe, le *lac Oxien* (mer d'Aral), qu'ils croyaient uni à la mer Caspienne, le *lac Asphaltite* (ou mer morte) en Palestine, formé par la catastrophe qui engloutit Sodome et Gomorrhe.

9. GRANDES RÉGIONS NATURELLES DE L'ASIE. — L'Asie connue des Anciens se divise naturellement en sept grandes régions, savoir :

1° La *Péninsule Occidentale*, désignée communément sous le nom d'*Asie Mineure*, et à laquelle se rattachent un assez grand nombre d'îles répandues sur ses côtes ;

2° L'*Asie entre la Méditerranée et l'Euphrate*, comprenant les contrées connues sous les noms de *Syrie*, *Phénicie* et *Palestine*;

3° La grande *Péninsule Arabique* ou l'Arabie ;

4° L'*Asie du Caucase*, comprenant toutes les contrées resserrées entre le Pont-Euxin et la mer Caspienne, sur les deux versants de la chaîne du Caucase, qui est devenue la limite de l'Europe et de l'Asie, et désignées par les noms de *Sarmatie Asiatique*, *Colchide*, *Ibérie* et *Albanie*;

5° L'*Asie centrale*, ou entre l'*Euphrate* et l'*Indus*, composée de toute la portion de l'Asie comprise entre ces deux grands fleuves, et qui renfermait la partie occidentale des nombreuses contrées désignées dans l'antiquité sous le nom de *Haute Asie* ou *Asie supérieure*;

6° L'*Asie Septentrionale* ou *Scythie en deçà et au delà des monts Imaüs*, avec la contrée désignée par les géographes anciens sous le nom de *Sérique*;

7° L'*Inde* tant *en deçà* qu'*au delà du Gange*, comprenant aussi les contrées désignées sous les noms de *Pays des Sines* et *Chersonèse d'Or*.

10. MONTAGNES, FLEUVES, MERS DE L'AFRIQUE. — La chaîne de montagnes la plus célèbre de l'Afrique connue des Anciens était celle de l'*Atlas*, qui s'étend de l'est à l'ouest de l'Afrique septentrionale, à peu de distance des côtes de la Méditerranée. Les montagnes de l'Abyssinie paraissent avoir été visitées dans des temps reculés, et le géographe Ptolémée parle des montagnes appelées aujourd'hui *monts de la Lune*, où l'on place les sources du *Nil*. Ce fleuve immense qui, après avoir traversé du Sud au Nord l'Éthiopie et l'Égypte, se jette dans la Méditerranée par sept embouchures, est à peu près le seul que les Anciens aient bien connu, et ses cataractes, surtout celle appelée *Philœ*, sur les frontières de l'Égypte, étaient célèbres dans l'antiquité (voir sur le cours et la vallée du *Nil* le chap. IV, § 1, n° 49). On croit que les Carthaginois poussèrent leurs explorations jusqu'aux rives du Sénégal; dans leur territoire coulaient plusieurs cours d'eau de peu d'importance, dont le principal était le *Bagradas*.

Le petit nombre des rivières de l'Afrique, conséquence de la rareté de ses montagnes, laissent à l'intérieur de cette immense presqu'île de vastes espaces sans ombrages et sans eaux, dont le sol brûlé par les ardeurs d'un soleil sans nuage n'est qu'une poussière aride soulevée en tourbillons par le vent du désert. Çà et là, autour d'une source bientôt absorbée par les rayons du soleil ou perdue dans les sables, s'élance de la terre fécondée une végétation luxuriante, qui reçoit de l'action réunie de la chaleur et de l'humidité une vigueur et un éclat merveilleux. Ces bouquets de verdure appelés *oasis* ont servi, dans tous les temps, d'asile aux caravanes que les peuples du littoral ont envoyées, dès l'antiquité la plus reculée, chercher au delà du désert les richesses de pays inconnus. La plupart, à cause de leur peu d'étendue, étaient de simples étapes pour les voyageurs; quelques-unes, plus vastes et plus heureusement situées, ont servi de berceaux à des bourgades, à des villes même. Telle était la fertile oasis d'*Ammon*, en Libye, près des frontières de l'Égypte, arrosée par vingt-deux sources, où s'élevait un temple fameux consacré au dieu de ce nom. L'Afrique, dont aucune mer ne découpe profondément les côtes (n° 5), est baignée à l'ouest par l'*Océan Atlantique*, au nord par la *Méditerranée*, à l'est par la *mer Rouge* et l'*Océan Érythrée*.

11. GRANDES RÉGIONS NATURELLES DE L'AFRIQUE. — On voit par ce qui vient d'être dit que l'Afrique ancienne ne contient réellement que deux grandes régions naturelles, savoir:

1° L'*Afrique Orientale* ou la *Vallée du Nil*, depuis ses sources jusqu'à ses embouchures; 2° l'*Afrique Septentrionale*, ou la *Côte de la mer Intérieure*, jusqu'au grand désert, subdivisée naturellement en deux parties, savoir: Afrique entre la vallée du Nil et la Grande-Syrte, ou *Libye Maritime* des Anciens, et Afrique entre la Grande-Syrte et l'Océan Atlantique.

A ces deux grandes divisions, on en peut ajouter une troisième qui comprendrait, sous le nom d'*Afrique Intérieure*, celles des contrées de l'Afrique centrale et Occidentale où les Anciens avaient pénétré, ou dont ils avaient quelques notions.

QUESTIONNAIRE. — § I. 1. Quelles étaient les limites du monde connu des Anciens? — 2. Faites connaître l'étendue et les divisions de l'ancien continent. — § II. 3. Comment était bornée l'Europe et quel aspect présentait-elle? — 4. Quelles étaient les limites de l'Asie et sa configuration? — 5. Faites connaître l'étendue et la configuration de l'Afrique ancienne. — 6. Énumérez les montagnes, les fleuves, les mers de l'Europe. — 7. Indiquez ses grandes régions naturelles au nord, au centre, au midi. — 8. Nommez les montagnes de l'Asie, ses fleuves et mers. — 9. Quelles étaient ses grandes divisions naturelles? — 10. Citez les montagnes, les fleuves et les mers d'Afrique. — 11. Combien de grandes régions naturelles y remarquez-vous?

CHAPITRE DEUXIÈME.

TEMPS PRIMITIFS ET HISTOIRE DES HÉBREUX JUSQU'A L'ÉTABLISSEMENT DE LA ROYAUTÉ.

SOMMAIRE.

§ Ier. 12. L'origine récente de l'homme est prouvée par la géologie et par les traditions des peuples. Les philosophes de l'Occident ne reconnaissent pas la création. Les Saintes Écritures seules éclairent les origines du monde.

13. Le monde est créé en six jours. L'homme, créé le sixième jour, est placé dans le paradis terrestre où la femme est créée à son tour.

14. L'homme perd par sa désobéissance sa félicité et son immortalité premières. Adam et Ève sont chassés du paradis terrestre.

15. Caïn et Abel mènent une vie différente. Caïn tue Abel; est maudit, Seth est fidèle (4834-3934). La race humaine se partage en enfants de Dieu, enfants des hommes, et se corrompt.

16. Noé (3908-2958) construit l'arche. Le déluge universel anéantit la race humaine et n'épargne que Noé et ses fils Sem, Cham et Japhet (3308).

§ II. 17. La race humaine se multiplie, et se sépare à la tour de Babel (2907). Les descendants de Sem vont dans l'Asie centrale, de Cham dans la terre de Chanaan et l'Afrique, de Japhet dans l'Asie occidentale et dans l'Europe.

18. Les races primitives se subdivisent et forment les premiers empires : Inde, Chine, Chaldée, Arabie, Égypte, etc. La race humaine est une et a trois variétés, blanche, jaune, noire.

§ III. 19. Les hommes se corrompent de nouveau. Abraham (2366-2296), appelé par Dieu, reçoit la promesse d'une descendance nombreuse. Sara stérile donne naissance à Isaac (2266). Sodome, Gomorrhe, etc. sont détruites. Ismaël est chassé avec Agar. Dieu bénit la race d'Abraham, d'où sortira le Messie. Isaac épouse Rébecca, mère d'Ésaü et de Jacob (2206). Abraham meurt (2191).

20. Le patriarche a droit sur les personnes et sur les biens. Ésaü est préféré par Isaac; il cède son droit d'aînesse à Jacob, qui reçoit la bénédiction paternelle. Jacob chez Laban épouse Lia et Rachel;

il est père de douze fils: il revient dans la terre de Chanaan; lutte avec l'ange; se réconcilie avec Ésaü.

21. Jacob préfère Joseph qui, haï de ses frères, est vendu par eux à des marchands ismaélites. Joseph en Égypte, chez Putiphar, est mis en prison. — Les songes du roi d'Égypte sont interprétés par Joseph; il est créé ministre du Pharaon et gouverneur de toute l'Égypte. Les frères de Joseph sont amenés en Égypte par la disette; il se fait reconnaître d'eux et leur pardonne. La famille de Jacob s'établit en Égypte.

§ IV. 22. Les Israélites dans la terre de Gessen se multiplient rapidement; ils sont opprimés. Moïse est sauvé des eaux (1725).

23. Moïse fuit chez les Madianites; paraît devant le roi d'Égypte; envoie les dix plaies d'Égypte. Les Israélites (1645) passent la mer Rouge. Les Israélites dans le désert sont nourris par la manne.

24. La durée et l'inaltérabilité caractérisent la législation de Moïse. Cette législation tend à isoler entièrement le peuple de Dieu des nations idolâtres.

25. Les points principaux sont : sévérité des châtiments; punitions pour la violation des commandements de Dieu; loi du talion; égalité devant la loi; protection à la veuve, à l'orphelin, au pauvre, à l'étranger; le divorce permis, mais difficile; l'usure défendue; l'adoucissement de l'esclavage; l'année sabbatique; le jubilé.

26. Les précautions sont multipliées pour établir le dogme de l'unité de Dieu. Les dix commandements résument la loi.

27. La hiérarchie sacerdotale consiste dans les lévites, prêtres, grands-prêtres. Les quatre grandes fêtes rappellent de grands souvenirs.

28. Les Israélites adorent le veau d'or. Leurs infidélités sont punies. Le serpent d'airain sauve le peuple de la contagion. Des espions sont envoyés pour reconnaître la terre de Chanaan. Moïse fait des conquêtes et meurt (1605).

§ V. 29. Josué succède à Moïse, Éléazar à Aaron. Josué passe le Jourdain, prend Jéricho, s'empare de la terre de Chanaan, la partage entre les tribus. Josué organise le gouvernement. Le gouvernement des Anciens produit l'anarchie (1).

§ VI. 30. Le gouvernement des Juges est temporaire. Les servitudes se succèdent. Première servitude: Othoniel. Deuxième servitude, sous les Moabites : Aod. Troisième servitude, sous les Chananéens: Débora et Barach.

31. Quatrième servitude sous les Madianites : Gédéon, qui remporte une grande victoire (1349). Cinquième servitude, sous les Ammonites : Jephté, célèbre par son vœu. Booz épouse Ruth.

32. Sixième servitude, sous les Philistins : Samson, célèbre par sa force extraordinaire, délivre les Israélites, est trahi par Dalila, est mis en prison et meurt en écrasant les Philistins (1152). Le désordre se met dans le pays d'Israël.

---

(1) Voir dans l'*Atlas ancien* de M. Ansart, planche 1, la carte de la *terre de Chanaan* avec l'*Égypte*.

33. Le grand-prêtre Héli gouverne avec faiblesse, Dieu choisit le jeune Samuel. Les Israélites sont vaincus à Silo. Samuel devient juge. Ses fils se rendent odieux par leurs vices. Les Israélites demandent un roi.

§ Iᵉʳ. TRADITIONS BIBLIQUES SUR LES PREMIERS HOMMES.

12. ACCORD DE LA SCIENCE ET DES TRADITIONS AVEC LA BIBLE. — Les plus anciennes traditions historiques, les témoignages si éclatants de la géologie se réunissent à l'autorité des saintes Écritures pour prouver l'origine récente de l'humanité, et la création de notre univers à une époque révélée par des traces profondes qui ont subsisté jusqu'à nos jours. La question de l'origine du monde a préoccupé constamment les religions et les philosophies anciennes ; mais, conservant à peine un souvenir altéré de cette vérité primitive que la Bible seule nous a transmise entière, elles n'ont pu qu'imaginer des hypothèses souvent absurdes pour donner l'explication de ce grand phénomène. L'idée de la création se trouve dans toutes les *cosmogonies* de l'Orient, le berceau de l'humanité. Les unes nous représentent le monde sortant d'un œuf produit par une force souveraine, ou enfanté par un animal, ou encore composé des membres dispersés d'un génie vaincu par un Être supérieur. Les autres, s'approchant un peu plus de la réalité, attribuent à Brahma, ministre du Tout-Puissant et engendré par lui, l'œuvre de la création. La philosophie occidentale ne put s'élever jusqu'à la pensée d'une puissance suprême, donnant naissance à l'univers par un acte de sa volonté : incapable d'expliquer la création, elle aima mieux ne pas la reconnaître. Un grand nombre de philosophes, Aristote à leur tête, affirmèrent la nécessité de l'existence éternelle de la matière, et supposèrent tous les êtres produits par la fermentation des éléments. Les plus sages, et Platon avec eux, n'exprimaient qu'en hésitant leur opinion sur l'auteur des choses, et ne voyaient guère en lui que l'organisateur et non le créateur de l'univers.

Dieu est venu au secours de notre ignorance ; il a éclairé le chaos des opinions, fixé les incertitudes. Le livre qu'il a inspiré à Moïse nous offre, en quelques mots d'une simplicité sublime, la solution du plus grave des problèmes ; et la science vient chaque jour, par ses découvertes de plus en plus importantes, rendre de nouveaux hommages à la vérité de cette magnifique histoire.

13. CRÉATION. — Au commencement, Dieu créa le ciel et la terre

La terre était informe et nue, les ténèbres couvraient la face de l'abîme, et l'esprit de Dieu était porté sur les eaux. Or, Dieu dit : « Que la lumière soit ; » et la lumière fut. Et Dieu vit que la lumière était bonne, et il sépara la lumière des ténèbres. Et il appela la lumière jour, et les ténèbres nuit ; et du soir et du matin se fit le premier jour (1).

Dieu dit aussi : « Que le firmament soit fait au milieu des eaux, et qu'il sépare les eaux d'avec les eaux. » Et Dieu appela le firmament ciel : et du soir et du matin se fit le second jour.

Dieu dit ensuite : Que les eaux qui sont sous le ciel se rassemblent en un seul lieu, et que l'aride paraisse. » Et cela se fit ainsi. Dieu donna à l'aride le nom de terre, et il appela mers toutes les eaux rassemblées, et il vit que cela était bon. Dieu dit encore : « Que la terre produise de l'herbe verte qui porte de la graine, et des arbres fruitiers qui portent du fruit, chacun selon son espèce, et qui renferment leur semence en eux-mêmes pour se reproduire sur la terre. » Et cela se fit ainsi. Et du soir et du matin se fit le troisième jour. — Dieu dit aussi : « Que des corps de lumière soient faits dans le firmament du ciel, afin qu'ils séparent le jour d'avec la nuit, et qu'ils servent de signes pour marquer les temps et les saisons, les jours et les années ; qu'ils luisent dans le firmament du ciel, et qu'ils éclairent la terre. » Et cela se fit ainsi. Dieu fit donc deux grands corps lumineux, l'un plus grand pour présider au jour, et l'autre moindre pour présider à la nuit. Il fit aussi les étoiles. Et du soir et du matin se fit le quatrième jour.

Dieu dit encore : « Que les eaux produisent des animaux vivants qui nagent dans l'eau, et des oiseaux qui volent sur la terre, sous le firmament du ciel. » Dieu créa donc les grands

---

(1) Le mot hébreu que l'on a traduit par *jour* signifie également un espace de temps indéterminé. On peut donc, avec plusieurs Pères de l'Église, entendre par les *six jours* six grandes périodes, pendant lesquelles se seraient accomplies les révolutions dont on a reconnu dans notre globe les traces évidentes, suivant un ordre semblable à celui des phases diverses de la création dans la Genèse. D'après un autre système, qui a aussi pour lui des autorités imposantes, les *six jours* n'auraient eu que la durée des journées ordinaires, mais ils auraient été précédés d'un long espace de temps, auquel les deux premiers versets de la Genèse semblent faire allusion.

poissons et tous les animaux qui ont la vie et le mouvement, que les eaux produisirent, chacun selon son espèce; et il créa aussi tous les oiseaux selon leur espèce. Et il vit que cela était bon. Et il les bénit en disant : « Croissez et multipliez-vous, et remplissez les eaux de la mer, et que les oiseaux se multiplient sur la terre. » Et du soir et du matin se fit le cinquième jour. — Dieu dit aussi : « Que la terre produise des animaux vivants chacun selon son espèce, les animaux domestiques, les reptiles et les bêtes sauvages de la terre, selon leurs différentes espèces. » Et cela se fit ainsi.

Dieu dit enfin : « Faisons l'homme à notre image et à notre ressemblance, et qu'il commande aux poissons de la terre et aux oiseaux du ciel, aux bêtes de toute la terre et à tous les reptiles qui se meuvent sur la terre. » Dieu créa donc l'homme à son image ; et il les créa mâle et femelle. Le Seigneur Dieu forma l'homme du limon de la terre, et il souffla sur sa face un souffle de vie, et l'homme devint vivant et animé.

Dieu, après avoir créé l'homme qu'il nomma *Adam*, le plaça dans un jardin délicieux, appelé *Paradis terrestre*, lui permettant de manger les fruits de tous les arbres qui s'y trouvaient, à l'exception du fruit de l'*arbre de la science du bien et du mal*. « Si tu en manges, dit le Seigneur, tu mourras. » — Or, Adam se trouvait tout seul dans ce beau jardin, avec les animaux de toute espèce, à chacun desquels il venait de donner un nom. Dieu dit : « Il n'est pas bon que l'homme soit seul ; » et, tandis qu'Adam était endormi, il lui prit une de ses côtes, en forma la femme, et à son réveil, il la lui présenta. — « Voilà l'os de mes os, s'écria Adam, et la chair de ma chair. » Il lui donna le nom d'*Ève*, qui signifie qu'elle devait être la mère de tout le genre humain (4963).

Telle est, dans son ensemble, la vérité, dont on retrouve quelques parcelles au milieu de l'erreur générale, quand, laissant de côté les fables les plus grossières, comme celles des pierres de Deucalion, du crocodile des Moluquois, ou des vers féconds des Caraïbes, on considère le mythe de Prométhée qui dérobe le feu du ciel pour animer une statue de boue, ou celui des divinités scandinaves qui donnent l'âme et le sang à des troncs d'arbre.

Revenons au récit de la Bible.

14. ADAM ET ÈVE. — Adam et Ève avaient été créés immortels et dans un état parfait de pureté et d'innocence. Exempts de peines et de maladies, ils devaient jouir dans le

Paradis terrestre d'un bonheur sans mélange, s'ils observaient la défense que Dieu leur avait faite de manger du fruit de l'arbre de la science du bien et du mal. Ils étaient nus, mais ils n'en avaient point de honte, parce que leurs corps étaient aussi purs que leurs cœurs. Le démon, jaloux de leur bonheur, résolut de les perdre, en les excitant à désobéir à Dieu. Il entra dans le corps du serpent, et dit à la femme : « Pourquoi ne mangez-vous pas du fruit de l'arbre de la science du bien et du mal? » Ève répondit : « Dieu nous a dit que si nous y touchions nous mourrions. — Vous ne mourrez pas, dit le serpent; mais vous serez comme les dieux, connaissant le bien et le mal. » Ève, considérant la beauté de ce fruit, en cueillit, en mangea, et en donna à son mari qui en mangea pareillement.

Alors Dieu prononça contre les prévaricateurs cette terrible condamnation, source de tous les maux du genre humain, mais qu'il accompagna de la promesse d'un rédempteur.

Il dit au serpent : « Tu seras maudit entre tous les animaux ; tu ramperas sur ton ventre, et tu mangeras la terre. Je mettrai des inimitiés entre toi et la femme, et entre sa race et la tienne : elle t'écrasera la tête, et toi, tu lui mordras le talon. » Puis il dit à la femme : « Je t'accablerai de peines et de malheurs ; tu enfanteras tes fils dans la douleur, et tu seras sous la puissance de ton mari. » — Enfin il dit à Adam : « Puisque tu as écouté les discours de ta femme, et que tu as mangé du fruit que je t'avais défendu, la terre sera maudite pour toi ; tu la travailleras tous les jours de ta vie ; elle produira des épines et des ronces, et tu mangeras ton pain à la sueur de ton visage, jusqu'à ce que tu retournes dans cette terre dont tu as été formé ; car tu es poussière et tu retourneras en poussière.

Ensuite Dieu chassa Adam et Ève du paradis terrestre, et plaça à l'entrée un ange armé d'une épée flamboyante.

15. Enfants d'Adam. — Les premiers enfants d'Adam et d'Ève furent *Caïn* et *Abel*. Caïn s'appliquait à cultiver la terre et Abel à élever des troupeaux. Tous deux offraient des sacrifices au Seigneur : Caïn lui présentait les fruits de la terre, et Abel les plus beaux d'entre ses agneaux. L'offrande d'Abel fut agréable au Seigneur qui rejeta celle de Caïn. Celui-ci en conçut contre son frère une violente jalousie. « Allons nous promener, » lui dit-il. Mais, à peine furent-ils dans la campagne, que Caïn se jeta sur Abel et le tua. Bientôt après le Seigneur lui apparut : « Où est ton frère Abel? » lui demanda-t-il. — « Je n'en sais rien, répondit Caïn : suis-je le gardien de mon frère ? » Dieu lui dit alors : « Le sang de ton frère crie vers moi. Tu seras maudit sur cette terre que tu as forcée de boire le sang de ton frère. Vainement tu la travailleras, elle ne te produira aucun fruit. Tu seras errant dans tout l'univers. » Caïn s'écria : « Mon crime est trop grand pour que j'en obtienne le pardon. » Et, fuyant la présence du Seigneur, il alla habiter un pays éloigné, où il devint père de plusieurs enfants. Il faut citer parmi eux *Hénoch*, qui bâtit la première ville, *Tubalcaïn*, qui sut travailler le fer et l'airain, *Jubal*, qui inventa les instruments de musique.

Après la mort d'Abel, Adam eut un autre fils nommé *Seth* (4834-3934), et plusieurs filles qui devinrent les épouses de leurs frères. Les descendants de Caïn inventèrent les instruments de musique et l'art de travailler les métaux ; mais ils furent méchants comme leur père et reçurent le nom d'*enfants des hommes*. Les descendants de Seth, au contraire, méritèrent par la pureté de leur vie d'être appelés *enfants de Dieu*. *Hénoch* (4342-3978), l'un d'eux, plut tellement au Seigneur par sa piété, que Dieu l'enleva au ciel sans lui faire subir la mort, après qu'il eut passé trois cent soixante-cinq ans sur la terre. Il laissait un fils nommé *Mathusalem* (4277-3308), qui vécut neuf cent soixante-neuf ans. Adam était mort plus de deux cents ans après la naissance de Mathusalem, à l'âge de neuf cent trente ans.

La postérité de Seth elle-même fut bientôt infidèle. Les enfants de Dieu ayant vu les filles des enfants des hommes, et les trouvant belles, les prirent pour femmes. De ces mariages naquirent des hommes extraordinairement forts et puissants, mais méchants et corrompus, qui, en raison de leur grande taille, furent appelés *géants*. Dieu, voyant que la malice des hommes était extrême et que toutes leurs pensées étaient sans cesse tournées vers le mal, se repentit de les avoir créés, et résolut de les exterminer de dessus la terre.

16. NOÉ ET LE DÉLUGE. — Cependant, il existait parmi les descendants de Seth un homme juste appelé *Noé* (3908-2958), fils de Lamech, et qui avait lui-même trois fils nommés *Sem*, *Cham* et *Japhet*. Le Seigneur, devant qui il avait trouvé grâce, l'avertit qu'il allait faire périr tous les hommes et les animaux en les engloutissant sous les eaux, et lui commanda de construire un grand vaisseau en forme de coffre, qui fut appelé l'*Arche*. Noé travailla cent ans à le construire ; et quand il fut achevé, il y fit entrer sa femme, ses fils avec leurs

femmes, et un couple de tous les animaux. Sept jours après, toutes les eaux de la terre débordèrent, et il tomba pendant quarante jours et quarante nuits une pluie si abondante que les eaux s'élevèrent de quinze coudées au-dessus des sommets des plus hautes montagnes. Tous les hommes, que Noé avait vainement exhortés à faire pénitence, périrent avec les animaux, et il n'y eut de sauvé que ce qui se trouvait renfermé dans l'Arche (3308).

Cent cinquante jours après que le déluge eut submergé la terre, les eaux ayant commencé à diminuer, l'Arche s'arrêta, vers la fin du septième mois, sur les montagnes du pays d'Ararat (1). Bientôt le vert rameau d'olivier apporté par la colombe avertit Noé que la terre était redevenue habitable. Il sortit de l'Arche avec sa famille, et offrit à Dieu un sacrifice solennel d'actions de grâces. Ce sacrifice fut agréable au Seigneur, qui promit à Noé de ne plus détruire le genre humain. En même temps, il le bénit ainsi que ses enfants, et leur dit : « Croissez et multipliez, et remplissez la terre. Nourrissez-vous de la chair de tous les animaux comme des plantes de la terre; mais gardez-vous de verser le sang humain. Tout homme qui aura versé le sang d'un autre homme sera lui-même puni de mort; car l'homme a été fait à l'image de Dieu. » Le Seigneur dit ensuite à Noé et à ses enfants qu'il voulait faire alliance avec eux, et il ajouta que l'arc-en-ciel serait le signe de cette alliance.

Après le déluge, les trois fils de Noé, Sem, Cham et Japhet, eurent de nombreux enfants, qui devinrent eux-mêmes les pères des diverses nations; mais ils demeurèrent longtemps réunis en une seule famille au pied même des montagnes sur lesquelles l'Arche s'était arrêtée.

Ce fut alors que Noé, qui ne connaissait pas les effets du vin, s'étant enivré par mégarde, Cham mérita, par sa conduite irrévérencieuse envers son père, d'être maudit dans la personne de *Chanaan*. La postérité de ce fils de Cham devait dans la suite être exterminée ou réduite en esclavage par les descendants de Sem et de Japhet.

---

(1) « C'est-à-dire, peut-être, non pas les monts ainsi nommés en Arménie, mais ceux qui, à *l'Orient*, comme dit la Bible, sont les plus élevés du monde, et se trouvent placés entre les trois nations qui prétendent à la plus haute antiquité, entre les Assyriens, les Chinois et les Hindous ; les monts *Himalaya*. » (M. Ansart.)

Noé mourut à l'âge de neuf cent cinquante ans (1). Après lui, la durée de la vie des hommes diminua rapidement, et bientôt, elle fut enfermée dans les limites qu'elle ne dépasse plus aujourd'hui (2).

§ II. LES RACES HUMAINES.

17. DISPERSION DES HOMMES. — Les descendants de Noé, partis de l'Orient, dit l'Écriture, vinrent habiter les plaines de Sennaar, entre le Tigre et l'Euphrate, où ils se multiplièrent à tel point qu'il leur fut impossible de continuer à demeurer ensemble. Ils se dirent alors les uns aux autres : « Bâtissons une ville et une tour dont le sommet s'élève jusqu'au ciel, et éternisons la mémoire de notre nom avant de nous disperser sur la terre » (2907). Mais Dieu rendit vains leurs projets en confondant leur langage (3), de sorte qu'ils ne s'entendirent plus entre eux. La tour, demeurée imparfaite, fut appelée *Babel*, c'est-à-dire *confusion*. Forcés ainsi de se séparer les uns des autres, les descendants de Noé allèrent peupler les différentes parties de la terre (4).

Les fils de Sem, *Élam*, *Assur*, *Lud*, *Aram* et *Arphaxad*, aïeul d'*Héber*, se dispersèrent dans toute l'Asie centrale et orientale : plusieurs grandes nations leur durent leur origine et leur nom (Élamites ou Perses, Assyriens, Hébreux, Lydiens, etc.). La famille de Cham peupla la contrée appelée pays de *Chanaan* (nom d'un fils de Cham), l'Égypte, où vécut *Mesraïm* (peut-être le roi Ménès), et sans doute aussi, la plus

---

(1) « De si longues vies rapprochèrent presque autant l'origine du
» monde du temps de Moïse que si la chose s'était passée depuis deux
» ou trois siècles entre des personnes d'une vie ordinaire. Les plus
» anciennes traditions étaient donc encore toutes récentes au temps
» de Moïse ; ses premières années sont peu distantes des dernières
» d'Abraham, dont la naissance concourt avec la mort de Noé, qui a
» vécu plusieurs siècles avec Mathusalem et Lamech, tous deux con-
» temporains d'Adam. »   DUGUET.

(2) Les plus forts, dit David dans ses Psaumes, vivent jusqu'à quatre-vingts ans ; au delà, ce n'est que peine et douleur.

(3) Suivant un interprétation parfaitement conforme au texte hébreu, le moyen infiniment simple, et aussi efficace que simple, que Dieu employa pour *confondre le langage* des hommes, fut de toucher, d'affecter les lèvres des hommes, de manière que les mêmes mots furent tout à coup diversement prononcés. Ce qui cadre parfaitement avec les observations des voyageurs et des savants qui ramènent de plus en plus les diverses langues à un même type.

(4) Voir la carte sus-indiquée de l'Atlas de M. Ansart.

grande partie de l'Afrique. Enfin les descendants de Japhet s'établirent dans l'Asie Mineure, dans le nord de l'Asie, et occupèrent, selon l'Écriture, « toutes les îles des nations, » c'est-à-dire, à ce que l'on croit, les diverses contrées de l'Europe.

Le monde s'ouvrait tout entier devant la race humaine. De longues migrations, dont le souvenir est à jamais perdu, entraînèrent les familles dispersées, d'un côté jusqu'aux limites orientales de l'Asie, et même au delà, jusqu'au milieu des plaines de l'Amérique, où les nations vivront et mourront ignorées; d'un autre côté, jusqu'aux rivages occidentaux de l'Europe, et jusqu'aux déserts du midi de l'Afrique.

18. MIGRATIONS. — RACES DIVERSES. — Cette séparation des races primitives, cette formation des premiers peuples, ou plutôt des premières tribus, s'opèrent au milieu de luttes et de révolutions qui ont à peine laissé quelques traces dans l'histoire. L'Asie se fonde et s'organise la première. La Chaldée et la Syrie, au centre, se peuplent rapidement et envoient quelques familles nomades dans les plaines de la Scythie, où elles resteront perpétuellement mobiles et flottantes; tandis qu'au contraire, les peuplades qui s'arrêtent dans la Chine et dans l'Inde commencent dès l'origine cette vie immobile et monotone qui a fait croire aux historiens de ces pays que leur origine remontait à des époques immémoriales.

Auprès de ces grandes familles, les tribus vagabondes des Arabes s'agitent au midi, renversant tout ce qu'elles rencontrent dans leurs violentes et rapides invasions, et refoulant sur les confins de l'Égypte les races éthiopiennes issues des descendants de Cham, qui prennent peu à peu possession de l'Afrique centrale. Vers l'Europe, les fils de Japhet se dirigent en trois bandes. Les *Ibères* errent longtemps autour du Caucase et de la mer Caspienne, et vont enfin s'établir près des Alpes et des Pyrénées. Les *Galls*, venus plus tard, apparaissent au milieu des pays déjà occupés par les Ibères, et leur arrachent, par la force des armes, une partie de leur domaine. Les *Pélasges*, hardis constructeurs (voir chap. VII, § II), arrivent lentement d'Asie Mineure, et se fixent sur les rivages occidentaux et méridionaux de l'Europe, où leurs lourds édifices ont marqué pour jamais leur passage.

Toutes ces tribus se pressent, se repoussent, se divisent jusqu'à ce que, réunies par la nécessité, agglomérées sous une autorité commune, elles s'organisent régulièrement et constituent les premiers empires.

Ces États, formés par les migrations primitives, donnent eux-mêmes naissance à des nations nouvelles; mais ce ne sont plus les races entières qui se transportent. L'excès de la population, les besoins du commerce, l'esprit aventureux des navigateurs et la crainte de l'oppression, arrachent à leur patrie quelques familles, qui vont porter sur un rivage lointain leur religion, leurs mœurs, leur langage : telles sont les colonies, dont quelques-unes restent unies à leurs métropoles, mais dont la plupart forment des cités indépendantes.

Il est constant, d'après le témoignage formel de l'Écriture, que toutes ces races sortent d'une souche commune, du couple unique formé par la main de Dieu. Malgré cette unité d'origine, diverses influences, principalement celle du climat, ont modifié profondément la couleur et la physionomie de l'espèce humaine dans certains lieux, et ont produit plusieurs variétés remarquables. On les ramène en général à trois types principaux : le *blanc* ou *Caucasien*, le *jaune* ou *Mongole*, le *noir* ou *Éthiopien*. D'autres distinguent les races *caucasienne*, *mongole*, *malaise*, *éthiopique* et *américaine*. Nous n'insisterons pas sur ces classifications, qui appartiennent plutôt à la physiologie qu'à l'histoire.

§ III. LES PATRIARCHES.

19. ABRAHAM (2366-2191). — Les hommes, en s'éloignant des lieux qu'avaient habités leurs premiers pères, n'avaient pas tardé à oublier le Dieu qui avait tiré le monde du néant, le Dieu qui avait sauvé Noé et sa race du châtiment mérité par les crimes de la race humaine. Bientôt la corruption devint plus grande encore qu'avant le déluge; les hommes s'abandonnèrent à toutes leurs passions et prostituèrent à d'indignes idoles le culte qu'ils ne devaient qu'au Seigneur. La vertu et la vérité semblaient sur le point de disparaître à jamais de l'univers. Le Seigneur résolut de se choisir un peuple qui gardât sans altération le dépôt des divines croyances, qui conservât, au milieu des ténèbres, la lumière de la vérité éternelle. Un homme juste, nommé Abraham, fut destiné à être le chef de cette nation privilégiée.

Abraham était né à Ur, ville des Chaldéens; il en sortit par l'ordre de Dieu, avec *Tharé*, son père, et *Loth*, son neveu, pour se rendre dans la terre de Chanaan (2296). Arrivé dans la ville de Haran, il y perdit son père. Mais Dieu lui ordonna de continuer sa route vers la terre de Chanaan.

Abraham y parvint enfin avec sa femme *Sara*, son neveu Loth, et tous ses serviteurs. Il s'arrêta dans un lieu appelé *Sichem*. Là, Dieu lui promit de donner à ses descendants cette terre qui, depuis cette époque, fut appelée la *Terre promise*.

Une famine força Abraham à passer en Égypte; puis il retourna dans le pays de Chanaan, et s'établit d'abord près de Béthel, où Dieu lui promit de rendre sa postérité aussi nombreuse que les grains de poussière qui couvrent la terre.

Pendant qu'Abraham était à Béthel, une querelle, survenue entre ses bergers et ceux de son neveu, détermina Loth à s'éloigner pour aller demeurer dans la ville de Sodome. Peu de temps après, cette ville fut prise par *Codorlahomor*, roi des Élamites, et par trois autres rois, qui emmenèrent Loth en captivité. Abraham, à cette nouvelle, arme ses trois cent dix-huit serviteurs et ses amis; puis, se mettant à la poursuite des vainqueurs, il tombe sur eux à l'improviste pendant la nuit, leur reprend tout leur butin, et délivre son neveu. A son retour, il reçut la bénédiction de *Melchisédech*, roi de Salem et prêtre du Très-Haut, qui offrait à Dieu le pain et le vin, et il lui donna la dîme des richesses enlevées à l'ennemi. Quelque temps après sa victoire sur les rois confédérés, Dieu lui apparut en songe, et lui dit : « Lève tes yeux au ciel, et compte les étoiles, si tu le peux; ta race en égalera le nombre. » Cependant Abraham était déjà vieux; sa femme Sara se voyait stérile; elle l'engagea à prendre pour épouse, suivant la coutume de l'Orient, sa servante *Agar*. Celle-ci donna le jour à un fils qui fut nommé *Ismaël* (2280). Mais ce fils de l'esclave ne devait pas être l'héritier des promesses du Seigneur. Dieu renouvela son alliance avec Abraham, en lui ordonnant de pratiquer la circoncision comme la marque de cette alliance, et réitéra la promesse qu'il avait déjà faite plusieurs fois de le rendre père d'une nombreuse postérité. En effet, bientôt après, sa femme Sara, malgré son âge avancé, mit au monde un fils qui fut circoncis le huitième jour, et reçut le nom d'*Isaac* (2266).

Vers cette même époque, Dieu frappa d'un châtiment terrible la ville de Sodome, qui s'était rendue abominable par ses iniquités. Après en avoir fait sortir Loth et sa famille, le Seigneur envoya une pluie de soufre et de feu sur Sodome, et sur les villes de Gomorrhe, de Séboïm et d'Adama, condamnées pour les mêmes crimes. Ces cités furent détruites, et le sol où elles s'élevaient devint un lac aux eaux impures et bitumineuses.

Échappé à ce désastre, Loth eut deux fils qui donnèrent naissance à deux grands peuples : les *Ammonites* et les *Moabites;* ils devaient habiter à l'orient de la terre de Chanaan.

Cependant Abraham, connaissant la volonté de Dieu, avait chassé de sa maison Ismaël et sa mère. Agar erra longtemps avec lui dans le désert : un ange vint l'y consoler, et lui annoncer que son fils serait le chef d'un peuple nombreux. Ismaël, devenu grand, se fixa dans le pays de Pharan, et il se rendit adroit à tirer de l'arc; il épousa une femme égyptienne, et devint le père des *Ismaélites* ou Agarasins, si célèbres plus tard sous le nom de Sarrasins.

Isaac, l'enfant de la vieillesse d'Abraham, était l'héritier des promesses divines. Cependant, Dieu voulant éprouver la foi du saint patriarche, lui ordonna d'immoler son fils. Abraham, soumis à la volonté du Très-Haut, allait accomplir le sacrifice ; mais Dieu, content de son obéissance, arrêta son bras, et lui promit de bénir en sa postérité toutes les nations de la terre, c'est-à-dire de faire sortir d'elle le Sauveur, qui devait racheter le genre humain.

Abraham, voulant marier son fils, craignit de mêler sa race aux nations idolâtres au milieu desquelles il vivait; il envoya son serviteur *Éliézer* en Mésopotamie, où demeurait sa famille, afin d'en ramener une femme pour Isaac. Éliézer partit avec dix chameaux chargés de présents. Arrivé près de la ville qu'habitaient les parents de son maître, il s'arrêta au bord d'une fontaine où les jeunes filles avaient coutume de venir puiser de l'eau, et il fit cette prière : « Seigneur Dieu d'Abraham, que la fille à qui je dirai : Inclinez votre vase afin que je boive, et qui me répondra : Buvez, et je donnerai aussi à boire à vos chameaux, soit celle que vous avez destinée à Isaac, votre serviteur. » Aussitôt il vit paraître *Rébecca*, petite-fille de *Nachor*, frère d'Abraham ; il s'approcha d'elle et lui demanda à boire. « Buvez, mon seigneur, » répondit-elle en penchant vers lui le vase qu'elle portait sur son épaule ; et elle ajouta : « Je vais aussi tirer de l'eau pour vos chameaux. » Éliézer, entendant ces paroles, remercia le Seigneur, et suivit Rébecca chez son frère *Laban*, auquel il exposa l'objet de son voyage. Il offrit à la jeune fille et à toute sa famille des anneaux d'or, des vases précieux et des vêtements magnifiques, et obtint la permission d'emmener avec lui Rébecca dans le pays de Chanaan, où Abraham l'unit à son fils Isaac.

Vingt ans après, elle mit au monde deux fils jumeaux, dont l'un fut appelé *Ésaü*, parce qu'il était roux et couvert de poil; l'autre reçut le nom de *Jacob* (2206). Abraham mourut bientôt, laissant ses trois cents serviteurs, ses troupeaux et ses richesses au seul Isaac.

20. Vie des familles patriarcales. — Isaac. — Jacob et Ésaü. — Ainsi se perpétuait cette race des patriarches, de laquelle devait sortir le peuple hébreu. Chef d'une famille et non d'une nation, soumis à Dieu seul, le patriarche avait toute autorité sur sa femme, ses enfants, ses serviteurs, et obtenait de tous une obéissance absolue. Il représentait Dieu lui-même sur la terre; il avait pouvoir de bénir et de maudire; il offrait les sacrifices au nom de tous, et consacrait par ses prières le mariage de ses enfants; lui seul avait la propriété dans la famille : à lui appartenaient les troupeaux et les fruits de la terre. Les troupeaux étaient sa principale richesse; il errait avec eux de plaine en plaine, et se fixait au milieu du pays qui lui offrait les plus gras pâturages. Le patriarche était le protecteur de toute sa famille; il armait ses serviteurs pour repousser les attaques des étrangers, c'est-à-dire de quelques autres chefs de famille qui convoitaient le même domaine ou qui avaient enlevé ses troupeaux. Telle fut la vie des hommes avant la formation des premières nations; tel est encore l'état des familles arabes, dont le chef, indépendant et souverain, règne dans sa tente, au milieu des déserts, comme sur un trône, et décide à son gré des destinées de sa tribu.

Isaac recueillit l'autorité patriarcale après la mort d'Abraham. De ses deux fils, il préférait Ésaü, qui était un adroit chasseur, et il voulait lui laisser sa bénédiction et son héritage. Mais Ésaü, pressé un jour par la faim, avait vendu, pour un plat de lentilles, son droit d'aînesse à son frère Jacob, le fils chéri de Rébecca. Par une ruse de sa mère, Jacob obtint la bénédiction que son père, dans sa vieillesse, réservait à Ésaü. Celui-ci, irrévocablement privé des priviléges attachés à cette bénédiction suprême, et de l'alliance que Dieu avait contractée avec son aïeul, conçut un violent ressentiment contre son frère.

Rébecca, craignant pour la vie de Jacob, l'envoya en Mésopotamie, chez son oncle Laban. Pendant son voyage, il s'arrêta sur le soir au lieu appelé Béthel; il mit une pierre sous sa tête, et, s'étant endormi, il vit en songe le Seigneur, qui lui dit : « Je suis le Dieu d'Abraham et d'Isaac. Je te donnerai à toi et à tes descendants cette terre où tu sommeilles; et je bénirai en toi toutes les nations de la terre. »

Jacob, à son réveil, consacra au Seigneur la pierre sur laquelle il avait reposé, et, continuant sa route, il arriva en Mésopotamie, auprès de la ville de Haran, où demeurait son oncle Laban.

Jacob, ayant rencontré sa cousine *Rachel*, près d'un puits où elle menait boire ses troupeaux, fut reçu par Laban, dont il obtint les deux filles en mariage, en gardant pendant quatorze années les troupeaux de leur père. Outre *Lia* et *Rachel*, il prit aussi pour épouses deux servantes, *Zelpha* et *Bala*, et il eut de ces quatre femmes douze fils que l'on appelle les douze patriarches : *Ruben, Siméon, Lévi, Juda, Issachar, Zabulon*, fils de Lia ; *Dan* et *Nephtali*, fils de Bala ; *Gad* et *Azer*, fils de Zelpha ; et enfin *Joseph* et *Benjamin*, fils de Rachel.

Jacob s'étant enrichi au service de son beau-père, désira revoir sa patrie, et, emmenant avec lui ses troupeaux, il retourna dans la terre de Chanaan. Il apprit en chemin qu'Ésaü venait à sa rencontre, à la tête de quatre cents hommes armés. Saisi de crainte, il lui envoya des présents. Mais le Seigneur releva son courage en faisant descendre vers lui un ange, qui, sous la figure d'un homme, lutta contre lui sans pouvoir le terrasser ; c'est pourquoi il fut appelé *Israël*, nom qui signifie fort contre Dieu. Ésaü, de son côté, sentit expirer sa colère en revoyant son frère ; et, après s'être réconcilié avec lui, il retourna dans la terre d'Édom, c'est-à-dire dans l'Idumée, où il habitait, tandis que Jacob allait s'établir dans la terre de Chanaan auprès de la ville de Salem, dans le pays du roi de Sichem.

Le fils du roi de Sichem ayant vu *Dina*, fille de Lia, la fit enlever. Ses frères, pour venger cet outrage, entrèrent par surprise dans la ville des Sichémites, en massacrèrent les habitants et la saccagèrent. Cette cruelle vengeance rendit Jacob et sa famille odieux dans toute cette contrée ; ils la quittèrent pour aller demeurer à Béthel. Ce fut là que Rachel mourut en donnant le jour à Benjamin, le dernier des fils de Jacob (2096). Dix ans après, Jacob perdit aussi son père Isaac, âgé de cent quatre-vingts ans (2086).

21. Joseph. — Jacob aimait Joseph plus que ses autres fils, parce qu'il l'avait eu dans sa vieillesse. Cette préférence excita contre lui la jalousie de ses frères, qui s'augmenta encore quand il leur eut raconté des songes qui annonçaient sa grandeur future. « Il me semblait, leur disait-il, que je liais avec vous des gerbes dans un champ, que ma gerbe se levait et se tenait debout, et que les vôtres se prosternaient devant elle. » Il leur disait encore : « J'ai cru voir en songe le soleil et la lune, et onze étoiles qui m'adoraient. » Les frères de Joseph, entendant ces paroles, conçurent contre lui une haine mortelle, qu'ils ne tardèrent pas à satisfaire.

Un jour, Jacob ayant envoyé Joseph, âgé de seize ans, visiter ses frères qui faisaient paître leurs troupeaux dans un lieu éloigné, ils le précipitèrent dans une vieille citerne pour l'y laisser mourir. Mais apercevant des marchands ismaélites qui se rendaient en Égypte, ils le tirèrent de la citerne et le vendirent pour vingt pièces d'argent; puis, ils envoyèrent à leur père une robe ensanglantée, afin de lui persuader qu'une bête féroce avait dévoré Joseph.

Les marchands ismaélites conduisirent Joseph en Égypte, où il fut acheté par *Putiphar*, un des principaux officiers du roi. Dieu favorisa Putiphar à cause de Joseph, qui obtint bientôt la confiance entière de son maître, et fut placé par lui à la tête de toute sa maison. Mais, victime des accusations calomnieuses de la femme de Putiphar, dont il avait repoussé les criminelles propositions, il fut jeté dans une prison. Là se trouvaient deux officiers du roi, le grand échanson et le grand panetier, à qui Joseph prédit leurs destinées diverses en interprétant leurs songes.

Deux ans après, le Pharaon (1) lui-même eut deux songes étranges. Il lui sembla être assis auprès du Nil, d'où il vit sortir sept vaches grasses qui se mirent à paître sur les bords du fleuve. Bientôt il en sortit sept autres d'une extrême maigreur qui dévorèrent les premières. Il crut voir aussi une tige qui portait sept épis de blé beaux et bien remplis; mais tout à coup, il sortit de cette même tige sept autres épis maigres et vides, qui firent périr les premiers. A son réveil, le Pharaon consulta vainement tous les devins de l'Égypte; aucun ne put lui expliquer le sens de sa vision. Le grand échanson, qui avait été mis en liberté selon que Joseph l'avait annoncé, parla de lui au roi, qui le fit appeler et lui raconta ses songes.

Joseph lui répondit que sept années d'abondance, puis sept années de famine, allaient se succéder en Égypte; et il l'engagea à établir sur tout le royaume un homme prudent qui préparât pendant les premières années des provisions

---

(1) C'est ainsi qu'on appelait les rois d'Égypte.

pour le temps de la disette. Le Pharaon, admirant la sagesse de Joseph, lui mit au doigt son anneau, le revêtit d'une robe de fin lin, et lui passa au cou un collier d'or, en le nommant le *Sauveur du monde;* puis, l'ayant fait monter sur un char élevé, il fit crier par un héraut que chacun eût à fléchir le genou devant celui à qui il avait confié le gouvernement de tout le royaume (2090).

Pendant les sept années d'abondance, Joseph parcourut toute l'Égypte, et fit remplir dans toutes les villes les greniers publics; de sorte que, la famine arrivant (2083), il put vendre aux Égyptiens le blé dont ils avaient besoin. La disette fut si grande, que les Égyptiens, après avoir payé le froment avec leur argent, furent réduits à livrer en échange leurs champs et même leurs personnes; ainsi, eux et leurs biens devinrent la propriété du roi, et tous les propriétaires libres ne furent plus que de simples fermiers.

La famine s'étant étendue au delà de la terre d'Égypte, et particulièrement dans celle de Chanaan, où habitait Jacob, il envoya ses fils en Égypte pour y acheter du blé. Les frères de Joseph se prosternèrent aux pieds du ministre, bien éloignés de croire que cet homme puissant fût celui qu'ils avaient vendu comme esclave à des Ismaélites. Mais Joseph reconnut ses frères; oubliant les injures qu'il en avait reçues, il se découvrit à eux, les embrassa avec tendresse et les renvoya dans leur pays, avec l'ordre de ramener en Égypte son père Jacob et toute sa famille, qui était composée alors de soixante-six personnes.

§ IV. MOÏSE.

22. MULTIPLICATION DES ISRAÉLITES. — OPPRESSION. — Joseph obtint du roi, pour y établir son père et ses frères, la terre de Gessen, la plus fertile de toute l'Égypte, la plus abondante en pâturages (2076). Jacob y vécut encore dix-sept ans. Avant de mourir, le saint patriarche, qui connaissait les promesses divines, exigea de Joseph le serment qu'il transporterait ses restes dans la terre de Chanaan. Il expira au milieu de ses enfants, après les avoir bénis tous, et avoir prédit à chacun sa destinée (2059), adressant à Juda ces paroles prophétiques : *Le pouvoir appartient à Juda, il ne sortira pas de Juda, jusqu'à ce que vienne* CELUI QUI DOIT VENIR ET QUI SERA L'ATTENTE DES NATIONS.

Joseph conserva à ses frères sa protection puissante jusqu'à sa mort. Il leur annonça que Dieu visiterait leur postérité, et qu'il la ferait sortir de la terre d'Égypte, pour la conduire dans celle qu'il avait promise à Abraham, à Isaac et à Jacob. Comme son père, il leur fit jurer qu'à leur sortie d'Égypte, ils emporteraient ses os avec eux, et il mourut à l'âge de cent dix ans (2003).

La postérité de Jacob ou Israël se multiplia tellement, qu'elle forma un peuple assez nombreux pour inspirer des craintes aux Égyptiens. Ils voyaient avec déplaisir, au sein de leurs tribus sédentaires, cette population errante dont les mœurs simples et patriarcales contrastaient avec toutes les habitudes du pays, dont le culte repoussait avec mépris leurs superstitions nationales. Les anciens habitants enveloppaient toute la race hébraïque dans la haine qu'ils portaient aux Arabes pasteurs ou Hycsos (Voir chap. IV, § II, n° 50) qui s'étaient établis violemment parmi eux. Un roi *qui n'avait pas connu Joseph* commença à persécuter les Israélites ou Hébreux en les accablant des plus rudes travaux ; et comme, malgré ces vexations, leur nombre continuait à s'accroître de jour en jour, il donna ordre de précipiter dans le Nil tous leurs enfants mâles au moment même de leur naissance. Ce fut alors qu'une femme de la tribu de Lévi, ne pouvant plus cacher son fils qu'elle avait pendant trois mois soustrait à toutes les recherches, le mit dans une corbeille de jonc et l'exposa au milieu des roseaux qui couvraient les bords du Nil. Dieu veilla sur ce frêle berceau qui portait le libérateur d'Israël. La fille du Pharaon, étant venue au fleuve pour se baigner, aperçut la corbeille ; elle se la fit apporter, et voyant le petit enfant qui criait, elle le recueillit, le fit élever près d'elle, et quand il fut grand, elle l'adopta, en lui donnant le nom de *Moïse*, c'est-à-dire sauvé des eaux (1725).

23. Moïse délivre les Israélites (1645). — Moïse fut entouré de richesses et d'honneurs, et apprit toutes les sciences des Égyptiens ; mais il se rappelait son origine, et voyait avec douleur les maux que souffraient les Israélites ses frères. Ayant tué un Égyptien qui maltraitait un Hébreu, il fut obligé de fuir dans le pays des Madianites, chez un prêtre nommé *Jéthro*, dont il épousa la fille (1685).

Tandis qu'il gardait les troupeaux de son beau-père, au pied du mont Horeb, Dieu lui apparut dans un buisson ardent, et lui dit : « Je suis le Dieu d'Abraham, d'Isaac et de Jacob ; j'ai vu l'affliction de mon peuple en Égypte, et ses cris sont parvenus jusqu'à moi ; je le délivrerai, et c'est toi que je charge d'aller trouver le Pharaon et de tirer de l'Égypte les fils d'Israël. »

Les ordres formels du Seigneur, les prodiges qu'il fit devant Moïse, vainquirent l'hésitation de celui-ci, et il revint en Égypte avec son frère *Aaron*, que Dieu avait associé à sa mission sainte.

Malgré les miracles qui furent opérés en sa présence, le Pharaon ne répondit à la première demande de Moïse qu'en accablant les Israélites d'un joug plus pesant encore. Alors Moïsa implora le Seigneur, et neuf fléaux terribles fondirent successivement sur l'Égypte, sans pouvoir triompher de l'obstination du roi. Enfin, Dieu envoya la dixième et la plus épouvantable de toutes les plaies. L'ange exterminateur passa sur la terre d'Égypte, et dans une nuit, il frappa tous les premiers nés, depuis le fils du roi assis sur son trône jusqu'aux fils de l'esclave et jusqu'aux premiers nés de tous les animaux; et un gémissement universel s'éleva dans l'Égypte. Durant cette même nuit, les Israélites, d'après l'ordre de Dieu, s'étaient réunis par familles pour manger la chair rôtie d'un agneau, avec du pain sans levain et des laitues amères, ayant les reins ceints, des souliers aux pieds et un bâton à la main, comme des voyageurs; et ils s'étaient hâtés en mangeant, car c'était la *Pâque,* c'est-à-dire *le passage du Seigneur*. Ils avaient teint leurs portes du sang de l'agneau pascal, et, selon la parole de Dieu, l'ange exterminateur, en voyant ce signe, avait épargné les enfants des Hébreux.

Le Pharaon, épouvanté, ordonna à Moïse et à Aaron d'emmener promptement les enfants d'Israël. Ils se mirent en marche au nombre de six cent mille hommes (1645), emportant avec eux une grande quantité de vases d'or et d'argent qu'ils avaient demandés aux Égyptiens.

Les Israélites se dirigèrent vers les bords de la mer Rouge, conduits par une colonne de nuée, obscure le jour et lumineuse la nuit. Le roi d'Égypte, apprenant que les Israélites s'éloignaient, se repentit de les avoir laissés partir; il rassembla son armée, se mit à leur poursuite, et les atteignit au moment où ils venaient d'arriver sur les bords de la mer Rouge. Le peuple, saisi de crainte, se mit à murmurer contre Moïse. Mais, sur l'ordre du Seigneur, Moïse étendit la main au-dessus des eaux : tout à coup un vent violent s'étant élevé, dessécha le fond de la mer, et les Israélites la traversèrent, voyant avec admiration les flots suspendus comme des murailles à leur droite et à leur gauche. Déjà ils touchaient le rivage opposé, lorsque le Pharaon entra à son tour dans le lit de la mer pour les poursuivre; mais Moïse ayant étendu une seconde fois la main, les flots se rejoignirent, et engloutirent le roi avec toute son armée (n° 51). Moïse et les Israélites célébrèrent le miracle de leur délivrance par un cantique d'actions de grâces : « Gloire au Seigneur, répétait la nation tout entière, gloire au Seigneur, qui s'est glorifié lui-même, et qui a précipité dans les flots le cheval et le cavalier ! »

Les Israélites, après avoir traversé la mer Rouge, se trouvèrent dans un vaste désert où ils devaient errer pendant quarante ans. Dieu voulait préparer par de longues fatigues le peuple hébreu à lutter contre les vaillantes populations de la terre promise. Les épreuves et les privations commencèrent bientôt. Manquant de nourriture, les Israélites regrettèrent les légumes et le pain que les Égyptiens leur donnaient dans leur esclavage. Mais Dieu les nourrit en leur envoyant la *manne*, aliment miraculeux, qui, chaque matin, tombait sur la terre avant le lever du soleil; il les désaltéra en faisant couler des sources abondantes du sein des rochers arides.

24. CARACTÈRE GÉNÉRAL DE LA LÉGISLATION DE MOÏSE. — Une victoire sur les Amalécites fut encore une preuve de la protection divine, que Moïse avait implorée pendant tout le combat. Il avait confié le commandement de l'armée au pieux et vaillant *Josué*. D'après les conseils de Jéthro, son beau-père, il partagea avec un certain nombre de juges le soin de régler les affaires ordinaires, ne se réservant que les plus importantes. Mais déjà, les préceptes de la loi naturelle ne suffisaient plus pour contenir une nation nombreuse et indocile. Le peuple israélite étant arrivé au pied du mont Sinaï, Dieu le frappa de terreur en déployant l'éclat de sa majesté au sommet de la montagne tout entourée de foudres et d'éclairs. Il appela Moïse seul auprès de lui, tandis que le peuple se tenait à une certaine distance dans un religieux effroi. En descendant de la montagne sainte, Moïse rapporta aux Hébreux cette législation universelle, qui devait régler à la fois tous les rapports politiques, civils, moraux et religieux, cette législation qui, à la différence de toutes les autres, au lieu d'être élaborée par de longs et pénibles essais, apparaît tout à coup dans son majestueux ensemble pour ne subir jamais aucun changement.

« Partout les lois ont fléchi sous les circonstances; partout elles ont éprouvé les vicissitudes qu'entraînent les révolutions des mœurs et des gouvernements; celles des Juifs sont restées immuables. Les défaites nombreuses, une longue servitude, la nécessité d'une vie errante, l'excès du malheur et de la misère, n'y ont rien changé ; elle n'ont pas même été altérées par leur suppression du rang des peuples, et leur dégradation civile et politique. » (M. DE PASTORET.)

« Dieu lui-même, dit Bossuet, est le fond de cette admirable législation, qui liait la société des hommes entre eux par la sainte société de l'homme avec Dieu. » Les Israélites, en effet, étaient le peuple du Seigneur, et Dieu était le seul souverain des Juifs. De lui seul émanaient directement toutes leurs lois. Le gouvernement théocratique fut établi parmi les Hébreux dans toute sa pureté. Malgré quelques modifications dans la forme extérieure, le principe se maintint sans s'altérer. Le tabernacle était à la fois le sanctuaire et le trône. Les prêtres étaient les ministres ordinaires du pouvoir, le grand pontife était le ministre suprême. « Les autres peuples firent des dieux de leurs rois, les Juifs firent un roi de leur Dieu. »

25. LOIS CIVILES ET CRIMINELLES. — La loi de Moïse offre un caractère général de sévérité et de rigueur, bien que déjà tempéré par une douceur inconnue aux législations antiques : cette rigueur était nécessaire quand il s'agissait d'enchaîner un peuple tel que les Juifs. La Bible atteste leur esprit de désobéissance et de révolte ; leurs annales sont fréquemment l'histoire de leur ingratitude ; aucun peuple ne fut plus inquiet, plus défiant, plus indocile. D'Abraham à Joseph, de la naissance de Moïse à la mort de Josué, presque tout est prodige ; et un des plus extraordinaires sans doute est cette obstination, cette incrédulité, cet abandon perpétuel du Dieu qui les affranchissait, pour les dieux de cette terre où ils avaient vécu sous le plus terrible esclavage.

Le repos du *sabbat*, rigoureusement prescrit, suspend chaque semaine toutes les œuvres serviles ; et l'*année sabbatique*, au bout d'une période de sept ans, rend à chacun les biens qu'il a perdus.

Tous les crimes sont sévèrement punis ; et la mort, accompagnée de supplices divers, est un châtiment ordinaire, mais justement appliqué. La loi de Dieu étant en même temps la loi de l'État, la violation des devoirs de la religion était considérée et punie comme une violation de la loi civile. Ainsi la peine de mort est prononcée contre celui qui viole les commandements de Dieu, ce code suprême des Israélites ; contre celui qui a frappé ou maudit son père ou sa mère ; contre celui qui s'est emparé d'un homme et qui l'a vendu; contre tout homicide enfin, et même contre le meurtrier d'un esclave.

La *loi du talion* est posée en principe : œil pour œil, dent pour dent, blessure pour blessure. Celui qui porte un faux témoignage encourt la même peine qu'il a voulu faire subir à l'innocent. Point de pitié pour le vice. Nulle part la séduction, l'adultère, ne sont aussi sévèrement punis. Le vol, ce crime si naturel aux races arabes qu'il passait pour une coutume, si habituel dans tout l'Orient que la sage Égypte finit par le tolérer (chap. IV, § III, n° 56), est réprimé par la loi de Moïse. Celui qui abuse de la confiance de son prochain sera condamné à restituer le double, le triple, le quadruple de ce qu'il aura pris, et si ses biens ne suffisent pas à la restitution, il sera vendu lui-même. La protection de la loi est accordée à tous membres de la société humaine. Justice est faite avec impartialité aux pauvres comme aux riches.

Les anciens de chaque tribu jugeaient au nombre de trois, de sept, ou de vingt-un, suivant l'importance des causes. S'ils ne se trouvaient pas suffisamment éclairés, ils renvoyaient aux prêtres, qui prononçaient en dernier ressort.

Dans les affaires capitales, il était procédé avec le calme examen que mérite une décision irréparable. Les témoins entendus, la cause était remise au lendemain, et les juges retirés chez eux prenaient peu de nourriture et point de vin. Puis, au point du jour, ils se réunissaient deux à deux pour discuter de nouveau. La sentence rendue, le condamné était conduit au lieu du supplice; mais, jusqu'au dernier moment, on invitait à comparaître quiconque pourrait le disculper.

Au sein de la nation juive, les parents n'ont pas ce droit de vie et de mort sur leurs enfants, qu'on retrouve partout ailleurs. La femme est la compagne de l'homme, comme Ève fut celle d'Adam, non son esclave; être inférieur aux yeux de tous les peuples orientaux, elle retrouve dans la société judaïque le rang que lui a assigné le Créateur. Les mœurs patriarcales nous ont déjà offert l'image anticipée de la sainte dignité du mariage chrétien ; nous verrons souvent des femmes entourées par le peuple juif tout entier de respect et d'honneurs. Le divorce est toléré, mais entouré de formalités qui le rendent plus difficile et plus rare. Le frère épouse la veuve de son frère mort, pour qu'elle ne soit pas sans secours. Dieu lui-même se déclare le protecteur de la veuve et de l'orphelin, et terrible sera la punition de quiconque opprimera leur faiblesse. La vengeance est défendue; si quelqu'un rencontre sur son chemin l'âne ou le bœuf égaré de son ennemi, il doit le ramener; s'il voit son ennemi accablé sous le faix, il doit l'aider et le secourir.

La pauvreté, regardée comme un vice et un opprobre chez les nations païennes, est relevée ici, et de touchantes recommandations sont adressées à tous en sa faveur : « Vous ne pourrez retenir, même en gage, plus tard que le soleil couché, le vêtement de votre frère pauvre; car ce vêtement lui est nécessaire; rendez-le-lui avant le soir, afin qu'en s'endormant il vous bénisse, et que vous trouviez grâce devant le Seigneur. Ne différez pas jusqu'au matin le salaire de l'ouvrier. Vous ne prêterez pas à usure; l'usure est coupable. Si vous avez oublié une gerbe dans votre champ à l'époque de la moisson, laissez-la pour ceux qui n'ont pas de champ. Vous ne couperez pas les épis trop près de la terre, vous en laisserez dans la campagne pour que les pauvres puissent glaner selon leurs besoins. Les fruits que la terre produira sans culture seront abandonnés aux étrangers, aux serviteurs, aux mercenaires. »

L'esclavage, cette plaie de la société antique, est restreint, adouci; il y a chez les Juifs plutôt des serviteurs que des esclaves. Le domestique s'assied parfois à la table de son maître. « Donne-lui le pain et le vin pour son voyage, dit le texte sacré, et rappelle-toi que toi-même tu fus esclave. » Le meurtre de l'esclave est puni comme celui de l'homme libre; celui à qui son maître a crevé un œil est libre par ce fait. C'est en grande partie pour l'esclavage qu'est institué le repos du septième jour, une des plus inflexibles ordonnances de la loi. Puis vient au bout de sept ans l'année sabbatique. Cette année rend la liberté à tout esclave, fait rentrer les champs qui ont été vendus entre les mains de leur ancien propriétaire; et tout ce que la terre produit cette année-là est aux pauvres. La grande année du jubilé, encore plus solennelle, revient au bout de cinquante ans.

Enfin, si Moïse sépare les Israélites de toutes les autres nations, si ce peuple, que Dieu avait choisi pour être le dépositaire unique de la vérité, est isolé des autres par ses mœurs et son culte, la législation mosaïque, qui exclut toute coutume, toute institution du dehors, fait exception en faveur des personnes. « N'affligez pas l'étranger, disent les livres saints, et rappelez-vous que vous-mêmes vous fûtes étrangers dans la terre d'Égypte. » Et alors pourtant, en Asie, en Égypte, en Grèce, partout, l'étranger était un ennemi.

26. Loi religieuse. — Le premier caractère de la loi religieuse des Juifs, c'est la haine de l'idolâtrie, ce grand vice de toutes les religions du monde ancien. Au milieu d'une foule de nations païennes, dont les Juifs, légers, inconstants et ingrats, n'étaient que trop portés à imiter les déplorables erreurs, il fallait graver profondément ce dogme de l'unité de Dieu dans l'esprit d'un peuple destiné à sauver ce principe suprême du naufrage universel des vérités. Moïse interdit tout ce qui ressemble aux pratiques de l'idolâtrie. Il prescrit tout ce qui rappelle l'unité de Dieu : un seul autel avait été élevé dans le désert; plus tard, un seul tabernacle est érigé, un seul temple bâti, une seule tribu est vouée au service des autels. Moïse défend d'immoler des victimes dans les bois et sur les montagnes, si souvent témoins des hommages que rendaient les mortels aux divinités qu'ils avaient créées eux-mêmes. La croyance à l'unité de Dieu est prescrite dès les premiers mots du Décalogue, qui contient toute l'essence de la religion juive.

I. Je suis le Seigneur votre Dieu, qui vous ai tirés de l'Égypte, de la maison de servitude.

Vous n'aurez point de Dieu étranger devant moi. Vous ne ferez pas d'image taillée, ni aucune figure, et vous ne l'adorerez pas.

II. Vous ne prendrez pas en vain le nom du Seigneur votre Dieu.

III. Souvenez-vous de sanctifier le jour du Sabbat.

IV. Honorez votre père et votre mère, afin que vous viviez longtemps sur la terre.

V. Vous ne tuerez pas.

VI. Vous ne commettrez pas de fornication.

VII. Vous ne déroberez pas.

VIII. Vous ne porterez pas de faux témoignage contre votre prochain.

IX. Vous ne désirerez pas la maison de votre prochain.

X. Vous ne désirerez pas la femme de votre prochain, ni son serviteur, ni sa servante, ni son âne, ni son bœuf, ni rien qui soit à lui.

27. Culte. — **Sacerdoce.** — Après avoir publié ces grands préceptes, Dieu régla lui-même les cérémonies du culte, les solennités par lesquelles il voulait être honoré. Tout y semble encore tendre à ce but général de la législation des Hébreux, de rendre impossible le mélange du peuple choisi de Dieu avec les autres peuples. La circoncision, devoir religieux pour les enfants d'Israël, est un de leurs signes distinctifs. La vie entière des Hébreux est chargée de pratiques religieuses qui les unissent entre eux en les séparant des autres hommes. Dans leur culte tout est invariablement fixé par les préceptes du Seigneur, rien n'est laissé à l'incertitude des volontés humaines. Le service des autels est exclusivement confié à la tribu des Lévites. Le premier né parmi les descendants du fils d'Aaron exerce le souverain pontificat; les autres membres de cette famille sont destinés au sacerdoce. Le reste des Lévites remplit les emplois inférieurs. De nombreuses prérogatives, mais aussi des devoirs rigoureux, sont attachés au sacerdoce. Les prêtres doivent expliquer au peuple la loi divine, guider sa conduite par des exemples irréprochables; ils expient leurs fautes par des peines d'une sévérité extrême. Les Lévites, entièrement voués à Dieu, ne s'occupent pas de la culture de la terre, et aucune propriété ne leur est attribuée; mais ils ont droit, entre autres avantages qui leur sont conférés par la loi même, à la dixième partie ou à la *dîme* des grains et des fruits que recueillent les autres Israélites.

Une des charges les plus importantes des prêtres était la garde du *tabernacle;* c'était là qu'était renfermée l'*arche d'alliance*, qui contenait les tables où était gravée la loi divine, et un vase rempli de manne, en mémoire des prodiges que Dieu avait opérés en faveur de son peuple.

Les fêtes de la religion avaient pour objet de rappeler au peuple hébreu quelque époque signalée plus particulièrement par les bienfaits de Dieu. Elles étaient consacrées, pour la plupart, aux pieux souvenirs, aux devoirs de reconnaissance.

Outre le sabbat (n° 25), ou repos du septième jour, institué en mémoire du repos de Dieu après la création, les Israélites avaient plusieurs grandes fêtes à la fois religieuses et nationales. Lors de la solennité de la *Pâque*, « si l'enfant en demandait le motif à son père, celui-ci répondait : C'est en souvenir du jour où le Seigneur nous délivra de l'oppression étrangère. » La *Pentecôte* avait lieu cinquante jours après la Pâques, en commémoration du jour où Dieu avait publié sa loi. La fête des *Tabernacles*, pendant laquelle les Israélites devaient habiter sous des tentes, comme leurs pères dans le désert, se célébrait après la récolte des fruits. A la fête des *Expiations*, tout le peuple, par un jeûne solennel, implorait le pardon de ses fautes. C'était le seul jour de l'année où le grand-prêtre entrât dans la partie la plus reculée et la plus sacrée du temple, qu'on appelait le *Saint des Saints*. Quand il en était sorti, on lui amenait deux boucs, dont l'un était immolé au Seigneur, et l'autre, le *bouc émissaire*, était chassé dans le désert après avoir été chargé avec imprécation de tous les péchés d'Israël.

28. INFIDÉLITÉS DES ISRAÉLITES. — Dieu avait promulgué sa loi sur le mont Sinaï, au milieu des foudres et des éclairs, pour frapper plus vivement l'esprit grossier et mobile des enfants d'Israël. Et cependant, à peine Moïse, ayant fait jurer au peuple obéissance aux préceptes divins, était-il monté seul sur la montagne pour recevoir le complément des ordres du Seigneur, que les Hébreux, au pied même du Sinaï, forcèrent Aaron à leur fabriquer un veau d'or pour lui offrir leurs adorations. Moïse, descendant la montagne avec les deux tables de pierre, où Dieu avait inscrit sa loi, les brisa dans son indignation, à la vue de la monstrueuse ingratitude de son peuple. Il réduisit en poudre le veau d'or et fit périr trois mille des prévaricateurs par le glaive des Lévites, avant de redemander à Dieu deux nouvelles tables pour remplacer les premières.

Malgré ce terrible exemple, les infidélités des Israélites se renouvelèrent souvent, et chaque fois, il fallut que Dieu les châtiât d'une manière rigoureuse pour les ramener à l'obéissance.

Les deux fils aînés d'Aaron lui-même furent dévorés par un feu sorti du tabernacle, pour avoir, au mépris de la loi, allumé leurs encensoirs avec une flamme profane. Une maladie contagieuse enleva une foule d'Israélites qui regrettaient encore les viandes et les oignons d'Égypte. Ceux qui murmuraient de la longueur du voyage furent livrés aux morsures brûlantes de serpents venimeux, et ne purent se guérir qu'en regardant le serpent d'airain élevé par Moïse, symbole du Rédempteur des hommes. Vingt-quatre mille hommes périrent dans le pays des Madianites pour avoir adoré les idoles de ce peuple. *Coré, Dathan* et *Abiron*, qui voulaient usurper les fonctions sacerdotales, attribuées par le Seigneur à la famille d'Aaron, furent engloutis dans la terre qui s'entr'ouvrit sous leurs pas, tandis que les deux cent cinquante complices de leur révolte étaient dévorés par les flammes.

Cependant les Israélites touchaient aux frontières du pays de Chanaan, cette terre promise à leurs pères. Mais des espions envoyés par Moïse, en leur rapportant les productions merveilleuses de ce fertile pays, *où coulaient le lait et le miel*, les épouvantèrent en exagérant la force et le nombre des hommes qui l'habitaient. Le peuple douta encore une fois des promesses du Tout-Puissant, et recommença ses murmures. Dieu le punit en déclarant que nul de ceux qui étaient sortis d'Égypte à l'âge de vingt ans et au-dessus ne verrait la terre promise, si ce n'est *Caleb* et Josué, qui avaient eu foi dans sa parole : tout le peuple dut errer encore pendant quarante ans dans le désert. Moïse lui-même et son frère Aaron ayant hésité à accomplir un ordre du Seigneur ne furent pas jugés dignes d'entrer dans la terre promise.

Aaron mourut peu de temps après. Quant à Moïse, il fit la conquête de toute la contrée à l'orient du Jourdain, où s'établirent les tribus de Ruben et de Gad et une partie de celle de Manassé. Il fit alors le dénombrement des Israélites en état de porter les armes. Ils étaient au nombre de six cent un mille sept cent trente, sans compter vingt-trois mille Lévites. Puis, après avoir béni toutes les tribus, il monta sur la montagne de Nébo, d'où le Seigneur lui fit voir, au delà du Jourdain, la terre promise à Abraham, à Isaac et à Jacob, mais où il ne devait pas pénétrer. Ensuite Moïse mourut, et jamais homme n'a connu le lieu de sa sépulture (1605).

§ V. CONQUÊTE DE LA TERRE SAINTE.

29. JOSUÉ FAIT LA CONQUÊTE DE LA TERRE DE CHANAAN. — Moïse avait, par ordre du Seigneur, choisi *Josué* pour son successeur. Le fils d'Aaron, *Éléazar*, avait été de même désigné par Moïse pour remplacer son père dans la dignité de grand prêtre. Ce fut sous ces deux chefs que les Israélites furent mis en possession de la terre de Chanaan. Dès que Josué eut pris la direction du peuple d'Israël, Dieu lui promit sa protection, et lui ordonna de passer le Jourdain. Aussitôt, Josué se mit en marche en faisant porter l'arche d'alliance devant le peuple. Les prêtres entrèrent avec elle dans le lit du fleuve. Alors, les eaux se divisèrent, et le peuple traversa le Jourdain à pied sec.

Les Hébreux se trouvaient alors près de Jéricho, ville puissante entourée de fortes murailles. Dieu confirma par un second miracle la mission qu'il avait donnée à Josué. D'après l'ordre du Seigneur, l'armée fit pendant six jours de suite le tour des remparts, précédée par l'arche d'alliance ; le septième jour, au seul bruit des trompettes, les murs de Jéricho s'écroulèrent avec fracas. Les Israélites s'y précipitèrent et passèrent les habitants au fil de l'épée. La ville fut rasée, et tout le butin consacré au Seigneur.

La protection de Dieu ne cessait d'accompagner son peuple. Toutes les tribus de Chanaan qui osèrent résister furent vaincues et détruites. Les Gabaonites seuls firent alliance avec Josué, qui leur accorda ses secours contre les peuples voisins irrités de cette défection. C'est en combattant contre les ennemis des Gabaonites que Josué, voulant terminer la victoire que la nuit allait interrompre, ordonna au soleil de s'arrêter, et de prolonger le jour jusqu'à ce que la défaite des ennemis fût complète.

Après des luttes presque toujours fatales à leurs ennemis, les Israélites avaient triomphé de trente-cinq rois et conquis la terre de Chanaan. Ils étaient désormais seuls maître de la contrée occupée auparavant par les Amorrhéens, les Jébuséens, les Héthéens, les Chananéens et les Phéréséens. Ce pays fut alors partagé par Josué entre les douze tribus d'Israël. Trois hommes de chaque tribu furent choisis pour faire ce partage. Ainsi que nous l'avons dit, celle de Lévi n'eut point de terres, parce que Dieu lui avait attribué la dîme et les prémices de tout ce que la terre produisait. On lui assigna seulement pour demeure quarante-huit villes disséminées dans le territoire des diverses tribus. Les deux tribus de *Manassé* et d'*Éphraïm* (fils de Joseph et adoptés par Jacob) reçurent leurs parts comme les autres tribus d'Israël, et même celle de Manassé eut deux parts, l'une à l'orient et l'autre à l'occident du Jourdain. Josué régla ensuite le gouvernement et l'administration intérieure. Il organisa les tribunaux, fixa la juridiction des magistrats, et détermina leurs attributions diverses. Il mourut à l'âge de cent dix ans, après avoir établi l'ordre et la paix parmi son peuple (1580). « Vous voyez, disait-il dans ses derniers jours aux vieillards d'Israël, vous voyez comme le Seigneur a combattu pour vous, et vous a distribué la terre qui s'étend à l'est du Jourdain jusqu'à la mer. Beaucoup de nations restent encore ; mais le Seigneur les dispersera, pourvu que vous demeuriez fidèles à la loi, que vous ne vous mêliez pas avec les étrangers, que vous ne juriez pas par leurs dieux, mais que vous restiez unis au Dieu véritable. »

---

(1) Voir dans l'*Atlas historique et géographique* de M. Ansart, la planche 3 ou carte de la *Palestine*.

Malheureusement, l'ordre ne régna pas longtemps dans la nation. Après que Josué fut mort, les Israélites cessèrent d'obéir à un chef unique et régulièrement institué. Le gouvernement passa aux mains des anciens de chaque tribu, qui se réunissaient en conseil pour délibérer sur les affaires publiques. La seule influence du grand prêtre maintenait quelque unité au milieu de cette division du pouvoir. Peu à peu cependant, l'anarchie fit des progrès; le peuple, livré à lui-même, oublia la loi du Seigneur, et commença à s'allier avec les nations voisines, qui adoraient encore les idoles. Dieu le punit en permettant qu'il fût vaincu et réduit plusieurs fois en servitude. Cependant il lui envoya de temps en temps, pour le tirer de l'oppression, des hommes justes et animés de son esprit, qui furent appelés *Juges*.

§ VI. LES JUGES.

50. **SERVITUDES DES ISRAÉLITES. — GOUVERNEMENT DES JUGES.** — Les juges n'avaient pas une autorité déterminée et constante; suscités dans le danger commun, ils devenaient les chefs de leurs compatriotes après les avoir délivrés; ils commandaient, tantôt à une partie des Israélites, tantôt à une autre. Parfois la dignité de juge était donnée à une personne renommée par sa sagesse, quel que fût du reste son rang, et on la vit même entre les mains d'une femme. Cependant, le plus souvent, ce pouvoir était plutôt celui d'un général que celui d'un magistrat. « Sous le nom de juge, dit
» l'historien Josèphe, on mettait à la tête du peuple le citoyen
» le plus distingué par son courage et par ses talents guer-
» riers. » Du reste, quand le péril était passé et que le libérateur était mort, on ne lui donnait pas habituellement de successeur, et le gouvernement des tribus revenait aux anciens.

Les juges les plus célèbres furent Othoniel, Aod, Débora, Gédéon, Jephté, Samson, Héli et Samuel.

Le roi de Mésopotamie, *Chusan-Rasathaïm*, ayant assujetti les Israélites au tribut, Dieu, au bout de huit ans, eut pitié d'eux, et mit à leur tête *Othoniel* (1554-1514), qui les délivra, et qui gouverna pendant quarante années. Après lui, le peuple retomba dans l'idolâtrie, et Dieu le laissa pendant dix-huit ans sous le joug d'*Églon*, roi des Moabites. A peine *Aod* (1496-1416) les avait-il tirés de cette dure captivité, qu'ils revinrent à leurs anciennes iniquités, et méritèrent d'être punis par une troisième servitude. Pendant vingt ans, ils furent soumis à *Jabin*, roi puissant, qui avait une armée nombreuse et neuf cents chars armés de faux. — Dans ce temps, une femme, la prophétesse *Débora*, assise au pied d'un palmier sur la montagne d'Éphraïm, jugeait le peuple d'Israël. Elle se mit avec le général *Barac* à la tête de l'armée, et marcha contre Sisara, chef des troupes de Jabin. *Sisara* fut vaincu, et tué dans sa fuite par une femme nommée *Jahel*. Débora et Barac célébrèrent la délivrance des Israélites par ce cantique sublime : « Lève-toi, ô Débora, lève-toi, et entonne des chants de victoire. Lève-toi, Barac, et saisis tes prisonniers ; les restes du peuple sont sauvés ; le Seigneur a combattu parmi les guerriers. Le ciel même livra bataille aux ennemis, et le torrent entraîna leurs cadavres. Périssent ainsi, ô Seigneur, tous vos ennemis ! » (1396.)

51. Gédéon. — Jephté (1349-1237). — Mais, toujours ingrats envers le Seigneur, les Israélites l'offensèrent de nouveau, et retombèrent au pouvoir des Madianites. Au bout de sept années de la plus dure servitude, Dieu suscita pour leur délivrance *Gédéon* (1349), qui pour preuve de sa mission obtint du Seigneur plusieurs miracles. Ce nouveau juge d'Israël renversa les statues des faux dieux, appela toutes les tribus aux armes, et rassembla sous ses drapeaux plus de trente mille guerriers ; mais Dieu, ne voulant pas que son peuple attribuât sa délivrance à ses propres forces, réduisit l'armée à trois cents hommes. Gédéon, les ayant munis de trompettes et de pots de terre renfermant des lampes allumées, pénétra avec eux dans le camp des Madianites en criant : « L'épée de Dieu et de Gédéon ! » En même temps, le bruit des trompettes et l'éclat des lampes jetèrent l'effroi parmi les Madianites, qui s'égorgèrent les uns les autres, ou prirent la fuite. Gédéon mourut (1309), après avoir gouverné pendant quarante ans, sans vouloir prendre le titre de roi ; *car c'était le Seigneur qui était roi dans Israël.* Il laissait soixante et onze fils. *Abimélech*, l'un d'eux, homme ambitieux et cruel, égorgea tous ses frères, à l'exception d'un seul, et se fit proclamer roi par les habitants de Sichem. Mais sa tyrannie souleva contre lui tout le peuple, et il fut tué de la main d'une femme, en assiégeant une ville de la tribu d'Éphraïm (1306).

Bientôt après, les Ammonites, profitant des divisions des Israélites, les soumirent à une cinquième servitude. Le Seigneur leur envoya pour les délivrer *Jephté* (1243-1237), aventurier du pays de Galaad. En marchant contre l'ennemi, le chef des Hébreux promit, s'il revenait vainqueur, d'immoler au Seigneur la première personne qu'il rencontrerait à son retour. Les Ammonites furent vaincus; mais la première personne qui s'offrit aux regards de Jephté fut sa propre fille, qui venait au-devant de lui en dansant au son du tambour. Ayant appris le vœu de son père, elle s'en alla pendant deux mois pleurer sa virginité sur les montagnes, et revint se soumettre à son sort. On croit que Jephté accomplit sa promesse en consacrant sa fille au service du tabernacle.

Vers cette époque, Dieu conduisit *Ruth*, pauvre femme moabite, vers un de ses parents, nommé *Booz*, riche habitant de Bethléem, qui, touché de son amour pour sa belle-mère *Noémi*, la prit en mariage. De cette union devait naître *Obed*, qui donna le jour à *Isaïe* ou *Jessé*, père du roi David (n° 34).

32. Histoire de Samson (1172-1152). — Les Israélites, toujours infidèles, avaient été soumis par les Philistins, lorsque naquit un enfant annoncé par les anges comme le futur libérateur d'Israël, *Samson*, nazaréen (c'est-à-dire consacré au Seigneur) avant sa naissance, et sur la tête duquel le rasoir ne devait jamais passer. A dix-huit ans, Samson fit connaître sa force prodigieuse en mettant en pièces un jeune lion. Bientôt, déclarant la guerre aux oppresseurs de son peuple, il tua près d'Ascalon trente hommes de la nation des Philistins. Irrité de se voir trahi par la femme qu'il avait épousée parmi eux, il devint leur ennemi le plus acharné. Il brûla les moissons des Philistins, en lâchant dans la campagne trois cents renards qui traînaient après eux des torches enflammées. Livré par les Hébreux à ses ennemis, il rompit ses liens et tua mille Philistins avec une mâchoire d'âne. Quelque temps après, enfermé dans Gaza, dont les habitants espéraient le surprendre, il sortit en emportant sur ses épaules les portes de la ville. Les ennemis d'Israël se retirèrent de tous côtés, et Samson fut élevé à la judicature.

Les Philistins ne purent se rendre maîtres de ce terrible ennemi, que lorsqu'une femme, nommée *Dalila*, gagnée par leurs présents, se fut fait livrer, à force d'instances et de caresses, le secret de la force de Samson, et eut coupé ses cheveux, dans lesquels résidait sa vigueur surnaturelle. Les Philistins lui crevèrent les yeux et le jetèrent dans un cachot. Mais quelque temps après, ceux-ci l'ayant amené au milieu d'un temple où ils célébraient la fête de leur idole, Samson, à qui sa vigueur était revenue peu à peu avec sa chevelure, renversa deux colonnes qui soutenaient tout l'édifice, et s'ensevelit sous les ruines du temple avec trois mille Philistins (1152).

Cependant le pouvoir s'affaiblissait de plus en plus parmi les Israélites, l'union se relâchait, l'idolâtrie pénétrait sans cesse parmi les tribus. « Chacun faisait dans Israël ce qu'il voulait, » dit l'Écriture. On vit les descendants de Benjamin insulter un Lévite, et faire périr sa femme après l'avoir accablée d'outrages. Le Lévite coupa le cadavre en morceaux et envoya ces débris sanglants à toutes les tribus. Ce fut un cri d'horreur dans le pays d'Israël. Toutes les tribus prirent les armes ; les Benjamites furent presque tous exterminés.

35. Héli. — Samuel (1092). — Le désordre ne fit qu'augmenter par la faiblesse du grand prêtre *Héli*. Les deux fils d'Héli eux-mêmes, *Ophni* et *Phinée*, profanaient le lieu saint, détournaient les offrandes faites au Seigneur, et excitaient les murmures de tout le peuple. Le Seigneur, irrité contre Héli, lui envoya un prophète pour lui annoncer qu'il allait enlever le pouvoir à sa famille, faire périr en un jour ses deux fils, et le punir lui-même de sa lâcheté. Déjà un enfant était chargé de redire au grand prêtre ces menaces, et était associé aux desseins de Dieu. C'était le jeune *Samuel*, accordé aux vœux de sa mère après une longue stérilité, et élevé dans le tabernacle, où il servait le grand prêtre à l'autel des sacrifices. La prédiction répétée par la bouche de Samuel ne tarda pas à s'accomplir. Les coupables enfants d'Israël furent vaincus près de *Silo*, malgré la présence de l'arche sainte. Trente mille hommes, avec les deux fils d'Héli, restèrent sur le champ de bataille, et l'arche fut prise par les Philistins. Héli, à cette fatale nouvelle, tomba à la renverse et se fracassa la tête (1112).

Samuel fut nommé juge d'Israël quelques années après la mort d'Héli (1092). Il renouvela l'alliance des Israélites avec le Seigneur, en les déterminant à rejeter les dieux étrangers dont le culte s'était introduit parmi eux. Dès lors, ils triomphèrent de leurs ennemis. Les Philistins avaient été forcés de renvoyer l'arche d'alliance, qui était devenue pour eux une cause de calamités. Peu de temps après, ils marchèrent de nouveau contre les Israélites; mais ils furent battus complétement, et, humiliés par cette défaite, ils n'osèrent plus, pendant plusieurs années, attaquer le peuple de Dieu.

Quand Samuel fut devenu vieux, les anciens de la nation, mécontents du gouvernement de ses fils, qui s'étaient abandonnés à tous les vices, lui demandèrent de leur choisir un roi, pour juger les Israélites et combattre à leur tête. Samuel consulta le Seigneur, qui lui répondit : « Donnez-leur un roi. »

QUESTIONNAIRE. — § I. 12. Quel témoignage la science rend-elle à l'Écriture Sainte ? — 13. Racontez la création du monde et de l'homme.— 14. Pourquoi Adam et Ève furent-ils chassés du Paradis terrestre ? — 15. Quels furent les fils d'Adam et d'Ève ? — Nommez les principaux descendants de Seth. — 16. Pourquoi Dieu envoya-t-il le déluge ? — Comment Noé et ses fils y échappèrent-ils ? — § II. 17. Quelle fut la cause de la dispersion des hommes ? — Où allèrent-ils s'établir ?—18. Faites connaître les différentes races. — § III. 19. Qu'entend-on par la vocation d'Abraham ? — Qui était son neveu ? — *Racontez les principales circonstances de sa vie.* — 20. Faites connaître la nature et l'étendue de l'autorité des patriarches. — Quels furent les fils d'Isaac ? — Quelle fut la cause et quels furent les résultats du voyage de Jacob chez Laban ? — Nommez ses femmes et ses fils.— 21. *Faites connaître avec quelques détails l'histoire de Joseph.* — § IV. 22. Où s'établirent les fils de Jacob ? — Quelle fut la prophétie du patriarche à l'égard de Juda ? — Que devinrent les Israélites en Égypte ? — 23. *Racontez la jeunesse de Moïse, sa mission et la délivrance des Israélites.* — 24. Donnez une idée générale de la loi de Moïse. — 25. Parlez des lois civiles et criminelles.—26. Quel est le résumé de la loi religieuse ? —27. Parlez de la hiérarchie et des fêtes.—28. Quelle fut la conduite des Israélites dans le désert ? — § V. 29. Qui introduisit les Israélites dans la terre promise et comment ? — § VI. 30. Quelle était l'autorité des juges ? — Quels furent les premiers juges ? — 31. Racontez l'histoire de Gédéon et de Jephté. — 32. Qui était Samson et que fit-il ? — 33. Quel était le caractère d'Héli ? — Faites connaître l'histoire de Samuel.

CHAPITRE TROISIÈME.

HISTOIRE DES HÉBREUX DEPUIS L'ÉTABLISSEMENT DE LA ROYAUTÉ JUSQU'A LA FIN DE LA CAPTIVITÉ DE BABYLONE (1).

SOMMAIRE.

§ Ier. 34. Saül, premier roi, est sacré par Samuel (1080); il défait les Ammonites ; il usurpe les fonctions du sacerdoce ; il bat les Philistins par la bravoure de Jonathas ; sa désobéissance est punie. — David est choisi secrètement pour succéder à Saül. Les trans-

---

(1) Voir la planche 3 de l'*Atlas historique et géographique* de M. Ansart, contenant la carte de la Palestine à diverses époques.

ports furieux de Saül sont calmés par David. Le géant Goliath est vaincu par David (1048). La jalousie de Saül contre David oblige celui-ci à s'enfuir. Saül, vaincu à la bataille de Gelboë, se perce de son épée (1040).

35. David (1040-1001) fait la guerre contre Isboseth (1040-1033), contre les Jébuséens, prend Jérusalem ; il remporte des victoires sur les Philistins, les Moabites, les Ammonites, les Iduméens, les Syriens.
36. David commet un double crime qu'il expie par une profonde pénitence ; il est puni par le crime et la mort d'Ammon, la révolte et la mort d'Absalon, la révolte d'Adonias.
37. Salomon (1001-962) construit un temple magnifique à Jérusalem dont il fait la dédicace solennelle en 991. — Le royaume d'Israël s'étend de l'Égypte à l'Euphrate ; il accroît sa puissance par son commerce et ses richesses ; fait alliance avec la Phénicie. — L'infidélité de Salomon est punie par des troubles et des révoltes.

§ II. 38. Roboam proclamé roi repousse durement les réclamations du peuple. Dix tribus se soulèvent sous Jéroboam (962). — Les royaumes de Juda et d'Israël se séparent.
39. Jéroboam (962-943) établit en Israël le culte des veaux d'or.— Achab, époux de Jézabel, est le plus impie des rois d'Israël (907-888) ; il persécute Élie ; tue le pauvre Naboth ; est tué dans une bataille.
40. Josaphat (904-880) se rend célèbre par sa piété, sa sage et habile administration. Son alliance avec l'impie Achab est punie par l'invasion des Arabes et des Moabites.—Joram (880-877) est soumis à la funeste influence d'Athalie. — Ochosias (877-876) est assassiné par Jéhu.
41. Samarie est livrée à une horrible famine. — Joram est tué par Jéhu qui met à mort Jézabel et les descendants d'Achab (848-832).
42. Athalie massacre les parents d'Ochosias. — Joas est sauvé. — Athalie est mise à mort et Joas est proclamé roi (870-831) sous la tutelle de Joïada. Joas est assassiné. — Amasias, infidèle à Dieu, est défait par le roi d'Israël, puis assassiné (803).

§ III. 43. Les avertissements des prophètes se multiplient en Israël.— Osée (726-718) fait alliance avec Sabacon. La prise de Samarie (718) et la captivité d'Osée sont suivies de la destruction du royaume d'Israël. Les Israélites se révoltent et sont emmenés en captivité (672).
44. Le saint roi Ézéchias (723-694) est délivré miraculeusement de l'invasion de Sennachérib. — L'impie Manassès (694-640) est fait prisonnier par Asar-Haddon, puis rétabli sur le trône. Holopherne est tué par Judith devant Béthulie (658).
45. Josias est vaincu et tué à Mageddo. — Jérusalem est prise par Nabuchodonosor et Joachim est emmené en captivité. — Jéchonias est emmené captif (597). Sous Sédécias, Jérusalem est prise d'assaut et réduite en cendres. Le royaume de Juda est détruit (587).
46. Jérémie demeure en Judée. Les trois compagnons de Daniel sont jetés dans la fournaise. Daniel explique les songes du roi ; il est appelé à la cour ; il confond les prêtres de Baal (561) ; il est jeté dans la fosse aux lions.

47. Daniel prédit la ruine de Babylone qui est prise par Cyrus. Cyrus conserve à Daniel ses honneurs; il permet aux Juifs de retourner dans leur pays (536). Zorobabel reconduit les Juifs en Judée et rebâtit le temple. Esther, devenue l'épouse d'Assuérus, sauve les Juifs des funestes projets d'Aman.

§ Ier. LES PREMIERS ROIS.

54. RÈGNE DE SAÜL (1080). — Dieu envoya vers Samuel le jeune *Saül*, fils d'un homme riche et puissant de la tribu de Benjamin, et le plus beau des enfants d'Israël. Le prophète, connaissant que Saül était celui qui *avait été choisi de Dieu pour régner sur son peuple*, le sacra, en lui répandant une fiole d'huile sur la tête. Quelques jours après, Samuel assembla le peuple à Masphath, et après lui avoir reproché son ingratitude envers Dieu, qui seul avait été son roi jusqu'alors, il proposa de choisir par le sort le nouveau roi. Le sort confirmant l'élection déjà faite par Samuel au nom du Seigneur, désigna Saül, fils de Cis; le peuple le proclama roi, et il commença à gouverner avec les conseils de Samuel (1080).

Malgré la résistance de quelques-uns, la victoire affermit Saül sur le trône. *Naas*, roi des Ammonites, étant venu mettre le siége devant Jabès de Galaad, Saül rassembla trois cent mille guerriers, et fondit sur les Ammonites, qui furent complétement vaincus. Alors tout le peuple, se réunissant à Galgala, salua pour la seconde fois le vainqueur comme roi d'Israël.

Mais la prospérité le détournait déjà de la crainte du Seigneur. Attaqué par les Philistins, qui envahissaient le territoire d'Israël avec une armée innombrable, Saül osa, s'emparant des fonctions du sacerdoce, offrir lui-même un sacrifice qui ne devait être offert que par Samuel. Le prophète déclara à Saül que Dieu, en punition de sa faute, lui ôterait son royaume pour le donner à un homme selon son cœur, qu'il avait déjà choisi.

Cependant la valeur de *Jonathas*, fils de Saül, rendit encore les Israélites victorieux de leurs ennemis. Accompagné de son seul écuyer, il avait pénétré dans le camp des Philistins et jeté le trouble parmi eux. Saül voulut compléter la victoire, et se mit à la poursuite de l'ennemi, maudissant celui qui prendrait quelque nourriture avant que les Philistins fussent entièrement défaits. Jonathas désobéit par ignorance, et son père allait l'envoyer à la mort. Mais les Israélites forcèrent Saül d'épargner celui qui avait sauvé le peuple, et le roi se retira sans poursuivre davantage les Philistins.

Bientôt Samuel lui ordonna, au nom de Dieu, de combattre les Amalécites, et d'exterminer ce peuple qui avait refusé de livrer passage aux Israélites, lorsqu'ils arrivaient d'Égypte pour s'établir dans la terre de Chanaan. Saül marcha contre eux à la tête d'une armée de deux cent dix mille hommes, les battit complétement, fit prisonnier leur roi *Agag*, et mit à mort tous les Amalécites; mais il épargna le roi, et réserva tout ce qu'il y avait de meilleur dans les troupeaux et de plus précieux dans le butin. Samuel vint alors trouver Saül; il lui reprocha encore sa désobéissance, en lui disant que, puisqu'il avait rejeté les ordres du Seigneur, le Seigneur l'avait rejeté à son tour, et qu'il cesserait d'être roi.

Aussitôt le prophète quitta Saül, et, d'après l'ordre du Seigneur, il alla à Bethléem sacrer *David*, le dernier des fils de Jessé ou Isaïe, qui déjà avait signalé son courage en défendant ses troupeaux contre les lions et les ours (1051). Dès lors, l'esprit de Dieu se reposa sur David et abandonna au malin esprit le roi prévaricateur. Pour modérer la cruelle agitation de ce malheureux prince, on lui proposa de faire venir David, qui était fort habile à jouer de la harpe, et dont la mystérieuse élection était encore ignorée de tout Israël. Toutes les fois que l'esprit malin tourmentait Saül, David le calmait par ses accords harmonieux; le roi le prit en affection et le nomma son écuyer.

Bientôt, la défaite du géant *Goliath* fit connaître la valeur de David et la protection que lui accordait le Seigneur. Ce vaillant Philistin avait défié au combat les plus braves d'entre les Hébreux, et nul n'osait lutter contre lui. Le jeune berger, n'ayant pour arme que sa fronde, renversa le géant d'un coup de pierre, et se jetant sur lui, saisit son épée et lui coupa la tête. Les Philistins, voyant que leur plus illustre guerrier était mort, s'enfuirent précipitamment. Les enfants d'Israël se mirent à leur poursuite, en tuèrent un nombre considérable, et pillèrent leur camp (1048).

Saül, pour récompenser David de cette victoire, lui donna un commandement dans l'armée, et, bientôt après, à la suite d'un nouveau triomphe, il lui accorda sa fille *Michol* en mariage. Le fils de Saül, Jonathas, conçut pour David, son compagnon d'armes, une affection qui ne se démentit jamais. Mais la jalousie entra dans l'âme du roi quand il entendit les

Israélites célébrer les exploits de David en disant : « Saül en a tué mille, et David en a tué dix mille. » Il dit alors : « Que ne lui donne-t-on aussi le titre de roi ? » Et il commença à le haïr. Deux fois, il voulut percer David de sa lance, dans le temps même où celui-ci jouait de la harpe devant lui pour calmer son mal. Peu de temps après, il envoya des soldats pour le tuer. David ne put échapper aux persécutions du roi qu'en prenant la fuite. Cependant il ne rendait à son ennemi que le bien pour le mal, se bornant à exhaler ses douleurs devant Dieu, et épargnant deux fois son persécuteur, dont il pouvait se défaire impunément. Saül, touché enfin de tant de générosité, promit de ne plus poursuivre David ; mais il ne revint pas au Seigneur.

L'année 1040, les Philistins recommencèrent à attaquer les Israélites. Saül, abandonné de Dieu, alla trouver pendant la nuit la magicienne d'Endor, et lui ordonna d'évoquer l'ombre de Samuel, mort depuis deux ans. Le prophète apparut au roi ; il lui reprocha ses crimes, et lui prédit que le lendemain, lui et ses fils seraient dans le tombeau. Le lendemain, en effet, les Philistins attaquèrent avec fureur les Israélites sur la montagne de *Gelboë*. Jonathas et deux autres fils de Saül furent tués, lui-même fut blessé, et pour ne pas tomber vivant entre les mains des ennemis, il se jeta sur la pointe de son épée. David pleura amèrement son ennemi, et tout le peuple répéta après lui ce chant funèbre : « Gémis, Israël, sur ceux qui ont péri par le fer dans les montagnes. Hélas ! comment les braves sont-ils tombés dans la bataille ? Comment Jonathas a-t-il été tué sur les hauteurs ? Collines de Gelboë, que la rosée du ciel ne tombe jamais sur vous, puisque là fut abattu le bouclier des forts, le bouclier de Saül, comme s'il n'eût pas été l'oint du Seigneur ! » David fit mettre à mort un Amalécite qui se vantait d'avoir donné le coup mortel à Saül, et rendit tous les biens de ce malheureux prince à un fils de Jonathas, nommé *Miphiboseth*.

55. Règne de David (1040-1001). — Après avoir consulté le Seigneur, David se rendit à Hébron, où il fut sacré roi par ceux de la tribu de Juda ; mais en même temps le général *Abner* faisait proclamer *Isboseth*, fils de Saül, par toutes les autres tribus. Une guerre éclata entre les deux princes, et se termina au bout de sept ans (1040-1033) par la mort d'Isboseth. Six mois après, les anciens d'Israël, étant venus trouver David à Hébron, se soumirent à lui, et le reconnurent comme roi de tout Israël (1033). Il avait alors trente-sept ans.

L'unité du royaume était fondée; mais il n'y avait pas encore de capitale qui fût le centre des douze tribus. David prit aux Jébuséens, le plus belliqueux des peuples de Chanaan, la citadelle de Jérusalem, sur la montagne de Sion. Ce fut là qu'il établit la demeure royale; il s'y fit bâtir un palais avec le bois de cèdre que lui envoya son allié *Hiram*, roi de Tyr (1031). Sion s'appela dès lors la cité de David. Mais le roi n'osant reposer sous des lambris dorés, tandis que l'arche du Seigneur demeurait sous une misérable tente, la fit entrer dans Jérusalem au son des trompettes et aux acclamations de tout le peuple. David lui-même, vêtu d'une robe de lin, dansait, sa harpe à la main, devant l'arche du Seigneur.

Il avait formé le projet d'élever au Tout-Puissant un temple magnifique. Mais le Seigneur le lui défendit, parce qu'il était un roi guerrier et qu'il avait les mains souillées de sang; il réservait cet honneur au prince qui devait régner après David. Il lui promit toutefois qu'il ne retirerait pas sa miséricorde de sa maison, et que *son trône serait éternel*. C'était annoncer le règne du Messie, qui devait sortir de la race de David.

Ce prince, protégé par le Seigneur, étendit au loin la puissance d'Israël. Après avoir humilié les Philistins et affranchi son peuple du tribut qu'il leur payait depuis leur défaite de Gelboë (1028), il vainquit les Moabites et soumit ceux qui ne périrent pas dans la guerre. Les Ammonites furent défaits à leur tour, et David vainqueur, attaqua les peuples étrangers qui avaient fourni des secours à ses ennemis de Chanaan. Il fit une expédition sur l'Euphrate, battit les Iduméens orientaux près des lieux où depuis s'éleva Palmyre (n° 37), et prit un grand nombre de leurs villes. Il triompha du roi de Mésopotamie, ainsi que des Syriens de Damas et de ceux de Soba, qui retenaient dans la captivité un grand nombre de familles israélites. Le roi d'Émath vint s'humilier aux pieds de David, tandis que le général *Joab* assiégeait la forte ville de Rabbath, dont les habitants furent massacrés ou réduits en servitude. Vainement les Ammonites formèrent avec tous les peuples de Syrie une ligue formidable contre les Israélites. David, secondé par les généraux Joab et *Abisaï*, battit tous ses ennemis, leur tua cinquante mille hommes et reçut la soumission d'un grand nombre de villes. Ses conquêtes s'étendirent jusqu'à la mer Rouge. La prise des ports d'Élath et d'Asiongaber permit aux Hébreux de porter leur commerce dans les pays les plus reculés de l'Asie et de l'Afrique. A l'occident, les Phéniciens de Tyr imploraient l'alliance du roi des Israélites, et Hiram lui livrait une flotte nombreuse. David comptait dans son royaume treize cent mille hommes en état de porter les armes.

36. Double crime de David. — Sa pénitence. — C'est au milieu de toute cette gloire que David tomba tout à coup dans un double crime, comme pour servir de leçon à ceux qui s'enorgueillissent de leur grandeur et de leur justice. Il fit périr un de ses officiers, nommé *Urie*, après avoir séduit sa femme *Bethsabée*. Mais son repentir fut égal à sa faute, quand le prophète *Nathan* lui eut fait ouvrir les yeux, et il accepta avec soumission tous les maux dont Dieu frappa son serviteur coupable. Le premier fils que lui donna Bethsabée mourut. Après la naissance d'un autre fils nommé Salomon, toute la famille du roi fut troublée par les discordes et les crimes de ses enfants. Une de ses filles fut outragée par son frère *Amnon*, qui lui-même fut tué par *Absalon*, autre fils de David. Le meurtrier souleva dix tribus contre son père. David, adorant la justice divine, quitta Jérusalem à pied, et fut insulté par un homme de la maison de Saül, *Séméi*, qu'il ne voulut pas punir ; mais bientôt tous ceux de ses sujets qui lui étaient demeurés fidèles se réunirent autour de lui. Absalon livra bataille aux troupes de son père dans la forêt d'Éphraïm. David avait commandé formellement d'épargner ce fils coupable. Mais l'armée rebelle ayant été taillée en pièces, Absalon, qui s'enfuyait sur une mule à travers la forêt, demeura suspendu par sa longue et épaisse chevelure aux branches d'un arbre sous lequel il passait, et Joab, qui l'aperçut dans cet état, lui perça le cœur à coups de lance (1004). En apprenant le sort funeste de son fils, le roi oublia sa propre victoire et tomba dans une profonde douleur. Enfin il vit, l'année même de sa mort, un autre de ses enfants, *Adonias*, se révolter contre lui, avec l'appui du général Joab et du grand sacrificateur *Abiathar*. David, qui, par l'ordre du Seigneur, destinait la couronne à Salomon, le fit aussitôt sacrer et reconnaître par tout le peuple. Adonias, abandonné de ses partisans à cette nouvelle, se soumit et obtint sa grâce.

David mourut vers la fin de l'année 1004, après avoir donné à son fils de sages instructions, et lui avoir remis le plan du temple qu'il devait élever au Seigneur.

Il est l'auteur de ces *psaumes* ou cantiques que l'Église redit chaque jour dans ses prières, comme l'admirable expression d'une vive reconnaissance, d'une piété ardente, d'un profond repentir, et comme le tableau anticipé des souffrances et de la gloire du Messie.

37. Règne de Salomon (1001-962). — Construction du temple. — *Salomon* était dans sa dix-septième année quand il monta sur le trône (1001). Il commença son règne par plusieurs actes de rigueur, pour intimider les factieux dont les révoltes avaient troublé les derniers jours de son père. Adonias, qui renouait ses intrigues, fut mis à mort, ainsi que Joab et Séméi, à cause de leur coupable conduite à l'égard du roi David. Affermi par ces exécutions sévères, Salomon alla offrir mille victimes sur l'autel du Seigneur. Dieu reçut ses hommages et lui apparut, en lui promettant de lui accorder ce qu'il demanderait. Salomon désira la sagesse. Dieu, pour le récompenser d'un tel vœu, lui donna en même temps les richesses et la puissance.

Salomon, en effet, fut le plus sage et le plus glorieux des rois. La pénétration de son esprit et l'équité de ses jugements remplirent ses sujets d'admiration et de respect.

Fidèle aux recommandations de David son père, il entreprit d'élever un temple au Seigneur sur la montagne de Moria, à l'orient de Jérusalem. Il employa près de deux cent mille hommes à cette construction, pour laquelle Hiram, son allié, lui fournit des bois de cèdre et de sapin qu'il faisait couper par ses ouvriers sur le mont Liban. Sept ans et demi furent consacrés à élever et à décorer ce superbe édifice, dont tous les murs étaient revêtus à l'intérieur de lambris de bois de cèdre et couverts de lames d'or. Construit sur le modèle du tabernacle élevé par Moïse, il se composait de trois enceintes successives : le parvis des gentils, le portique des Israélites, et celui des prêtres où se faisaient les offrandes. Au fond de ce dernier portique était le Saint, précédé de deux colonnes de bronze et fermé à tout profane par une porte resplendissante d'or et de pierreries. C'était de là que sortait la voix des prêtres, à laquelle le peuple répondait en chœur. L'arche d'alliance était placée dans la partie la plus reculée, le Sanctuaire ou le Saint des Saints. La huitième année (991), Salomon fit avec une grande pompe la dédicace du temple au milieu d'un immense concours de peuple, et désormais ce fut le seul lieu d'Israël où le Seigneur permit d'offrir des sacrifices. L'unité du temple fut le symbole de l'unité de Dieu.

Salomon éleva encore dans Jérusalem des palais magnifiques : il entoura la ville de fortes murailles ; il bâtit ou embellit Héser, Mageddo, Gazer, Baalath et la grande cité de Palmyre, au milieu d'un désert, pour recevoir les caravanes qui allaient de Damas à Babylone.

Plus puissant que son père David, Salomon recula encore les limites du royaume d'Israël. Le roi d'Égypte fit alliance avec lui et lui donna sa fille en mariage. Hiram lui fournit des vaisseaux, lui envoya des matelots et des pilotes, et ne demanda en retour que son amitié. Salomon affermit son empire sur les Amorrhéens, les Héthéens, les Hévéens, les Jébuséens. Il étendit sa domination sur les pays compris entre la mer Intérieure et l'Euphrate aux environs de Thapsaque, et à l'occident jusqu'aux frontières de l'Égypte. La paix régnait en même temps dans l'intérieur du royaume, *et chacun vivait sans crainte sous sa vigne ou sous son figuier, de Dan à Bersabée*. Un commerce immense augmentait sans cesse les richesses du royaume. La flotte de Salomon, réunie à celle d'Hiram, allait chercher l'or, l'argent, l'ivoire, à Ophir et à Tharsis, c'est-à-dire, à ce que l'on croit, sur les rivages de l'Espagne et de l'Afrique. Au midi, des vaisseaux équipés à Élath et à Asiongaber faisaient voile vers l'Éthiopie et toutes les côtes de l'Asie. Aussi, les plus précieux métaux « étaient » devenus à Jérusalem aussi communs que les pierres, et on » y voyait autant de cèdres du Liban qu'on voit de sycomores » dans la campagne. » Les écuries de Salomon renfermaient quarante mille chevaux ; il avait douze mille chariots de guerre et une armée immense. Les rois des pays voisins venaient lui rendre hommage, et du fond de l'Arabie, la reine de *Saba* arriva en grande pompe à Jérusalem pour voir le prince dont la sagesse était célèbre dans tout l'Orient.

Mais ces immenses richesses, cette puissance formidable, corrompirent le cœur du roi, qui se laissa séduire par l'amour des plaisirs et oublia le Dieu de ses pères. Il épousa un grand nombre de femmes étrangères, qui l'entraînèrent dans l'idolâtrie ; et l'on vit le fils de David, celui à qui l'Esprit de Dieu avait inspiré le *Livre des Proverbes*, *l'Ecclésiaste*, *le Cantique des cantiques*, se prosterner devant Astarté, la déesse de Tyr, devant Moloch, le dieu des Ammonites, devant Chamos, adoré chez les Moabites.

Son esprit s'obscurcit au milieu de ces infamies, et son cœur se dégrada. Son pouvoir même s'ébranla, et plusieurs ambitieux commencèrent à agiter le royaume. Dieu apparut à Salomon, lui annonçant qu'en punition de son infidélité, ses états seraient déchirés après sa mort, et qu'il ne resterait que deux tribus à son fils Roboam. Le roi, avant de descendre dans le tombeau, vit l'Iduméen *Adab* armer le roi d'Égypte contre Israël, *Razon* se rendre indépendant à Damas, et *Jéroboam*, en excitant les tribus à la révolte, préparer la division du royaume (962).

§ II. LE SCHISME DES DIX TRIBUS. — ACHAB. — JOSAPHAT. — JÉHU ET ATHALIE.

38. ROBOAM. — SCHISME DES DIX TRIBUS. — Après la mort de Salomon (962), *Roboam*, son fils, se rendit à Sichem, où tout Israël s'était rassemblé pour le proclamer roi. Le peuple, ayant à sa tête Jéroboam, lui demanda la diminution des impôts dont son père Salomon l'avait chargé. Les anciens d'Israël lui conseillaient d'accéder à de justes réclamations. Mais le roi, n'écoutant que les conseils insensés des jeunes gens qui l'entouraient, envoya à ses sujets cette arrogante réponse : « Mon père vous a imposé un joug pesant, je le rendrai plus pesant encore; il vous a châtiés avec des verges, je vous châtierai avec des verges de fer. » Le peuple, irrité de ces paroles, se souleva de toutes parts. Deux tribus seulement, Juda et Benjamin, restèrent fidèles à Roboam; les dix autres élurent pour roi *Jéroboam* (962). Ainsi fut consommée la séparation du royaume de *Juda*, dont le siége resta fixé à Jérusalem, et du royaume d'*Israël*, qui eut pour capitale d'abord Sichem, et ensuite Thersa, où Jéroboam transporta sa résidence. Malgré l'extrême disproportion du nombre des tribus qui formaient chacun des deux royaumes, celui de Juda, composé des deux tribus dont le territoire était le plus fertile et le plus peuplé, était réellement plus puissant que celui d'Israël, qui comprenait les dix autres tribus.

Roboam imita l'idolâtrie de son père, et éleva des autels à Belphégor. Il en fut puni par l'invasion de Sésac, roi d'Égypte, qui s'empara de plusieurs villes et entra dans Jérusalem (n° 53). Le vainqueur retourna en Égypte, emportant avec lui le bouclier d'or de Salomon et les richesses du temple (958). Roboam mourut peu après, et eut pour successeur son fils *Abiam*, qui marcha sur ses traces (946). Le royaume de Juda ne retrouva la paix et la prospérité que sous le règne d'*Asa*, qui rétablit le culte du vrai Dieu (944-904).

39. ACHAB. — En Israël, les six premiers rois, dont les

règnes ne surpassèrent pas en durée ceux des trois premiers rois de Juda, se signalèrent tous par leurs crimes et leur impiété. Afin de mieux séparer ses sujets des tribus fidèles à la race de David, Jéroboam avait brisé tout lien avec Jérusalem en abolissant dans ses états la religion de ses pères, et en élevant des veaux d'or à Béthel et à Dan. Dieu frappa Jéroboam sans qu'il se convertît, et ses successeurs imitèrent son infidélité.

Le plus impie de tous fut *Achab*, qui monta sur le trône en 907. Il surpassa tous ses prédécesseurs par ses crimes et par son impiété. Sa femme *Jézabel*, fille d'Ithobal, roi de Tyr, lui fit adopter, ainsi qu'à ses sujets, le culte de Baal et des autres divinités phéniciennes. Dieu punit son impiété par une horrible famine qui dura trois ans, selon la prédiction d'*Élie*. Ce prophète, chassé dans le désert par la colère du roi, en sortit pour venir annoncer à Achab et à Jézabel le nouveau châtiment qu'ils avaient mérité en faisant mourir le pauvre *Naboth* pour s'emparer de sa vigne. « Au lieu même où les chiens ont léché le sang de Naboth, dit le prophète au roi d'Israël, ils lécheront aussi votre sang. Le corps de Jézabel sera dévoré par les chiens, et les restes de son cadavre se corrompront sur la terre comme du fumier. » En effet Achab mourut atteint d'une flèche tirée au hasard dans une bataille contre le roi de Syrie (888).

49. JOSAPHAT. — Vers la même époque (904-880), le trône de Juda était occupé par *Josaphat*, un des plus célèbres d'entre les rois de Juda par sa piété et par ses talents. Ce prince ramena son peuple à l'observation exacte des lois de Moïse, et abolit l'usage qui s'était établi, malgré la défense du Seigneur, d'offrir des sacrifices sur les lieux hauts. Il réforma l'administration de la justice et rendit les tribunaux facilement accessibles à tous. En même temps, il faisait fleurir l'agriculture et le commerce, et, victorieux de ses ennemis, il soumettait au tribut les Philistins et les Ammonites. Mais il s'attira les châtiments de Dieu en contractant une étroite alliance avec l'impie Achab, roi d'Israël, et en faisant épouser à son fils Joram, Athalie, fille de ce même roi et de Jézabel (n° 42). Dieu l'en punit par la perte d'une flotte qu'il avait équipée de concert avec Achab, dans le port d'Asiongaber, pour aller commercer au loin (888). Peu après, une invasion terrible des Moabites et des Arabes jeta l'épouvante dans tout le royaume. Déjà les ennemis s'étaient avancés jusqu'à Engaddi, à trois cents stades de Jérusalem. Josaphat marcha

à leur rencontre, précédé d'une troupe de lévites qui chantaient les louanges du Seigneur. Dieu, touché de leurs prières et de la confiance du saint roi, jeta le trouble dans les rangs des ennemis, qui s'enfuirent en toute hâte. Josaphat mourut (880) après un règne de vingt-cinq ans.

Joram, son fils, qu'il ne faut pas confondre avec le prince du même nom qui régnait alors en Israël, monta sur le trône de Juda, et pour s'y affermir, il fit massacrer ses six frères et tous les amis de son père. Perverti par sa femme, Athalie, il imita l'impiété des rois d'Israël et rétablit partout le culte des idoles. Les Iduméens s'étant révoltés contre lui, il les battit, mais ne put les remettre sous le joug, et fut vaincu à son tour par les Philistins et les Arabes, qui prirent et pillèrent Jérusalem. Sa femme et ses enfants furent emmenés captifs, à l'exception du jeune Ochosias. Enfin, après un règne malheureux, il mourut dans sa quarantième année, frappé par le Seigneur d'une horrible maladie, en punition de ses crimes (877). *Ochosias*, son fils et son successeur, ne régna qu'un an, et fut tué par Jéhu (n° 41), à la suite du siége de Ramoth de Galaad, qu'il avait attaqué avec le secours de Joram, roi d'Israël (876). Sous ce prince, l'Idumée se sépara définitivement du royaume de Juda. *Ésaü brisa le joug de Jacob.*

41. Jéhu. — Après la mort d'Achab, le sceptre d'Israël passa aux mains d'*Ochosias* (888), puis de *Joram*, frère de ce dernier (887), qui, allié aux rois de Juda et d'Idumée, rendit les Moabites tributaires. Mais le roi de Syrie, Ben-Hadad, l'assiégea lui-même dans Samarie, sa capitale. Bientôt la ville fut en proie à une si horrible famine, que des mères mangèrent leurs enfants. Le roi eut recours à *Élisée*, disciple et successeur d'Élie. Tout à coup, suivant la parole du prophète, les Syriens, saisis d'une terreur panique, levèrent précipitamment le siége, et les Samaritains pillèrent leur camp abandonné. Ce fut alors que Joram alla faire avec Ochosias, roi de Juda, le siége de Ramoth ; il fut blessé, et se retira laissant devant la ville son général *Jéhu*. Mais celui-ci se fit sacrer roi par un disciple d'Élisée, et vint tuer Joram près de Jezraël (876). La mère de Joram, l'impie Jézabel, attendait le vainqueur dans son palais, couverte de ses plus riches parures ; mais Jéhu la fit précipiter du haut d'une fenêtre, et son corps fut dévoré par les chiens, ainsi que l'avait annoncé le prophète Élie.

Jéhu, instrument de la vengeance de Dieu contre la race impie des rois d'Israël, fit mettre à mort soixante-dix descendants d'Achab, et égorger les prêtres de Baal; mais il continua à adorer les veaux d'or, et Dieu le punit en suscitant contre lui *Hazaël*, roi de Syrie, qui ravagea ses provinces.

42. Athalie. — Joas. — Au moment où Jéhu s'emparait du trône d'Israël, la fille de Jézabel, *Athalie*, veuve de Joram, succédait à son fils Ochosias. Cette reine, plus impie et plus cruelle encore que sa mère, fit massacrer tous les enfants, tous les parents du dernier roi, et établit dans Jérusalem le culte de Baal. Elle jouit pendant six années du fruit de ses crimes. Mais un fils d'Ochosias, âgé d'un an seulement, avait échappé au massacre des princes de la maison royale. Sauvé par sa tante *Josabeth*, sœur d'Ochosias et épouse du grand prêtre *Joïada*, le jeune *Joas* était élevé secrètement dans l'enceinte du temple. La septième année du règne d'Athalie, au jour de la Pentecôte, le grand prêtre assemble dans le temple les lévites et les chefs de l'armée; il leur déclare qu'il reste un fils d'Ochosias, il leur fait jurer de le reconnaître et de le défendre. A cette nouvelle, Athalie elle-même accourt au temple; mais elle est mise à mort par ordre du pontife (870).

Pendant plusieurs années, Joas, guidé par les conseils de Joïada, observa fidèlement la loi du Seigneur. Toutefois, après la mort du grand prêtre, oubliant ses sages avis, il laissa rétablir le culte des idoles, et poussa l'ingratitude jusqu'à faire lapider, dans le vestibule même du temple, le pontife *Zacharie*, fils de son bienfaiteur. « Dieu me voit et fera justice! » s'écria la victime en mourant. Bientôt, en effet, Hazaël, roi de Damas, s'empara de Jérusalem, et accabla Joas d'outrages. Quelque temps après, ce prince, méprisé de ses sujets, fut assassiné par deux de ses officiers (831). Il avait régné près de quarante ans.

Amasias (831-803), instruit par le funeste exemple de son père, fut d'abord fidèle au Seigneur, qui le rendit victorieux des Iduméens, dans la vallée des Salines; mais il abandonna bientôt le culte du vrai Dieu, et osa attaquer Joas, roi d'Israël, sous un prétexte frivole: il fut vaincu, et chassé de sa capitale, qui fut prise et pillée par les ennemis. Bientôt après, une révolte le fit encore une fois tomber du trône où Joas l'avait laissé remonter, et il fut assassiné par les rebelles (803).

Son fils et son successeur, *Ozias* ou *Azarias*, suivit les conseils du prophète Zacharie, et Dieu lui donna la victoire sur ses ennemis ; il soumit les Arabes, les Ammonites, les Philistins, reprit le port d'Élath sur la mer Rouge, et enrichit ses États par le commerce maritime. Mais enorgueilli par ses succès, il voulut usurper les fonctions du sacerdoce. Dieu le frappa de la lèpre, au moment où il pénétrait dans le temple, l'encensoir à la main, et il mourut misérablement après un règne de plus de cinquante ans (752).

§ III. PRISE DE SAMARIE. — FIN DU ROYAUME D'ISRAEL.

43. PRISE DE SAMARIE. — FIN DU ROYAUME D'ISRAEL. — Les successeurs de Jéhu au trône d'Israël avaient comme lui abandonné le culte du vrai Dieu, et malgré la gloire du règne de *Joas* (852-817), et de celui de *Jéroboam II* (817-776), conquérant d'une partie de la Syrie, le moment approchait où la ruine du royaume d'Israël allait le punir enfin de ses longues infidélités ; après soixante années de désordres et d'anarchie, de guerres civiles et d'invasions étrangères, *Osée*, roi d'Israël, fut attaqué par le roi d'Assyrie Salmanasar, qui s'était rendu maître de toutes les contrées voisines (n° 63).

Osée appela à son secours l'Éthiopien Sabacon, qui venait de s'emparer de l'Égypte. L'*Égyptien est un roseau qui plie et qui casse*, dit Salmanasar, et il revint assiéger Samarie. Les Assyriens emportèrent la ville après un siége de trois ans, la ruinèrent de fond en comble (721-718), égorgèrent un grand nombre d'habitants, et emmenèrent une foule de prisonniers. Osée lui-même fut chargé de chaînes et traîné à la suite du vainqueur. Ainsi fut anéanti le royaume d'Israël, qui avait duré deux cent quarante-quatre ans, depuis la révolte de Jéroboam (962-718). Quarante-six ans après, ceux des Israélites qui n'avaient pas été transportés en Assyrie se soulevèrent contre le roi Asar-Haddon : la révolte fut comprimée (672), et les restes de la nation vaincue furent chassés au delà de l'Euphrate.

C'est dans cette terre d'exil que les Israélites purent expier leurs longues infidélités, consolés par les promesses des prophètes, soutenus par les exemples de résignation et de courage de quelques hommes justes comme le pieux *Tobie* et son fils.

44. ROYAUME DE JUDA. — ÉZÉCHIAS. — MANASSÈS. — JUDITH. — Pendant que les enfants d'Israël gémissaient dans la captivité, le royaume de Juda, humilié sous l'impie

Achaz (737-723), se relevait sous le règne d'*Ézéchias*, qui donna l'exemple de toutes les vertus et rétablit dans ses états le culte du vrai Dieu (723-694). Ce prince avait repris aux Philistins la plupart des villes qu'ils avaient enlevées à son père, quand Salmanasar, maître de Samarie, voulut exiger d'Ézéchias le tribut que son prédécesseur lui avait payé. L'Assyrien mourut avant d'avoir pu se venger du refus du roi de Juda. Mais son successeur Sennachérib envahit la Judée et la mit à feu et à sang. Ézéchias, pour délivrer son royaume, fut forcé d'abandonner les trésors du temple.

Cependant Sennachérib, non content des richesses qu'il avait enlevées aux Hébreux, voulut détruire le royaume de Juda, comme son père avait détruit celui d'Israël. Il alla vaincre à Péluse les Égyptiens, qui s'avançaient au secours du roi de Juda, et il revint mettre le siège devant Jérusalem avec une innombrable armée, au moment où Dieu venait de récompenser la foi d'Ézéchias en l'arrachant à une maladie mortelle. Dieu sauva le pieux roi des mains de son ennemi. En une nuit, l'ange du Seigneur extermina cent quatre-vingt-cinq mille Assyriens, et Sennachérib épouvanté regagna précipitamment ses États (707). Cet événement rendit célèbre parmi toutes les nations le nom du saint roi Ézéchias, qui répara les maux de la guerre, et embellit sa capitale de monuments magnifiques. Il s'endormit avec ses pères après avoir régné vingt-neuf ans.

Ézéchias eut pour successeur son fils *Manassès* (694-640), qui, loin de suivre l'exemple de son père, fut, au contraire, un des princes les plus impies; il persécuta cruellement les prophètes envoyés de Dieu pour le rappeler de ses égarements, et fit périr Isaïe. Dieu le punit de ses crimes en le livrant au roi d'Assyrie Asar-Haddon, qui envahit ses états et l'emmena en captivité (673). Ouvrant alors les yeux, Manassès demanda pardon au Seigneur, qui le rétablit sur son trône. Mais un nouveau roi d'Assyrie, nommé Saosduchin ou Nabuchodonosor Ier, voulut étendre ses conquêtes jusque sur le royaume de Juda, et envoya son général *Holopherne*, qui vint mettre le siège devant Béthulie (659).

La ville manquait d'eau, et allait être forcée de se rendre. Elle fut sauvée par une femme inspirée de l'esprit de Dieu, nommée *Judith*. Jeune et parfaitement belle, elle alla trouver le général ennemi, qui la retint à souper avec lui. Mais tandis qu'appesanti par les vapeurs du vin, il dormait profondément dans sa tente, Judith, suppliant le Seigneur de lui prêter sa force, trancha la tête de l'Assyrien, et la porta pendant la nuit aux habitants de Béthulie (658). Les ennemis, privés de leur chef, s'enfuirent en désordre, et le royaume de Juda fut en paix jusqu'à la fin du règne de Manassès.

45. COMMENCEMENT DE LA CAPTIVITÉ DE BABYLONE (606). — FIN DU ROYAUME DE JUDA. — Toutefois les infidélités tant de fois réitérées du peuple de Dieu, lassant enfin la clémence céleste, allaient recevoir la punition depuis longtemps prédite par les prophètes. Vainement ces hommes de Dieu redoublaient leurs avertissements et leurs menaces, en voyant la ruine prochaine de Juda. Vainement *Jérémie* répétait ses sublimes *lamentations*, où il peignait avec des couleurs si lugubres les futures calamités de ses frères. Loin d'être instruit par l'exemple de ses prédécesseurs, *Josias*, tué à Mageddo (n° 54), et *Joachaz*, emmené en captivité par le roi d'Égypte, l'impie *Joachim* exilait ou mettait à mort les prophètes. Mais leurs menaces ne s'en accomplirent pas moins. Nabuchodonosor II (n° 64) vint assiéger Jérusalem, pilla la ville et le temple, et emmena en Assyrie Joachim avec les principaux habitants (606). De ce moment date la *captivité de Babylone*, qui devait durer soixante-dix ans.

Le royaume de Juda n'était pas détruit encore : le roi d'Assyrie consentit, peu de temps après, à rendre à Joachim la liberté et la couronne, à condition qu'il se reconnaîtrait son tributaire. Mais Joachim osa se révolter contre Nabuchodonosor, espérant l'appui de Néchao, roi d'Égypte. Néchao fut vaincu à *Charchémis*. Nabuchodonosor entra de vive force dans Jérusalem, fit prisonnier Joachim, et bientôt après l'envoya au supplice. Les Juifs se soulevèrent encore sous le règne de *Jéchonias*. Jérusalem, assiégée une troisième fois par Nabuchodonosor, fut livrée à une famine si horrible, qu'un père y mangea son fils et une mère sa fille. La ville se rendit enfin, fut pillée de nouveau, ainsi que le temple, et brûlée en partie; Jéchonias fut emmené en captivité.

Le dernier roi de Juda fut *Sédécias* (597-587), oncle de Jéchonias. Ce prince, que Nabuchodonosor mit sur le trône à la place de son neveu, imita ses prédécesseurs. Méprisant les conseils de Jérémie, qui prédit que la captivité durerait soixante-dix années, il forma avec les Ammonites, les Moabites, les Syriens, les Sidoniens et les Égyptiens, une ligue puissante contre Nabuchodonosor. Mais ce prince battit le roi d'Égypte, qui venait au secours des Juifs, et emporta Jérusalem d'assaut (587). Sédécias fut pris et conduit à Nabuchodonosor, qui fit massacrer ses deux fils en sa présence, ordonna qu'on lui arrachât les yeux, et qu'on le conduisît captif à Babylone, suivant cette prédiction de Jérémie, *qu'il serait mené à Babylone et qu'il ne la verrait pas.* Jérusalem fut réduite en cendres, et le vainqueur ne laissa en Judée que des vignerons et des laboureurs pour cultiver la terre. Ainsi fut détruit le royaume de Juda, après avoir duré 375 ans depuis l'avénement de Roboam (962-587 avant J.-C.).

46. **Daniel a la cour de Nabuchodonosor.** — Jérémie était demeuré dans le pays avec les plus pauvres de ses concitoyens pour pleurer sur les ruines de sa patrie. « Comme elle gît solitaire et désolée, s'écriait le prophète, la cité naguère pleine d'habitants! La reine des nations est maintenant veuve et tributaire; le prêtre et le prophète sont égorgés dans le sanctuaire; le vieillard et l'enfant sont étendus sur la terre; les braves sont tombés sous le fer. O Dieu! vous avez invité comme à une fête ceux qui devaient dévaster Jérusalem. Nos œuvres ont été iniques, et vous nous avez couverts de votre fureur! »

Le peuple juif, dispersé dans les provinces de l'empire d'Assyrie, sans patrie et sans autel, subsista cependant sur la terre étrangère, par la volonté du Seigneur. Nabuchodonosor, après la destruction de Jérusalem, avait traité les vaincus avec humanité; il leur avait laissé leurs lois et leurs coutumes; cependant il voulut les contraindre à adorer une statue de soixante coudées de haut, qu'il avait élevée en l'honneur de Bel ou Baal. De jeunes Israélites, *Daniel* et ses compagnons, *Ananias*, *Mizaël* et *Azarias*, qui étaient élevés dès leur jeunesse dans le palais pour servir le roi, ayant refusé d'abandonner le culte du Seigneur, le prince irrité les fit jeter dans une fournaise. Mais ils échappèrent à la mort par la protection divine, et Nabuchodonosor, étonné de ce prodige, défendit à ses sujets de blasphémer le nom du Dieu d'Israël.

Daniel avait donné à ses jeunes compagnons l'exemple de la fidélité aux préceptes du Seigneur; il reçut en récompense l'intelligence des songes et une merveilleuse sagesse, dont il donna une preuve éclatante en faisant reconnaître par le peuple l'innocence de la chaste *Suzanne*, et en confondant les infâmes vieillards qui, par leurs impostures, voulaient faire livrer au supplice celle qu'ils n'avaient pu séduire.

Sa renommée vint jusqu'aux oreilles du roi, qui, tourmenté par un songe effrayant, avait eu en vain recours à la

FIN DE LA CAPTIVITÉ.

pénétration de ses devins. Daniel, inspiré par Dieu lui-même, rappela au roi le songe dont celui-ci avait perdu la mémoire; il expliqua le sens de la mystérieuse apparition d'une statue à la tête d'or, à la poitrine et aux bras d'argent, au ventre et aux cuisses d'airain, aux jambes de fer et aux pieds d'argile, renversée et réduite en poussière par une pierre détachée d'une montagne. C'était l'image des quatre grands empires d'Assyrie, de Perse, de Macédoine, de Rome, qui, se détruisant les uns les autres, devaient tous être absorbés par un empire infini et immortel, qui fut celui de Jésus-Christ en ce monde. Nabuchodonosor, dans son admiration pour la sagesse de Daniel, l'appela à la cour et le combla d'honneurs. Mais l'orgueil de ce prince attira contre lui la vengeance du ciel, et il fut pendant sept ans privé de la raison.

Le successeur de Nabuchodonosor, Évilmérodach, voulut contraindre Daniel à adorer l'idole de Baal, à laquelle le peuple était obligé d'offrir chaque jour une grande quantité de viandes et de vin. Ces offrandes étaient enlevées pendant la nuit par les prêtres, qui publiaient qu'elles avaient servi à la nourriture du Dieu. Daniel fit semer secrètement de la cendre sur le pavé du temple, et le lendemain, la trace des pas empreinte sur la poussière découvrit au roi la fourberie des prêtres de l'idole. Évilmérodach fit mettre à mort les imposteurs. Mais les Babyloniens idolâtres ne pardonnèrent pas à Daniel, qui augmenta encore leur ressentiment en faisant périr un serpent qu'on adorait à Babylone comme une divinité. Les ennemis du prophète parvinrent à le faire jeter dans la fosse aux lions. Dieu l'y protégea comme dans la fournaise, et Daniel en sortit sans avoir éprouvé aucun mal.

47. Édit de Cyrus. — Fin de la captivité (536).
— La voix de Daniel s'éleva encore une fois à la cour des rois de Babylone pour annoncer l'accomplissement des menaces du Seigneur contre la cité abominable qui avait comblé la mesure de ses crimes. Balthazar ou Labynit, quatrième successeur de Nabuchodonosor, était en possession du trône (n° 65), quand Cyaxare, roi des Mèdes, vint avec son neveu *Cyrus* mettre le siége devant la ville. Balthazar, comptant sur la hauteur et la force de ses murailles, continuait à se livrer à tous les excès de la débauche. Tout à coup, au milieu du festin, où il a profané les vases sacrés du temple de Jérusalem, une main trace sur la muraille des caractères mystérieux (voir ci-après, chap. V, n° 65). Les mages et les devins se troublent à cette vue, et se taisent. Daniel seul y reconnaît l'arrêt

fatal de cet empire, dont les souverains ont osé dédaigner les avertissements du Seigneur. En effet, pendant cette nuit même, Cyrus s'empare de la ville; Balthazar est massacré, et bientôt toute l'Assyrie est au pouvoir du vainqueur.

Daniel ayant obtenu par sa sagesse la confiance du roi, lui fit lire dans les prophéties d'Isaïe, écrites depuis deux siècles, les paroles où Dieu, appelant Cyrus par son nom, lui disait : « Je t'ai pris par la main, pour te soumettre les nations et mettre en fuite les rois de la terre. » Cyrus, frappé de l'évidence de cette prophétie, et fier de se voir désigné comme le ministre des volontés du Tout-Puissant, rendit, la première année de son règne, l'édit célèbre qui permettait aux Juifs de retourner dans leur pays et de rebâtir le temple de Jérusalem (536).

Aussitôt quarante-deux mille personnes environ partirent de Babylone sous la conduite de *Zorobabel* et du grand-prêtre *Josué* ou Jésus; ils remportaient avec eux les vases sacrés, enlevés autrefois par Nabuchodonosor. Arrivés à Jérusalem, ils commencèrent par relever l'autel, et obtinrent des Phéniciens le bois nécessaire pour la reconstruction du temple. Toutefois, ces travaux furent souvent interrompus par la jalousie des Samaritains, et ce ne fut qu'au bout de vingt années de persévérance que les Juifs, encouragés par les prophètes *Aggée* et *Zacharie*, purent terminer le nouveau temple et en faire la dédicace solennelle.

Un grand nombre de Juifs n'avaient pas profité de l'autorisation accordée par Cyrus, et avaient continué de séjourner dans les diverses provinces de l'Assyrie, réunie à l'empire des Perses. Séparés du peuple vainqueur par leur culte, par leurs traditions, par leurs mœurs, ils avaient beaucoup d'ennemis à la cour du roi de Perse. Un Amalécite, nommé *Aman*, ministre du roi *Assuérus* (ou *Darius Ier*, chap. VI, n° 79), animé d'une haine mortelle contre un Juif nommé *Mardochée*, jura la perte de cet homme et de sa nation tout entière. Mais Dieu avait placé sur le trône une jeune fille juive, *Esther*, nièce de Mardochée, que le roi avait préférée, à cause de sa beauté, à toutes les femmes de son royaume, et qu'il avait épousée, sans connaître son origine, après avoir répudié l'orgueilleuse reine *Vasthi* (519). Instruite par Mardochée des projets d'Aman, et soutenue par l'esprit de Dieu, Esther osa enfreindre la loi qui défendait, sous peine de mort, de se présenter devant le roi sans avoir été appelé, et elle alla lui dévoiler toute la scélératesse de son ministre. Aman fut pendu à une potence haute de cinquante coudées, qu'il avait fait préparer pour Mardochée, et celui-ci succéda à toutes les charges et à toutes les dignités de son ennemi. Une fête pompeuse consacra le souvenir de la délivrance de la nation juive.

QUESTIONNAIRE. — 34. Quel fut le premier roi des Hébreux? — Comment encourut-il la colère du Seigneur? — *Racontez la jeunesse de David* et la mort de Saül. — 35. Comment David augmenta-t-il la puissance de son peuple? — Quelle fut sa plus célèbre conquête? — 36. Parlez des crimes de David et de leur punition. — 37. Quelle fut la plus grande œuvre du règne du fils de David? — *Donnez quelques détails sur la situation du royaume des Hébreux à cette époque.* — Comment se termina le règne de Salomon? — § II. 38. Quelle fut la conduite du fils de Salomon? — Quel événement important en fut la suite? — 39. Comment régna Jéroboam? — *Racontez le règne de l'impie Achab.* — 40. Comment se distingua Josaphat? — Qui épousa son fils? — 41. Qu'avez-vous à dire du siége de Samarie? — Que fit Jéhu après sa victoire? — 42. *Racontez le règne d'Athalie et sa mort.* — Comment moururent Joas et Amasias? — 42. Comment les Israélites étaient-ils avertis des malheurs qui les menaçaient? — Sous quel prince et par quelle catastrophe prit fin le royaume d'Israël? — 43. Parlez du pieux Ézéchias. — Quelle Juive s'illustra par la défense de son pays? — 44. Quels furent les derniers rois de Juda? — Quelle fut l'issue des différents siéges de Jérusalem? — Quand et comment commença la captivité de Babylone? — 45. *Racontez l'histoire de Daniel à la cour de Nabuchodonosor.* — 46. Quel événement amena la fin de la captivité de Babylone? — 47. Comment fut rebâti le temple? — Par qui furent sauvés les Juifs demeurés en Assyrie?

CHAPITRE QUATRIÈME.

ÉGYPTE.

SOMMAIRE.

§ 1er. 48. L'Égypte, divisée en Basse Égypte, Moyenne Égypte, Haute Égypte, est une immense vallée formée par le cours du Nil.

49. Le Nil a déposé le limon fertile qui constitue le sol égyptien et qu'il féconde par ses inondations périodiques.

§ II. 50. Les premiers habitants sont venus de l'Éthiopie. L'Égypte a été divisée d'abord en petits états, gouvernés par des prêtres, puis par des rois. — Les Arabes pasteurs ou *Hycsos*, puis les Hébreux, arrivent en Égypte. Les pasteurs sont chassés par Thoutmosis. —

51. Les Hébreux opprimés sont délivrés par Moïse (1645). Les *Impurs* sont expulsés. L'Égypte est ramenée à l'unité.

52. Sésostris (1491) entreprend une expédition en Éthiopie, puis une invasion en Asie. Sésostris pénètre jusqu'en Thrace. Il fait exécuter des travaux utiles en Égypte. On lui attribue l'organisation intérieure de l'Égypte et la division en trente-six *nomes*.

53. L'Égypte perd les conquêtes de Sésostris. — Péluse est assiégée par Sennachérib. — Les douze rois (671) construisent le Labyrinthe. — Psammétique (656) forme des relations avec les Grecs.

54. Néchao (617) ordonne un voyage autour de l'Afrique, fait une expédition en Asie. — Les Cyrénéens et Nabuchodonosor triomphent des Égyptiens. — Amasis (570), de basse extraction, réforme les coutumes et la législation. — Sous Psamménit, l'Égypte est conquise par Cambyse (525).

§ III. 55. Une multitude de divinités sont adorées par le peuple : Ammon, Osiris, Isis, le bœuf Apis, les animaux, les plantes. La caste sacerdotale a une doctrine plus pure, admet la métempsychose. — Les Égyptiens ont un grand respect pour les morts, conservent les momies.

56. Le gouvernement est théocratique à l'origine. — La monarchie, d'abord élective, devient héréditaire. Le pouvoir royal est absolu pendant la guerre, limité pendant la paix. Les rois sont jugés après leur mort. La caste sacerdotale a tous les priviléges. L'ordre des guerriers vient au second rang. La classe populaire est sans influence. — Les tribunaux égyptiens sont sagement organisés, et les lois équitables; toutefois le vol est toléré. Les institutions égyptiennes sont immobiles.

57. Les arts et les sciences cultivés de bonne heure font peu de progrès. Les hiéroglyphes sont l'écriture savante et ont été déchiffrés par Champollion.

58. Les monuments les plus célèbres sont : les Pyramides; les obélisques; le labyrinthe; le sphinx; la statue de Memnon.

§ Ier. ASPECT DE L'ÉGYPTE. — LE NIL.

48. DESCRIPTION DE L'ÉGYPTE. — L'Égypte, située au Nord-Est de l'Afrique, est une immense vallée qui se prolonge depuis les frontières de l'Éthiopie jusqu'à la mer, et qui est formée par les montagnes entre lesquelles coule le fleuve du *Nil*. On lui donne ordinairement pour limites à l'E. le golfe *Arabique* (aujourd'hui la mer Rouge), et à l'O. les déserts sablonneux de la *Libye*. Les Égyptiens connaissaient dans la Libye quelques *oasis* perdues au milieu de ces océans de sable, et dont la plus célèbre est celle d'*Ammon*, arrosée par vingt-deux sources, et où s'élevait un temple fameux consacré au dieu de ce nom. L'Égypte s'est divisée de tout temps en trois parties, savoir : du N. au S. 1° l'*Egypte Inférieure*, 2° la *Moyenne Égypte*, et 3° l'*Égypte Supérieure*. —
I. L'ÉGYPTE INFÉRIEURE, ou *Basse Égypte*, nommée par la suite *Delta*, parce que les deux bras principaux du Nil, entre lesquels elle se trouve comprise, lui donnaient la forme de cette lettre de l'alphabet grec, renfermait un grand nombre de villes, parmi les-

quelles nous citerons seulement : *Péluse,* sur une branche du Nil. — *Tanis,* plus au S. O. — *Héliopolis,* c'est-à-dire la ville du Soleil, ainsi nommée du culte que l'on y rendait à cet astre. Au S. était la *Terre de Gessen,* l'une des plus fertiles de l'Égypte, où Joseph établit son père Jacob et toute sa famille.— II. La MOYENNE ÉGYPTE, ou *Égypte du Milieu,* ainsi nommée parce qu'elle se trouvait entre la Haute et la Basse Égypte, était aussi appelée par les Grecs *Heptanomide,* parce qu'elle renfermait sept des *nomes* ou départements entre lesquels fut divisée l'Égypte. C'est dans la partie occidentale de cette province que se trouvait le lac *Mœris,* dans lequel se déchargeaient les eaux du Nil quand les inondations étaient trop considérables (n° 58). La principale ville de l'Égypte Moyenne était : *Memphis,* sur la rive gauche du Nil, capitale de l'un des plus anciens royaumes égyptiens. — Les fameuses *Pyramides* étaient au N. O. de cette ville. — III. L'ÉGYPTE SUPÉRIEURE, ou *Haute Égypte,* ainsi appelée de sa position sur la partie supérieure du cours du Nil, portait aussi le nom de *Thébaïde,* qu'elle devait à la ville de *Thèbes,* longtemps la capitale de toute l'Égypte, ville immense, nommée par les Grecs la *ville aux cent portes,* et dont les ruines magnifiques couvrent encore aujourd'hui les deux rives du Nil dans une circonférence de plus de cinquante kilomètres.

49. LE NIL. —Le seul fleuve de l'Égypte, le Nil, après avoir traversé dans son cours immense l'Éthiopie et l'Égypte, se jette dans la Méditerranée par sept embouchures, et ses cataractes, surtout celle appelée *Philœ,* sur les frontières de l'Éthiopie, étaient célèbres dans l'antiquité. *La terre d'Égypte,* dit l'historien Hérodote, *est un présent du Nil.* C'est ce fleuve, en effet, qui, roulant dans ses eaux un épais limon, le dépose peu à peu sur ses rives, changeant ainsi en un sol fertile le sable aride et brûlant du désert. C'est encore cette rivière bienfaisante qui, par ses inondations régulières, supplée aux pluies qui ne tombent jamais en Égypte, et répand une humidité salutaire qui fait croître avec une rapidité extraordinaire les plantes de toute espèce. Dans le milieu de l'été, l'Égypte ressemble à une vaste mer, au sein de laquelle apparaissent çà et là un grand nombre de villes et de villages communiquant entre eux par des chaussées, et une infinité de bosquets et d'arbres fruitiers dont les sommets se balancent à la surface des eaux.

« Les habitants de la Basse Égypte sont de tous les hommes, dit Hérodote, ceux qui recueillent avec le moins de travail les fruits les plus abondants. Ils n'ont pas même besoin de retourner la terre avec la charrue ou la bêche, ni d'y creuser des sillons, ni d'y apporter des engrais. Le fleuve se répand de lui-même dans les campagnes, les arrose et se retire. Chacun vient alors jeter les semences dans les champs et y lâche ensuite ses pourceaux. Ces animaux enterrent la semence en fouillant le sol suivant leur habitude ; il ne reste plus qu'à la laisser croître et à recueillir la moisson. »

Cette vaste oasis fut peuplée à l'origine par les descendants de

Cham, qui avaient passé de l'Arabie en Éthiopie, et s'avançaient peu à peu vers le nord Ils s'établirent d'abord dans la *Haute Égypte*, voisine de l'Éthiopie, puis dans l'*Égypte du milieu*, et enfin dans la *Basse Égypte* ou *Delta* (n° 48), près de la Méditerranée, à mesure que les marais du Nil, desséchés au moyen de canaux d'écoulement, furent peu à peu rendus habitables.

§ II. LES PHARAONS.

50. LES PHARAONS PASTEURS. — Dans les temps primitifs, l'histoire de l'Égypte est enveloppée d'une obscurité profonde, et ses vieilles annales ne fournissent que des notions très-vagues et très-incomplètes jusqu'au règne de Sésostris.

Pendant la première période, l'Égypte était divisée en un grand nombre de petits états, indépendants les uns des autres. Ils furent d'abord gouvernés par les prêtres, et la religion présida aux premiers progrès de l'agriculture et de l'industrie. Ces prêtres, conduisant avec eux quelques familles, s'établissaient dans un lieu fertile, et commençaient par y élever un temple aux divinités de leur tribu. A l'entour de ce sanctuaire se multipliaient bientôt les cabanes des laboureurs; et la population, accrue et enrichie au milieu de ces pacifiques travaux, formait peu à peu de nouvelles colonies. Les cérémonies du culte continuaient à avoir leur siége au sein de la métropole; les pèlerinages des colons facilitaient les relations commerciales, et l'on trafiquait sous la protection des dieux. C'est ainsi que les sanctuaires élevés le long du Nil étaient à la fois des temples de la Divinité, des demeures sacerdotales, des métairies, des établissements de commerce et des stations pour les caravanes.

Cette suprématie du sacerdoce céda peu à peu à l'influence des guerriers, qui, en assurant à leurs chefs la puissance souveraine, séparèrent le pouvoir civil du pouvoir religieux, et substituèrent la monarchie à la théocratie. C'est à cette époque qu'on retrouve toutes les dynasties dont parle l'historien Manéthon, mais simultanées et non successives. Thèbes eut ses rois, dont *Ménès* fut le premier (n° 17), Ménès, qui, dit-on, opéra une révolution religieuse en substituant à la simplicité de l'ancien culte la magnificence du cérémonial et la solennité des fêtes (vers le XXIVe siècle avant J.-C.). Éléphantine, Memphis, Tanis et d'autres villes eurent en même temps leurs souverains.

C'étaient les chefs de cette race venue du Midi qui avait

d'abord peuplé la contrée ; mais ils n'en furent pas longtemps les possesseurs tranquilles.

Les Arabes pasteurs ou *Hycsos* arrivèrent de l'isthme de Suez, et chassèrent devant eux l'ancienne population, qui s'arrêta dans la Thébaïde, et y demeura confinée plus de deux cents ans. Pendant ce temps, régnèrent à Memphis les chefs de la race conquérante, appelés les *Pharaons pasteurs*. Ce furent eux que visitèrent Abraham et Jacob ; l'un de ces princes eut Joseph pour ministre. Sous cette dynastie, le peuple hébreu s'établit dans la terre de Gessen (voir ci-dessus, n° 21), où il fut paisible spectateur des combats livrés par les deux races ennemies.

Le grand résultat de cette lutte fut l'unité de l'Égypte. Les peuples refoulés dans la Thébaïde eurent besoin de se réunir pour repousser l'invasion. Les rois de Thèbes, les plus anciens et les plus puissants, se mirent à la tête de toutes les tribus égyptiennes. L'un d'eux, *Osymandias*, parvint à réunir sous ses ordres plus de quatre cent mille guerriers. On prétend qu'il fonda dans sa capitale une bibliothèque, la plus ancienne du monde, avec cette belle inscription : *Trésor des remèdes de l'âme*. Les Pharaons pasteurs, sans cesse en lutte avec ces redoutables ennemis, perdirent une à une leurs conquêtes (v. 1750). *Thoutmosis*, après avoir enfermé ses ennemis dans la ville d'Aouaris (Péluse), termina la guerre par un traité qui obligea les pasteurs à quitter l'Égypte avec leurs familles et leurs troupeaux.

51. LES HÉBREUX SORTENT DE L'ÉGYPTE.—Il ne restait plus en Égypte que les anciens Égyptiens, quelques débris des tribus étrangères ou *impures*, et les Hébreux. Mais le sort de ceux-ci changea. Tranquilles et florissants sous les pasteurs, ils étaient maintenant soumis à des rois *qui n'avaient pas connu Joseph*. *Thoutmosis III* ou *Mœris* et ses successeurs entreprirent d'incorporer les Hébreux à la nation égyptienne, en les arrachant à leur vie pastorale pour les soumettre à de pénibles travaux. Ce fut la période des grandes constructions de l'Égypte. Le lac Mœris fut creusé, plusieurs pyramides s'élevèrent (n° 58). Ces ouvrages immenses retombaient sur les Israélites, dont la vie devenait ennuyeuse, dit l'Écriture, parce qu'on les employait à pétrir la boue et le mortier.

Leur oppression devait avoir un terme. Moïse, sauvé des eaux par la fille même du Pharaon, se mit à la tête de son peuple. L'institution de la Pâque fut le signe de sa délivrance (1645). La mer Rouge s'ouvrit pour lui livrer passage, et se referma derrière lui pour engloutir le Pharaon avec toute son armée (voir ci-dessus, n° 23). — Un autre mouvement eut lieu en Égypte à cette époque. Sous le règne d'*Aménophis*, les *Impurs* se soulevèrent au fond du Delta, envahirent l'Égypte avec le secours des descendants des anciens pasteurs, et la ravagèrent pendant treize ans. Ils furent enfin battus et chassés pour jamais, par Aménophis, après une lutte sanglante. L'Égypte tout entière, réunie sous un même sceptre, forma une nation unie et puissante. Guidée par le génie de *Sésostris* ou *Rhamsès le Grand*, elle allait enfin se venger de l'Asie et lui rendre conquête pour conquête.

52. RÈGNE DE SÉSOSTRIS. — A partir de Sésostris (1491), l'histoire d'Égypte a une chronologie à peu près fixée, elle prend un caractère de certitude. Ce héros des anciens âges, qui conquit plus de pays qu'Alexandre le Grand et ne prépara pas comme lui le déchirement de sa patrie, Sésostris fut instruit dans l'art du gouvernement par les prêtres et les anciens du pays, et par Aménophis, son père, dans l'art de la guerre. Ce prince réunit, dit-on, tous les enfants mâles qui étaient nés le même jour que son fils; il les fit élever et instruire avec lui dans tous les exercices militaires, de sorte que Sésostris, en montant sur le trône, trouva en eux autant de capitaines habiles et dévoués à sa personne. — Il commença par soumettre l'Éthiopie, pour mettre fin aux invasions méridionales, et imposa aux habitants de ce pays un tribut d'or, d'ivoire et d'ébène; puis il passa l'isthme de Péluse avec une infanterie bien disciplinée, une cavalerie nombreuse et une multitude de chariots, tandis qu'une flotte de quatre cents voiles surveillait les côtes. C'était la plus formidable expédition qu'on eût encore vue. Il parcourut en vainqueur les rivages de l'Arabie et de l'Inde, traversa la Syrie, l'Arménie et l'Asie Mineure, ravagea l'île de Chypre et apparut en Europe, où il soumit les peuplades de la Thrace. Partout il gravait sur des colonnes triomphales des inscriptions qui retraçaient ses exploits. Du temps d'Hérodote, on voyait encore dans l'Ionie deux figures colossales portant sur la poitrine ces mots en caractères égyptiens : « C'est moi que ces puissantes » épaules ont rendu maître de ce pays. » — Mais ce furent là les traces les plus durables des exploits de Sésostris. En vain il enrichit son peuple des dépouilles de l'univers, en vain il se fit traîner sur son char par les rois enchaînés ; les nations, plutôt effrayées que soumises, recouvrèrent peu à peu leur indépendance.

Toutefois Sésostris avait ramené une foule innombrable de captifs, qu'il occupa à exploiter des carrières de granit, à bâtir des villes, à creuser plusieurs canaux pour régler le cours du Nil. Il consacra les dernières années de son illustre carrière à rétablir dans tout le royaume l'ordre et la justice, et à réformer les lois. On dit qu'étant devenu aveugle, il se donna la mort de désespoir.

L'administration intérieure du royaume fut, à partir de cette époque, définitivement organisée. Depuis que l'unité de gouvernement s'était établie en Égypte, les petits États qui la partageaient autrefois étaient devenus des provinces ou *nomes*, dont on ne connaît guère ni le nombre ni l'étendue avant Sésostris. Sous ce prince, ces divisions furent fixées au nombre de trente-six, dix pour la Thébaïde, seize pour l'Égypte moyenne, dix pour le Delta. Chacune de ces provinces portait le nom de la ville principale où résidait le gouverneur. On remarque aussi, vers ce temps, la division de la population en trois classes, qui ne devaient jamais se confondre, celle des *prêtres*, celle des *guerriers*, celle des *artisans* et des *laboureurs* (n° 56).

55. **Successeurs de Sésostris.** — Après Sésostris, des princes de diverses races régnèrent sur ses états rentrés dans leurs limites naturelles. Plusieurs cherchèrent à immortaliser leur nom en élevant d'immenses pyramides. L'un d'eux, *Asychis* ou *Bouhoris* (1052), publia une loi célèbre qui avait pour objet de diminuer les dettes, en réglant les conditions des emprunts. Le successeur de ce prince fit alliance avec Salomon, et lui donna sa fille en mariage. Un autre roi, nommé dans l'Écriture *Sésac* (n° 38), prit la ville de Jérusalem, et ses armées ravagèrent la Palestine. Sous ses successeurs, les Éthiopiens firent deux fois la conquête de l'Égypte. En 935, *Zara*, roi d'Éthiopie, s'empara du trône des Pharaons et envahit la Palestine, dont il fut repoussé par le roi de Juda *Asa* (n° 38). — Dans le siècle suivant, une nouvelle invasion éthiopienne livra l'Égypte à *Sabacon*, dont les successeurs ne purent se maintenir.

Après la retraite des Éthiopiens, les Égyptiens furent gouvernés par un prêtre de Vulcain, *Séthos*, qui excita le mécontentement des guerriers en leur enlevant une partie des terres que leur avaient données ses prédécesseurs. Le roi d'Assyrie, Sennachérib (n° 63), étant venu alors assiéger Péluse, les guerriers refusèrent de marcher à la défense de la ville. Séthos, consterné, courut au temple de Vulcain, déplorer aux pieds du dieu les malheurs dont cette désobéissance menaçait son royaume.

« Tandis qu'il exhalait ses plaintes, dit Hérodote, le sommeil s'empara de ses sens, et il crut voir en songe le dieu lui-même qui lui promettait son secours et l'assurait qu'il n'avait rien à redouter des Assyriens. Séthos, plein de confiance, marcha vers Péluse avec une armée composée de tous les marchands et artisans qu'il put réunir. A peine était-il arrivé en vue des ennemis, qu'une multitude de rats se répandirent dans leur camp, et, pendant une seule nuit, rongèrent les cordes des arcs, des carquois et jusqu'aux courroies des boucliers. Privée ainsi de toutes ses armes, l'armée assyrienne fut contrainte de se retirer précipitamment (1). » En mémoire de cet événement, on éleva dans le temple de Vulcain une statue qui représentait Séthos tenant un rat dans sa main, avec cette inscription : « *Apprenez, en me voyant, à respecter les dieux* » (v. 713). L'Égypte était sauvée ; mais bientôt la mort de Séthos devint la source de nouvelles calamités pour le pays qui, pendant plusieurs années, fut en proie à l'anarchie.

Enfin (671), douze chefs se partagèrent le pouvoir, et un traité solennel les unit pendant douze ans. Alors fut construit à frais communs le fameux *Labyrinthe* (n° 58); mais l'ambition ne tarda pas à détruire la bonne intelligence des douze rois. Un oracle avait annoncé que celui d'entre eux qui ferait des libations aux dieux dans une coupe d'airain, gouvernerait seul toute l'Égypte. Or, un jour que les princes étaient tous réunis pour un sacrifice, on ne trouva que onze des coupes d'or destinées aux libations ordinaires. *Psammétique*, l'un d'eux, afin de ne pas retarder la cérémonie, se servit, au lieu de coupe, de son casque qui était d'airain. Cette circonstance rappela aussitôt aux autres le souvenir de la prédiction, et, tremblant de la voir s'accomplir en faveur de Psammétique, ils le reléguèrent dans les marais qui s'étendaient à l'embouchure du Nil.

L'exilé vivait depuis quelque temps dans cette retraite, se confiant dans un oracle qui lui avait prédit qu'il serait sauvé

---

(1) La fable de Sennachérib est évidemment un souvenir de ce fait, attesté par l'Écriture sainte, que l'armée du roi d'Assyrie fut détruite en une nuit par l'ange exterminateur. C'est ainsi que Dieu a voulu que le témoignage des auteurs profanes vînt montrer l'exactitude des livres sacrés et que l'erreur elle-même rendît hommage à la vérité.

par des hommes d'airain venus de la mer, quand une tempête jeta sur les côtes une troupe de soldats couverts de fortes armures qui se mirent à piller le pays. C'étaient des pirates grecs qui s'engagèrent au service de Psammétique, et qui, grâce à la supériorité de leurs armes et de leur discipline, lui assurèrent la victoire sur tous ses rivaux.

L'Égypte fut de nouveau réunie tout entière sous un même sceptre (656). Psammétique reconnut le service qu'il avait reçu des étrangers, en leur ouvrant son royaume et en établissant avec la Grèce des relations d'amitié. Ce fut encore avec le secours des Grecs qu'il fit une invasion en Asie, et qu'il s'empara de la forte ville d'Azot, après un siége de vingt-neuf ans, le plus long dont l'histoire ancienne fasse mention.

54. Néchao. — Amasis. — Conquête de l'Égypte par les Perses (525). — A cette époque, les expéditions maritimes de l'Égypte se multiplièrent. Pour faciliter les communications commerciales, *Néchao*, fils de Psammétique (617), tenta, mais en vain, de joindre la mer Rouge à la Méditerranée par un canal. Il réussit du moins dans une autre entreprise. Des Phéniciens, partis par ses ordres du fond de la mer Rouge (614), firent, suivant Hérodote, le tour de l'Afrique, et, trois ans après, ramenèrent leurs vaisseaux par le détroit d'Hercule dans les bouches du Nil (n° 1). Vingt et un siècles après, Vasco de Gama devait retrouver pour les modernes cette route qui livra à l'Europe les richesses de l'Inde.

L'Égypte avait passé le plus haut période de sa gloire. L'Asie, toujours son ennemie mortelle, n'avait pas oublié la course triomphale de Sésostris. Néchao, vainqueur à Mageddo de Josias, roi de Juda (609), et de son successeur Joachaz (n° 45), fut lui-même battu par le roi de Babylone Nabuchodonosor II (n° 64). Sous le Pharaon *Ophra* ou *Apriès* (595-570), une armée entière fut exterminée par les Cyrénéens, tribu grecque établie entre l'Égypte et la Libye ; et bientôt Dieu, comme parle la Bible, abandonna à Nabuchodonosor le royaume d'Égypte. Le Babylonien *se couvrit de richesses, comme le pasteur se couvre de son manteau, et se retira en paix.* — La nation égyptienne ne se releva pas de ce coup. Un homme d'obscure origine, voleur de profession, *Amasis* (570) se mit à la tête d'une insurrection populaire, et parvint à s'élever sur le trône, qui n'avait appartenu jusqu'à lui qu'à la caste des prêtres, et quelquefois seulement à celle des guerriers.

L'avénement d'Amasis était une violation flagrante des anciennes lois ; il ne respecta pas davantage les vieilles superstitions de ses sujets, et, pour leur en faire comprendre la vanité et la folie, il exposa à l'adoration publique une idole faite avec le vase d'or où il avait coutume de se laver les pieds. « Cette statue, dit Amasis, est faite avec un bassin qui servait à laver les pieds. Et cependant, maintenant qu'elle représente une divinité, vous lui rendez un culte religieux. Ma destinée est toute semblable. Je n'ai été d'abord qu'un homme de condition obscure, et pourtant, aujourd'hui je suis votre roi ; vous devez donc me rendre les honneurs qui appartiennent à ma dignité. » C'était à la fois dévoiler avec une sanglante ironie les absurdités du culte égyptien, et attaquer le préjugé qui reprochait au roi la bassesse de son origine. Il se la fit pardonner, au reste, par la sagesse de son gouvernement, par la protection éclairée qu'il accorda aux arts. Ce fut lui qui rendit cette loi célèbre qui obligeait tout Égyptien à faire connaître au magistrat sa profession ou son métier, et qui punissait de mort l'oisiveté absolue. Il offrit aux savants étrangers une hospitalité généreuse, et reçut à sa cour les philosophes Grecs *Pythagore* et *Solon*, qui vinrent s'instruire, auprès des prêtres égyptiens, des doctrines religieuses et des institutions de leur pays.

Mais l'Égypte perdait, avec ses antiques coutumes, cette inébranlable discipline qui jusque-là avait fait sa force. Elle offrit, bientôt après, une conquête facile à *Cambyse*, roi de Perse (n° 76). Il fut réservé à *Psamménit*, fils d'Amasis (526), de voir l'asservissement de son pays. Le dernier des Pharaons périt par ordre du vainqueur, et l'Égypte devint une province de l'empire des Perses (525).

§ III. RELIGION, GOUVERNEMENT, ARTS ET MONUMENTS.

55. RELIGION. — La religion pratiquée par le peuple égyptien était peut-être, de toutes les religions antiques, celle qui offrait le plus monstrueux assemblage de superstitions grossières. Là, suivant la belle expression de Bossuet, *tout était Dieu, excepté Dieu lui-même.*

Les Égyptiens ne se contentaient pas d'adorer le soleil et la lune sous les noms d'*Osiris* et d'*Isis*, le génie du mal appelé *Typhon*, et beaucoup d'autres divinités représentées dans les temples par des statues colossales ; ils rendaient les honneurs divins à une foule d'animaux et de végétaux, soit par reconnaissance, s'ils étaient utiles, soit, s'ils étaient nuisibles, dans l'espérance de détourner leur influence funeste. C'est ainsi qu'ils honoraient le bœuf *Apis*, jeune taureau noir, choisi avec le plus grand soin dans toute l'Égypte et servi dans un temple par des légions de prêtres. A sa mort, tous les Égyptiens prenaient le deuil, et on l'ensevelissait dans le tombeau des rois. On adorait aussi en Égypte l'*ibis*, oiseau qui détruit les serpents; le *crocodile*, animal amphibie qui habite le Nil et y cause de grands ravages; l'*ichneumon*, qui dévore les œufs de crocodile; les chats, les chiens, les béliers, les oignons même, qui faisaient en grande partie la nourriture du peuple, etc. Aussi, un poëte latin (Juvénal) s'écriait-il avec dérision : « *Sainte nation, qui fait pousser des dieux jusque dans ses jardins!* »

Telle était la religion du vulgaire, la seule publiquement pratiquée, la seule enseignée au grand nombre. Mais au fond des temples, une doctrine plus pure était soigneusement conservée. Les prêtres transmettaient à leur caste favorisée une religion dégagée des superstitions populaires. Ils proclamaient l'existence d'un dieu « incorporel, immuable, infini, origine de toutes choses, et qui doit » être adoré en silence... le père, le bon par excellence... être uni- » que, indivisible, éternel. » Ils avaient aussi, dit-on, des idées assez justes sur la vie future; ils admettaient le dogme de l'immortalité de l'âme, celui des peines et des récompenses de l'autre vie, mais en y mêlant les erreurs de la *métempsychose*. D'après cette étrange doctrine, les âmes des méchants devaient recommencer plusieurs fois la vie en passant successivement dans le corps de divers animaux immondes; les esprits des justes montaient vers les sphères célestes après quelques années de purification. Ces dogmes religieux étaient le secret du sanctuaire; nul profane n'en approchait. Aussi, n'a-t-on sur ces mystères de l'Égypte que des données fort incomplètes. Ce qu'il y a de certain, c'est que ce fut auprès des prêtres égyptiens que plusieurs illustres philosophes grecs allèrent étudier la sagesse.

Les Égyptiens avaient pour les morts la plus grande vénération. Ils embaumaient les cadavres, les entouraient de bandelettes, et les conservaient ainsi préparés, avec un soin religieux, dans leurs demeures, où ils étaient désormais à l'abri de la corruption. Telles sont les *momies*, dont un grand nombre, retrouvées de nos jours, sont encore dans un parfait état de conservation. On faisait subir la même préparation aux animaux sacrés. La momie d'un père pouvait être donnée en gage par son fils à ses créanciers; mais il était à jamais déshonoré s'il n'acquittait pas sa dette pour retirer ce dépôt sacré. Les Égyptiens avaient coutume de placer à l'entour du lieu où ils prenaient leurs repas, des images en bois peint représentant les momies de leurs ancêtres, afin d'être toujours rappelés à la tempérance par la grave et salutaire pensée de la mort.

56. **GOUVERNEMENT.** — Dans l'origine, les prêtres seuls exerçaient le pouvoir suprême au nom de Dieu. Quand la monarchie se fut établie, élective d'abord, puis héréditaire, la caste sacerdotale

conserva encore une grande autorité sur le souverain lui-même. Quoique revêtu en apparence d'une autorité absolue, le roi passe en réalité sa vie dans une dépendance continuelle, car il est obligé de respecter les lois et les coutumes du pays, qui ont réglé jusqu'à l'heure de son lever, jusqu'à la qualité et la quantité de ses mets. La guerre seule l'affranchit de ce joug; alors, il commande les armées à pied ou en chariot. Il a droit de vie et de mort sur la personne de tous ses sujets; mais, dès qu'il n'est plus, il doit rendre compte de sa conduite et se faire juger par la nation. Sa momie ne peut être reçue dans le tombeau qu'il s'est construit lui-même, si le tribunal de quarante-deux juges, chargé d'examiner toute sa vie, le déclare coupable de quelque crime. A chaque dynastie éteinte, le nouveau roi doit être élu dans la classe privilégiée des prêtres. Les prêtres seuls connaissent les lois, lisent les écritures sacrées, composent les annales de la nation; seuls aussi, ils cultivent toutes les sciences. Ils gardent ce trésor loin du vulgaire, et conservent leur influence à l'aide du secret qui les entoure.

Au-dessous de l'ordre pontifical était celui des guerriers, puissants dans la guerre, mais prenant peu de part au gouvernement. Aux assemblées, le vote d'un simple prêtre valait celui de dix guerriers; le vote d'un grand prêtre en valait cent. Chaque guerrier recevait du souverain un domaine libre de tout impôt.

Plus bas encore était le peuple composé des laboureurs et des artisans. Il avait le droit d'accuser le roi après sa mort; mais d'ailleurs, il n'était qu'une troupe esclave et misérable, ne jouissant d'aucun droit politique, et constamment assujettie aux travaux les plus pénibles.

Les historiens ont célébré la sagesse des lois de l'Égypte. L'*Egypte*, dit Bossuet, *est la source de toute bonne police*. Un tribunal de trente membres rendait la justice, et les causes n'étaient plaidées que par écrit, afin que les juges ne pussent être séduits par le prestige de l'éloquence. Le parjure était puni de mort comme l'homicide; le parricide subissait le supplice du feu. Tout homme qui n'avait pas empêché un crime quand il le pouvait, était châtié comme s'il l'eût commis. Enfin, le coupable qui avait échappé à la justice pendant sa vie ne pouvait se soustraire au tribunal qui le jugeait après sa mort; sa mémoire était flétrie et ses restes privés de sépulture. — Il faut dire cependant que le vol par suite des rapports de l'Égypte et de l'Arabie, était si habituel parmi les Égyptiens, qu'on avait été obligé de le tolérer et de le régler par des statuts particuliers. Ce fut pour détruire cette étrange coutume que le roi Amasis ordonna que tout citoyen justifierait chaque année de ses moyens d'existence (n° 54). La polygamie était permise en Égypte, mais elle fut rarement en usage.

57. SCIENCES ET ARTS. — Les sciences étaient cultivées avec soin par la caste sacerdotale. L'astronomie fut étudiée de bonne heure; à une époque reculée, l'année égyptienne était fixée à

SCIENCES. — ARTS. — MONUMENTS. 75

365 jours 6 heures. La nécessité de l'arpentage après les débordements du Nil conduisit à la géométrie. Les sciences mathématiques que les Grecs vinrent étudier en Égypte et la mécanique y firent des progrès remarquables, attestés par les prodigieux monuments dont la construction nécessitait les machines les plus puissantes et les calculs les plus précis. Dans une antiquité très-reculée, les Égyptiens connurent la musique, la peinture, tous les arts utiles. Habiles dans l'agriculture et l'économie rurale, ils cultivaient, à l'aide de la charrue et de divers instruments ingénieux, le blé, le lin, le coton et les légumes, et préparaient certains aliments que les Hébreux regrettaient après leur sortie d'Égypte. Une belle race de chevaux s'élevait dans les prairies. L'incubation artificielle, à l'aide de fours d'une chaleur toujours égale, multipliait prodigieusement les oiseaux de basse-cour. Un grand nombre d'ouvriers étaient employés au tissage et à la teinture de riches étoffes. L'art de travailler les métaux, de fabriquer la porcelaine et le verre, de préparer l'émail et le mastic pour les mosaïques, fut porté à une grande perfection. La gravure sur pierres dures multiplia à l'infini les scarabées et les figurines que l'on portait comme des amulettes sacrées ou comme de simples ornements. On attribue, enfin, aux Égyptiens l'invention de l'écriture. Ils l'appliquaient ordinairement sur des feuilles minces et légères fabriquées avec l'écorce du *papyrus*, plante qui croît en abondance dans leur pays. L'écriture qu'ils employaient pour leurs annales était l'écriture *hiéroglyphique*, composée non comme la nôtre de lettres assemblées, mais de caractères symboliques. Un grand nombre d'hiéroglyphes se sont conservés jusqu'à nous sur des blocs de granit, où le génie patient des Champollion, aidé par la découverte d'une triple inscription en langue grecque, égyptienne et hiéroglyphique sur le fameux *marbre de Rosette*, a retrouvé les traits les plus certains de l'antique histoire égyptienne.

Les arts eurent en Égypte un développement rapide, mais qui s'arrêta de bonne heure. Leurs œuvres, et c'est d'ailleurs un des traits les plus saillants de la civilisation égyptienne, ont un singulier caractère d'immobilité.

Les statues qui ornaient en grand nombre les édifices publics représentaient des personnages sans expression et sans mouvement. La peinture avait des couleurs vives, mais appliquées à des dessins d'une extrême raideur. Leur architecture, comme leur sculpture, a quelque chose de triste et de mort; sans élégance, sans grâce, elle n'est remarquable que par la grandeur démesurée de ses proportions.

58. MONUMENTS. — Les plus célèbres de tous ces monuments sont les *pyramides* qui s'élèvent encore aujourd'hui comme des montagnes au milieu des sables du désert. La plus haute pyramide que les Grecs ont mise au nombre des *sept merveilles du monde*, a plus de 140 mètres de hauteur. Ces gigantesques monuments n'avaient guère d'autre utilité que de servir à la sépulture des rois d'Égypte.

La construction des deux plus grandes pyramides, bâties par deux frères, les rois *Chéops* et *Chéphren*, exigea tant d'efforts que cent mille hommes, dit-on, périssaient tous les trois mois à la peine. Aussi les Égyptiens indignés condamnèrent-ils ces princes après leur mort; en punition de leur orgueil et de leur cruauté, le tribunal suprême les priva de la sépulture qu'ils s'étaient préparée, et ordonna que leurs noms seraient ignominieusement effacés des édifices publics.

Nous citerons encore parmi les œuvres des anciens Égyptiens : les *obélisques*, sortes de colonnes carrées faites d'un seul morceau de granit, ayant quelquefois plus de trente mètres de haut; l'un des plus remarquables, l'obélisque de *Louqsor* (de 23 mètres environ de hauteur), élevé par Sésostris, dont il rappelle les exploits par ses hiéroglyphes, a été transporté des environs de Thèbes à Paris, sur la place de la Concorde ; les *temples*, ornés d'une multitude de colonnes courtes et massives, et dont le principal occupe, sur l'emplacement de l'ancienne Thèbes, un espace immense ; les *sphinx*, monstres de granit à figure humaine avec un corps d'animal ; la statue colossale de *Memnon* qui rendait, dit-on, des sons au lever du soleil ; le *labyrinthe* (n° 53), composé de douze palais, dont les salles en nombre infini communiquaient toutes ensemble par des passages qu'il fallait parfaitement connaître pour ne s'y pas égarer ; le *lac Mœris*, creusé par le roi de ce nom, et au milieu duquel s'élevaient deux pyramides, lac assez vaste pour recevoir les ondes du Nil quand elles étaient trop abondantes, et fournir, au contraire, les eaux nécessaires pour suppléer à l'inondation quand elle se trouvait insuffisante. De nombreux *canaux*, munis d'écluses, répartis le long du Nil sur tout le sol cultivable de l'Égypte, servaient à l'irrigation, au transport des marchandises, et contribuaient merveilleusement à la fécondité du sol et à la prospérité du pays.

QUESTIONNAIRE. — § I. 48. Où était située l'ancienne Égypte ? — Quel aspect présentait-elle ? — Quelles étaient ses grandes divisions et ses villes principales ? — 49. *Faites connaître le fleuve du Nil et ses phénomènes les plus remarquables.* — § II. 50. D'où vinrent les premiers habitants de l'Égypte et comment furent-ils gouvernés d'abord ? — Quel est le premier roi connu ? — Quel peuple envahit l'Égypte ? — Qu'arriva-t-il de plus remarquable sous les Pharaons pasteurs ? — 51. Quel fut le sort des Hébreux et comment sortirent-ils d'Égypte ? — 52. *Donnez quelques détails sur l'éducation et les expéditions de Sésostris.* — Quelles furent les traces les plus durables de son règne ? — 53. Citez quelques-uns de ses successeurs. — *Racontez le siège de Péluse.* — Parlez des douze rois et de Psammétique. — 54. Quelle expédition importante ordonna Néchao ? — Que devint l'Égypte après lui ? — *Qu'avez-vous à dire du roi Amasis ?* — Comment et par qui l'Égypte fut-elle conquise ?

§ III. 55. Faites connaître la religion populaire des Égyptiens? — En quoi différait la religion sacerdotale? — Qu'est-ce que le dogme de la métempsychose? — 56. Donnez une idée du gouvernement de l'Égypte, de la distinction des classes, de la législation. — 57. Quels furent à l'origine les progrès de la civilisation? — Les arts et les sciences se développèrent-ils dans la suite? — Qu'avez-vous à dire des hiéroglyphes? — 58. Énumérez les principaux monuments des Égyptiens. — Quelle était l'utilité du lac Mœris et des canaux?

CHAPITRE CINQUIÈME.

ASSYRIENS ET BABYLONIENS JUSQU'A CYRUS.

SOMMAIRE.

§ Ier. 59. Nemrod bâtit une ville (2690). — Assur fonde Ninive. — Babylone est conquise. — Le premier empire d'Assyrie commence (1993).

60. Ninus fait de vastes conquêtes, agrandit Ninive. — Des traditions fabuleuses sont rapportées sur la jeunesse de Sémiramis. — Elle épouse Ninus et le fait mettre à mort.

61. Sémiramis entreprend une immense expédition. Elle éprouve des revers dans l'Inde. Des travaux prodigieux sont exécutés à Babylone. — Ninyas, son fils, l'assassine (1874).

62. Les rois de Babylone se livrent à une vie efféminée qui amène le démembrement de l'empire. La mort de Sardanapale assiégé dans Ninive est suivie de la chute de l'empire d'Assyrie (759).

§ II. 63. Arbacès se rend indépendant en Médie. — Ninive demeure soumise aux descendants de Sardanapale. — L'influence de la caste sacerdotale l'emporte à Babylone où règne Nabonassar (747). — Des princes guerriers gouvernent à Ninive: Téglath-Phalasar (742-724); Salmanasar (724-712); Sennachérib (712-707). — Babylone est soumise par Asar-Haddon (680). — Nabuchodonosor Ier (667-647) envoie Holopherne contre les Juifs.

64. Nabopolassar prend Ninive (625). — Nabuchodonosor II (605-562) bat les Égyptiens, les Juifs, prend Tyr, soumet les Iduméens, etc. Nabuchodonosor est châtié de son orgueil.

65. Les prophéties contre l'empire d'Assyrie s'accomplissent sous Balthazar (554) impie et corrompu. Cyrus s'empare de Babylone et de l'empire d'Assyrie (538).

§ III. 66. Le gouvernement des Assyriens est fondé sur le despotisme le plus absolu. Des honneurs divins sont rendus aux rois.

67. Les pontifes exercent une grande influence. Les mages ont d'immenses priviléges. La religion des Assyriens se compose de superstitions infâmes et absurdes.

68. Les premières observations astronomiques ont été faites par les pasteurs chaldéens. L'astronomie cultivée par les Babyloniens dégénère en astrologie. On peut juger des arts de ces peuples par les monuments de Babylone et de Ninive. — Les arts utiles à l'industrie y sont cultivés de bonne heure.

69. Les ruines de Babylone se voient dans une plaine aride; celles de Ninive, remplies de curieux monuments, viennent d'être découvertes.

§ Ier. SÉMIRAMIS ; SARDANAPALE.

59. FONDATION DE BABYLONE ET DE NINIVE. — Les hommes, dispersés par la main de Dieu, s'étaient séparés dans les plaines de Sennaar (n° 17); quelques-uns cependant restèrent près de ces lieux devenus ainsi, pour la seconde fois, le berceau de l'humanité. *Nemrod*, petit-fils de Cham, fut de ce nombre. *C'était*, dit l'Écriture, *un violent chasseur devant le Seigneur*. Il se mit à la tête de ses compagnons, et avec les matériaux réunis encore pour la tour de Babel, il jeta les fondements de la ville qui plus tard fut Babylone, sur les rives de l'Euphrate, vers 2690.

De l'autre côté de la Mésopotamie, sur le Tigre, un descendant de Sem, *Assur*, sorti aussi de la plaine de Sennaar, traça l'enceinte de la ville qui devait s'appeler Ninive. Deux royaumes s'élevèrent en même temps, voisins, mais étrangers l'un à l'autre pendant plusieurs siècles.

La Babylonie n'appartint pas longtemps aux successeurs de Nemrod. Tandis qu'on leur décernait successivement l'apothéose sous le nom de *Bel*, *Bélus* ou *Baal* (car déjà l'idolâtrie grandissait parmi les nations), un peuple aux mœurs farouches et belliqueuses vint fondre sur les habitants des plaines de la Mésopotamie, qui savaient arpenter les terrains, creuser des canaux, construire des murs de brique, mais qui avaient désappris, dans la paix, le métier des armes. Les Arabes s'emparèrent de la région située entre l'Euphrate et le Tigre (v. 2200), et six princes de leur race régnèrent successivement à Babylone. Mais peu à peu les vainqueurs subirent, comme les vaincus, l'influence du climat et des mœurs orientales; ils furent sans force contre une nouvelle invasion.

L'empire d'Assur avait grandi silencieusement à côté de celui de Nemrod. Là était un peuple moins civilisé, mais plus énergique et plus guerrier que celui de Babylone, race d'hommes habitués dès leur jeune âge aux exercices violents et aux expéditions aventureuses. Ils asservirent sans peine la nation riche et commerçante et ses conquérants dégénérés.

Le roi d'Assyrie, devenu roi des deux peuples (1993), prit le nom vénéré de Bel ou Bélus, et fut adoré après sa mort avec les anciens rois.

Nous arrivons à l'époque brillante de la domination assyrienne.

60. Conquêtes de Ninus. Jeunesse de Sémiramis. — Environ deux mille ans avant notre ère, *Ninus* fut un prince glorieux et conquérant, ainsi que plus tard, en Égypte, le grand Sésostris (n° 52). Suivi, dit-on, de deux millions d'hommes, il parcourut comme un torrent toute l'Asie, de l'Indus aux mers occidentales, des rochers de l'Arabie à ceux de la Bactriane. Il revint avec des milliers d'esclaves, qu'il employa, suivant la coutume de ces temps, à élever péniblement un monument impérissable de sa gloire. La ville des Assyriens, ceinte d'un mur haut de cent pieds, sur lequel trois chariots se promenaient de front ; flanquée de quinze cents tours, deux fois plus élevées que les murs ; si peuplée qu'au temps même de Jonas elle avait encore deux millions quatre cent mille habitants ; si vaste qu'il fallait trois journées entières pour parcourir ses différents quartiers ; la ville des Assyriens s'appela Ninive, et fut destinée à perpétuer le nom de son vrai fondateur.

Toute cette gloire fut pourtant surpassée par une femme, *Sémiramis* (1916), dont une tradition attribue la naissance à une déesse. Sémiramis, l'héroïne du vieil Orient, n'est peut-être qu'un personnage à demi fabuleux, auquel on a attribué les exploits et les travaux des princes qui l'ont précédé ou suivi. Malgré le silence presque absolu d'Hérodote, plusieurs historiens grecs ont fait un merveilleux récit de sa jeunesse et de ses entreprises.

« La déesse nommée par les Assyriens *Dercéto*, dit Diodore de Sicile, ayant eu une fille, l'exposa dans un lieu désert. Des colombes, qui avaient fait leurs nids aux alentours, l'élevèrent miraculeusement. Les unes la réchauffaient de leurs ailes, tandis que les autres allaient près des cabanes des bergers recueillir du lait qu'elles transportaient dans leur bec et versaient goutte à goutte entre les lèvres de l'enfant. Lorsque la jeune fille eut atteint l'âge d'un an, les colombes enlevèrent des parcelles de fromage pour lui procurer une nourriture plus solide. Les bergers s'aperçurent bientôt que leurs fromages étaient rongés à l'entour, et, étonnés d'un fait aussi extraordinaire, ils en recherchèrent la cause. Ils ne tardèrent pas à remarquer les allées et venues des colombes, et découvrirent l'enfant, qui était d'une beauté remarquable. Ils l'offrirent au chef des bergeries royales, qui, n'ayant pas de postérité, l'éleva comme sa propre fille, et lui donna le nom de Sémiramis, qui, en langue assyrienne, signifie *ce qui vient des colombes.* »

Ayant épousé Ninus, qu'elle avait charmé par sa beauté et sa bravoure, elle s'empara du trône par une ruse abominable. Elle supplia son époux de lui confier pendant cinq jours seulement le gouvernement de son empire ; le roi y ayant consenti et ayant ordonné à ses officiers d'obéir à toutes les volontés de sa femme, celle-ci le fit aussitôt saisir par ses propres gardes et plonger dans un cachot où il fut mis à mort peu de jours après.

61. Exploits de Sémiramis. — Sémiramis voulut ajouter encore aux conquêtes de Ninus. Cinq cent cinquante mille cavaliers, trois millions de fantassins, cent mille chariots, s'il faut en croire les anciens historiens, parcoururent avec elle toute l'Asie, et partout elle laissa de glorieuses traces de sa marche triomphante. Ici, des chemins furent ouverts dans les montagnes pour livrer passage à ses troupes ; là, elle creusa un lac en témoignage de son séjour ; ailleurs, elle trancha des rochers pour y graver son nom et son image. Elle donna des lois à l'Égypte, à l'Éthiopie, et la Chine se souvint longtemps de son invasion.

Sémiramis maintenait l'obéissance et la discipline parmi ses troupes avec une fermeté inébranlable. Un jour qu'elle était occupée à sa toilette, on vient lui apprendre qu'une révolte éclate dans son armée ; aussitôt elle se rend au milieu des soldats, à peine vêtue et à demi coiffée, punit les chefs de la sédition, déconcerte les rebelles par son énergie, et, en un instant, fait rentrer ses troupes dans le devoir. Pour rappeler ce trait de célérité et de courage, on lui éleva une statue qui la représentait ainsi décoiffée et les vêtements en désordre.

Sémiramis fut arrêtée au milieu de ses conquêtes par la vigoureuse résistance des Indiens. Ses troupes, égarées dans des contrées inconnues, furent mises en déroute par les éléphants qui accompagnaient l'armée ennemie, et, blessée elle-même dans la mêlée, elle ne dut son salut qu'à la vitesse de son cheval. Elle revint, mais assez puissante encore pour bâtir une ville plus grande que Ninive. S'il faut en croire Hérodote, Babylone fut entourée d'un carré de murailles dont chaque côté avait cent vingt stades (22 kilomètres ou cinq lieues) de longueur, deux cents coudées (100 mètres) de haut et cinquante d'épaisseur. Cent portes d'airain s'ouvraient au milieu de ces remparts de briques et de bitume; l'Euphrate, qui traversait la ville, fut lui-même bordé de murs. Un pont joignit les deux parties. A une extrémité de ce pont s'éleva le temple de Bel, magnifique observatoire des astronomes babyloniens; à l'autre extrémité était le palais des rois avec ses jardins suspendus, une des merveilles du monde ancien. C'était une suite de terrasses disposées en amphithéâtre, et soutenues par de grandes voûtes de briques et de bitume. La terre, accumulée sur ces voûtes, était assez profonde pour que les plus grands arbres y pussent prendre racine. Les plantes de toute espèce qui y croissaient comme dans d'immenses jardins, et qu'arrosaient les eaux de l'Euphrate élevées par des machines, présentaient aux regards un aspect délicieux.

Les deux palais communiquaient entre eux par une galerie pratiquée au-dessous du lit de l'Euphrate, comme le *tunnel* qui, dans la ville de Londres, met en communication les deux rives de la Tamise.

Toute la gloire de Sémiramis ne put la soustraire à la punition du crime affreux qui l'avait élevée au trône. Son fils, *Ninyas*, conspira contre elle et la mit à mort comme elle avait elle-même fait périr son mari. Quelques historiens racontent qu'ayant découvert les coupables desseins de son fils, elle abandonna volontairement le pouvoir et se retira dans le tombeau de Ninus pour y pleurer son forfait jusqu'à ses derniers jours (1874). Quoi qu'il en soit, les Assyriens, pleins d'admiration pour les grandes choses qu'elle avait accomplies, l'adorèrent sous la forme d'une colombe.

Elle avait composé elle-même une inscription qui fut gravée sur son tombeau, et qui rappelle en termes orgueilleux les principales entreprises de son règne:

« La nature m'a donné le corps d'une femme, et mes ac-
» tions m'ont rendue l'égale des hommes les plus vaillants.
» Avant moi, aucun des Assyriens n'avait vu la mer: je leur
» en ai fait connaître quatre, que personne ne visitait aupa-
» ravant, tant elles étaient éloignées. J'ai détourné le cours
» des fleuves pour arroser et rendre fécondes des terres sèches
» et stériles. J'ai bâti des villes immenses; j'ai percé des
» routes à travers des rochers inaccessibles; j'ai conduit des
» chariots de guerre par des chemins que les bêtes féroces
» elles-mêmes ne pouvaient gravir. Et parmi tant de travaux,
» j'ai encore trouvé du temps pour mes plaisirs. »

A côté de cette épitaphe, on lisait encore ces mots : « *Si quelqu'un désire des trésors, qu'il ouvre mon tombeau, et qu'il en prenne autant qu'il voudra.* » Un roi de Perse, nommé Darius, trompé par ces paroles, fit ouvrir le monument; mais il n'y trouva, au lieu d'or et d'argent, que cette grave et sévère leçon inscrite sur une pierre : « *Si ton cœur n'était pas tourmenté par une avarice insatiable, tu ne viendrais pas troubler le repos des morts jusque dans leur dernière demeure.* »

62. SARDANAPALE (759). — A l'avénement de Ninyas commença la décadence.

Le fils de Sémiramis, bien loin d'imiter les grandes actions de sa mère, se livra à la mollesse et à l'oisiveté. Il vécut à Ninive, renfermé au fond de son palais, où il se livrait à tous les plaisirs les plus honteux, et ne laissait jamais pénétrer ses sujets. Ses successeurs suivirent cet ignoble exemple. Mais, pendant qu'ils négligeaient ainsi le gouvernement de leur empire, leurs provinces s'en séparaient l'une après l'autre.

Le dernier et le plus corrompu de ces rois fut *Sardanapale* (797). Un gouverneur ou *satrape* de Médie, nommé *Arbacès*, étant parvenu jusqu'à lui, le trouva au milieu d'une troupe de femmes, habillé comme elles, la tête couverte d'un léger voile de lin, le visage peint de diverses couleurs, et portant, au lieu d'épée, une quenouille avec laquelle il s'occupait à filer. Il sortit révolté de cet indigne spectacle, et souleva tout l'empire contre son méprisable souverain.

Sardanapale se défendit avec plus de courage qu'on n'en aurait attendu d'un prince aussi efféminé, et il soutint un long siége derrière les remparts de Ninive. « La ville ne pourra jamais être prise, lui avait dit un devin, tant que le Tigre ne combattra pas avec les ennemis. » Cette prédiction inspirait à Sardanapale une entière confiance dans l'issue de la guerre, et les assiégeants, découragés, voulaient se retirer, lorsqu'un prêtre Chaldéen nommé *Bélésis* parvint à les retenir encore, en leur affirmant qu'il avait lu dans les astres qu'avant cinq jours la ville serait tombée en leur pouvoir. Tout à coup, en effet, les eaux du fleuve, ayant grossi d'une manière extraordinaire, renversèrent une partie des murailles et ouvrirent ainsi une brèche par laquelle les ennemis pénétrèrent dans la ville. Le roi, attaqué dans son palais, y fit allumer un immense bûcher où il se précipita avec ses femmes et ses trésors (759).

On lui éleva une statue dans l'attitude d'un danseur à moitié ivre, avec cette inscription qu'il avait composée lui-même : « *Passant, écoute le conseil de Sardanapale: mange, bois et divertis-toi; tout le reste n'est rien.* » Épitaphe digne, comme le fait observer Aristote, non d'un homme, mais d'un pourceau. Ce fut par ce règne honteux que se termina le premier empire d'Assyrie.

§ II. NABUCHODONOSOR.

63. SÉPARATION DE BABYLONE ET DE NINIVE. — La chute de Sardanapale fut le signal de la séparation nouvelle des deux grandes cités rivales, pendant que la Médie, sous le satrape Arbacès, se déclarait indépendante (n° 72). A Ninive, le trône fut toujours occupé par les descendants de Sardanapale. La caste sacerdotale fournit une nouvelle dynastie à Babylone. Cette ville, dont la civilisation était de plus en plus développée, établit sous *Nabonassar* l'ère connue sous le nom de ce roi (747), qui fixa désormais la chronologie. — Ninive était restée fidèle à ses coutumes guerrières, à son génie conquérant. Parmi ses rois, *Téglath-Phalasar* ou *Ninus II* (742-724) marcha vers l'Occident, et soumit à un tribut, Achaz, roi de Juda (n° 44) ; *Salmanasar*, son fils (724-712), fondit sur le royaume d'Israël, fit prisonnier le roi Osée, et emmena tous ses sujets en captivité : ainsi Dieu punissait l'infidélité des successeurs de Jéroboam (n° 43). *Sennachérib*, successeur de Salmanasar (712-707), préparait le même sort au royaume de Juda ; mais le Seigneur protégeait le saint roi Ézéchias, et l'ange exterminateur détruisit en une nuit l'armée ninivite (707). (Voir n° 44.)

Babylone, conquise autrefois par les descendants d'Assur, devait perdre encore une fois son indépendance. Obligée de reconnaître la suprématie de Ninive, elle ne tarda pas à être asservie par le victorieux *Asar-Haddon* (680). Ce même prince emmena en captivité l'impie Manassès, roi de Juda, et étendit son empire jusqu'aux frontières de l'Égypte (n° 44). *Nabuchodonosor I*er (667-647), fils d'Asar-Haddon, et vainqueur des Mèdes, envoya Holopherne contre les Juifs. Mais l'orgueilleux Assyrien périt devant Béthulie de la main de Judith, et son armée fut dispersée (658).

64. NABUCHODONOSOR II. — Ce désastre sembla marquer le terme de la prospérité des Ninivites, dont les vices avaient excité la colère céleste. Quelques années après la dé-

route de Béthulie, *Nabopolassar*, satrape de Babylone, se révolta avec le secours de Cyaxare Ier, roi des Mèdes, et des hordes belliqueuses de la Scythie. La ville dominatrice ne put résister à cette triple attaque; selon les prédictions tant de fois répétées des prophètes, elle tomba pour ne plus se relever (625). — Le fils du vainqueur, *Nabuchodonosor II* (605-562), encore plus illustre que son père, battit Néchao, roi d'Égypte, et conquit toute l'Asie occidentale. Dieu lui livra même le pays de Juda. Jérusalem et le temple de Salomon furent renversés, et la captivité de soixante-dix ans, depuis longtemps prédite, punit enfin les infidélités du peuple de Dieu (voir ch. III, n° 45). La Phénicie fut attaquée à son tour, et Tyr fut prise (572) après un siége de treize ans (n° 70), pendant lequel les Iduméens, les Moabites et les Ammonites avaient été soumis.

Tant de succès enflèrent le cœur de Nabuchodonosor; malgré les prodiges qui lui avaient révélé la toute-puissance divine, il irrita le Seigneur par un orgueil impie. (Voir ci-dessus, chap. III, n° 46.) Dieu lui envoya alors un songe étrange et effrayant : il crut voir un arbre immense qui ombrageait au loin la terre, et entendre une voix terrible qui disait : « Abattez cet arbre par le pied, liez-le avec des chaînes de fer au milieu de l'herbe des champs ; qu'il paisse la verdure comme les animaux sauvages; qu'on lui ôte son cœur d'homme et qu'on lui donne un cœur de bête! »

Le roi ayant vainement demandé à ses mages et à ses devins l'explication de ce songe, s'adressa à Daniel, qu'un miracle avait récemment sauvé de la fosse aux lions : « Prince, lui dit le prophète, la voix que vous avez entendue est celle de Dieu même qui vous avertit qu'en punition de votre orgueil vous serez réduit à la condition des bêtes, et que vous brouterez l'herbe comme les bœufs de la campagne. »

Nabuchodonosor n'en persista pas moins dans ses pensées orgueilleuses, et contemplant sa capitale du haut de son palais : « Voilà donc, s'écria-t-il, cette grande ville de Babylone dont j'ai fait le siége de mon empire, le monument de ma puissance et de ma gloire! » Et il osa se faire adorer comme une divinité. Mais quelques jours après, il perdit tout à coup la raison, et chassé, selon la parole du prophète, de la compagnie des hommes, il alla paître dans les champs, où ses cheveux s'allongèrent jusqu'à couvrir tout son corps, et ses ongles poussèrent comme les griffes d'un oiseau. Quand la raison lui fut revenue, au bout de sept années, il s'humilia sous la main de Dieu, et publia un édit solennel pour faire connaître à tous ses sujets les prodiges qui s'étaient accomplis dans sa personne.

65. Prise de Babylone par Cyrus (538). — Cependant la corruption était venue à son comble dans Babylone ; Isaïe, Jérémie, tous les prophètes juifs, tonnaient au nom de Dieu contre la cité sacrilège. Daniel la comparait à un colosse aux pieds d'argile. En effet, sa ruine était proche. Les nations se soulevaient de tous côtés contre cet empire que Dieu avait en abomination ; et *Balthazar* ou *Labynit* (554), le plus impie et le plus corrompu de ses rois, s'endormait dans les voluptés, tandis que Cyrus, choisi pour accomplir les grands desseins de la Providence, venait avec ses Perses assiéger la ville imprenable de Sémiramis.

Plein de confiance dans la force de ses murailles, le roi de Babylone, dit l'Écriture, donna un festin magnifique à mille des plus grands de sa cour, et il ordonna qu'on apportât les vases d'or et d'argent que Nabuchodonosor avait enlevés à Jérusalem, afin qu'il pût boire dedans avec ses femmes, en l'honneur de ses dieux. Au même moment, on vit paraître les doigts et comme la main d'un homme qui écrivait sur la muraille de la salle du festin. Le roi jeta un grand cri, et ordonna qu'on fît venir les mages, les Chaldéens et les augures ; mais tous ces sages étant venus devant lui ne purent lire cette écriture ni en donner l'interprétation, ce qui redoubla encore le trouble du roi... Alors il fit venir Daniel, et le prophète lui dit : « O roi ! vous avez adoré et loué vos dieux d'argent et d'or, d'airain et de fer, de bois et de pierre, qui ne voient pas, qui n'entendent pas, qui ne sentent pas, et vous n'avez pas rendu gloire à Dieu, qui tient dans sa main votre âme et tous les moments de votre vie. C'est pourquoi Dieu a envoyé les doigts de cette main qui a écrit ce qui est marqué sur la muraille. Or, voici ce qui est écrit : Mané, Thécel, Pharès, et en voici l'interprétation. Mané : Dieu a compté les jours de votre règne, et il en a marqué l'accomplissement. Thécel : vous avez été pesé dans la balance et vous avez été trouvé trop léger. Pharès : votre royaume a été divisé, et il a été donné aux Mèdes et aux Perses. »

Cette nuit même, Balthazar fut tué, et Babylone fut prise par Cyrus. « Voici, dit Hérodote, par quels moyens il s'en rendit maître : il plaça son armée, partie à l'endroit où le fleuve entre dans Babylone, partie à l'endroit où il en sort, avec ordre de s'introduire dans la ville par le lit du fleuve dès qu'il serait guéable. Ses troupes ainsi postées, il se rendit près d'un lac voisin, creusé par Sémiramis, et rouvrant un ancien canal de communication, il y fit écouler les eaux de l'Euphrate. Aussitôt les Perses entrèrent dans la ville par le lit du fleuve. Comme les habitants de Babylone célébraient alors une grande fête, ils ne s'occupaient que de danses et de plaisirs, qu'ils continuèrent jusqu'au moment où ils s'aperçurent que les Perses étaient maîtres de la ville » (538).

Tout reconnut les lois du vainqueur, et le second empire d'Assyrie devint une province de l'empire des Perses.

§ III. RELIGION, SCIENCES ET ARTS. — RUINES DE NINIVE ET DE BABYLONE.

66. GOUVERNEMENT. — Le gouvernement des Assyriens et des Babyloniens fut toujours le despotisme le plus absolu, comme presque tous les gouvernements des peuples asiatiques. La propriété de toutes les terres appartenait au roi, qui les cédait moyennant une redevance perpétuelle: l'impôt n'était en quelque sorte que le prix d'un bail payé par les fermiers du souverain. Le roi était maître de la vie de ses sujets comme de leur fortune, et pouvait les envoyer à la mort sans aucun jugement. Quelle que fût sa volonté, elle devait être exécutée avec une obéissance aveugle par les ministres et les officiers. Depuis Ninyas, c'était ordinairement à l'un de ses ministres que le roi confiait l'exercice du gouvernement, pour se livrer tout entier à une oisiveté voluptueuse, au fond de ses appartements lambrissés d'étoffes précieuses, de marbre et d'or, et peuplés de musiciennes et de danseuses. Mais le pouvoir suprême n'en était pas affaibli, et le soin que prirent les rois de se rendre inaccessibles à leurs sujets, rendait leur dignité encore plus respectée. Nul ne devait passer devant la statue du roi sans fléchir le genou; on ne le nommait que le Grand Roi, le maître de la terre; on le croyait au-dessus de l'humanité, on le mettait au rang des dieux: chaque prince avait des temples après sa mort et se faisait adorer même de son vivant. Jamais on ne vit pareil excès d'orgueil dans le souverain, à côté d'un tel avilissement dans le peuple.

67. RELIGION. — Une seule autorité balançait l'autorité royale, c'était celle des pontifes. « La terre et le ciel étaient également de leur ressort et de leur domaine. Ils interprétaient le vol des oiseaux; ils expliquaient les songes; ils lisaient dans les entrailles des victimes; l'avenir se découvrait à leurs regards; ils dévoilaient ou créaient des prodiges; les maux, les biens, ils les détournaient ou les faisaient naître par leurs enchantements et leurs sacrifices; les augures, la magie, les oracles, servaient tour à tour leur intérêt ou leur puissance. Trompant la crédulité par l'espérance ou la terreur, ils assujettissaient toutes les pensées et tous les sentiments, en laissant croire qu'au nom de la Divinité, ils pouvaient éloigner ou suspendre l'infortune, donner ou ravir le bonheur. » (M. de Pastoret.) Nulle part, les *Mages* ou devins n'eurent plus d'influence qu'à Babylone ; le roi n'agissait guère sans les consulter, et leurs prédictions ou leurs menaces pouvaient seules arrêter sa volonté suprême. Comme les prêtres égyptiens, les pontifes d'Assyrie réservaient à leur caste toutes les sciences et tous les arts ; ils exerçaient même un grand nombre d'emplois dans le gouvernement.

Le premier des dieux de l'Assyrie était *Bel* ou *Baal*, dieu du soleil ou du feu (n° 59). Les étoiles et les planètes, regardées comme les conseillers du grand dieu, ou comme des ministres chargés du soin de gouverner l'univers, recevaient aussi les adorations du peuple. Plusieurs autres divinités, représentées quelquefois par d'infâmes emblèmes, et dont la plus célèbre était la déesse *Mylitta*, étaient, ainsi que la Vénus des Grecs et l'Astarté des Phéniciens, l'objet d'un culte souillé par les excès les plus monstrueux. On faisait même brûler l'encens devant des animaux nourris au fond des sanctuaires. Daniel fit mourir un serpent qu'on adorait dans le temple de Baal (n° 46).

68. **SCIENCES ET ARTS.** — L'astronomie était la science que cultivaient avec le plus d'ardeur les prêtres de Babylone ; c'était par elle surtout qu'ils prétendaient apprendre les secrets de l'avenir. Cette science, disaient-ils, avait été enseignée aux hommes par Bel lui-même. Toutefois, il paraît que les premières observations astronomiques furent faites en Chaldée par les peuples pasteurs et nomades, qui, errant dans leurs vastes plaines, avaient besoin d'étudier le cours des astres pour se diriger dans leurs migrations. Ils firent quelques découvertes importantes, et parvinrent, dit-on, à prédire les éclipses lunaires. Néanmoins, leur science astronomique leur servit assez peu pour le calcul du temps : dans leurs plus anciennes annales, les époques ne sont pas comptées par années, mais par périodes presque indéfinies appelées *sares* ; selon leurs tables chronologiques, le règne de leurs dix premiers princes occupe un espace de près de 4,000,000 d'années ! Les Babyloniens continuèrent avec plus de régularité les travaux astronomiques et chronologiques des prêtres de Chaldée. Ils trouvèrent l'année solaire de 365 jours ; mais bientôt, ils ne se bornèrent plus à constater les révolutions périodiques des corps célestes ; ils crurent y surprendre les signes des événements futurs. La position des constellations diverses, le passage des planètes, leur parurent autant de symboles mystérieux qu'ils s'efforcèrent d'interpréter. Dès lors, l'astrologie enfanta toutes ses impostures.

Les arts, cultivés à Babylone et à Ninive, étaient surtout l'architecture et la sculpture. Si l'on en juge par la description que les historiens nous ont donnée des monuments de ces deux villes (n°s 60 et 61), par les ruines récemment découvertes (n° suivant), les arts avaient fait de remarquables progrès. L'industrie de ces peuples, stimulée par le faste des souverains et de leurs courtisans, paraît s'être appliquée avec succès aux objets de luxe et d'ornements qui embellissaient à profusion les palais et les temples des grandes cités assyriennes.

69. Ruines de Ninive et de Babylone.—Aujourd'hui, les ruines de Babylone surgissent encore çà et là dans une plaine aride : lamentables débris qui attestent à tous les peuples l'accomplissement des menaces du prophète : « Babylone, la gloire des royaumes, l'orgueil de la Chaldée, sera comme Sodome et Gomorrhe. Elle ne se relèvera pas et n'aura plus d'habitants. L'Arabe même n'y plantera pas sa tente, et les pasteurs n'y parqueront pas leurs brebis ; mais elle sera le repaire des bêtes sauvages ; les habitations se rempliront de serpents, et l'autruche passera en courant sur les temples de la volupté. » (Isaïe, ch. xiv.)

A l'emplacement où s'élevait Babylone, on trouve une énorme quantité de briques dont les Arabes s'emparent depuis des siècles pour bâtir leurs demeures. Ces amas forment des collines et des vallées au milieu desquelles serpentent les canaux de Sémiramis et de Nabuchodonosor. Les débris de la haute muraille ne présentent plus que des monceaux de briques vitrifiées par l'ardeur du soleil. Le temple de Baal se reconnaît à une tour en forme de pyramide. Les jardins de Sémiramis sont indiqués par une construction en amphithéâtre, où l'on retrouve encore les piliers et les voûtes enduites de bitume qui soutenaient des plantations de toute espèce. Aujourd'hui on n'y voit plus qu'un arbre, d'une espèce étrangère à ce pays, que les Arabes ont laissé subsister au milieu des décombres pour y attacher leurs chevaux en traversant le désert.

Une découverte toute récente, due à un artiste français et à un savant italien (1), vient de faire connaître les magnificences de la grande ville de Ninive, ensevelies depuis tant de siècles sous les sables du désert. Un immense palais, dont les murailles sont couvertes d'inscriptions et de sculptures, a été exhumé, et déjà le musée du Louvre possède des statues colossales, des idoles à tête d'homme et à pieds d'animaux, des bas-reliefs représentant des expéditions navales, des tables de pierre toutes couvertes de caractères *cunéiformes* qui n'ont pu encore être déchiffrés : curieux monuments de l'art ancien des Ninivites.

Questionnaire.—59. Qui était Nemrod ?—Quelle ville fonda-t-il ? — Par qui fut fondée Ninive ? — Par qui fut conquise Babylone et comment commença le premier empire d'Assyrie ? — 60. Racontez l'expédition de Ninus. — A qui dut-il la prise de la ville de Bactres ? — Décrivez les travaux que Ninus fit exécuter à Ninive.

---

(1) M. Flandin et M. Botta.

— Comment Sémiramis s'empara-t-elle du trône ? — 61. *Quelles expéditions entreprit Sémiramis ? — Citez un remarquable trait de fermeté.* — Racontez la guerre contre les Indiens. — Décrivez les murs, le temple, *les jardins suspendus* de Babylone. — Comment mourut Sémiramis? — 62. Quelle fut la conduite de Ninyas et de ses successeurs ? — Parlez des mœurs de Sardanapale. — Comment finit le règne de Sardanapale ? — Quelle inscription portait la statue du roi ? — 63. Comment se partagea l'empire à la mort de Sardanapale ? — Parlez de Téglath-Phalasar, de Salmanasar, de Sennachérib. — Par qui Ninive et Babylone furent-elles de nouveau réunies ? — Qu'arriva-t-il sous le règne de Nabuchodonosor Ier en Judée ? — 64. Quel fut le sort de Ninive ? — Que devint Babylone après la mort de Sardanapale ? — Racontez les exploits de Nabuchodonosor II contre les Juifs. — Quelle fut l'issue du siège de Tyr par Nabuchodonosor II ? — A quel sort déplorable fut-il réduit ? — 65. Quel fut le dernier roi de Babylone? — *Racontez le festin de Balthazar.* — Comment Daniel expliqua-t-il *les signes mystérieux qui apparurent aux yeux du roi ?* — Par qui et comment *la ville de Babylone fut-elle prise ?* — 66. Quel était le gouvernement des Assyriens ? — 67. Donnez une idée de leur religion. — 68. Quels arts et quelles sciences étaient cultivés parmi eux ? — 69. Décrivez les ruines de Babylone d'après Isaïe. — Qu'avez-vous à dire des ruines de Ninive ?

CHAPITRE SIXIÈME.

PHÉNICIENS, MÈDES ET PERSES JUSQU'AUX GUERRES MÉDIQUES.

SOMMAIRE.

§ Ier. 70. La situation géographique de la Phénicie favorise sa puissance commerciale et maritime. Sidon est florissante dans une antiquité reculée. — Tyr devient la ville principale de la Phénicie, elle envoie des colonies dans les îles de l'archipel, en Sicile, en Espagne. Sur la côte d'Afrique Carthage est fondée par Didon (860). — La nouvelle Tyr (572) est bâtie dans une île. Indépendante de l'empire des Perses, elle est conquise par Alexandre.

71. Les flottes phéniciennes parcourent toutes les mers. L'Orient et l'Occident alimentent le commerce maritime des Phéniciens. Ils sont habiles dans la construction des navires.

§ II. 72. Arbacès se rend indépendant en Médie. Déjocès organise le gouvernement, fonde Ecbatane ; il se rend invisible à ses sujets (v. 733).

73. Cyaxare Ier (v. 655), vainqueur de Nabuchodonosor, lutte avec les

Scythes, prend Babylone (625). — Astyage marie sa fille Mandane au Perse Cambyse.

§ III. 74. Deux traditions existent sur l'enfance de Cyrus (né v. 599). Exposé, suivant Hérodote, épargné par Harpagus, sauvé par un berger, il est reconnu par Astyage, qui se venge atrocement d'Harpagus, et épargne Cyrus. Celui-ci soulève les Perses et renverse Astyage. — Suivant Xénophon, Cyrus élevé durement en Perse, se distingue par sa sobriété à la cour d'Astyage, auquel il reproche spirituellement son intempérance ; il est mis à la tête des armées mèdes et perses par Cyaxare II.

75. Cyrus tue Nériglissor, roi de Babylone (553) ; attaque Crésus, roi de Lydie, célèbre par ses immenses richesses et maître de toute l'Asie-Mineure. Cyrus le défait à Thymbrée (548), prend Sardes. Crésus, sauvé par son fils muet Atys, monte sur un bûcher ; Cyrus l'épargne au nom de Solon. Il s'empare de la Syrie, de Babylone (538), met fin à la captivité des Juifs (536). Cyrus est tué par les Massagètes ou meurt paisiblement (530).

76. Cambyse marche contre les Égyptiens ; leur superstition lui livre Péluse (525).

77. Ses expéditions dirigées contre les Ammoniens et contre l'Éthiopie échouent. Cambyse tue Smerdis, Méroé, se blesse mortellement (522).

78. Le faux Smerdis est assassiné. Darius devient roi par une ruse ; il prend Babylone par le dévouement de Zopire.

79. Darius fait des conquêtes en Thrace (510) ; éprouve des revers en Scythie ; se rend maître d'une partie de l'Inde. L'empire est divisé en vingt satrapies.

80. L'empire des Perses s'étend de la Caspienne, du Caucase et du Pont-Euxin aux frontières de la Thrace en Europe, aux déserts de la Libye en Afrique, aux déserts de l'Arabie en Asie, et dépasse l'Indus.

81. Il se divise en vingt gouvernements ou satrapies sans y comprendre la Perse, province privilégiée, et la Thrace d'Europe. 1° Colonies grecques : Éolide, Ionie, Carie, Lycie, Ténédos, Rhodes ; 2° Troade, Grande Mysie, Lydie ; 3° Bithynie, Paphlagonie, Phrygie, Cappadoce ; 4° Cilicie ; 5° Syrie, Phénicie, Palestine, île de Chypre ; 6° Égypte, Cyrénaïque ; 7° Pays voisins de l'Iaxarte ; 8° Susiane ; 9° Babylonie, Assyrie, Syrie des rivières ; 10° Médie ; 11° Hyrcanie ; 12° Bactriane ; 13° Arménie ; 14° Carmanie et Gédrosie ; 15° Indo-Scythes ; 16° Parthes, Chorasmiens, Sogdiens ; 17° Colchide ; 18° Ibérie et Albanie ; 19° Pont ; 20° Indiens.

§ IV. 82. La religion des Perses exclut les temples ; admet deux principes : Ormuzd et Ahriman ; est réformée par les deux Zoroastre.

83. Le gouvernement de la Perse après Cyrus est un despotisme absolu. Avant Cyrus, les Perses avaient des mœurs austères qui se corrompirent ensuite.

84. Ecbatane avait sept enceintes. Persépolis a laissé de belles ruines. Le tombeau de Cyrus est décrit par Arien.

§ Ier. SIDON. — TYR.

70. DESCRIPTION DE LA PHÉNICIE. — SIDON. —TYR.
— Située près de l'Égypte, sur les bords de la Méditerranée orientale, mais resserrée dans une étroite langue de terre entre le mont Liban et la mer, la *Phénicie*, État sans importance si l'on ne considère que ses possessions sur le continent, joua un grand rôle comme puissance maritime. « La » Phénicie était, au temps de sa splendeur, un des plus petits » pays de l'antiquité. Elle comprenait cette partie de la côte » de Syrie qui s'étend depuis Tyr jusqu'à Aradus, et cette » bande de terrain n'avait guère que cinquante lieues de » longueur, et tout au plus huit à dix lieues de large. Cette » côte, semée de baies et de ports, était hérissée de hautes » montagnes, dont les cimes couvertes de forêts offraient aux » Phéniciens les bois les plus précieux pour la construction » de leurs vaisseaux et de leurs habitations. La mer, qui ve- » nait se briser avec impétuosité contre ces rivages escarpés, » avait probablement détaché plusieurs caps de la terre » ferme; ceux-ci formèrent de petites îles, qui ne tardèrent » pas à se couvrir de nombreuses colonies et de cités floris- » santes. Dans les intervalles qui séparaient les villes princi- » pales, figuraient une foule d'autres moins considérables, » mais aussi renommées par leur industrie, leurs fabriques, » leurs manufactures, et, toutes réunies, elles ne formaient, » pour ainsi dire, qu'une seule métropole, assise à la fois » sur les îles et sur le continent. » (HEEREN, *Politique et commerce.*)

Dès le temps d'Abraham, *Sidon*, la première capitale des Phéniciens, fondée par les fils de Chanaan, avait des vaisseaux et florissait par son commerce. Plusieurs siècles après, Homère en parle comme d'une ville célèbre. Elle fut l'asile des populations vaincues par les Hébreux. Mais la suprématie ne lui resta pas longtemps. Près d'elle s'éleva une seconde ville, *Tyr*, fondée, dit-on, par l'Égyptien *Agénor*. — C'est à ses expéditions maritimes que la Phénicie doit toute sa gloire. Entrepôt du monde occidental et du monde oriental, elle reçut de toutes parts leurs productions, et leur envoya en retour ses nombreuses colonies. Dans des temps reculés, le Phénicien *Cadmus* alla fonder Thèbes (chap. VII); les Tyriens formèrent des comptoirs dans les Cyclades, les Sporades et dans presque toutes les îles de la Grèce ; la Sicile et la Sardaigne conservèrent les traces de leur passage. L'Espagne, ce Pérou de l'ancien monde, avec ses mines précieuses, les attirait sans cesse ; elle fournissait à Tyr ses riches métaux, tandis que plus de cent colonies phéniciennes s'établissaient sur ses côtes.

Les flottes des Phéniciens franchirent le détroit d'Hercule, les îles Fortunées furent occupées par eux, et nous avons parlé de leur voyage autour de l'Afrique (n° 54). Le rivage septentrional de l'Afrique surtout fut peuplé par les marchands phéniciens. Là, ils bâtirent Utique, Leptis ; là, *Didon*, chassée par la tyrannie de son frère, le roi *Pygmalion*, fonda la grande cité de *Carthage* (860), qui étendit sa domination non-seulement sur une partie de l'Afrique, mais sur les côtes européennes de la Méditerranée. Carthage, dont nous exposerons ailleurs le gouvernement et la puissance (ch. XIX), fut, comme on le verra ci-dessous, l'émule heureuse, en même temps que l'alliée constante des Phéniciens sur les mers.

La Phénicie fut à l'abri des guerres continentales tant que subsista le royaume d'Israël, qui la séparait des autres contrées de l'Asie. Mais le roi d'Assyrie Nabuchodonosor II, ayant conquis la Judée (n° 45), envahit les frontières de la Phénicie. Sidon et les autres villes lui ouvrirent leurs portes (591). Tyr seule résista treize ans, et quand les Assyriens entrèrent enfin dans ses murs, elle était déserte ; tous les habitants étaient passés dans une île voisine, où ils se fixèrent. Nabuchodonosor brûla les demeures abandonnées ; mais la nouvelle ville, protégée par la mer, put braver tous les efforts de l'ennemi.

La Tyr maritime, plus glorieuse encore que la Tyr du continent, vit de loin, sans être ébranlée, la chute de l'empire assyrien et l'élévation des Perses. Deux cents ans elle subsista indépendante près de l'Asie soumise ; et il fallut un Alexandre le Grand (chap. XI) pour dompter cette ville imprenable jusqu'alors, mais que la mer ne put défendre contre le génie du conquérant.

71. Activité commerciale des Phéniciens. — Au moyen de ses flottes et de ses nombreuses colonies, la Phénicie entretenait un immense commerce avec presque toutes les nations connues de l'ancien monde ; de l'an 1500 à l'an 500 environ avant Jésus-Christ, elle étendit ses relations à l'occident, jusque sur les côtes de l'océan atlantique, à l'orient, sur celles du golfe Persique et de la mer des Indes. Il faut lire, dans un sublime cantique d'Ézéchiel, la brillante description de toutes les richesses, de toutes les marchandises précieuses que les commerçants tyriens recueillaient des îles Cassitérides aux rives du Gange. Les cèdres du Liban servaient à construire leurs vaisseaux ; les habitants de Tarsis apportaient l'argent et l'airain ; ceux d'Ionie envoyaient des esclaves ; les Syriens fournissaient les émeraudes, la pourpre et les broderies ; les Égyptiens, leurs tissus de lin renommés dans l'Orient. Les peuples de Juda portaient aux marchés phéniciens le baume, l'huile et le miel ; de l'Arabie venaient les troupeaux ; du pays de Saba, les parfums, les pierreries et l'or.

« Vos grands vaisseaux, ô Tyr ! ajoute le prophète, ont entretenu votre commerce. Vous avez été comblée de biens, et élevée à la plus haute gloire au milieu de la mer. Vos rameurs vous ont conduite sur les grandes eaux. »

L'industrie et le commerce sont presque toujours unis. De bonne heure, les Phéniciens surent mettre en œuvre les riches matériaux qu'ils assemblaient de toutes parts. Les magnifiques étoffes que l'on fabriquait à Tyr avaient une grande réputation dans l'antiquité ; un coquillage, commun sur les côtes de la Phénicie, procurait à ses habitants les plus belles teintures de pourpre. Habiles dans l'art des constructions, ils envoyèrent à David et à Salomon, sous le règne d'*Hiram* (n° 35), un grand nombre d'ouvriers pour diriger les travaux des Israélites ; ils leur fournirent aussi des pilotes pour conduire leurs premiers vaisseaux. Enfin les Phéniciens ont disputé aux Égyptiens la gloire d'avoir inventé l'écriture.

§ II. MÈDES.

72. RÈGNE DE DÉJOCÈS. — On a vu que la *Médie*, autrefois l'une des provinces de l'Assyrie, en avait été séparée par le satrape *Arbacès* (759), lors de la chute de Sardanapale. Le nouvel État, d'abord en proie à l'anarchie, devint florissant sous *Déjocès* (733-690), homme ambitieux et habile, qui parvint à se faire décerner la couronne par ses concitoyens, et fit régner l'ordre dans la Médie, en y établissant une police exacte et sévère. Il en réunit et civilisa les habitants, sauvages jusqu'alors et dispersés dans des villages ; et il bâtit *Ecbatane*, la ville aux sept enceintes (n° 84). Mais au lieu de se contenter d'administrer la Médie, il voulut s'entourer de tout l'éclat des trônes de l'Orient, et imita les rois de Babylone qui vivaient invisibles au fond de leurs palais. Cet exemple eut la plus funeste influence sur les mœurs des Mèdes ; ils

profitèrent de l'abondance qui régnait dans leur pays, l'un des plus fertiles de l'Asie, pour se livrer à la mollesse et vivre au sein du luxe et des plaisirs. Bientôt les grands ne se montrèrent plus en public que le visage fardé, les paupières peintes, le cou et les bras chargés de colliers et d'ornements.

73. Cyaxare I. — Invasion des Scythes. — La Médie fut souvent en guerre avec les rois d'Assyrie. *Phraorte*, successeur de Déjocès, ayant été tué par Nabuchodonosor (655), fut vengé par son fils *Cyaxare I*, qui remporta sur les Assyriens une grande victoire. Mais une terrible invasion vint arrêter ses succès.

La Médie fut inondée tout à coup par des hordes de *Scythes* descendus du nord de l'Asie, hommes d'un aspect effroyable et de mœurs barbares, qui passaient leur vie à cheval, et cherchaient dans le pillage les ressources que leur refusait le sol aride et ingrat de leur pays.

Ces redoutables cavaliers, ayant vaincu les Mèdes, ravagèrent toute l'Asie pendant vingt-huit ans, et ne succombèrent que par trahison. Cyaxare, désespérant de les chasser de vive force, invita à un grand festin tous leurs chefs. Ceux-ci s'y rendirent avec empressement, confiants dans les droits de l'hospitalité si fidèlement observés chez les anciens. Mais quand ils furent plongés dans l'ivresse, à laquelle s'adonnaient sans mesure ces peuples sauvages, Cyaxare les fit égorger jusqu'au dernier. Toute la nation des Scythes s'enfuit épouvantée. Ce fut alors que Cyaxare, rentré en possession de ses États par cette épouvantable perfidie, entreprit avec le chef des Babyloniens *Nabopolassar* la grande expédition qui se termina (625) par la prise de Ninive (n° 64).

Déjà la Médie a joué un rôle important dans les guerres asiatiques ; déjà elle brille de tout l'éclat d'une civilisation avancée, et pourtant par le génie d'un seul homme, elle va être assujettie à une province obscure, soumise jusqu'alors à son influence. *Astyage*, successeur de Cyaxare, marie sa fille *Mandane* à un Perse nommé *Cambyse :* de cette union naît un prince appelé par les prophètes, qui doit réunir les deux États voisins, pour les porter ensemble au plus haut degré de puissance et de gloire, sur les ruines de l'antique empire assyrien.

§ III. Perses sous Cyrus, Cambyse et Darius.

74. Jeunesse de Cyrus. — Les historiens ont rapporté sur l'éducation de Cyrus, comme sur celle de Sémiramis, les

JEUNESSE DE CYRUS.

traditions les plus fabuleuses. Suivant Hérodote, Astyage, ayant marié sa fille Mandane à Cambyse, vit en songe une vigne immense qui était née de sa fille et qui étendait ses rameaux sur toute l'Asie. Il crut, d'après l'avis de ses devins, que ce rêve lui annonçait qu'il serait détrôné par son petit-fils, et, dans cette crainte, il fit venir près de lui Mandane qui était enceinte, pour faire périr l'enfant auquel elle donnerait le jour. Le jeune Cyrus étant né (v. 599), Astyage le remit entre les mains d'un de ses officiers nommé *Harpagus*, en lui enjoignant de le mettre à mort. Harpagus, ému de compassion, et ne voulant pas le tuer de sa propre main, le livra à un berger avec ordre de l'exposer dans un lieu écarté. Mais celui-ci, trompant à son tour la surveillance des gardes, éleva le jeune prince comme son propre fils.

Le secret de la naissance de Cyrus ayant été plus tard découvert, Astyage s'en vengea contre Harpagus en lui faisant manger les membres de son propre fils ; mais il renonça à ses cruels projets envers le fils de Cambyse, et le renvoya en Perse auprès de son père. Le jeune Cyrus devint aussi robuste que courageux, et acquit l'estime et l'affection de tous les Perses, tandis qu'Astyage se rendait odieux aux Mèdes par l'excessive rigueur de son gouvernement. Cyrus, profitant de ces dispositions et secondé par Harpagus, qui satisfit son ressentiment en trahissant Astyage, parvint à détrôner son grand-père et à s'emparer de tout l'empire.

L'auteur grec Xénophon a laissé sur la jeunesse de Cyrus un autre récit moins merveilleux, mais plus vraisemblable. D'après cet historien, ce prince fut élevé, selon l'usage du pays, avec tous les enfants de son âge et soumis comme eux à l'éducation la plus rude et la plus austère (n° 83). Conduit vers l'âge de douze ans à la cour d'Astyage, il y apprit l'art de gouverner, sans se laisser corrompre par les mœurs de la Médie. Le faste et la magnificence y régnaient partout. Astyage, superbement vêtu, avait les yeux et le visage fardés. Les officiers mèdes vivaient dans la mollesse, et se couvraient de perles et de pierreries, tandis que les Perses étaient vêtus fort grossièrement. Cyrus ne fut point ébloui de tout cet éclat, et, sans exprimer de blâme sur ce qu'il voyait, il sut conserver les habitudes simples et frugales qu'il avait contractées dès son enfance.

Un jour qu'il assistait à un repas somptueux, dans lequel les mets les plus recherchés étaient prodigués, il se montra fort indifférent à ce fastueux appareil. Astyage lui ayant té-

moigné sa surprise : « Les Perses, répondit-il, ne prennent
» pas tant de détours pour apaiser leur faim ; un peu de pain
» et de cresson leur suffit. » — Pendant ce même repas,
Cyrus présenta à son père une coupe pleine de vin, sans y
tremper ses lèvres, suivant l'usage. Le roi lui fit remarquer
qu'il avait oublié une cérémonie essentielle. « Ce n'est pas
» par oubli, dit Cyrus, que j'en ai agi ainsi ; c'est que j'ai
» craint que cette liqueur ne fût du poison. — Et comment
» cela ? s'écria Astyage étonné. — Eh ! oui, mon père, reprit
» le jeune prince ; car il n'y a pas longtemps que dans un
» repas que vous donniez aux grands seigneurs de votre
» cour, je m'aperçus qu'après avoir bu un peu de cette li-
» queur tous les convives paraissaient avoir perdu la raison.
» On criait, on chantait, on parlait à tort et à travers. Vous
» sembliez avoir oublié, vous, que vous étiez roi, et eux,
» qu'ils étaient vos sujets. Quand vous vouliez marcher, vous
» ne pouviez vous soutenir. J'ai craint, si je buvais aussi de
» cette liqueur, qu'il ne m'arrivât de semblables accidents. »

Cyrus demeura quatre ans en Médie, et revint alors achever, au milieu de ses compagnons, le dur apprentissage de la
vie militaire auquel étaient soumis tous les jeunes Perses. Il
ne tarda pas à se distinguer par sa valeur et sa prudence, et
il fut mis à la tête des armées mèdes et perses par son oncle
Cyaxare II, fils d'Astyage, appelé Darius le Mède dans l'É-
criture.

75. CONQUÊTES DE CYRUS. — CRÉSUS. — Le premier
exploit de Cyrus fut une grande victoire remportée sur les
Assyriens et les Lydiens ligués contre les Mèdes. Cyrus, à la
tête de trente mille hommes seulement, défit les troupes
innombrables de ses ennemis et tua dans le combat le roi de
Babylone, *Nériglissor* (553). Il courut aussitôt attaquer l'allié
du vaincu, le puissant *Crésus*, roi de Lydie.

Ce prince avait porté à son comble la prospérité et la grandeur de ses États. S'étant rendu maître de toute l'Asie-
Mineure, il faisait un immense commerce sur toutes les
mers. En même temps, il exploitait les mines d'or du mont
Tmolus et les sables du Pactole ; aussi devint-il bientôt le plus
opulent de tous les rois. Il fit noblement usage de ses richesses et appela à sa cour les étrangers les plus célèbres par
leur sagesse, auxquels il permettait, chose rare parmi les
hommes, de faire entendre librement devant lui le langage de
la vérité.

Au nombre de ces illustres visiteurs fut le législateur *Solon*, l'un des *sept sages* de la Grèce (voir chap. VII). Crésus déploya toute sa magnificence devant le vertueux Athénien, qui regardait avec indifférence ce fastueux appareil. « Eh quoi! » s'écria le roi, connaissez-vous donc un mortel plus heu-» reux que moi? — Oui, répondit le sage, c'est un simple » citoyen d'Athènes nommé Tellus, qui, après avoir toujours » vu sa patrie florissante et ses enfants entourés d'estime, est » mort en combattant pour son pays. — Mais après Tellus? » — Cléobis et Biton, deux frères, modèles de l'amour fra-» ternel et de la piété filiale, qui, après avoir traîné eux-» mêmes au temple le char de leur mère, prêtresse de Junon, » sont morts tous deux en dormant. — Et Crésus, s'écria le » prince étonné, vous ne le mettez donc pas au nombre des » heureux? — Roi de Lydie, répondit Solon, celui-là seul » peut être appelé heureux qui l'a été jusqu'à la fin de ses » jours. Au milieu des vicissitudes de la vie, le bonheur ne » peut pas plus être assuré aux mortels que la couronne à » l'athlète avant la fin du combat. » Maxime dont la vérité devait être cruellement justifiée par l'événement! Tant de grandeur et de gloire allaient tomber devant Cyrus.

Crésus avait rassemblé pour la défense de son empire une multitude d'éléphants et de chars armés de faux. Cyrus, dont l'armée était très-inférieure en nombre à celle du roi de Lydie, remporta cependant sur lui la grande victoire de *Thymbrée* (548), une des plus célèbres batailles de l'antiquité. Il le força à se renfermer dans les murs de Sardes, et prit la ville d'assaut, malgré la résistance opiniâtre de ses défenseurs. Crésus, qui combattait vaillamment au milieu des siens, ne dut la vie, dit-on, qu'à une sorte de miracle de l'amour filial. Un soldat perse levait déjà le sabre sur lui et allait le frapper sans le connaître, quand son fils *Atys*, muet de naissance, fit un tel effort à la vue du danger qui menaçait son père, qu'il rompit les liens qui retenaient sa langue et s'écria: « *Arrête, barbare! épargne Crésus!* » Quoi qu'il en soit de la vérité de cette touchante anecdote, Crésus fut fait prisonnier, et, suivant Hérodote, il fut condamné à périr sur un bûcher. Il se souvint alors de cette maxime de Solon que nul homme ne peut se dire heureux tant qu'il vit encore. A cette pensée, il s'écria avec un profond soupir: *Solon! Solon!* Cyrus, frappé de ce nom, lui fit demander ce que signifiait cette exclamation. « Je me souviens, répondit Crésus, du sage Athénien qui m'a dit, en me voyant au comble de la prospérité et de la grandeur, qu'il n'est aucun homme que l'on puisse appeler heureux avant le jour de sa mort. » Cyrus, touché de cette réflexion, craignit pour lui-même un pareil revers de fortune. Il épargna son ennemi, et l'envoya terminer obscurément sa vie dans quelque province éloignée.

La Syrie et la Babylonie, alliées du roi de Lydie, furent aussitôt envahies par le vainqueur. La Syrie se soumit après une courte résistance, et Cyrus alla mettre le siége devant la coupable Babylone, où le roi Balthazar portait à leur comble ses abominations. On a vu plus haut comment, dans une nuit de sacriléges orgies, Babylone fut saccagée de fond en comble, et comment Balthazar périt dans la ruine de son palais (538).

Cyrus triomphant vit son nom inscrit depuis bien des années dans le livre d'Isaïe ; il glorifia le vrai Dieu, et permit aux Juifs, par un édit solennel, de prendre le chemin de leur patrie (536) (n° 47). — Cyrus régna encore sept ans. Quelques historiens ont prétendu qu'il fut tué dans une expédition contre les Scythes, et que la reine *Thomyris*, lui ayant fait trancher la tête, la plongea dans une outre pleine de sang en lui adressant ces mots : « Rassasie-toi après ta mort de ce sang dont tu as été si altéré pendant ta vie. » Mais selon l'opinion la plus probable, Cyrus termina son règne, occupé à affermir ses conquêtes, à unir par de sages institutions toutes ses provinces, étrangères avant lui les unes aux autres par les lois et les mœurs, et il mourut paisiblement au faîte de la gloire et de la puissance (530).

76. Conquête de l'Egypte par Cambyse. — Cyrus, en mourant, avait recommandé l'union et la concorde à ses deux fils, *Cambyse* qui lui succéda en Perse, et *Smerdis* qui reçut en partage l'Arménie et la Médie (530). Les deux frères entreprirent ensemble une expédition contre l'Égypte où régnait Psamménit (voir n° 54). La forte ville de *Péluse* arrêtait l'armée des Perses : Cambyse imagina, pour s'en rendre maître, un singulier stratagème. Il fit marcher devant ses troupes des chiens, des chats, des béliers, adorés, comme l'on sait, par les Égyptiens. Ceux-ci n'osèrent faire usage de leurs armes, de peur de blesser des animaux sacrés, et Cambyse s'empara facilement de la ville, qui succomba ainsi par la folle superstition de ses défenseurs.

Ayant vaincu Psamménit et conquis l'Égypte, Cambyse ne mit plus de bornes à son ambition et résolut de soumettre en même temps l'Éthiopie au sud, et à l'ouest le pays des *Ammoniens*, célèbre par le temple de *Jupiter Ammon*, qui s'élevait dans une oasis au milieu du désert (n° 10) et était vénéré de tous les peuples d'alentour.

77. Expéditions contre les Éthiopiens et les Ammoniens. — Ces deux expéditions eurent un résultat également funeste. « Votre maître n'est pas ami de la justice, » dit le roi d'Éthiopie aux envoyés de Cambyse, puisqu'il » veut rendre esclave un peuple dont il n'a reçu aucune in- » jure. » Et prenant un arc d'une force extraordinaire : « Portez-lui cette arme, ajouta-t-il, et dites-lui : Le roi des » Éthiopiens fait présent de cet arc au roi des Perses. Quand » ceux-ci en pourront tendre facilement de semblables, qu'ils » viennent attaquer les Éthiopiens, et encore, qu'ils aient » soin de venir en nombre supérieur au nôtre. Jusque-là, » Cambyse peut remercier les dieux de ce qu'ils n'ont pas » donné aux Éthiopiens le désir d'aller envahir les terres de » leurs voisins. »

Cambyse, irrité de cette réponse, partit sur-le-champ à la tête de son armée, sans avoir même pris le temps de rassembler les provisions nécessaires pour traverser le désert. Bientôt ses soldats furent réduits à se nourrir d'herbes et de racines, et enfin la disette devint si affreuse, qu'ils se mangèrent les uns les autres. Cambyse, qui avait fait porter sur des chameaux tout ce qui lui était nécessaire et qui vivait dans l'abondance, n'en avançait pas moins, jusqu'à ce que, craignant de tomber entre les mains des Éthiopiens avec ses troupes exténuées, il fut contraint d'en ramener en Égypte les misérables débris.

Le corps d'armée dirigé contre les Ammoniens eut un sort plus malheureux encore. Le vent du désert qui, dans les plaines de l'Afrique, soulève des tourbillons de poussière brûlante et détruit tout ce qu'il trouve sur son passage, vint assaillir tout à coup les Perses et les engloutit sous des flots de sable mouvant.

Ces revers troublèrent la raison de Cambyse, qui se livra à d'effroyables accès de fureur. A son retour d'Éthiopie, il trouva les Égyptiens dans la joie, parce qu'ils célébraient la fête du dieu Apis. S'imaginant qu'ils insultaient à sa défaite, il tua de sa main le bœuf sacré et accabla le peuple de toutes sortes de vexations. Sa fureur s'exerça jusque sur sa propre famille. Il fit égorger son frère Smerdis, dont il était jaloux, parce que seul, il avait presque réussi à tendre l'arc du roi d'Éthiopie; il tua d'un coup de pied sa propre sœur, Méroé, qu'il avait épousée et qui était enceinte.

« *Que dit-on de moi ?* » demanda-t-il un jour, après avoir commis ces crimes, à un de ses officiers nommé *Prexaspe :* « *On admire tes grandes qualités*, répond celui-ci ; *mais on te reproche de trop t'adonner au vin.* — *Croit-on qu'il me fasse perdre la raison ?* dit Cambyse. *Tu vas en juger toi-même.* » Aussitôt il vide plusieurs fois sa coupe, puis fait venir le jeune fils de Prexaspe, le place au fond de la salle, et lui lance une flèche en disant qu'il a visé au cœur ; l'enfant tombe percé de part en part, et Cambyse s'écrie triomphant : « *Est-ce que ma main tremble ?* — *Apollon n'aurait pas tiré plus juste,* » répond le lâche courtisan.

Cependant, ses sujets se lassèrent de cette tyrannie. Une révolte éclata en Perse, et au moment où Cambyse montait à cheval pour aller la réprimer, il se blessa avec son épée et mourut peu de jours après (522).

78. Le faux Smerdis. — Avénement de Darius. — Cependant un mage avait profité de sa ressemblance avec Smerdis, le frère de Cambyse, pour prendre le nom de ce malheureux prince et se faire proclamer à sa place avec l'appui des Mèdes. Mais ce mage avait eu jadis les oreilles coupées. Malgré le soin qu'il prenait de ne jamais quitter la tiare, ornement de la tête des rois, une de ses femmes s'aperçut de la mutilation qu'il avait subie et en informa plusieurs grands du royaume. En même temps, le meurtrier du véritable Smerdis, pressé par ses remords, déclara publiquement qu'il avait tué de sa main le frère de Cambyse, et que celui qui prenait son nom n'était qu'un imposteur.

Les Perses, ennemis des Mèdes et de leurs mages, apprirent avec indignation cette supercherie. Sept d'entre eux ayant formé une conjuration, mirent à mort l'usurpateur ; et le peuple, excité par eux, égorgea les mages qui avaient favorisé l'avénement du faux Smerdis. L'anniversaire de cette affreuse boucherie fut célébré en Perse comme une fête, que l'on nomma *Magophonie* (massacre des mages).

Les conjurés ne se disputèrent pas la couronne. Ils convinrent que le trône appartiendrait à celui dont le cheval hennirait le premier au lever du soleil. Ce fut *Darius*, fils d'*Hystaspe*, qui l'emporta par une ruse de son écuyer (522).

Le nouveau roi eut quelque peine à faire reconnaître son autorité dans tout l'empire. Le ressentiment des mages fit éclater une révolte à Babylone, que Darius assiégea vainement pendant dix-huit mois. Il désespérait de s'en rendre maître, quand un de ses officiers, nommé *Zopire*, feignit de passer aux révoltés, après s'être coupé le nez et les oreilles pour leur faire croire qu'il avait été mutilé par ordre de Darius. Les Babyloniens s'empressèrent de le mettre à la tête d'une partie de leurs troupes, et quand il eut pleinement gagné leur confiance par plusieurs avantages remportés sur les Perses, il ouvrit à Darius les portes de la ville.

79. EXPÉDITIONS DE DARIUS. — Darius voulut entreprendre la conquête de la Scythie pour mettre fin aux attaques des peuples barbares répandus sur les rivages septentrionaux du Pont-Euxin, qui venaient souvent ravager les provinces de l'Asie. Après avoir traversé le Bosphore et soumis la Thrace presque tout entière sur son passage, il franchit, avec plus de cent mille hommes, l'Ister ou Danube sur un immense pont de bateaux, qu'il confia à la garde des troupes grecques levées dans l'Ionie et de leur chef *Histiée*. Les Scythes se retirèrent devant l'armée des Perses, emmenant sur des chariots leurs tentes et leurs familles, conduisant avec eux leurs troupeaux, et ne laissant derrière eux qu'un pays dévasté. En même temps, ils envoyèrent à Darius un ambassadeur chargé de lui porter un oiseau, un rat, une grenouille et des flèches : « Ces emblèmes » signifient, dit un sage perse à Darius, que si tu ne t'en- » voles comme un oiseau, si tu ne te caches sous terre comme » les rats, ou dans les eaux comme les grenouilles, tu n'é- » chapperas pas aux flèches des Scythes. »

Darius s'avança sans avoir égard à cet avertissement qui ne tarda pourtant pas à se vérifier. Il s'égara dans les immenses plaines de la Scythie, et avant d'avoir pu joindre l'ennemi, il vit bientôt ses meilleures troupes détruites par la faim et la fatigue. Il fut obligé de battre péniblement en retraite, harcelé par les Scythes qui avaient attendu ce moment pour agir. Darius lui-même ne dut son salut qu'à la vigueur d'un chameau chargé d'eau et de vivres, qui l'accompagna partout à travers le désert. Le roi plein de reconnaissance fit, après son retour, construire à cet animal une magnifique écurie, ou plutôt un véritable palais, où il fut entouré des soins les plus assidus, et qui fut appelé *Gaugamela* (la demeure du chameau).

Darius parvint à repasser le Danube sur le pont de bateaux qu'Histiée avait fidèlement gardé. Mais le mauvais succès de cette expédition ne le guérit point de la passion des conquêtes. Il soumit une partie de l'Inde, et divisa définitivement son empire ainsi agrandi en vingt gouvernements ou satrapies. (Voir paragraphe suivant, n° 81.)

L'empire des Perses avait alors atteint sa plus grande étendue; on fera connaître ci-après les limites de ses provinces qui s'étendaient en Asie, en Afrique et en Europe. (Voir ci-après, n° 80.)

Bientôt le soulèvement des colonies grecques de l'Asie Mineure (504), favorisé par les Athéniens, fournit à Darius l'occasion qu'il attendait de porter la guerre en Grèce. Nous verrons plus loin (chap. X) le récit de ces fameuses expéditions des Perses contre les Grecs, connues sous le nom de *guerres médiques*, qui, malgré l'immensité des armées asiatiques et le petit nombre de leurs adversaires, se terminèrent par le triomphe de la Grèce sur le puissant empire des Perses.

§ IV. ÉTENDUE ET DIVISIONS GÉOGRAPHIQUES DE L'EMPIRE PERSE.

80. LIMITES ET ÉTENDUE DE L'EMPIRE. — L'empire des Perses sous Darius Ier avait pour bornes, au N., le cours de l'Iaxarte, la mer Caspienne, la chaîne du Caucase, enfin, le Pont-Euxin; à l'O., l'empire s'étendait en Europe, sur la partie de la Thrace qui avoisinait l'Hellespont, sur plusieurs des îles de la mer Égée et de la mer Intérieure, et, en Afrique, jusqu'aux environs de la Grande-Syrte et jusqu'aux déserts brûlants de la Libye; il avait pour frontières, au S., les limites incertaines qui séparaient l'Éthiopie de l'Égypte, les déserts sablonneux de la péninsule Arabique, le golfe Persique et la mer Érythrée; enfin, à l'E., les possessions des Perses s'étendaient au delà du fleuve Indus, jusque dans les contrées que traversent les nombreux affluents de ce grand fleuve.

81. DIVISIONS. — A la fin du règne de Darius, l'empire des Perses était divisé, comme on l'a vu (n° 79), en 20 *satrapies* ou gouvernements. — Il faut remarquer que la PERSE proprement dite ou PERSIDE, province privilégiée, exempte d'impôts, n'est point nommée parmi les satrapies.

La PREMIÈRE SATRAPIE se composait des contrées maritimes formant tout l'angle S. O. de l'Asie Mineure et peuplées en grande partie par des colonies Grecques, dont les principales étaient :

L'ÉOLIDE, sur la mer Égée. Capitale : *Cume*. — L'IONIE, au S. de l'Éolide. Villes principales : *Smyrne*, *Éphèse* et *Milet*. — La CARIE, située au S. E. de l'Ionie. Capitale : *Halicarnasse*. — La LYCIE, au S. E. de la Carie. — Les nombreuses îles répandues sur la côte occidentale de l'Asie Mineure depuis celle de *Ténédos*, jusques et y compris celle de *Rhodes* au S. O. de l'Asie Mineure,

ÉTENDUE ET DIVISIONS.

étaient sans doute considérées aussi comme faisant partie de cette satrapie.

La SECONDE SATRAPIE renfermait plusieurs contrées situées dans l'Asie Mineure au N. O. de celles que nous venons de nommer, savoir :

L'antique TROADE, dans l'angle formé par les côtes de l'Hellespont et de la mer Égée. Capitale : *Troie* ou *Ilion*. — La GRANDE MYSIE, au S. E. de la Troade. Ville principale : *Pergame*. — La LYDIE, située au S. de la Mysie. Ville principale : *Sardes*, ancienne capitale des monarques lydiens.

La TROISIÈME SATRAPIE comprenait toutes les provinces du nord et du centre de l'Asie Mineure, savoir : Le pays des HELLESPONTIENS, renfermant les belles colonies grecques de *Cyzique*, *Lampsaque* et *Abydos*. — La BITHYNIE; ville principale : *Pruse*. — La PAPHLAGONIE, à l'E. de la Bithynie. La puissante colonie grecque de *Sinope* était la ville la plus remarquable de ce pays. — La PHRYGIE, grande contrée qui occupait, au S. de la Bithynie et de la Paphlagonie, toute la portion occidentale du vaste plateau central de l'Asie Mineure. Villes : *Gordium*, où se trouvait le fameux *nœud gordien*; *Thymbrée* ou *Thymbrium*. — La CAPPADOCE, qui comprenait les contrées renfermées entre le Pont-Euxin, le fleuve Halys, qui la séparait de la Paphlagonie et de la Phrygie, la chaîne du Taurus et l'Euphrate, et qui se divisa plus tard en deux parties.

La QUATRIÈME SATRAPIE comprenait la CILICIE, située au S. de la Cappadoce, le long de la mer Intérieure; villes principales : *Sélinonte* et *Tarse*.

La CINQUIÈME SATRAPIE se composait des provinces situées le long des côtes orientales de la mer Intérieure, savoir : La SYRIE; capitale : *Damas*. — La PHÉNICIE, au S. O. de la Syrie, côte de 200 kilomètres de longueur sur 35 à 40 seulement de largeur; villes principales : *Tripolis*; *Sidon*, la plus ancienne ville de la Phénicie; *Tyr*, au S. de Sidon. — La PALESTINE, au S. de la Syrie; capitale, *Jérusalem*. — La grande île de CHYPRE ou CYPRE, située vis-à-vis des côtes de cette satrapie, en faisait également partie.

La SIXIÈME SATRAPIE était composée de toutes les possessions des monarques persans en Afrique. Elle renfermait 1° l'ÉGYPTE, dont nous avons donné plus haut la description détaillée (n° 48); 2° la CYRÉNAÏQUE ou pays de CYRÈNE; 3° le pays de BARCÉ, situé entre celui de Cyrène à l'E., et la Grande Syrte à l'O., qui était la province la plus reculée que les rois de Perse possédassent en Afrique.

La SEPTIÈME SATRAPIE se composait de pays occupés par divers peuples fort peu connus que l'on place vers la frontière N. E. de l'empire, sur les rives du fleuve Iaxarte. On n'en connaît aucune ville.

La HUITIÈME SATRAPIE, bien plus importante que la précédente, ne contenait pourtant qu'une province peu étendue : c'était la riche SUSIANE, située à l'E. du Tigre, habitée par un peuple qui avait les mêmes coutumes que les Perses. *Suse*, sa capitale, et l'une des résidences des monarques persans, était sans doute aussi celle des satrapes de la province.

La NEUVIÈME SATRAPIE se composait de deux provinces qui étaient les contrées les plus peuplées et les plus fertiles de l'empire, savoir : La BABYLONIE, capitale *Babylone*, située sur les deux rives de l'Euphrate qui la traversait du N. au S. — L'ASSYRIE proprement dite, autrefois le siège d'un puissant empire, mais qui, depuis la ruine de la superbe *Ninive*, arrivée un siècle auparavant, ne comptait plus aucune ville d'une grande importance. — La SYRIE DES RIVIÈRES, nom donné à cette époque au pays que les Grecs appelèrent spécialement *Mésopotamie*, à cause de sa situation entre le Tigre et l'Euphrate.

La DIXIÈME SATRAPIE se composait de plusieurs contrées, dont une seule est bien connue, savoir : La MÉDIE ; capitale : *Ecbatane*, résidence d'été des rois de Perse.

La ONZIÈME SATRAPIE se composait de peuples peu connus, que l'on suppose avoir habité l'HYRCANIE, contrée sauvage et en partie déserte, qui entourait la mer Caspienne au S. et au S. E.

La DOUZIÈME SATRAPIE se composait de deux contrées, dont la seule qui soit bien connue était la BACTRIANE, qui avait pour capitale *Bactres*, ville extrêmement forte.

La TREIZIÈME SATRAPIE comprenait trois contrées, dont la principale était l'ARMÉNIE.

La QUATORZIÈME SATRAPIE paraît avoir renfermé toutes les contrées qui s'étendent entre les frontières de la Perse et le bassin de l'Indus, et notamment la CARMANIE et la stérile GÉDROSIE.

La QUINZIÈME SATRAPIE ne comprenait que deux peuplades de Scythes ou Indo-Scythes qui habitaient à l'extrémité N. E. de l'empire, et que leur éloignement rendait sans doute plutôt tributaires que sujets de la Perse.

La SEIZIÈME SATRAPIE se composait de pays plus connus que ceux dont nous venons de parler, savoir : le pays des PARTHES, contrée vaste, mais pauvre. — Le pays des CHORASMIENS, au N. E. de la Parthie, habité par un peuple d'origine scythique, nomade et pasteur. — La SOGDIANE, qui occupait une contrée fertile entre l'Oxus et l'Iaxarte.

Il est impossible de fixer avec certitude les contrées que comprenait la DIX-SEPTIÈME SATRAPIE. Hérodote y indique seulement deux peuples qu'on suppose avoir habité la Colchide.

La DIX-HUITIÈME SATRAPIE occupait un pays fertile, mais de peu d'étendue, situé dans la partie centrale et orientale de l'isthme du Caucase, et désigné par la suite sous le nom d'IBÉRIE et d'ALBANIE.

La DIX-NEUVIÈME SATRAPIE se composait de cinq peuples peu connus qui habitaient la partie N. E. de la CAPPADOCE PONTIQUE ou du PONT, dans les montagnes qui lient la chaîne du Taurus à celle du Caucase, et sur les bords du Pont-Euxin.

La VINGTIÈME SATRAPIE se composait d'une contrée désignée sous le nom d'ARACHOSIE, et du pays des INDIENS, désignation sous laquelle il faut comprendre ici la partie supérieure des régions traversées par le fleuve Indus et ses affluents, au milieu même des montagnes où ils prennent leurs sources, avec les régions plus méridionales comprises entre l'Indus et les provinces que nous avons placées dans la quatorzième satrapie.

La THRACE d'Europe, conquise, en partie du moins, par Darius (n° 79) n'était pas comprise dans les vingt satrapies.

§ V. RELIGION, GOUVERNEMENT, MONUMENTS.

82. RELIGION. — Quoique obscurcie par les ténèbres de l'idolâtrie, la religion des Perses et des Mèdes était moins grossière et moins impure que celles de la plupart des nations anciennes. Il paraît même qu'à l'origine, ils reconnaissaient un Être souverain, indépendant, existant par lui-même et de toute éternité : divinité suprême dont la majesté ne pouvait être renfermée dans l'enceinte des temples, et qu'ils adoraient sous le symbole du feu, le plus incorruptible des éléments. Mais ce dogme s'altéra complétement. Peu à peu, les prêtres de Perse, appelés *Mages*, mêlèrent à la religion primitive de grossières superstitions. Ils se livrèrent à toutes les folies de la divination et de l'astrologie judiciaire, et offrirent à une divinité infâme, nommée *Mithra*, les plus honteux sacrifices. — La religion des mages fut l'objet de plusieurs réformes importantes. A une époque probablement fort reculée, un premier *Zoroastre*, recueillant d'anciennes traditions empruntées pour la plupart à la religion indienne, enseigna l'existence de deux principes, dont l'action sur le monde produisait tout bien et tout mal. « Dans l'empire de la lumière règne *Ormuzd*, auteur et propagateur de ce qui est bon ; dans l'empire des ténèbres règne *Ahriman*, source du mal moral et physique. Les empires d'Ormuzd et d'Ahriman sont en guerre continuelle ; mais Ahriman sera vaincu un jour, et alors l'empire des ténèbres cessera, la domination d'Ormuzd s'étendra partout, et il n'y aura qu'un empire embrassant tout l'univers. » (Heeren, *Polit. et com.*) — Un second Zoroastre, de beaucoup postérieur au premier (v. 589), vint compléter ces dogmes, en introduisant ou rétablissant celui d'un Être suprême nommé *Zerwan*, que lui avait sans doute inspiré la connaissance des saintes Écritures, répandue peu à peu dans tout l'Orient. Le système religieux de Zoroastre est contenu dans un livre sacré appelé *Zend-Avesta* (parole vivante), que les prêtres devaient lire ou réciter chaque jour avant le lever du soleil.

A la doctrine de Zoroastre, qui s'étendit dans une grande partie de l'Orient, et s'y maintint pendant plusieurs siècles, était opposée la doctrine des *Sabéens*, qui avait pris naissance en Chaldée. D'abord elle se bornait à l'adoration des astres qui en était le fondement ; bientôt elle admit le culte des idoles, avec toutes les extravagances de l'idolâtrie ordinaire. Dès lors on commença à construire des temples; mais ils furent toujours en petit nombre, et par cela même environnés de plus de respect. On ne pouvait en approcher qu'après avoir subi des purifications rigoureuses. Les cadavres étaient repoussés de leur enceinte avec horreur. Persuadés que les corps privés de vie souillent tout ce qu'ils touchent, les Perses n'osaient les confier à aucun des éléments, ni à la terre, ni à l'eau, ni au feu. Ils adoptèrent la singulière coutume d'exposer les dépouilles mortelles de leurs parents sur de hautes terrasses, où les vautours et les corbeaux les avaient bientôt fait disparaître.

85. GOUVERNEMENT. — A l'époque où la guerre allait s'engager avec les Grecs, il eût été facile de prévoir la prochaine décadence des Perses, en considérant les graves altérations qui s'étaient introduites dans les mœurs, le gouvernement et la discipline.

Avant Cyrus, les Perses, confinés dans leurs âpres montagnes, ne connaissaient ni le luxe, ni même les commodités de la vie. (HÉRODOTE.) Un sage Lydien disait à Crésus : « Seigneur, vous vous disposez à faire la guerre à des peuples qui ne sont vêtus que de peaux, qui se nourrissent non de ce qu'ils voudraient avoir, mais de ce qu'ils ont dans leur pays sauvage et stérile; à des peuples qui faute de vin ne s'abreuvent que d'eau, qui ne connaissent ni les figues ni aucun fruit agréable. » Jamais éducation ne fut plus austère que celle des jeunes Perses à cette époque. Ils n'avaient pour nourriture que du pain et quelques légumes; à peine sortis de l'enfance, pendant laquelle ils allaient dans les écoles étudier non les sciences et les arts, mais la justice, ils entraient à dix-sept ans dans la classe des jeunes gens, et dès lors, ils étaient soumis aux exercices du corps les plus violents et les plus pénibles. Chargés de la garde des villes, les jeunes gens passaient presque toutes les nuits sous les armes; leurs délassements étaient la chasse, la lutte, les courses dans les montagnes. La nature du pays contribuait merveilleusement à donner aux Perses la force, la patience et l'énergie. Le sol hérissé de rochers se refusait à la culture; la terre était tellement aride qu'elle ne fournissait pas assez de pâturages pour élever des chevaux : les armées perses n'étaient composées que de fantassins. A travers les monts escarpés et les vallées profondes, tout voyage était rude et difficile; et cependant, les jeunes gens devaient les parcourir sans cesse. Aussi, du temps de Cyrus, l'infatigable infanterie des Perses ne rencontrait pas en Asie de troupes capables de lui tenir tête. — A l'âge de vingt-six ou vingt-sept ans, on entrait dans la classe des hommes faits, qui fournissait à l'administration ses divers fonctionnaires et à l'armée ses officiers. Dans la dernière classe, composée des hommes âgés de plus de cinquante ans, on choisissait les juges et les conseillers du roi. — Les princes étaient soumis aux mêmes lois, à la même discipline rigoureuse que leurs sujets. Leurs enfants étaient élevés avec tous les autres, sous la surveillance des magistrats spécialement chargés de l'éducation.

Ils participaient à tous les exercices, obéissaient à toutes les règles, apprenaient à reconnaître des devoirs, et ne s'habituaient pas, comme les princes mèdes et assyriens, à se croire au-dessus de l'humanité. Ainsi fut élevé Cyrus. Le gouvernement, malgré sa forme despotique, laissait régner assez de liberté pour ne pas étouffer chez les sujets la noblesse de l'âme et la fierté du courage. On ne s'étonne plus que de tels hommes aient soumis toute l'Asie en peu d'années. Mais, comme tous les peuples conquérants, ils ne purent se soustraire à la contagion des vices de ces mêmes nations qu'ils avaient vaincues.

Cyrus lui-même, que la somptuosité des Mèdes révoltait dans son enfance, Cyrus victorieux donna l'exemple d'un faste jusqu'alors inconnu. Des coutumes efféminées et voluptueuses remplacèrent dans toutes les classes les mœurs austères de la Perse ancienne, tandis que les princes, élevés au fond de leurs palais et adorés comme des dieux, se rendaient invisibles au peuple, et punissaient comme un sacrilége l'oubli du moindre détail d'un cérémonial humiliant ; ils régnaient sur une nation d'esclaves, sans patriotisme, sans valeur.

Dans les armées, la corruption des mœurs se fit sentir de la manière la plus déplorable. Les rois ne pouvaient plus faire une expédition sans traîner à leur suite toutes les femmes de leurs harems, et les grands officiers imitaient cet exemple. Les soldats, devenus incapables de supporter les fatigues, ne se servaient plus que d'armes légères. Ils pouvaient bien encore écraser par leur nombre quelque peuple amolli comme eux, mais on comprend que tous leurs efforts devaient échouer contre le courage aguerri et le dévouement patriotique des peuples grecs.

84. MONUMENTS. — On a fort peu de notions sur les monuments des Mèdes et des Perses. La grande ville d'Ecbatane bâtie par Déjocès (n° 72) avait, dit-on, sept enceintes qui s'élevaient en amphithéâtre l'une au-dessus de l'autre, et dont chacune était peinte d'une couleur particulière. Les ruines de Persépolis où les voyageurs admirent encore les débris de magnifiques colonnades, peuvent donner une idée de la splendeur de l'architecture orientale. Les historiens ont décrit avec détails un des monuments les plus célèbres de la Perse ancienne, le tombeau de Cyrus. « Ce monument, construit à Pasagarde, dit Arrien, était entouré d'un grand nombre d'arbres et d'eaux abondantes. Les restes du héros étaient déposés dans un cercueil d'or dont les degrés étaient couverts de tapis babyloniens. On voyait à l'entour des vêtements précieux de diverses couleurs, tissés en Médie et à Babylone, des colliers, des pendants d'oreilles, des armes de toute espèce. A côté du tombeau s'élevait l'habitation des mages, auxquels de père en fils était confiée la garde du tombeau. Le roi de Perse leur fournissait chaque jour un agneau et une mesure de blé et de vin, et chaque mois un cheval qui était immolé aux mânes de Cyrus. »

QUESTIONNAIRE. — § I. 70. Quelle était la situation de la Phénicie ? — Nommez ses deux grandes villes et ses plus célèbres colonies. — Où fut fondée Carthage et par qui ? — Quelle fut l'origine de Tyr maritime ? — 71. *Donnez des détails sur le commerce et l'industrie des Phéniciens.* — § II. 72. Comment la Médie devint-elle indépendante ? — Quels services Déjocès rendit-il à son pays ? — Quel exemple funeste donna-t-il ? — 73. Quelle expédition entreprit Cyaxare Ier ? — De quel mariage naquit Cyrus ? — § III. 74. *Quel est le récit d'Hérodote sur l'enfance de Cyrus ?* — Comment fut-il sauvé, d'après cet historien, et par qui fut-il élevé ? — Comment Cyrus renversa-t-il Astyage ? — *Comment fut élevé Cyrus d'après Xénophon ? — Quelle fut la conduite du jeune Cyrus à la cour d'Astyage ?* 75. Quels furent les premiers exploits de Cyrus ? — Faites connaître Crésus. — *Racontez l'expédition de Cyrus contre la Lydie. — Comment fut traité Crésus ?* — Comment Cyrus s'empara-t-il de Babylone ? — Que fit-il au sujet des Hébreux captifs ? — Comment finit le règne de Cyrus ? — 76. Quels furent les fils de Cyrus ? — Comment Cambyse se rendit-il maître de l'Égypte ? — 77. Quel fut le résultat de sa tentative contre l'Éthiopie ? — Quel fut le sort de l'armée envoyée contre les Ammoniens ? — A quels excès se livra Cambyse après ces revers ? — 78. Parlez de l'avénement et de la chute du faux Smerdis. — Comment Darius, fils d'Hystaspe, parvint-il au trône ? — Parlez du siége de Babylone et du dévouement de Zopire. — 79. Racontez l'expédition de Darius en Scythie. — Quelles nouvelles expéditions entreprit Darius ? — 80. Indiquez les limites de l'empire des Perses. — 81. Faites connaître les provinces contenues dans les vingt satrapies. — 82. Donnez une idée de la doctrine de Zoroastre et du sabéisme. — 83. Parlez du gouvernement des Perses. — Quelles étaient les mœurs des Perses avant et après Cyrus ? — 84. Citez quelques monuments des Perses.

CHAPITRE SEPTIÈME.

GÉOGRAPHIE ET HISTOIRE PRIMITIVE DE LA GRÈCE.

SOMMAIRE.

§ Ier. 85. La Grèce doit en grande partie à son heureuse situation les progrès rapides de sa civilisation.

86. La Grèce est divisée en Grèce proprement dite et Péloponèse. — La première est baignée par la mer Ionienne, le golfe de Corinthe, la mer Égée. Ses fleuves sont : l'Achéron, l'Achéloüs, l'Asopus, le Pénée. Ses montagnes sont : la chaine du Pinde avec le Parnasse et l'Hélicon, le Cithéron, l'Hymette, l'OEta et les Thermopyles ; les monts Olympe, Ossa et Pélion. — Le Péloponèse est baigné par le golfe de Corinthe recevant le Styx, la mer Ionienne avec les golfes de Messénie et de Laconie, et les fleuves Pénée, Alphée, Eurotas ; la

mer Égée avec les golfes Argolique, Hermionique, Saronique, le détroit de Salamine. Les montagnes sont les monts Taygète, Cyllène, Ithôme.

87. Les îles grecques sont : les grandes îles d'Eubée et de Crète; dans le golfe Saronique, Égine et Salamine; dans la mer Égée, les Cyclades et les Sporades : Paros, Naxos, Andros, etc.; Scyros, Thasos; dans la mer Ionienne, Corcyre, Leucade, Ithaque, Zacynthe, Cythère.

88. Le Péloponèse comprend : l'Achaïe : Patræ; la Sicyonie : Sicyone; la Corinthie : Corinthe; l'Élide : Olympie; la Messénie : Ira, Ithôme; l'Arcadie : Orchomène, Mantinée, Tégée; la Laconie : Sparte; l'Argolide : Argos, Épidaure, Trézène, Mycènes, Némée.

89. La Grèce centrale comprend l'Acarnanie; l'Étolie; la Doride; la Locride (Locriens Ozoles, Épicnémidiens, Opontiens); la Phocide : Delphes, Élatée, Thèbes, Orchomène, Thespies, Platée, Aulis, etc.; la Mégaride : Mégare; l'Attique : Athènes, Marathon.

90. La Grèce septentrionale comprend : l'Épire : Dodone, Ambracie, etc.; la Thessalie : Larisse, Phères.

§ II. 91. L'histoire primitive se divise en temps fabuleux, héroïques, historiques. — Les Pélasges, hardis constructeurs, ont pour chefs; Saturne et ses trois fils : Jupiter, Neptune, Pluton. Ægialus fonde Sicyone (v. 2000). Inachus, Phoronée et Argos arrivent en Grèce. Sparton fonde Sparte.

92. Cécrops fonde la ville d'Athènes (1643). Danaüs vient à Argos, Cadmus fonde Thèbes (1249). Dédale règne en Crète.

93. Deucalion s'établit en Phocide : déluge (XVIe siècle). Ses fils Amphictyon et Hellen sont les tiges des Doriens, Éoliens, Achéens, Ioniens, les quatre familles helléniques.

94. Pélops vient d'Asie dans le Péloponèse (1362). Le conseil amphictyonique est fondé.

§ III. 95. Les Grecs adorent douze grands dieux et des divinités secondaires. Les fêtes sont souvent souillées de débauches et de sacrifices humains.

96. Les Grecs adorent les héros ou demi-dieux. Hercule, d'abord persécuté par Eurysthée, délivre les opprimés, prend Troie. Thésée affranchit Athènes d'un honteux tribut. Le plus sage roi de Crète est Minos.

97. Les Argonautes : Hercule, Thésée, Castor, Pollux, etc., sous les ordres de Jason, enlèvent la toison d'or (v. 1330).

98. OEdipe, meurtrier de son père, époux de sa mère, est remplacé par ses fils Étéocle et Polynice qui se disputent le trône et s'entretuent (1345). Les Épigones font triompher le parti de Polynice (1312).

§ IV. 99. Les oracles, dont le plus célèbre est celui de Delphes, sont un moyen d'influence politique.

100. Le conseil des Amphictyons, limité d'abord à la Thessalie, puis étendu à la Grèce entière, est l'arbitre des intérêts divers des peuples et le juge de leurs différends; son rôle s'affaiblit et se réduit à la garde du temple de Delphes.

101. Les quatre jeux solennels rapprochent les peuples grecs. On dispute aux jeux d'Olympie les prix de poésie, de lutte, de course, de

disque. Les Olympiades, intervalles de quatre ans, sont les bases de la chronologie grecque à partir de l'an 776.

102. Les principaux monuments de la Grèce primitive sont les lourdes constructions des Pélasges, perfectionnées par les Cyclopes.

§ Ier. GÉOGRAPHIE PHYSIQUE DE LA GRÈCE.

85. CARACTÈRE SPÉCIAL DE LA GRÈCE. — Auprès de cette Asie immobile, où les empires d'une étendue démesurée s'ébranlent et s'écroulent lentement pour faire place à des empires plus vastes encore, où les arts et la civilisation s'arrêtent à leur naissance, où les mœurs corrompues et énervées condamnent les peuples à une apathie qui ressemble à la mort, nous trouvons un petit coin de terre où le génie des arts et des sciences produit ses chefs-d'œuvre, où tout dans les peuples est intelligence et activité. La Grèce, par sa position, sa constitution physique, semble destinée à la plus brillante existence. Située plus heureusement encore que l'Égypte, elle est pour ainsi dire le rendez-vous de tous les peuples. Aussi les nations de l'Afrique, de l'Asie, de l'Europe, lui enverront leurs colonies, ou, du moins, lui laisseront en passant leurs traditions variées. Dans ce pays si coupé de mers et de montagnes, partout où une plaine sera habitable, il se formera une peuplade à part. Ainsi s'explique cette division ou plutôt ce morcellement étrange qui donne à la Grèce une physionomie toute particulière. Tous ces éléments s'uniront sans se fondre jamais ; et de là, ce grand nombre d'intérêts divers qui font naître les luttes de la tribune et des champs de bataille, qui développent le génie guerrier et le génie des orateurs qui excitent et raniment sans cesse l'enthousiasme du patriotisme, l'énergie de la liberté.

86. MONTAGNES ET PRESQU'ILES, FLEUVES, MERS, GOLFES. — La GRÈCE ou HELLADE (qui conserve son nom) est une vaste presqu'île entourée par la mer Ionienne à l'O., la mer Intérieure au S., la mer Égée à l'E., les montagnes de la Macédoine au N. Depuis ces montagnes jusqu'au promontoire de *Ténare*, qui en forme la pointe la plus méridionale, c'est-à-dire dans sa plus grande longueur, elle a 400 kilomètres environ sur moins de 260 dans sa plus grande largeur. La population de cette contrée si célèbre ne s'élevait pas à trois millions d'habitants.

Le bras de mer connu sous le nom de *Golfe de Corinthe* divise naturellement la Grèce en deux parties : la GRÈCE PROPREMENT DITE au N., et la péninsule nommée PÉLOPONÈSE au S.; mais la première est elle-même subdivisée par la chaîne du mont *OEta* en deux parties que les historiens désignent ordinairement par les noms de *Grèce Septentrionale* et de *Grèce centrale*. Les îles nombreuses qui entourent la Grèce peuvent être considérées comme en formant la quatrième partie.

1° GRÈCE PROPREMENT DITE. SES FLEUVES, MERS, GOLFES (1).

La MER IONIENNE, qui forme vers le centre, le *golfe d'Ambracie*, resserré à son entrée par le fameux *promontoire d'Actium*, reçoit : l'*Achéron* et son affluent le *Cocyte*, comme lui célèbre dans la mythologie; — l'*Achéloüs*, remarquable par l'impétuosité et la largeur de son cours.

Le GOLFE DE CORINTHE forme lui-même sur la côte septentrionale celui de *Crissa*.

La MER ÉGÉE, enfin, forme, sur la côte orientale de la Grèce, le long détroit qui sépare l'île d'Eubée du continent et qui était nommé autrefois *Euripe*, et le golfe *Maliaque* plus au N. O.

Parmi les fleuves qui débouchent sur cette côte nous remarquons : l'*Asopus* et le *Pénée*, qui traverse la célèbre vallée de *Tempé*.

MONTAGNES ET PRESQU'ÎLES. — L'ancienne Grèce proprement dite était couverte en grande partie de montagnes, parmi lesquelles se distingue une chaîne principale qui forme la continuation de la grande chaîne qui établit la ligne de partage entre les eaux qui coulent vers la mer Adriatique, et celles qui prennent leur cours vers le Pont-Euxin et la mer Égée.

Cette chaîne, nommée quelquefois monts *Helléniques* et aussi *Pinde*, du nom de sa partie principale, se prolonge jusqu'au golfe de Corinthe et à l'Euripe. Plusieurs des monts qui la composent sont célèbres dans la mythologie : tel est le *Parnasse*, où l'on distingue dix sommets principaux, qui sans doute l'avaient fait désigner par les poëtes comme la demeure d'Apollon et des neuf Muses; et le mont *Hélicon*, aussi consacré aux Muses, ainsi que la fontaine *Hippocrène*, et la petite rivière du *Permesse*, qui en découlaient.

— Cette même chaîne se prolonge ensuite à l'E. du golfe de Corinthe, sous le nom de *Cithéron*, et se termine par le cap *Marathon*. — Vers le S. E., est la fameuse presqu'île de l'*Attique*, à travers laquelle se dirigent le mont *Pentélique* et le mont *Hymette*, célèbre par le miel que produisaient ses abeilles. Le promontoire de *Sunium* terminait la chaîne ainsi que la péninsule de l'Attique.

De la chaîne principale, que nous venons de suivre, se détache, vers l'est, le mont *OEta*, qui va se terminer sur les bords du golfe Maliaque, au détroit des *Thermopyles*, formé par les croupes du mont *Anopée* et les marais qui bordent le golfe, et qui devait son nom, Θερμοπύλαι, les Portes chaudes, aux sources thermales qui s'y trouvaient.

Outre la grande chaîne centrale que nous venons de faire connaître avec ses ramifications principales, on remarque, près de la côte orientale de la Grèce, une chaîne élevée dont les montagnes principales sont: les monts *Olympe*, *Ossa* et *Pélion*, célèbres dans la mythologie, le premier comme étant la demeure des

---

(1) Consulter dans l'*Atlas à l'usage des colléges*, par M. Ansart, la carte de la GRÈCE ANCIENNE.

dieux, et les autres par le combat livré à Jupiter par les géants.

2° PÉLOPONÈSE. — SES MERS, FLEUVES, GOLFES. — Les trois mers qui baignent la Grèce proprement dite entourent aussi le Péloponèse, dans l'intérieur duquel elles pénètrent par plusieurs golfes profonds et dont elles reçoivent toutes les rivières, parmi lesquelles nous nous bornerons à nommer les plus remarquables.

Le GOLFE DE CORINTHE n'en reçoit que de fort peu importantes, dont l'une avait pour affluent la petite rivière du *Styx*, dont les poëtes ont fait un fleuve des enfers.

La MER IONIENNE forme, sur les côtes méridionales du Péloponèse, les *golfes de Messénie* et de *Laconie.*—Cette mer reçoit : le *Pénée*, l'*Alphée*, le plus considérable des fleuves du Péloponèse, quoiqu'il n'ait pas 130 kilomètres de cours; enfin l'*Eurotas* qui se rend dans le golfe de Laconie.

La portion de la MER ÉGÉE qui baignait les côtes S. E. du Péloponèse, sur lesquelles elle prenait le nom de mer de Myrtos, y formait les trois golfes suivants, savoir : — le *golfe Argolique*, au S. E. du Péloponèse ; — le *golfe Hermionique*, à l'E. du précédent ; —enfin, le *golfe Saronique*, d'Égine ou d'Athènes, qui limite à l'E. la presqu'île du Péloponèse, en s'enfonçant dans les terres.

Au N. de ce dernier golfe se trouve le détroit, à jamais fameux, de *Salamine*, qui sépare du continent l'île de ce nom.

MONTAGNES ET PRESQU'ILES.—La chaîne principale, qui sépare les eaux qui coulent vers la mer Ionienne de celles qui tombent dans les golfes formés par la mer Égée, s'étend depuis les environs de l'Isthme, sous divers noms, dont le plus célèbre est celui de *Taygète*, qu'au promontoire de *Ténare*, la pointe la plus méridionale de la péninsule Hellénique.— Parmi les rameaux de cette chaîne on peut citer: le *Cyllène*, où la Fable fait naître Mercure, et le mont *Ithôme*, qui se prolongeait dans la presqu'île située à l'O. du golfe de Messénie.

87. ILES. — Parmi les nombreuses îles de la Grèce, nous nous bornerons à citer les plus célèbres, que nous répartirons d'après leur importance et leur position en cinq divisions de la manière suivante, savoir :

I. Les GRANDES ILES, au nombre de deux : —L'EUBÉE (auj. Négrepont), la plus septentrionale des deux, séparée de la Grèce à l'E. par le détroit de l'*Euripe*. Capitale *Chalcis*, l'une des plus fortes places de la Grèce. — La CRÈTE (auj. Candie), située au S. de la mer Égée, la seconde des grandes îles de la Grèce.

II. Les ILES DU GOLFE SARONIQUE, savoir : ÉGINE, dans la partie S. O. du golfe, petite île, qui brava longtemps par sa puissance maritime tous les efforts d'Athènes. — SALAMINE, située au fond du golfe Saronique, célèbre par la victoire navale des Grecs sur les Perses.

III. Les CYCLADES et les SPORADES, dans la partie méridionale de la mer Égée, et parmi lesquelles nous citerons : — DÉLOS, dont l'oracle et les fêtes attiraient les peuples les plus éloignés. — PAROS, au S. de Délos, fameuse par le beau marbre qu'elle fournissait. — NAXOS, à l'E. de Paros. — ANDROS, la plus septentrionale de toutes les Cyclades. — TÉNOS, au S. E. d'Andros, etc.

IV. ILES DU N. DE LA MER ÉGÉE : — SCYROS, au N. E. de l'Eubée, et THASOS, voisine de la côte de la Thrace.

V. ILES DE LA MER IONIENNE : — CORCYRE (auj. Corfou), vis-à-vis de la côte de l'Épire, puissante par sa marine, qui s'exerçait surtout à la piraterie. — LEUCADIE ou LEUCADE, fameuse par le rocher appelé *Saut de Leucade.* — CÉPHALÉNIE. — ITHAQUE, si célèbre par son roi Ulysse. — ZACYNTHE, le long de la côte occidentale de la Grèce. — CYTHÈRE, au S. de la Laconie.

88. DIVISIONS DU PÉLOPONÈSE. — La Grèce Méridionale, plus connue sous le nom de Péloponèse, ou île de Pélops (auj. la Morée), se composait de huit États principaux, savoir : — l'*Achaïe*, la *Sicyonie*, la *Corinthie*, l'*Élide*, la *Messénie*, l'*Arcadie*, la *Laconie* et l'*Argolide*.

I. L'ACHAÏE occupait l'angle N. O. du Péloponèse, et avait pour ville principale : *Patræ* (auj. Patras), sur une colline voisine du golfe de Corinthe, sur lequel elle possédait un port, le meilleur de toute cette côte.

II. La SICYONIE, à l'E. de l'Achaïe, tirait son nom de sa ville principale : — *Sicyone*, à peu de distance du golfe de Corinthe, sur lequel elle avait aussi un port.

III. La CORINTHIE, au S. E. de la Sicyonie, occupait l'O. de l'isthme qui unit le Péloponèse au reste de la Grèce. Cette contrée devait son nom à sa capitale : — *Corinthe* (qui conserve son nom), au S. O. de l'isthme, l'une des villes les plus commerçantes et les plus riches de la Grèce, avantages qu'elle devait surtout à ses deux ports, l'un sur le golfe de Corinthe, et l'autre sur le golfe Saronique.

IV. L'ÉLIDE, ou *Élée*, s'étendait au S. O. de l'Achaïe, le long de la côte de la mer Ionienne, jusqu'à la Messénie. L'Élide, terre sacrée, renfermait le territoire d'*Olympie*, consacré à Jupiter Olympien, qui y avait un temple magnifique. C'était là que se célébraient tous les quatre ans les *Jeux Olympiques*, qui attiraient une foule immense de spectateurs (n° 101).

V. La MESSÉNIE occupait tout l'angle S. O. du Péloponèse. Les villes les plus remarquables qu'elle renfermait étaient : — *Ira*, forteresse célèbre par la courageuse défense des Messéniens à la fin de leur seconde guerre contre les Lacédémoniens (n° 118). — *Ithôme*, autre forteresse, située plus au S. O., sur une montagne du même nom.

VI. L'ARCADIE, placée au centre du Péloponèse, touchait ainsi à toutes les autres contrées de cette péninsule. Les principales villes étaient : *Orchomène*, vers le N. de l'Arcadie. — *Mantinée*, au S. E. d'Orchomène. — *Tégée*, au S. E. de l'Arcadie.

VII. La LACONIE, la contrée la plus méridionale du Péloponèse, n'avait qu'une ville importante : — *Sparte* ou *Lacédémone*, que l'on pouvait appeler la métropole du Péloponèse, et qui était située à peu près au centre de la Laconie, sur plusieurs collines, non loin de la rive droite de l'*Eurotas*.

VIII. L'ARGOLIDE, située au N. E. du Péloponèse, comprenait une grande péninsule qui renfermait : — *Argos*, située au N. du golfe *Argolique*. — *Épidaure*, célèbre par le culte d'Esculape, située sur la côte du golfe Saronique.—*Trézène*, qui se distingua par l'hospitalité qu'elle accorda aux femmes et aux esclaves des Athéniens pendant la guerre Médique.—*Mycènes*, au N. E. d'Argos, dont elle était la rivale. — *Némée*, près de la forêt où Hercule tua le lion dont il porta la dépouille.

89. DIVISIONS DE LA GRÈCE CENTRALE. — La Grèce Centrale, ou Grèce proprement dite, nommée par les anciens *Hellade*, renfermait dix contrées, savoir, de l'O. à l'E. : l'*Acarnanie*, l'*Étolie*, la *Doride*, les trois *Locrides*, la *Phocide*, la *Béotie*, la *Mégaride* et l'*Attique*.

I. L'ACARNANIE, la plus occidentale des contrées de la Grèce centrale, était renfermée entre la mer Ionienne à l'O. et au S., le golfe d'Ambracie au N., et l'Achéloüs à l'E.

II. L'ÉTOLIE était située à l'E. de l'Acarnanie.

III. La DORIDE, petite contrée montagneuse, était située à l'E. de l'Étolie, sur le flanc méridional du mont OEta.

IV, V, VI. La LOCRIDE, séparée par la Phocide en deux parties; savoir : la *Locride Occidentale*, au S. O., sur la côte du golfe de Corinthe, et la *Locride Orientale*, au N. E., vers les rivages méridionaux du golfe Maliaque, renfermait trois peuples différents, savoir :

Les LOCRIENS OZOLES (1), nommés aussi Locriens *Occidentaux* ou *Zéphyriens*, parce qu'ils habitaient la Locride Occidentale. Ils avaient pour ville principale : *Naupacte* (auj. Lépante), près du golfe de Corinthe, sur lequel elle possède un excellent port ; — les LOCRIENS ÉPICNÉMIDIENS, dans la partie septentrionale de la *Locride Orientale*, et qui devaient leur surnom au mont *Cnémis*, par lequel ils étaient séparés au S., des LOCRIENS OPONTIENS, qui devaient le leur à leur capitale : — *Oponte*, située à peu de distance d'un petit golfe auquel elle donnait son nom.

VII. La PHOCIDE était située à l'E. de la Locride Occidentale. Villes principales : *Delphes* (auj. en ruines), sur le flanc méridional du *Parnasse*, dont le temple, rempli d'immenses richesses, fruit des oracles d'Apollon (n° 99), fut pillé par les Perses.—*Élatée*, au

---

(1) Ce surnom, qui signifie *puants*, est attribué par les auteurs à diverses causes, dont la plus vraisemblable paraît être l'usage qu'avaient ces Locriens de se vêtir de peaux de chèvres non tannées.

DIVISIONS PRINCIPALES. 115

N. E. de Delphes, sur le *Céphissus*, la seconde ville de la Phocide.

VIII. La BÉOTIE occupait toute la partie orientale de la Grèce Centrale. Les villes les plus importantes étaient *Thèbes*, près de la petite rivière de l'*Isménus*, au centre de la Béotie, dont elle était considérée comme la métropole. Sa citadelle, appelée la *Cadmée*, était une des plus fortes de la Grèce. — *Orchomène*, au N. O. de Thèbes, à laquelle elle disputait la prééminence. — *Haliarte*, au S. du lac Copaïs. — *Thespies*, au S. d'Haliarte, et *Platée*, au S. E. de Thespies. — *Aulis*, plus au N. E., sur le détroit de l'*Euripe;* c'est de son port que la flotte des Grecs était partie pour la guerre de Troie.

IX. La MÉGARIDE occupait la plus grande partie de l'isthme de Corinthe, qui joint le Péloponèse à la Grèce centrale, et avait pour ville principale : —*Mégare*, à peu de distance du golfe *Saronique*.

X. L'ATTIQUE, occupant toute la péninsule qui termine la Grèce Centrale au S. E., n'avait qu'une ville importante : — *Athènes* (qui conserve son nom), entre les deux ruisseaux du *Céphissus* et de l'*Ilissus*, à peu de distance du golfe Saronique, sur lequel elle avait trois ports, dont le *Pirée* était le principal ; outre cette ville, nous devons nommer encore *Marathon*, bourg au N. E. d'Athènes, immortalisé par la victoire que les Athéniens y remportèrent sur les Perses (490).

90. DIVISIONS DE LA GRÈCE SEPTENTRIONALE. — La Grèce septentrionale, qui s'étendait depuis les limites septentrionales de la Grèce jusqu'au *golfe d'Ambracie* et jusqu'à la chaîne du mont *OEta*, à l'E. duquel se trouve le fameux passage des *Thermopyles* (n° 86), renfermait les deux contrées connues dans l'histoire sous les noms d'*Épire*, à l'O., et de *Thessalie*, séparées entre elles par la chaîne du *Pinde*.

I. L'ÉPIRE, dont le nom signifie *continent*, fut sans doute appelée ainsi par opposition avec la grande île de *Corcyre* située vis-à-vis de ses côtes. On y comptait quatorze peuples différents, peu connus dans l'histoire, qui possédaient jusqu'à soixante-dix villes, parmi lesquelles nous remarquerons : — *Dodone*, au N., au milieu d'une forêt de chênes, fameuse par son oracle de Jupiter. — *Passaro*, au S. de Dodone, capitale des rois Éacides, successeurs de Pyrrhus Ier (ch. XIV), et *Ambracie*, au S. E. de Passaro.

II. La THESSALIE a été de tout temps divisée en plusieurs cantons où s'élevaient des villes nombreuses, parmi lesquelles nous citerons seulement : *Larisse*, sur le *Pénée*, et *Phères*, plus au S. E., les deux cités les plus considérables de la Thessalie.

§ II. LES PÉLASGES. — LES HELLÈNES

91. PREMIERS HABITANTS (AUTOCHTHONES). — LES PÉLASGES. — La Grèce, avec son imagination poétique et men-

teuse, s'est plu à entourer son berceau de fictions et de nuages. A peine, dans les temps appelés *fabuleux*, quelques faits peuvent-ils être admis comme à peu près certains ; dans les temps *héroïques*, la vérité est encore presque toujours déguisée par des allégories ; et dans les temps *historiques* même, il faut aussi bien souvent s'attendre à des mensonges.

Par un orgueil commun à beaucoup de peuples, les Grecs ont prétendu à une antique origine. Leurs ancêtres, disaient-ils, étaient sortis du sol même (*autochthones*). On peut en conclure seulement que la Grèce fut très-anciennement peuplée. Mais ses premiers habitants, comme le prouvent un grand nombre de traditions d'accord avec la Bible, venaient de l'Orient, première patrie de l'homme. La plus ancienne de toutes les peuplades qui s'établit en Grèce paraît être partie de l'île de Crète, appelée alors Telchinia, et qui était une des principales stations des Phéniciens. Les Telchiniens ne tardèrent pas à être troublés dans leurs possessions par deux tribus issues de Japhet, qui arrivèrent l'une par les déserts de la Scythie, l'autre par la route du Bosphore.

Cette dernière était la tribu des *Pélasges*. Ils dominèrent en Grèce vers le dix-huitième siècle avant notre ère, et s'établirent en même temps en Italie, peut-être même sur les côtes d'Espagne. Leur génie était celui des constructions et de l'agriculture. Le sol commença à se défricher ; quelques villes s'élevèrent avec des remparts de rochers, « formés de blocs énormes, qui semblent entassés par le bras des géants. Ces murailles éternelles ont reçu indifféremment toutes les générations dans leur enceinte ; aucune révolution ne les a ébranlées. Fermes comme des montagnes, elles semblent porter avec dérision les constructions des Romains et des Goths, qui croulent chaque jour à leurs pieds.» (MICHELET.) Ces monuments sont partout les traces indestructibles des établissements des Pélasges (n° 102).— Vers cette époque, *Saturne* occupa le trône, et en fut chassé par ses fils, *Jupiter*, *Neptune* et *Pluton*, qui se partagèrent ses États : ce furent les premiers dieux de la Grèce (n° 95). Alors aussi, dit-on, *Ægialus* fonda l'antique royaume de Sicyone. *Inachus*, qui vivait environ deux mille ans avant Jésus-Christ, est regardé assez généralement comme un des premiers chefs des Pélasges, quoique quelques historiens le fassent venir de Phénicie ou d'Égypte. Entre l'an 1800 et l'an 1700, *Phoronée* fonda la ville à laquelle un de ses descendants, *Argos*, donna son nom. Un autre chef des Pélasges, *Sparton*, bâtit Sparte ou Lacédémone. *Pélasgus* et *Lycaon* son fils régnèrent en Arcadie. Lycaon offrait, dit-on, à Jupiter, des sacrifices humains. Cette atroce coutume était née presque partout avec l'idolâtrie. Nous la verrons subsister longtemps, même parmi les nations les plus civilisées du monde païen.

92. LES HELLÈNES. — Les Pélasges ne restèrent pas longtemps paisibles possesseurs de la Grèce : une invasion nouvelle se préparait. La seconde tribu des enfants de Japhet, descendue par la

route du Caucase, arriva avec *Prométhée* qui fit connaître l'usage du feu aux populations sauvages du nord de la Grèce, et enseigna à ses sujets l'art trompeur de chercher dans les entrailles des victimes les secrets de l'avenir.

A cette époque, des inondations et des tremblements de terre désolèrent fréquemment la Grèce et changèrent à plusieurs reprises l'aspect du pays en faisant disparaître, sous les flots de la mer, une partie du territoire, et en séparant de la côte, des caps et des montagnes. C'est pourquoi, les rivages de la Grèce sont entourés d'un si grand nombre d'îles. La plus ancienne de ces catastrophes eut lieu, au dix-neuvième siècle avant J.-C., dans l'Attique, soumise alors à Ogygès, qui avait commencé à en policer les habitants; on l'a appelée *déluge d'Ogygès*. Presque toute la population périt sous les eaux, et le petit nombre d'hommes qui échappèrent, réfugiés dans les montagnes, retombèrent dans l'état sauvage.

Une seconde inondation eut lieu deux ou trois cents ans plus tard, au moment où le fils de Prométhée, *Deucalion*, venait se fixer dans la Phocide. Le fléau paraît avoir désolé presque toute la Grèce, et les poètes racontent que le genre humain ayant alors péri tout entier, le monde fut repeuplé par Deucalion et sa femme *Pyrrha*, seuls sauvés des eaux, qui n'eurent qu'à jeter des pierres sur le sol pour faire naître de nouveaux habitants. Cette fable est évidemment un souvenir altéré du *déluge universel* (n° 16).

Deucalion ayant échappé avec peine à l'inondation, vers 1590, tenta vainement de pénétrer dans l'intérieur de la Grèce, et laissa à ses deux fils, *Amphictyon* et *Hellen*, le soin d'accomplir ses desseins. Amphictyon obtint de gré à gré un établissement. Hellen fut obligé d'avoir recours aux armes, et quatre de ses descendants, *Dorus*, *Æolus*, *Achœus* et *Ion*, furent les tiges des quatre grandes familles des *Hellènes*, qui de 1500 à 1300 prirent possession de toute la Grèce. Les peuples primitifs disparurent, ou se fondirent avec les nouveaux venus.

93. FONDATION D'ATHÈNES PAR CÉCROPS (1643). — Vers 1643, *Cécrops* amena dans l'Attique une colonie d'Égyptiens qui s'unirent paisiblement aux anciens habitants. Il apporta l'olivier et le froment, et substitua une nourriture plus douce aux aliments grossiers que le gland fournissait aux peuplades de l'Attique; il apprit à ses sujets l'usage du fer, et fit faire quelques progrès à l'agriculture. Il régla les cérémonies du culte, éleva plusieurs temples, et pour épargner les animaux utiles à un peuple agriculteur, il remplaça les sacrifices sanglants par des offrandes d'épis, de grains, de farine. Enfin, c'est à Cécrops que l'on attribue la fondation des douze bourgs dont la réunion devait former Athènes, et la distribution du sol en propriétés permanentes. Un des successeurs de Cécrops inventa l'art d'atteler les bœufs et les chevaux. Le roi *Triptolème* instruit, disait-on, par la déesse Cérès, construisit divers instruments pour la culture des terres, et enseigna à ses sujets à soigner les abeilles et à faire usage du miel délicieux recueilli par ces précieux insectes sur les plantes aromatiques du mont *Hymette*. En même temps, les hommes, cessant d'avoir recours à la force pour vider leurs différends, s'accoutumaient à porter leurs contestations devant des juges. Le plus ancien tribunal de Grèce et le plus respecté fut celui de l'*Aréopage*, établi à Athènes par le fils de Cécrops (n° 120). — Pendant le siècle suivant (vers 1572), un autre Égyptien, *Danaüs*, se fixait dans l'Argolide, où il établit le culte des divinités de son pays. Ce fut lui qui, le premier, dit-on, fit connaître aux Grecs l'art de construire des vaisseaux.

Cadmus arriva dans la Béotie avec une colonie de Phéniciens, dont les armures épouvantèrent la population Pélasgique. Elle se soumit après une faible résistance (1549), et Thèbes fut fondée par les étrangers. Cadmus introduisit en Grèce l'art merveilleux de l'écriture. *Érechthée*, fondateur d'Éleusis, y établit les mystères égyptiens d'Isis ou Cérès.

Dans l'île de Crète, voisine de la Grèce, un homme d'un génie actif et entreprenant, nommé *Dédale*, fit plusieurs découvertes d'une grande utilité. On lui attribue l'invention des scies pour couper le bois, l'art de façonner les vases de terre cuite, et surtout celui de faire mouvoir avec des voiles les navires que l'on n'avait su jusqu'alors faire marcher qu'à l'aide de rames.

94. CONQUÊTE DU PÉLOPONÈSE PAR PÉLOPS (1362). — Une secousse encore, puis la Grèce va se reposer après ce flux et reflux de populations qui l'inondent. Le quatorzième siècle voit une réaction des Pélasges. *Pélops*, fils de Tantale, roi pélasgique d'Asie, est contraint de s'expatrier, et envahit, en 1362, le Péloponèse. Il apportait avec lui les arts et la magnificence de la Phrygie ; aussi son arrivée favorisa-t-elle les progrès de la civilisation naissante. La Grèce commença à rassembler, à régulariser ses éléments confus. Le besoin d'association se faisait sentir à toutes ces tribus faibles et dispersées. Amphictyon établit un conseil souverain qui reçut son nom (*conseil amphictyonique*), où un grand nombre de villes envoyèrent leurs députés pour discuter les affaires d'intérêt général, et prendre des mesures énergiques contre les ennemis communs. Ainsi, les petits peuples, quoique indépendants les uns des autres, purent acquérir quelque force contre l'étranger. Il ne restait plus qu'à réprimer les princes ambitieux qui troublaient l'union générale, qu'à délivrer les peuplades paisibles des brigands qui pillaient leur territoire, des bêtes féroces qui désolaient leurs campagnes. Ce fut l'œuvre des héros.

Il y eut en Grèce comme un élan d'enthousiasme chevaleresque. Des hommes, confiants dans leur force et dans leur adresse, parcoururent le pays, se déclarant les vengeurs des opprimés, les protecteurs des faibles. Leurs exploits divers, réunis par les poètes sur la tête d'un petit nombre d'entre eux, en firent des *fantômes de grandeur, élevés entre le ciel et la terre, pour en combler l'intervalle.*

Ces bienfaiteurs de l'humanité furent placés dans l'Olympe, et l'on ne tarda pas à leur dresser des autels. Ici l'histoire se confond avec la mythologie, et il devient indispensable pour l'intelligence des événements, de faire connaître les personnages auxquels ils sont attribués et qui pour la plupart figurent au nombre des divinités de la Grèce.

§ III. RELIGION DES GRECS. — DEMI-DIEUX, HÉROS.

95. RELIGION DES GRECS. — L'Olympe, le ciel des Grecs, se peupla par la réunion des divinités de divers peuples, comme la Grèce elle-même se peupla de leurs colonies ; on y trouve des divinités égyptiennes, phéniciennes, phrygiennes ; les héros prirent place parmi ces dieux étrangers ; puis on en vint à diviniser toutes les pensées, toutes les passions, tous les vices ; un auteur a recueilli par milliers les noms de ces honteux objets de l'adoration des hommes.

Les Grecs semblaient admettre, comme la plupart des peuples, une intelligence suprême, au-dessus de tous les êtres et de toutes les puissances, mais qu'ils ne distinguaient pas de l'univers lui-même. Tous les éléments, tous les phénomènes de la nature étaient personnifiés et divinisés. Après *Jupiter*, le roi des hommes et des dieux (n° 91), et aussi le dieu de l'air, ils adoraient : *Neptune*, le dieu des eaux ; *Vulcain*, le dieu du feu ; *Vesta*, déesse de la terre ; *Junon*, reine des dieux ; *Vénus*, déesse de l'amour ; *Diane*, protectrice des accouchements ; *Apollon*, père de la lumière et du jour. *Cérès*, amie de l'agriculture, représentait les forces productives de la nature. *Mercure* présidait à l'industrie et au commerce. *Minerve* était la déesse de la paix et des beaux-arts. *Mars* animait la fureur des combats. Tels furent les grands dieux. Dans un ordre inférieur étaient *Bacchus*, dieu du vin ; *Pluton*, roi des esprits infernaux, et toute la foule des divinités secondaires habitantes des cieux, de la terre et des enfers. — Chaque peuple honorait certains dieux d'un culte particulier. Jupiter et son fils Hercule (n° 96) étaient le plus généralement adorés. Athènes était la ville de Minerve. Les fêtes des *Panathénées* y étaient célébrées avec beaucoup d'éclat en l'honneur de la déesse. Au milieu d'une troupe de musiciens on portait dans toute la ville une riche bannière où était brodée l'image d'un vaisseau qu'on allait déposer solennellement dans le temple de Minerve. On consacrait à Bacchus *les grandes et les petites Dionysiaques*, les *Orgies*, les *Lénéennes*. L'ivresse était regardée comme l'hommage le plus agréable qu'on pût rendre au dieu des raisins. Pendant les fêtes de Bacchus, on voyait les prêtresses appelées *Bacchantes* courir dans les rues, à peine vêtues, la raison égarée par le vin, déchirant de leurs ongles les entrailles des victimes et poussant des hurlements effroyables. Plus austère dans son culte, la guerrière Lacédémone offrait de sanglants sacrifices au dieu Mars et à Diane chasseresse. Aux fêtes de *Cybèle*, des prêtres appelés *Corybantes* exécutaient, les armes à la main, des danses frénétiques. A Delphes était un fameux temple d'Apollon, où l'on venait de tous côtés consulter l'oracle (n° 99). Corinthe, la plus corrompue des villes grecques, honorait Vénus par des débauches dans les infâmes *Aphrodisies*. Les fêtes de Cérès, ou de *la bonne déesse*, servaient à voiler de leurs mystères les plus honteuses voluptés. Dans la ville d'Éleusis, souillée d'impuretés, la religion était encore souillée de sang. Les sacrifices humains n'y étaient pas rares, et la coutume s'en répandit partout.

96. **DEMI-DIEUX. HÉROS.** — Les *demi-dieux*, fils d'un dieu et d'une mortelle, et les *héros*, personnages divinisés pour leurs hauts faits, avaient leur part presque à l'égal des dieux dans les adorations des Grecs. *Hercule* ou *Alcide*, fils de Jupiter et d'Alcmène, est le plus célèbre. Ses douze travaux sont du domaine de la mythologie ; toutefois, nous trouvons dans l'histoire qu'il vainquit *Eurysthée*, son persécuteur ; qu'il parcourut la Grèce et même l'Asie et l'Égypte, renversant les tyrans, délivrant les peuples asservis, mais déshonorant trop souvent ses victoires par des vengeances sanglantes ou par d'infâmes débauches. Un de ses plus grands exploits est la prise de Troie et la punition du parjure Laomédon (n° 103). Les poëtes paraissent avoir attribué à Hercule seul les exploits de plusieurs héros contemporains.

Thésée (1323-1292), ami et successeur d'Hercule, s'illustra par la mort de plusieurs brigands fameux. Athènes, sa patrie, envoyait annuellement en Crète sept jeunes hommes et sept jeunes filles, destinés à l'esclavage (1). Thésée, vainqueur des Crétois, affranchit Athènes de ce honteux tribut. A son retour, il l'organisa en une seule cité, et lui donna sa première constitution ; il distribua la nation en trois classes : celle des nobles, seule chargée des cérémonies sacrées et de l'interprétation des lois ; celle des laboureurs et celle des artisans, qui toutes deux participaient, dans l'assemblée de la nation entière, à la puissance législative. C'était en réalité, malgré des formes monarchiques en apparence, un gouvernement démocratique ; le roi n'était que le premier magistrat dans la paix, et dans la guerre, le général des troupes de la république. Sans doute, Thésée avait emprunté à la Crète une partie de la législation du roi *Minos*, législation si sage que l'admiration des peuples proclama son auteur juge des enfers. Pour célébrer et affermir la réunion de tous les peuples de l'Attique, Thésée établit la fête des *Panathénées* en l honneur de *Minerve*, protectrice d'Athènes. La gloire de ce héros serait sans mélange, s'il ne l'avait ternie, comme Hercule, par des expéditions honteuses, qui avaient pour but l'enlèvement des

---

(1) Les Athéniens ont publié qu'on les livrait à la voracité d'un monstre appelé *Minotaure*.

filles ou des femmes de ses voisins, et qui attirèrent sur sa patrie de sanglantes représailles.

97. EXPÉDITION DES ARGONAUTES. — La première grande expédition maritime fut entreprise par les héros. Hercule, Thésée, et avec eux *Castor* et *Pollux*, chefs de Sparte, *Orphée*, le chantre divin, *Esculape*, médecin illustre, se réunirent sous la conduite de *Jason*, et s'embarquèrent sur le navire *Argo*, à cinquante paires de rames, d'une grandeur et d'une vitesse inouïes (v. 1330). Le dessein des *Argonautes* était de conquérir la *toison d'or*, c'est-à-dire de piller les richesses du roi de Colchide, *Aëtès*. Leur expédition n'eut guère d'autre résultat que l'enlèvement de la fille de ce prince, la fameuse *Médée*, qui épousa Jason.

98. OEDIPE ET SES FILS. — Vers la même époque, régnaient à Thèbes *Laïus* et *Jocaste*, auxquels un oracle annonça que de leur mariage naîtrait un fils destiné à être le meurtrier de son père et l'époux de sa mère. Effrayé par cette horrible prédiction, Laïus fit exposer, sur le mont Cithéron, l'enfant que Jocaste mit au monde. Mais, recueilli par des bergers, il fut porté à la cour du roi de Corinthe, qui l'éleva sous le nom d'*OEdipe*.

Quelques bruits parvenus aux oreilles d'OEdipe lui ayant révélé une partie des aventures de sa première enfance, il quitta la cour de Corinthe, et rencontra dans un défilé le vieux Laïus, qu'il ne connaissait point. Celui-ci lui ayant ordonné de céder le pas, le jeune homme refusa de donner au vieillard un témoignage de respect qu'il devait à son âge vénérable ; alors une querelle s'éleva entre eux, et Laïus fut tué par son fils, qui, continuant sa route au hasard, entra dans la ville de Thèbes. Les Thébains étaient alors dans la consternation, parce qu'un monstre, appelé *Sphinx*, à tête de femme et à griffes de lion, s'était établi sur leur territoire, déchirant tous les voyageurs qui ne pouvaient répondre à une énigme qu'il leur proposait (ce qui signifie sans doute que des brigands désolaient la contrée). Jocaste, devenue veuve, promettait sa main et son royaume à celui qui délivrerait le pays de ce fléau.

OEdipe, hardi et robuste, offrit aux Thébains de tenter l'aventure et alla trouver le Sphinx, qui lui fit cette question : « Quel est l'animal qui, le matin, a quatre pattes ; deux à midi, et trois le soir. » — « C'est l'homme, répondit OEdipe ; car, enfant, il marche sur ses pieds et ses mains à la fois ; homme, il s'avance d'un pas ferme ; et, vieillard, il se soutient avec un bâton. »

A cette réponse si juste, le Sphinx, se voyant deviné, voulut prendre la fuite ; mais OEdipe le perça de son épée, et, rentrant dans Thèbes au milieu des transports de joie de tout le peuple, il fut proclamé roi et épousa sa mère.

OEdipe ayant, bientôt après, découvert son double forfait, Jocaste s'étrangla de désespoir ; son malheureux fils s'arracha les yeux, et, devenu l'objet à la fois de la terreur et de la pitié des Thébains qui fuyaient à son approche, il s'en alla errer dans les campagnes comme un mendiant, conduit par sa fille *Antigone*, qui se consacra, avec le plus admirable dévouement, à soulager l'infortune de son père.

Les malheurs de la famille de Laïus n'étaient pas finis encore. Les fils d'OEdipe, *Étéocle* et *Polynice*, étaient convenus, pour ne pas diviser le royaume, qu'ils gouverneraient, tour à tour, chacun une année. Étéocle, qui régna le premier, refusa de céder le trône, et Polynice, chassé de Thèbes, revint assiéger la ville avec le secours de sept rois, qui, ayant rassemblé leurs soldats dans la forêt de *Némée*, y établirent divers exercices militaires connus sous le nom de *jeux Néméens* (1315).

Jusqu'alors les expéditions guerrières n'avaient consisté que dans des dévastations et des pillages, et cette attaque de Thèbes est le premier siège régulièrement entrepris par une armée disciplinée dont l'histoire grecque fasse mention.

Les deux frères se rencontrèrent sur le champ de bataille, et, s'attaquant avec fureur, ils se tuèrent l'un l'autre. Les sept rois, ayant eux-mêmes tous péri, à l'exception d'un seul, Thèbes resta au pouvoir du fils d'Étéocle, sous la tutelle de *Créon*, frère de Jocaste et allié d'Étéocle, qui força les confédérés à s'éloigner (1312) après avoir perdu la plupart de leurs généraux. Les mœurs de ce temps étaient d'une atroce barbarie. Créon laissa les corps de ses ennemis sans sépulture, et condamna la pieuse Antigone, fille d'OEdipe, qui avait rendu les derniers honneurs aux restes de Polynice, à être enfermée vivante dans le tombeau de son frère.—Quelques années après, les fils des alliés de Polynice, les *Épigones*, firent une nouvelle expédition contre Thèbes pour venger leurs pères. La ville fut prise et pillée, une partie du butin fut offert à *Apollon Delphien*, et les Thébains furent contraints de rendre le sceptre au jeune fils de Polynice (1303).

§ IV. ORACLES. — AMPHYCTYONIES. — JEUX PUBLICS. — MONUMENTS PRIMITIFS.

99. ORACLES. — La religion tenait une grande place dans les institutions politiques des Grecs, parmi lesquelles on peut ranger la plupart des cérémonies et des fêtes. L'influence du culte sur le gouvernement des États s'exerçait surtout par les *oracles* ou prédictions qu'on allait recueillir dans les temples des dieux. Le plus célèbre de tous était l'oracle de l'*Apollon de Delphes*, dont l'origine était fort singulière. On raconte que des bergers conduisant leurs chèvres sur les rochers du mont Parnasse, les virent tout à coup agitées de mouvements convulsifs, tandis qu'elles broutaient dans le voisinage d'une caverne d'où s'échappaient des exhalaisons enivrantes. S'étant approchés eux-mêmes, ils furent saisis d'une sorte de délire, et prononcèrent des paroles sans suite que l'on prit pour des prédictions. On éleva aussitôt un sanctuaire à cet endroit, et on fit asseoir sur un trépied à l'entrée du soupirail une prêtresse nommée *Pythie*. Elle ne tardait pas à éprouver des convulsions affreuses et à faire entendre des mots ordinairement dénués de sens qui étaient cependant recueillis avec le plus profond respect. Des prêtres, chargés de les interpréter, avaient soin de les présenter de manière à ce qu'ils pussent offrir plusieurs significations et convenir également à des événements tout opposés. C'est ainsi que Crésus ayant consulté les dieux, avant de livrer bataille à Cyrus, l'oracle lui répondit : *Un grand empire périra.* — Il n'était guère d'occasions importantes où les généraux et les magistrats ne vinssent consulter l'oracle. Les prophètes chargés de rédiger les réponses, et qui étaient considérés non comme les serviteurs, mais comme les enfants d'Apollon, s'enrichissaient avec les nombreuses *hécatombes* (sacrifices de cent bœufs) qu'on offrait à la divinité. Le trésor de Delphes devint tellement opulent, que les Phocidiens en enlevèrent, sans l'épuiser, vingt-quatre millions de notre monnaie.

100. AMPHICTYONIES. — Le conseil amphictyonique, dont nous avons fait connaître l'origine (n°94), avait pour but, d'une manière toute spéciale, d'unir les intérêts des cités grecques, de les rapprocher les unes des autres en une sorte de confédération. Il fut d'abord composé uniquement des princes de la Thessalie, qui formèrent une ligue pour résister aux invasions étrangères, et convinrent de s'assembler chaque année aux Thermopyles, près desquelles régnait Amphictyon. Là, ils discutaient toutes les affaires d'intérêt commun, et les décisions de ce tribunal étaient reçues avec un tel respect, que, pendant longues années, elles terminèrent les contestations et prévinrent les guerres intérieures. Avant d'entrer en délibération, les députés faisaient serment « de ne jamais détruire une » ville amphictyonique ; de ne point intercepter le cours des riviè- » res ; de punir autant qu'il leur serait possible ceux qui se ren- » draient coupables de pareils attentats. »

Les heureux résultats que les Amphictyons retiraient de leur union engagèrent plusieurs villes de la Grèce centrale et du Péloponèse à se joindre à eux ou à former des associations semblables, nommées *Amphictyonies*. On en vit dans la Béotie, l'Argolide, la Mégaride, etc. Mais cette institution ne tarda pas à dégénérer quand elle se fut étendue à la plus grande partie de la Grèce. Au milieu de leurs rivalités particulières, les diverses cités déclinèrent l'autorité des jugements rendus par le tribunal amphictyonique ; on finit par ne lui reconnaître d'autre droit que celui de protéger le culte d'Apollon et de défendre les priviléges du temple de Delphes.

101. JEUX PUBLICS. — Les jeux publics en Grèce étaient à la fois des cérémonies de la religion et des institutions politiques qui exerçaient la plus heureuse influence en maintenant entre les divers peuples des relations fréquentes et amicales. Les principaux étaient les quatre jeux solennels appelés *Olympiques, Isthmiques, Néméens* et *Pythiens* ou *Pythiques,* parmi lesquels les premiers, célébrés à Olympie (en Élide), étaient les plus renommés. On s'y livrait, devant une foule immense, à tous les exercices du corps et de l'esprit.

Les poëtes y lisaient leurs vers ; les musiciens s'y faisaient entendre. Les citoyens les plus distingués, des princes même, venaient y disputer le prix de la course, à cheval ou en char. Les *athlètes* qui faisaient leur profession de paraître dans les jeux publics, étaient soumis au régime le plus sévère, pour développer la vigueur de leurs membres. Ils se livraient sur l'arène à diverses sortes de combats. Dans la *lutte*, le corps nu et frotté d'huile, ils cherchaient à se renverser l'un l'autre; dans le *pugilat*, ils se battaient à coups de poing, ou les mains armées de gants de plomb avec lesquels ils se faisaient souvent de cruelles blessures ; ils rivalisaient de vitesse dans la *course* à pied; dans l'exercice du *disque*, le vainqueur était celui qui lançait le plus loin une masse de fer.

Aux jeux olympiques le prix du combat n'était qu'une couronne d'olivier ; mais le vainqueur recevait des honneurs presque divins : il rentrait dans sa ville natale par une brèche faite exprès à la muraille ; il avait dans les cérémonies publiques une place particulière; son nom était chanté par les poëtes et servait à désigner l'espace de quatre ans qui s'écoulait entre les fêtes d'Olympie, et qu'on appelait *olympiade*. Les historiens grecs calculaient le temps par les olympiades, dont la première date de l'an 776 avant J.-C. Tous les peuples grecs envoyaient leurs représentants aux jeux d'Olympie, et, pendant la durée des fêtes, toutes les guerres particulières devaient être interrompues.

102. Monuments primitifs. — Les monuments de la Grèce primitive consistent uniquement dans les constructions colossales des Pélasges (n° 91). C'était un assemblage de quartiers de roche bruts, tous d'une énorme dimension, élevés les uns sur les autres par des efforts prodigieux et se soutenant par leur poids seul sans aucun ciment. Cette architecture originaire fit quelques progrès, et les blocs informes des premières constructions furent remplacés dans la suite par des masses de pierres taillées, quoique d'une manière fort irrégulière. Ces perfectionnements eurent lieu lorsque les Pélasges commencèrent à employer aux travaux de construction et à l'extraction des pierres dans les carrières et des métaux dans les mines, des ouvriers forts et laborieux nommés *Cyclopes*, qui taillaient les pierres avec habileté. La fable nous représente ces hommes comme des géants monstrueux n'ayant qu'un œil au milieu du front, sans doute parce que pour s'éclairer dans les galeries souterraines, ils portaient, comme le font quelquefois les mineurs d'aujourd'hui, une lampe attachée à leur tête.

Le nom de monuments *Cyclopéens* est resté à ces constructions grossières. On en voit encore des débris considérables à Mycènes, à Tyrinthe, à Athènes et dans un grand nombre de villes grecques.

QUESTIONNAIRE. — § Ier. 85. Quel était le caractère général de la Grèce ancienne? — 86. Quelles étaient les limites de la Grèce? — Faites connaître les fleuves, mers, golfes, puis les montagnes et les presqu'îles de la Grèce proprement dite et du Péloponèse.—87. Quelles étaient les deux grandes îles de Grèce? — Nommez les îles principales du Golfe Saronique, de la Mer Égée, de la Mer Ionienne. — 88. Combien de contrées comprenait le Péloponèse? nommez-les avec leurs villes principales. — 89. Faites connaître les contrées et les villes principales de la Grèce centrale. — 90. Quels étaient les deux grands pays de la Grèce septentrionale et quelles étaient leurs principales villes? — § II. 91. Quelles furent les premières populations de la Grèce? — Qu'avez-vous à dire des Pélasges? — Citez leurs principaux chefs.—Par qui furent fondées Sicyone, Argos, Sparte? — 92. Qu'arriva-t-il sous Deucalion? — Nommez ses fils et leurs descendants.—93. Par qui furent fondées Athènes, Thèbes, Éleusis? — Qui était Dédale? — 94. Par qui fut envahi le Péloponèse au XIVe siècle? — § III. 95. Donnez une idée de la religion des Grecs et de ses principales fêtes. — 96. Racontez l'histoire des principaux héros et demi-dieux. — 97. Qu'est-ce que l'expédition des Argonautes? — 98. *Donnez quelques détails sur les aventures d'OEdipe et de ses fils.* — § IV. 99. Quelle était l'influence des oracles?—*Parlez de celui de Delphes.* — 100. Faites connaître l'action du conseil des Amphictyons. — 101. *Donnez quelques détails sur les fêtes d'Olympie.* — Quelle en était l'influence? — Qu'était-ce qu'une olympiade? — 102. Décrivez les monuments de la Grèce primitive.

CHAPITRE HUITIÈME.

HISTOIRE DE LA GRÈCE JUSQU'AU RETOUR DES HÉRACLIDES DANS LE PÉLOPONÈSE.

SOMMAIRE.

103. Troie est puissante sous Priam.—Hélène est enlevée par Pâris.— La ligue des rois grecs contre Troie a pour chef Agamemnon. — Le siége de Troie dure dix années (1285-1270). Hector est tué par Achille. — La ruine de Troie est vengée par les catastrophes des Hellènes et les forfaits de la famille des Atrides.

104. Homère, auteur de l'*Iliade* et de l'*Odyssée*, devient aveugle et parcourt la Grèce en chantant ses vers. Les rhapsodes les conservent dans leur mémoire.

105. Les Héraclides, alliés aux Doriens, s'emparent du Péloponèse (1190).—Les Agides et les Proclides règnent à Lacédémone. — L'Attique est envahie par les Doriens et sauvée par le dévouement de Codrus (1132).

§ II. 106. Diverses causes ont déterminé les émigrations de la population grecque. Les Éoliens fondent sur les îles et les côtes de l'Asie-Mineure Smyrne, Cumes, Mitylène, etc.

107. Les Ioniens en Lydie et en Carie fondent douze villes. Samos et

Chios sont puissantes par leur marine. Milet et Phocée sont florissantes par leur commerce. Éphèse est célèbre par son temple de Diane. — Les cités ioniennes sont en relation avec les peuples d'Asie et avec les Grecs. — L'Ionie jouit d'une civilisation avancée.

108. Les colonies doriennes s'établissent sur les côtes méridionales de l'Asie-Mineure. Diverses colonies se fixent sur les bords du Pont-Euxin, dans la Thrace, la Macédoine, en Égypte. — Cyrène est fondée en Libye, Sagonte en Espagne. Marseille fondée (v. 600) par les Phocéens, prend de grands développements.

109. Dans la Sicile, d'abord Trinacrie, puis Sicanie, les Grecs fondent Zancle, Catane, Sélinonte, Ségeste, Géla, Syracuse (735), ville riche et puissante, où règnent Gélon (484), Hiéron Ier, Thrasybule, les deux Denys. La liberté est rétablie par Timoléon (343), et détruite par Agathocle. Hiéron II est l'allié des Romains. Syracuse est conquise en 212. — Agrigente est rivale, puis sujette de Syracuse (446). — Les ruines de Syracuse et d'Agrigente existent encore.

110. Les colonies grecques en Italie ou Grande Grèce sont : Cumes, Locres, Tarente, Sybaris, Crotone, etc... Les villes de la Grande Grèce prospèrent d'abord, puis tombent dans l'anarchie.

§ Ier. GUERRE DE TROIE. — HOMÈRE. — CONQUÊTES DES DORIENS.

103. GUERRE DE TROIE (1280-1270). — Un État puissant s'était élevé en face de la Grèce sur la côte asiatique. Fondée par les Pélasges, refuge de la race pélasgique, Troie avait été humiliée sous Laomédon par Hercule, qui, ayant délivré *Hésione*, fille du roi, de la fureur d'un monstre marin, et n'ayant pas reçu la récompense promise, s'était vengé en tuant Laomédon lui-même (n° 96). Mais la ville de Troie était redevenue riche et florissante durant le règne de *Priam* (1311-1270). La haine des Pélasges d'Asie, des Hellènes de Grèce, n'attendait qu'une occasion pour éclater. Elle se présenta bientôt. *Pâris*, fils de Priam, enleva *Hélène*, femme du roi de Sparte *Ménélas*, qui lui avait donné l'hospitalité. Vainement le prudent Ulysse, roi d'Ithaque, et Ménélas lui-même se rendirent à Troie pour réclamer la restitution d'Hélène. Ils revinrent sans avoir obtenu satisfaction, et demandèrent à la Grèce entière justice d'une trahison odieuse. Bientôt, onze cent quatre-vingts vaisseaux furent équipés, et plus de cent mille hommes, réunis sous le commandement suprême d'*Agamemnon*, fils d'*Atrée*, roi de Mycènes, de Corinthe et de Sicyone, débarquèrent sur le rivage d'Asie (1280).

Les vents contraires avaient retardé pendant longtemps le départ de la flotte grecque, et les Troyens avaient eu le temps de fortifier leurs remparts, de réunir des provisions abondantes et de rassembler leurs alliés. Les braves montagnards de la Lycie, de la Carie et de toute l'Asie Mineure jusqu'au fleuve Alep, s'étaient réunis sous leurs murs quand les Grecs commencèrent les hostilités.

Pendant neuf ans, Troie, défendue par la valeur d'*Hector*, l'un des fils de Priam, vit échouer contre ses remparts tous les efforts d'Agamemnon, roi des rois, de Ménélas, son frère, de l'invincible *Achille*, des deux *Ajax*, d'*Ulysse*, le plus rusé des Grecs, de *Diomède*, roi d'Argos, du Crétois *Idoménée*, et du vieux roi de Pylos, le sage *Nestor*.

Le récit de ce siége dans l'Iliade (n° suivant), au milieu de toutes les fables qui y sont mêlées, nous donne une idée très-exacte et très-curieuse des mœurs de cette époque et de la manière dont la guerre se faisait alors. Les Grecs campaient sur le rivage au milieu de leurs chars et de leurs vaisseaux qu'ils avaient tirés à sec. Au lieu de chercher à renverser les murailles ou à prendre la ville par la famine, en la privant de vivres et de secours, ils se bornaient à combattre les troupes des Troyens et de leurs alliés dans l'espace qui séparait leur camp des remparts. Les princes à la tête de leurs troupes ne montaient pas de chevaux, mais des chars sur lesquels ils se livraient entre eux des duels acharnés ; et les simples soldats suspendaient souvent le combat pour contempler les prouesses de leurs chefs. Le lendemain de la bataille, chaque parti brûlait ses morts sur des bûchers autour desquels on célébrait des jeux funèbres, et on partageait le butin. Les guerriers et les princes eux-mêmes apprêtaient leurs repas de leurs propres mains et vidaient de larges coupes au son des instruments de musique.

La lutte se prolongea dix ans sans avantage décisif de part ou d'autre. Le manque de vivres obligeait fréquemment les Grecs à se disperser. Agamemnon ayant enlevé une captive à Achille, celui-ci se retira furieux dans sa tente. La peste se mit dans le camp des Grecs; et, pour comble de malheur, tandis que les Grecs étaient privés de leur plus brave champion, les exploits d'Hector, le vaillant fils de Priam, jetèrent la terreur dans leurs rangs. Mais Achille revint sur le champ de bataille pour venger son ami *Patrocle*, tué par Hector ; il vainquit et mit à mort le brave Troyen, et traîna trois fois son cadavre autour des murs de la ville. Achille périt lui-même de la main de Pâris, et les Grecs désespéraient de triompher des Troyens, quand Ulysse imagina, dit-on, de fabriquer un immense cheval de bois, dans les flancs duquel se cachèrent les soldats les plus intrépides. Cette machine demeura près des murs de la ville, tandis que les Grecs, feignant de lever le siége, se rembarquaient sur leurs vaisseaux. Les Troyens célébrèrent leur délivrance avec des transports de joie; et par les conseils d'un traître aposté par l'ennemi, ils introduisirent dans leurs murs l'énorme cheval, pour le conserver comme un trophée de leur victoire. Mais au milieu de la nuit, les guerriers qu'il renfermait se répandirent dans la ville, égorgèrent ses défenseurs, et tous les Grecs revenant à la hâte la mirent à feu et à sang. Priam périt avec tous ses fils. La reine *Hécube*, sa fille *Cassandre*, qui seule s'était opposée à l'introduction du fameux cheval, *Andromaque*, veuve d'Hector, furent emmenées en captivité avec une foule de Troyens (1270).

La chute de Troie retentit dans le monde; mais elle fut fatale aux vainqueurs. Plusieurs princes grecs périrent dans la traversée, ou furent, comme Ulysse, poussés par les tempêtes loin de leurs États. Les autres n'y revinrent que pour périr victimes de femmes adultères, de parents usurpateurs. Agamemnon fut tué par sa femme *Clytemnestre* et par son cousin *Égisthe*; l'un et l'autre périrent de la main d'*Oreste* (1263), qui punit le meurtre de son père en assassinant sa mère. Les forfaits et les malheurs de la famille des *Atrides* vengèrent les enfants de Priam. Les débris des tribus troyennes avaient été chercher asile en Italie; là aussi s'étaient réfugiés quelques princes hellènes bannis. Plus tard, la rivalité devait y recommencer entre les deux races représentées par Rome et la Grande Grèce.

104. HOMÈRE. — Les événements du siége de Troie et les aventures du retour de l'un des rois grecs, Ulysse, ont été chantés, dans deux poëmes à jamais célèbres, par *Homère*, l'immortel auteur de l'*Iliade* et de l'*Odyssée*. Sept villes de Grèce et d'Asie Mineure, mais surtout Smyrne et Chios, se disputèrent l'honneur d'avoir donné le jour au plus ancien et au plus illustre des poëtes grecs qui florissait au neuvième ou au dixième siècle avant J.-C. Ayant appris, dit-on, à Smyrne la musique et les belles-lettres qui ne se séparaient pas dans l'éducation primitive des Grecs, il alla parcourir tous les lieux témoins des hauts faits qu'il voulait raconter, revint ouvrir une école à Chios, et devenu aveugle dans sa vieillesse, il fut réduit à errer de ville en ville, gagnant un peu de pain en chantant ses vers. Il mourut dans une petite île des Cyclades, laissant ces deux poëmes qui sont encore les chefs-d'œuvre de l'épopée, l'*Iliade*, de beaucoup supérieure par la grandeur de l'ensemble, la richesse des détails, la beauté du style, l'*Odyssée*, pleine d'intérêt et d'attachante naïveté. Ces poëmes, attribués à tort par quelques savants à un grand nombre d'auteurs qu'ils appellent *Homérides* et dont les œuvres auraient été rattachées pour former un tout, se conservèrent longtemps, sans être écrits, dans la mémoire de musiciens ambulants, nommés *Rhapsodes*, qui allaient les chanter sur la lyre dans les villes et dans les campagnes; ils ne devaient être recueillis et mis en ordre qu'au milieu du sixième siècle par Pisistrate, chef d'Athènes (n° 122).

105. Conquêtes des Doriens. — Les catastrophes des Hellènes avaient préparé une révolution presque universelle. Les *Héraclides*, ou enfants d'Hercule, établis dans un grand nombre de villes grecques par la valeur de leur père, puis chassés après sa mort par ses nombreux ennemis, profitèrent de l'affaiblissement des Pélopides pour ressaisir le pouvoir. Après quelques tentatives inutiles, ils s'allièrent aux descendants de Dorus ou *Doriens*, et fondirent avec eux sur le Péloponèse. En peu de temps, ils s'en furent rendus maîtres, et les chefs des vainqueurs se partagèrent les États conquis (1190). Argos échut à *Témène*, la Messénie à *Cresphonte*; les fils de Témène s'emparèrent de Sicyone, d'Épidaure, de Corinthe; *Eurysthène* et *Proclès*, établis à Lacédémone, furent les chefs de ces deux familles souveraines, les *Agides* et les *Proclides*, qui plaçaient concurremment deux rois sur le trône (n° 113). Dans tout le Péloponèse, il n'y eut guère que l'Arcadie qui échappa aux Héraclides et aux Doriens.

Athènes fut attaquée à son tour. Déjà une armée dorienne avait envahi l'Attique, et un oracle lui avait prédit la victoire si elle respectait la personne du roi ennemi. *Codrus* (1160-1132), roi des Athéniens, résolut de se sacrifier au salut de son pays. Il prit l'habit d'un simple soldat, et se fit tuer dans la mêlée. Les Doriens reconnurent son corps, et se retirèrent en toute hâte, désespérant du succès de leur entreprise (1132). Alors tout en Grèce rentra dans le calme, et la paix dura de longues années.

§ II. colonies.

106. Colonies Éoliennes. — Pendant les révolutions qui bouleversèrent la Grèce ancienne, la population se renouvela plus d'une fois, et les vaincus échappèrent à l'esclavage en allant chercher asile sur des rivages éloignés. Ainsi se formèrent les colonies que nous diviserons en colonies orientales et colonies occidentales.

Ce fut la conquête des Doriens qui poussa au delà des mers les tribus jadis dominatrices des Ioniens et des Éoliens, et qui fut la principale cause de la fondation d'un grand nombre de colonies grecques vers le douzième siècle avant Jésus-Christ. Les migrations volontaires ne vinrent que plus tard.

Cinq princes Pélopides, chassés du Péloponèse, emmenèrent une colonie éolienne, qui traversa l'Hellespont et s'empara des côtes de la Mysie, de la Carie et de quelques îles voisines. Sur le continent, les cités principales des Éoliens furent Smyrne et Cumes; dans les îles, Mitylène, l'une des cinq villes de l'île de Lesbos. Ces divers établissements restèrent indépendants jusqu'au temps de Cyrus. Chacun avait son gouvernement particulier, dont le principe était toujours plus ou moins démocratique. Toutefois de nombreuses révolutions obligèrent souvent les villes éoliennes à se choisir des magistrats investis pour un temps d'une puissance absolue.

107. Villes fondées par les Ioniens. — Les Ioniens, en quittant le Péloponèse, après la victoire des Doriens, se fixèrent d'abord à Athènes; de là, ils passèrent en Asie, avec quelques-unes des anciennes tribus de la Béotie et de la Phocide. Ils occupèrent une partie de la Lydie et de la Carie, et donnèrent le nom d'Ionie à ce territoire. Ils y fondèrent douze villes : Clazomène, Téos, Lébédos, Colophon, Myonte, Samos, Chio, Phocée, Érythrée, Éphèse, et Milet.

Samos était la plus puissante des villes ioniennes, et sous le règne du tyran *Polycrate* (535-524), elle avait soumis toutes les petites îles voisines. Chio rivalisait avec Samos, et avait une marine assez forte pour pouvoir équiper (504) quatre-vingt-dix-huit vaisseaux de guerre. — Milet et Phocée étaient les deux cités les plus commerçantes. Phocée envoyait ses marchands sur toutes les côtes de la Méditerranée. Milet, du huitième au sixième siècles avant notre ère, fonda près de trois cents comptoirs sur les rivages de la mer Noire jusqu'aux Palus-Méotides, et s'empara ainsi de tout le commerce du nord, qui consistait principalement en blés, en poissons secs et en pelleteries. En même temps, elle entretenait par terre des relations fréquentes avec l'Asie centrale.—Éphèse ne devint célèbre que plus tard par son temple de *Diane*, l'une des sept merveilles du monde, qui devait être brûlé, par le fou *Érostrate* (n° 170), le jour même de la naissance d'Alexandre le Grand (356). — « Les cités ioniennes avaient toutes un temple commun, le *Panionium*, consacré à Neptune, sur le promontoire de Mycale, où elles célébraient leurs solennités et délibéraient sur les affaires générales; mais d'ailleurs, chaque ville était libre. Elles maintinrent leur indépendance jusqu'au temps des Mermnades dans le royaume de Lydie, et de Cyrus, auquel elles se soumirent; cependant elles conservèrent leur constitution, même sous la domination persane, et ne furent assujetties qu'à payer tribut. Mais elles ne négligèrent aucune occasion de s'affranchir; et voilà pourquoi leur histoire, dans toute la période suivante, est si intimement liée à celle de la Grèce. » (M. Raoul-Rochette.)

COLONIES.   131

L'Ionie, par sa civilisation, sa richesse, sa puissance, est véritablement la Grèce d'Asie. Elle pourra citer parmi ses enfants les plus illustres des philosophes et des poëtes, dont les œuvres offrent un brillant tableau de toutes les connaissances humaines à cette époque.

108. COLONIES DORIENNES ET AUTRES. — Les colonies des Doriens sont moins nombreuses et moins importantes. Les peuplades doriennes firent cause commune avec les Héraclides ; aussi ne s'éloignèrent-elles de la Grèce que plus tard, et à mesure que leur puissance s'étendit dans l'archipel. Elles bâtirent sur les côtes de l'Asie-Mineure les villes de Cnide et d'Halicarnasse, et peuplèrent la plupart des îles méridionales. Elles fondèrent plusieurs villes dans les îles de Crète et de Rhodes.

Telles furent les colonies orientales. Au nord de la Grèce, un assez grand nombre de colonies prirent possession des bords du Pont-Euxin. Les principales furent : Amise et Trapezos ou Trébizonde, dans le royaume du Pont ; Sinope, dans la Paphlagonie ; Héraclée, en Bithynie ; Tanaïs, à l'embouchure du fleuve de ce nom, etc...; dans la Thrace et la Macédoine, les villes d'Abdère, d'Amphipolis, d'Olynthe, de Potidée, qui jouèrent plus tard un rôle important (n°s 166, 167).

A l'Occident, toutes les côtes de la Méditerranée jusqu'aux colonnes d'Hercule reçurent les établissements des Grecs. On sait que la Grèce, depuis le temps de Psammétique (septième siècle), eut de fréquents rapports avec l'Égypte (n° 53). Sous Amasis, un assez grand nombre d'Ioniens et de Cariens se fixèrent sur les bords du Nil. Cyrène avait été bâtie par des Grecs dans la Libye, à une haute antiquité, d'après l'ordre de l'oracle de Delphes. En Espagne, Sagonte est aussi d'origine hellénique. — Plusieurs colonies devinrent célèbres dans la Gaule méridionale, et parmi elles on doit placer au premier rang la ville de Marseille. Fondée vers l'an 600 par des marchands phocéens, elle accrut son territoire aux dépens de la tribu des Salyens, et forma une république riche et puissante. Elle s'agrandit principalement par la navigation et le commerce, et elle fut elle-même la métropole de plusieurs cités nouvelles, Hyères, Antibes, Nice, peut-être Nismes et Avignon. En même temps, l'influence de sa civilisation, de son industrie, de son sage gouvernement, s'étendait dans tout le midi de la Gaule, et commençait à tirer de la barbarie cette sauvage contrée.

109. COLONIES EN SICILE. — SYRACUSE. — AGRIGENTE. — Ce fut en Sicile, en Italie surtout, que les différentes peuplades de la Grèce envoyèrent le plus grand nombre de colonies Aussi les dieux, les lois, les mœurs, le langage, tout fut grec dans ces deux contrées ; elles prirent jusqu'au nom de la mère patrie, et furent appelées Grande-Grèce.

La Trinacrie, peuplée originairement par les Lestrygons et les Cyclopes, plus tard par les Sicaniens, d'origine espagnole, qui lui donnèrent le nom de Sicanie (onzième siècle), puis par les Sicules, de race illyrienne (1050), qui l'appelèrent Sicile, la Trinacrie reçut, du treizième au seizième siècle, une foule de populations diverses, venues de Phénicie, de Phrygie, d'Afrique, de Grèce. Zancle, fondée dans des temps très-reculés par les Ioniens ainsi que Léontium (ou Leontini) et Catane, fut occupée par les Messéniens, compagnons d'*Aristomène*, qui la nommèrent Messane (n° 118). Hybla et Sélinonte doivent leur origine aux Mégariens, Ségeste aux Thessaliens, Géla aux Rhodiens.

Les deux grandes colonies grecques de Sicile sont Syracuse et Agrigente. Syracuse fut bâtie par les Corinthiens, en 735. « *Archias* de Corinthe, dit Strabon, averti de choisir entre la santé et les richesses, préféra les richesses, et passa en Sicile, où il fonda Syracuse. Aussi les habitants de cette ville devinrent-ils si opulents, que quand on parlait d'un homme extrêmement riche, on disait qu'il n'avait pas la dixième partie des biens d'un Syracusain. » Syracuse dut sa prospérité à la fertilité de son territoire et à l'admirable position de ses trois ports, dont l'un était tellement étendu que des flottes s'y livrèrent bataille. L'enceinte immense de ses remparts renfermait cinq vastes quartiers ou plutôt cinq villes, disposées en amphithéâtre sur le bord de la mer.

Puissante sous le gouvernement aristocratique, elle fut ébranlée par les discordes qui suivirent, vers l'an 485, le triomphe de la démocratie. Mais *Gélon*, prince de Géla, apaisa les troubles en établissant la royauté à Syracuse, dont il s'était emparé en 484, et affermit son trône par ses victoires contre les Carthaginois (480). Il s'est illustré à jamais en obligeant Carthage à abolir les sacrifices humains. La lutte engagée avec l'Afrique, interrompue pendant les règnes d'*Hiéron I*er (478-467) et de *Thrasybule* (467-466), sous lequel fut rétablie la république, recommença avec une activité nouvelle et des succès divers, tandis que Syracuse était soumise derechef au gouvernement monarchique, sous *Denys l'Ancien* (405). Ce tyran soupçonneux et barbare fut cependant un protecteur éclairé des arts et des lettres, et, par ses triomphes sur les Carthaginois, il éleva à son comble la grandeur de son pays. Son fils *Denys le Jeune* (368), qui, malgré les conseils du sage Platon (n° 152), s'était rendu odieux à force de cruautés, fut vaincu par *Timoléon*, général corinthien, qui le chassa de Syracuse (343) pour y faire régner la liberté.

Après Timoléon, le restaurateur de Syracuse, la discorde amena la tyrannie du soldat *Agathocle* (317), qui s'illustra néanmoins par ses exploits, et faillit se rendre maître de Carthage. La mort de ce prince fut suivie de nouvelles divisions, qui ne furent suspendues jusqu'à la conquête de Syracuse par les Romains (212) que sous le règne d'*Hiéron II* (269-215). Ce prince, fidèle allié de Rome au milieu de toutes les phases de la seconde guerre punique (chap. XX), occupa le trône pendant cinquante-quatre ans, et se montra constamment digne, par sa sagesse et ses vertus, de l'admiration de ses sujets.

Mais trois ans après sa mort, son petit-fils *Hiéronyme* avait été assassiné (214), et Syracuse était tombée au pouvoir de Rome (212).

Agrigente, fondée par les habitants de la ville dorienne de Géla (v. 580), fut longtemps florissante, malgré le règne du tyran *Phalaris* (566-534), qui, dit-on, faisait périr dans les flancs embrasés d'un taureau d'airain tous ceux qui lui étaient suspects. Elle se montra la digne rivale de Syracuse, sous *Théron* (488-480), beau-père de Gélon, célébré par le poëte Pindare, et compta dans sa vaste enceinte jusqu'à huit cent mille habitants. Toutefois, après une longue lutte, elle fut soumise par la puissante colonie de Corinthe (446), à qui les Carthaginois seuls disputèrent désormais la prépondérance en Sicile.

Étrange vicissitude des choses humaines! La Sicile, pays merveilleusement favorisé par la nature, la Sicile, si puissante et si riche dans l'antiquité, n'est plus aujourd'hui qu'une contrée dépeuplée et misérable. La moderne Syracuse occupe à peine l'un des quartiers de l'ancienne ville; Géla n'est qu'un pauvre village; les débris d'un temple renversé marquent seuls le lieu où fut Sélinonte; Agrigente s'est retirée tout entière sur le rocher qu'occupait la citadelle de Théron, et la magnificence de ses ruines témoigne seule de son antique splendeur.

110. COLONIES GRECQUES EN ITALIE. — GRANDE GRÈCE. — Les établissements grecs en Italie occupèrent principalement les côtes voisines de la Sicile. Là s'établirent quelques-uns de ces vainqueurs de Troie, dispersés par les tempêtes, ou chassés de leur pays par les révoltes. Cumes, bâtie par des emigrés d'Eubée et d'Éolide vers 1120, donna plus tard naissance à Naples. Locres, qui faisait remonter son origine jusqu'à l'un des Ajax (n° 103), reçut du législateur *Zaleucus* une constitution pleine de sagesse (v. 700). Tarente, fille de Lacédémone, envoya à son tour des colons fonder Héraclée et Brindes. Sybaris, que le luxe et la mollesse de ses habitants, plus encore que l'étendue de son territoire et la force de ses armées, ont rendue célèbre, fut construite en 720 par des Achéens. Crotone, sa rivale en puissance, s'éleva à la même époque, et devait la détruire deux siècles après. L'union de la plupart de ces cités, la fertilité de leur sol, l'activité de leur commerce, firent bientôt régner parmi elles une grande prospérité, accrue encore par les réformes politiques et morales du célèbre *Pythagore* (v. 540). Mais cette brillante période dura peu; le gouvernement démocratique, adopté par le plus grand nombre d'entre elles, amena bientôt l'anarchie, qui prépara les voies à la tyrannie des usurpateurs. Leur ancienne force avait péri avec leur ancienne union, quand elles eurent à lutter contre les Romains.

QUESTIONNAIRE. — § I. 103. Quelle était l'origine et la situation de Troie? — *Racontez le siége de Troie.* — 104. Quel poëte en a fait connaître les détails? — 105. Quels furent les principaux événements

GRÈCE.

de l'invasion des Héraclides et des Doriens? — § II. 106. Quelles furent les principales colonies éoliennes? — 107. Quelles villes furent fondées par les Ioniens? — 108. Parlez des colonies Doriennes et autres. — 109. Faites connaître les principales colonies Grecques en Sicile.—Racontez l'histoire de Syracuse.—110. Quelles furent les colonies Grecques fondées en Italie?

CHAPITRE NEUVIÈME.

HISTOIRE DE SPARTE ET D'ATHÈNES JUSQU'AUX GUERRES MÉDIQUES.

SOMMAIRE.

§ Ier. 111. Les peuples grecs sont tous gouvernés originairement par des rois. L'aristocratie ébranle peu à peu la royauté.

112. La république remplace successivement partout, excepté à Sparte, la monarchie; elle est aristocratique d'abord, puis démocratique; la lutte s'établit et persiste entre les deux éléments.

§ II. 113. Les Spartiates soumettent les Laconiens, asservissent les Ilotes. Ils sont gouvernés par deux rois : l'un Agide, l'autre Proclide. — Le désordre se met dans l'État.

114. Lycurgue à la mort de Polydecte proclame son neveu Charilaüs (898); il est banni; fait de longs voyages; est rappelé.

115. La législation de Lycurgue a pour objet de faire régner le génie guerrier, appuyé sur la force matérielle; l'éducation publique est uniforme pour tous ; les jeunes gens sont soumis au régime le plus sévère et les jeunes filles formées aux exercices corporels; le luxe proscrit, le partage des terres, la monnaie de fer, les repas communs, l'éducation morale négligée, tels sont les principaux traits des institutions.

116. Le gouvernement est un mélange de république et de monarchie. — Les deux rois sont maintenus avec un Sénat. — Les Éphores sont les véritables chefs du gouvernement.

117. Une opposition violente accueille les institutions de Lycurgue. Il parvient, toutefois, à les faire adopter universellement. Il s'exile jusqu'à sa mort pour en assurer la durée.

118. La première guerre de Messénie éclate à l'occasion de jeunes Spartiates insultées par des Messéniens. — Une lutte acharnée a lieu autour du mont Ithôme (744). — Aristodème tue le roi Théopompe; il se tue lui-même et la Messénie est soumise (724). — La Messénie est soulevée par Aristomène (684).—Tyrtée est mis à la tête des Spartiates ; il est vainqueur à la bataille des Tranchées. — Aristomène captif s'évade et s'illustre par de nouveaux exploits ; il est vaincu par trahison et se réfugie en Sicile. La Messénie est soumise définitivement. — Une guerre contre les Argiens (544) se termine par une victoire des Spartiates qui assiégent Argos. — La ville est défendue par Télésilla.

INSTITUTIONS POLITIQUES.

119. Les eupatrides s'emparent du pouvoir à la mort de Codrus. — La royauté est abolie (1132). — L'archontat remplace la royauté. — Le trouble se met dans l'Etat. — Dracon, archonte (624), promulgue une législation empreinte d'une rigueur excessive. — Athènes retombe dans l'anarchie. Épiménide opère des réformes religieuses et morales. — Le désordre renait après son départ.

120. Solon, l'un des sept sages, est nommé archonte en 593; il organise le gouvernement, divise les citoyens en quatre classes. — Le gouvernement partagé entre les Archontes, le Sénat, l'Aréopage contrôlé par les assemblées générales, offre l'union de la démocratie et de l'aristocratie.

121. L'éducation publique dans les gymnases et les écoles, concilie la culture de l'esprit et du corps. — La législation criminelle de Solon est juste et humaine.

§ III. 122. Trois factions sont aux prises. — Pisistrate, chef du parti des montagnards, flatte les passions populaires et s'empare du pouvoir (561). — Solon oppose une résistance courageuse, mais inutile. — Le gouvernement sage et paternel de Pisistrate favorise les progrès de la civilisation.

123. Le gouvernement des fils de Pisistrate est modéré d'abord, puis tyrannique. — Hipparque est assassiné par Harmodius et Aristogiton. — Hippias est chassé d'Athènes (510).

124. Le parti populaire lutte contre les eupatrides sous Clisthène; celui-ci augmente le nombre des tribus, établit le droit de haranguer en public et l'ostracisme; il opère une révolution démocratique.

§ Ier. INSTITUTIONS POLITIQUES DE LA GRÈCE.

111. LA ROYAUTÉ EN GRÈCE. — La Grèce a été divisée dès l'origine en une multitude de petits peuples soumis d'abord au gouvernement monarchique. C'était dans les temps primitifs une royauté en quelque sorte patriarcale, exercée par les descendants des héros que leurs sujets vénéraient comme leurs pères en même temps qu'ils leur obéissaient comme à leurs maîtres. Tels étaient les chefs qui conduisirent les Grecs au siége de Troie, et dont Homère nous dépeint l'autorité incontestée et sans limite. Ce système de gouvernement tout à fait approprié à l'enfance des nations, ne tarda pas à se modifier sous l'influence des progrès de la civilisation. Une aristocratie composée de citoyens illustrés par la guerre ou enrichis par le commerce, acquit peu à peu une prépondérance qui s'accrut aux dépens du pouvoir royal, et prépara une révolution universelle qui vint transformer la Grèce entière et lui donner sa constitution définitive.

112. LA MONARCHIE EST REMPLACÉE PAR LA RÉPUBLIQUE. — Dans presque toutes les cités, la royauté fut peu à peu remplacée par le gouvernement républicain, d'abord sous la forme aristocratique, plus tard sous la forme démocratique, dont nous aurons à signaler les rapides progrès. Thèbes avait donné le signal dès le commencement du douzième siècle (1190). Les Athéniens, après la mort de Codrus (n° 105), déclarèrent qu'il était impossible de lui trouver un digne successeur, et ne voulurent plus avoir à leur tête d'autre chef souverain que Jupiter (1132). Les Mégariens tuèrent leur roi pour se donner des magistrats éligibles et amovibles. En Phocide, en Éolie, en Béotie, la royauté fut abolie en même temps. Les rois se maintinrent plus longtemps à Corinthe, en Arcadie et en Messénie; mais, en 668, ils avaient également disparu. Sparte seule gardait ses deux rois; mais ils n'étaient guère que des chefs guerriers.

L'aristocratie qui avait battu en brèche la royauté se vit attaquée à son tour par la démocratie qui tantôt empruntant ses chefs à sa rivale, tantôt plaçant à sa tête quelque plébéien audacieux, soutint dans la plupart des cités une lutte marquée par de fréquentes alternatives de succès et de revers. Tel est le spectacle que nous offre l'histoire de la plupart des républiques grecques, et surtout celle de la plus célèbre d'entre elles, la république d'Athènes (Voici ci-après, n°s 119 et suivants.)

§ II. CONSTITUTION DE SPARTE ET D'ATHÈNES : LYCURGUE ET SOLON.

113. INVASION DES SPARTIATES. — LES LACONIENS ET LES HILOTES. — Nous avons vu Sparte tomber au pouvoir des Héraclides et des Doriens commandés par Eurysthène et Proclès (n° 105). Les anciens habitants de race pélasgique, appelés *Laconiens*, furent subjugués par les nouveaux venus, qui, sous le nom de *Spartiates*, s'emparèrent du territoire presque entier, et envoyèrent en colonies une grande partie de la population vaincue. A Hélos, les Laconiens opposèrent aux envahisseurs une opiniâtre résistance. Ils en furent cruellement punis. Leur ville, prise d'assaut, fut détruite de fond en comble (1059). Tous les habitants furent réduits en servitude et distribués aux vainqueurs, qui les employèrent aux plus vils ministères. Le nom d'*Hilote* (ou *Ilote*) devint à Sparte le synonyme d'esclave. Cette vengeance terrible, qui condamna un peuple entier à un perpétuel servage, eut des conséquences dangereuses pour Sparte elle-même, en enfermant dans son sein des germes de discorde et de révolte.

Le sort des Laconiens devint de plus en plus misérable. Ils ne gardèrent quelques portions du territoire qu'à condition de payer tribut et de verser leur sang dans toutes les querelles de leurs vainqueurs. Comme à Athènes, l'aristocratie ne respecta pas plus l'autorité royale que la liberté du peuple. Les deux rois, fils d'Hercule, l'un *Agide*, l'autre *Proclide*, qui depuis la conquête occupaient simultanément le trône, ne conservèrent qu'une suprématie stérile. La confusion des pouvoirs mit le trouble dans l'État : le peuple menaçait de briser violemment le joug de ses oppresseurs ; les factions divisaient l'aristocratie elle-même. Une réforme devint nécessaire : elle fut accomplie par Lycurgue.

114. LYCURGUE. — Descendant de Proclès, *Lycurgue* était appelé au trône après la mort de son frère (898) ; mais la veuve de ce prince était enceinte. Elle proposa à Lycurgue de faire périr l'enfant qu'elle portait dans son sein, s'il consentait à l'épouser. Il feignit d'entrer dans ce projet criminel. Mais il eut soin de placer près de la reine des gens dévoués, avec ordre de la surveiller de près et de lui apporter l'enfant aussitôt qu'il serait né. On lui présenta le jeune prince au moment où il soupait avec les principaux magistrats de Sparte. Il le prit dans ses bras et le montra à l'assemblée en s'écriant : « Spartiates, voici votre roi ! » L'allégresse fut si vive dans toute la ville qu'on appela le nouveau-né *Charilaüs* (joie du peuple). Malgré la noblesse de sa conduite, Lycurgue vit bientôt se former contre lui un parti puissant et nombreux : les grands dont il menaçait l'influence tyrannique, la veuve de Polydecte, déçue dans ses coupables espérances, parvinrent à soulever contre lui la nation tout entière ; il fut obligé de quitter sa patrie.

Toutefois, Lycurgue avait déjà formé le dessein de régénérer son pays, et le généreux proscrit voulut profiter de son exil même pour préparer l'exécution de son patriotique projet, en s'éclairant de la sagesse des autres nations. Il parcourut la Crète, cet antique royaume de Minos, les villes Ioniennes, où il contracta une étroite amitié avec le sage Thalès (n° 120) ; il visita la Lydie, l'Égypte, l'Inde peut-être, pour étudier leurs usages et leurs lois. Sparte, troublée de nouveau par les factions, s'était déjà repentie de l'avoir éloigné, et l'avait pressé plusieurs fois de reprendre les rênes du gouvernement. L'oracle de Delphes avait déclaré que Sparte serait heureuse et immortelle lorsqu'elle aurait adopté les lois de Lycurgue. Il céda aux vœux de ses concitoyens, et ce fut au retour de ses longs voyages qu'il donna à sa patrie cette austère et puissante constitution qu'elle n'a jamais remplacée (884).

115. Partie morale de la législation de Lycurgue. — Il faut distinguer dans la législation de Lycurgue une partie politique et une partie morale. Issu d'une race conquérante, il voulut avant tout faire régner dans sa patrie le génie guerrier, et développer chez tous les citoyens la force corporelle, qui, avec le système militaire des anciens, était la première de toutes les qualités du soldat. Telle est l'essence de la législation de Lycurgue dans tout ce qui a rapport à l'éducation et aux mœurs.

Un même système est adopté pour tous, puisque les citoyens de toutes les classes doivent également servir la patrie les armes à la main. Le Spartiate doit être vigoureux avant tout ; un enfant faible ou difforme est en naissant condamné à périr. Celui que n'a pas frappé cet arrêt fatal a un bouclier pour berceau et pour jouet une lance. A peine peut-il marcher, qu'on l'habitue à la solitude, aux ténèbres, à une indifférence complète sur le choix des aliments. Jusqu'à l'âge de trente ans, les jeunes gens soumis à des maîtres impitoyables s'exercent à supporter toutes les fatigues, toutes les douleurs physiques : la lutte, la course, la chasse dans les montagnes, sont leurs délassements habituels ; ils se forment à cette admirable discipline militaire qui a fait dire à Xénophon qu'en comparaison des Spartiates, tous les autres peuples ne sont que des enfants dans l'art de la guerre. Ils marchent pieds nus, le corps à peine couvert, même pendant les rigueurs de l'hiver. Toutes leurs fautes sont punies des plus durs châtiments, et celui à qui la douleur arrache une plainte est flétri comme un lâche. On raconte qu'un jeune Spartiate se laissa déchirer la poitrine par un renard caché sous ses vêtements, sans qu'aucun signe de souffrance parût sur son visage. Chaque année, les jeunes gens de Sparte offraient à Diane un sacrifice sanglant dont eux-mêmes étaient les victimes. Réunis devant l'autel, sous les yeux du peuple, ils étaient frappés de verges avec une telle violence, que plusieurs mouraient de leurs blessures.

Les jeunes filles recevaient une éducation du même genre. On ne leur prescrivait point de se tenir enfermées, de filer la laine, de s'abstenir de vin et d'une nourriture trop forte ; mais on leur apprenait à danser, à chanter, à lutter entre elles, à courir légèrement sur le sable, à lancer avec force le javelot, à faire tous ces exercices en présence des rois, des magistrats et de tous les citoyens. »

Pour que la mollesse ne détruise jamais les effets de ce dur apprentissage de la vie du citoyen, toute richesse, tout luxe est banni de Sparte. Les terres sont divisées en neuf mille portions égales pour le territoire de Sparte et trente mille pour le reste de la Laconie. Chacune est attribuée à un chef de famille; et afin de préserver tous les citoyens de la misère aussi bien que de la richesse, les héritages ne peuvent être aliénés. Une monnaie de fer est seule en usage, pour que personne ne conçoive même la pensée d'amasser des trésors. Posséder de l'or ou de l'argent est un crime digne de mort. Des repas communs où règne la plus frugale simplicité sont obligatoires pour tous, même pour les rois. Chacun envoie tous les mois sa part de provision, qui consiste en un sac de farine, huit mesures de vin, cinq livres de fromage, et deux livres et demie de figues. Les seuls mets autorisés par les règlements sont le pain, le vin, les figues et une sorte de brouet noir peu agréable au goût. Un vieillard, posté à l'entrée du réfectoire, prescrit la discrétion aux convives en leur répétant souvent : « Rien ne sort d'ici. » La loi détermine jusqu'à l'étoffe et la forme des vêtements ; pour soustraire les citoyens à des exemples dangereux, elle défend à tout étranger de séjourner dans la ville.

Du reste, la partie la plus noble de l'homme est comptée pour peu de chose ; l'éducation morale est à peu près oubliée. Toutes les affections tendres de l'âme sont détruites ; tous les sentiments élevés s'effacent devant un seul, l'amour de la patrie. Une dure insensibilité passe pour de l'héroïsme, et la mère envoie froidement son fils à la mort. En apprenant que son fils unique venait d'être tué, une Spartiate s'écria : « Je savais que j'avais enfanté un mortel. » Une mère alla au-devant de son fils qui avait fui dans le combat, et le tua en disant: « L'Eurotas ne coule pas pour les cerfs. » Une autre dit à son fils : « Des bruits fâcheux courent sur ton compte ; qu'ils cessent ou meurs. » Une femme de Sparte court à la rencontre d'un courrier : « Quelles nouvelles ? s'écrie-t-elle. — Vos cinq fils ont péri. — Ce n'est pas ce que je demande. La victoire est-elle à nous? — Oui. — Allons donc rendre grâces aux dieux ! »

Les Hilotes, au nombre de plus de cent mille, restent soumis au plus dur esclavage. Pour inspirer aux jeunes gens l'horreur de l'ivrognerie, on enivre à dessein ces malheureux, et on donne en spectacle leur hideuse dégradation. D'ailleurs, ils sont punis de mort pour des fautes légères ; on égorge ceux que leur force ou leurs talents pourraient rendre dangereux, et s'ils s'enfuient, c'est l'occasion d'une chasse aux esclaves qui exerce les jeunes gens à la guerre.

Voilà les mœurs que l'on a tant vantées. Si elles ont mis en honneur la force et la vaillance, n'ont-elles pas établi le triomphe de la matière sur l'esprit? si elles ont réhabilité la femme en quelque manière, n'ont-elles pas dénaturé, détruit toutes ses douces et modestes vertus? si elles ont produit quelques traits sublimes, ne furent-ils pas payés bien chèrement par le sacrifice de tout ce qu'il y a de plus saint dans l'humanité?

116. Partie politique de la législation de Lycurgue. — On peut louer à plus juste titre la partie politique de la législation de Lycurgue, qui paraît, du reste, avoir été empruntée presque entièrement aux coutumes de l'ancienne race dorienne. Sparte est constituée à peu près en république, quoique sa monarchie à deux têtes soit maintenue ; les *rois*, chefs de l'armée et absolus pendant la guerre, ne sont plus, en temps de paix, que les présidents d'un *sénat* de vingt-huit vieillards, âgés de soixante ans au moins, tous renommés pour leur sagesse, qui discutent les affaires publiques, et présentent les lois au peuple réuni en assemblée générale pour être reçues ou rejetées sans amendement. Ce sénat exerce les fonctions judiciaires dans les affaires capitales. Au-dessus de lui est le tribunal des cinq *éphores*, plus puissants que les rois, et vraiment les maîtres de Sparte. Ils obligent chaque magistrat à leur rendre compte de son administration ; ils suspendent les assemblées du peuple, où les citoyens doivent tous se présenter en armes; ils contrôlent les actes du sénat; ils jugent et condamnent les rois eux-mêmes, qui ne peuvent appeler de l'arrêt des éphores qu'à l'oracle d'Apollon delphien. — Le principe du respect absolu pour l'autorité est rigoureusement établi et maintenu. Dès l'âge le plus tendre, les jeunes gens sont accoutumés non-seulement à une soumission complète à l'égard des auteurs de leurs jours, mais à la plus entière déférence pour les magistrats, pour les vieillards, dont la prudence dirige toutes les affaires publiques. Aussi, pendant plusieurs siècles, pas un trouble politique n'agitera le gouvernement.

117. Mort de Lycurgue. — Cette constitution bouleversait les lois et les usages établis à Sparte avant Lycurgue. Pour la faire adopter, le législateur employa tour à tour l'adresse et la rigueur. Ayant élevé deux jeunes chiens de la même race, l'un à demeurer au logis, l'autre à faire la chasse aux bêtes sauvages, il les amena ensemble sur la place publique et fit apporter devant eux, d'un côté, des mets friands, de l'autre, un lièvre qu'il mit en liberté. Aussitôt l'un des chiens se jeta sur les aliments, tandis que l'autre courut après le lièvre. « Ces chiens, dit Lycurgue à la foule assemblée, sont de même race ; voyez cependant quelle différence l'éducation a mise entre eux, et jugez par là de ce que vous pouvez faire à l'égard de vos enfants ! » Il consulta l'oracle d'Apollon delphien, qui déclara qu'aucun peuple n'avait de meilleures lois. Mais, malgré ce magnifique témoignage, sa législation éprouva d'abord de la part de tous une vive opposition. Dans une émeute excitée par des mécontents, un jeune homme frappa Lycurgue d'un coup de bâton, et lui creva un œil. Livré aussitôt à celui qu'il avait si cruellement offensé, il n'en reçut pour toute vengeance que le traitement le plus amical, et fut tellement touché d'une pareille générosité qu'il devint l'un des plus zélés partisans de Lycurgue. L'adresse et la modération du législateur lui concilièrent peu à peu tous les esprits. Néanmoins, craignant pour la durée de son œuvre, il fit jurer à ses compatriotes de n'y rien changer, du moins pendant son absence. Il partit, mourut loin de sa patrie, et avant d'expirer, il ordonna qu'on jetterait son corps à la mer, de peur qu'en rapportant ses cendres, les Spartiates ne se crussent déliés de leur serment. On sait qu'ils y furent longtemps fidèles.

118. Guerres de Messénie. — Le but de cette législation fut pleinement atteint. Sparte devint une puissante république guerrière : elle le fit voir bientôt dans les guerres de Messénie.

La lutte commença à l'occasion d'une insulte faite par des Messéniens à quelques jeunes filles spartiates qui étaient allées sacrifier dans un temple situé sur les frontières des deux pays. De même race que les Spartiates, les Messéniens opposèrent à la bravoure de leurs ennemis une infatigable résistance (742). Pendant dix-neuf ans, le sang des deux peuples coula autour du mont Ithôme, rempart naturel de la Messénie. *Aristodème*, chef des Messéniens, prit et immola trois cents Spartiates avec leur roi *Théopompe*; mais sur la foi d'un oracle menteur, il sacrifia sa fille, puis se tua de désespoir. Le mont Ithôme avait perdu son défenseur. Les guerriers de Messénie durent se soumettre à une servitude de quarante ans (724-684) ; mais ils se lassèrent d'un dur et honteux esclavage.

Aristomène, descendant des anciens rois, appela ses compatriotes à la vengeance et à la liberté; tous répondirent, et la seconde guerre de Messénie commença (684).

Aristomène pénètre seul et de nuit dans Sparte, et va suspendre à la porte du temple de Minerve un bouclier enlevé aux ennemis et portant cette inscription : « C'est avec les dépouilles » des Lacédémoniens qu'Aristomène a consacré ce monument » à la déesse. » Il soutient par ses victoires cet insultant défi, et sa hardiesse est encore dépassée peut-être par celle de deux guerriers messéniens qui se précipitent à cheval au milieu des Spartiates réunis pour une fête solennelle, en tuent ou blessent un grand nombre, et reviennent sains et saufs au milieu de leurs compatriotes. Sparte consternée se croit poursuivie par une vengeance céleste, et sur l'ordre de l'oracle, elle s'humilie jusqu'à demander un général aux Athéniens. Le poëte *Tyrtée*, boiteux et sans expérience de la guerre, lui est envoyé par dérision. Il est battu au premier engagement par Aristomène, et les femmes de Messénie répètent ce chant de victoire : « Aristomène, triomphant dans la glorieuse plaine de Stényclaros, a mis en fuite les Lacédémoniens, et les a poursuivis jusqu'en haut de la montagne. » Aristomène, continuant le cours de ses succès, fait un immense butin sur les terres des Spartiates.

Le sénat de Sparte veut renoncer à la guerre et implorer la paix; mais Tyrtée quitte l'épée pour reprendre la lyre, et ses chants raniment l'enthousiasme des Spartiates : « Mourir est beau, s'écrie-t-il; mourir au premier rang est beau pour le brave qui défend sa patrie; mais abandonner sa ville et ses fertiles campagnes aux ravages de l'ennemi, et s'en aller mendiant et errant, avec son vieux père, ses enfants et sa jeune épouse, c'est là le sort le plus affreux. Combattons donc avec courage pour notre patrie; mourons pour nos femmes et nos enfants. Et vous, jeunes guerriers, ne soyez pas avares de votre sang; combattez serrés les uns contre les autres; ne donnez pas l'exemple de la fuite et de la crainte. N'allez pas abandonner les vieux soldats dont les jambes ne sont plus légères, mais dont le cœur est toujours vaillant. Quelle honte si un vieux guerrier tombait étendu au-devant des plus jeunes! Il est beau de vaincre; il est beau encore de succomber au premier rang ! »

Enflammés par ce chant de guerre qu'ils répètent en marchant au combat, les Spartiates font des prodiges de valeur. Après trois ans de lutte, Aristomène, vaincu à la *bataille des Tranchées* par la trahison du roi d'Arcadie, chef d'un corps auxiliaire (680), se retire sur le mont Ira. Là, le héros messénien se défend douze années encore, et fait trembler plus d'une fois les Spartiates jusqu'au cœur de la Laconie; enfin, il est pris par les ennemis, et jeté dans la Céada, gouffre où l'on précipitait les criminels. Son bouclier, qu'il a obtenu de garder avec lui, le protége dans sa chute; il tombe vivant au milieu des cadavres de ses compagnons, passe deux jours dans cet affreux cachot, puis tout à coup, apercevant un renard qui vient dévorer les débris humains qui l'entourent, il le saisit par la queue, et se traîne à sa suite par l'ouverture qui a donné passage à l'animal. Échappé ainsi par une espèce de prodige, il signale son retour au milieu de ses compatriotes par de nouveaux succès. Bientôt un sacrifice offert à Jupiter Messénien apprend aux Spartiates qu'Aristomène a tué de sa main cent ennemis. — Peut-être la victoire eût-elle couronné tant de courage et de persévérance, si la trahison ne fût venue encore une fois au secours des Spartiates. Un berger avait remarqué que pendant les mauvais temps les sentinelles quittaient leur poste pour se mettre à l'abri. Il se chargea de guider les Spartiates durant une nuit orageuse vers la citadelle d'Ira. Les remparts furent escaladés avant que l'alarme ne fût donnée, et les ennemis furent bientôt au cœur de la place. Aristomène, quoique grièvement blessé, résolut de défendre jusqu'à la dernière extrémité les positions que les Messéniens occupaient encore. Aux premières lueurs du jour, une lutte terrible s'engagea dans les rues et dans les maisons; les femmes elles-mêmes y prirent part, et forcées par la tempête de quitter les toits où elles étaient montées pour jeter des tuiles sur les ennemis, elles demandèrent des armes et combattirent parmi les hommes.

Cette résistance désespérée dura trois jours; mais tout contribuait à accabler les Messéniens. Les éclats de tonnerre qui retentissaient sans interruption, les frappaient d'une terreur superstitieuse. Les Spartiates étaient continuellement secourus par des troupes fraîches, tandis que les défenseurs d'Ira, combattant sans repos, sans nourriture et sans abri, voyaient à chaque instant diminuer le nombre de leurs guerriers. Les uns succombaient frappés de blessures mortelles, les autres tombaient, épuisés de fatigue, sur les cadavres de leurs compagnons.

Dans cette extrémité, Aristomène rassemble les débris de son armée, place au centre les femmes et les enfants, et traverse les rangs des Spartiates, qui ne peuvent l'empêcher de se réfugier en Arcadie. Là, il ose encore concevoir une audacieuse entreprise. A la tête de cinq cents Messéniens et de trois cents Arcadiens, il veut surprendre la ville de Sparte au milieu de la joie de son triomphe. Mais le roi d'Arcadie, traître pour la seconde fois, révèle aux Spartiates le dessein d'Aristomène, qui est réduit à quitter la Grèce. — Les derniers restes de la république de Messénie allèrent s'établir en Sicile, où la ville de Zancle (n° 109) reçut d'eux le nom de Messane (Messine). Leurs frères de Grèce, moins heureux, furent mis au rang des Hilotes (668).

On ne sait pas d'une manière certaine comment Aristomène termina son illustre carrière. Suivant la tradition la plus vraisemblable, il fit voile vers l'île de Rhodes, et de là, vers les côtes de l'Asie Mineure, sans doute pour y préparer une expédition contre les oppresseurs de sa malheureuse patrie. Mais à peine était-il débarqué à Sardes, qu'il y mourut de maladie. Les Rhodiens lui élevèrent un monument, et établirent des rites sacrés pour honorer à jamais sa mémoire.

La Messénie avait péri sous les ruines de ses derniers remparts. La guerre qui doit se rallumer à Ithôme deux cents ans plus tard, ne sera qu'une révolte d'esclaves sans patrie, et non plus une guerre de nations.

A la suite de ces deux terribles guerres, Sparte, affaiblie malgré sa victoire, eut besoin d'une paix de cinquante ans pour réparer ses forces. Vers l'an 620, elle reprit les armes contre les Tégéates, autrefois alliés de la Messénie. La ville de Tégée ayant été prise en 546, une guerre éclata entre les Spartiates et les Argiens. Après de longues alternatives de succès et de revers, et malgré un combat entre trois cents Spartiates et trois cents Argiens, où les champions perdirent presque tous la vie, les Lacédémoniens triomphèrent sous les ordres du vaillant *Cléomène I*^{er} (519-491), et poursuivirent les Argiens jusqu'aux portes de leur ville : ils ne furent repoussés que par la valeur d'une héroïne, *Télésilla,* qui combattit intrépidement à la tête des jeunes filles d'Argos (514).

L'Argolide, dépeuplée, fut contrainte de demander la paix ; il était temps que l'union se rétablît dans le Péloponèse, car la guerre médique (n° 125) était sur le point d'éclater.

Ces dernières luttes avaient humilié les deux seuls peuples qui pussent prétendre rivaliser avec Sparte. Les Arcadiens, malgré leur bravoure, avaient perdu Tégée ; les Argiens étaient dépouillés d'une partie de leur territoire. Les peuples d'Élide et d'Achaïe avaient conservé leur indépendance, mais sans exercer une grande influence dans le Péloponèse ; la prépondérance y appartenait sans partage à la ville de Lycurgue.

119. L'Archontat a Athènes. — Dracon. — Sous le règne des successeurs de Thésée, l'influence de l'aristocratie s'était peu à peu développée à Athènes au détriment de l'autorité royale. Après la mort héroïque de Codrus (n° 105), les nobles (ou *eupatrides*) s'emparèrent sans obstacle du pouvoir souverain.

La royauté fut remplacée par une dignité nouvelle appelée *archontat*. Perpétuel d'abord et confié à un seul (1132), puis décennal en 754, il devint annuel soixante-dix ans plus tard, et fut partagé entre neuf magistrats. La famille de Codrus exerça longtemps cette haute fonction.

Le premier résultat du changement opéré dans le gouvernement nouveau fut l'oppression des populations de la montagne et du rivage par les familles eupatrides qui s'étaient emparées des plus fertiles et des plus riches campagnes de l'Attique. Les mécontents trouvèrent appui auprès de quelques nobles ambitieux ; des partis puissants se formèrent dans l'État ; des lois faites en faveur d'une seule classe de citoyens ne firent qu'aigrir les dissensions. Le peuple réclama une législation uniforme, et *Dracon*, appelé à l'archontat, fut chargé de la donner à Athènes (624).

On a dit que les lois de ce farouche archonte étaient écrites en caractères de sang. En effet, elles punissaient de mort les moindres fautes aussi bien que les plus grands crimes, de telle sorte, dit Plutarque, que ceux qui vivaient dans l'oisiveté, ou qui dérobaient des fruits dans un jardin, étaient condamnés au dernier supplice comme les meurtriers. Les Athéniens ne purent supporter longtemps cette législation vraiment impitoyable ; ils l'abolirent après avoir chassé Dracon. — Athènes retomba aussitôt dans l'anarchie. La guerre civile et étrangère, les maladies contagieuses et la disette, tous les maux à la fois fondirent sur la ville. La lutte des grands et du peuple s'était ranimée plus vive. Les Athéniens appelèrent le Crétois *Épiménide* (596), homme plein de sagesse et de modération, qui s'efforça de rétablir l'ordre à l'aide de la religion remise en honneur, et se retira, n'emportant pour récompense qu'un rameau d'olivier. Mais les troubles, apaisés un moment, recommencèrent après lui ; il était temps que Solon parût.

120. Solon, archonte. — Sa législation. — Lois politiques. — Illustre par sa noblesse et ses exploits guerriers, *Solon* avait mérité, par sa haute raison, d'être compté au nombre des sept sages de la Grèce, ces savants, ces philosophes, l'honneur et l'exemple de leur patrie, l'oracle de toute la Grèce (1). Un service signalé lui assura un grand ascendant sur ses compatriotes. Après plusieurs efforts inutiles pour reprendre Salamine, Athènes, épuisée des pertes qu'elle avait éprouvées dans cette guerre, avait porté un décret qui frappait de la peine de mort quiconque oserait conseiller une nouvelle expédition contre cette île. Solon, indigné de cette lâcheté, entreprit au péril de sa vie de ramener ses concitoyens au sentiment de leur honneur. Il contrefit l'insensé et parcourut chaque jour les rues de la ville en donnant au peuple le spectacle de sa folie apparente. Voyant un jour une foule considérable attirée autour de lui sur la place publique par ses gestes extravagants, il monta sur une pierre élevée et se mit à déclamer des vers où il reprochait aux Athéniens, en termes énergiques, leurs craintes pusillanimes. Le peuple, excité par ses paroles, s'écria de tous côtés : « Aux armes ! aux armes ! » — Aussitôt Solon jetant les vieux vêtements dont il s'était couvert, reprit une fière et noble attitude en criant à son tour : « Marchons à Salamine ! » Les Athéniens le proclamèrent avec enthousiasme chef de l'expédition, et en quelques jours Salamine fut reconquise.

Peu de temps après cette glorieuse campagne, Solon fut nommé archonte (593). Il trouva le peuple soulevé contre les riches et obéissant à un chef militaire. Il fallut avant tout rendre la paix à la république. Le premier acte de Solon fut de réduire les dettes, et de briser les fers des débiteurs en déclarant que nul ne serait envoyé en prison que par un jugement. Mais il conserva en même temps toutes les propriétés à leurs possesseurs. Ainsi, il fit assez pour calmer le peuple, trop peu pour lui procurer un triomphe dangereux. L'ordre obtenu, il put songer à réformer l'État. Les divers éléments qui l'avaient composé jusqu'alors, mais sans

---

(1) Les sept sages de la Grèce sont : Solon, Thalès, Pittacus, Bias, Cléobule, Périandre et Chilon. L'histoire a conservé sept sentences remarquables attribuées à chacun d'eux. *Solon* : Connais-toi toi-même ; *Pittacus* : Saisis l'occasion quand elle se présente ; *Bias* : Les méchants forment le plus grand nombre ; *Périandre* : Tout est possible à l'habileté ; *Chilon* : Écoute les lois plutôt que les discoureurs ; *Thalès* : Sois fidèle à tes promesses ; *Cléobule* : Rien n'est meilleur que la modération.

liaison et sans unité, furent habilement combinés dans la constitution nouvelle. Les citoyens furent divisés en quatre classes, suivant leur fortune. Les plus riches seuls, répartis dans les trois premières classes, devaient être admis aux charges publiques ; mais tous prenaient part aux assemblées, tous avaient voix délibérative et élective, et pouvaient être appelés à siéger dans les tribunaux. C'était le peuple qui élisait les magistrats, délibérait sur toutes les affaires d'intérêt général, décidait la paix, la guerre, les impôts ; recevait l'appel des jugements rendus par les divers tribunaux. L'assemblée générale ne pouvait être composée que de citoyens d'origine athénienne, du côté maternel comme du côté paternel ; le nombre des votants devait être au moins de six mille. L'influence de cette multitude était contre-balancée par le pouvoir des archontes et par celui du sénat et de l'aréopage. Les *Archontes*, au nombre de neuf, continuèrent à régler l'administration intérieure et à proposer les lois, examinées d'abord par un *Sénat* de quatre cents membres, désignés par le sort dans chaque tribu. Ce sénat avait encore le droit de rendre, dans l'intérêt de l'administration, des ordonnances qui avaient force de loi pendant une année, sans avoir été soumises à l'approbation nationale. Au-dessus de tout était un tribunal puissant, composé des archontes sortis de fonction et ayant rendu compte de leur administration, l'*Aréopage* (n° 93) qui devait, d'un côté, arrêter les empiétements du peuple, dont il pouvait reviser et casser les décisions ; de l'autre, surveiller les archontes, et leur faire rendre, à leur sortie de charge, un compte sévère de leur gestion. Ainsi fut résolu le problème de l'union de la démocratie et de l'aristocratie.

L'aréopage était encore chargé de maintenir les mœurs publiques, et il s'acquitta souvent de cette tâche avec autant de sagesse que d'humanité. On proposait d'introduire les combats de gladiateurs, afin qu'Athènes ne le cédât en rien à Corinthe, qui les avait adoptés : « Commencez donc, s'écria un membre de l'aréopage, par renverser cet autel que nos pères ont élevé à la Miséricorde ! »

121. Lois civiles et criminelles. — Dans les lois civiles, Solon ne subordonne pas, comme Lycurgue (n° 115), la dignité intellectuelle de l'homme à son développement matériel, ni la morale à la politique. L'éducation est l'objet de plusieurs sages règlements qui prescrivent les exercices de l'esprit aussi bien que ceux du corps. Le jeune homme acquiert la vigueur des membres dans les gymnases ; dans les écoles, il lit et apprend les chefs-d'œuvre des orateurs, des poëtes, des philosophes; l'étude des beaux-arts est le complément de toute éducation libérale. Les vertus privées autant que les vertus publiques sont mises en honneur. L'Athénien doit aimer sa patrie avant tout, et dès l'âge de vingt ans, il prête serment de vivre et de mourir pour elle; mais toutes les douces affections de la famille lui sont permises. Les jeunes filles apprennent de bonne heure, non pas, comme celles de Sparte, à combattre en public (n° 115), mais à s'occuper de tous les soins du ménage. Le peuple n'appellera aux dignités que ceux qui auront commencé par accomplir tous les devoirs de la vie privée.

Une loi pleine d'humanité et de prudence établit des compagnies de secours mutuels, dont tous les membres doivent verser, chaque mois, une certaine somme, afin de subvenir aux besoins de ceux d'entre eux qui tomberont dans l'indigence.

Pour fortifier la famille en lui conservant son patrimoine, Solon ne permet au citoyen de disposer de ses biens par testament, au profit d'un étranger, que lorsqu'il n'a pas de parents en ligne directe ou collatérale; il impose au parent le plus proche l'obligation de recueillir l'orpheline pauvre et de la doter.

Solon abrogea presque toutes les lois criminelles de Dracon, excepté celles qui punissaient l'homicide. Il se montra avare de peines capitales, et ne voulut prévoir ni le sacrilége ni le parricide : ces crimes étaient inconnus à Athènes. Une de ses lois les plus remarquables est sans doute celle par laquelle un citoyen était puni quand, dans un temps de troubles, il n'avait osé se déclarer pour aucun parti. Celui qui tuait un criminel déclaré ennemi de l'État recevait une couronne de lauriers comme un vainqueur des jeux olympiques.

La législation de Solon fut peut-être le chef-d'œuvre de la sagesse humaine dans l'antiquité; mais la mobilité des Athéniens n'y demeura guère fidèle. Pendant un voyage de ce grand homme, le peuple, qui avait juré d'observer ses lois, les oublia tout à coup pour ressusciter des querelles un moment étouffées.

§ III. PISISTRATE ET SES FILS. — ARCHONTAT DE CLISTHÈNE.

122. Avénement de Pisistrate (561). — Au retour du législateur, les trois anciennes factions étaient de nouveau aux prises. Un homme aussi habile qu'ambitieux, *Pisistrate*, luttait avec les montagnards contre *Lycurgue* et *Mégaclès*, chefs des eupatrides et des habitants du rivage. Une naissance illustre, de grandes richesses, une valeur brillante et souvent éprouvée, une figure imposante, une éloquence persuasive à laquelle le son de la voix prêtait encore un nouveau charme, assuraient à Pisistrate une influence considérable. Il a bientôt séduit la multitude par ses discours, entraîné les artisans et les pauvres par ses largesses, tout en profitant de la désunion des autres partis pour grossir le sien. Il feint d'être en butte à la haine des nobles à cause de son zèle pour les intérêts du peuple; il se présente sur la place publique, couvert de blessures qu'il s'est faites lui-même, s'écriant qu'il a failli être massacré par les riches et les grands. La multitude est trompée par ce stratagème, malgré les avertissements de Solon. Elle s'empresse de donner à un protecteur aussi dévoué une garde de six cents hommes. Mais aussitôt, Pisistrate s'empare de la citadelle et du pouvoir (561). Il vérifiait promptement cette parole du sage *Anacharsis* au législateur d'Athènes : « *Vos lois sont des toiles d'araignée; elles ne prendront que les mouches ; les gros insectes et les oiseaux passeront au travers.* »

Solon ne survécut pas longtemps à l'asservissement de sa patrie; du moins, il résista jusqu'au dernier moment à toutes les entreprises du tyran. On le vit, accablé par l'âge, paraître encore sur la place publique, les armes à la main, et élever sa voix respectée pour exciter le peuple contre l'usurpateur. Ce généreux appel ne fut point entendu. Ses amis, effrayés de sa hardiesse, lui demandaient ce qui lui inspirait tant de courage : *Ma vieillesse*, répondit-il. On aurait pu dire : Sa vertu.

Du reste, l'adroit Pisistrate, loin de se déclarer l'ennemi du législateur vénéré d'Athènes, affectait de l'entourer de considération et de respect. Il lui demandait souvent conseil, et obligeait les Athéniens à observer ses lois.

Malgré toute l'habileté de Pisistrate, deux fois les factions rivales le renversèrent; mais deux fois aussi, leurs divisions le rappelèrent. Après un long exil, il vainquit, à Marathon, Mégaclès, son ancien ennemi, maître d'Athènes depuis quatorze ans, et il conserva le pouvoir jusqu'à sa mort (538-528). Il se fit pardonner son usurpation par un gouvernement paternel et sage. Accessible à tous, occupé sans cesse de réformes utiles, il encourageait l'agriculture et l'industrie, embellissait la ville et protégeait les lettres et les arts. Par ses soins, une bibliothèque publique fut ouverte, et les poëmes d'Homère furent rassemblés et introduits dans l'Attique. Sous des chaînes brillantes et légères, Athènes ne regretta pas sa liberté. A la mort de Pisistrate (528), les citoyens laissèrent le pouvoir à ses fils *Hipparque* et *Hippias.*

123. HIPPIAS ET HIPPARQUE. — Durant quatorze années, les jeunes princes imitèrent la conduite de leur père. Une faute les perdit. Hipparque insulta la sœur d'un Athénien, *Harmodius*, qui s'unit avec son ami, *Aristogiton*, pour punir les tyrans. Hipparque succomba sous les coups d'Harmodius, qui fut tué à l'instant par les gardes du prince ; mais Aristogiton, arrêté en même temps, se plut à désigner comme ses complices les plus fidèles partisans d'Hippias. Tous furent aussitôt mis à mort : « As-tu d'autres criminels à me nommer? lui dit le fils de Pisistrate. — Il ne reste plus que toi, répondit Aristogiton, et je meurs content avec la pensée que je t'ai privé de tous tes meilleurs amis. » Rendu cruel par la terreur, Hippias fit peser sur Athènes une tyrannie sanglante, et fut bientôt chassé par le parti des mécontents (510).

124. ARCHONTAT DE CLISTHÈNE. — Tandis qu'Hippias se prosternait aux pieds du grand roi pour obtenir des secours contre sa patrie, la faction qui, dirigée par *Clisthène*, avait renversé Hippias, prétendait relever les droits du peuple et rétablir le gouvernement démocratique. Malgré les efforts et la résistance des eupatrides, conduits par *Isagoras*, et soutenus par le roi de Sparte *Cléomène*, malgré le triomphe momentané de ce parti, qui bannit d'Athènes sept cents familles avec Clisthène, celui-ci fut bientôt rappelé, et le parti populaire triompha. Ses droits politiques furent étendus, le nombre des tribus fut porté à dix, et les habitants des bourgs y furent introduits; chaque tribu eut ses magistrats particuliers, ses tribunaux et ses assemblées, dont cependant les résolutions étaient toujours subordonnées à celles du peuple réuni en assemblée générale. Cent nouveaux membres entrèrent dans le sénat. Le droit donné à tout citoyen de monter à la tribune et de haranguer en public fit faire de nouveaux progrès aux principes démocratiques. L'établissement de *l'ostracisme*, attribué à Clisthène, donna au peuple le pouvoir de bannir à son gré et sans jugement les citoyens puissants, et acheva de lui livrer la souveraineté. Il suffisait qu'un citoyen eût acquis, par ses qualités ou ses richesses, une influence considérable pour qu'il pût, sans autre motif, être éloigné pendant dix ans, si cette mesure était réclamée par le vote de six mille citoyens.

Au moment où s'accomplit cette révolution démocratique, Athènes était parvenue à un haut degré de puissance. Elle dominait dans la Grèce centrale comme Sparte dans le Péloponèse; comme Sparte, elle allait déployer toutes ses forces pour le service de la cause commune pendant la terrible guerre qui allait éclater.

QUESTIONNAIRE. — § I. 111. Quel était le gouvernement primitif de la Grèce? — 112. Par quel gouvernement fut remplacée la royauté? — Entre quels partis s'établit la lutte? — § II. 113. Quel fut le résultat de la conquête de Sparte par les Héraclides? — Quel était le sort des Ilotes ou Hilotes? —114. Parlez du désintéressement de Lycurgue, de ses voyages. — 115. *Quel but se proposa Lycurgue dans sa législation et de quelle manière le réalisa-t-il?* — Comment bannit-il la richesse de Sparte? — Décrivez les repas des Spartiates. — De quoi s'occupait-on uniquement dans l'éducation des jeunes Spartiates? — Quels moyens odieux Lycurgue prescrivait-il pour rendre les jeunes gens forts et courageux? — Quelle était l'éducation des jeunes filles de Sparte? — Quels étaient les sentiments des mères pour leurs fils? — 116. Parlez de la partie politique de la législation de Lycurgue. — 117. Comment Lycurgue chercha-t-il à assurer la durée de son œuvre? — 118. Quels furent les griefs qui firent éclater la première guerre de Messénie? — Quel était le chef des Messéniens? — Quelle fut l'issue de cette première guerre? — *Racontez le commencement de la deuxième guerre de Messénie, et les exploits d'Aristomène et de ses compagnons.* — Qu'était-ce que le poète Tyrtée? — Quelle fut l'issue de la bataille des Tranchées? — *Racontez l'aventure d'Aristomène, prisonnier des Spartiates.* — Comment se termina la deuxième guerre de Messénie? — Quelles guerres les Spartiates eurent-ils encore à soutenir? — Par qui fut défendue la ville d'Argos? — Quelle était la situation de Sparte dans le Péloponèse au moment des guerres médiques? — 119. Par quels magistrats fut remplacé Codrus? — Qu'arriva-t-il à Athènes après l'abolition de la royauté? — Quels étaient le caractère et les principales dispositions des lois de Dracon? — Quel moyen employa le Crétois Épiménide pour rétablir l'ordre à Athènes? — 120. Qu'était-ce que Solon? — Comment régla-t-il le gouvernement? — Parlez des archontes, du sénat, des assemblées générales. — Qu'était-ce que l'Aréopage? — 121. *Comparez les dispositions des lois de Solon et de Lycurgue sur l'éducation des jeunes garçons et des jeunes filles.* — Citez quelques autres lois de Solon. — 122 Que dit à Solon le Scythe Anacharsis? — Qu'arriva-t-il à Athènes pendant l'absence de Solon? — Comment Pisistrate s'empara-t-il du pouvoir? — Comment gouverna Pisistrate? — 123. Nommez les fils de Pisistrate. — Racontez la cruelle vengeance d'Harmodius et d'Aristogiton. — Comment finit la tyrannie des fils de Pisistrate? — 124. Faites connaître la révolution démocratique accomplie par Clisthène. — Qu'était-ce que l'ostracisme?

CHAPITRE DIXIÈME.

GUERRES MÉDIQUES.

SOMMAIRE.

§ Ier. 125. L'Ionie se soulève en 504; les Athéniens brûlent la ville de Sardes. Darius réprime l'insurrection de l'Ionie; puis envoie contre la Grèce Mardonius, qui revient sans y avoir mis le pied (495). Les députés de Darius sont mis à mort. Une seconde expédition est envoyée sous les ordres de Datis et d'Artapherne (490).

126. L'épouvante se répand dans la Grèce qui n'est défendue que par une faible armée composée d'Athéniens et de Platéens sous dix généraux. — Miltiade triomphe à Marathon où meurt Hippias. — Cynégire s'illustre par un trait héroïque (490). — Xerxès succède à Darius (485).

127. Victime de l'odieuse ingratitude des Athéniens, Miltiade meurt dans un cachot. — Une rivalité éclate entre l'ambitieux et habile Thémistocle et le sage et vertueux Aristide. Celui-ci est banni en vertu de l'ostracisme (485).

128. Xerxès franchit l'Hellespont, coupe l'Athos et envahit la Grèce avec une armée innombrable (481). Plusieurs peuples se soumettent.

129. Léonidas est posté au défilé des Thermopyles. Un traître guide les Perses. Les Spartiates se font tuer jusqu'au dernier.

§ II. 130. Thémistocle transporte les Athéniens sur la flotte. Athènes est incendiée. — Thémistocle par son sang-froid et son habileté retient les vaisseaux grecs à Salamine. — Aristide se joint à Thémistocle. — Le combat naval a pour résultat la défaite et la fuite de Xerxès (480).

131. Pausanias, roi de Sparte, défait et tue Mardonius à Platée. — La flotte des Perses est détruite à Mycale (479). — Xerxès meurt (472).

132. Malgré la jalousie des Grecs contre Athènes, Thémistocle relève les murailles de cette ville; il est exilé et s'empoisonne en Perse, pour ne pas s'armer contre sa patrie.

133. § III. Une confédération est organisée sous l'influence d'Athènes. — Le trésor commun est confié à Aristide. — Pausanias, corrompu par l'or des Perses, est condamné par les éphores et meurt de faim dans un temple (477). — Aristide meurt dans l'indigence (469). — Le vertueux et habile Cimon triomphe dans une première expédition contre Artaxerxès Longue-Main.

134. Il est rappelé et mis à la tête d'une seconde expédition. Il conclut un traité mémorable qui garantit l'indépendance des colonies grecques et humilie la Perse (449); il meurt au milieu de son triomphe.

§ IV. 135. Eschyle, le créateur de la tragédie, dans ses vers patriotiques, célèbre les exploits des Grecs sur le théâtre.

GUERRES MÉDIQUES.

136. Hérodote d'Halicarnasse raconte les guerres médiques, ainsi que les origines des peuples d'Orient, dans un récit plein de charme et de couleur.

§ Ier. MILTIADE ET LÉONIDAS.

125. PREMIÈRE GUERRE MÉDIQUE : EXPÉDITION DE MARDONIUS, DE DATIS ET D'ARTAPHERNE. — C'est avec raison que les historiens et les poëtes de la Grèce ont célébré les guerres médiques comme la plus glorieuse époque de l'histoire de leur pays. Jamais, peut-être, on ne vit un peuple moins nombreux résister plus courageusement à des armées immenses, et remporter, à force d'énergie, de dévouement et de bravoure, de plus magnifiques victoires. Ces mémorables succès furent dus aux efforts de Sparte et d'Athènes, dont ils augmentèrent encore la puissance et la grandeur au milieu de tous les peuples de la Grèce.

Ce fut dans l'Ionie, cette partie grecque de l'Asie Mineure, toute couverte de colonies européennes, que s'engagea la lutte. Les Ioniens, lassés du joug de la Perse, se révoltèrent en 504, et appelèrent les Grecs à leur secours ; les Athéniens leur envoyèrent quelques troupes qui brûlèrent la ville de Sardes. Darius (n° 79), furieux, leva contre l'Ionie une armée formidable, pendant que la flotte des Phéniciens, dont il avait acheté les services, ravageait les côtes. La plupart des villes furent prises et saccagées, et la destruction de la flotte ionienne força les révoltés à s'en remettre à la discrétion du grand roi, qui usa cruellement de la victoire (498). Il ne restait plus qu'à punir les alliés des vaincus. Darius se faisait répéter chaque jour par un esclave : « Seigneur, souvenez-vous des Athéniens! » Et il ne retardait le moment de sa vengeance que pour la rendre plus certaine.

Les préparatifs terminés (496), il chargea *Mardonius*, son gendre, d'envahir la Grèce par la Thrace. Mais une tempête détruisit la flotte des Perses près du mont Athos ; les tribus sauvages et belliqueuses de la Thrace leur tuèrent un grand nombre de soldats, et Mardonius fut contraint de retourner en Asie sans avoir pu mettre le pied en Grèce (495).

Ce mauvais succès ne fit qu'augmenter le ressentiment de Darius, qu'Hippias, réfugié à sa cour, excitait d'ailleurs contre les Grecs. Il envoya des ambassadeurs, vêtus avec tout le luxe de l'Orient, ordonner aux divers peuples de la Grèce de *leur livrer la terre et l'eau*, c'est-à-dire, de faire une pleine et entière soumission. Plusieurs villes du continent, et presque toutes les îles de la mer Égée, promirent obéissance ; mais les Spartiates, par une dérision cruelle, jetèrent les envoyés persans dans un puits, en leur disant d'y prendre eux-mêmes la terre et l'eau qu'ils venaient chercher. Les Athéniens, non contents de mettre à mort les députés, firent aussi périr les interprètes qui avaient traduit en langue grecque les menaces insolentes du roi de Perse. Après une aussi odieuse violation du droit des gens, aucun accommodement avec les Perses n'était plus possible, et les Grecs durent se préparer à soutenir contre eux une lutte à mort.

Cinq cent mille Perses furent dirigés contre la Grèce, sous les ordres des généraux *Datis* et *Artapherne* (490). Après avoir réduit en cendres la ville d'Érétrie dans l'île d'Eubée, qui n'était séparée de l'Attique que par un canal étroit, ils débarquèrent sur le rivage de Marathon, guidés par le traître Hippias.

126. BATAILLE DE MARATHON. — MILTIADE. — Les Athéniens avaient appelé à leur secours les peuples voisins ; mais l'épouvante était générale en Grèce ; les Platéens seuls osèrent envoyer aux Athéniens mille soldats. Les Spartiates armèrent des troupes ; mais une loi bizarre les obligeait d'attendre la pleine lune pour se mettre en marche ; elles n'arrivèrent qu'après la victoire. Neuf mille guerriers d'Athènes et les mille Platéens étaient allés camper à *Marathon*. Dix généraux, parmi lesquels étaient *Miltiade*, *Aristide*, *Thémistocle*, se partageaient le commandement : l'Athénien Miltiade obtint le dangereux honneur de commander seul au jour de la bataille. Ses habiles dispositions suppléèrent au nombre des soldats. « Il rangea son armée dans une petite plaine qu'il fit semer de troncs et de branches d'arbres pour arrêter la cavalerie persane. Une montagne protégeait les Athéniens par derrière, et les empêchait d'être enveloppés. Au premier signal, les Grecs franchirent en courant l'espace qui les séparait des Perses. Ceux-ci, étonnés d'un genre de combat si nouveau pour les deux nations, restèrent un moment immobiles ; mais bientôt, ils opposèrent à la fureur impétueuse de leurs ennemis une fureur plus tranquille et non moins redoutable. Après quelques heures d'un combat opiniâtre, les deux ailes de l'armée grecque commencent à fixer la victoire. La droite disperse les ennemis dans la plaine, la gauche les replie dans un marais qui offre l'aspect d'une prairie, et dans lequel ils restent ensevelis. Toutes deux volent au secours d'Aristide et de Thémistocle, près de succomber au centre sous les

meilleures troupes des Perses, placées dans le corps de bataille. Dès ce moment, la déroute devint générale. Les Perses, repoussés de tous côtés, ne trouvent d'asile que sur leur flotte, qui s'était rapprochée du rivage. Le vainqueur les poursuit le fer et la flamme à la main ; il prend, brûle ou coule à fond plusieurs de leurs vaisseaux, les autres se sauvent à force de rames. » (BARTHÉLEMY.) Hippias, qui avait accompagné les Perses et qui avait combattu dans leurs rangs, fut trouvé parmi les morts (490). — On raconte qu'un Athénien, nommé *Cynégire*, voyant une barque remplie de fuyards quitter le rivage, essaya seul de la retenir. Il la saisit de la main droite, qui fut aussitôt coupée d'un coup de sabre ; il la prit alors de la main gauche, qui fut abattue également; Alors il s'y cramponna avec les dents, jusqu'à ce qu'il expirât percé de mille coups sans avoir lâché prise. — Un soldat courut aussitôt jusqu'à Athènes pour y porter la grande nouvelle du triomphe des Grecs, et tomba mort de fatigue en s'écriant : « Réjouissez-vous, nous sommes vainqueurs ! »

« Les Athéniens n'oublièrent rien pour éterniser la mémoire de ceux qui étaient morts dans le combat. On leur fit des funérailles magnifiques : leurs noms furent gravés sur des colonnes élevées dans la plaine de Marathon. Tout auprès on plaça un trophée chargé des armes des Perses. Un habile artiste peignit les détails de la bataille dans un des portiques les plus fréquentés de la ville : il y représenta Miltiade à la tête des généraux, au moment où il exhortait les troupes au combat. »

Darius, occupé à réprimer une révolte de l'Égypte, fut contraint de laisser à la Grèce plusieurs années de repos, il avait cependant fait d'immenses préparatifs contre elle, lorsqu'il mourut en recommandant à son fils *Xerxès* de ne pas oublier l'injure de Marathon (485).

127. INGRATITUDE D'ATHÈNES. — RIVALITÉ D'ARISTIDE ET DE THÉMISTOCLE. — Athènes, qui avait vaincu presque seule, Athènes, qui avait sauvé la Grèce, souilla sa gloire pendant la paix par une odieuse ingratitude. Miltiade, le héros de Marathon, avait été mis à la tête d'une flotte de soixante-dix galères pour chasser les garnisons perses des îles de la mer Égée. Après quelques succès, il échoua devant Paros, et leva le siège de la ville sur le faux avis de l'approche d'une flotte persane. A son retour, il fut accusé devant le peuple de s'être laissé corrompre par l'or du grand roi, et déjà, il avait été résolu qu'il serait jeté dans la fosse où péris-

saient les criminels, lorsque des voix généreuses s'élevèrent avec force en faveur du vainqueur des Perses. Il fut néanmoins condamné à une amende de 30 talents (270,000 fr. environ), et comme il ne pouvait la payer, il fut mis dans un cachot, où il mourut par suite des blessures qu'il avait reçues en combattant pour sa patrie.

Après la chute de Miltiade, deux citoyens illustres, Aristide et Thémistocle, se partagèrent la confiance publique. « Tous d'eux étaient du même âge et d'une condition également distinguée ; tous deux avaient été au nombre des généraux de la bataille de Marathon. Aristide savait préférer la gloire au plaisir, l'intérêt de son pays à sa gloire personnelle, les lois de la justice et de l'humanité aux intérêts mêmes de son pays, et, content de la satisfaction intérieure que donne la vertu, il se souciait peu d'en obtenir la récompense extérieure. Thémistocle, au contraire, éloquent, actif, entreprenant, aussi versé dans la science du gouvernement que dans l'art militaire, était enflammé du désir d'égaler la gloire de Miltiade. Son esprit était moins sensible aux charmes de la vertu qu'à l'éclat qui l'environne ; la gloire était son idole, mais il était peu délicat sur les moyens de l'obtenir, et il aurait facilement préféré la grandeur d'Athènes aux intérêts de toute la Grèce, comme il aurait sacrifié sa patrie à son ambition. — Aristide sentit combien il serait dangereux de laisser le gouvernement de la république à la discrétion d'un tel homme, et pour cette raison seule, il chercha à s'opposer à l'élévation de Thémistocle en sollicitant, dans l'intérêt de son pays, les honneurs que l'ambition seule faisait rechercher à son rival.

« Cette longue querelle fut décidée par le peuple athénien en faveur de Thémistocle, qui réussit à se faire nommer commandant de la flotte, et alla achever la conquête des îles de la mer Égée. Aristide mit à profit cette absence et augmenta son crédit en l'appuyant sur la justice ; il dirigea le peuple à son gré, et bientôt, il devint l'arbitre souverain des affaires. Mais une autorité aussi étendue fit ombrage aux magistrats, qui furent puissamment secondés par Thémistocle, quand il revint triomphant de son expédition maritime. Les dépouilles des insulaires qu'il répandit avec profusion et qu'il consacra à l'amusement du peuple, ses manières généreuses et insinuantes qui contrastaient avec l'austérité d'Aristide, ajoutèrent un grand poids aux reproches qu'il dirigea contre son rival. Aristide fut accusé devant le peuple d'avoir exercé sur ses concitoyens une tyrannie secrète et dangereuse en s'arrogeant une juridiction universelle et sans exemple. » (Gillies, trad. par Ruelle et Bréholles.) Aristide dédaigna de se défendre et fut banni d'Athènes. « Cet homme t'a donc offensé? demanda Aristide à un homme de la campagne, qui, ne l'ayant jamais vu, lui demandait à lui-même d'écrire son vote de bannissement. — Non, répondit l'Athénien, je ne le connais pas, mais je m'ennuie de l'entendre toujours appeler *le juste*. » Ainsi se déclarait cette fatale et cruelle légèreté du peuple athénien, qui plus tard fut une des causes de sa ruine.

Thémistocle, coupable de l'exil d'Aristide, se fit pardonner trop d'ambition en sauvant sa patrie. Il détermina les Athéniens à consacrer des sommes considérables à la construction d'une puissante marine, avec laquelle il put détruire les forces navales des habitants d'Égine et de Corcyre, peuples de pirates, qui depuis longues années infestaient la mer de l'Archipel. Il ne perdait aucune occasion d'exciter la valeur de ses concitoyens. Un jour, il assistait à un combat de coqs, sorte de jeu pour lequel les Athéniens étaient passionnés. Tous admiraient l'ardeur et le courage de ces animaux. « Citoyens, s'écrie Thémistocle, ces animaux qui combattent avec tant d'intrépidité ne sont animés que par le seul désir de vaincre. Vous qui avez à défendre votre patrie, vos enfants et vos dieux, avec quelle ardeur ne devez-vous pas aller au combat ! » En même temps, il s'occupait activement d'exercer les troupes, de régler l'administration, de s'assurer l'alliance des états voisins. Il augmentait constamment la flotte athénienne, qui compta bientôt deux cents galères.

Tout était prêt quand Xerxès parut.

128. Invasion de Xerxès. — Le grand roi s'était mis lui-même en marche pour venger la honte de son père (481). Il était devenu le maître absolu de l'Orient par la soumission de l'Égypte et de plusieurs provinces soulevées. Excité sans cesse par Mardonius, qui brûlait de réparer sa défaite (n° 126), et par les descendants de Pisistrate, qui espéraient toujours rentrer dans leur patrie à la suite des étrangers, Xerxès avait fait des préparatifs immenses contre la Grèce. Il voulait rendre impossible toute résistance, et satisfaire son orgueil en déployant tout l'appareil de sa grandeur. Il lui avait fallu quatre années pour rassembler de tous les côtés de son vaste empire des troupes innombrables, réunir des provisions sur la flotte destinée à accompagner les troupes, et disposer des magasins sur toute la ligne que l'on devait suivre jusqu'aux frontières de la Grèce. L'Hellespont tout entier fut couvert des vaisseaux des Perses. Un pont de bateaux établi pour en joindre les deux rivages ayant été rompu par les flots, Xerxès fit flageller la mer et lui jeta des chaînes. Le pont fut rétabli, et l'armée persane mit sept jours et sept nuits à le traverser. Le mont Athos fut séparé du continent par un large canal, pour livrer passage à la flotte, et plusieurs millions d'hommes inondèrent la Grèce.

L'armée perse, composée de troupes levées dans toutes les contrées de l'Asie, présentait, par la variété des costumes et des armes, le plus singulier aspect. La tunique, la cuirasse écaillée et les larges pantalons des Perses contrastaient avec les vêtements de coton des Indiens, les peaux velues qui couvraient des hordes de montagnards, et les manteaux flottants des Arabes. Les uns portaient de larges turbans, les autres des bonnets de forme pointue. Les Chaldéens se distinguaient par leurs casques d'airain d'une forme étrange, et leurs massues de bois garnies de pointes d'acier. Les Lydiens avaient à peu près le costume et les armes des Grecs. Les Éthiopiens et les nègres de Nubie, avec leurs corps peints moitié en blanc, moitié en rouge, leurs longs arcs, leurs petites flèches munies d'une pierre aiguë, leurs piques terminées par une corne d'antilope, offraient l'aspect le plus extraordinaire. Une autre peuplade d'Afrique portait, au lieu de casque, des peaux de tête de cheval, les oreilles dressées et la crinière flottant sur les épaules. Une tribu de cavaliers nomades se servait contre l'ennemi d'un lacet semblable à celui dont les Américains du Sud font usage aujourd'hui. Des bandes d'Indiens montés sur des dromadaires, et des chariots traînés tantôt par des chevaux, tantôt par des ânes sauvages, grossissaient la masse de la cavalerie. (Voir la description d'Hérodote.)

A l'approche de cette multitude, ce fut une consternation générale. L'armée des Perses, animée par les promesses des devins, s'avançait à travers la Thrace, et cette invasion semblait une marche triomphale. Le grand roi recevait de toutes parts la soumission des peuplades épouvantées. Les Thessaliens, les Thébains, les Argiens implorèrent sa clémence. L'oracle n'osa plus donner que des réponses évasives.

Mais tous les Grecs n'avaient pas encore désespéré de la patrie, et Xerxès lui-même pouvait concevoir des craintes sur le succès de son entreprise. « Croyez-vous, disait-il à *Démarate*, exilé de Sparte, que quelque peuple grec ose me résister ? — Quand toute la Grèce se soumettrait à votre empire, répondit le Spartiate, les citoyens de Lacédémone n'en seraient que plus ardents à défendre leur liberté. Ne vous informez pas du nombre de leurs troupes : ne fussent-ils que mille, fussent-ils moins encore, ils se présenteraient au combat. » Xerxès avait pu juger par lui-même de la fermeté de ces fiers républicains. Les Spartiates, qui, dans un transport d'indignation, avaient jadis mis à mort les hérauts envoyés par Darius (n° 125), avaient résolu d'expier cette violation du droit des gens, et deux citoyens s'étaient offerts d'eux-mêmes pour se dévouer au bien public. Ils étaient allés jusqu'à Suze, où se trouvait alors Xerxès, et s'étaient présentés à lui sans vouloir se prosterner suivant l'usage oriental, mais en lui disant, la tête haute et le visage assuré, qu'ils venaient se livrer à lui pour qu'il vengeât sur eux la mort des hérauts de son père. Xerxès, admirant leur courage, refusa les représailles qui lui étaient offertes, et les congédia après les avoir traités honorablement.

129. LÉONIDAS AUX THERMOPYLES. — Sparte allait se montrer digne de ses magnanimes représentants. Sans s'effrayer de la défection d'un grand nombre de cités, les députés de plusieurs républiques étaient réunis à l'isthme de Corinthe pour délibérer sur les moyens de sauver la Grèce. Abjurant toutes les animosités particulières, ils prirent d'un commun accord les mesures nécessaires pour la défense générale, et envoyèrent demander des secours aux colonies d'Italie et de Sicile. Mais comptant d'abord sur leur propre courage, les guerriers d'Athènes et de Sparte s'engagèrent à périr plutôt que de se soumettre. *Léonidas*, roi de Sparte, envoyé aux Thermopyles (1), alla se poster au défilé pour y mourir, après avoir célébré, avec ses compagnons, des jeux funèbres auxquels assistaient tous leurs parents. Thémistocle l'Athénien, *que les trophées de Miltiade empêchaient de dormir*, commandait avec *Eurybiade* le Spartiate une flotte qui croisait devant l'Eubée. — Un premier succès vint ranimer le courage des Grecs et révéler la faiblesse véritable des Perses. Près d'Artémisium, les deux flottes furent pour la première fois en présence. Les Grecs n'hésitèrent pas à s'avancer au-devant de la flotte nombreuse des ennemis. Leurs vaisseaux, serrés les uns contre les autres, présentant la proue aux galères des

---

(1) Voir Atlas ancien de M. Ansart, *Plan des Thermopyles.*

Perses, les mirent bientôt en désordre, et prirent trente bâtiments. Les Perses s'éloignèrent consternés, et plus tard, le poëte Pindare put célébrer Artémisium comme le lieu où les enfants d'Athènes jetèrent les fondements de la liberté.

La nuit suivante, une tempête effroyable brisa une multitude de galères persanes contre les rochers de l'Eubée, tandis que l'arrivée de cinquante-trois vaisseaux venait doubler la force de l'escadre grecque. — Cependant, le lendemain, les généraux perses, indignés de trouver tant de résistance dans un ennemi si inférieur en nombre, engagèrent un nouveau combat. Mais, après une lutte acharnée, l'avantage resta encore une fois aux Grecs.

En même temps, un événement à jamais mémorable s'accomplissait sur le continent, et révélait dans toute son énergie l'admirable patriotisme des défenseurs de la Grèce.

Xerxès s'était avancé à la tête de son armée de terre jusqu'au passage des Thermopyles. Arrivé près du défilé, il envoie demander à Léonidas ses armes. « Viens les prendre, » répond le héros. Un envoyé qui a été reconnaître l'armée ennemie rapporte que les Perses sont tellement nombreux que leurs flèches obscurciraient le soleil. « Tant mieux ! s'écrie *Dionécée*, nous combattrons à l'ombre. » — Xerxès furieux ordonna à ses soldats d'exterminer cette poignée d'insolents. Toutes les attaques furent inutiles ; une foule de Perses périrent dans le défilé, où ils ne tiraient aucun avantage de leur nombre, « et le grand roi put se convaincre qu'il avait beaucoup d'hommes, mais peu de soldats. » (HÉRODOTE.)

La trahison vint au secours des Perses. Un pâtre découvrit à Xerxès un sentier caché par lequel on pouvait franchir la montagne à travers les rochers et les bois, et bientôt, Léonidas apprit que les meilleures troupes des Perses allaient descendre dans la plaine. A cette terrible nouvelle, il renvoya la plupart des soldats qui lui avaient été confiés au nombre de huit mille ; il ne garda que ses trois cents Spartiates et les soldats thespiens qui voulurent partager son sort. Il chercha, dit-on, à sauver deux de ses parents, en les chargeant de porter à Sparte des lettres et des messages : « Je suis venu ici, répond l'un d'eux, pour manier des armes et non pour porter des lettres. — Qu'irai-je faire à Sparte ? s'écrie l'autre ; mes actions lui apprendront ce qu'il lui importe de connaître. »

A la tête de ses héroïques compagnons, Léonidas fond pendant la nuit sur le camp des Perses. « Le choc est imprévu et terrible ; le défaut de discipline chez les Barbares augmente encore la confusion ; les uns tombent sous les coups des Grecs, un plus grand nombre périt au milieu du désordre qui règne dans leur propre armée. Les Spartiates pénètrent dans la tente de Xerxès ; mais à la première alarme, le grand roi s'était retiré à l'extrémité la plus éloignée du camp, et cependant le tumulte et les cris de désespoir arrivaient encore jusqu'à lui... Quand le jour vient éclairer cette scène de carnage, les Perses reconnaissent que la crainte a multiplié à leur imagination le nombre de leurs ennemis ; mais, saisis d'effroi, ils laissent les Spartiates se retirer en bon ordre au détroit des Thermopyles.

» Xerxès, ne respirant que la vengeance, fait traîner au combat ses soldats épouvantés. Les Grecs s'arrêtent fièrement dans la partie la plus large du défilé pour couronner par un dernier effort leur résistance héroïque : leurs piques s'émoussent, ils s'arment de leurs épées courtes et pesantes, et font un incroyable ravage, lorsque le dard d'un Barbare perce le cœur de Léonidas. Ils ne combattent plus dès lors pour la victoire, mais pour enlever les restes sacrés de leur roi. Quatre fois, ils les arrachent des mains des ennemis ; mais au moment où ils emportaient ce précieux dépôt, le détachement descendu de la montagne s'avance pour leur fermer la retraite. Les Spartiates, serrés les uns contre les autres, se replient sur la partie la plus étroite du défilé, et se portent derrière un rempart bâti par les Phocidiens, sur une éminence où l'on éleva plus tard un lion de pierre en l'honneur de Léonidas. En un instant, ils y sont assaillis de toutes parts. Les premiers rangs des Perses abattent la muraille et entrent par la brèche, comblée bientôt par leurs cadavres ; mais il était impossible aux Grecs de résister plus longtemps à la multitude de leurs ennemis. » Ils succombèrent enfin, après avoir égorgé vingt mille Perses. Pendant longtemps, on put lire sur des colonnes élevées aux Thermopyles cette simple et noble inscription : « Passant, va dire à Lacédémone que nous re- » posons ici, morts pour obéir à ses lois. »

» Le dévouement de Léonidas et de ses compagnons produisit plus d'effet que la victoire la plus brillante. Il révéla aux Grecs le secret de leur force, aux Perses celui de leur faiblesse. Xerxès apprit avec effroi que la Grèce renfermait dans son sein une multitude de défenseurs aussi intrépides que les Thespiens, et huit mille Spartiates semblables à ceux qui venaient de périr. D'un autre côté, l'étonnement dont ces derniers remplirent les Grecs se changea bientôt en un violent désir de les imiter. L'ambition de la gloire, l'amour de la patrie furent portés au plus haut degré, et les âmes à une élévation jusqu'alors inconnue. » (BARTHÉLEMY.)

§ II. SALAMINE ET PLATÉE.

130. BATAILLE DE SALAMINE. — DÉFAITE DES PERSES (480). — Cependant le passage était forcé, et Xerxès se mit à ravager la Grèce. Il arriva bientôt près de la ville de Delphes, où s'élevait le célèbre temple d'Apollon. Les habitants s'étaient retirés; mais ils avaient laissé les trésors sacrés dans le sanctuaire, sur l'assurance donnée par l'oracle que le dieu saurait bien les défendre lui-même. En effet, au moment où les Barbares atteignaient le vestibule du temple, deux énormes rochers se détachèrent de la montagne voisine, roulèrent sur les Perses et en écrasèrent un grand nombre. Les autres s'enfuirent saisis d'épouvante, et ne s'arrêtèrent qu'après avoir franchi les frontières de la Béotie.

Malgré cet échec, l'armée des Perses continua à s'avancer vers la Grèce centrale, et ses innombrables bataillons inondèrent les campagnes. Thémistocle comprit qu'il fallait laisser écouler le torrent, sans prétendre y résister. Un oracle ordonnait aux Athéniens de se retirer *dans des murs de bois;* Thémistocle, qui l'avait dicté peut-être, l'interpréta d'après ses plans. Il transporta tous les Athéniens sur leurs vaisseaux, et la ville de Minerve fut livrée aux flammes par l'ennemi, tandis que ses plus braves citoyens se préparaient à couronner leur sacrifice par un généreux effort. Thémistocle, chargé du commandement, s'en montra digne à *Salamine.*

Il avait réuni tous les vaisseaux des Grecs dans un détroit où la flotte persane ne pouvait les attaquer qu'avec peine. Le Spartiate Eurybiade, jaloux des premiers succès de Thémistocle, repousse tous ses plans; il veut persuader aux généraux réunis en conseil de quitter ce poste si avantageux pour se rapprocher de l'isthme de Corinthe, où étaient campées les troupes de terre, et furieux contre l'Athénien qui combat ce dessein funeste, il s'emporte jusqu'à lever son bâton sur lui : « Frappe, mais écoute, » répond Thémistocle. Par ce sang-froid, il impose à son adversaire, et parvient à faire triompher son avis, d'où dépendait le salut de la Grèce. Craignant toutefois quelque changement d'opinion, Thémistocle a recours à un habile stratagème pour empêcher les

Grecs de quitter Salamine. Il envoie un fidèle messager au camp de Xerxès en le chargeant de lui dire que les Grecs, frappés de terreur à l'approche du danger, ont résolu de s'échapper à la faveur de la nuit. Xerxès, ne soupçonnant pas la ruse, fait aussitôt garder tous les passages, et retient ainsi lui-même ses ennemis sur le champ de bataille où ils seront vainqueurs.

Cependant les Grecs s'animaient les uns les autres à venger leur patrie et rivalisaient de dévouement pour le salut commun. La veille du combat, lorsque les chefs allaient se séparer après le conseil, on vint dire au général athénien qu'un inconnu demandait à lui parler. Thémistocle reconnut Aristide, exilé depuis trois ans et toujours sous le poids de la sentence qui le bannissait de son pays. Au moment du péril, il avait oublié ses injures, et venait offrir à Thémistocle le secours de sa sagesse et de son expérience : « Ne cessons pas d'être rivaux, lui dit-il ; mais luttons à qui de nous servira le mieux son pays. » Il avait traversé la flotte perse, en bravant les plus grands périls, et n'avait quitté Égine, le lieu de son exil, qu'après avoir excité les habitants à s'armer pour la défense de son ingrate patrie.

Le lendemain matin, les Perses se disposèrent à engager le combat sous les yeux de Xerxès, qui s'était fait dresser sur le mont Ægaléus un trône magnifique, d'où il pouvait suivre tous les mouvements des deux flottes. En voyant approcher les Perses, les Grecs reculèrent peu à peu pour attirer l'ennemi à l'endroit le plus resserré du détroit et le mettre dans l'impossibilité de faire usage de toutes ses forces. Thémistocle profita, pour donner le signal de la bataille, du moment où une forte brise, qui soufflait régulièrement dans ces parages, agitait la partie du détroit occupée par les vaisseaux persans. Mis en désordre par le vent et les flots, les navires des Perses présentèrent le flanc à la proue des galères grecques, et tandis que la première ligne cherchait à se dégager, elle était pressée en arrière par les autres vaisseaux, dont les chefs brûlaient de se signaler en présence du roi. La plupart de ces bâtiments, embarrassés par leur multitude même, furent coulés à fond par les Grecs. Les marins d'Ionie et de Carie, que Xerxès avait forcés à s'armer contre leur ancienne patrie, combattirent pourtant avec une grande valeur. Une galère ionienne venait de détruire un vaisseau athénien, quand elle fut attaquée elle-même et à demi submergée par un vaisseau d'Égine. Cependant le tillac était encore à flot, et les soldats de l'équipage, réunis sur cet étroit espace, continuèrent le combat avec un tel courage, qu'ils finirent par se rendre maîtres du navire qui avait coulé leur propre vaisseau. — La reine des Cariens, *Artémise*, ne prit la fuite qu'après une défense intrépide. Sur le point d'être atteinte par les Athéniens, elle attaqua tout à coup et coula à fond un vaisseau de la flotte persane. Les Grecs, pensant alors qu'ils donnaient la chasse à un navire ami, cessèrent leur poursuite et la laissèrent échapper. Tous cédèrent enfin, et le succès des Grecs fut complet. Xerxès, qui s'était promis d'assister à un triomphe, vit le désastre du haut de son trône. Il s'enfuit en toute hâte, et ce roi qui avait couvert la mer de ses vaisseaux, repassa en Asie sur une barque de pêcheur, laissant derrière lui Mardonius avec trois cent cinquante mille hommes (480).

131. Batailles de Platée et de Mycale (479).
— C'était Athènes qui avait vaincu à Salamine. Toute la Grèce reconnut cet immense service ; Sparte elle-même rendit à Thémistocle des honneurs éclatants ; mais elle avait commencé la guerre, et elle se chargea de l'achever. Le roi des Spartiates, *Pausanias*, marcha contre Mardonius, qui avait de nouveau ravagé l'Attique et détruit tout ce qui avait échappé à la première invasion. Pausanias commandait toutes les forces réunies du Péloponèse, qui s'élevaient à cent dix mille hommes, parmi lesquels se distinguaient les braves soldats de la ville de Tégée. *Platée* (1) fut témoin du nouveau triomphe des Grecs. La multitude des Barbares ne put rien contre la discipline de l'armée de Pausanias. Mardonius fut tué par un Spartiate, après avoir combattu avec valeur. La mort du général jeta la confusion parmi les Perses, qui s'enfuirent en désordre dans leur camp. Mais là, soutenus par quelques Grecs que la jalousie avait armés contre leurs compatriotes, ils se défendirent encore. L'arrivée des Athéniens mit fin à cette dernière résistance : l'armée ennemie fut détruite et dispersée (479). — Chaque nation éleva un tombeau aux guerriers morts dans cette glorieuse journée, et Aristide fit adopter par l'assemblée des chefs un décret qui décidait « que tous les ans les peuples de la Grèce enverraient des députés à Platée, afin d'y honorer, par des sacrifices augustes, la mémoire de ceux qui avaient péri dans le combat, et que les Platéens seraient regardés comme une nation invio-

---

(1) Voir Atlas ancien, *Plan de la bataille de* **Platée**.

lable et consacrée à la divinité. » Avec quelle puissance de pareils hommages devaient exalter le patriotisme de tous les Grecs !

Le jour même où fut livrée la bataille de Platée, les flottes réunies des Spartiates et des Athéniens achevaient d'anéantir celle des Perses, près du promontoire de *Mycale*, et la victoire était due principalement à l'Athénien *Xantippe*, père de Périclès (n° 138). Ce double coup termina la guerre. La Grèce proclama solennellement l'indépendance des colonies grecques de l'Asie Mineure. C'était désormais l'Asie qui était menacée. Xerxès vit l'humiliation de ses armes sans pouvoir en tirer vengeance ; il mourut peu après, assassiné par un satrape (472).

152. THÉMISTOCLE RELÈVE LES MURAILLES D'ATHÈNES. SON EXIL ET SA MORT. — Sparte et Athènes avaient grandi pendant cette guerre, qu'elles avaient soutenue presque à elles seules. Athènes surtout s'était élevée, et laissait entrevoir ses prétentions à dominer la Grèce. Non contente de reconstruire ses édifices renversés pendant la guerre, et de les enrichir des dépouilles des Perses, elle voulut se mettre désormais à l'abri de tout attaque en bâtissant de vastes fortifications. Les Spartiates et les autres peuples s'en inquiétèrent, et défendirent aux Athéniens de continuer leurs travaux. Mais Thémistocle les amusa tous par une négociation trompeuse, et tandis que lui-même, envoyé à Sparte comme ambassadeur, calmait par son adroite éloquence les inquiétudes du sénat, à Athènes le peuple tout entier, hommes, femmes, enfants, travaillait jour et nuit aux fortifications de la ville, employant pour matériaux les pierres des édifices publics, des temples, des tombeaux mêmes. Les Spartiates en furent informés, et s'en plaignirent à Thémistocle, qui nia le fait, et obtint qu'ils enverraient des députés pour vérifier l'état des choses. Les députés furent retenus comme otages par les Athéniens, et bientôt Thémistocle, apprenant que les remparts étaient terminés, vint déclarer au sénat de Sparte qu'Athènes était désormais en état de se défendre, et qu'en travaillant à sa sûreté elle n'avait fait qu'user d'un droit qu'elle soutiendrait contre tous. Thémistocle, de retour à Athènes, la fortifia encore en remplaçant son ancien port par le port vaste et commode du Pirée, qu'une longue muraille unit à la ville, et il fit décider que chaque année soixante galères nouvelles y seraient lancées à la mer.

Sparte n'avait pas pardonné au vainqueur de Salamine.

Ses intrigues, secondées par l'ingrate inconstance des Athéniens, chassèrent le grand homme de sa patrie. Poursuivi de ville en ville par la haine de ses ennemis, il fut contraint de demander asile au roi de Perse, qui lui donna une magnifique hospitalité, espérant l'attacher à son service. Le jour même de son arrivée, il lui offrit un festin splendide, et l'on dit que dans la nuit il s'écria plusieurs fois, tout en dormant : « J'ai Thémistocle l'Athénien! » Mais quand, après l'avoir comblé d'honneurs, il voulut l'obliger à prendre les armes contre son pays, Thémistocle aima mieux s'empoisonner lui-même que de se déshonorer, comme Hippias, par une trahison.

§ III. CIMON.

153. Première expédition de Cimon. — Les Grecs avaient repoussé l'invasion; mais ils ne devaient pas se croire vengés tant que la guerre n'aurait eu que la Grèce pour théâtre. On résolut de la transporter en Asie. Les villes alliées s'imposèrent un tribut pour la guerre asiatique, et les sommes furent confiées à la garde du vertueux Aristide, qui mourut quelque temps après, sans laisser de quoi fournir aux frais de ses funérailles.

Pausanias, le vainqueur de Platée, fut mis à la tête des forces réunies. Byzance et l'île de Chypre furent enlevées aux Perses; mais Pausanias, enorgueilli de ses succès et corrompu par l'or des Perses, médita l'asservissement de la Grèce. Ses menées furent découvertes; il fut rappelé, condamné par les éphores, et réduit à se réfugier dans l'asile inviolable d'un temple. On n'osa pas l'en arracher; mais on mura les portes de l'édifice, et le traître y mourut de faim (447). La mère de Pausanias avait apporté la première pierre du tombeau de son fils vivant. Telle était la vertu spartiate.

Le commandement fut donné à *Cimon*, fils de Miltiade. Brave et habile comme Thémistocle, sage comme Aristide, il travailla avec un merveilleux succès à son double dessein, l'humiliation des Perses et l'élévation d'Athènes. Le moment était favorable pour une guerre contre la Perse. De continuelles révoltes avaient agité le règne du fils de Xerxès, *Artaxerxès Longue-main* (471-424). Après avoir mis à mort le meurtrier de son père, qui voulait lui ravir le pouvoir, il avait eu à lutter contre *Hystaspe*, son frère aîné, qu'il avait supplanté. Vainqueur de ce prince, il eut à combattre pendant six années l'Égypte révoltée et vit son général *Mégabyze*, après avoir réduit les Égyptiens, se déclarer indépendant en Syrie. Il ne put mettre fin à l'insurrection qu'en acceptant les conditions qui lui furent imposées par le rebelle, et en consentant au démembrement de son empire. Ce fut dans ces circonstances que Cimon prit le commandement de l'expédition dirigée contre la Perse. Les opérations commencèrent sur les côtes de Thrace, où il conquit toutes les villes encore occupées par les Perses, et établit à Amphipolis une puissante colonie athénienne. Les îles voisines sollicitèrent sa protection, et leurs secours portèrent bientôt sa flotte à trois cents voiles.

A la tête de cet armement formidable, il parut sur les côtes d'Asie, appelant toutes les cités grecques à la liberté. Les garnisons perses furent bientôt chassées de la Carie et de la Lycie. Une flotte de quatre cents voiles et une armée puissante attendaient les Grecs près du fleuve Eurymédon en Pamphylie (470). Cimon disperse la flotte, fait prisonniers un grand nombre de Perses, et, couvrant ses plus braves soldats des vêtements et des armes des vaincus, il débarque à la hâte, marche au camp des Barbares, y pénètre sans être reconnu, fond tout à coup sur les ennemis sans défiance, et en fait un horrible carnage. Le dixième du butin est dédié à Apollon, et la plus grande partie est consacrée par Cimon à l'embellissement de sa patrie. — Ces succès excitèrent la jalousie des alliés d'Athènes, qui refusèrent leur contingent d'hommes et de vaisseaux. Cimon eut l'adresse de faire tourner ces fâcheuses dispositions à l'avantage de son pays. Il permit aux alliés de garder leurs soldats et leurs matelots, leur demandant en échange des vaisseaux vides, qu'il mit au service d'Athènes, et une contribution annuelle qui devait compenser la perte des équipages et mettre Athènes en état de pourvoir à la défense commune; c'était à la fois les priver de leur marine et les rendre tributaires.

La guerre, si habilement conduite, fut suspendue après un échec des Athéniens en Égypte, où le plus ambitieux des peuples de la Grèce avait été chercher de nouveaux ennemis. Deux cents galères avaient été envoyées au secours du Libyen *Inarus*, révolté contre Artaxerxès ; mais les Perses parvinrent à mettre à sec les vaisseaux athéniens en détournant un bras du Nil où la flotte avait jeté l'ancre, et l'armée, qui, par sa courageuse défense, avait forcé les ennemis à lui laisser opérer librement sa retraite, périt presque tout entière en traversant le désert de Libye pour se rendre en Cyrénaïque (457). Cette expédition funeste enlevait à Athènes ses troupes les plus aguerries au moment où elle venait de se priver elle-même de son meilleur général en exilant Cimon, sous prétexte qu'il favorisait secrètement les intérêts des Spartiates.

134. Deuxième expédition de Cimon. — Glorieux traité de paix. — Le fils de Miltiade fut rappelé assez tôt pour prévenir une conflagration générale dont la haine de Sparte et d'Athènes menaçait la Grèce. Un tremblement de terre avait désolé la Laconie, et les rochers du mont Taygète, renversés dans la plaine, avaient écrasé plusieurs milliers d'habitants. Ce désastre, en affaiblissant les Spartiates, avait réveillé les espérances de deux peuples depuis longtemps esclaves, les Hilotes et les Messéniens. Ils prirent les armes, et luttèrent avec tant d'énergie contre leurs oppresseurs, que ceux-ci furent réduits à demander des secours aux Athéniens. *Périclès*, dont le nom allait bientôt briller d'un vif éclat (n° 138), était d'avis qu'il ne fallait pas soutenir une cité rivale, et chargea l'orateur *Éphialte* de développer cette opinion à la tribune. Cimon fit prévaloir une meilleure et plus prudente politique. « L'intérêt des Grecs, s'écriait-il, aussi bien que la foi des traités, nous fait un devoir de porter secours aux Lacédémoniens : il ne faut pas laisser la Grèce boiteuse, ni Athènes sans contre-poids. » Le peuple le nomma par acclamation chef des troupes auxiliaires; avec un tel appui, les Spartiates eurent bientôt repris l'avantage. Mais Cimon ayant quitté le Péloponèse, les insurgés se rendirent maîtres du mont Ithôme; la guerre recommença avec fureur, et ne tarda pas à embraser une grande partie de la Grèce.

Athènes et Sparte se divisèrent de nouveau, et les Lacédémoniens, humiliés d'avoir dû leur salut à leurs rivaux, leur suscitèrent de toutes parts des ennemis. Les Athéniens, vaincus d'abord, parvinrent à soumettre Égine révoltée contre eux, et battirent les Béotiens unis aux Spartiates.

D'un autre côté, tandis que Sparte terminait la troisième guerre de Messénie par la prise d'Ithôme, les Athéniens envoyaient leurs vaisseaux dévaster les rivages de la Laconie, et affermir leur influence dans les îles de l'Archipel. Toute la Grèce, effrayée des progrès de la puissance d'Athènes, semblait prête à se liguer contre elle, lorsque Cimon, vainqueur de l'Asie, reparut environné de tout l'éclat de sa gloire. Par ses talents et son irréprochable renommée, il étouffa les murmures soulevés par les prétentions orgueilleuses de sa patrie, fit poser les armes aux Spartiates, établit la suprématie d'Athènes, et reçut en récompense le commandement d'une expédition destinée à enlever l'île de Chypre au roi de Perse. Il détruisit la flotte ennemie, alla vaincre l'armée persane sur les côtes de Cilicie, et, mourant de ses blessures après sa dernière victoire sur les Perses, il mit le comble à sa gloire en forçant le grand roi, souverain du monde oriental, à envoyer des ambassadeurs en Grèce pour demander la paix. Elle fut conclue aux conditions suivantes, à jamais glorieuses pour la république d'Athènes. Les colonies grecques d'Asie Mineure étaient déclarées indépendantes de l'empire de Perse; les armées du grand roi ne devaient pas approcher de la côte occidentale à une distance de moins de trois journées; aucun vaisseau persan ne pouvait se montrer dans toute l'étendue des mers Égée et Méditerranée depuis l'extrémité septentrionale du Bosphore de Thrace jusqu'au promontoire méridional de la Lycie. Les Athéniens s'engageaient seulement à rappeler leur flotte de l'île de Chypre et à ne plus inquiéter les possessions du roi de Perse (449).

L'empire de Cyrus a tremblé devant une ville de la Grèce. Encore un siècle, et la Grèce l'aura renversé.

§ IV. ESCHYLE ET HÉRODOTE.

135. ESCHYLE. — Le souvenir des guerres médiques est inséparable de celui de deux hommes illustres qui les ont célébrées, l'un dans ses vers sublimes, l'autre dans ses patriotiques écrits, Eschyle et Hérodote.

Eschyle (525-456), le véritable créateur de la tragédie grecque arrachée aux tréteaux de Thespis pour prendre possession du théâtre, Eschyle s'était signalé dans les rangs des soldats athéniens aux batailles de Marathon, de Salamine et de Platée. Exalté par les hauts faits de ses concitoyens, le génie du poëte guerrier transporta sur la scène les épisodes les plus brillants de cette lutte mémorable, en même temps que les aventures les plus célèbres des âges héroïques. Dans un langage plein d'énergie et de noblesse, il mit en jeu tous les sentiments élevés d'un peuple passionné pour la gloire et pour la liberté. Nous ne possédons que sept des nombreuses tragédies composées par Eschyle, dont les plus remarquables sont *les Perses, Prométhée enchaîné, les Choéphores*.

136. HÉRODOTE. — Poëte par le charme de son style et

l'éclat de son imagination, l'historien *Hérodote*, d'Halicarnasse (484-406), contemporain d'Eschyle, a consacré son talent au récit des guerres médiques. Après de longs voyages dans l'Égypte et l'Orient, dont il a décrit les mœurs et les antiques traditions, Hérodote, de retour dans sa patrie, en fut chassé par des factions ennemies, et employa les loisirs de l'exil à composer son histoire. L'année même de la mort d'Eschyle (456), il vint lire aux Grecs rassemblés pour les jeux olympiques ses beaux récits écrits dans le dialecte harmonieux de l'Ionie, et excita un tel enthousiasme que le nom des neuf Muses fut donné aux neuf livres de son ouvrage. Si on doit reprocher au père de l'histoire une crédulité trop confiante et une imagination trop avide du merveilleux, il faut reconnaître que nul autre historien ne l'égale pour la fidélité et la couleur des descriptions, la clarté du style, l'intérêt de la narration. Les Athéniens, dont il a immortalisé les exploits, plus justes envers le narrateur qu'envers les héros de leurs triomphes, lui offrirent, dans leur reconnaissante admiration, une somme de dix talents (cinquante-quatre mille francs).

QUESTIONNAIRE. — § I. 125. Quelle fut la principale cause des guerres médiques? — Comment la Grèce prit-elle part à l'insurrection de l'Ionie? — Quelle fut l'issue de l'expédition de Mardonius? — Quel fut le sort des envoyés de Darius en Grèce? — Racontez le commencement de la nouvelle expédition des Perses. — 126. Qu'est-ce qui empêcha les Spartiates de marcher au secours des Athéniens? — Quelles furent les dispositions prises par Miltiade? — *Faites le récit de la bataille de Marathon.* — Comment la nouvelle de la victoire arriva-t-elle à Athènes? — *Racontez le trait de courage de Cynégire.* — 127. Comment les Athéniens se conduisirent-ils à l'égard de Miltiade? — Comment mourut ce grand homme? — Parlez de Thémistocle et d'Aristide. — Quelle fut la cause de la condamnation d'Aristide? — Racontez une anecdote à ce sujet. — 128. Quel fut le successeur de Darius? — Que fit Xerxès en traversant l'Hellespont? — 129. Quel passage fallait-il franchir pour entrer en Grèce? — Qui fut chargé de le garder? — *Rapportez quelques mots des guerriers de Sparte.* — *Racontez le combat des Thermopyles.* — § II. 130. Quelle résolution Thémistocle fit-il adopter aux habitants d'Athènes? — Quel fut le sort de cette ville? — *Racontez les principales circonstances de la bataille de Salamine.* — 131. Quelles sont les deux batailles qui mirent fin à la guerre? — Comment se termina le règne de Xerxès? — 132. Quels étaient les sentiments des Spartiates à l'égard des Athéniens? — Comment les murs d'Athènes furent-ils rebâtis? — Quel fut le sort de Thémistocle? — § III. 133. Quel fut le crime et le châtiment de Pausanias? — Qui était Cimon, et quel était son caractère? — Quel fut le résultat de sa première expédition en Asie? — 134. Racontez la seconde expédition de Cimon. — Quel nom reçut le traité qu'il conclut en mourant? — 135. Faites connaître Eschyle. — Quels sont les principaux sujets de ses tragédies? — 136. Parlez du genre de mérite et du succès des œuvres d'Hérodote.

CHAPITRE ONZIÈME.
GRÈCE DEPUIS LA FIN DES GUERRES MÉDIQUES JUSQU'A LA PRISE D'ATHÈNES.

SOMMAIRE.

§ Ier. 137. Athènes est à l'apogée de sa puissance. Le parti aristocratique et le parti populaire sont en lutte.

138. Périclès, habile, éloquent et riche, acquiert une influence immense dans sa patrie; il y fait briller les beaux-arts; il s'efforce d'en faire le centre de réunion des peuples grecs. — La domination athénienne fait de grands progrès.

§ II. 139. Sophocle perfectionne la tragédie, et conserve son talent jusque dans sa vieillesse. — Euripide est le plus pathétique des auteurs tragiques.

140. Phidias est le plus grand des sculpteurs grecs; il est l'auteur du Jupiter olympien et du Parthénon.

§ III. 141. Les Athéniens soutiennent les ennemis de Sparte, et les Spartiates ceux d'Athènes. — Les Athéniens excitent la jalousie de toute la Grèce. — Une lutte entre Corcyre et Corinthe arme Sparte et Athènes et leurs alliés. — L'Attique est ravagée par les Spartiates (431).

142. La peste d'Athènes, pendant laquelle se signale Hippocrate, emporte Périclès. — Les Platéens sont massacrés (429). — Les Athéniens reprennent l'avantage, et envahissent le Péloponèse. — Sparte demande inutilement la paix (424).

143. Les Athéniens sont défaits à leur tour à la bataille de Délium sous les ordres de Cléon. — La paix est conclue par Nicias (422).

144. Alcibiade, plein d'ambition, d'astuce et de talents, rallume la guerre par ses intrigues. — Les Athéniens sont défaits à Mantinée.

145. L'expédition de Sicile est conseillée par Alcibiade qui est rappelé (415). — Nicias, chef de l'expédition, échoue par sa lenteur et l'activité du Spartiate Gylippe, général des Syracusains. — Démosthène, envoyé au secours de Nicias, capitule, ainsi que Nicias. — Les généraux sont mis à mort, et les soldats aux *latomies* (413).

146. Alcibiade à Sparte imite la frugalité des Spartiates; il est chassé de Sparte et se réfugie chez les Perses; il en adopte les coutumes;

(1) Voir Atlas ancien par M. Ansart. — *Plan d'Athènes et de ses environs.*

il est rappelé par les Athéniens, triomphe de la flotte lacédémonienne et de Byzance ; fait une entrée triomphale dans Athènes (407) ; est comblé d'honneurs et de dignités. Athènes refuse la paix à Sparte.

147. Le rusé Lysandre est l'adversaire d'Alcibiade qui est de nouveau exilé, et remplacé par dix généraux. Les dix généraux vainqueurs aux îles Arginuses sont mis à mort. — Les Athéniens perdent leur flotte à l'entrée du fleuve Égos-Potamos (405). — Athènes est prise et ses fortifications sont détruites par Lysandre (404). — La guerre du Péloponèse a pour résultats l'altération des mœurs à Sparte et à Athènes et la décadence de la Grèce.

148. Les trente tyrans, despotes sanguinaires, mettent à mort leur collègue Théramène. Alcibiade est assassiné en Phrygie par suite de leurs intrigues. — Le banni Thrasybule délivre Athènes (403).

§ IV. 149. Socrate, homme de mœurs simples et pures, témoigne un amour courageux pour la vérité et s'efforce de réformer la conduite de ses concitoyens ; il est l'objet d'attaques passionnées.

150. Socrate, mis en jugement, se défend avec une fermeté admirable. Il est condamné à mort ; il passe un mois en prison avant de boire la ciguë et refuse de s'évader.

151. Les derniers moments de Socrate sont empreints d'une admirable sérénité ; il instruit et console ses disciples. Sa dernière parole est une inconséquence étrange (400).

152. Platon, disciple de Socrate, se place au-dessus de tous les philosophes par la sublimité de sa doctrine ; il a un enseignement public et un enseignement secret.

153. Hippocrate, illustre médecin, s'immortalise par son dévouement patriotique.

154. Aristophane, poëte comique, attaque les personnes d'une manière directe et sanglante ; il contribue à la condamnation de Socrate. La comédie sera perfectionnée par Ménandre.

155. Thucydide se place à la tête des historiens grecs par la précision, l'énergie, l'impartialité, la sûreté du jugement.

§ Ier. ADMINISTRATION DE PÉRICLÈS.

157. PUISSANCE D'ATHÈNES. — L'époque du traité de Cimon fut pour Athènes l'époque de toutes les illustrations. Victorieuse du grand roi, elle se montrait la cité la plus brillante, la plus civilisée du monde. A la tête de son gouvernement paraissait l'homme le plus capable de lui conserver sa double supériorité de puissance et de lumières. Ambitieux comme Pisistrate, comme lui éloquent et habile, *Périclès* avait résolu de placer Athènes au-dessus de toutes les villes de la Grèce, pour y dominer lui-même avec plus d'éclat. Il travailla d'abord à assurer son ascendant, au sein de sa patrie, à force de talent et d'adresse. Cimon s'était fait le chef des nobles et des riches, et laissait son neveu *Thucydide*, homme vertueux et prudent, à la tête du parti aristocratique ; Périclès se déclara pour le parti populaire, et mit tous ses soins à affermir sa puissance sans se rendre suspect à ses ombrageux compatriotes. On le vit économe et modeste dans son intérieur, prodigue de ses biens en faveur des citoyens pauvres, prudent à la tête des armées, incorruptible dans les emplois publics, dominant le peuple entier par le prestige de sa majestueuse éloquence, et paraissant s'éloigner de la tribune par modestie, quand de graves circonstances ne l'y appelaient pas ; en un mot, déployant tous les mérites de l'homme d'état, affectant toutes les vertus du citoyen. Toutefois, l'Aréopage sut pénétrer ses desseins, et voulut y mettre obstacle. Périclès parvint à détruire l'influence du tribunal suprême en lui faisant enlever par le peuple les causes les plus importantes ; en même temps, il obligeait son rival Thucydide à s'exiler d'Athènes.

138. Administration de Périclès. — Dès lors, rien ne balança plus son pouvoir, et il put se livrer à la politique extérieure, tandis qu'à l'intérieur, aidé du génie de *Phidias* (n° 140 ci-après), il faisait d'Athènes le foyer des arts, et embellissait la ville des plus magnifiques monuments. Le peuple lui ayant reproché l'excès des dépenses qu'il faisait supporter à la république : « Je m'engage à les prendre toutes à ma charge, s'écria Périclès ; mais aussi, mon nom sera gravé seul sur tous les édifices que j'ai fait élever. » Le peuple, saisi d'admiration, répondit qu'il pouvait puiser dans le trésor public toutes les sommes qui lui seraient nécessaires, puisqu'il en faisait un si noble usage. D'un autre côté, Périclès s'efforçait par tous les motifs que peuvent inspirer la religion, le patriotisme, l'intérêt, de rattacher la Grèce entière à Athènes. Il fit proposer à tous les états de contribuer à relever ses temples, pour y accomplir les sacrifices promis aux dieux qui avaient abaissé l'empire des Perses. Il voulait ainsi faire de sa patrie le centre de l'union générale des peuples grecs. En même temps, il étendait son influence en fondant plusieurs colonies sur les côtes de la Chersonèse de Thrace et dans les îles de l'Archipel, en reconquérant l'île d'Eubée et Mégare, qui s'étaient révoltées.

§ II. ÉCLAT DES LETTRES ET DES ARTS. — SOPHOCLE ET EURIPIDE.
— PHIDIAS.

139. Sophocle et Euripide. — En même temps qu'il affermissait au dehors la puissance de sa patrie, qu'il la fortifiait à l'intérieur par ses talents, Périclès l'entourait de tout le prestige des beaux-arts, de tout l'éclat de la littérature, et méritait à tant de titres à la fois de laisser son nom à son siècle, comme plus tard Auguste, Léon X et Louis XIV. La plus étonnante réunion d'artistes et de poëtes se groupait autour du grand homme, digne appréciateur de leur génie.

La poésie dramatique, élevée si haut par Eschyle au commencement du siècle, poursuivait son magnifique essor sous l'inspiration du patriotisme. Eschyle n'avait pas entièrement dépouillé la tragédie de son ancienne rudesse; *Sophocle* (m. 405), dans ses pièces nombreuses qui ont pour sujet habituel les aventures des anciens héros, sut l'adoucir sans l'énerver, et la revêtir d'une forme harmonieuse et savante. Sophocle, le plus parfait des tragiques grecs, composa près de cent vingt tragédies et conserva tout son talent jusqu'à un âge très-avancé. Comme il était déjà parvenu à une extrême vieillesse, ses fils, impatients de posséder son héritage, prétendirent qu'il était tombé en démence et demandèrent en justice que la jouissance de ses biens lui fût ôtée. Sophocle, pour toute réponse, lut devant le tribunal la dernière tragédie qu'il avait faite, laissant à juger si c'était l'œuvre d'un insensé. Les magistrats et les assistants le couvrirent d'applaudissements, et ses fils se retirèrent pleins de confusion.

Le contemporain et l'émule de Sophocle, *Euripide* (né en 480), le poëte des tendres passions, des douleurs profondes, ne cherche pas, comme ses devanciers, à créer des types d'une majesté surhumaine : il ramène la tragédie du ciel sur la terre, il peint les hommes tels qu'ils sont, et, par ses vers pathétiques, il fait pleurer toute la Grèce sur des infortunes et des faiblesses réelles.

140. PHIDIAS. — Les arts ne brillaient pas d'un moins vif éclat que les lettres. Ami et conseiller de Périclès, *Phidias* (496-430) porta la statuaire à un degré de perfection qu'elle n'a jamais dépassée. Phidias, l'une des gloires du siècle de Périclès, est l'auteur du *Jupiter olympien*, statue colossale d'or et d'ivoire, que les anciens ont mise au nombre des merveilles du monde. Nommé surintendant de tous les travaux d'art entrepris par ordre du peuple, il fit construire de magnifiques monuments, et parmi eux le *Parthénon*, temple de Minerve, fameux par ses inimitables bas-reliefs. Après avoir orné sa patrie de ses chefs-d'œuvre, cet artiste fut, comme tant d'autres grands citoyens, victime de l'ingratitude des Athéniens. Un de ses élèves l'ayant accusé, par jalousie, d'avoir dérobé

une partie de l'or qui lui avait été remis pour faire une statue, Phidias prouva aisément qu'il était innocent ; mais il n'en fut pas moins traîné dans une prison, où il mourut bientôt, empoisonné, dit-on, par ses ennemis.

A cette glorieuse époque doivent être attribués les plus beaux monuments de l'architecture grecque, dont quelques-uns sont presque entièrement conservés et sont regardés avec raison comme de véritables types pour la grâce, la noblesse et la juste proportion de leurs diverses parties. C'étaient surtout les temples que les Grecs s'appliquaient à décorer par toutes les ressources de l'architecture et de la sculpture, et à embellir de portiques, de colonnades, de statues. Le célèbre temple de Diane d'Éphèse était tout entier de marbre blanc, et on mit deux siècles entiers à le construire.

La peinture, née pendant les guerres médiques, qui avaient inspiré le premier tableau d'histoire, faisait de merveilleux progrès sous le pinceau de *Zeuxis* (475-400) et de son rival *Parrhasius*, renommés, le premier par la beauté du coloris, le second, par la pureté du dessin. La musique florissait à l'*Odéon*, école fondée par Périclès, où les maîtres les plus habiles enseignaient le chant et les instruments divers.

§ III. LA GUERRE DU PÉLOPONÈSE. — RUINE D'ATHÈNES. — LES TRENTE TYRANS.

141. GUERRE DU PÉLOPONÈSE. — Malgré tout l'éclat de son gouvernement, Périclès voyait s'élever contre lui des mécontentements qui peu à peu menacèrent d'ébranler son autorité. Périclès employait à l'embellissement de sa patrie les sommes levées chaque année pour faire la guerre aux Perses, disant que les flottes d'Athènes se chargeaient de protéger la Grèce contre toute invasion nouvelle. Les divers peuples du Péloponèse, irrités de plus en plus des prétentions d'Athènes, se groupaient autour de Sparte. La politique égoïste de Périclès nourrit tous les germes de divisions. En butte lui-même à la jalousie d'une partie de ses concitoyens, il sentit qu'il lui fallait faire naître des événements qui le rendissent nécessaire, et il ne recula pas devant les terribles conséquences d'une guerre générale.

Une querelle entre Corinthe et Corcyre, sa colonie, en fournit le prétexte. Athènes se déclara pour les pirates de Corcyre contre les Corinthiens, alliés de Sparte, malgré l'usage invariablement adopté par les républiques de la Grèce de ne jamais intervenir dans les querelles entre les colonies et leur métropole. Sparte demanda hautement satisfaction à sa rivale pour les insultes que son despotisme prodiguait à la moitié de la Grèce. Le peuple d'Athènes, animé par Périclès, répondit avec arrogance, et la *guerre du Péloponèse* commença (431).

Sparte avait pour elle tout le Péloponèse, excepté l'Argolide et l'Achaïe ; Athènes, la Grèce centrale et les îles, excepté la majeure partie de la Béotie. Sparte avait une armée de terre plus considérable ; la flotte d'Athènes était plus nombreuse ; aussi le territoire de l'Attique fut-il envahi, tandis que les côtes du Péloponèse étaient ravagées par la flotte ennemie tout entière. Jamais guerre ne fut plus acharnée, plus affreuse. Une armée de soixante mille hommes, sous les ordres du roi de Sparte, obligea les Athéniens à se renfermer dans leurs murs, et dévasta par le fer et par le feu leurs campagnes abandonnées. En même temps, Périclès conduisait une flotte puissante vers les rivages du Péloponèse. Au moment où il s'embarquait, une éclipse de soleil fit tout à coup disparaître la lumière du jour et jeta l'effroi dans le cœur des Athéniens superstitieux, qui prenaient ce phénomène naturel pour un signe de la colère divine. Périclès, voyant son pilote saisi de crainte, lui jeta sur les yeux son manteau en lui demandant s'il pouvait distinguer quelque chose : « Non, dit le pilote, puisque ce manteau intercepte la lumière. — Cela vous paraît-il un prodige effrayant ? reprit Périclès. — Non, sans doute, répondit le pilote. — Eh bien ! ajouta le général, pourquoi donc vous effrayez-vous parce que la lune en passant devant le soleil nous empêche d'en voir les rayons ? » Cette comparaison si adroite et si juste calma aussitôt les terreurs des Athéniens.

142. Peste d'Athènes. — Mort de Périclès. — Cependant la peste vint bientôt joindre ses horreurs à celles de la guerre. Sorti de l'Éthiopie, cet épouvantable fléau avait parcouru l'Égypte, la Libye, une partie de la Perse, l'île de Lemnos et d'autres lieux encore. Un vaisseau marchand l'introduisit au Pirée, où il se manifesta d'abord ; de là, il se répandit avec fureur dans la ville, et surtout dans les demeures malsaines où les habitants de la campagne se trouvaient entassés. Le dévouement du médecin *Hippocrate* (n° 153) n'arrête pas la contagion, qui multiplie ses ravages et a bientôt fait périr près de cinq mille hommes en état de porter les armes. Les alliés profitent de la consternation qui règne dans la ville pour achever la ruine de l'Attique. Ils vont détruire sur le mont Laurium de grands travaux entrepris par les Athéniens pour l'exploitation des mines ; ils mettent tout à feu et à sang, jusque dans cette plaine de Marathon où Athènes a naguère sauvé la Grèce entière.

« Au milieu de tant de maux, Périclès déploie du moins une fermeté magnanime ; il voit avec résignation sa famille détruite par la peste, et s'il verse quelques larmes sur la mort du dernier de ses enfants, il recueille tout son courage pour la défense de l'État ; il rassemble cent vaisseaux athéniens et cinquante de Chio et de Lesbos, vole vers le golfe de Saron et ravage les côtes abandonnées de l'Élide, de l'Argolide et de la Laconie.

» Mais bientôt la contagion atteint Périclès lui-même. Il meurt (429) en disant à ses amis qui vantaient ses exploits : « Tous ces succès appartiennent à la fortune, ils me sont d'ail» leurs communs avec bien d'autres généraux ; mais ce dont je » puis me glorifier, c'est de n'avoir fait prendre le deuil à aucun » Athénien. » Belles paroles, si elles n'étaient sorties de la bouche de celui qui avait fait éclater la guerre du Péloponèse !

Les maladies et la famine avaient un instant chassé les Spartiates. Mais la guerre se prolongea encore plusieurs années avec le plus grand acharnement. Rien ne saurait donner une plus juste idée de la fureur des deux partis que le siége de Platée. Les Lacédémoniens attaquèrent cette ville, quoiqu'elle eût été déclarée *sacrée* par tous les Grecs en considération des services qu'elle avait rendus pendant les guerres médiques (n° 131). Cinq cents Platéens se défendirent pendant trois ans avec un courage héroïque contre toutes les forces des assiégeants. Enfin, manquant de vivres et n'espérant plus de secours, un certain nombre d'entre eux formèrent le hardi projet de s'ouvrir un passage à travers l'armée ennemie. Ces guerriers intrépides, profitant d'une nuit obscure, forcèrent les retranchements des Spartiates et s'échappèrent sans avoir perdu un seul homme. Ceux qui n'avaient pas osé tenter cette périlleuse entreprise ouvrirent leurs portes en se confiant à la loyauté de leurs ennemis. Les Spartiates les égorgèrent jusqu'au dernier (427). — Les Athéniens transportèrent à leur tour la guerre dans le Péloponèse, où ils ranimèrent l'insurrection des Messéniens et des Hilotes ; la flotte lacédémonienne tomba en leur pouvoir ; les Thébains, vaincus dans une grande bataille, abandonnèrent leurs alliés, et Sparte, pressée de toutes parts, fut réduite à demander la paix (424).

143. Paix de Nicias. — Athènes était alors gouvernée par *Cléon*, homme sorti des derniers rangs des citoyens, mais qui, par son audace et ses déclamations furibondes, avait su exciter à son profit les passions populaires et enlever toute influence au sage et habile *Nicias*, chef de l'aristocratie. Il usa de son ascendant pour faire rejeter toutes les propositions des Lacédémoniens, et, malgré son ignorance absolue de l'art militaire, il fut mis à la tête de la flotte athénienne. Un premier succès, dû à un heureux hasard, qui fit tomber entre ses mains plus de quatre cents Spartiates, accrut encore la popularité de Cléon, qui ne mit plus de bornes à son arrogance et disposa en maître de toutes les forces de la république. Athènes ne tarda pas à se repentir de sa folle confiance dans un obscur aventurier. Son armée fut battue complétement à *Délium*, où le jeune *Xénophon* fut sauvé par *Socrate* (n° 149). En même temps le roi de Macédoine s'unit à *Brasidas*, général des Spartiates, et chassa leurs rivaux des côtes de la Thrace. Les Athéniens cette fois acceptèrent une trêve avec empressement (423). Cependant Brasidas reprit les armes au mépris de la foi jurée ; et Athènes eut encore l'imprudence de lui opposer Cléon. Celui-ci fut tué presque aussitôt sous les murs d'Amphipolis avec six cents soldats. Cette victoire n'avait coûté aux Spartiates que sept hommes, mais parmi eux était le général Brasidas. La mort des deux généraux ralentit les hostilités, et rendit à Nicias l'influence que lui avait fait perdre la toute-puissance de Cléon. Il entra en négociation avec le roi de Sparte, et, par ses soins, un traité d'alliance offensive et défensive fut conclu pour cinquante ans entre les républiques ennemies (422).

144. Influence d'Alcibiade. — Les haines étaient trop vives pour que cette paix fût de longue durée. Encore une fois, une ambition personnelle ralluma la lutte, qui allait devenir fatale à Athènes plus par ses divisions intérieures que par les efforts de ses ennemis. *Alcibiade*, l'héritier de Périclès, homme doué de talents immenses, mais plein d'une ambition plus grande encore, voulut ruiner l'ascendant que venait d'acquérir Nicias par ses habiles négociations. — Alcibiade avait révélé dès l'enfance un caractère persévérant jusqu'à l'opiniâtreté, souple et rusé jusqu'à la dissimulation la plus profonde, adonné à tous les vices, et capable d'affecter tous les dehors de la vertu. On l'avait vu, jouant avec ses camarades, se jeter en travers d'un chariot, plutôt que d'interrompre une partie d'osselets. On raconte que s'exerçant à la lutte avec ses camarades, et ne pouvant se dégager du bras de son adversaire, il le mordit violemment à la main : « Ah ! Alcibiade, s'écria celui-ci, tu mords comme une femme ! — Non, mais comme un lion, » répondit le jeune Grec ; et depuis ce temps, en effet, il montra un courage à toute épreuve. Il avait suivi avec ardeur les leçons du philosophe Socrate, mais sans corriger sa conduite désordonnée. Il se fiait dans la légèreté du peuple d'Athènes. On dit que, poursuivi par les reproches de ses concitoyens pour le déréglement de ses mœurs, il fit couper la queue d'un chien de grand prix qu'il avait acheté, et le lâcha ainsi mutilé dans les rues d'Athènes, en disant à ses amis : « Les Athéniens s'entretiendront de mon chien, et pendant ce temps, ils ne s'occuperont pas de ma conduite. »

On devait le voir successivement éblouir les Athéniens par son faste, étonner les Spartiates par sa frugalité, charmer les Thébains par son amour du travail, et rivaliser de mollesse et de prodigalité avec les satrapes de l'Asie.

Un pareil homme ne tarda pas à gagner la faveur du peuple d'Athènes et à lui faire oublier les services de Nicias. Pensant comme Périclès que la guerre lui fournirait plus d'occasions d'augmenter sa puissance, il persuada aux Athéniens d'embrasser la cause des Argiens, qui s'étaient ligués avec plusieurs peuples du Péloponèse contre Lacédémone (419). Thèbes, Corinthe et Mégare prirent aussitôt parti en faveur des Spartiates. Après quelques hostilités sans importance, les Athéniens furent vaincus avec leurs alliés, sous les murs de *Mantinée*, par le vaillant *Agis I*^{er}, roi de Sparte (418). Cette bataille rétablit dans le Péloponèse l'influence des Lacédémoniens. Toutefois, les Athéniens, malgré les périls qui les menaçaient en Grèce, malgré le mauvais succès d'une expédition contre la Macédoine, n'écoutèrent que les conseils intéressés d'Alcibiade, et, rêvant d'impossibles conquêtes, ils résolurent d'attaquer la Sicile, où la petite ville d'Égeste implorait leurs secours contre Syracuse.

145. EXPÉDITION DE SICILE. — Alcibiade fut chargé avec Nicias et *Lamachus* du commandement de la flotte. Il partit malgré une accusation de sacrilége portée contre lui, et il commença la guerre par d'éclatants succès (415). Naxos, Catane, se livrèrent à lui, entraînées par les artifices de son éloquence. Messine allait céder à ses intrigues. Mais à Athènes il avait des adversaires qu'il ne pouvait combattre. Une galère athénienne vint l'arracher à ses premiers exploits pour le forcer de répondre à l'accusation qui le poursuivait toujours.

Alcibiade furieux s'enfuit chez les ennemis de sa patrie, tandis que ses concitoyens le condamnaient à mort.

Dès lors la fortune changea. Tandis que Nicias, opposé à l'entreprise qu'il était chargé de conduire, perdait un temps précieux au siége de quelques petites places, les Syracusains reprenaient courage, luttaient contre l'armée athénienne avec persévérance, et demandaient des secours aux Spartiates. Ceux-ci, par les conseils d'Alcibiade, envoyèrent en Sicile l'habile et actif général *Gylippe*, et pressèrent l'équipement d'une flotte. Le vieux Nicias s'était borné à entourer Syracuse d'un long cercle de circonvallation, et attendait patiemment le résultat des divisions intestines qu'il avait soulevées dans la ville, quand le Lacédémonien arriva avec quelques troupes, et signala sa présence par de rapides succès. Une flotte nombreuse, équipée par les alliés des Spartiates, parut presque aussitôt sur les côtes de Sicile (414).

Pressé par terre et par mer, Nicias réclame des renforts. Le général *Démosthène* est envoyé avec soixante-quinze vaisseaux et cinq mille hommes; mais sa flotte est détruite en quatre combats. La peste se met dans l'armée athénienne, et Gylippe la tient assiégée dans son camp. Épouvantée par une éclipse de soleil, elle veut s'échapper en cherchant une retraite dans l'intérieur de l'île. Gylippe la suit pas à pas, la harcèle sans cesse, force Démosthène à capituler avec six mille hommes, et presse plus vivement Nicias, qui se défend encore avec le gros de l'armée. — Après avoir combattu sans relâche une journée entière, les Athéniens, dévorés par une soif ardente, se précipitèrent en désordre vers l'Asinarus, malgré les traits dont les accablaient les Syracusains. Ce fut alors un déplorable spectacle. La rapidité du courant entraîna un grand nombre de soldats, tandis que les autres, entassés sur la rive, se disputaient, l'épée à la main, les eaux ensanglantées du torrent. A cette vue, la fermeté de Nicias se brisa : il se rendit à Gylippe avec les misérables restes de son armée.

Syracuse délivrée usa cruellement de sa victoire. Malgré tous les efforts de Gylippe, les deux généraux furent condamnés à mort et lapidés, dit-on, par les Syracusains (413); les soldats athéniens furent envoyés dans des carrières profondes (latomies), que l'on voit encore près des ruines de Syracuse. Plusieurs gagnèrent leur liberté en chantant à leurs maîtres quelques passages d'Euripide, poëte chéri à Syracuse. « Les fugitifs trouvaient à boire et à manger en répétant ses vers. » (PLUTARQUE.) Ainsi du moins, Syracuse se montrait fille de la Grèce.

146. EXIL ET RETOUR D'ALCIBIADE. — Tous ces événements étaient le résultat de l'arrivée d'Alcibiade à Sparte. Il avait décidé l'expédition de Gylippe; il avait fait commencer en même temps la guerre dans la Grèce même. « Le poil rasé jusqu'à la peau, se baignant dans l'eau froide, mangeant du pain bis et du brouet noir, il disposait des rudes esprits de la Laconie, comme il soulevait naguère les passions tumultueuses de l'Attique. »

Athènes, consternée du désastre de Sicile, était réduite à employer le trésor sacré, que l'on gardait pour les moments d'extrême danger. Le roi de Sparte, Agis, posté dans l'Attique, la ravageait impunément. Une victoire remportée sur terre par les Athéniens ne put arrêter qu'un moment les progrès des alliés. Tout à coup Alcibiade fit encore une fois changer le sort de la guerre.

Chassé de Sparte, où il avait excité contre lui la haine du roi Agis et la jalousie des grands, il s'enfuit auprès du satrape *Tissapherne*, qu'il avait d'abord gagné à la cause des Péloponésiens. Mais il ne put voir de sang-froid sa patrie accablée par une cité ennemie qui avait cessé de le protéger lui-même. L'habile Athénien renouvela ses intrigues auprès des Perses, dont il avait adopté les mœurs avec sa flexibilité ordinaire. Il ébranla l'attachement du satrape pour Lacédémone, et le détermina à suspendre ses secours.

Cependant le gouvernement d'Athènes venait de subir une modification importante. Le pouvoir avait été enlevé au peuple et transporté à quatre cents citoyens, avec cette condition dérisoire, qu'ils consulteraient l'assemblée générale *quand ils le jugeraient à propos*. Mais les quatre cents se rendirent bientôt odieux par leur cruauté ; une foule de citoyens quittaient la ville pour échapper à la fureur des tyrans, et déjà leur domination était menacée par le ressentiment de la population tout entière, quand la perte de la flotte, détruite sur les rivages de l'Eubée, vint mettre le comble à l'indignation générale. Les Athéniens tournèrent leurs regards vers Alcibiade comme vers leur dernier espoir. On révoqua toutes les imprécations prononcées contre lui, ses accusateurs furent écartés du pouvoir, et on décréta solennellement le rappel du banni.

Alcibiade voulut revenir à Athènes non comme un condamné qui a obtenu sa grâce, mais après la victoire, et en général triomphant (410). Il battit la flotte lacédémonienne, qui, le prenant encore pour un allié, l'avait laissé approcher sans défiance ; il détruisit à Cyzique les troupes réunies des Spartiates et des Perses, et alla prendre la ville de Byzance, dont la possession assurait aux Athéniens la domination sur la Thrace et les côtes de l'Asie Mineure. Les éphores envoyèrent demander la paix, qu'Athènes refusa avec insolence, au moment où Alcibiade rentrait dans la ville, accueilli par l'admiration et l'enthousiasme de ses concitoyens (407). On le revêtit des insignes de grand prêtre pour la célébration des mystères d'Éleusis ; on lui donna le choix des généraux, le commandement suprême ; le peuple voulait le proclamer roi. Ses ennemis se taisaient, comptant sur l'inconstance des Athéniens.

147. Ruine d'Athènes (404). — Sparte, forcée de reprendre les armes, opposa à Alcibiade *Lysandre*, guerrier habile, politique rusé, « qui savait coudre la peau du renard à celle du lion, et qui amusait les hommes avec des serments, comme on amuse les enfants avec des osselets. » (Plutarque.) C'était le digne adversaire d'Alcibiade. Il commença par gagner l'amitié du jeune *Cyrus*, gouverneur de l'Asie Mineure (n° 156), et en obtint des subsides qui lui permirent d'attirer sur la flotte de Sparte, par l'appât d'une solde plus élevée, un grand nombre de matelots engagés sur celle des Athéniens. Bientôt, il livra bataille à Alcibiade et lui enleva quinze galères ; ce léger revers suffit pour faire tomber tout le prestige qui entourait le général athénien. Il fut rappelé immédiatement, quoiqu'il eût réparé son échec. — Pour ne plus livrer le pouvoir à l'ambition d'un seul, les Athéniens élurent dix généraux, parmi lesquels était *Conon*, fils de Périclès. Cette mesure eut de funestes conséquences. L'intrépide *Callicratidas*, qui venait de remplacer Lysandre à la tête de la flotte lacédémonienne, attaqua l'escadre ennemie commandée par Conon, et lui prit trente galères. Les succès mêmes des Athéniens tournèrent à leur ruine. L'austère général des Spartiates, qui refusait dédaigneusement les secours de la Perse, et aimait mieux se faire écraser avec son armée que de reculer devant les Athéniens, accepta la bataille près des îles *Arginuses*, malgré la supériorité des forces ennemies. Il périt dans cette désastreuse journée après avoir perdu soixante-dix galères. Mais une tempête empêcha les vainqueurs de recueillir leurs morts. Le peuple athénien mit en jugement les généraux et les condamna au dernier supplice, malgré les généreux efforts de Socrate. Cette barbare folie décida l'issue de la guerre.

Lysandre, rappelé après la mort de Callicratidas (405), obtient de nouveaux secours du jeune Cyrus, et rentre en campagne avec des forces considérables. Néanmoins, il semble hésiter à engager les hostilités, et par cette apparence de crainte et de faiblesse, il inspire aux Athéniens une fausse sécurité. Tandis que ceux-ci, se croyant sûrs du succès, délibèrent sur les mauvais traitements dont ils vont accabler leurs captifs, Lysandre fond à l'improviste sur les galères ennemies réunies à l'embouchure du petit fleuve *Égos-Potamos*, et dont l'équipage est descendu à terre. De la flotte entière, neuf vaisseaux à peine échappent aux Spartiates. Cent soixante-dix galères et trois mille prisonniers tombent en leur pouvoir (405). — Ce désastre fut le signal de la défection de tous les alliés d'Athènes. La plupart des villes maritimes ouvrirent leurs portes à Lysandre, qui s'annonçait comme un libérateur. En même temps, l'habile Spartiate obligeait tous les Athéniens à se réfugier dans leur ville, en menaçant de faire main basse sur tous ceux qu'il rencontrerait hors d'Athènes. C'était le moyen d'y accumuler une nombreuse population qui, en consommant tous les vivres, rendrait une longue résistance impossible. Enfin, il parut devant le port du Pirée avec cent cinquante voiles, tandis que les rois Agis (n° 144) et *Pausanias* pressaient la ville par terre (404).

Malgré le courage de ses défenseurs, Athènes, bientôt réduite aux abois par la famine et la contagion, fut forcée d'ouvrir ses portes; et la flotte ennemie entra dans le Pirée le jour anniversaire de la bataille de Salamine. Sparte ne voulut pas détruire sa rivale, mais elle lui imposa de dures conditions. Les Athéniens s'engagèrent à démolir les murailles du Pirée, à livrer leurs galères, à l'exception de douze, à abandonner toutes leurs colonies, à conclure une ligue offensive et défensive avec Lacédémone, à recevoir une garnison et un gouverneur, enfin à subir le mode de gouvernement que leur prescriraient leurs rivaux triomphants. Lysandre insulta à la chute d'Athènes. « Il fit venir des ménétriers qui jouaient de la flûte et du hautbois; au son de ces instruments il fit démolir les fortifications et brûla les galères en présence des alliés de Sparte, qui, cependant, dansaient et chantaient, ayant des couronnes de fleurs sur la tête. » (PLUTARQUE, *Vie de Pausanias*.)

Ainsi se termina la longue et fatale guerre du Péloponèse,

dont les suites furent déplorables pour la Grèce entière. Le ravage des campagnes, la ruine d'un grand nombre de villes, la perte d'une foule de vaillants soldats et de capitaines illustres n'en furent pas les résultats les plus fâcheux. Quelques années de paix et d'union eussent suffi à la Grèce pour réparer tous ces désastres; mais ce qui fut irréparable, ce fut la destruction de tous les éléments de sa force et de sa prospérité d'autrefois. Les deux principales villes de la Grèce, celles qui avaient marché à sa tête et l'avaient sauvée dans les plus grands périls, Athènes et Sparte recevaient de la guerre du Péloponèse un coup presque également funeste. Athènes, vaincue, perdait cette puissance maritime qui l'avait rendue si redoutable aux ennemis du dehors, et les Athéniens, désormais sans force, n'allaient plus devenir qu'un peuple de rhéteurs et d'oisifs, capable encore d'exciter, de soulever la Grèce, mais non plus de la défendre.

Sparte, bien que victorieuse, dut à son triomphe même la ruine de ces antiques institutions qui la rendaient invincible. Les changements apportés par Lysandre dans les mœurs substituèrent à la simplicité d'autrefois l'amour du luxe et de la mollesse, et au dédain des richesses, une avidité effrénée qui devait rendre si odieuse la suprématie lacédémonienne. Sparte perdit en quelques années, avec le respect des lois de Lycurgue, ses mâles coutumes, ses mœurs énergiques son indomptable courage. Sa victoire sur Athènes, en lui donnant sur mer une puissance qui ne convenait ni au caractère ni aux habitudes de sa population, vint contribuer encore à diviser et à affaiblir l'armée de terre, qui était jadis toute sa force.

Sparte et Athènes d'ailleurs, animées de la haine irréconciliable de l'opprimé contre l'oppresseur, n'allaient plus être que des ennemies acharnées, disposées à sacrifier à leur ressentiment la liberté de la Grèce elle-même.

148. Les trente tyrans a Athènes. — Sparte fit lourdement peser son joug sur les vaincus. Trente magistrats, ou plutôt trente tyrans, furent choisis par Lysandre pour maintenir Athènes dans la soumission par la terreur (404). Ce fut un atroce despotisme. Toutes les réunions furent défendues : des soldats mercenaires frappaient sans pitié les citoyens qui s'assemblaient sur les places publiques; une foule de personnages illustres, même de pauvres habitants de la ville, furent envoyés au supplice, sans jugement, par les *buveurs de sang;* ils firent mettre à mort un de leurs collègues, nommé *Théramène,* qui osait s'opposer à leurs excès.

« Les plus forcenés étaient regardés comme les plus fidèles, les plus perfides comme les plus habiles, et la douceur naturelle de l'homme s'était changée en férocité sauvage. »

Alors, les Athéniens pensèrent à Alcibiade, réfugié en Phrygie auprès du satrape *Pharnabaze*. Mais la soupçonneuse cruauté des Trente le frappa jusque dans cet asile. Cédant aux intrigues de Lysandre, Pharnabaze envoya contre Alcibiade une bande de soldats qui, n'osant l'approcher, le tuèrent à coups de flèches. Ce fut un Athénien chassé par les tyrans, *Thrasybule*, qui eut la gloire de délivrer sa patrie. A la tête de soixante-dix exilés, il s'empara d'une forteresse voisine d'Athènes, grossit rapidement sa petite troupe, et battit l'armée des Trente. Ceux-ci, divisés entre eux, accusés par le peuple, s'enfuirent d'Athènes, laissant le pouvoir à dix magistrats qui appelèrent Lysandre à leur secours. Mais Sparte s'effrayait de la puissance et de l'ambition de son général. Le roi *Pausanias* vint lui-même avec son armée arrêter Lysandre, renverser les Dix, et faire triompher Thrasybule (403).

Une amnistie fut proclamée et le gouvernement populaire fut aussitôt rétabli.

§ IV. SOCRATE, PLATON, HIPPOCRATE, ARISTOPHANE, THUCYDIDE.

149. SOCRATE. — SON CARACTÈRE ET SON ENSEIGNEMENT. — Le rétablissement de la démocratie, à Athènes, fut signalé par un grand crime, la condamnation et la mort de l'homme le plus sage et le plus vertueux de l'antiquité païenne, le philosophe *Socrate*. Fils d'un sculpteur d'Athènes, Socrate avait quitté de bonne heure la profession de son père pour ne s'occuper que de l'étude de la vérité, et il avait consacré son existence entière à instruire la jeunesse de son pays par ses leçons et par ses exemples. On le voyait mener constamment la vie la plus simple, la plus régulière, la plus vertueuse. Dédaignant la richesse, il refusait tous les présents que lui envoyaient ses élèves, et, bien loin de porter envie aux citoyens opulents, il s'écriait à la vue de leurs trésors : « *Qu'il y a de choses dont je puis me passer !* » Il supportait avec la patience la plus inaltérable, le caractère acariâtre et violent de sa femme *Xantippe*, qui ne cessait de l'importuner de ses murmures et de ses exigences, et s'emporta un jour jusqu'à lui jeter, en pleine rue, un pot d'eau sale sur la tête : « *Après le tonnerre, il fallait bien qu'il tombât de la pluie,* » dit tranquillement Socrate ; et sa douceur finit par toucher le cœur de sa femme, qui avouait ne l'avoir jamais vu changer d'humeur ni de visage.

Intrépide dans l'accomplissement de tous ses devoirs, il avait sauvé, sur le champ de bataille, la vie de son élève Xénophon (n° 143), et, pendant qu'Athènes gémissait sous l'oppression des Trente, il avait constamment soutenu, par sa fermeté, le courage de ses concitoyens. Il cherchait, dans ses leçons, à inspirer aux jeunes gens le désir du bien, le mépris de la fausse sagesse et l'amour de la vertu. Il profitait de toutes les occasions pour donner, au milieu des repas, des conversations ou des promenades, de bons conseils et de sages préceptes, pour reprendre avec la plus noble franchise les vices et les travers de ses concitoyens. Un Athénien se plaignant un jour devant lui de la fatigue d'un voyage qu'il avait fait à pied : — « Votre esclave a-t-il pu vous suivre? demanda Socrate. — Oui. — Portait-il quelque chose? — Il était chargé d'un lourd fardeau. — Se plaint-il de la fatigue? Non; et même, en arrivant, il a fait une course dans la ville. — Eh bien ! reprit le philosophe, voyez si vous avez raison de mépriser votre esclave. Vous êtes riche, mais faible, mou et languissant ; il est pauvre, mais sain, robuste et actif. Lequel des deux est au-dessus de l'autre? » La liberté de ses paroles, l'influence qu'il avait acquise sur la jeunesse, lui attirèrent bientôt un grand nombre d'ennemis, surtout parmi les *sophistes* ou faux sages, qui ne songeaient qu'à orner l'esprit de leurs élèves sans améliorer leur cœur. Socrate ne s'inquiétait ni de leur jalousie, ni de leurs attaques. Il voyait, sans s'émouvoir, le poëte *Aristophane* (n° 154) le tourner en dérision et l'accabler de railleries grossières, sur le théâtre d'Athènes, dans la célèbre comédie des *Nuées*, où le philosophe était représenté sous les traits les plus ridicules. Socrate, en assistant à ce spectacle, se contenta de dire, *qu'il savait entendre la plaisanterie, et que, d'ailleurs, il était venu pour savoir si parmi les défauts qu'on lui reprochait, il n'y en aurait pas quelques-uns dont il pût se corriger.* Tant de patience et de modestie ne purent désarmer ses ennemis, qui préparèrent une vengeance plus terrible.

150. Jugement de Socrate. — Socrate, qui avait reconnu toute la fausseté de la religion païenne, ne cachait pas le mépris qu'il avait conçu pour ces divinités vicieuses et corrompues que l'on honorait souvent par les pratiques les plus honteuses. On l'accusa de donner un enseignement impie et de pervertir la jeunesse d'Athènes.

Le philosophe, alors âgé de soixante-dix ans, se défendit devant ses juges avec une admirable fermeté : « J'accomplis, » dit-il, la tâche que j'ai reçue de Dieu. La Providence m'a » chargé d'étudier la philosophie pour mon instruction et » celle des autres : je dois y persévérer jusqu'à la mort. » Abandonner, par crainte du danger, la mission que Dieu » m'a donnée, ce serait une désertion plus coupable que » celle d'un soldat qui quitte son poste sur le champ de » bataille. »

Mais les juges étaient gagnés d'avance, et Socrate fut déclaré coupable; seulement on lui permit d'indiquer lui-même la peine qu'il avait méritée : « Ce que j'ai mérité, s'écria- » t-il, c'est d'être nourri dans le *Prytanée* (édifice pu- » blic où l'on recevait les citoyens qui avaient rendu de » grands services au pays). J'en suis plus digne que ceux qui » ont remporté le prix aux jeux olympiques ; car je vous en- » seigne le moyen d'arriver au véritable bonheur. » Les juges prirent cette réponse pour une insulte et condamnèrent aussitôt Socrate à boire la *ciguë*, poison que l'on faisait prendre aux criminels.

Socrate entendit sa sentence sans émotion et dit à ses disciples qui l'entouraient en pleurant : « Vous vous affligez de me voir mourir innocent, aimeriez-vous mieux me voir mourir coupable? Quant à moi, je n'ai aucun ressentiment contre mes accusateurs, quoique leur intention ait été de me nuire. L'homme de bien n'a aucun mal à craindre. Pendant sa vie et après sa mort, Dieu ne l'abandonne jamais. »

Le jour où Socrate fut condamné était celui-là même où un navire mettait à la voile pour porter des présents à un célèbre temple d'Apollon, et il était défendu de faire exécuter aucune sentence de mort avant le retour du navire. Il s'écoula, par suite de cette circonstance, un intervalle de trente jours, pendant lequel Socrate ne s'occupa, dans sa prison, qu'à instruire et à consoler ses amis et ses disciples. L'un d'eux vint un jour lui proposer un moyen assuré de s'échapper de sa prison et de sortir d'Athènes. Socrate refusa en disant, que *le premier exemple que devait donner un bon citoyen était celui de l'obéissance aux lois et aux magistrats de son pays.*

151. Mort de Socrate. — Le matin du jour où Socrate devait boire la ciguë, les *Onze* chargés de l'exécution des condamnés vinrent à sa prison lui annoncer la fatale nouvelle et le délivrer de ses fers. Socrate prit congé de sa femme et de ses enfants, puis s'entretint une dernière fois avec ses amis de la condition de l'homme et de l'immortalité de l'âme. Déjà le coucher du soleil approchait, le serviteur des Onze entra et lui dit : « Socrate, j'espère que je n'aurai pas à te faire le même reproche qu'aux autres : dès que je viens les avertir qu'il faut boire le poison, ils s'emportent contre moi et me maudissent. Pour toi, je t'ai toujours trouvé le plus doux, le plus courageux et le meilleur de ceux qui sont jamais venus dans cette prison... Maintenant, tu sais ce que je viens t'annoncer. Adieu ; tâche de supporter avec résignation ce qui est inévitable. » En même temps, il se retourna en fondant en larmes et se retira. Socrate, le regardant, lui dit : « Et toi aussi, reçois mes adieux. Voyez, continua-t-il, quelle honnêteté dans cet homme, et comme il me pleure de bon cœur. Mais, allons, obéissons de bonne grâce. Qu'on m'apporte le poison s'il est broyé ; sinon, qu'il le broie lui-même. — Mais, répondit Criton, le soleil dore encore les montagnes ; bien des condamnés n'ont pris le poison que fort avant dans la nuit, après de joyeux festins... C'est pourquoi ne te presse pas, tu as du temps encore. — La seule chose que je pourrais gagner, reprit Socrate, en buvant un peu plus tard, ce serait de me rendre ridicule à moi-même : serais-je si amoureux de la vie ! » Criton appela l'esclave chargé de présenter la ciguë : « Mon ami, dit Socrate, que faut-il que je fasse ? — Pas autre chose que de te promener après avoir bu jusqu'à ce que tu sentes tes jambes s'appesantir ; alors tu te coucheras sur ton lit. » Il lui tendit la coupe. Socrate la prit avec la plus parfaite sérénité, sans changer de couleur. Regardant l'esclave d'un œil ferme et assuré : « Dis-moi, est-il permis de répandre un peu de ce breuvage pour en faire une libation ? — Non, répondit cet homme, nous ne broyons que le nécessaire. — J'entends, reprit Socrate ; mais au moins il nous est permis de faire nos prières aux dieux, afin qu'ils bénissent notre voyage. » A ces mots, il porta la coupe à ses lèvres, et la vida d'un seul trait.

« Jusque-là, dit Platon, nous avions eu presque tous assez de force pour retenir nos larmes ; mais après qu'il eut bu, nous n'en fûmes plus les maîtres. « Que faites-vous, dit Socrate, ô mes amis ! n'avais-je pas renvoyé les femmes pour m'éviter des lamentations semblables ? » Bientôt il sentit ses jambes s'appesantir, et il se coucha sur le dos. Peu à peu tout le corps se glaça et se raidit : le froid gagna le cœur. « Criton, dit alors » Socrate à l'un des assistants, nous devons un coq à Esculape ;

» n'oublie pas d'acquitter cette dette. » Étrange inconséquence de celui qui avait passé sa vie entière à combattre les superstitions de ses concitoyens ! Peu après, il fit un mouvement convulsif ; l'esclave le découvrit, ses regards étaient fixes. Criton lui ferma la bouche et les yeux (400).

152. Platon. — Après la mort de Socrate, ses disciples, donnant à son enseignement des interprétations diverses, partagèrent la philosophie en un grand nombre d'écoles. Le plus célèbre de tous est *Platon* (430-347), chef de l'école philosophique appelée l'*Académie*. Ce philosophe développa avec un incomparable génie les idées de son maître ; il suivit la route que Socrate avait tracée, s'éleva plus haut que lui encore, et la sublimité de ses doctrines lui valut le surnom de *divin*. Il rapporta des sanctuaires égyptiens des notions nouvelles, et quoiqu'il admît l'éternité de la matière, il proclama hautement l'existence d'un Dieu suprême et unique ; il entrevit quelques-uns des dogmes que le christianisme devait enseigner plus tard, et c'est lui qui, pour compléter le portrait du juste sur la terre, le représente *honni de tous, flagellé et mis en croix*. Ses écrits ont presque tous la forme de *dialogues*, où Socrate est le principal interlocuteur.

Platon, malgré tout son génie, tomba dans de singulières erreurs : il conseilla dans sa *République*, la communauté des biens et des femmes ; tant il est vrai que les plus fermes esprits chancellent quand ils sont privés de l'appui de la vérité révélée ! On n'a du reste sur la doctrine de Platon que des données incomplètes ; il paraît avoir eu, comme la plupart des philosophes anciens, un enseignement public et un enseignement secret. Ses dialogues ne renferment que la partie élémentaire de sa philosophie.

153. Hippocrate. — La médecine prit en Grèce, à cette époque, un essor remarquable. Enseignée jadis par *Chiron*, puis par *Esculape*, que la reconnaissance publique mit au rang des dieux, elle grandit rapidement sous *Hippocrate* (né en 460), qui, débarrassant l'art de guérir de toutes les superstitions vulgaires, le fonda entièrement sur l'observation et l'expérience. Hippocrate fut un homme prodigieux pour son siècle, dont l'autorité a régné longtemps sans rivale, et est encore, malgré les progrès de la science, respectée même aujourd'hui.

L'illustre médecin fit admirer son patriotisme en même temps que son savoir. Au milieu des calamités de la peste d'Athènes (n° 142), le roi Artaxerxès lui envoya des députés avec de magnifiques présents pour le déterminer à venir lui donner des soins et se fixer à sa cour. Hippocrate refusa tous les dons du grand roi et resta au milieu de ses concitoyens pour les défendre contre la contagion.

154. ARISTOPHANE. — Après la tragédie dont nous avons fait connaître les illustres représentants, était née la comédie, toute pleine à l'origine de bouffonneries ignobles, d'indécentes injures, de plaisanteries personnelles. Perfectionnée au temps de Périclès, elle acquit plus d'élévation et plus d'élégance dans la forme, mais n'apprit pas encore à épargner le talent et la vertu. Le célèbre comique *Aristophane* s'appliqua avec autant de malignité que de succès à exciter le rire des spectateurs en mettant sur la scène pour les tourner en ridicule les personnages les plus respectables. On sait que ce furent les vers spirituels et méchants de la comédie des *Nuées* (n° 149) qui préparèrent la condamnation de Socrate. Ces tendances détestables ne devaient se modifier et se corriger que dans le siècle suivant sous l'influence de *Ménandre* qui, débarrassant la comédie de toute allusion grossière, en fit la critique générale des mœurs et la satire des ridicules.

155. THUCYDIDE. — Dans un genre plus sérieux, nommons en terminant un des écrivains qui honorent le plus la grande époque dont nous venons de retracer l'histoire.

Le récit des événements de la guerre du Péloponèse est dû à la plume énergique et savante de l'Athénien *Thucydide* (471-v. 395), qui avait pris lui-même une part active aux hostilités. Ayant entendu, à l'âge de quinze ans, la lecture des ouvrages d'Hérodote aux jeux olympiques, il avait conçu dès lors l'ambition de marcher sur ses traces. Militaire consommé en même temps que narrateur habile, il a laissé dans son *Histoire de la guerre du Péloponèse* un véritable chef-d'œuvre de concision, de méthode, de jugement et d'impartialité; ses descriptions pleines de vérité, ses appréciations sûres et élevées, son style vigoureux auquel on ne peut reprocher qu'un peu de sécheresse, l'ont placé à la tête des historiens grecs.

QUESTIONNAIRE. — § I. 137. *Quels étaient le caractère et les talents de Périclès?* — 138. *Quelle fut la situation d'Athènes sous son administration?* — § II. 139. Quel nom a reçu cette époque? — Quels sont les trois grands tragiques grecs? — Qu'est-ce qui les caractérise? — 140. Citez deux chefs-d'œuvre de Phidias. — Nommez deux grands peintres de ce siècle. — Qu'était-ce que l'Odéon? — § III. 141. Quelle fut l'origine de la guerre du Péloponèse? — Quelle était la situation des deux partis? — Quel fut le caractère de cette guerre? — 142. De quel fléau Athènes fut-elle frappée? — Parlez du dévouement du médecin Hippocrate. — Donnez quelques détails sur les derniers moments de Périclès. — Donnez un exemple de la fureur et de l'acharnement des combattants. — 143. Comment se termina la première période de la guerre? — 144. Quel était le caractère d'Alcibiade? — Citez l'aventure du chien d'Alcibiade. — 145. Qui fut chargé de conduire une expédition en Sicile? — Quelle accusation fut portée contre Alcibiade? — Quel en fut le résultat? — Qui était Gylippe? — Que devint l'expédition de Sicile après le départ d'Alcibiade? — Quel fut le sort des généraux et des soldats athéniens? — 146. Quelle fut la conduite d'Alcibiade dans son exil? — Quel service rendit-il à sa patrie après l'avoir trahie? — 147. Qui était Lysandre? — Rappelez une expression qui le caractérise. — De quelle manière les Athéniens traitèrent-ils leurs généraux? — Comment fut détruite leur flotte? — Quel fut le sort d'Athènes, et à quelles conditions la paix fut-elle faite? — Quelles furent les conséquences de la guerre du Péloponèse? — 148. Quel fut le sort d'Athènes sous le gouvernement des Trente? — Comment fut-elle délivrée? — § IV. 149. Quels étaient le caractère et l'enseignement de Socrate? — 150. *Racontez son jugement.* — 151. *Donnez des détails sur son séjour en prison et sa mort.* — 152. Caractérisez Platon. — 153. Qu'avez-vous à dire d'Hippocrate? — 154. Quel était le genre d'Aristophane? — 155. Dites les qualités de l'historien Thucydide.

CHAPITRE DOUZIÈME.

GRÈCE ET MACÉDOINE DEPUIS LA DÉLIVRANCE D'ATHÈNES JUSQU'A L'AVÉNEMENT D'ALEXANDRE LE GRAND.

SOMMAIRE.

§ Ier. 156. Cyrus le Jeune se révolte contre son frère Artaxerxès Mnémon; il est tué à la bataille de Cunaxa (401).

157. Dix mille Grecs refusent de se rendre; leurs chefs sont égorgés par la trahison de Tissapherne; Xénophon relève leur courage.

158. La retraite à travers toute l'Asie présente des difficultés inouïes. Elle s'accomplit à force d'énergie et de bravoure. Xénophon est l'historien de la retraite des Dix mille, après en avoir été le héros; il est l'auteur de la Cyropédie et de divers ouvrages sur l'enseignement de Socrate.

§ II. 159. Le vaillant et prudent roi de Sparte, Agésilas, est envoyé en Asie (396); il a une entrevue avec le satrape Pharnabaze; sa marche victorieuse en Asie est arrêtée tout à coup par les divisions des peuples grecs. — La tyrannie et les exactions des harmostes provoquent un soulèvement général contre Sparte. — Lysandre est tué à Haliarte (394). — Agésilas, rappelé au milieu de ses exploits, écrit une lettre mémorable où il exprime sa soumission aux lois.

160. Agésilas remporte la bataille de Coronée (394) fatale à la Grèce entière. L'or des Perses fomente les troubles et les divisions des Grecs. Sparte est réduite à négocier avec le grand roi. — Antalcidas conclut un honteux traité qui détruit tous les fruits de la paix de Cimon (387).

§ III. 161. Sparte continue à opprimer la Grèce. La Cadmée est prise en pleine paix avec l'approbation d'Agésilas. Thèbes est soumise à la plus dure tyrannie. — Pélopidas et Épaminondas forment le projet de délivrer leur patrie. Charon les favorise. Les conjurés sont introduits à Thèbes.

162. Le complot réussit à la faveur de l'ivresse et de l'insouciance des magistrats spartiates. Ils sont égorgés et la ville de Thèbes est délivrée (379).

163. Thèbes grandit rapidement sous Épaminondas et Pélopidas qui font la guerre aux Spartiates. — Le bataillon sacré, principale force de l'armée thébaine, décide la victoire de Leuctres, remportée par Épaminondas (371).

164. Sparte assiégée pour la première fois est sauvée par Agésilas. — Pélopidas est tué en Thessalie. — A la bataille décisive de Mantinée, Épaminondas meurt au milieu de son triomphe (363). — La décadence de Thèbes est rapide. — Agésilas meurt en Afrique.

§ IV. 165. Le royaume de Macédoine est fort obscur jusqu'à Philippe, fils d'Amyntas (360). — Philippe en otage à Thèbes, élève de Platon, d'Aristote et d'Épaminondas, montre un caractère plein de ruse et d'énergie, de persévérance et de finesse. Il forme le projet de dominer la Grèce ; il institue la phalange macédonienne ; restaure ses finances.

166. Philippe intervient en Grèce à la faveur de la guerre sociale (358-356), prend Amphipolis, s'avance en Thessalie à l'aide de la corruption. — Une guerre sacrée éclate contre les Phocidiens ou Phocéens sacrilèges et condamnés par les Amphictyons (355). — Philippe fait une expédition en Thrace, puis assiége Olynthe.

167. L'influence est partagée à Athènes entre le vertueux et vaillant Phocion, Eschine, orateur vendu à la Macédoine, et Démosthène. — Le talent de Démosthène s'est formé à force d'énergie et de persévérance. Son admirable éloquence et ses Philippiques sont inefficaces. Olynthe est prise.

168. A la faveur d'une nouvelle guerre sacrée, Philippe entre au cœur de la Grèce ; il prend Élatée ; Démosthène lui fait déclarer la guerre. — Philippe triomphe à Chéronée (338), où le jeune Alexandre anéantit le bataillon sacré des Thébains. — Démosthène prend la fuite. — Philippe se livre à l'intempérance.

169. Philippe organise la Grèce en une vaste confédération et prépare contre la Perse une expédition dont il est nommé généralissime. Il est assassiné dans une fête par Pausanias (336).

§ Ier. EXPÉDITION DU JEUNE CYRUS. — RETRAITE DES DIX MILLE. — XÉNOPHON.

156. RÉVOLTE DE CYRUS LE JEUNE. — BATAILLE DE CUNAXA. — Tandis qu'Athènes se déshonorait par la mort du meilleur et du plus grand de ses citoyens, l'armée grecque s'illustrait en Asie par un mémorable fait d'armes, sous la conduite d'un des disciples de Socrate, *Xénophon* (n° 158), qui déployait, au milieu des circonstances les plus difficiles, toute la prudence, toute la fermeté, tout le courage que lui avait inspirés son maître.

La Grèce se préparait, par son intervention dans les affaires de la Perse, aux grandes luttes qui devaient amener son triomphe sur les races dégénérées de l'Orient.

Darius Nothus était mort (404), laissant le trône à son fils aîné, *Artaxerxès Mnémon*. Le frère du nouveau roi, le jeune *Cyrus*, satrape de la Cappadoce, de la grande Phrygie et de la Lydie, revêtu du commandement des provinces maritimes, s'était flatté un instant de se voir choisir pour héritier de l'empire, grâce aux intrigues de sa mère *Parisatis*. Déçu de ses espérances, il tenta d'assassiner Artaxerxès, et fut assez heureux pour obtenir le pardon de son crime; mais la clémence de son frère ne fit qu'irriter son ambition et le pousser à la révolte; il résolut d'arracher par la violence un trône dont l'écartait la loi.

Les talents de Cyrus égalaient son ambition; il avait su, par des secours prodigués à Lysandre, s'assurer l'alliance des Lacédémoniens. Sa bonne administration lui concilia l'affection de ses sujets d'Asie. Ceux-ci, accoutumés aux rapines des satrapes, furent étonnés de trouver dans Cyrus un prince attentif à leurs besoins, et toujours disposé à alléger les impôts qui les écrasaient. « Tous, dit Xénophon, eussent voulu lui confier leurs fortunes, leurs villes, leurs personnes; nul n'a été l'objet d'un si vif attachement parmi les Grecs et les Barbares. » Les provinces asiatiques pouvaient lui fournir cent mille soldats, mais son espoir reposait surtout sur les secours qu'il attendait de Sparte. La reconnaissance de cette ville était d'accord avec son intérêt; elle saisit avec empressement l'occasion d'affaiblir la Perse, en y fomentant la discorde. La Grèce, pour la première fois, allait rendre à l'Asie invasion pour invasion.

Cyrus fut autorisé à lever des recrues dans toutes les provinces de la domination lacédémonienne; la Thessalie, la

Béotie, l'Achaïe fournirent treize mille fantassins; Sparte même fit passer en Asie huit cents hommes pesamment armés, et mit à la disposition du prince toutes ses forces navales (402). Le prétexte de ces levées de troupes était la nécessité de réprimer quelques tyrans de Pisidie et de Cilicie. L'indolence présomptueuse de la cour persane n'aperçut pas ces préparatifs, ou les jugea indignes de son attention. Vainement *Tissapherne*, satrape de Carie et d'Ionie, multiplia les avis : Artaxerxès était encore plongé dans la plus étrange sécurité, lorsque déjà Cyrus marchait à la tête de treize mille Grecs et de cent mille barbares.

Cyrus n'avait pas communiqué à son armée ses projets contre Artaxerxès. Arrivés à Tarse, les soldats soupçonnèrent la vérité, et s'effrayant des dangers de l'entreprise, ils refusèrent de continuer leur marche. La promesse d'une augmentation de solde triompha de la résistance. On traversa la Syrie, on passa l'Euphrate près de la ville de Thapsaque, puis on parvint aux frontières de la Babylonie. L'armée se disposait à camper dans la plaine de *Cunaxa*, lorsque Cyrus apprit qu'Artaxerxès s'avançait rapidement à la tête de quatre cent mille hommes. Le danger avait enfin réveillé le grand roi, et telle avait été sa diligence au dernier moment, qu'il apparaissait aux ennemis sans être attendu.

Les Grecs se formèrent à la hâte sous les ordres de *Cléarque*; ils s'appuyèrent à l'Euphrate pour n'être pas enveloppés par les bandes persanes, et l'impétuosité de leur charge mit en déroute le corps ennemi qui leur était opposé.

En ce moment, les cavaliers de Cyrus s'élancent à la poursuite des fuyards. Le jeune prince, resté presque seul, ne peut maîtriser sa téméraire ardeur, et voulant mettre fin au combat par la mort d'Artaxerxès, il se précipite au fort de la mêlée. Il découvre son frère, le joint, le blesse à la poitrine; mais au moment où il va sortir vainqueur de cette lutte impie, un javelot lui traverse la tête et le renverse mort (401).

157. COMMENCEMENT DE LA RETRAITE DES DIX-MILLE. — Cyrus tué, les troupes asiatiques se dispersèrent aussitôt, abandonnant leur camp à l'ennemi; les Grecs seuls avaient, par leur discipline et leur courage, triomphé de la multitude de leurs ennemis, et étaient rentrés en bon ordre dans leur camp. Quoique affaiblis par le combat terrible qu'ils avaient soutenu, ils refusèrent de rendre leurs armes à Artaxerxès, et entreprirent cette retraite si fameuse dans l'histoire sous le nom de *retraite des Dix-mille*.

Artaxerxès, étonné de leur résolution, leur offrit une trêve et leur promit de les faire reconduire dans leur patrie par un de ses officiers nommé *Tissapherne*. Mais c'était un piége odieux qu'il leur tendait; et bientôt Tissapherne, ayant réuni tous les généraux grecs dans une conférence, les fit lâchement assassiner.

La position des Grecs était affreuse. Réduits au nombre de dix mille hommes environ, ils se trouvaient sans chefs et sans guides dans une contrée inconnue, à une distance immense de leur pays, entourés d'ennemis de tous côtés. La plupart s'abandonnaient au désespoir, lorsque Xénophon, rassemblant les officiers: « Compagnons, s'écria-t-il, quand Darius et Xerxès attaquèrent la Grèce, vos pères vainquirent sur terre et sur mer leurs innombrables armées, et les monuments de leurs victoires sont encore debout. Que vos pères n'aient pas à rougir de vous. Brûlons les chariots et les bagages inutiles; ne gardons que nos armes et les ustensiles indispensables. Que ceux qui veulent revoir leur famille et leur patrie combattent vaillamment. Marchons! les dieux seront pour nous contre des ennemis parjures. » L'armée répondit par des acclamations à ces paroles ardentes, et se mit en marche, après avoir donné le commandement à Xénophon.

158. Principaux événements de la retraite des Dix-mille. — Xénophon. — On ne saurait imaginer les dangers, les obstacles de toute espèce, que les Grecs eurent à vaincre pour parvenir à travers la moitié de l'Asie jusqu'aux rivages de la mer. Tantôt un fleuve profond arrêtait l'armée; tantôt il s'agissait de gravir des montagnes impraticables; tantôt on avait à forcer des défilés que défendaient des tribus sauvages et aguerries. Ici, on traversait des plaines sablonneuses et brûlantes; plus loin, des régions couvertes de neige. « Il fallut toute l'énergie indomptable du général pour soutenir le courage des troupes à travers de pareilles épreuves, dit Xénophon lui-même dans ses mémoires. Près des sources de l'Euphrate, les soldats égarés au milieu des frimas s'arrêtèrent à une place où la vapeur d'un ruisseau avait fait fondre la neige, et s'assirent à terre, déclarant qu'ils ne marcheraient plus. Leurs sandales, durcies par la gelée, s'attachaient aux pieds, et les courroies entraient dans les chairs. Le général les supplia, les conjura de ne pas rester en arrière, car on était suivi d'un gros d'ennemis. « Qu'on nous égorge, répondirent-ils; nous ne pouvons faire un pas de plus. » On jugea que le meilleur parti à prendre était d'inspirer, s'il était possible, aux ennemis une telle terreur, qu'ils n'osassent pas attaquer ces infortunés. La nuit était sombre, les Barbares s'avançaient à grand bruit, se disputant déjà les fruits du pillage; l'arrière-garde courut sur eux, tandis que les traîneurs, poussant des clameurs bruyantes, frappaient les boucliers de leurs piques. Les ennemis effrayés s'enfuirent dans les montagnes; on ne les entendit plus. Xénophon et ses troupes promirent aux malades qu'il leur viendrait le lendemain des secours, et continuèrent leur marche...

» Un jour que l'on gravissait une montagne, on entend tout à coup de grands cris, et l'on voit les soldats des premiers rangs courir et se précipiter. Xénophon était à l'arrière-garde; il monte à cheval, s'apprêtant à repousser une attaque, quand il distingue ces mots : *La mer, la mer!* Aussitôt arrière-garde, équipages, cavaliers, tout court au sommet de la montagne; les soldats pleurent de joie, s'embrassent les uns les autres, et sautent au cou de leurs généraux; puis de leur propre mouvement, ils accumulent des pierres et du gazon, et en construisent un tertre, qui, recouvert des boucliers arrachés à l'ennemi, doit demeurer comme le monument de leur passage. »

Après cinq mois de marche et de combats, les Grecs atteignirent les rivages de l'Hellespont; ils étaient encore au nombre de huit mille six cents. Cette expédition leur fit connaître la faiblesse réelle de cet immense empire des Perses, qui n'avait pas réussi avec toutes ses ressources à accabler dix mille soldats, et leur inspira la pensée et l'espérance de le renverser un jour.

Le héros de la retraite des Dix-mille en fut aussi le narrateur. Célèbre tout à la fois comme guerrier, comme littérateur, comme philosophe, Xénophon, victime comme tant d'autres grands hommes des injustes défiances de ses concitoyens, Xénophon fut banni d'Athènes, peu d'années après son retour d'Asie, et ne rentra jamais dans sa patrie. Il mourut à Corinthe (v. 355) après avoir composé dans l'exil la plupart de ses ouvrages.

Il a écrit l'*Histoire de la retraite des Dix-mille*, son plus beau titre de gloire; la *Cyropédie*, remarquable tableau des mœurs des Perses lors de la jeunesse de Cyrus, et un grand nombre de traités historiques et stratégiques dont le style, plein d'élégance et de charme, l'a fait surnommer l'*Abeille attique*.

C'est encore à lui que nous devons les données les plus précieuses sur les doctrines de Socrate, son maître, dont il s'est attaché à reproduire l'enseignement avec une grande fidélité dans les *Dits mémorables* et l'*Apologie de Socrate.*

§ II. AGÉSILAS ET LE TRAITÉ D'ANTALCIDAS.

159. EXPLOITS D'AGÉSILAS EN ASIE. — L'occasion d'engager une lutte nouvelle ne tarda pas à se présenter. Le satrape Tissapherne, ayant menacé les colonies grecques d'Asie Mineure, indépendantes de la Perse depuis la défaite de Xerxès, celles-ci implorèrent le secours des Lacédémoniens, qui envoyèrent en Asie le roi *Agésilas*, un des hommes les plus illustres de la Grèce (395). Ce grand capitaine, endurci à toutes les fatigues de la guerre par la sévère éducation des enfants de Sparte, s'avança à marches forcées à travers les provinces de l'empire des Perses, battant toutes les troupes qu'il rencontrait, et recueillant d'immenses dépouilles. Le satrape de Phrygie, *Pharnabaze*, essaya d'abord de se défendre; mais bientôt, il fit demander une entrevue au roi de Sparte. Agésilas, arrivé le premier au rendez-vous avec ses amis, se coucha à l'ombre sur l'herbe, et attendit le satrape. Quand celui-ci arriva, ses esclaves étendirent à terre des peaux à longs poils et des tapis de diverses couleurs, mais honteux de voir Agésilas assis à terre, il alla se placer près de lui sur l'herbe, bien qu'il fût vêtu d'une robe de la plus grande finesse. Le Spartiate tenta de le détacher du service du roi de Perse et lui promit ses secours. « Tant que le grand roi me conservera le commandement de ses provinces, dit Pharnabaze, mon devoir sera de vous faire le plus de mal que je pourrai. » Agésilas, charmé de la franchise du satrape, le quitta en lui offrant son amitié. — Bientôt, sortant de la Phrygie pour marcher en avant, Agésilas voit accourir sous les drapeaux de Lacédémone les Asiatiques opprimés et les satrapes subalternes; toutes les provinces s'agitent, et l'Égypte révoltée va opérer une diversion favorable aux projets du roi de Sparte; Xénophon lui conseille de tenter des conquêtes lointaines : il va s'enfoncer au cœur de l'empire. Tout à coup survient un envoyé, annonçant que les Grecs menacent Sparte d'une guerre dangereuse. La jalousie d'Athènes sauvait le grand roi.

Sparte, devenue la puissance prépondérante de la Grèce depuis la prise d'Athènes, s'était rendue odieuse par la dureté de sa domination. Elle avait établi dans presque toutes les villes des magistrats appelés *harmostes* (conciliateurs), qui s'y étaient arrogé une autorité permanente et levaient partout des tributs au profit de leur patrie. L'habile Lysandre, qui dirigeait la politique spartiate, resserrait de plus en plus les liens de cette humiliante dépendance. Mais une réaction ne pouvait tarder à s'opérer, et tandis que les meilleures troupes de Sparte étaient occupées en Asie, une ligue se forma contre elle à l'instigation des Athéniens. Lysandre venait de périr à la bataille d'*Haliarte* (394) quand Agésilas reçut le messager qui l'arrachait à ses triomphes. Ce grand homme répondit par cette lettre qui l'honore autant que ses exploits :

« Nous avons soumis une grande partie de l'Asie ; nous
» en avons chassé les Barbares ; nous avons livré beaucoup de
» combats heureux. Cependant comme vous m'ordonnez, en
» vertu des pouvoirs qui vous appartiennent, de me trouver
» à Lacédémone le jour que vous me fixez, je pars en même
» temps que cette lettre, et peut-être arriverai-je avant elle.
» Ce n'est pas dans mon intérêt que je suis roi, mais dans
» l'intérêt de la République et de ses alliés. Celui qui com-
» mande doit lui-même obéir aux lois et aux éphores. »

Il ne faut pas moins admirer, dit l'historien Cornelius Népos, en rapportant cette lettre, l'amour d'Agésilas pour sa patrie, que son courage et son habileté dans l'art de la guerre. Quoiqu'il fût à la tête d'une armée victorieuse et qu'il eût tout lieu de croire qu'il allait achever la conquête de la Perse, il obéit à l'ordre des magistrats absents, avec autant de soumission et de modestie que l'eût pu faire un simple particulier. Il préféra l'estime de ses concitoyens à l'acquisition d'un empire immense, et aima mieux se conformer aux lois de son pays que de triompher de toute l'Asie.

160. VICTOIRE D'AGÉSILAS A CORONÉE. — TRAITÉ D'ANTALCIDAS. — Agésilas revint avec une telle rapidité, qu'en trente jours il était arrivé à Sparte. Il marcha aussitôt à l'ennemi et le rejoignit dans les plaines de *Coronée* (394). Après un combat acharné, les Spartiates l'emportèrent, et les troupes alliées abandonnèrent le champ de bataille tout couvert de leurs morts. Agésilas, bien loin de s'enorgueillir de la victoire, pleura sur des trophées qui coûtaient si chers à son pays : « *Malheureuse Grèce*, s'écria-t-il, *qui immoles de tes propres mains plus de soldats qu'il n'en faudrait pour soumettre la Perse!* » Agésilas fit au moins une noble diversion aux discordes de sa patrie en se faisant porter à Delphes, tout couvert de glorieuses blessures, pour y consacrer les dépouilles de l'Asie.

La bataille de Coronée avait épuisé les vainqueurs eux-mêmes. Les alliés, levant de nouvelles troupes avec l'or des Perses, recommencèrent de tous côtés leurs attaques. Sparte, qui venait de vaincre le grand roi, se vit réduite à entamer avec lui des négociations pour mettre fin à la guerre ; et l'on vit les peuples grecs, grâce à leurs folles querelles, forcés de se disputer l'appui des Perses.

Les Spartiates chargèrent de ces négociations un homme peu estimé pour sa conduite, mais éloquent, adroit et rusé, nommé *Antalcidas*. Cet envoyé obtint, à son tour, pour sa patrie, l'alliance de la Perse, et les confédérés, craignant d'avoir à lutter contre des forces trop supérieures, acceptèrent un traité par lequel ils abandonnaient aux Perses toutes les colonies d'Asie, qu'ils avaient délivrées autrefois (387).

« Les villes grecques d'Asie, dit le traité, ainsi que les îles
» de Clazomène et de Chypre, demeureront soumises au roi.
» Les autres villes grecques seront toutes libres, à l'exception
» des villes d'Imbros, de Lemnos, de Scyros, qui continue-
» ront d'appartenir aux Athéniens. Le roi se joindra aux peu-
» ples qui accepteront ces conditions pour combattre ceux
» qui les refuseront. » Les diverses républiques de la Grèce repoussèrent d'abord les clauses de cette pacification. Mais Antalcidas ayant équipé, avec l'argent d'Artaxerxès, une flotte de quatre-vingts galères, et ayant rendu à sa patrie une partie de l'empire de la mer qu'elle avait perdu depuis la bataille de Cnide, les confédérés se trouvèrent dans l'impossibilité de prolonger leurs refus, et signèrent enfin leur déshonneur (387).

Tous les fruits du glorieux traité de Cimon étaient anéantis.

§ III. PUISSANCE DE THÈBES. — ÉPAMINONDAS.

161. THÈBES OPPRIMÉE PAR SPARTE. — CONJURATION DE PÉLOPIDAS. — Le traité d'Antalcidas rendit aux Spartiates leur ancienne influence en Grèce, et ils ne s'en servirent que pour se venger de leurs ennemis, en les soumettant, l'un après l'autre, à une dure oppression. Après s'être rendu maître de plusieurs villes importantes, leur général ne craignit pas de s'emparer, par une lâche trahison, de la *Cadmée* ou citadelle des Thébains, auxquels ils n'avaient pas déclaré la guerre (382). Ce succès, tout honteux qu'il était, fut approuvé par les Spartiates, qui refusèrent de rendre leur conquête, et même par Agésilas, quoiqu'il eût coutume de répéter que *la justice est la première des vertus, et que, sans elle, la force ne sert de rien.* Cette fois, il se borna à dire: « Toute la question est de savoir si la prise de la citadelle de Thèbes nous est utile. » Tant il est vrai que sous le paganisme et en dehors de la vraie religion, on ne saurait trouver de vertu parfaite !

Les Spartiates firent peser, pendant cinq ans, sur les Thébains la plus dure tyrannie. Quatre cents des principaux citoyens furent chassés de la ville et se réfugièrent à Athènes, qui, malgré les menaces de Sparte, accorda aux exilés une hospitalité généreuse.

Parmi les bannis se trouvait un jeune homme d'une famille noble et opulente, plein de talents et de courage, nommé *Pélopidas.* Il forma, avec quelques-uns de ses concitoyens, le hardi projet de délivrer sa patrie. Il avait pour ami intime le vertueux *Épaminondas,* qui n'avait été jusqu'alors occupé que de l'étude de la philosophie, et que, par cette raison, les Spartiates n'avaient pas cru devoir chasser de la ville. Tout dévoué à son pays, il excita le courage de plusieurs habitants de Thèbes, et entre autres d'un magistrat nommé *Charon,* tandis que Pélopidas préparait au dehors l'exécution de son plan.

Au jour fixé, les conjurés se rassemblèrent près des portes de Thèbes. Il fut convenu que les plus jeunes se hasarderaient à pénétrer dans la ville, et que, s'ils tombaient aux mains des tyrans, les autres prendraient soin de leurs enfants et de leurs vieux pères. Pélopidas s'offrit le premier pour entrer dans Thèbes avec quelques-uns de ses amis. Après avoir dit adieu à leurs compagnons, ils envoyèrent un courrier à Charon qui avait offert de les recevoir dans sa maison, et se mirent en marche, vêtus de simples manteaux, menant des chiens de chasse et portant des pieux à tendre des filets, afin de n'inspirer aucun soupçon.

Pélopidas et ses compagnons s'étant séparés, entrèrent dans la ville par différents côtés, avant la tombée de la nuit. On était au commencement de l'hiver. Un vent piquant soufflait accompagné de neige ; les rues étaient désertes : les conjurés n'éveillèrent pas l'attention. Ils allèrent droit à la maison de Charon, où se trouvèrent réunies quarante-huit personnes, y compris les bannis.

162. Divers incidents et succès de la conjuration. — « Cependant *Philidas,* greffier d'un des magistrats spartiates, et qui était dans le secret de la conjuration, la secondait de tout son pouvoir. Il avait depuis quelque temps promis pour ce jour-là à *Archias* et à *Philippe*, deux des tyrans de Thèbes, un magnifique souper. Son projet était de les livrer aux conjurés plongés dans le vin et accablés par la débauche. Pendant qu'ils étaient à table, il parvint jusqu'aux oreilles d'Archias un bruit vague et incertain que des bannis étaient cachés dans la ville. Philidas cherchait à détourner la conversation ; mais Archias envoya un de ses satellites avec ordre de lui amener Charon sur-le-champ. Il était déjà tard. Les conjurés commençaient à s'armer, quand tout à coup, ils entendirent frapper à la porte. Celui qui était allé ouvrir, ayant reçu l'ordre d'Archias, rentra tout troublé et fit part de la nouvelle aux bannis Ceux-ci crurent que la conjuration était découverte ; néanmoins, ils furent d'avis que Charon devait obéir et se présenter au magistrat avec une assurance qui dissipât les soupçons.

» Charon, homme ferme et intrépide dans les dangers qui ne menaçaient que lui seul, fut effrayé du péril où se trouvaient les conjurés, et craignit qu'on ne le soupçonnât de perfidie, si tant de citoyens illustres venaient à périr dans sa maison. Avant de sortir, il passe dans l'appartement de sa femme, et prenant son fils, qui, encore dans la première jeunesse, surpassait en force et en beauté tous les enfants de son âge, il le remet à Pélopidas : « Si vous apprenez, lui dit-il, que je vous aie trahis, traitez cet enfant en ennemi... » Après avoir prié les dieux et embrassé tous les conjurés, il sort en les exhortant à la confiance. En chemin, il s'étudie à composer l'expression de son visage et le son de sa voix. Lorsqu'il fut à la porte de la maison où se donnait le repas, Archias et Philidas allèrent à lui. « Charon, lui dirent-ils, connaissez-vous ces gens qu'on dit être entrés dans la ville et s'y être cachés ? » Charon, d'abord un peu troublé, leur demande à son tour quels peuvent être ces hommes et qui sont ceux qui les recèlent ; mais voyant qu'Archias ne sait rien de précis, il reconnaît qu'aucun des leurs ne les a trahis. « Ne serait-ce pas, leur dit-il, un faux avis qu'on vous aura donné pour troubler vos plaisirs ? Au reste, je vais m'informer et veiller à tout... » Philidas loue sa prudence, et, ramenant Archias dans la salle, il le plonge de plus en plus dans l'ivresse. — Charon, en rentrant chez lui, trouva les conjurés prêts, non à vaincre et à sauver leurs jours, mais à mourir avec gloire en vendant chèrement leur vie. Il ne confia la vérité qu'au seul Pélopidas, et fit croire à ses compagnons qu'Archias l'avait entretenu de choses indifférentes.

» Ce premier orage était à peine dissipé, que la fortune en souleva un second. Un exprès envoyé d'Athènes à Archias arrive avec une lettre qui contenait, non pas une nouvelle équivoque et incertaine, mais, comme on le sut depuis, un détail exact de la conjuration. Ce courrier, introduit près d'Archias, le trouva pris de vin, et, lui remettant la dépêche, lui dit qu'on le priait de la lire sans délai, parce qu'il y était question d'affaires sérieuses. « A demain les affaires sérieuses! » repartit Archias. Et mettant la lettre sous le chevet de son lit, il reprit sa conversation avec Philidas.

» Cependant les conjurés sortent de chez Charon pour aller frapper Archias et Philippe. Ils avaient tous des robes de femmes sur leurs cuirasses; de larges couronnes de pin et de peuplier leur couvraient le visage. Dès qu'ils paraissent dans la salle du festin, les convives les accueillent avec des cris de joie. Les conjurés parcourent la table du regard, et tirant leurs épées, ils s'élancent sur Archias et Philippe. Ceux-ci essayent de se défendre; mais déjà noyés de vin, ils sont égorgés presque sans combat. »

Aussitôt les conjurés se répandent dans la ville en appelant le peuple à la liberté. Épaminondas paraît avec une troupe nombreuse qui s'empare de tous les postes. Peu de jours après, la citadelle était prise et tous les étrangers étaient chassés de Thèbes (379).

163. GUERRE ENTRE THÈBES ET SPARTE. — ÉPAMINONDAS VAINQUEUR A LEUCTRES. — Cette révolution fut le commencement d'une guerre acharnée entre les Thébains qui voulaient conserver leur indépendance, et les Spartiates qui s'efforçaient de reprendre leur conquête. La lutte fut soutenue de part et d'autre avec autant de courage que d'habileté; mais les Thébains eurent presque toujours l'avantage, et ils s'élevèrent en peu de temps au premier rang des peuples de la Grèce, sous la conduite de leurs deux grands généraux, Épaminondas et Pélopidas. Celui-ci, revenant d'une expédition, se trouve tout à coup en face des Lacédémoniens : *Quel malheur!* s'écrie un de ses officiers; *nous sommes tombés dans les mains de l'ennemi! — Lâche*, lui dit Pélopidas, *pourquoi ne dites-vous pas que l'ennemi est tombé dans les nôtres?* Et il livre la bataille avec tant de résolution qu'il force les Spartiates à battre en retraite. — Ce succès mit le comble à la gloire de Pélopidas, car c'était la première fois que les guerriers de Sparte étaient vaincus par des ennemis inférieurs en nombre. Agésilas lui-même ne put arrêter les succès des Thébains, et les peuples grecs en furent tellement effrayés qu'ils se réunirent presque tous contre Thèbes, dont ils commençaient à redouter la puissance. Mais Épaminondas, chargé du commandement, alla attaquer sans crainte les troupes spartiates deux fois plus nombreuses que les siennes : *L'homme pieux qui défend sa patrie*, disait-il, *est sûr de la protection des dieux.*

Les deux armées se rencontrèrent près de la ville de *Leuctres*. La principale force de celle des Thébains consistait dans le *bataillon sacré*, troupe de trois cents jeunes soldats élevés en commun aux frais du public, exercés avec le plus grand soin à tous les exercices militaires, et qui juraient de mourir plutôt que de reculer. Ce corps invincible, commandé par Pélopidas, décida la victoire. Les ennemis se retirèrent en laissant sur le champ de bataille quatre mille morts, au nombre desquels était l'un des deux rois de Sparte, tué dans la mêlée (371).

Les Thébains célébrèrent avec des transports de joie la victoire de Leuctres, la plus glorieuse, dit un historien, que jamais les Grecs eussent remportée sur d'autres Grecs. Les Spartiates, de leur côté, supportèrent leurs revers avec une fermeté héroïque. La nouvelle du désastre arriva au moment où on célébrait une fête solennelle. Les éphores ordonnèrent de continuer les jeux, et, le lendemain, les parents des guerriers qui étaient morts dans la bataille parurent en public avec des habits de fête, tandis que les familles de ceux qui avaient sauvé leur vie par la fuite ne se montraient qu'avec des vêtements de deuil. Agésilas forma en toute hâte une nouvelle armée, et tout était prêt pour une défense désespérée, quand une armée de soixante-dix mille hommes entra dans le Péloponèse, sous les ordres d'Épaminondas et de Pélopidas.

164. Suite de la guerre entre Thèbes et Sparte. — Épaminondas triomphe et meurt a Mantinée. — Pour la première fois, le territoire lacédémonien fut envahi ; pour la première fois, les femmes de Sparte virent la fumée du camp ennemi. Mais Agésilas, dans cet extrême danger, sauva son pays par sa prudence autant que par son courage. Il laissa les Thébains ravager toutes les campagnes, sans vouloir livrer un combat qui aurait exposé les dernières ressources de sa patrie, et bientôt, par ses manœuvres habiles, il obligea les ennemis à abandonner le Péloponèse. — Les Thébains, irrités de ce que leurs généraux n'avaient pu réussir à s'emparer de Sparte, mirent en accusation Épaminondas et Pélopidas. Indigné de cette ingratitude et de cette injustice, Épaminondas ne répondit qu'en rappelant avec une noble assurance les services qu'il avait rendus : Je suis prêt à mourir, dit-il, car je suis sûr d'avoir acquis une réputation immortelle. Mais je demande que vous ajoutiez ces mots à la sentence de mort : Épaminondas et Pélopidas ont été condamnés pour avoir forcé les Thébains de vaincre à la bataille de Leuctres ! Les juges s'empressèrent de les renvoyer absous, et la foule reconduisit les deux accusés en triomphe.

La guerre se prolongea encore pendant plusieurs campagnes, où les deux partis obtinrent successivement l'avantage. Les Spartiates remportèrent près de la ville de Midée la victoire appelée *bataille sans larmes* (367), parce qu'aucun de leurs soldats n'y perdit la vie; et Pélopidas fut tué dans une expédition en Thessalie. De leur côté, les Thébains ravagèrent plusieurs fois le Péloponèse. — Le dernier événement mémorable de cette guerre fut la *bataille de Mantinée*, où mourut Épaminondas (363). Déjà, grâces aux habiles dispositions de ce grand général, son armée était sûr de la victoire, lorsqu'il tomba frappé d'un coup mortel. On le porta expirant dans sa tente, où ses principaux officiers s'assemblèrent en pleurant. Mais lui, apprenant que les Thébains étaient vainqueurs, leur dit : *Je meurs heureux, puisque je laisse ma patrie triomphante.* Comme un de ses amis lui exprimait le regret de le voir mourir sans enfants : *Je laisse,* dit-il, *deux filles immortelles, Leuctres et Mantinée.* A ces mots, il arracha le fer qui était resté dans sa blessure et expira.

Thèbes perdit avec ces deux grands hommes le rang glorieux auquel ils l'avaient élevée, et redevint une ville secondaire.

Peu de temps après, le grand roi Agésilas mourut lui-même sur les côtes de Libye, au retour d'une expédition en Égypte où les Spartiates l'avaient envoyé, à l'âge de plus de quatre-vingts ans, pour secourir cette contrée révoltée contre les Perses. Plein de modestie jusqu'à son dernier jour, il défendit en mourant qu'on lui élevât aucune statue : « Si j'ai fait, dit-il, quelques belles actions, elles suffiront pour me servir de monument. Si je n'ai rien fait qui mérite la reconnaissance et l'estime de mes concitoyens, les statues et les portraits ne rendront pas ma mémoire recommandable » (361).

Le roi de Perse Artaxerxès mourut la même année, sans avoir pu rétablir la paix et l'union dans son vaste empire, qui, sous le règne de son successeur, fut livré aux plus funestes divisions. La domination des Perses s'affaiblissait de jour en jour au moment où se formait une puissance redoutable qui, en réunissant toutes les forces de la Grèce, allait se préparer à soumettre l'Orient.

§ IV. PHILIPPE DE MACÉDOINE ET DÉMOSTHÈNE.

165. Avénement de Philippe. — Premiers actes de son gouvernement. — Le royaume de Macédoine, situé au nord de la Grèce et borné par des montagnes inaccessibles (les monts Scardus au nord, Olympe à l'ouest, Rhodope au nord-est, Athos à l'est), avait été fondé par un descendant d'Hercule, nommé *Caranus* (v. 800 avant J.-C.). Plusieurs siècles s'étaient écoulés sans que son histoire présentât rien de bien important. Quoique de même origine que les États grecs, il avait eu fort peu de relations avec eux. Toutefois après la mort d'un roi nommé *Amyntas*, les Macédoniens divisés entre eux réclamèrent l'appui des Thébains, et ceux-ci leur envoyèrent Pélopidas, qui ramena en otage un des fils du dernier roi, nommé *Philippe*. Ce jeune prince apprit l'art de la guerre près de Pélopidas et d'Épaminondas, qu'il suivit dans plusieurs expéditions ; il alla à Athènes, recevoir les leçons de deux célèbres philosophes de l'école de Socrate, Platon (n° 152) et Aristote (n° 185). Formé par ces illustres maîtres, il allait montrer sur le trône des qualités éminentes, et élever tout à coup son pays à un haut degré de puissance et de gloire.

A son retour en Macédoine, il trouva le royaume dans la situation la plus déplorable. Ses deux frères venaient d'être assassinés (360), les peuples voisins avaient de toutes parts envahi les frontières, l'armée était désorganisée, et l'administration était dans la plus grande confusion. Philippe entreprit aussitôt de délivrer le pays des étrangers et d'y rétablir le bon ordre (359) ; également adroit et vaillant, il réussit à tout, tantôt par la force, tantôt par la ruse, qu'il poussait jusqu'à la fourberie ; et bientôt on allait voir ce prince, soumis aux Grecs dans sa jeunesse, les dominer à son tour par son habileté et son courage. Il commença par se créer une armée, et à l'imitation du bataillon sacré qui avait rendu les troupes thébaines si redoutables, il organisa la fameuse *phalange macédonienne*. Les soldats de ce corps célèbre, marchant sur seize rangs, serrés les uns contre les autres, armés de longues lances et de larges boucliers, présentaient une sorte de muraille toute hérissée de fer, qui ne pouvait être entamée ni par les traits des fantassins ni par le choc des cavaliers.

En même temps, Philippe s'occupait d'enrichir son pays, en exploitant d'abondantes mines d'or, situées sur les frontières. On verra quel usage il sut faire des trésors qu'il eut bientôt amassés.

166. Philippe intervient dans les affaires de la Grèce. — Après avoir ainsi rétabli son armée et ses finances, il repoussa l'une après l'autre les tribus qui avaient envahi son territoire, et pour acquérir des ports et des flottes dont la Macédoine était absolument dépourvue, il se prépara à étendre les limites de ses États jusqu'à la mer, en soumettant les colonies grecques qui occupaient les rivages de la mer Égée, depuis la Péninsule chalcidique jusqu'à la Thessalie.

C'était une entreprise aussi importante que difficile. Elle était indispensable pour que la Macédoine pût acquérir une puissance maritime et se mettre ainsi en état de combattre, comme les autres nations de la Grèce, sur mer aussi bien que sur terre. D'un autre côté, ces villes de la côte, et principalement Potidée, Amphipolis, Olynthe, étaient des républiques florissantes, capables d'opposer une résistance vigoureuse, surtout avec le secours des Athéniens auxquels elles s'étaient alliées pour la plupart. Mais Philippe travaillait en même temps à semer la discorde entre tous les peuples grecs, et il n'avait que trop bien prévu qu'à la faveur de leurs divisions il parviendrait à accomplir tous ses projets.

Une guerre générale, appelée *guerre sociale*, vint pendant trois ans (358-356) armer les uns contre les autres les peuples des îles de l'Archipel et ceux du continent. Philippe en profita pour prendre d'assaut la ville d'Amphipolis, qui lui procura un excellent port sur la mer Égée (358), puis pour établir sa puissance dans la Thessalie, voisine de la Macédoine. Il employait la ruse plutôt que la violence, afin de ne pas éveiller les craintes de la Grèce ; il cherchait à gagner partout des partisans à force de présents, suivant le conseil de l'oracle de Delphes, qui lui avait dit : *Sers-toi d'armes d'argent et rien ne te résistera*. Aussi avait-il coutume de répéter qu'*il ne* connaissait pas de ville imprenable du moment qu'un mulet chargé d'or pourait y entrer.

Ce fut sur ces entrefaites, que sa femme *Olympias* mit au monde un fils qui devait être si célèbre sous le nom d'*Alexandre*. Philippe, connaissant par expérience tous les bienfaits de l'éducation, voulut donner pour maître à son fils le philosophe Aristote, dont il avait lui-même reçu les leçons, et lui écrivit ces mots : *Je rends grâces aux dieux moins encore de m'avoir donné un fils, que de l'avoir fait naître du temps d'Aristote.*

Cependant la guerre éclatait une seconde fois en Grèce, et allait fournir à Philippe de nouvelles occasions d'étendre sa puissance. Les Phocéens ayant envahi un champ consacré à Apollon, furent condamnés par le tribunal des Amphictyons à payer une forte somme d'argent. Mais ils refusèrent de se soumettre à cette sentence, et plusieurs peuples s'unirent pour punir ces sacriléges (355). Tandis que la lutte (*guerre sacrée*) se prolongeait, Philippe s'emparait de plusieurs ports sur les rivages de la mer Égée, y faisait construire des vaisseaux, et se rendait maître d'une partie de la Thrace. — Ce fut dans cette expédition qu'il perdit un œil, par une singulière aventure. Un archer d'Amphipolis, nommé *Aster*, était venu lui offrir ses services, en lui disant qu'il ne manquait pas un oiseau dans son vol le plus rapide. « C'est bon ! avait répondu Philippe, je vous appellerai quand je ferai la guerre aux étourneaux. » L'adroit tireur, piqué de cette raillerie, se jeta dans la ville de *Méthone*, que Philippe assiégeait, et lança contre le roi une flèche sur laquelle il avait écrit ces mots : *A l'œil droit de Philippe.* La flèche atteignit son but. Philippe la fit renvoyer à l'archer, avec cette inscription : Si Philippe prend la ville, Aster sera pendu. Il s'empara en effet de Méthone et accomplit sa menace.

Cette expédition terminée, il reprit ses premiers projets et attaqua tout à coup la ville d'Olynthe, qui demanda du secours aux Athéniens.

167. Situation d'Athènes. — Démosthène. — Les Philippiques. — Trois hommes en ce moment exerçaient à Athènes la principale influence. C'était *Phocion*, homme sage, désintéressé et dévoué à sa patrie, bon général et prudent administrateur, mais que le peuple frivole d'Athènes n'appréciait pas selon son mérite à cause de son extrême modestie et de l'austérité de ses mœurs ; *Eschine*, orateur habile mais sans conscience, prêt à soutenir quiconque payait son talent et que Philippe gagna facilement à prix d'argent ; enfin, *Démosthène*, que son admirable éloquence a mis au premier rang des orateurs de l'antiquité. Cet homme célèbre n'annonçait pas dans sa jeunesse ce qu'il devait être un jour, et la première fois qu'il parla en public il fut raillé de tous ses auditeurs, à cause de sa prononciation embarrassée et désagréable. Mais il était persuadé qu'il n'est pas de difficulté qu'on ne puisse vaincre par un travail opiniâtre. Pour corriger les défauts naturels de son langage, il se retira sur les bords de la mer, et là, tantôt il prononçait des discours au bruit des flots agités pour s'accoutumer au tumulte des assemblées du peuple, tantôt il récitait des vers avec des cailloux dans la bouche pour délier sa langue. Ces efforts courageux et persévérants furent couronnés du plus grand succès ; et à peine était-il de retour à Athènes, qu'il fit admirer son talent de tous ceux qui l'avaient tourné en ridicule.

Dans un grand nombre de discours célèbres sous le nom de *Philippiques* et d'*Olynthiennes*, Démosthène employa toutes les ressources de la plus sublime éloquence pour exciter ses concitoyens à se défier des intentions de Philippe et à arrêter ses envahissements. Il faut dire, toutefois, qu'il n'était pas seulement animé par l'amour de son pays, mais aussi par les présents du roi de Perse qui lui donnait des sommes considérables pour l'engager à soulever les Grecs contre les Macédoniens, et empêcher ainsi que les uns ou les autres ne songeassent à lui faire la guerre. Du reste, le peuple d'Athènes se bornait le plus souvent à applaudir l'éloquence de Démosthène, et aimait mieux s'abandonner aux conseils trompeurs d'Eschine qui le détournait de la guerre en lui représentant Philippe comme l'ami dévoué des Grecs.

Malgré toute la vigilance de Démosthène, qui signalait avec une nouvelle énergie chaque entreprise de Philippe contre l'indépendance des cités grecques, les Athéniens laissèrent le roi de Macédoine s'emparer de la puissante ville d'Olynthe qui lui fut livrée par trahison, franchir les Thermopyles dont la possession lui livrait les portes de la Grèce, et venir terminer la guerre sacrée par un traité qui lui donnait une grande influence sur tous les peuples grecs. Une seule fois, les Athéniens se décidèrent à envoyer des secours à la ville de Byzance attaquée par Philippe. Phocion, chargé de cette expédition, la conduisit avec autant d'habileté que de succès, et força les troupes macédoniennes à s'éloigner de la ville. Cependant, ce sage et prudent citoyen n'était pas d'avis, en général, de faire la guerre à la Macédoine ; non qu'il manquât de courage ou qu'il ne pénétrât pas les projets de Philippe, mais parce qu'il aimait encore mieux voir les Grecs s'unir à la Macédoine que se déchirer et s'affaiblir sans cesse par des divisions qui les rendaient incapables d'opposer à Philippe une résistance bien sérieuse.

168. Victoire de Philippe a Chéronée. — Bientôt une nouvelle *guerre sacrée* fournit à Philippe l'occasion de ramener ses armées au cœur de la Grèce, et la prise de la ville d'*Élatée* vient jeter l'épouvante chez les Athéniens. Ils comprennent enfin qu'ils vont être attaqués à leur tour. Le peuple s'assemble, saisi de consternation ; personne ne veut prendre la parole pour donner son avis : on n'entend que des plaintes et des gémissements. Démosthène seul ose monter à la tribune ; il ranime le courage de ses compatriotes et les décide à envoyer toutes leurs forces au secours des Thébains vivement pressés par les soldats de Philippe.

Mais il était trop tard. L'armée aguerrie et nombreuse du roi de Macédoine était bien supérieure aux troupes levées à la hâte par les Athéniens et leurs alliés ; le meilleur général des Grecs, Phocion, avait été écarté du commandement. Philippe livra près de *Chéronée*, en Béotie, une bataille décisive (338). Son fils Alexandre, alors âgé de seize ans, et qui dans une guerre précédente, avait déjà signalé sa bravoure en sauvant la vie à son père, fut chargé de faire face au bataillon sacré des Thébains, et il l'écrasa tout entier après une lutte acharnée. Les Athéniens avaient réussi à mettre en désordre l'aile droite commandée par Philippe, et déjà leur chef s'écriait : « En avant ! chassons ces fuyards jusqu'en Macédoine ! » Philippe, voyant que l'ennemi se débandait pour poursuivre ses soldats, dit froidement : « Les Athéniens ne savent pas vaincre. » Et faisant aussitôt marcher sa phalange, il fondit sur les Grecs dispersés et les mit en pleine déroute.

Démosthène, qui avait conseillé la guerre avec tant d'énergie, ne montra pas autant de courage sur le champ de bataille qu'à la tribune. Il s'enfuit un des premiers et se sauva dans un si grand trouble, qu'arrêté dans sa course par un buisson qui accrocha sa robe, il lui demanda la vie, le prenant pour un soldat ennemi.

Cette victoire transporta Philippe d'une joie inexprimable. Il donna sur le champ de bataille même un grand festin où il s'abandonna à tous les excès de la boisson et de la bonne chère, et courut au milieu des cadavres en chantant des airs folâtres : « *Seigneur*, lui dit un orateur grec, *la fortune vous a donné le rôle d'Agamemnon, et vous jouez celui de Thersite* (nom d'un fou dans l'*Iliade*). » Cette parole fit rentrer le roi en lui-même ; il renvoya sans rançon les prisonniers athéniens et refusa de détruire Athènes par respect pour sa gloire passée.

Philippe s'était, du reste, plus d'une fois déshonoré par son intempérance. On raconte qu'un jour étant pris de vin, il rendit contre une femme qui lui demandait justice une décision fort inique : « *J'en appelle de Philippe ivre à Philippe à jeun,* » s'écria la plaideuse condamnée ; et cette fois encore, le roi eut du moins le bon sens de reconnaître et de réparer son erreur.

169. Philippe généralissime des Grecs. — Sa mort. — Philippe profita de la victoire de Chéronée pour étendre sa domination sur toute la Grèce, sans vouloir cependant paraître la réduire à l'obéissance. Il réunit en assemblée générale les députés de tous les peuples et proposa une grande expédition contre la Grèce. Ce projet, qu'il avait formé depuis longtemps, fut aussitôt accueilli, et les députés s'empressèrent de nommer Philippe généralissime de toutes les forces de la Grèce. On fixa le nombre des troupes que chaque république devait fournir, et le roi de Macédoine retourna dans ses États pour faire les derniers préparatifs de cette grande entreprise. Mais ce n'était pas lui que la Providence avait destiné à l'accomplir. Il venait de contracter un second mariage après avoir répudié sa femme Olympias, lorsqu'au milieu d'une fête publique, il fut assassiné par un jeune Macédonien nommé *Pausanias*, qu'il avait offensé (336). Il laissait le trône à son fils Alexandre, qui allait réaliser tous ses vastes projets.

Questionnaire. — § I. 156. Qui était Cyrus le Jeune ? — Quels auxiliaires avait-il ? — Quel fut le résultat de la bataille de Cunaxa ? — 157. Comment les Perses se conduisirent-ils à l'égard des Grecs ? — Qui leur rendit le courage par sa fermeté ? — 158. *Quels obstacles les Grecs avaient-ils à vaincre ? — Quelle fut l'issue de cette admirable retraite ?* — Dites les divers titres de gloire de Xénophon. — § II. 159. Qui était Agésilas ? — Racontez l'entrevue du roi de Sparte et du satrape Pharnabaze. — Quel était le plan d'Agésilas ? — Par qui fut suscitée en Grèce une ligue contre Sparte ? — Quel était le caractère de la domination de Sparte ? — *Comment Agésilas reçut-il l'ordre des éphores, et quelle fut sa réponse ?* — 160. Racontez la bataille de Coronée. — Quelle fut la conduite des Grecs à l'égard des Perses après cette bataille ? — Qui fut chargé de négocier dans l'intérêt des Spartiates ? —

Quelles furent les principales conditions du traité conclu par Antalcidas? — § III. 161. Comment eut lieu la prise de la Cadmée? — Qu'en pensa Agésilas? — Quelle fut la conduite des Spartiates vainqueurs? — Qui étaient Pélopidas et Épaminondas? — *Quel projet forma Pélopidas? — Comment Charon prêta-t-il appui aux conjurés? —* 162. *Quel avis fut envoyé aux Spartiates? — Comment les conjurés parvinrent-ils près des tyrans, et quelle fut l'issue de la conjuration?* — 163. Racontez la bataille de Leuctres. — Qui décida la victoire? — 164. Comment Agésilas parvint-il à défendre la ville de Sparte? — Où mourut Pélopidas? — Où fut livrée la dernière bataille d'Épaminondas? — Comment mourut ce grand homme et quelles furent ses dernières paroles? — § IV. 165. Où était située la Macédoine? — Par qui ce royaume fut-il fondé? — Où et par qui fut élevé Philippe, fils d'Amyntas? — Quelle était la situation de la Macédoine au retour de Philippe? — Quels furent ses premiers actes? — Décrivez la phalange macédonienne. — 166. Quel plan Philippe forma-t-il? — Qu'est-ce que la guerre sociale? — Par quel moyen Philippe établit-il sa puissance en Thessalie? — Que disait-il à ce sujet? — Quelle fut l'origine de la guerre sacrée? — Quelle expédition fit le roi de Macédoine à la faveur de cette guerre? — Quelle ville demanda des secours aux Athéniens? — 167. Quels étaient les citoyens les plus influents d'Athènes à cette époque? — Quel était le caractère de Phocion, d'Eschine? — *Comment Démosthène parvint-il à former son admirable talent?* — Comment appelle-t-on les discours de Démosthène contre Philippe? — Que doit-on reprocher à Démosthène? — 168. Comment Philippe profita-t-il d'une nouvelle guerre sacrée? — *Racontez la bataille de Chéronée.* — *Que fit Démosthène après le combat? — Comment Philippe se conduisit-il après la victoire?* — 169. Quel titre Philippe se fit-il donner? — Quels étaient ses projets? — Comment mourut-il?

CHAPITRE TREIZIÈME.

ALEXANDRE LE GRAND.

SOMMAIRE.

170. Le temple d'Éphèse est brûlé par Érostrate le jour de la naissance d'Alexandre (356); il montre dès l'enfance son génie audacieux et son orgueil.

171. Successeur de Philippe (336), généralissime des Grecs, il conquiert la Thrace. Démosthènes soulève la Grèce. Alexandre prend et ruine Thèbes (335).

172. Darius Codoman, chef de l'empire des Perses, prend pour général Memnon le Rhodien. — Alexandre descend en Asie avec 35,000 hommes. Les sages plans de Memnon sont rejetés.

173. Au passage du Granique, Alexandre est sauvé par Clitus (334); il est vainqueur ; il tranche le nœud gordien. — Alexandre malade est sauvé par sa confiance intrépide dans le médecin Philippe.

174. Les Perses sont vaincus dans les gorges d'Issus. La mère et les femmes de Darius sont faites prisonnières (333).

175. Alexandre fait le siége de Tyr ; il jette une chaussée dans la mer, prend la ville. Il prend Gaza ; envoie au supplice le gouverneur.

176. Alexandre va à Jérusalem, en Égypte, au temple d'Ammon (332).

177. Darius propose de partager l'empire. Alexandre refuse et fait les préparatifs de la bataille d'Arbelles. La victoire, d'abord indécise, est remportée par Alexandre (331).

178. Darius est assassiné par Bessus (330). Alexandre prend Babylone, Suse, Persépolis ; s'empare de la Bactriane.

179. Alexandre se déshonore par son intempérance et ses violences criminelles. Il tue Philotas, Parménion, Clitus, etc.

180. Il pénètre en Scythie, en Sogdiane, prend Petra-Oxiana (328).

181. Alexandre entre dans l'Inde. Porus est vaincu et pris sur l'Hydaspe (327). Alexandre lui laisse ses États. Il est arrêté par la résistance de ses soldats; il est blessé au retour à l'attaque de la ville des Oxydraques. — Néarque visite les côtes de l'océan Indien, des bouches de l'Indus au fond du golfe Persique. — Les ambassadeurs de tous les peuples attendent Alexandre à Babylone.

182. Alexandre se livre à tous les excès. — Éphestion meurt à la suite d'une débauche de table. — Alexandre meurt, laissant son héritage au plus digne (323).

§ II. 183. L'empire d'Alexandre s'étend depuis le Danube, le Pont-Euxin, la mer Caspienne, l'Iaxarte, les sources de l'Indus, l'Hyphase, au nord et à l'est; jusqu'à l'océan Érythrée, le golfe Persique, les déserts de l'Arabie et de l'Éthiopie au sud, l'Illyrie et la mer Adriatique à l'ouest. Il comprend *en Europe :* deux satrapies: celle de Macédoine avec l'Illyrie, l'Épire et la Grèce ; et celle de Thrace; *en Asie :* 32 satrapies : la petite Phrygie ; la Lydie ; la Carie ; la Lycie et la Pamphylie; la grande Phrygie; la Cappadoce; la Cilicie; la Syrie avec la Phénicie et la Palestine; la Mésopotamie ; l'Assyrie méridionale; la Babylonie, dans l'Asie centrale. — la Médie septentrionale ; la grande Médie ; le pays des Mardes et des Tapyres; la Parétacène ; la Susiane ; la Perside ; l'Hyrcanie avec la Parthiène ; l'Arie avec la Drangiane ; la Carmanie ; la Gédrosie avec l'Arachosie; le pays des Paropamisades ; la Bactriane ; la Sogdiane, dans la haute Asie ; — l'Inde citérieure; l'Inde supérieure; le pays des Assacènes ; le pays d'Abissare ; le royaume de Taxile; le royaume de Porus ; la satrapie des Malliens, dans les Indes ; — *En Afrique,* trois satrapies : l'Arabie ou Égypte jusqu'au Nil ; l'Égypte; la Libye grecque.

184. Alexandre prépare la fusion de l'Orient et de l'Occident en réunissant tous les peuples de son empire par les liens d'une civilisation commune.

§ III. 185. Aristote, philosophe, politique, naturaliste, est illustre par l'universalité et la profondeur de ses connaissances.

186. Praxitèle est le chef d'une brillante école de sculpture. — Lysippe s'élève plus haut encore par son génie; il est l'auteur présumé du Laocoon. — Apelles, le premier peintre de l'antiquité, a seul été jugé digne de faire le portrait d'Alexandre le Grand.

§ Ier.

170. JEUNESSE D'ALEXANDRE LE GRAND. SON CARACTÈRE. — *Alexandre*, que ses exploits ont fait surnommer *le Grand*, avait montré dès son enfance toute l'audace, toute l'impétuosité de son caractère; son maître Aristote n'avait pu parvenir à corriger en lui une violence et un orgueil qui plus d'une fois devaient ternir sa gloire. Le jour de sa naissance, un fou, nommé *Érostrate* (n° 107), mit le feu au magnifique temple de Diane à Éphèse, l'une des merveilles du monde, afin, disait ce misérable, de trouver un moyen de rendre son nom immortel; les devins déclarèrent à Philippe que cet événement présageait à son fils la destinée la plus extraordinaire (356).

Tout jeune encore, entendant raconter les exploits de Philippe, il s'écriait d'un ton chagrin : « *Hélas! mon père ne me laissera rien. — Comment*, lui dit-on, *il vous laissera ses conquêtes. — Et que m'importe*, dit Alexandre, *si je ne les ai pas faites !* » Son père ayant été blessé à la cuisse, était menacé de rester boiteux, et hésitait à se montrer en public : « *Que craignez-vous?* lui dit Alexandre. *Songez que chaque pas que vous ferez rappellera votre courage.* »

On raconte qu'un jour il voyait Philippe refuser un cheval magnifique, mais tellement fougueux que personne ne pouvait le monter. « *Quel cheval vont perdre ces gens là*, murmura-t-il, *pour ne pas savoir s'en servir !* » Aussitôt il s'approche du cheval, le flatte, le caresse, parvient à le calmer, s'élance sur son dos, et, malgré tous les efforts de l'animal, le ramène docile et soumis, après l'avoir obligé à faire une longue course sous les yeux de son père. Philippe, admirant la hardiesse du jeune homme, s'écria en l'embrassant : « *O mon fils! tu peux chercher un autre royaume, car la Macédoine ne sera pas assez grande pour te contenir !* » C'est le même cheval, nommé *Bucéphale* (tête de bœuf), à cause de la forme de sa tête, qui servit à Alexandre dans la plupart de ses expéditions. — Philippe engagea son fils à aller aux jeux olympiques pour y disputer le prix de la course, qui était l'objet de l'ambition de tous les Grecs : « *J'irai*, répondit avec fierté Alexandre, *si ce sont des rois qui doivent être mes rivaux.* »

Sa pensée dominante était de n'être pas confondu avec le reste des hommes. Étant déjà roi de Macédoine, il rencontra un jour le philosophe *Diogène*, appelé *Cynique* parce qu'il vivait comme un chien dans un tonneau, vêtu de haillons, nourri des aliments les plus grossiers et n'observant aucune règle de bienséance et de politesse. Il s'entretint lontemps avec lui et lui demanda ce qu'il désirait : « *Que tu t'ôtes de mon soleil,* » dit brusquement le philosophe. Loin de se fâcher de cette réponse, Alexandre admira l'existence bizarre et étrange de cet homme, et se retira en disant : « *Si je n'étais Alexandre, je voudrais être Diogène.* »

Ces traits de la jeunesse d'Alexandre le Grand peuvent donner une idée exacte du caractère de cet homme célèbre.

171. Première expédition d'Alexandre. — Soumission de la Grèce. — Alexandre devint, à l'âge de vingt ans (336), chef de ces Macédoniens que son père avait rendus, dit Bossuet, presque autant supérieurs aux autres Grecs en valeur et en discipline, que les autres Grecs étaient au-dessus des Perses et de leurs semblables. Il s'empressa de se faire nommer, comme son père, généralissime des troupes de la Grèce confédérée, et ne perdit pas un instant pour signaler sa valeur contre les peuples barbares qui environnaient ses États. Il les vainquit en quelques jours et ne trouva qu'une seule tribu qui osât lui résister : c'était une tribu de *Gaulois* ou *Celtes* établis près du Danube : « *Ne craignez-vous donc pas ma vengeance?* dit Alexandre à leurs envoyés. — *Nous ne craignons qu'une chose*, répondirent-ils, *c'est que le ciel ne tombe sur nos têtes.* — *Les Celtes sont fiers,* » reprit le roi frappé de leur assurance ; et il leur offrit son amitié.

Cependant le bruit avait couru en Grèce qu'Alexandre avait péri dans son expédition. Démosthène, qui avait témoigné, à la mort de Philippe, la joie la plus vive, et qui venait de recevoir du roi des Perses de nouvelles sommes pour exciter son zèle contre la Macédoine, Démosthène profita de cette fausse nouvelle pour déterminer les Grecs à lever des troupes et à lui déclarer la guerre. Alexandre, sur le point de passer en Asie, ne voulut pas laisser d'ennemis derrière lui ; il accourut avec une rapidité foudroyante, et pour faire un terrible exemple, il détruisit de fond en comble la ville de Thèbes, où il n'épargna que la maison du poëte *Pindare* par respect pour le génie (335). Les Athéniens consternés se soumirent aussitôt, ainsi que tous les autres peuples grecs, et jurèrent de s'unir à Alexandre dans toutes ses entreprises. Il pouvait marcher sans obstacle à la conquête de l'Asie.

172. Darius Codoman. — Memnon. — Alexandre en Asie. — Le trône de Perse venait de passer à *Darius Codoman*, prince actif et courageux. Comprenant le danger dont il était menacé, il se hâta de faire les plus grands préparatifs de défense. Quoique bien affaibli depuis le temps de Cyrus, son empire avait encore une étendue et des forces immenses. Il embrassait toutes les contrées les plus riches et les plus florissantes de l'Asie, et Darius avait eu la prudence de mettre à la tête d'une de ses armées un habile général de Rhodes, nommé *Memnon*. Alexandre ne craignit pas cependant d'attaquer cette puissance colossale avec une armée de trente-cinq mille hommes, approvisionnée seulement pour un mois, à la tête de laquelle il débarqua en Asie Mineure. Comme si déjà il eût possédé les trésors de la Perse, il avait distribué en partant tous ses domaines à ses amis. « *Prince*, lui demanda l'un d'eux, *que vous réserverez-vous donc? — L'espérance!* » répondit Alexandre.

Memnon, qui connaissait la valeur des troupes macédoniennes, conseillait de ne pas hasarder de bataille, et de mettre l'armée ennemie dans l'impossibilité de tenir la campagne en dévastant devant elle tout le pays qu'elle devait traverser. Les généraux perses s'indignèrent d'un tel avis, qu'ils regardaient comme une lâcheté, et il fut résolu qu'on chercherait à arrêter les Macédoniens de vive force au passage du *Granique*.

173. Passage du Granique. — Le Nœud gordien. — Maladie d'Alexandre. — Le Granique était un fleuve profond dont il était facile de défendre les rives escarpées et glissantes. Alexandre cependant, qui s'avançait lisant sans cesse les poëmes d'Homère et brûlant d'imiter les exploits des anciens héros, Alexandre n'hésita pas à s'élancer dans le courant, à la tête de ses meilleures troupes. Le combat fut terrible et se prolongea quelque temps à cause de l'avantage que les Perses devaient à leur position. Alexandre lui-même courut les plus grands dangers, et frappé d'un coup de sabre qui avait fendu son casque, il allait sans doute périr d'un second coup, quand un de ses généraux, nommé *Clitus*, abattit le bras déjà levé sur le roi. Enfin la valeur des Grecs l'emporta ; l'ennemi fut mis en déroute, et Alexandre envoya à

Athènes de magnifiques armures pour être conservées dans le temple de Minerve, en souvenir de sa première victoire (334).

Le roi de Macédoine, continuant rapidement sa route, entra dans la ville de *Gordium* où l'on conservait un char dont le joug était attaché au moyen d'une courroie nouée avec un tel art que personne n'avait jamais pu la détacher. Un oracle promettait l'empire de l'Asie à celui qui délierait le *nœud gordien*. Alexandre, après avoir vainement essayé de dénouer la courroie, la trancha avec son épée, montrant ainsi de quelle manière il entendait accomplir l'oracle.

Quelques jours après, la mort de Memnon, emporté tout à coup par une maladie, délivra Alexandre de son ennemi le plus redoutable. Il marchait plein de confiance contre Darius qui avait pris lui-même le commandement de ses troupes, quand un accident le mit à son tour aux portes du tombeau. S'étant baigné tout couvert de sueur dans les eaux du *Cydnus*, il fut aussitôt saisi d'un frisson violent, et on le rapporta presque inanimé dans sa tente. Les soldats le crurent mort, et les médecins n'osaient essayer aucun remède. Un seul, nommé *Philippe*, ordonna un breuvage qui devait rendre la santé au malade. Tandis qu'on le préparait, on apporta une lettre de *Parménion*, l'un des généraux d'Alexandre, qui l'engageait à se défier de Philippe, accusant ce médecin d'avoir reçu de l'argent des Perses pour empoisonner le roi de Macédoine. Celui-ci tenait encore la lettre quand on lui présenta le breuvage. Il le reçut d'une main, et de l'autre montrant la lettre à Philippe, il vida la coupe d'un trait. Aucun signe d'émotion n'altéra le visage du médecin ; il répondit en exhortant le roi à suivre fidèlement ses conseils. La guérison était à ce prix ; elle ne se fit pas attendre.

174. Bataille d'Issus. — A peine rétabli, Alexandre courut au-devant de Darius, qui s'avançait à la tête de cinq cent mille hommes, dans un appareil qui semblait plutôt celui d'une fête qu'un attirail de guerre. La mère et les femmes du roi accompagnaient l'armée sur des chariots couverts d'or, d'argent et d'étoffes magnifiques. Tous les courtisans et tous les satrapes imitaient le luxe de leur maître et transportaient avec eux tous les plus magnifiques ornements de leurs palais. Cette armée, embarrassée dans sa marche par tous les objets inutiles qu'elle traînait à sa suite, attendit les Macédoniens dans l'étroit défilé d'*Issus*, où elle n'avait pas même la place de se déployer librement. Alexandre la mit en déroute sans perdre plus de cinq cents hommes, et s'empara de toutes les richesses accumulées par Darius, qui s'enfuit en toute hâte à la faveur de la nuit. Le vainqueur trouva la tente du roi de Perse toute remplie de pages et de maîtres des cérémonies occupés à mettre en ordre une multitude de fioles, d'urnes, de boîtes à parfum d'or massif répandant une odeur délicieuse : « *Est-ce là ce qui s'appelle régner?* dit-il, en se tournant vers ses officiers; *qu'en pensez-vous?* » (333).

Au nombre des captifs était la famille de Darius, qu'Alexandre traita avec les plus grands égards. Il alla lui-même la visiter, accompagné d'*Éphestion*, celui de ses amis auquel il était le plus attaché. La mère de Darius, au premier abord, prit le général, qui était d'une taille plus élevée, pour le roi de Macédoine ; puis, reconnaissant son erreur, elle se jeta toute confuse aux pieds d'Alexandre. Le roi la releva aussitôt en lui disant : « *Vous ne vous trompiez pas, ma mère; celui-ci est un autre Alexandre.* » Malheureusement, il ne devait pas montrer toujours la même modération.

175. Prise de Tyr et de Gaza. — Tandis que Darius s'enfuyait à travers les provinces de son immense empire et allait au loin rassembler une nouvelle armée, Alexandre étendait rapidement ses conquêtes. L'Asie Mineure et la Syrie se soumirent. La ville de Sidon ouvrit ses portes, et le vainqueur eut la générosité de rendre la couronne à un descendant des anciens rois, nommé *Abdolonyme*, vieillard vénérable qui vivait retiré à la campagne, occupé à cultiver son jardin, et qui n'accepta la royauté que sur les vives instances d'Alexandre. La ville de Tyr osa lui résister, et Alexandre commença aussitôt un siège qui est peut-être le plus merveilleux de ses exploits. Nous avons vu que, construite dans une île (n° 70), elle était séparée du continent par un bras de mer qui la rendait inattaquable de ce côté, tandis que les écueils qui l'entouraient et la flotte nombreuse rassemblée dans son port empêchaient de l'aborder par mer. Alexandre, qui ne croyait aucune entreprise impossible, conçut le gigantesque projet de construire dans la mer elle-même un chemin qui pût conduire son armée jusqu'au pied des remparts.

« *Alexandre se croit-il donc plus puissant que Neptune?* » disaient les Tyriens, en voyant les Macédoniens commencer cet audacieux travail. Cependant peu à peu, la mer se remplit d'énormes blocs de pierre et la chaussée s'approcha des remparts. Vainement les Tyriens, comprenant enfin le danger qui les menaçait, parvinrent-ils à incendier les machines de guerre des Macédoniens ; vainement leurs vaisseaux harcelèrent-ils pendant sept mois les assiégeants. Rien ne put lasser la persévérance d'Alexandre. Grâce aux efforts prodigieux de toute son armée, il réussit à pousser son ouvrage jusqu'aux portes de la ville. Un pont fut jeté de l'extrémité de la chaussée sur les remparts où les machines de guerre avaient pratiqué une large brèche. Alexandre s'avança seul sur le pont pour gagner le mur ; ses soldats se précipitèrent sur ses pas, et la superbe Tyr fut emportée d'assaut.

Irrité de la longue résistance qu'il avait éprouvée, il massacra un grand nombre des habitants de Tyr et en réduisit plus de trente mille en esclavage. Il commençait à montrer cette violence de caractère qui devait plus tard éclater souvent d'une manière terrible. Le gouverneur de la ville de *Gaza*, nommé *Bétis*, s'étant défendu avec intrépidité pendant deux mois, Alexandre, une fois maître de la ville, au lieu de respecter le courage de son ennemi, se vengea cruellement, en le livrant au supplice et en traînant son corps mutilé autour des murs dans lesquels il avait si vaillamment combattu.

176. ALEXANDRE A JÉRUSALEM, EN ÉGYPTE. — De la Phénicie, Alexandre marcha contre la Palestine pour la punir de son attachement à Darius. Mais lorsqu'il approchait de Jérusalem, le grand-prêtre *Jaddus*, dit l'historien Josèphe, averti en songe par Dieu lui-même, sortit en grande pompe de la ville et vint au-devant d'Alexandre, revêtu de tous ses ornements et entouré des prêtres du Très-Haut. Le vainqueur, frappé de cet imposant spectacle, s'inclina avec respect devant le grand-prêtre, en disant qu'il reconnaissait en lui le ministre d'un Dieu tout-puissant. Il entra dans Jérusalem au milieu du cortége des prêtres, monta au temple et offrit des sacrifices au Seigneur. Il se retira laissant les Juifs libres d'observer les pratiques de leur culte et les lois dictées par Dieu à leurs pères.

Bientôt l'Égypte se soumit à son tour, et le conquérant signala son passage en jetant, à l'une des embouchures du Nil, les fondements de la ville d'*Alexandrie*, dont il traça le plan lui-même, et qui devait devenir une des plus grandes et des plus riches cités du monde.

Dans le désert voisin, était le célèbre temple de *Jupiter Ammon* (n° 76), que Cambyse avait voulu détruire autrefois. Alexandre alla le visiter, ayant résolu, dans son orgueil sacrilége, de faire déclarer qu'il avait pour père le plus grand des dieux. Les prêtres, gagnés par ses présents, eurent la faiblesse de lui donner le nom de fils de Jupiter, et Alexandre revint, plein de joie, à travers le désert, où le manque d'eau et les sables mouvants faillirent le faire périr avec toute son escorte. Il se hâta d'informer sa mère du titre nouveau dont il était revêtu. Mais Olympias, au lieu d'applaudir à son orgueil, voulut lui faire sentir combien les prétentions d'un homme qui voulait se faire passer pour un dieu étaient ridicules en même temps que coupables, et elle lui répondit en plaisantant : « *Quoique vous soyez fils de Jupiter, je vous prie de ne pas me confondre avec Junon* (l'épouse de Jupiter). » Nous verrons que cette leçon ne fit pas rentrer Alexandre en lui-même.

177. BATAILLE D'ARBELLES. — De retour en Asie, après avoir réglé avec sagesse le gouvernement de l'Égypte, Alexandre reçut des propositions de paix de la part de Darius, qui lui offrait des sommes immenses, tous les pays situés en deçà de l'Euphrate et une de ses filles en mariage. Alexandre communiqua ces conditions à ses généraux : « *Je les accepterais*, dit Parménion, *si j'étais Alexandre*. — *Et moi aussi*, répliqua le roi, *si j'étais Parménion.* » Et il fit porter à Darius cette réponse hautaine : « *Le monde ne peut pas plus avoir deux maîtres qu'il ne peut avoir deux soleils.* » Malgré cette arrogance, il continuait à témoigner la plus grande humanité à l'égard de la famille de Darius. La femme de ce prince étant morte, il en transmit la nouvelle à son époux, en l'assurant qu'elle avait été jusqu'à la fin entourée des respects des Macédoniens, et que les derniers devoirs lui seraient rendus avec une magnificence royale. On dit que Darius, touché de ces procédés généreux, s'écria que *si l'empire des Perses devait finir, il priait du moins le ciel de ne pas permettre qu'il eût un autre maître qu'Alexandre.*

Cependant le conquérant ayant franchi l'Euphrate, traversa le Tigre, fleuve profond et impétueux, en se jetant le premier dans le courant pour animer ses soldats, et atteignit la plaine de Gaugaméla (voir n° 79), près d'*Arbelles*. Darius l'y attendait avec toutes ses forces, qui s'élevaient, dit-on, à plus d'un million d'hommes. Alexandre fit aussitôt ses préparatifs, et ayant tout disposé pour la bataille qui allait décider de son sort, le héros s'endormit dans sa tente du plus profond sommeil. Le lendemain matin, on dut l'éveiller pour le combat. Il lui fallut toute son habileté et toute la valeur de ses soldats pour triompher de l'innombrable multitude qui, au milieu d'une vaste plaine, entourait les Macédoniens. Un instant, l'armée d'Alexandre fut ébranlée; mais un devin qui était près du roi s'écria qu'*il voyait voler un aigle au-dessus de sa tête et que c'était le présage de la victoire.* Ces paroles rendirent la confiance aux soldats; à ce moment, les Perses virent tomber percé d'un trait l'écuyer de Darius, et croyant que c'était le roi lui-même qui était mort, ils commencèrent à se débander. Les Grecs, redoublant leurs efforts, culbutèrent enfin tous les bataillons ennemis. Darius s'enfuit, laissant, dit-on, quatre-vingt-dix mille morts sur le champ de bataille: les Macédoniens n'avaient pas perdu plus de cinq cents hommes (331). — Darius, escorté d'une suite peu nombreuse, s'était dirigé vers le grand *Zab*, et avait passé le fleuve. Quand il fut à l'autre bord, on lui proposa de rompre le pont. « *Non*, dit le malheureux prince, *je n'estime pas assez la vie pour la vouloir conserver au prix de celle de tant de milliers de soldats qui demeureraient à la merci de l'ennemi : ils ont au passage le même droit que leur maître.* » Il franchit les montagnes et se jeta sur la route de Médie, tandis que le vainqueur se rendait maître de toutes les principales villes de l'empire.

178. ALEXANDRE A BABYLONE, A SUSE, A PERSÉPOLIS. — MORT DE DARIUS. — Arrivé devant Babylone, Alexandre vit venir à sa rencontre le gouverneur avec de magnifiques présents; monté sur Bucéphale, il entra en triomphe dans la ville, au milieu d'un peuple immense qui avait jonché les rues de branchages et de fleurs. Là, il trouva amoncelés les trésors des rois de Perse, et il envoya de nombreuses dépouilles aux différentes cités de la Grèce pour leur donner une idée de la grandeur de ses succès. Dans la ville de *Suse*, il recueillit de nouvelles richesses et reprit les statues d'Harmodius et d'Aristogiton (voir n° 123), enlevées autrefois par Xerxès, qu'il rendit aux Athéniens. A *Persépolis*, où les rois de l'Asie avaient déployé toute leur magnificence, le vainqueur se déshonora par l'action la plus folle et la plus honteuse. Alexandre, qui se laissait facilement aller comme Philippe aux excès de la bonne chère et de la boisson, donna dans cette ville un grand festin où il s'abandonna à l'ivresse. Au milieu de cette orgie, une femme qui était parmi les convives s'écria : « *Que ma joie serait grande si je pouvais brûler le palais de Xerxès! On dirait que les femmes grecques ont mieux vengé leur patrie que les généraux d'Alexandre.* » Les assistants, troublés par les fumées du vin, applaudirent à ces paroles extravagantes, et aussitôt, le roi courut une torche à la main mettre lui-même le feu au palais du grand roi. La vue de l'incendie le fit revenir à lui-même, et il ordonna d'éteindre l'embrasement; mais il était trop tard, et le palais tout entier fut consumé en présence d'Alexandre.

Ne laissant plus d'ennemis derrière lui, le roi de Macédoine s'élança à la poursuite de Darius, qui fuyait vers le pays des Parthes. Le roi de Macédoine allait à marches forcées à travers les déserts et les montagnes, soutenant le courage de ses troupes au milieu de toutes les fatigues par son énergie et sa patience. Un jour que l'armée était accablée par la faim et la soif, quelques Macédoniens trouvèrent un peu d'eau et en remplirent un casque qu'ils apportèrent à Alexandre. Comme il allait la porter à sa bouche desséchée, il vit autour de lui les soldats qui, la tête penchée, fixaient d'avides regards sur la boisson. Aussitôt, il renversa le casque et jeta l'eau sur la terre sans même y mouiller ses lèvres. Ce trait ranima l'ardeur des Macédoniens, qui s'écrièrent qu'ils étaient prêts à tout supporter tant qu'ils seraient commandés par un tel chef.

Quelques jours après, Alexandre apprit la mort de Darius, assassiné dans sa fuite par un de ses officiers, le satrape *Bessus*, qui espérait obtenir ainsi les bonnes grâces du vainqueur (330). Mais le roi de Macédoine, ayant trouvé le cadavre de son malheureux ennemi, témoigna la douleur la plus vive; il détacha son manteau et l'étendit sur le corps de Darius; puis il lui rendit les derniers honneurs avec toute la magnificence due à son rang. Bien loin de récompenser Bessus de sa trahison, il le poursuivit jusqu'à ce qu'il s'en fût rendu maître, et il le punit comme un vil meurtrier, en lui faisant arracher les quatre membres.

179. Orgueil démesuré et violences criminelles d'Alexandre. — Alexandre était maître de tout cet empire de Perse qui s'étendait sur la plus grande partie de l'Asie. Arrivé à ce haut degré de gloire et de puissance, il ne sut pas mettre de bornes à ses désirs et rêva de nouvelles conquêtes, tandis que son cœur, enivré d'orgueil, incapable de supporter aucune contradiction, devenait soupçonneux et cruel. — Mécontent de l'ambition de quelques-uns de ses généraux, il fit condamner et mettre à mort le fils de Parménion, nommé *Philotas*, et peu après, il fit lâchement assassiner Parménion lui-même, qui l'avait toujours servi ainsi que Philippe son père, avec le plus entier dévouement. Des émissaires du roi se rendirent auprès de l'illustre général, qu'ils trouvèrent se promenant dans ses jardins. L'un d'eux, *Polydamas*, courut le saluer et lui remit une lettre d'Alexandre. « *Que fait le roi ?* » demanda Parménion. Le traître répondit qu'il l'apprendrait par la lettre. Après avoir lu, le général dit à Polydamas : « *Le roi se prépare à marcher contre les Arachosiens. Prince admirable ! Il ne se donne point de repos !* » Comme il achevait ces mots, un des assassins lui donna un coup de poignard dans le flanc, et les autres se jetant sur lui l'achevèrent. — Bientôt après, au milieu d'un festin où les convives échauffés par le vin s'étaient adressé les uns aux autres des paroles outrageantes, Alexandre tua de sa main d'un coup de javeline ce même Clitus qui lui avait sauvé la vie au passage du Granique (n° 173). La vue de son ami expirant dissipa tout à coup son ivresse, et, transporté de douleur, il voulut se laisser mourir de faim. Mais d'indignes flatteurs le consolèrent en lui disant que la volonté des rois, semblable à celle des dieux, était toujours juste. Le repentir passager d'Alexandre ne l'empêcha pas de se souiller d'un nouveau crime en faisant périr dans des tourments affreux le philosophe *Callisthène*, parce que dans un festin où les amis du roi proposaient de l'adorer comme un dieu, il avait eu seul le courage de blâmer cette flatterie sacrilége.

180. Expédition contre les Scythes. — Prise de Petra Oxiana. — Cependant Alexandre avait repris le cours de ses conquêtes et avait été attaquer les Scythes, dont les députés étaient venus en vain l'exhorter à la modération par ces remarquables paroles : « *Si les dieux t'avaient donné un corps proportionné à ton ambition, la terre entière ne pourrait te contenir ; tu toucherais d'une main l'Orient et de l'autre l'Occident. Mais prends garde, et mets un frein à tes désirs, car la fortune est inconstante. Si tu es un dieu, tu dois faire le bonheur des humains; si tu n'es qu'un homme, n'oublie pas que tu es mortel !* » Malgré ces sages remontrances, Alexandre pénétra dans les déserts de la Scythie, et plus habile que Darius, fils d'Hystaspe (n° 79), il réussit à en soumettre les populations errantes.

Au retour, une forteresse appelée *Petra Oxiana*, située au sommet d'un rocher escarpé, refusait de se rendre et le gouverneur faisait demander avec arrogance, *si les soldats d'Alexandre avaient des ailes pour voler jusqu'à lui.* Le roi de Macédoine promet une forte somme à celui qui montera le premier à l'assaut et des récompenses proportionnées à ceux qui arriveront ensuite. Aussitôt, trois cents soldats se présentent ; ils s'accrochent aux rochers avec des crampons de fer et gravissent ainsi la montagne. Plusieurs roulent dans les précipices ; mais la plupart, après des efforts prodigieux, atteignent le but, et arrivés au sommet, ils déploient un drapeau pour avertir l'armée macédonienne. A ce signal, Alexandre ordonne une attaque générale ; mais en voyant ce drapeau qui semblait avoir été apporté à travers les airs, les assiégés épouvantés ouvrent leurs portes et livrent la citadelle.

181. Expédition dans les Indes. — Porus. — Terme des conquêtes d'Alexandre. — Le roi de Macédoine s'avança alors vers les Indes, dont les souverains, effrayés par le bruit de ses exploits, s'empressèrent pour la plupart de faire leur soumission. L'un d'eux, nommé *Porus*, osa cependant résister, et se prépara à défendre le passage du fleuve *Hydaspe*, à la tête d'une armée puissante, soutenue par un grand nombre d'éléphants, qui portaient sur leur dos des tours remplies de soldats (327). Alexandre parvint néanmoins à forcer le passage après avoir affronté les plus grands périls, et après avoir eu son cheval, le fameux Bucéphale, tué sous lui. Il mit en déroute les troupes de Porus, qui fut lui-même fait prisonnier. On l'amena devant Alexandre, qui, frappé de sa noble contenance et de sa haute stature (il avait près de sept pieds), lui demanda avec bienveillance comment il voulait être traité : « *En roi !* » répondit fièrement Porus. Alexandre se montra cette fois plein de magnanimité envers son ennemi vaincu : il le rétablit dans ses États auxquels il ajouta même plusieurs provinces, ne demandant en retour à Porus que son amitié.

En même temps, le roi de Macédoine envoyait une flotte, sous la conduite de *Néarque*, visiter le grand océan Indien, où jamais auparavant un vaisseau grec n'avait pénétré. Néarque descendit le fleuve *Indus*, remonta le long des côtes et arriva au fond du golfe Persique, à l'embouchure de l'Euphrate : entreprise fort remarquable, à une époque où les navigateurs, n'ayant que les astres pour fixer leur route, ne se dirigeaient qu'avec la plus grande difficulté sur des mers inconnues.

Cependant Alexandre ne prétendait pas s'arrêter encore, et déjà, il avait donné l'ordre de marcher vers le *Gange*, à l'autre extrémité de l'Inde. Il n'avait pas profité de la leçon que lui avait donnée un pirate qu'il avait fait prisonnier, et auquel il demandait de quel droit il osait piller les navigateurs et prendre leurs vaisseaux : « *Du même droit*, répondit cet homme, *que vous prenez des villes et des provinces. Je cours les mers avec un seul petit bâtiment, et on m'appelle voleur. Vous faites la même chose avec une flotte nombreuse, et on vous appelle roi.* » Malgré sa soif inaltérable de conquêtes, Alexandre fut arrêté tout à coup par un obstacle invincible. Ses soldats, las de fatigues et de combats toujours renaissants, effrayés de nouvelles entreprises dans des contrées brûlantes, où les maladies et les privations faisaient périr plus de monde que les armes de l'ennemi, ses soldats refusèrent absolument d'aller plus loin. Vainement Alexandre désespéré employa les prières et les menaces ; tout fut inutile. Il se vit obligé de donner le signal du retour, après avoir élevé douze autels sur les bords du fleuve *Hyphase*, pour marquer le terme de ses conquêtes.

Il ne revint pas cependant sans combattre, sur son passage, plusieurs peuples qui avaient jusqu'alors échappé à sa domination, et dans chaque rencontre, il donnait aux soldats l'exemple de la plus brillante valeur. Au siége de la capitale des *Oxydraques* (tribu indienne), il monta le premier à l'assaut et déjà il mettait le pied sur la muraille, lorsque l'échelle où ses soldats se pressaient en foule à sa suite se brisa tout à coup : le roi demeura seul, debout sur le rempart, et exposé aux coups des ennemis, qui firent aussitôt pleuvoir sur lui une grêle de flèches. N'écoutant que son courage, Alexandre saute l'épée à la main dans l'intérieur de la ville, tue plusieurs ennemis, fait reculer les autres ; mais une flèche, traversant son bouclier, lui perce la cuisse et le renverse tout sanglant. Le Barbare qui l'a blessé s'élance sur lui pour l'achever, lorsque les Macédoniens, qui avaient fait des efforts inouïs pour secourir leur roi, pénètrent dans la place et le couvrent de leurs boucliers. Un combat terrible s'engage autour de lui ; enfin ses soldats triomphent et le rapportent dans sa tente (326).

182. Débauches d'Alexandre. — Sa mort. — Bientôt après, Alexandre était de retour à Babylone, où il trouva les ambassadeurs de presque toutes les nations du monde qui venaient solliciter son amitié. De tels hommages mirent le comble à son orgueil et il s'abandonna aux réjouissances les plus extravagantes. Ses derniers moments devaient ternir la gloire d'une vie que malheureusement, il avait déjà plus d'une fois souillée en se laissant aller à la violence de ses passions (n° 179). Il avait, depuis la chute de Darius, abandonné la simplicité des costumes et des mœurs de la Grèce, pour s'entourer de tout le luxe et de toute la magnificence des rois de l'Orient. Il paraissait en public revêtu des parures les plus magnifiques et se faisait adorer partout comme un dieu. Les fêtes les plus brillantes se renouvelaient sans cesse à Babylone, et le roi s'adonna sans aucune retenue à ces excès de table qui lui avaient déjà fait commettre tant d'actions criminelles. Une de ces débauches coûta la vie à l'ami le plus cher d'Alexandre, Éphestion, qui mourut honteusement pour avoir mangé outre mesure. Le roi témoigna sa douleur en faisant prendre le deuil à tout son empire : mais cette perte ne le fit pas rentrer en lui-même, et à peu de temps de là, ayant passé une nuit et un jour entier à boire chez un de ses courtisans, il fut pris d'une fièvre ardente qui l'emporta au bout de neuf jours.

On dit que sur son lit de mort, ses généraux lui demandant à qui il laisserait son héritage, il se borna à répondre : « *Au plus digne!* » comme pour les inviter à se le disputer entre eux (323).

§ II. ÉTENDUE DE L'EMPIRE D'ALEXANDRE. — RÉSULTATS DE SES CONQUÊTES.

185. GÉOGRAPHIE POLITIQUE DE L'EMPIRE D'ALEXANDRE. — Le vaste empire fondé par Philippe, roi de Macédoine, et élevé au plus haut point de grandeur par les immenses conquêtes de son fils, Alexandre, embrassait tout le S. E. de l'Europe, la partie occidentale de l'Asie et le N. E. de l'Afrique. Il avait pour bornes, au N., le Danube ou Ister, le Pont-Euxin, les montagnes de la chaîne du Caucase, la mer Caspienne et les plaines sablonneuses traversées par le fleuve Iaxartes ; à l'E., les montagnes qui donnent naissance à l'Indus, l'Hyphase et l'Indus lui-même ; au S., l'océan Érythrée, le golfe Persique, les déserts de l'Arabie, les rochers qui séparent l'Égypte de l'Éthiopie, et les sables brûlants de la Libye, qui le bornaient aussi du côté de la Cyrénaïque ; à l'O., enfin, les montagnes de l'Illyrie et la mer Adriatique.

Formé des nombreuses provinces qu'Alexandre avait soumises à ses lois, cet empire fut partagé par le conquérant en gouvernements ou satrapies, qui paraissent avoir été au nombre de 37, dont 2 en Europe, 32 en Asie et 3 en Afrique.

SATRAPIES D'EUROPE. — Les deux satrapies ou gouvernements entre lesquels Alexandre avait réparti toutes les possessions européennes de l'empire Macédonien étaient : — 1. Celle de *Macédoine*, qui comprenait : Le royaume de ce nom avec les pays des *Agrianes* et des *Triballes*, situés au N. et au N. E. de la Macédoine ; l'*Illyrie*, ou du moins la partie occidentale de ce pays ; l'*Épire*, qui, bien qu'asservie alors à la Macédoine, conservait pourtant ses souverains particuliers ; enfin la *Grèce* imparfaitement soumise. — 2. La satrapie de la *Thrace*, qui comprenait toute la vaste contrée de ce nom dont la conquête, commencée par Philippe, fut achevée par Alexandre.

Satrapies d'Asie. Les trente-deux satrapies d'Asie se composaient de toutes les provinces conquises par Alexandre dans cette partie du monde, et qui peuvent être réparties de la manière suivante, savoir :

I. Dans l'Asie, entre la Méditerranée et le fleuve du Tigre, 12 satrapies, qui étaient : — 3. La *Phrygie de l'Hellespont* ou *Petite Phrygie*, comprenant : la *Mysie* avec l'*Éolide*, la *Paphlagonie* et même la *Bithynie*, qui paraît toutefois avoir conservé son indépendance ; — 4. la *Lydie* avec l'*Ionie* et la *Magnésie* ; — 5. la *Carie* avec la *Doride* ; — 6. la *Lycie* et la *Pamphylie* ; — 7. la *Grande Phrygie* avec la *Lycaonie*, et probablement aussi la *Pisidie* et l'*Isaurie* ; — 8. la *Cappadoce*, satrapie assez mal soumise, entourée de belliqueux montagnards demeurés indépendants ; — 9. la *Cilicie* ; — 10. la *Syrie* avec la *Phénicie*, la *Palestine* et l'île de *Chypre* ; — 11. l'*Arménie* ; — 12. la *Mésopotamie* avec l'*Arbélitide* ou *Assyrie septentrionale*, ainsi nommée d'*Arbelles*, sa capitale ; — 13. l'*Assyrie méridionale* ; — 14. la *Babylonie*.

II. Dans la Haute-Asie, 13 satrapies, savoir : — 15. La *Médie septentrionale*, qui prit de son gouverneur Atropatès le surnom de *Médie Atropatène* ; — 16. la *Grande Médie* ; — 17. les pays des *Mardes* et des *Tapyres*, habitants des rivages méridionaux de la mer Caspienne ; — 18. la *Parétacène*, satrapie formée de la contrée montagneuse qui séparait la Médie de la Perse ; — 19. la *Susiane* ; — 20. la *Perside* ou *Perse* proprement dite ; — 21. l'*Hyrcanie* et la *Parthie* ou *Parthiène* ; — 22. l'*Arie* et la *Drangiane* ; — 23. la *Carmanie* ; — 24. la *Gédrosie* et l'*Arachosie*, contrées auxquelles il faut encore ajouter le pays des *Horites* ; — 25. le pays des *Paropamisades* et les *régions voisines du Caucase Indien*, désignation qui indique suffisamment la position de ces deux contrées fort rapprochées l'une de l'autre ; — 26. la *Bactriane* ; — 27. la *Sogdiane*, dont une partie semble avoir conservé un souverain national.

III. Dans les régions de l'Inde, enfin, les historiens d'Alexandre nous font connaître jusqu'à 7 satrapies, savoir : — 28. l'*Inde voisine des Paropamisades* ou *Inde Citérieure*, qui comprenait les pays situés en deçà de l'Indus ; — 29. l'*Inde supérieure*, formée par Alexandre des premiers pays conquis par lui dans l'Inde, et située sur les rives de l'Euaspla et du Cophènes, rivières tributaires de l'Indus ; — 30. la *satrapie des Assacènes*, à l'E. de la précédente; — 31. le *royaume d'Abissare*, au S. E. des Assacènes, demeuré, par le consentement d'Alexandre, sous l'administration de son souverain national; — 32. le *royaume de Taxile* ou *Inde entre l'Indus et l'Hydaspe*, resté de même sous le gouvernement du prince dont il portait le nom; — 33. le *royaume de Porus* ou *Inde entre l'Hydaspe et l'Hyphase*, qui demeura également sous la domination de Porus; — 34. enfin, la *satrapie des Malliens*, au S. des deux précédentes, et dont Alexandre avait fixé la limite méridionale au confluent de l'Indus et de l'Acésines.

SATRAPIES D'AFRIQUE. — Alexandre avait formé de tous les pays d'Afrique, soumis à l'empire Macédonien, trois satrapies, qui furent réunies en un seul gouvernement après sa mort. C'étaient : — 35. l'*Arabie*, dénomination sous laquelle il faut entendre la partie de l'Égypte inférieure située à l'E. du Nil, et probablement aussi les déserts de l'Idumée méridionale; — 36. l'*Égypte*, la meilleure de toutes les satrapies et celle qui fournissait les plus riches tributs; — 37. la *Libye Grecque*, qui s'étendait à l'O. du Nil, jusqu'aux limites de la Cyrénaïque.

184. RÉSULTAT DES CONQUÊTES D'ALEXANDRE. — La formation de cet immense empire ne fut pas le seul ni même le principal résultat des conquêtes d'Alexandre. Ce prince, aussi habile politique peut-être que grand capitaine, ne s'était pas seulement proposé pour but de reculer au loin les limites de ses États; il voulait régénérer toutes les contrées soustraites par lui au joug du despotisme oriental, et les rattacher à l'Europe en les unissant toutes ensemble par les liens d'une même civilisation. Le génie que lui avait départi la Providence était à la hauteur de cette grande tâche qu'il avait pressentie, et que les Romains devaient accomplir. Il voulait reconnaître les côtes de l'Arabie, de l'Éthiopie, tourner l'Afrique, rentrer dans la Méditerranée par le détroit de Gadès, et soumettre Carthage. On dit qu'il pensait visiter l'Italie, attiré par le grand nom de Rome. Car il n'aurait jamais pris de repos, dit Arrien, eût-il porté ses armes jusqu'au fond des îles Britanniques.

Le plus sûr moyen d'opérer le rapprochement des Européens et des Asiatiques était de multiplier entre eux les mariages. A Suse, Alexandre donna l'exemple de ces alliances dédaignées souvent encore par l'orgueil des Grecs : il épousa *Barsine*, fille aînée de Darius; Éphestion, son intime ami, reçut la main de Drypétis, autre fille du monarque persan. Les généraux se hâtèrent d'imiter le roi. En même temps furent célébrées les noces de neuf ou dix mille Persanes avec des soldats macédoniens; Alexandre paya la dot des fiancées, et, dans un festin magnifique, donna à chacun des convives une coupe d'or pour les libations : les fêtes furent célébrées à la manière des Perses.

Dans la pensée d'Alexandre, cette fusion des peuples de son empire devait s'opérer au milieu des camps. Trente mille jeunes gens des provinces conquises furent armés à la macédonienne, instruits dans la tactique des Grecs, et se montrèrent bientôt en état de le disputer à la célèbre phalange. Des Perses furent appelés à la cour pour faire partie de la garde du prince. « Dans le même temps, Peucestas amena vingt mille archers et frondeurs barbares, qui, incorporés dans les anciennes troupes, composèrent une armée complète, entièrement formée par le mélange des nations. Les enfants nés des Macédoniens et des femmes étrangères s'élevaient à près de dix mille. Alexandre leur donna des maîtres et pourvut à leur éducation. » (Diod. de Sicile, l. XVII, 110.)

Les fêtes, les représentations théâtrales, et tous les jeux publics de la Grèce furent également mis en usage par Alexandre. Trois mille musiciens, acteurs et poètes, venus d'Europe, se rassemblèrent à Ecbatane. On commença à connaître Homère dans l'Orient; les enfants des Perses, des Bactriens, applaudirent aux chefs-d'œuvre d'Eschyle, de Sophocle et d'Euripide. Cette politique eut de profonds résultats qui devaient survivre à l'éphémère domination de la Macédoine en Asie. Les peuples d'Orient, arrachés à leur antique immobilité, entrèrent dans le mouvement général de la civilisation. Les relations établies entre les trois continents se continuèrent avec activité, et désormais, à l'aide de la langue grecque parlée à la fois dans la haute Asie, dans l'Asie Mineure et dans l'Égypte, le commerce et l'industrie multiplièrent les rapports des peuples, jadis ennemis irréconciliables, habitués maintenant à combattre sous le même drapeau, à se rencontrer sur des marchés communs, à cultiver les mêmes intérêts, à puiser aux mêmes sources de prospérité. L'Égypte fut grecque sous les Ptolémées, la Syrie fut grecque sous les Séleucides, l'Asie Mineure redevint comme autrefois la Grèce asiatique. Ainsi se préparait l'immense unité que devait réaliser la domination romaine.

§ III. ARISTOTE. — LYSIPPE. — APELLES.

185. ARISTOTE. — Le siècle d'Alexandre fait époque dans l'histoire de l'esprit humain presque à l'égal de celui de Périclès. La philosophie, les sciences et les arts eurent à la fois d'illustres représentants. — Un élève de Platon, *Aristote* de Stagyre (384-322), l'un des plus vastes génies qu'ait produits l'antiquité, auquel avait été confié l'éducation d'Alexandre (n° 166), étudia à la fois et les facultés de l'esprit humain, et les lois de la nature physique, et l'art du gouvernement. Toutefois Aristote, moins élevé que Platon dans ses conceptions, ne comprit pas les plus nobles destinées de l'homme ; il proclama l'indifférence absolue de Dieu pour les actions des hommes, restreignit à ce monde toutes leurs pensées, et s'occupa peu de leur perfectionnement moral.

Les principaux ouvrages d'Aristote sont la *Poétique*, la *Rhétorique*, la *Métaphysique*, la *Politique*, et de nombreux traités d'histoire naturelle. Cette science, à peine connue avant Aristote, reçut tout à coup une impulsion immense des travaux de ce grand homme, aidé dans ses conquêtes scientifiques par les triomphes politiques de son illustre élève. Alexandre rassemblait à grands frais dans toutes les parties de l'univers les productions de toute espèce qu'il envoyait à son maître : celui-ci sut former un ensemble de tous ces éléments divers, et créer un système scientifique auquel l'admiration des modernes a rendu d'éclatants hommages. — Aristote est le chef de l'école des *Péripatéticiens*, ainsi appelés parce qu'ils avaient coutume de disserter *en se promenant* dans le Lycée.

186. LYSIPPE. — APELLES. — Les grands artistes du temps de Périclès avaient, eux aussi, de dignes successeurs. Le célèbre sculpteur *Praxitèle* (v. 360-281), génie moins vaste et moins élevé que Phidias, se plaça toutefois au premier rang par la grâce, la vérité des compositions, la finesse des contours, l'harmonie et l'expression des traits. Sa fécondité ne nuisait pas à la perfection de ses travaux, et il fut chef d'une brillante et nombreuse école. *Lysippe*, son contemporain, acquit une réputation plus grande encore et laissa une foule de chefs-d'œuvre, dont les principaux étaient la statue de Socrate, celle d'Hercule, et peut-être le fameux groupe du Laocoon. — La peinture avait alors son plus illustre représentant, *Apelles*, le seul artiste auquel Alexandre le Grand permit de faire son portrait. Le conquérant de l'Asie, à la vue du tableau qui le représentait à cheval, ne témoigna pas l'admiration que méritait une telle œuvre ; mais son cheval Bucéphale se mit aussitôt à hennir : « En vérité, seigneur, dit » simplement Apelles, votre cheval paraît se connaître mieux » que vous en peinture. » Ce grand peintre n'éprouvait pas ce sentiment de jalousie dont beaucoup d'artistes ne peuvent se défendre à l'égard de leurs rivaux. Il se plaisait à faire l'éloge de *Protogène*, habile peintre de Rhodes qu'il aimait tendrement : « Il m'égale presque en tout et me surpasse en » quelques points, disait-il ; si j'ai un avantage sur lui, c'est » uniquement parce qu'il cherche trop la perfection dans ses » ouvrages. »

QUESTIONNAIRE. — § Ier. 170. Quel événement eut lieu le jour de la naissance d'Alexandre ? — Quel caractère ce prince montra-t-il dès l'enfance ? — 171. Racontez les premiers faits du règne d'Alexandre. — Que lui fit dire une tribu gauloise ? — Quel fut le motif et le résultat de l'expédition d'Alexandre en Grèce ? — 172. Qui était Darius Codoman ? — Quel était l'état de l'empire des Perses ? — Indiquez le plan de guerre de Memnon le Rhodien. — 173. *Racontez le combat du Granique.* — Qu'était-ce que le nœud gordien ? — Qu'en fit Alexandre ? — Quel événement facilita les succès d'Alexandre et à qui dut-il sa guérison ? — 174. Quel fut le résultat de la bataille d'Issus ? — Comment se conduisit Alexandre à l'égard de la famille de Darius ? — 175. Par quel moyen parvint-il à se rendre maître de la ville de Tyr ? — Quelle fut sa conduite après la prise de Tyr et de Gaza ? — 176. Comment Jérusalem fut-elle préservée de la vengeance d'Alexandre ? — Quelle ville Alexandre fonda-t-il en Égypte ? — 177. Quelles propositions fit Darius, et comment furent-elles reçues ? — *Racontez les principales circonstances de la grande bataille d'Arbelles.* — 178. Quelles villes prit alors Alexandre ? — Où fuyait Darius ? — Par qui fut-il assassiné ? — 179. Par quelles débauches et par quels crimes se déshonora Alexandre ? — 180. Quel fut le résultat de l'expédition de Scythie ? — *Racontez la prise de Petra Oxiana.* — 181. Alexandre trouva-t-il dans les Indes une résistance sérieuse ? — Que lui dit Porus et comment le traita-t-il ? — Quelle expédition maritime fit-il entreprendre ? — En quoi est-elle remarquable ? — Qu'est-ce qui obligea Alexandre à mettre une fin à ses conquêtes ? — Comment en marqua-t-il le terme ? — 182. Comment Alexandre, de retour à Babylone, s'y conduisit-il ? — Comment mourut Éphestion ? — Racontez la mort d'Alexandre. — § II. 183. Quelle était l'étendue et quelles étaient les limites de l'empire d'Alexandre ? — En combien de satrapies le divisa-t-il ? — Nommez les principales satrapies d'Europe, d'Asie et d'Afrique. — 184. Faites connaître les plans d'Alexandre et les résultats de ses conquêtes. — § III. 185. Parlez des divers titres de gloire d'Aristote. — 186. Quels furent les plus célèbres sculpteurs grecs à cette époque ? — Quel est le peintre le plus fameux de l'antiquité ? — Citez quelques traits à son sujet.

CHAPITRE QUATORZIÈME.

ÉTATS FORMÉS DU DÉMEMBREMENT DE L'EMPIRE D'ALEXANDRE.

SOMMAIRE.

§ I. 187. La famille d'Alexandre est abandonnée par ses généraux, excepté Eumène, qui est trahi et mis à mort (315). Olympias, mère d'Alexandre, fait périr Arrhidée, frère du conquérant. Le fils d'Alexandre est assassiné ; sa famille est éteinte.

188. Quatre des généraux d'Alexandre s'élèvent au-dessus de leurs

rivaux : Ptolémée en Égypte, Séleucus en Syrie, Lysimaque en Thrace et en Macédoine, Antigone en Asie Mineure. Démétrius Poliorcète, fils d'Antigone, fait le siège de Rhodes. Antigone et Démétrius sont vaincus par leurs rivaux à la grande bataille d'Ipsus (301).

§ II. 189. Séleucus Nicator fonde le royaume de Syrie; soumet l'Asie, de l'Inde à la Macédoine; fonde Antioche; tue Lysimaque et est assassiné lui-même.

190. Sous Antiochus Soter (281-260) commence la décadence du royaume de Syrie. — Antiochus le Grand (222-186) triomphe des factions; rend à l'empire de Syrie son ancienne puissance; fait une expédition en Grèce, d'abord heureuse; s'enfuit en Asie, perd la bataille de Magnésie (190) gagnée par les Romains.

191. La Syrie s'affaiblit sous Séleucus Philopator (186-174). — Antiochus Épiphane (174-164), chassé d'Égypte par les Romains.

§ III. 192. Antiochus persécute les Juifs, et provoque l'insurrection du grand prêtre Mathathias.

193. Judas Machabée se signale par ses exploits, et établit l'indépendance de la nation juive. Il meurt dans un combat (161).

194. Les frères de Judas Machabée achèvent son œuvre. La Syrie affaiblie, est déshonorée par les crimes de Cléopâtre, forcée enfin de s'empoisonner elle-même (123). Antiochus l'Asiatique est détrôné par Pompée (64).

§ IV. 195. Ptolémée, fils de Lagus ou Soter (323-285), habile administrateur, préserve l'Égypte des attaques de ses anciens collègues, favorise les arts et le commerce.

196. Ptolémée Philadelphe (285-247) est le continuateur de son père; il fait faire la version des Septante; rouvre le canal de Néchao; entretient des relations avec les Grecs et les Romains.

197. L'Égypte prospère sous le règne bienfaisant et par les exploits de Ptolémée III Évergète (247-222).

198. Les trois premiers Ptolémées agrandissent Alexandrie où Soter a construit le phare, le sérapéum, etc., et qui s'enrichit par son commerce.

199. Le musée ouvert par Soter reçoit les savants du monde entier : Euclide, Théocrite, Érasistrate, etc. La bibliothèque compte jusqu'à sept cent mille volumes.

§ V. 200. L'Égypte s'affaiblit par des luttes intérieures, et tombe peu à peu sous l'ascendant des Romains.

201. Cléopâtre (52) détrône son frère avec l'aide de Jules César, captive Antoine, lui fait perdre la bataille d'Actium (31).

202. Cléopâtre se fait piquer par un aspic. L'Égypte est réduite en province romaine (30).

§ VI. 203. Les principaux états formés du démembrement de l'empire d'Alexandre sont les royaumes de Pergame, de Bithynie, de Pont, d'Arménie, des Parthes. Une tribu gauloise entreprend une expédition hardie à travers toute l'Europe et l'Asie Mineure. Elle se fixe en Galatie et pille les pays voisins. Les Galates sont défaits par les Romains (189) et tombent en décadence.

§ Ier. DÉMEMBREMENT DE L'EMPIRE D'ALEXANDRE.

187. Sort tragique de la famille d'Alexandre. — Démembrement de son empire. — Les généraux d'Alexandre, maîtres après sa mort de son immense empire, ne voulurent ni s'entendre pour le partager paisiblement, ni se soumettre à l'un d'entre eux, ni reconnaître les droits de la famille du conquérant, qui se composait d'un prince imbécile, *Arrhidée*, frère d'Alexandre, et d'un enfant que sa femme allait mettre au monde. Tous ces ambitieux commencèrent les uns contre les autres une lutte acharnée, et pendant un grand nombre d'années, on ne vit dans la Grèce et l'Orient que guerres et assassinats, que crimes et calamités épouvantables. Un seul, nommé *Eumène*, se montra fidèle aux héritiers de son maître; mais tous ses collègues se réunirent contre lui. Ils parvinrent à corrompre ses propres soldats qui se révoltèrent, et l'infortuné, livré pieds et poings liés à ses anciens compagnons d'armes, fut impitoyablement mis à mort. Olympias, mère d'Alexandre, venait de faire périr Arrhidée (316), espérant par ce forfait se rendre maîtresse de la Macédoine : toutefois elle-même fut égorgée par ordre de l'un des généraux, nommé *Cassandre*, qui craignait son orgueil et son ambition, et qui bientôt fit lâchement étrangler le jeune fils que la veuve d'Alexandre avait mis au monde. Douze ans après la mort de ce grand homme, toute sa famille avait été massacrée, et son héritage était livré à la plus affreuse confusion.

188. Suite des guerres des généraux d'Alexandre. — Bataille d'Ipsus. — La guerre continuait sans trêve et sans relâche entre les généraux d'Alexandre; mais déjà quatre d'entre eux commençaient à s'élever au-dessus des autres par leur habileté et leur puissance. C'était *Ptolémée*, fils de Lagus, qui s'était emparé de l'Égypte; *Séleucus*, maître de la Syrie et de toute l'Asie centrale; *Lysimaque*, établi en Thrace et bientôt après en Macédoine; *Antigone*, qui dominait en Asie Mineure. Ce dernier, fier de ses succès, avait pris le premier le titre de roi (307) et continuait rapidement le cours de ses conquêtes avec l'aide de son fils *Démétrius*, homme actif, audacieux, habile, auquel sa valeur fit donner le surnom de *Poliorcète* (preneur de villes).

Démétrius, après avoir soumis la Grèce, détruit les flottes de ses rivaux, conquis l'île de Chypre et les rivages de l'Asie Mineure, s'illustra surtout par le siége de Rhodes, défendue avec un courage extrême. Il fit construire sous les murs de la ville une immense machine de guerre à neuf étages, à l'aide de laquelle les assiégeants s'élevaient au niveau des remparts. Il ne put toutefois s'en rendre maître. Pour honorer la valeur de ses ennemis, il leur laissa en se retirant sa redoutable machine, avec le prix de laquelle ils élevèrent à l'entrée de leur port le fameux *colosse*, l'une des merveilles du monde : c'était une statue d'airain représentant Apollon ou le soleil, et d'une si énorme grandeur que les navires passaient à pleines voiles entre ses jambes.

Après ces glorieuses expéditions, Démétrius accourut en toute hâte au secours de son père, contre lequel les autres généraux s'étaient ligués. Les deux partis se rencontrèrent près d'*Ipsus*, en Phrygie (301). Toutes les forces des partis étaient en présence ; Antigone avait plus de soixante-dix mille soldats et soixante-quinze éléphants. Les alliés comptaient soixante-quinze mille hommes, quatre cents éléphants, cent vingt chariots armés de faux. La bataille fut terrible. Démétrius, vainqueur d'abord, à la tête de sa cavalerie, se laissa emporter par son ardeur à la poursuite des fuyards, et quand il revint, son infanterie était en déroute. Le vieil Antigone combattit avec toute la valeur de ses jeunes années ; mais il périt dans la mêlée, et Démétrius alla chercher un asile sur sa flotte ; son parti était désormais abattu.

La vie de Poliorcète ne fut plus dès lors que celle d'un aventurier. Il essaya de rétablir sa puissance en Grèce et en Macédoine ; mais après quelques succès, il fut vaincu et chassé par un prince d'Épire, nommé *Pyrrhus*, brave, entreprenant, infatigable comme lui, et qui, comme lui, devait finir misérablement en cherchant toujours de nouveaux ennemis (voir ci-après, n° 205). Forcé de fuir sur les côtes d'Asie, dont il se mit à piller les villes, Démétrius fut poursuivi comme un bandit, réduit à se cacher dans les bois, et enfin pris et jeté en prison par Séleucus.

§ II. ROYAUME DE SYRIE. — SÉLEUCUS NICATOR. — ANTIOCHUS LE GRAND.

189. FONDATION DU ROYAUME DE SYRIE. — *Séleucus*, surnommé *Nicator*, un des plus célèbres lieutenants d'Alexandre, n'avait reçu de son héritage que le commandement

de la cavalerie des alliés. Ce rôle secondaire ne suffisait pas à son ambition ; il prit part à toutes les querelles qui divisaient ses collègues, pour s'agrandir à la faveur de leurs rivalités. Le gouvernement de Babylone fut d'abord le prix de son alliance avec Antigone contre l'infortuné Eumène (n° 187) ; puis tandis que Démétrius Poliorcète, fils d'Antigone, défendait avec peine les États de son père contre une formidable invasion, Séleucus s'établit en Syrie et s'empara de l'Asie-Supérieure. En 306, il prit le titre de roi comme les autres généraux. Dès lors, son influence fut toute-puissante : uni à Ptolémée contre l'ambitieux Antigone, il décida le succès de la bataille d'Ipsus, où périt son rival (301). Un partage définitif lui assura toute l'Asie, depuis le Liban et le Taurus jusqu'à l'Indus et au Tigre. Le général de la cavalerie avait su, à force de persévérance et de talents, soumettre à ses lois la plus grande partie de l'empire d'Alexandre. Lysimaque, roi de Macédoine (n° 188), prétendit ébranler cette formidable domination.

Les deux derniers généraux d'Alexandre, âgés l'un et l'autre de plus de quatre-vingts ans, se livrèrent, à *Cyropédion* en Phrygie, une bataille décisive (282). Le roi de Syrie remporta la victoire, et son rival périt les armes à la main.

Le *vainqueur des vainqueurs* s'empara de tous les États de Lysimaque (281) ; un instant, le royaume de Thrace disparut, mais pour se reconstituer plus tard.

Séleucus s'était montré digne de sa haute fortune. Son génie lui avait fait comprendre et poursuivre tous les grands desseins d'Alexandre. Il avait établi dans tout son empire un vaste et uniforme système d'administration : il avait favorisé partout la civilisation et le commerce, fondé un grand nombre de villes, et parmi elles, *Antioche*, dont la prospérité devait succéder à celle de Babylone, condamnée, selon les menaces des prophètes, à servir de repaire aux bêtes féroces. Son fils *Antiochus*, à qui il avait confié la haute Asie, partageait avec lui les soins du gouvernement. Séleucus, survivant seul à tous ses collègues, croyait pouvoir se reposer dans sa gloire ; mais il fut assassiné par un fils du roi d'Égypte, *Ptolémée Céraunus*, auquel il avait donné asile (281).

190. Successeurs de Séleucus. — Antiochus le Grand. — Ses successeurs furent pour la plupart peu capables de porter la lourde couronne qu'il leur avait léguée. Antiochus fut assez lâche pour faire alliance avec le meurtrier

de son père, et par cette indigne conduite il souleva contre lui une partie des Etats qui avaient obéi à Séleucus.

Sous *Antiochus Théos*, *Philétère* se rendit indépendant à Pergame, *Arsace* se révolta avec les Parthes (255), qu'il fut désormais impossible de soumettre, *Théodote* se fit proclamer roi de Bactriane; l'empire s'affaiblit rapidement sous le règne de plusieurs princes inhabiles.

Le royaume de Syrie cependant devait encore briller un moment de quelque gloire. *Antiochus le Grand* (222-186) releva l'honneur d'un sceptre humilié.

La situation du nouveau roi était critique. Les Égyptiens occupaient la Célésyrie et une partie de la Phénicie, le roi de Pergame était en armes, la Bactriane menaçait, plusieurs gouverneurs se déclaraient indépendants; enfin le général Achæus, accusé de trahison, cherchait dans le crime même qu'on lui avait faussement reproché un refuge contre la vengeance du roi. Antiochus, quoique très-jeune encore, ne perdit pas courage. Vainqueur de Ptolémée Philopator, puis vaincu à la désastreuse bataille de *Raphia* (216), il acheta la paix en abandonnant les provinces conquises. Mais il sut rattacher à son parti le roi de Pergame, jaloux d'Achæus, vainquit le rebelle, qu'il fit exécuter, et arrêta l'invasion des Parthes, qui paraissaient sur les frontières de Syrie. Le roi des Bactriens fit la paix, et Antiochus s'avança dans la haute Asie jusqu'à l'Indus, pour rétablir dans toutes ces contrées la domination des Séleucides. A son retour, une grande partie de l'Asie-Mineure, et même la Chersonèse de Thrace, reconnurent ses lois; la Célésyrie et la Phénicie, qu'avait conservées Philopator, furent enlevées en deux campagnes au jeune Ptolémée Épiphane. Antiochus reçut de l'admiration générale le surnom de *Grand*. — Mais le temps de sa prospérité était passé. Il avait rencontré les Romains, appelés par l'Égypte alarmée. Arrêté au midi par les redoutables tuteurs du roi d'Égypte, il les rencontra encore au nord, protégeant contre lui le roi de Pergame. Annibal, fugitif devant la haine de Rome (n° 272, ci-après), trouva Antiochus tout disposé à la guerre; mais au lieu de suivre les avis du plus grand général de l'antiquité, le roi écouta les flatteries intéressées d'un obscur Étolien nommé *Thoas*. Il passa en Grèce avec un petit nombre de soldats, et fier de quelques légers avantages, il prétendit soutenir avec sa faible armée les efforts de la puissance romaine. Vaincu aux Thermopyles, chassé de Grèce à la seconde campagne, privé de sa flotte par sa propre imprudence, il vit ses états envahis par Scipion l'Asiatique, qui lui porta le dernier coup à la bataille de *Magnésie* (190). L'empire des Séleucides y fut frappé à mort. Antiochus fut obligé d'abandonner l'Asie jusqu'au Taurus, et de payer en douze ans quinze mille talents aux Romains.

Ruiné par cet énorme tribut, le roi, pour rétablir ses finances, alla piller le temple de Bélus à Élymaïs : les habitants, indignés, le massacrèrent. Selon quelques historiens, il fut tué par un de ses officiers qu'il avait maltraité dans une orgie (186).

191. Affaiblissement de la Syrie. — Après lui, la décadence fut rapide. L'histoire de Syrie n'offre plus guère, comme celle d'Égypte à la même époque, qu'une honteuse série de discordes, de crimes, de défaites. Au dedans, les descendants de Séleucus s'arrachent, à force de trahisons et de forfaits, les débris de leur couronne, tandis que les gouverneurs des principales provinces se rendent indépendants. Au dehors, c'est la puissance romaine qui grandit toujours, et resserre sans cesse cet empire qu'elle va engloutir. Dieu lui-même suscite des héros parmi son peuple et fait éclater des prodiges pour punir la sacrilége audace des rois de Syrie. Tandis que *Séleucus Philopator*, en Asie-Mineure, s'incline devant les ordres de Rome, son ministre *Héliodore*, persécuteur des Juifs, est frappé dans le temple même d'une honteuse maladie, et revient assassiner le prince qui l'a envoyé (174).

Le successeur de Philopator, *Antiochus Épiphane*, envahit l'Égypte, dont le roi Philométor a pour tuteur un député du sénat ; le Romain Popilius lui ordonne de se retirer ; Antiochus hésite ; Popilius trace un cercle autour de lui avec sa baguette : « Vous ne sortirez pas, dit-il, avant d'avoir rendu réponse. » Antiochus se détermine à évacuer l'Égypte, et, à ce prix, il reste l'ami du sénat : voilà quelle était déjà l'influence romaine.

§ III. SOULÈVEMENT DES MACHABÉES.

192. Antiochus Épiphane persécute les Juifs. — Épiphane, furieux, mais impuissant à se venger, fit tomber sa colère sur les Juifs ; il prétendit abolir le culte du vrai Dieu, et éteindre la foi dans le sang des enfants d'Israël. Il plaça une idole dans le sanctuaire, jeta au feu les livres de la loi (168) et fit élever dans Jérusalem la forteresse d'*Acra*, où il mit une garnison chargée de massacrer tous ceux qui tenteraient de venir adorer Dieu dans son temple. Une persécution terrible frappa le petit nombre de ceux qui restèrent fidèles au Seigneur au milieu de ces épreuves. Ce fut alors que le saint vieillard *Éléazar*, refusant avec une invincible constance de manger les viandes défendues par la loi, se laissa mettre à mort, plutôt que *de donner par sa faiblesse un exemple funeste aux hommes plus jeunes que lui*. Ce fut alors aussi qu'une mère vit mourir devant elle ses sept fils, les animant par ses exhortations à confesser Dieu au milieu des plus cruels supplices, et qu'elle-même périt la dernière avec un admirable courage.

Le sang de tant de victimes criait vengeance. Dieu inspira un prêtre nommé *Mathathias*, qui, pour ne pas être témoin de la honteuse apostasie de quelques-uns de ses compatriotes, avait quitté Jérusalem avec ses cinq fils, Jonathan, Simon, Judas, Éléazar et Jonathas. Il appela tous ses compatriotes à la défense de la loi du Seigneur, et fut rejoint par un grand nombre de Juifs ; il en forma un corps d'armée avec lequel il parcourut la Judée, massacrant les partisans d'Antiochus, et renversant les autels des idoles. Apprenant que mille de ses compagnons s'étaient laissé égorger plutôt que de combattre pendant le jour consacré au Seigneur, il fit approuver par les prêtres et les anciens la résolution de repousser les attaques de l'ennemi, même le jour du Sabbat. Ce décret assura la délivrance de la Judée. Toutefois, Mathathias ne vit pas l'accomplissement de cette grande entreprise ; il mourut en engageant les siens à reconnaître pour leur chef son troisième fils *Judas Machabée* (166).

195. Judas Machabée. — Ses victoires, sa mort (166-161). — Judas rassemble une armée de six mille hommes, et après avoir imploré la protection du Seigneur, il extermine les adorateurs des idoles, délivre les villes et relève les fortifications détruites. Le gouverneur de Judée et celui de Célésyrie sont vaincus l'un après l'autre. Antiochus, instruit des victoires de Judas, envoie en Judée une armée de quarante-sept mille hommes, sous la conduite de *Nicanor* et de deux autres généraux. Judas, après s'être préparé au combat par le jeûne et la prière, attaque avec trois mille hommes ses nombreux ennemis, et disperse leur armée. Ses soldats font un butin immense et enlèvent l'argent d'une foule de marchands qui suivaient les troupes syriennes pour acheter comme esclaves les Israélites vaincus. — L'année suivante (165),

Judas remporte une nouvelle victoire sur deux autres généraux du roi de Syrie. Enfin, *Lysias*, ministre et parent d'Antiochus, arrive en Judée avec soixante-cinq mille hommes. Judas n'en a que dix mille ; mais, plein de confiance dans le Seigneur, il attaque Lysias auprès de *Bethsura*, ville voisine de Jérusalem, lui tue cinq mille soldats, met le reste en fuite, et entre triomphant dans la capitale de la Judée. Il trouve les lieux saints désolés, l'autel profané, les portes du temple brûlées, le parvis rempli de ronces qui avaient poussé comme dans un lieu désert. A cette vue, saisi d'une douleur profonde, il supplie le Seigneur de ne plus permettre que de si grands maux affligent son peuple, et après avoir fait purifier le temple, il en célèbre la nouvelle dédicace par des fêtes magnifiques, et fait offrir des sacrifices d'expiation pour les morts.

Antiochus apprit les victoires de Judas Machabée, tandis qu'il revenait d'une expédition malheureuse contre les Perses. Furieux de ce revers, il jure de faire de Jérusalem le tombeau de tous les Juifs, et hâte sa marche pour l'exécution de ce cruel projet. Mais il tombe, renversé de son char, et est frappé tout à coup d'une plaie horrible. Dans cet état, il reconnaît la main du Seigneur, et s'humilie devant lui. Mais le tardif repentir du persécuteur ne peut apaiser la colère de Dieu ; *le juste jugement du Seigneur était enfin tombé sur lui :* Antiochus expire bientôt au milieu des plus affreuses souffrances.

Judas combattit les généraux du nouveau roi, *Antiochus Eupator*, avec le même bonheur que ceux d'Épiphane, et, après plusieurs victoires, il mit le siége devant la citadelle de Jérusalem, que le roi lui-même vint défendre à la tête d'une armée composée de cent trente mille hommes, de trente-deux éléphants dressés pour le combat, et de trois cents chariots armés de faux. Judas, après avoir imploré Dieu par le jeûne et la prière, osa attaquer ces formidables troupes. La bataille, qui se livra dans la plaine de Bethsura, sans résultat décisif, est devenue célèbre par le dévouement héroïque d'un Juif nommé *Éléazar*. Ce vaillant guerrier, apercevant un éléphant plus grand et plus magnifiquement orné que les autres, s'imagine que c'est lui qui porte le roi Antiochus. Espérant délivrer sa nation d'un seul coup en faisant périr le tyran, il se précipite l'épée à la main au milieu des ennemis, parvient jusqu'à l'éléphant, se glisse sous son ventre, et perce à coups redoublés l'énorme animal, qui, dans sa chute, écrase ceux qu'il portait sur son dos et celui qui vient de lui donner la mort. Après le combat, Judas, voyant que sa petite armée ne pouvait tenir tête à toutes les troupes du roi de Syrie, se retira à Jérusalem, dans l'enceinte du temple, qu'il avait fait fortifier. Eupator vint l'y assiéger ; mais bientôt, rappelé en Syrie par une sédition, il fit la paix avec Judas Machabée, qu'il reconnut pour chef et prince de la nation juive (162).

Cette paix fut violée la même année par *Démétrius Soter*, successeur d'Eupator. Le général syrien Nicanor, envoyé en Judée, fut battu dans un premier combat près de Jérusalem, et périt l'année suivante à Béthoron. Mais bientôt des troupes plus nombreuses attaquèrent de nouveau Judas Machabée. Les Juifs, fatigués de la guerre, perdirent courage et abandonnèrent leur chef. Judas, ne conservant avec lui que huit cents hommes, attaqua la nombreuse armée des Syriens et mit en fuite une partie de leurs troupes ; mais, accablé par le nombre, il périt, enseveli dans son triomphe (161).

Toute la nation pleura ce héros en disant : « Comment est tombé cet homme puissant qui sauvait le peuple d'Israël ? »

194. Successeurs de Judas Machabée. — Derniers temps du royaume de Syrie. — Judas Machabée eut dans ses frères de dignes successeurs. *Jonathas* (161-144), ayant chassé de nouveau les Syriens de la Judée, la gouverna à la manière des anciens juges d'Israël. — *Simon*, son frère et son successeur, obtint du roi de Syrie, *Démétrius Nicator*, l'exemption de tous les tributs imposés à la Judée (144), chassa de la citadelle de Jérusalem la garnison syrienne, et ayant ainsi assuré l'indépendance de sa patrie, il obtint des Juifs assemblés un acte qui déclarait l'autorité souveraine et la grande sacrificature héréditaires dans sa famille. Devenu alors le véritable souverain de la Judée, Simon renouvela (139) l'alliance déjà conclue par ses frères avec les Romains, dans la protection desquels il comptait trouver un appui plus solide que dans la bienveillance douteuse des princes qui se succédaient sans cesse au trône de Syrie. — Simon fut remplacé par son fils *Jean Hyrcan* (135-107), qui, pendant un règne de vingt-neuf ans, augmenta la puissance et les richesses de la nation. La Judée était désormais entièrement indépendante de la Syrie.

Depuis ce moment, le royaume des Séleucides, affaibli par les attaques des peuples voisins et les révoltes continuelles des provinces, fut sans cesse souillé par des crimes effroyables. Une reine nommée *Cléopâtre* voulut se débarrasser de ses deux fils, afin de gouverner seule. Elle assassina son fils aîné *Séleucus*, et allait faire prendre à son second fils *Antiochus* une coupe empoisonnée, quand celui-ci, averti de l'affreux dessein de sa mère, la força à boire elle-même le breuvage mortel qu'elle lui avait préparé (123). Ce drame funèbre a inspiré à Corneille la tragédie de Rodogune.

Cependant les Romains, maîtres de l'Asie Mineure, envahissaient peu à peu la plus grande partie de l'ancien empire de Séleucus, incapable désormais de leur opposer aucune résistance. L'an 64 avant Jésus-Christ, Pompée, en traversant l'Asie, détrôna *Antiochus l'Asiatique*, le dernier des Séleucides, et déclara la Syrie province romaine (64).

§ IV. ROYAUME D'ÉGYPTE. — LES TROIS PREMIERS PTOLÉMÉES. — ALEXANDRIE. — LE MUSÉE. — LA BIBLIOTHÈQUE.

195. PTOLÉMÉE, FILS DE LAGUS (306). — *Ptolémée*, fils de *Lagus*, général d'Alexandre, devenu maître de l'Égypte, lui rendit son indépendance, et la replaça au nombre des plus puissants royaumes de l'Orient.

Une ère nouvelle commence alors pour l'Égypte. Elle prend une part active aux affaires de l'Europe, et jusqu'au moment où elle se brisera contre le colosse romain, elle joue un rôle important dans l'histoire du monde.

Ptolémée, le premier de la dynastie des Lagides, paraît, pendant la plus grande partie de sa vie, plus comme général d'Alexandre que comme roi d'Égypte. Souvent, il fut hors de ses États, occupé à des guerres lointaines : il avait compris que pour conserver l'intégrité de son royaume, il fallait le séparer entièrement d'un empire qui se déchirait, et le mettre à l'abri en refoulant dans leurs héritages ses turbulents collègues (voir n° 188).

Tout entier aux terribles démêlés qui ensanglantaient le monde, il s'unit à plusieurs autres généraux contre Perdiccas, régent de Macédoine, qui vint se faire massacrer par ses soldats dans une tentative d'invasion contre l'Égypte. Toujours ennemi du plus ambitieux, Ptolémée fit ensuite la guerre à Antigone, et s'établit dans la Syrie méridionale et la Palestine. En 306, il se fit proclamer roi d'Égypte, à l'exemple de ses collègues, qui avaient tous pris le diadème. Cinq ans après, il combattit à cette terrible bataille d'Ipsus où périt Antigone

(301), et dans le partage qui suivit, Ptolémée unit définitivement à ses États d'Égypte, la Cyrénaïque, la Libye, la Célésyrie et la Palestine.

Dès lors, le règne de Ptolémée ne fut plus troublé que par quelques guerres contre Démétrius Poliorcète, et il put s'occuper activement de l'organisation et de la prospérité intérieure de l'Égypte (n° ci-après). Il conserva l'ancienne division en districts ou nomes, mais il en augmenta le nombre, peut-être dans la vue de n'avoir aucun gouverneur trop puissant.

196. Ptolémée Philadelphe. — Ptolémée mourut en 283, après avoir abdiqué deux ans auparavant en faveur de son fils. Il avait reçu de la reconnaissance de ses sujets le surnom de *Soter* (sauveur), et pendant les deux années qui suivirent sa retraite, « il avait joui en quelque sorte des honneurs réservés à sa mémoire. »

Le nouveau roi (285), qui s'affermit sur le trône par le meurtre de ses frères, et que la sanglante ironie des Alexandrins surnomma *Philadelphe* (qui aime ses frères), fut cependant comme son père un protecteur éclairé de la littérature et du commerce. La gloire de son règne a été célébrée à l'envi par les poëtes et par les historiens. Ce fut par son ordre et sur l'avis du philosophe Démétrius de Phalère (n° 204), que soixante-douze Juifs firent cette traduction des livres saints connue sous le nom de *Version des Septante* (275), qui plus d'une fois sans doute éclaira les recherches de la philosophie païenne. Sous le règne de Ptolémée Philadelphe, le canal destiné à unir la mer Rouge à la Méditerranée fut mis en état de recevoir des vaisseaux. Ce prince, en politique habile, établit des rapports d'amitié entre l'Égypte et les grandes puissances de l'Europe. En 274, il conclut avec les Romains le premier traité d'alliance, entretint des relations fréquentes avec les Grecs, et envoya une flotte aux Athéniens. Il laissa à ses généraux le soin de quelques guerres contre la Cyrénaïque et la Syrie.

197. Ptolémée Évergète I (247). — *Ptolémée Évergète 1er* (247), fils de Philadelphe, s'illustra par de brillants exploits; il envahit la Syrie pour venger sa sœur *Bérénice*, répudiée et assassinée par Antiochus. Nouveau Sésostris, il parcourut la Babylonie, la Perse, la Susiane, la Médie, et il revint dans son royaume chargé des dépouilles de tous les peuples qui habitaient entre le mont Taurus et le fleuve du Tigre. Les Égyptiens recouvrèrent avec transport les divinités que le roi des Perses, Cambyse, avait jadis arrachées à leurs temples. La Syrie et la Cilicie reconnurent l'empire d'Évergète; et le roi Séleucus, qui tenta de s'opposer à sa fortune, fut battu à son tour. En Afrique, il conquit une grande partie de l'Éthiopie, et y signala sa pieuse munificence en élevant plusieurs monuments religieux. Homme d'État en même temps que grand général, Évergète eut soin d'entretenir son influence en Grèce, en se déclarant protecteur de la ligue achéenne. Il mourut en 222, laissant l'Égypte à un haut degré de puissance et de gloire; mais elle ne s'y maintint pas longtemps. Évergète, digne héritier de Ptolémée Soter, fut le dernier grand roi de sa race. Après lui, des princes indignes déshonorèrent successivement le trône.

198. Alexandrie. — Les trois premiers Ptolémées avaient porté à son comble la prospérité de la grande ville d'Alexandrie, fondée par Alexandre et admirablement située pour être l'entrepôt du commerce de l'Orient et de l'Occident. Elle se composait de deux quartiers, celui du palais, et celui du vaste port où les vaisseaux de toutes les contrées du monde se donnaient rendez-vous. A l'entrée du port, sur une petite île jointe au continent par une chaussée de sept stades de longueur (près de treize cents mètres), Ptolémée, fils de Lagus, plaça un *phare* colossal, construit avec un art merveilleux, pour guider au loin les navigateurs. Ce monument était d'une hauteur prodigieuse, puisque ses ruines, au douzième siècle de notre ère, s'élevaient encore à cent cinquante coudées. Le même prince embellit Alexandrie de monuments magnifiques, dont le plus célèbre était le *Sérapéum* ou temple de Sérapis. Cet édifice, qu'Ammien Marcellin compare au Capitole, contenait des chapelles consacrées au culte de diverses divinités, la plupart égyptiennes, les autres syriennes et persanes. On y montait par un large escalier de cent degrés. — Au temps de sa splendeur, Alexandrie, enrichie à la fois par son industrie et son commerce, compta jusqu'à neuf cent mille habitants.

199. Le Musée, la Bibliothèque. — Les premiers Ptolémées mirent leur gloire à faire de leur capitale le centre de la civilisation et des lumières. Rien ne contribua plus à réaliser ce grand résultat que la création du Musée et de la Bibliothèque.

Le *Musée* était une sorte d'académie où les rois d'Égypte réunissaient les savants et les littérateurs les plus renommés de tous les pays du monde en leur offrant une splendide hospitalité. Un vaste édifice était consacré aux cours publics confiés à ces illustres étrangers. On y vit briller tour à tour

Euclide, le plus grand géomètre de l'antiquité, dont le roi lui-même voulut prendre des leçons, et qui répondait à son élève, rebuté des difficultés de la science, et sollicitant une méthode plus facile : « *Il n'y a pas de route royale en mathématiques;* » le poëte *Théocrite*, originaire de Syracuse, auteur de tant de délicieuses idylles; *Apollonius* de Rhodes, poëte épique ; le médecin grec *Érasistrate*, petit-fils d'Aristote qui le premier disséqua des corps humains; et après eux, l'astronome *Hipparque*, le géographe *Strabon*, le mathématicien *Diophante*, etc...

La fameuse *Bibliothèque*, la plus riche qu'il y eût au monde, véritable arsenal de toute la science de l'antiquité, renferma jusqu'à sept cent mille volumes. Cette immense collection était répartie entre deux édifices, le Sérapéum et le Palais, qui, entièrement incendiés à deux époques, devaient ensevelir sous leurs ruines le trésor incomparable renfermé dans leur enceinte.

§ V. CLÉOPATRE.

200. DÉCADENCE DU ROYAUME D'ÉGYPTE. — Après la première et glorieuse période que nous venons de parcourir, le royaume des Lagides en Égypte, comme celui des Séleucides en Syrie, tomba dans une rapide et irréparable décadence, qui eut pour résultat de soumettre l'Égypte à l'influence de Rome. Des despotes aussi lâches que cruels se succédèrent au trône. On vit dès l'an 81 le jeune roi *Ptolémée Philométor* placé sous la tutelle d'un Romain, et bientôt le sénat de Rome, se chargeant de la défense de l'Égypte, en chasser d'un mot le roi de Syrie (n° 191). On vit au siècle suivant le dictateur Sylla (chap. XXIII) régler en maître la succession au trône (81), et le sénat, appelé à la recueillir par un testament vrai ou supposé du roi Alexandre II, se faire livrer les trésors de ce prince en laissant le sceptre à *Ptolémée Aulète, ou joueur de flûte*, pour prix de sa soumission servile. Ce prince acheta à force d'or l'amitié de Pompée (chap. XXIV), qui avait songé à soumettre l'Égypte après la défaite de Mithridate. Chassé par une révolte, il eut assez de crédit pour obtenir des Romains son rétablissement, malgré la résistance des Égyptiens. Il mourut humble esclave de ses trop puissants protecteurs, laissant un trône chancelant à son fils *Ptolémée Dionysius* (Osiris ou Bacchus), qui, selon la coutume d'Égypte, épousa sa sœur, la fameuse *Cléopâtre* (52).

201. Cléopatre. — Ptolémée Aulète avait légué au peuple romain la tutelle de ses enfants : c'était lui léguer son royaume. Dionysius crut faire sa cour à ses tuteurs en assassinant Pompée, après la bataille de Pharsale (48). César n'en conçut pour lui que haine et mépris : il le lui prouva bientôt. Une querelle s'étant élevée entre les deux époux, César, dictateur et représentant du peuple romain, fut pris pour arbitre. La beauté de Cléopâtre eut bientôt séduit son juge, et César se déclara contre Ptolémée, qu'il voulait punir. Le jeune roi en appela à son bon droit et à ses armes : ce fut le dernier effort de l'Égypte expirante. Ptolémée se noya dans le Nil, après avoir assiégé et failli prendre César dans l'île du Phare d'Alexandrie (voir chap. XXVI). Cléopâtre épousa son second frère, Ptolémée *Néotéros*, âgé de onze ans, dont elle comptait se débarrasser dès qu'il serait en âge de prendre part au gouvernement, et peu de temps après, elle mit au monde un fils qu'elle avait eu de César. Celui-ci, pendant ce temps, lui faisait élever des statues à Rome auprès de celles de Vénus : ces deux divinités n'avaient rien à se reprocher.

C'était la destinée de Cléopâtre de subjuguer le cœur des généraux romains. Après la mort de César, elle employa son art perfide contre Antoine, qui n'y résista pas. Il parcourut l'Asie avec Cléopâtre déguisée en déesse et entourée de tout le luxe de l'Orient. Il la montra à la Grèce, et revint à Alexandrie lutter de prodigalité et de folie avec elle, et même la faire déclarer reine indépendante de l'Égypte et de l'île de Chypre. Bientôt ces hommages ne suffirent plus à Cléopâtre. Elle voulut être honorée comme une divinité ; elle prit en public le nom d'Isis, et sur la monnaie frappée à cette occasion se fit donner le nom de nouvelle déesse ; Antoine même y laissa inscrire son nom à côté de celui de cette princesse, « faisant douter par là s'il était roi d'Égypte ou triumvir de la république romaine. » Le bruit des progrès d'Octave, son rival, l'arracha enfin à son assoupissement, et il vint à *Actium* livrer cette mémorable bataille qui décida le sort du monde. Par lâcheté ou par trahison, Cléopâtre se retira, au milieu du combat, avec soixante vaisseaux ; Antoine, par un aveuglement inconcevable, suivit aussitôt l'objet de sa passion, abandonnant une victoire que ses amis, sa flotte, son armée, disputaient encore, après qu'il les eut ignominieusement quittés (2 septembre 31 avant J.-C.).

202. Mort de Cléopatre. — Réduction de l'Égypte en province romaine. — Tous deux revinrent à Alexandrie s'étourdir encore dans l'ivresse des plaisirs ; ils voulaient couler gaiement les derniers jours de leur puissance et de leur vie, et rien n'égala la profusion, le luxe, le scandale des orgies que renouvelaient chaque jour les *associés de la mort.* Cléopâtre cependant ne se faisait pas illusion : elle essayait sur des esclaves les poisons les plus subtils, pour s'en servir comme d'une dernière ressource, si Octave résistait à ses charmes. Antoine vaincu l'embarrassait. Elle lui fit annoncer la nouvelle de sa mort, pour déterminer cet aveugle amant à terminer ses jours ; apprenant qu'il s'était frappé de son épée, elle parut encore une fois près de lui avant son dernier soupir, puis elle attendit tranquillement le vainqueur. Elle vit toutes les séductions de sa beauté échouer contre la froide ambition d'Octave, qui ne voulait que la gloire d'amener à Rome une telle prisonnière, et elle se fit piquer par un aspic, pour n'être pas traînée à la suite d'un char triomphal.

L'Égypte ne fit aucune résistance. Depuis longtemps soumise de fait, elle fut déclarée province romaine (30 ans avant J.-C.) par Octave, qui, sous le nom d'Auguste, allait devenir le maître du monde.

§ VI. LES GAULOIS EN ASIE.

205. DIVERS ÉTATS FORMÉS DU DÉMEMBREMENT DE L'EMPIRE D'ALEXANDRE. — LES GAULOIS EN ASIE. — Après la mort d'Alexandre le Grand, tandis que les deux royaumes de Syrie et d'Égypte se constituaient au Midi, l'Asie mineure et l'Asie septentrionale, imparfaitement soumises, reprenaient leur ancienne division en un grand nombre d'États indépendants les uns des autres, dont les plus célèbres furent : le *royaume de Pergame*, florissant sous Attale Ier (241), qui fonda une bibliothèque rivale de celle d'Alexandrie, et conquis en 129 par les Romains ; le *royaume de Bithynie*, ennemi de celui de Pergame, et comme lui soumis aux Romains (75) ; le *royaume de Pont*, dont on racontera plus loin la lutte avec les Romains sous le fameux Mithridate le Grand (ch. XXIV) ; le *royaume d'Arménie*, qui sous Tigrane II, s'unit au royaume de Pont pour combattre les Romains et conserva son indépendance jusqu'à l'an 75 après J.-C. ; le *royaume des Parthes*, réservé à des destinées toutes différentes et qui, bien loin de subir le joug de Rome, devait faire éprouver aux maîtres du monde de sanglantes défaites (chap. XXV), et précipiter la chute de la domination romaine en Orient.

Il nous reste à parler d'un État créé au centre de l'Asie Mineure par suite d'une des expéditions les plus extraordinaires dont l'histoire fasse mention.

La Galatie, formée du démembrement de la Paphlagonie, de la Cappadoce et de la Phrygie, fut enlevée au successeur du grand Séleucus, Antiochus Soter, par une tribu de Gaulois (278). Ces hardis aventuriers, partis des bords de la Garonne, traversèrent la Germanie, descendirent le Danube, où ils rencontrèrent les Celtes que n'avait pas domptés Alexandre (n° 171), et tous ensemble envahirent la Thrace et la Macédoine. Ils mirent ces deux contrées au pillage, ravagèrent la Grèce (chap. xv, n° 205), puis, après une retraite désastreuse, ils se divisèrent en deux bandes, dont l'une alla s'établir au centre de l'Asie Mineure, dans la contrée qui reçut dès lors le nom de Gallo-Grèce ou Galatie. Les nouveaux habitants sortaient sans cesse de leurs montagnes pour rançonner les contrées voisines, et défièrent toutes les attaques des rois de Syrie. Mais ils trouvèrent dans les Romains des ennemis plus redoutables : après une sanglante défaite, six mille d'entre eux furent pris, en 189, et vendus comme esclaves. La Galatie ne se releva pas de ce coup, quoiqu'elle conservât, sous la protection de Rome, une indépendance nominale. On vit un de ses rois, *Déjotarus*, après avoir été l'ami de Pompée, faire plaider sa cause auprès de César par Cicéron ; son procès et son acquittement prouvent également l'abaissement où était tombée la Galatie qui fut bientôt réduite en province romaine.

QUESTIONNAIRE. — § I. 187. De qui se composait la famille d'Alexandre et comment s'éteignit-elle? — Quel avait été son seul défenseur? — 188. Comment se partagea l'empire d'Alexandre? — Nommez les généraux qui l'emportèrent sur leurs collègues. — Quels royaumes se fondèrent? — Quelle grande bataille fut livrée entre tous ces généraux? — Parlez de Démétrius Poliorcète. — § II. 189. Quel fut le fondateur du royaume de Syrie? — Rappelez les principaux faits de son règne. — Quelle ville fonda-t-il? — 190. Quel fut le plus illustre de ses successeurs? — Par qui fut-il vaincu? — 191. Qui était Héliodore, et que lui arriva-t-il? — § III. 192. Quel fut le projet d'Antiochus Épiphane et comment mourut-il? — 193. *Que firent Mathathias, Judas Machabée?* — Racontez les exploits de ses frères? — 194. Parlez des derniers temps du royaume de Syrie. — Racontez les crimes et la mort de Cléopâtre. — Comment finit le royaume des Séleucides? — § IV. 195. Quelle fut la conduite politique de Ptolémée, fils de Lagus, ou Soter? — Comment mérita-t-il ce surnom? — 196. Quel fut le successeur de Ptolémée Soter? — Qu'est-ce que la version des Septante? — 197. Quel nom mérita le fils de Ptolémée Philadelphe? — 198. Décrivez Alexandrie. — 199. Qu'est-ce que le musée et la bibliothèque?—§ V. 200. Quelle fut la conduite des successeurs de ces grands princes? — Que devint le royaume d'Égypte? — 201. Parlez de la dernière reine d'Égypte.— 202. Comment finit la monarchie égyptienne? — § VI. 203. Nommez les autres principaux royaumes formés du démembrement de l'empire d'Alexandre. — Racontez l'expédition des Gaulois qui vinrent s'établir en Asie Mineure. — Comment ce royaume tomba-t-il en décadence?

CHAPITRE QUINZIÈME.

LA MACÉDOINE ET LA GRÈCE DE 323 A 146.

SOMMAIRE.

§ Ier. 204. La Grèce et Athènes s'efforcent de recouvrer leur indépendance (322). Démosthène est réduit à se donner la mort. Phocion boit la ciguë (318). La Grèce rentre sous le joug de la Macédoine. Démétrius de Phalère gouverne Athènes. Démétrius Poliorcète, maître de la Macédoine et de la Grèce, est renversé par Pyrrhus, roi d'Épire.

205. Les Gaulois envahissent la Macédoine et la Grèce, tuent Ptolémée Céraunus (279); sont repoussés de Delphes; passent en Asie. Antigone de Goni, maître de la Macédoine, étend sa puissance en Grèce.

§ II. 206. Aratus délivre Sicyone (251); il conçoit le projet de former de la Grèce entière une seule confédération. Il organise la ligue achéenne; prend l'Acro-Corinthe; la ligue s'étend sur presque toute la Grèce; elle offre le modèle d'un gouvernement fédératif.

207. Sparte est réformée par Agis, qui est tué (239), et par Cléomène; elle résiste à la ligue achéenne.

208. La guerre éclate entre Aratus et Cléomène soutenu par la ligue étolienne.— Aratus appelle à son secours, le roi de Macédoine, Antigone Doson, prince ambitieux qui est vainqueur à Sellasie (222). — Cléomène meurt. Sparte est prise.

209. La puissance romaine menace la Grèce et la Macédoine. — Philippe, roi de Macédoine, fait avec Annibal une alliance devenue stérile par la faute de ce prince; il empoisonne Aratus. — Sparte s'attache au parti des Romains.

210. La ligue achéenne est alliée à la Macédoine, le reste de la Grèce aux Romains. — Philopœmen, le dernier des Grecs, successeur d'Aratus, défait et tue le tyran de Sparte Machanidas — La seconde guerre des Romains contre Philippe éclate. Flamininus, vaillant guerrier et politique habile, vainqueur de Philippe à Cynoscéphales (197), proclame aux jeux isthmiques la liberté des Grecs.

248   MACÉDOINE ET GRÈCE.

211. Philopœmen défait le tyran Nabis et rattache Sparte à la ligue. Les Étoliens appellent Antiochus contre les Romains ; il est vaincu et chassé en Asie (190). Philopœmen est prisonnier et victime des Messéniens (183).

212. Persée, parvenu au trône par un fratricide, perd par son avarice les résultats de ses préparatifs. Il est vaincu après trois ans de lutte par Paul-Émile à la bataille de Pydna (168), et meurt dans un cachot à Rome.

213. Le sénat use d'une politique perfide et violente à l'égard des Grecs à la suite de l'insurrection d'Andriscus. — La Macédoine est réduite en province romaine par Métellus (148). — La ligue achéenne soutient une dernière lutte. Corinthe est prise par Mummius (146) et la Grèce réduite en province romaine.

§ Ier.

204. ÉTAT DE LA GRÈCE. — MORT DE PHOCION. — DÉMÉTRIUS DE PHALÈRE. — Les peuples Grecs, qui avaient déjà tenté de se soustraire à l'ascendant de la Macédoine pendant les guerres d'Alexandre, se crurent affranchis soudain par la mort du conquérant. Athènes surtout fit éclater une joie insensée, et malgré les avis du sage *Phocion*, elle confia à l'éloquence de Démosthène le soin de susciter une ligue contre la Macédoine (322). Les Grecs eurent d'abord l'avantage. Deux armées macédoniennes furent vaincues successivement. Mais les alliés, enivrés par ces succès, licencièrent une partie de leurs troupes, au moment même où leur ennemi recevait des secours. Une victoire décisive d'*Antipater*, régent de Macédoine, suivie de la destruction de leur flotte, les fit repentir de leur présomption. Phocion engagea ses compatriotes à demander la paix. Le vainqueur la leur accorda à condition que les Athéniens livreraient Démosthène et recevraient une garnison dans leur ville. Les Athéniens, habitués à l'ingratitude, consentirent sans peine ; et le plus célèbre des orateurs de l'antiquité, poursuivi d'île en île par les agents de la Macédoine, fut réduit à se donner la mort dans un temple où il s'était réfugié.

Une faction turbulente osa mettre en jugement le sage Phocion, qui, chargé du gouvernement, avait rétabli dans sa patrie l'ordre, la paix et la prospérité. On traîna ce vertueux citoyen, alors âgé de plus de quatre-vingts ans, devant une assemblée tumultueuse, qui ne le laissa pas même parler pour présenter sa défense, mais couvrant sa voix par des cris et des imprécations, le condamna à mort sans l'entendre. Cette sentence fut accueillie par les acclamations de la foule, et un misérable s'approchant du condamné osa lui cracher au visage. Phocion se contenta de dire aux magistrats : « *Ne pourrait-on pas empêcher cet homme de se déshonorer ?* » Reconduit dans la prison où il allait boire la ciguë, il fit venir son fils pour lui recommander de *servir toujours sa patrie avec le même zèle qu'il avait fait lui-même, et d'oublier une mort injuste qui était la seule récompense de ses services* (318). Le supplice de Phocion ne suffit pas pour satisfaire la haine aveugle de son ingrate patrie. On ordonna que son corps serait transporté hors de l'Attique et qu'aucun Athénien ne lui rendrait les derniers devoirs. Il fallut qu'une femme de Mégare recueillît ses cendres, qu'elle plaça précieusement sous son foyer avec cette inscription touchante : « *Foyer, je te confie les restes d'un grand homme ; conserve-les fidèlement pour les rendre un jour au tombeau de ses ancêtres, quand les Athéniens seront redevenus sages.* »

Rentrée sous le joug de la Macédoine, alors gouvernée par *Cassandre*, Athènes goûta quelque repos sous le gouvernement de *Démétrius de Phalère*, dont l'administration sage et modérée rappelait celle de Pisistrate. Les Athéniens, dans un moment d'enthousiasme, lui avaient élevé trois cents statues ; ils ne tardèrent pas à l'envoyer en exil, comme Aristide, pour célébrer en toute liberté les victoires de Démétrius Poliorcète. Ce peuple, si fier et si jaloux jadis de son indépendance, ne savait plus que saluer la fortune du vainqueur ; le résultat de cette lâche politique fut pour Athènes un asservissement complet à l'influence étrangère.

Au milieu du démembrement de l'empire d'Alexandre et des luttes acharnées de ses successeurs, la Macédoine et la Grèce changeaient sans cesse de maîtres. Disputées entre Démétrius Poliorcète, Pyrrhus roi d'Épire, et Lysimaque, elles furent le théâtre de luttes acharnées. Lysimaque venait de chasser Pyrrhus et de s'établir en Macédoine, quand il fut vaincu et tué par Séleucus (n° 189), bientôt égorgé à son tour par Ptolémée Céraunus.

205. LES GAULOIS EN GRÈCE. — PTOLÉMÉE CÉRAUNUS ROI DE MACÉDOINE. — L'assassin de Séleucus, Ptolémée Céraunus, se maintint pendant deux ans en Macédoine et en Thrace, malgré les efforts du fils de Démétrius Poliorcète, *Antigone de Goni* ou Gonatas, après avoir égorgé les fils de Lysimaque. Mais une invasion des Gaulois vint punir ses crimes. Les Barbares étaient attirés par ce beau climat de la Grèce, où quelques-uns d'entre eux avaient combattu comme

auxiliaires. Quittant les bords de l'Océan, comme on l'a dit ci-dessus (n° 203), ils s'avancèrent par la vallée du Danube, jusqu'à l'embouchure de la Save; là, ils se partagèrent en trois corps. Le premier, commandé par Brennus, entra dans la Pannonie; le second, sous Céréthrius, dans la Thrace; le troisième, sous Belgius, se dirigea sur l'Illyrie et la Macédoine. Ce fut une épouvante générale. Céraunus fut vaincu et tué (279). Trois princes passèrent après lui sur le trône, sans pouvoir délivrer la Macédoine du joug de l'étranger. Les Gaulois descendirent en Grèce, franchirent les Thermopyles par le même chemin que Xerxès, et s'avancèrent en ravageant les villes et les temples. Une partie de leur armée marchait vers le sanctuaire de Delphes pour le livrer au pillage; arrivée près de l'édifice sacré, elle fut assaillie par un affreux orage qui mit en fuite les Gaulois saisis d'une terreur panique. Les Grecs massacrèrent les ennemis dispersés, et publièrent que le dieu avait défendu son temple (278). Le reste de la tribu gauloise s'établit dans la Thrace, qui dès lors fut définitivement séparée de la Macédoine. Quelques-uns passèrent dans l'Asie Mineure, et se fixèrent dans la contrée qui fut depuis nommée Galatie ou Gallo-Grèce.

Le fils de Démétrius put ressaisir la couronne de Macédoine abandonnée. Mais Pyrrhus revenait alors (274) d'une expédition brillante d'abord, malheureuse ensuite, dans l'Italie et la Sicile (voir n°s 247 et 248). Soutenu par une foule de transfuges, auxquels se joignit la phalange elle-même dont il connaissait tous les vieux soldats, il battit Antigone, qui ne conserva que quelques villes sur la côte, puis il passa dans le Péloponèse. Ce fut le terme de son aventureuse existence: il se fit tuer au siège d'Argos de la main d'une vieille femme, qui, du toit d'une maison, regardait le combat (272). La mort de Pyrrhus rendit la Macédoine à Antigone; et dès lors, la famille de Poliorcète fut définitivement établie sur le trône.

§ II. PHILIPPE III ET PERSÉE. — ARATUS ET PHILOPOEMEN.

206. LIGUE ACHÉENNE. — ARATUS. — Un jeune homme de la ville de Sicyone, nommé *Aratus*, dont le père avait été assassiné par les ordres d'un tyran nommé Nicoclès, et qui n'avait échappé lui-même qu'avec peine aux coups des assassins, avait résolu de venger son père et de délivrer sa patrie. Agé de vingt ans à peine, il réunit quelques-uns de ses compagnons, courageux et déterminés comme lui, surprit la ville de Sicyone pendant une nuit profonde, chassa le tyran qui l'opprimait et rendit la liberté à ses concitoyens sans avoir versé une goutte de sang (251). Il ne se contenta pas de ce premier triomphe ; il forma le projet de mettre la Grèce tout entière en état de résister désormais aux attaques des étrangers, en faisant cesser toutes les divisions qui lui avaient été si funestes, et en en réunissant tous les peuples dans une seule confédération. Déjà une ligue s'était formée depuis plusieurs années entre quelques villes de la province d'Achaïe, et avait pris de là le nom de *ligue Achéenne*. Aratus s'empara par un adroit stratagème de la citadelle de Corinthe, l'*Acro-Corinthe*, que l'on regardait comme imprenable, et il la réunit à la ligue. La confédération embrassa successivement Mégare, Trézène, Argos, défendues longtemps par les troupes d'Antigone de Goni, et délivrées après la mort de ce roi, Athènes, qui se livra aux Achéens avec toutes les villes voisines, et enfin l'Étolie, l'Arcadie, la Messénie. Elle se fortifia et parvint à l'apogée de sa puissance à la faveur des troubles qui agitèrent la Macédoine pendant la minorité du petit-fils d'Antigone. Aratus reçut le commandement des armées confédérées avec le titre de *stratége*. — En 229, presque tout le Péloponèse était gagné : douze grandes villes constituaient la confédération ; toutes avaient recouvré le gouvernement démocratique, et chacune s'administrait elle-même ; seulement, les affaires d'intérêt général étaient traitées dans une assemblée composée des députés élus par chaque État. « Le Péloponèse entier, dit Polybe, n'aurait été qu'une seule cité, si les habitants n'avaient pas demeuré dans l'enceinte de plusieurs villes. » C'était le plus parfait modèle du gouvernement fédératif ; et le judicieux historien que nous venons de citer rend à la ligue achéenne un magnifique hommage, en disant que « nulle part ailleurs, dans une société d'hommes, on n'a vu régner l'égalité des droits, la liberté, la vraie démocratie. »

207. Réforme de Sparte. — Par malheur, l'unité de la Grèce ne put être complète. Sparte s'obstina à rester en dehors de la ligue, neutre d'abord, bientôt hostile. La ville de Léonidas était d'autant plus jalouse de conserver toute son indépendance, qu'elle venait de recouvrer avec son austère constitution toute son énergie d'autrefois.

Au moment où Aratus prenait le commandement de la ligue achéenne, les deux rois de Sparte étaient *Agis III* et *Léonidas*. Le premier, effrayé de la corruption des mœurs et de l'affaiblissement de cette population spartiate, jadis si énergique et si intrépide, conçut le hardi projet de lui rendre son ancienne vigueur en rétablissant les lois auxquelles elle avait dû si longtemps sa grandeur et sa puissance.

C'était un projet singulièrement difficile à réaliser, car la plupart des habitants de Sparte et le roi Léonidas lui-même s'étaient accoutumés au luxe et à la mollesse; ils avaient amassé de grandes richesses et avaient perdu toutes les rudes et laborieuses habitudes de leurs ancêtres. Agis n'hésita pas à donner l'exemple : après avoir gagné un grand nombre de citoyens par son affabilité et sa bonne administration, et fait adopter ses projets par les membres de sa famille, il mit en commun tous ses propres biens, observa scrupuleusement lui-même les lois anciennes et détermina le peuple à décider que tous les Spartiates seraient désormais soumis à la discipline sévère de Lycurgue.

Déjà Sparte reprenait un aspect tout nouveau, et Agis pouvait se féliciter du succès de ses efforts. Mais son collègue Léonidas, que les éphores avaient révoqué pour le punir de sa résistance aux réformes d'Agis, n'eut pas de peine à exciter le mécontentement de tous ceux qui se voyaient privés à la fois et de leurs richesses et de leurs jouissances. Profitant de l'absence d'Agis qui était allé faire la guerre au dehors, il se forma un parti nombreux, remonta sur le trône et parvint à renverser Agis. Celui-ci, menacé de perdre la vie, fut forcé de se réfugier dans un temple, asile inviolable pour les criminels mêmes. Il était depuis plusieurs mois dans ce refuge, lorsque Léonidas, craignant que le peuple ne songeât quelque jour à le délivrer, réussit à l'attirer au dehors par un stratagème, et à le faire condamner à mort par le tribunal des éphores (239). Agis marcha courageusement au supplice, et mourut en disant à l'un de ses bourreaux qui versait des larmes sur son sort : « Mon ami, en souffrant une mort si injuste, je suis plus heureux que ceux qui me condamnent. »

Le triomphe de Léonidas et de son parti fut de courte durée. Un neveu d'Agis, nommé *Cléomène*, avait été élevé par sa veuve qui lui inspira le même amour pour son pays, et la même résolution de lui rendre son ancienne grandeur. Devenu roi (238), Cléomène commença par montrer une justice, une fermeté, une simplicité qui charmèrent tous les Spartiates; puis annonçant hautement ses projets, il déclara qu'il rétablissait toutes les institutions d'Agis. Instruit par l'exemple de son prédécesseur, il menaça des peines les plus sévères quiconque oserait lui résister. Quatre éphores refusèrent d'obéir : Cléomène les envoya au supplice, et cette conduite inflexible fit cesser toute opposition. Les terres furent de nouveau partagées, conformément à la loi de Lycurgue ; l'éducation des enfants reprit sa sévérité d'autrefois ; les repas en commun furent remis en usage, et Sparte régénérée put se croire revenue à ses plus beaux jours.

208. **Lutte de Sparte contre la ligue achéenne.** — **Intervention de la Macédoine.** — Cléomène n'imita pas, par malheur, la prudence d'Agis qui, tout en refusant de s'unir à la ligue achéenne, avait du moins évité de rompre avec elle. Il commença une guerre funeste, qui en renouvelant les anciennes divisions fut véritablement la ruine de la Grèce.

Cléomène, fort de l'alliance des populations belliqueuses de l'Étolie, qui de leur côté avaient formé une ligue, battit plusieurs fois Aratus. Celui-ci, dans sa détresse, appela à son secours le nouveau roi de Macédoine, *Antigone Doson*, qui ne cherchait qu'une occasion de s'immiscer dans les affaires de la Grèce pour la soumettre tout entière à son influence. Pour prix de ses services intéressés, Aratus rendit cette citadelle de Corinthe dont la prise avait été l'un de ses plus beaux exploits (voir n° 206). Les Athéniens et plusieurs autres peuples, indignés de ce qu'ils regardaient comme une trahison, quittèrent la ligue achéenne pour se joindre aux Spartiates ; mais ceux-ci n'en furent pas moins vaincus par les forces trop supérieures du roi de Macédoine à la bataille décisive de *Sellasie* (222). Cléomène, forcé de quitter la Grèce, se réfugia en Égypte, où il mourut assassiné (219).

Sparte ne put résister au vainqueur, et vit pour la première fois un ennemi entrer dans ses murs. Toute la Grèce se soumit à la Macédoine, excepté la ligue étolienne, qui résista plusieurs années, et s'illustra par le courage de ses soldats. Mais quel que fût le parti vainqueur, le résultat de ces luttes ne pouvait qu'être fatal à la Grèce : elle s'affaiblissait dans chaque combat, au moment où elle aurait eu besoin de toutes ses forces pour résister à la puissance romaine, qui déjà s'étendait sur l'Illyrie.

209. **Philippe III.** — **Intervention des Romains dans les affaires de la Grèce.** — Le sceptre de Macédoine venait de passer aux mains du neveu d'Antigone Doson, Philippe III (ou V), prince égoïste et perfide, disposé à tout sacrifier à son ambition. Il parut d'abord comprendre le

danger qui menaçait la Macédoine aussi bien que le reste de la Grèce : il fit alliance avec le général des Carthaginois, *Annibal*, qui, ainsi qu'on le verra dans l'histoire romaine (chap. xx), avait pénétré en Italie et remporté sur les Romains d'éclatantes victoires. Mais au lieu d'envoyer lui-même une flotte et une armée contre Rome, ainsi que l'y exhortait Annibal, il attendit sans agir, et ne réussit qu'à s'attirer le ressentiment du peuple puissant qui allait devenir le maître du monde.

Les Romains parvinrent à détruire sa flotte, et terminèrent par ce triomphe leur première guerre contre la Macédoine. Aussitôt ils travaillèrent à exciter les peuples de la Grèce contre Philippe et à les diviser entre eux pour les affaiblir les uns par les autres.

Philippe, craignant d'être abandonné par la ligue achéenne, fit lâchement empoisonner Aratus (213). Ce crime lui rendit son ascendant sur la ligue ainsi privée de son chef; mais il n'empêcha pas les Romains d'augmenter le nombre de leurs partisans, parmi lesquels se rangèrent en première ligne les Spartiates, gouvernés alors par le tyran *Machanidas*.

La Grèce, par ses fatales dissensions, hâtait le moment de sa ruine. Un héros cependant va paraître encore, qui la retiendra un instant sur le bord de l'abîme; mais toutes les destinées de la Grèce reposeront sur sa tête, et ce sera fait de la liberté hellénique quand il aura quitté la scène.

210. Philopoemen. — Bataille de Cynoscéphales. — *Philopœmen*, surnommé le *dernier des Grecs*, homme de mœurs simples et énergiques, qui avait puissamment servi la ligue du vivant d'Aratus, fut choisi pour lui succéder (211). La Grèce était alors divisée en deux camps : les Spartiates, les Athéniens, les Étoliens, placés sous l'influence des Romains, étaient prêts à se déclarer pour eux. La ligue achéenne était attachée au parti macédonien. Mais la mort d'Aratus, une tentative d'assassinat contre Philopœmen lui-même, et plusieurs autres crimes, commençaient à rendre Philippe odieux à toute la Grèce. Le chef de la ligue sentit pourtant qu'il ne devait pas augmenter la discorde en rompant avec la Macédoine; il tourna ses armes contre Machanidas, tyran de Sparte, qu'il tua de sa main ; mais un autre tyran, *Nabis*, refusa encore d'adhérer à la ligue achéenne. Nabis était un monstre de cruauté et ne songeait qu'à dépouiller ses sujets par les moyens les plus odieux. Quand un citoyen refusait de lui livrer son argent, il lui disait : « *Si je n'ai pas le talent*

de vous persuader, ma femme Apéga y réussira sans doute. »
On amenait alors une statue habillée en femme et vêtue magnifiquement, à laquelle des ressorts faisaient faire toute espèce de mouvements. La prétendue Apéga saisissait le malheureux dans ses bras et le pressait contre sa poitrine toute hérissée de pointes de fer cachées sous ses vêtements ; on ne lui faisait lâcher prise que lorsque la victime se soumettait à toutes les demandes du tyran.

Dans ces circonstances commença la seconde guerre contre Philippe. Le Macédonien l'avait provoquée en ravageant l'Attique, qui, incapable de se défendre elle-même, appela les secours des Romains : le consul Sulpicius obtint l'alliance des Étoliens ; Titus Quinctius Flamininus souleva Nabis contre Philippe. Ce prince, qui s'était aliéné volontairement tous les peuples de la Grèce, ne pouvait plus lutter seul (199). La bataille de *Cynoscéphales* (chap. XXI), gagnée par le vaillant et habile Flamininus, termina la guerre (197). La Grèce aveuglée s'était réjouie de l'abaissement de la Macédoine : d'après un ordre du sénat, Flamininus apparut en Grèce, non plus pour y porter la guerre, mais pour proclamer l'indépendance de tous les peuples à la solennité des jeux isthmiques. Les Grecs accueillirent cette proclamation avec un stupide enthousiasme. Ils ne comprenaient pas qu'un mot du sénat pourrait désormais les déclarer sujets du peuple romain aussi bien qu'il les avait déclarés libres.

211. Antiochus en Grèce. — Mort de Philopœmen. — Les Étoliens seuls semblèrent entrevoir les suites de la politique de Rome ; ils reprirent les armes, et entraînèrent les Spartiates dans leur parti ; mais Philopœmen battit Nabis, et, bientôt après, la mort du tyran décida aussi Sparte à entrer dans la ligue achéenne (191). En même temps, les Étoliens menacés par les Romains appelaient à leur secours le roi de Syrie, Antiochus le Grand, qui accourut aussitôt en Grèce ; mais, après quelques succès, compromis par sa présomption, il fut bientôt forcé de repasser en Asie, où il perdit (190) la grande bataille de Magnésie (voir n° 190). La malheureuse issue de cette expédition ne fit qu'augmenter la prépondérance des Romains, qui, empressés de se débarrasser de Philopœmen, désormais leur seul adversaire, excitèrent les Messéniens à prendre les armes contre la ligue achéenne. Philopœmen, âgé de soixante-dix ans, marcha aussitôt contre eux ; mais, enveloppé par des forces supérieures, il fut fait prisonnier (183). « Dès que les Messéniens apprirent que Philopœmen était pris, transportés de joie, ils coururent en foule aux portes de la ville. Quand ils virent l'illustre capitaine chargé de chaînes et traîné par des soldats, au mépris de sa gloire et du respect que lui méritaient ses exploits, émus de tant d'infortune, plusieurs versèrent des larmes déplorant la vanité et le néant de la grandeur humaine. Quelques-uns voulaient pourtant qu'on mît le captif à la torture, et qu'on le fît périr dans les tourments comme un ennemi irréconciliable. On le conduisit dans un lieu appelé *le Trésor*, caveau souterrain qui ne recevait du dehors ni air ni lumière, et qui, dénué de porte, était fermé par une grosse pierre qu'on roulait à l'entrée. — Dinocrate, ennemi particulier de Philopœmen, voulut prévenir tout délai. La nuit venue, il commanda à l'exécuteur de porter le poison au prisonnier. Philopœmen était couché sur son manteau. Quand il vit, à la pâle lueur du flambeau, cet homme debout, la coupe fatale à la main, il se releva, se mit avec peine sur son séant, et prenant le breuvage : « Sais-tu quelque chose, dit-il, de mes compagnons d'armes ? — Oui, répondit le geôlier, la plupart sont sauvés. — Il y a donc quelques limites à notre infortune, » reprit Philopœmen, et il vida la coupe. » (Plutarque, *Vie de Philopœmen*, chap. 31.)

Philopœmen avait seul pu, sinon soustraire la ligue à l'influence romaine, du moins éviter une rupture ouverte, sans cesser pourtant de combattre avec adresse les sourdes attaques de Rome. Il était trop vrai qu'avec lui *le dernier des Grecs* était mort. Les Achéens tirèrent de cette mort une vengeance éclatante, mais inutile, par le ravage de la Messénie.

212. Persée et Paul-Émile. — Bataille de Pydna. — La mort de Philopœmen fut comme le signal que les Romains attendaient pour soumettre la Macédoine et la Grèce. Le roi de Macédoine, *Persée*, fils de Philippe, parvenu au trône par l'assassinat de son frère Démétrius, fut attaqué d'abord. Il avait fait de grands préparatifs de défense et s'était ménagé de nombreux alliés ; mais il les perdit tous, en refusant de leur payer les sommes promises. Grâce à sa redoutable phalange, il put résister pendant trois ans derrière les montagnes qui défendaient la Macédoine comme un rempart naturel. Mais la légion romaine devait enfin l'emporter sur la phalange macédonienne. Persée, vaincu à la bataille décisive de *Pydna* par le consul *Paul-Émile*, dont les talents guerriers égalaient les vertus, fut fait prisonnier et emmené à Rome, où il suivit le char de triomphe de son vainqueur

(168). Le malheureux roi mourut dans un cachot. — Le sénat fit encore proclamer l'indépendance de la Macédoine après l'avoir morcelée.

213. La Grèce et la Macédoine réduites en provinces romaines. — En même temps, l'œuvre de la politique du sénat avançait en Grèce. La corruption lui avait déjà gagné la plupart des magistrats, quand la défaite de Persée et l'abaissement de la Macédoine lui permirent d'employer des moyens plus violents. Un despotisme ombrageux et cruel rechercha et punit jusqu'au crime d'avoir été *dans le cœur* partisan de Persée. Soixante dix villes ou villages furent détruits dans l'Épire en un seul jour ; les émissaires du sénat favorisèrent le massacre du sénat étolien. Mille Achéens, violemment transportés en Italie, y moururent de misère pour la plupart ; et toujours, les décrets du sénat et du peuple reconnaissaient hautement la liberté des Grecs ! On mit un terme à cette sanglante ironie, et la réduction de la Macédoine préluda à celle de la Grèce.

Un aventurier, *Andriscus*, se disant fils de Persée, souleva les Macédoniens, arma en sa faveur les Thessaliens et les Thraces, et écrasa une légion envoyée contre lui. Mais le consul Métellus anéantit en une campagne toutes les espérances d'Andriscus, et la Macédoine devint une province romaine (148).

Le sénat aussitôt travailla sans plus dissimuler à la destruction de la ligue achéenne. Il fit promulguer un décret qui détachait de la confédération Sparte, Corinthe, Argos, Héraclée et Orchomène. Les Grecs, réduits au désespoir, instruits par le sort de la Macédoine, prirent enfin les armes pour secouer un joug intolérable ou périr.

Les députés romains furent insultés, et la guerre commença. Mais que pouvait le patriotisme de quelques villes contre l'effort de la puissance romaine ? Les chefs de la ligue, *Diœus* et *Critolaüs*, furent successivement vaincus par les consuls Métellus et Mummius. Corinthe résista la dernière ; mais Mummius la prit d'assaut et la détruisit de fond en comble (voir chap. XXI). La chute de cette ville célèbre apprit à la Grèce qu'elle ne subsistait plus comme nation ; Rome lui envia un nom qui rappelait trop de gloire : elle fut réduite en province romaine sous le nom d'*Achaïe* (146).

L'historien grec *Polybe*, alors en faveur à Rome, s'honora dans ce grand désastre de sa patrie en sollicitant du sénat romain la conservation des monuments élevés à la mémoire de

Philopœmen, et les Achéens, effacés de la liste des peuples, élevèrent une statue à celui qui avait osé plaider la cause du dernier des Grecs.

QUESTIONNAIRE. — § I. 204. Quelles tentatives fit la Grèce pour recouvrer son indépendance après la mort d'Alexandre? — Comment moururent Démosthènes et Phocion? — Parlez des vicissitudes de la Grèce et de la Macédoine sous Démétrius de Phalère, gouverneur d'Athènes, Démétrius Poliorcète, Pyrrhus. — 205. Racontez l'invasion des Gaulois en Macédoine, puis en Grèce. — Quel était le fils de Démétrius Poliorcète? — § II. 206. Comment Aratus délivra-t-il Sicyone? — Quelles autres villes affranchit-il de la domination macédonienne? — Parlez de la formation et de l'étendue de la ligue achéenne. — Quel parti Sparte prit-elle à l'égard de la ligue? — Quelle en fut la conséquence? — 207. Quel projet forma Agis et réalisa Cléomène? — 208. Quelle fut l'attitude de Sparte vis-à-vis de la ligue achéenne? — Quel était le nouveau roi de Macédoine? — 209. Quels rapports s'établirent entre la Macédoine et la Ligue achéenne? — Avec qui Philippe de Macédoine fit-il alliance? — Sut-il tirer parti de ce puissant appui? — Comment mourut Aratus? — 210. Qui succéda à Aratus à la tête de la Ligue achéenne? — Quel était le caractère de Philopœmen? — Quelles étaient ses vues? — Quelle fut l'issue de la seconde lutte de Philippe contre les Romains? — Comment se conduisirent-ils vis-à-vis des Grecs? — Qui était Nabis? — Par qui fut-il vaincu et tué? — 211. Par qui Antiochus le Grand fut-il appelé en Grèce? — Quelle fut l'issue de cette expédition? — Comment mourut Philopœmen? — 212. Qui était Persée et comment monta-t-il sur le trône? — Racontez sa lutte avec les Romains. — 213. Quelle fut la politique du sénat à l'égard des Grecs après la mort de Philopœmen? — Comment la Macédoine fut-elle réduite en province romaine? — Parlez des derniers efforts de la Ligue achéenne. — Par qui Corinthe fut-elle détruite et la Grèce réduite en province romaine?

CHAPITRE SEIZIÈME.

GÉOGRAPHIE DE L'ITALIE. — ROME SOUS LES ROIS.

SOMMAIRE.

§ Ier. 214. L'Italie, presqu'île entre la mer Intérieure et la mer Adriatique, a pour montagnes les Alpes qui l'entourent, l'Apennin qui la traverse et d'où dépendent le Garganus, le Vultur, le Soracte.

215. Son sol est de nature volcanique. Elle a deux grands volcans : le Vésuve, sur le continent; l'Etna, beaucoup plus considérable, en Sicile. Les marais Pontins qu'on a vainement tenté d'assainir, couvrent une grande étendue.

GÉOGRAPHIE DE L'ITALIE.

216. Les fleuves de l'Italie sont le Pô, le plus grand de tous, ayant de nombreux affluents ; puis, l'Adige, l'Arno, le Tibre, le Vulturne, le Métaure, etc.

217. L'Italie est divisée en : 1° Gaule Cisalpine, qui se partage en Gaule transpadane (Orobiens, Insubres, Cénomans); Gaule Cispadane (Anamans, Boïens, Lingons) ; Ligurie ; Vénétie (Vénètes, Carnes, Istriens) ; — 2° l'Italie centrale qui comprend l'Étrurie, le Latium (Èques, Herniques, Volsques, etc.), la Campanie, l'Ombrie, la Sabine, le Samnium ; — 3° la Grande-Grèce, qui se divise en Apulie, Messapie, Lucanie, Bruttium.

218. Les îles dépendant de l'Italie sont la Sicile (Messine, Syracuse, Agrigente), la Sardaigne, la Corse, puis les îles Éoliennes, Malte, Elbe, Caprée.

219. Rome, sur le Tibre, entre l'Étrurie et le Latium, est bâtie sur sept collines successivement comprises dans l'enceinte de la ville : Palatin, Quirinal, Cœlius, Aventin, Janicule, Esquilin, Viminal.

§ II. **220.** Les Grecs, vainqueurs de Troie, arrivent en Italie ; le Troyen Énée est accueilli par Évandre. — Les Toscans jouissent d'une civilisation avancée. — Ascagne fonde Albe la Longue.

221. Numitor est détrôné par Amulius. Rhéa Sylvia donne naissance à Romulus et à Rémus ; ils forment le projet de fonder une ville.

222. Romulus tue Rémus, fonde une bourgade sur le mont Palatin (754), enlève les Sabines, défait les Céniniens, soutient une guerre contre les Sabins. — Les Romains et les Sabins s'unissent (745).

223. Romulus établit les premières institutions politiques : les deux ordres : le sénat et les patriciens, les plébéiens ; les comices par curies, vote par famille ou *gentes ;* les célères. — Tatius est assassiné (740). — Romulus disparaît et est mis au rang des dieux (715).

224. Après un interrègne, le Sabin Numa est élu. Son règne est long et paisible (714-672). Il fonde, dit-on, le culte de Janus, de la Bonne-Foi, du dieu Terme ; les pontifes, les augures, les saliens et le bouclier sacré ; les féciaux ou hérauts d'armes. La nymphe Égérie l'inspire.

225. Sous Tullus, roi guerrier (672), une lutte s'engage entre les Romains et les Albains. Le combat des Horaces et des Curiaces se termine par la victoire d'Horace, suivie du soulèvement et de la destruction d'Albe. — Les habitants sont transportés à Rome.

226. Ancus Martius (640-614) fait des expéditions heureuses contre les Sabins, les Étrusques, les Latins. La ville de Rome est agrandie. Le port d'Ostie est creusé à l'embouchure du Tibre.

227. Tarquin l'Ancien (614) introduit la civilisation étrusque à Rome et l'embellit. Il augmente le sénat, défait les Latins et les Étrusques, revient en triomphe ; il est assassiné (578) par les fils d'Ancus.

228. Servius, fils d'esclave et roi (578), défait les Latins, place Rome à la tête de la confédération latine, opère des réformes politiques, crée les comices par centuries où l'influence appartient à la richesse. — Servius est assassiné par son gendre (534).

229. Tarquin le Superbe (534-510), tyran cruel mais habile, fonde le Capitole, établit les Féries latines, étend la suprématie romaine, fait la guerre contre les Volsques.

230. Brutus contrefait l'insensé. Lucrèce est outragée et se tue. Tarquin et sa famille sont bannis de Rome (510).

§ Ier. GÉOGRAPHIE PHYSIQUE DE L'ITALIE. — POSITION DE ROME.

214. MONTAGNES DE L'ITALIE. — L'Italie forme au S. de l'Europe une vaste péninsule, située entre la mer Inférieure ou Tyrrhénienne à l'O., la mer de Sicile au S., la mer Adriatique à l'E., circonscrite du N. O. au N. E. par la grande chaîne des Alpes, dont nous ferons connaître les différents noms, et traversée dans toute sa longueur par l'Apennin. On considère ordinairement comme faisant partie de l'Italie la petite péninsule, nommée *Istrie*, au N. E. de l'Adriatique, entourée aussi par la chaîne des Alpes.

Les ALPES forment autour de l'Italie septentrionale une chaîne demi-circulaire de hautes montagnes dont les désignations changent suivant les contrées qu'elles touchent : elles prennent successivement les noms de :

Alpes Maritimes (*Maritimæ*), au S. O., sur les bords du golfe de la Ligurie ; — *Alpes Cottiennes* (*Cottiæ*), s'étendant entre les sources du Pô et celles de la Stura ; — *Alpes Grecques* (*Graiæ*), entre les sources de la Stura et celles de la grande Doire : — *Alpes Pennines* (*Penninæ*) (aujourd'hui le mont Blanc, le Saint-Bernard, le mont Rosa, le Simplon et le Saint-Gothard), entre les sources de la grande Doire et celles des rivières qui descendent dans le lac *Verbanus* (aujourd'hui lac Majeur) ; *Alpes Rhétiques* ou *Rhétiennes* (*Rheticæ*), entre les sources dont nous venons de parler et les sommets d'où sortent, à l'O., des ruisseaux qui vont se jeter dans l'*Athesis* (Adige), et à l'E. ceux dont la réunion forme la Drave ; — *Alpes Carniques* (*Carnicæ*), ou *Juliennes* (*Juliæ*), depuis les sources de la Drave jusqu'à celles de la Save. — Enfin, le mont *Albius* circonscrit à l'E. la péninsule de l'*Istrie* et envoie dans cette presqu'île une petite chaîne qui s'y termine au S. par le promontoire de Pola, *Polaticum* (auj. Promontore).

De la chaîne des Alpes se détache l'APENNIN (*Apenninus*), qui traverse l'Italie dans toute son étendue, depuis les Alpes maritimes jusqu'aux extrémités méridionales de la presqu'île, où il se termine par les promontoires d'Iapygie (*Iapygium*), et d'Hercule (*Herculeum*), au S. O. — Les sommets les plus remarquables sont :

A l'orient de la chaîne : — le mont *Garganus* (Gargano et mont Saint-Ange), dans la presqu'île qui s'avance dans la mer Adriatique, où cette petite chaîne projette le promontoire du même nom ; — le mont *Vultur* (Saint-Augustin), au S. du cours de l'*Aufidus*.

A l'O. de la chaîne de l'Apennin, on remarque : le mont *Argentarius* (Argentare), dans une petite presqu'île, sur la côte de la

MONTAGNES. — VOLCANS. — FLEUVES. 261

mer Tyrrhénienne ; — le *Soracte* (Saint-Oreste), montagne isolée sur la rive droite du Tibre ; — le promontoire de Circé, *Circeii* (mont Circeo), plus au S. O. — Plus au S. E., à peu de distance du golfe Crater, sont situés les promontoires de Misène (*Misenum*), de Minerve (*Minervæ*), de *Palinure* (*Palinurum*).

215. VOLCANS ET MARAIS. — Le sol de l'Italie présente sur toute sa longueur de nombreuses traces de bouleversements dus à d'anciennes éruptions volcaniques. Ces redoutables phénomènes ne tardèrent pas à se concentrer sur deux points principaux et ne conservèrent que deux foyers considérables, le Vésuve, sur le continent, et l'Etna, en Sicile, après lesquels on peut citer le volcan de *Strongyle* (Stromboli), dans les îles Vulcaniennes (n° 218).

Le Vésuve, situé sur le rivage de la mer Inférieure, au fond du golfe de Naples, paraît avoir vomi des laves dans les temps les plus reculés ; mais la première éruption dont l'histoire ait conservé le souvenir est celle de l'année 79 ap. J.-C., qui détruisit et ensevelit sous la lave et sous la cendre les villes d'Herculanum, de Stabies, de Pompéies. Les restes de cette dernière ville, retrouvés sous le sol et rendus à la lumière, nous offrent le fidèle et saisissant spectacle d'une cité romaine encore debout au milieu de l'Italie moderne. Cette éruption coûta la vie à Pline le naturaliste, qui avait osé s'approcher de la montagne en feu (chap. XXIX). Les campagnes voisines du Vésuve, bouleversées sans cesse par des secousses volcaniques, avaient reçu le nom de *Champs Phlégréens*, ou Plaines Ardentes. — L'Etna, beaucoup plus considérable et beaucoup plus élevé que le Vésuve (il a 3,300 mètres de hauteur), est situé en Sicile, à peu de distance du détroit de Messine, et a couvert une vaste étendue de terrain par les laves qu'il a vomies de son immense cratère. Les poëtes y plaçaient les forges de Vulcain et la demeure des Cyclopes.

L'influence des anciens volcans se manifeste encore sur une partie du sol italien par la présence de vapeurs et de matières sulfureuses. Quelques-uns ont donné naissance à des lacs aux eaux noirâtres et malsaines que les anciens regardaient comme les soupiraux des enfers, tels que le lac *Averne* dans la Campanie, à l'O. de Naples. Des marais plus redoutables à cause de leur vaste étendue, se trouvent au pied du versant S. O. de l'Apennin, où les vents du midi faisaient régner une chaleur accablante. Les plus remarquables sont les marais de l'Étrurie, au nord du Tibre, connus sous le nom de *Maremmes*, et surtout les *marais Pontins*, situés près de la côte, au S. de Rome, et qu'on a vainement tenté plusieurs fois de dessécher. Malgré l'insalubrité de ces marais, les Romains avaient réussi à jeter au travers une grande route appelée *voie Appienne*, et sous les empereurs Nerva et Trajan, ils y pratiquèrent des ponts nombreux pour faciliter la circulation et l'écoulement des eaux.

216. FLEUVES DE L'ITALIE. — L'Italie n'a qu'un grand fleuve : c'est le Pô (*Padus*), qui la traverse de l'O. à l'E. dans sa partie septentrionale. Les plus remarquables de ses affluents sont :

— sur la rive gauche: la petite et la grande *Doire* (Duria), la *Sessites* (Sesia) ; — le *Ticinus* (Tésin), qui sert d'écoulement au lac *Verbanus* (lac Majeur) qu'il traverse ; — l'*Addua* (Adda), qui traverse de même le lac *Larius* (lac de Como) ; — le *Mincius* (Mincio), qui sert d'écoulement au grand lac *Benacus* (lac de Garda) ; — sur la rive droite, le *Tanarus* (Tanaro) ; la *Trébie* (Trébia).

Le fleuve le plus considérable de l'Italie, après le Pô, est l'ADIGE (*Athesis*), qui, descendant des Alpes Rhétiennes, se jette dans la mer Adriatique, à peu de distance des embouchures du Pô. Les autres fleuves de l'Italie coulent pour la plupart dans l'intérieur même de la presqu'île et n'ont qu'une étendue bien peu considérable ; mais plusieurs sont célèbres dans l'histoire.

La mer TYRRHÉNIENNE, du N. au S. : — la *Macra* (Magra), qui séparait l'Italie proprement dite de la Gaule Cisalpine ; — l'*Arnus* (Arno) : — l'*Umbro* (Ombrone) ; — la *Marta*, qui apporte à la mer les eaux du lac Vulsinien, *Vulsiniensis lacus* (lac de Bolsena) ; — le TIBRE (*Tiberis*), qui passe à Rome et reçoit sur sa rive gauche le *Nar* (Néra), grossi lui-même du *Velinus* (Velino), et l'*Anio* (Teverone), célèbre par ses belles cascades ; — le *Vulturne* (Volturno).

La mer ADRIATIQUE reçoit, outre le Pô et l'Adige, plusieurs petits cours d'eau, parmi lesquels nous nommerons l'*Aufidus* (Ofanto) ; — le *Metaurus* (Metauro) ; — et le *Rubicon* (Pisotello), petit ruisseau dont l'histoire a rendu le nom immortel (chap. XXVI).

217. DIVISIONS DE L'ITALIE. — L'Italie se divisait en quatre grandes parties, savoir : la *Gaule Cisalpine*, au N. ; l'*Italie proprement dite*, au centre ; la *Grande Grèce*, au S. ; et les *Iles*, dont plusieurs sont considérables (1).

La GAULE CISALPINE, ainsi nommée des nombreuses tribus gauloises qui étaient venues s'y établir, se divisait en quatre parties, savoir :

I. La GAULE TRANSPADANE, ou au delà du Pô, où se trouvaient : 1° les OROBIENS ; — 2° les INSUBRES (cap. Milan) ; — 3° les CÉNOMANS.

II. La GAULE CISPADANE, ou en deçà du Pô, comprenant : 1° les ANAMANS ; — 2° les BOÏENS, la plus puissante des tribus gauloises de la Cispadane ; — 3° les LINGONS, sur la mer Adriatique.

III. La LIGURIE, entre le Pô supérieur et le golfe *Ligustique*, capitale *Gênes*.

IV. La VÉNÉTIE, dont les peuples principaux étaient : 1° les VÉNÈTES proprement dits ; — 2° les CARNES, descendus des Alpes Carniques ; — 3° les ISTRIENS.

L'ITALIE PROPREMENT DITE se divisait en sept contrées principales, qui étaient :

---

(1) Consulter, dans l'*Atlas* de M. Ansart *à l'usage des Colléges*, la carte de l'ITALIE *à l'époque de la fondation de Rome*.

DIVISIONS PRINCIPALES. 263

I. L'ÉTRURIE, divisée en douze cités dont les principales étaient: *Véies, Pérouse, Cortone, Clusium, Tarquinies, Faléries*, etc.

II. Le LATIUM, au S. E. de l'Étrurie, divisé en *Ancien Latium* où se trouvait ROME, située sur la rive gauche du *Tibre* (voir n° 219) et *Nouveau Latium*, où nous nommerons cinq peuples : 1° les ÉQUES ; — 2° les HERNIQUES ; — 3° les VOLSQUES, qui étaient le peuple le plus puissant du Nouveau Latium ; — 4° les AURONCES ; — 5° les AUSONES.

III. La CAMPANIE, au S. E. du Latium, célèbre par sa fertilité, sa richesse et la douceur de son climat et couverte de villes importantes, parmi lesquelles nous citerons : — *Capoue* ; — *Cumes* ; *Neapolis* (aujourd'hui Naples).

IV. L'OMBRIE, à l'E. de l'Étrurie, renfermait deux peuples d'origine gauloise ; c'étaient les SÉNONAIS et les OMBRIENS.

V. Le PICENUM ou pays de la Poix, au S. E. de l'Ombrie, aussi sur la côte de l'Adriatique.

VI. La SABINE ou pays des *Sabins*, au S. du Picenum dans l'Apennin ; capitale *Cures*, puis *Réate*.

VII. Le SAMNIUM, à l'E. du Latium, contrée couverte en grande partie par les montagnes boisées de l'Apennin, et célèbre par la bravoure opiniâtre de ses habitants, qui se partageaient en plusieurs tribus : les SAMNITES proprement dits, les MARSES, etc.

La GRANDE GRÈCE, ainsi nommée des nombreuses colonies grecques qu'elle renfermait, se divisait en quatre contrées, savoir:

I. L'APULIE, au N. E., le long de la mer Adriatique, subdivisée elle-même en *Daunie*, au N., et *Peucétie*.

II. La MESSAPIE, au S. E. où se trouvait *Tarente*.

III. La LUCANIE, au S. de l'Apulie.

IV. Le BRUTTIUM, occupant l'extrémité de la péninsule qui termine l'Italie au S. O.

218. ÎLES DÉPENDANT DE L'ITALIE. — Les îles qui dépendaient de l'Italie étaient situées dans la Méditerranée ; on en comptait trois principales, savoir : la *Sicile*, la *Sardaigne* et la *Corse*.

La SICILE, *Sicilia*, au S. de la mer Tyrrhénienne, et à l'O. de celle à laquelle elle donnait son nom, a environ 800 kilomètres de tour. Couverte de montagnes, dont les principales sont le mont *Etna* (n° 215) et le mont *Éryx*, elle se termine par trois promontoires qui lui firent donner le nom de Trinacrie : elle est arrosée par plusieurs petits fleuves : *l'Anapus*, *l'Asinarus*, *l'Himère*. Elle prit successivement les noms de Sicanie (*Sicania*) des Sicanes (*Sicani*), peuples venus de l'Espagne, et de Sicile (*Sicilia*) des Sicules (*Siculi*), venus de l'Italie.

Les villes les plus remarquables étaient : *Messine*, appelée d'abord *Zancle* (voir n° 118). — *Syracuse* (*Syracusæ*), au S. E., sur la mer de Sicile, fondée par les Corinthiens, 757 avant J.-C., capitale de la Sicile, et l'une des plus grandes, des plus belles et des plus puissantes villes grecques ; — *Catane* (*Catana*), au N. O. ; — *Agri-*

gente, *Agrigentum* (Girgenti), au N. O. de Syracuse, et après elle, la première ville de la Sicile. — *Sélinonte*, au N. O. d'Agrigente. — *Lilybée* (Marsala), *Panorme*, etc.

Auprès de la Sicile se trouvent plusieurs petites îles parmi lesquelles nous citerons:

Les îles ÉOLIENNES ou VULCANIENNES, *Æoliæ* ou *Vulcaniæ* (îles de Lipari), au N.; îles volcaniques au nombre de sept, dont les principales étaient *Strongyle* (Stromboli) et *Lipara* (Lipari).—Les îles ÉGATES. — MELITA (Malte), au S. de la Sicile.

La SARDAIGNE, *Sardinia*, située au N. O. de la Sicile, n'a guère moins d'étendue qu'elle. — L'île de CORSE, au N. de la précédente, était stérile et peuplée d'habitants féroces et stupides.

Parmi les îles répandues sur la côte occidentale de l'Italie, les plus remarquables étaient: ILVA (île d'Elbe), et CAPRÉES, *Capreæ* (Capri), sur la côte de la Campanie.

219. POSITION DE ROME. — ROME, située sur la rive gauche du Tibre, au centre de l'Italie (1), entre les campagnes fertiles de l'Étrurie et du Latium, au-dessous des montagnes de la Sabine, à peu de distance du confluent du Tibre et de l'Arno et du rivage de la mer, assez près des côtes pour jouir de tous les avantages d'un port, assez loin pour ne pas être exposée à une surprise, Rome était dans la position la plus favorable pour la capitale d'un grand empire. Elle eut pour berceau le mont PALATIN (*Palatinus mons*), autour duquel Romulus (n° 222) traça la première enceinte et fit élever les premières murailles de sa capitale. — Le QUIRINAL (*Quirinalis*), plus au N., dut son nom au temple élevé à Romulus Quirinus par Numa (n° 224), qui l'ajouta à la ville. — Le *Cœlius*, situé au S. E. du Palatin, fut assigné pour demeure aux citoyens pauvres par Tullus Hostilius (n° 224), qui l'enferma dans l'enceinte de Rome. — L'AVENTIN (*Aventinus*) fut ajouté à la ville par Ancus Martius (n° 226), pour recevoir les Latins transportés par lui dans sa capitale. Ce même prince éleva une citadelle sur le mont JANICULE (*Janiculus*), situé sur la rive droite du Tibre, et qu'il réunit par un pont de bois (*Pons sublicius*), à la rive gauche. — Servius Tullius (n° 228) et Tarquin le Superbe (n° 229) agrandirent encore l'enceinte de Rome en y comprenant les monts ESQUILIN (*Esquilinus*) et VIMINAL (*Viminalis*), situés au N. E. de la ville. Elle fut dès lors appelée la ville aux *sept collines*. Sylla et, après lui, Jules-César et Auguste (ch. XXIII, XXV, XXVIII), en agrandirent quelques parties, surtout vers le N. O. Enfin l'empereur Aurélien, au troisième siècle de l'ère chrétienne (chap. XXXII), fit à son étendue des additions considérables et traça la vaste enceinte que cette capitale du monde ancien a conservée jusqu'à nos jours, en s'augmentant toutefois en-

---

(1) Consulter le PLAN DE ROME dans l'*Atlas historique et géographique à l'usage des colléges*, par M. Ausart.

core de la partie qui environne le mont VATICAN (*Vaticanus*), que les papes ont ajouté à la Rome moderne.

§ II. ROME : SES ROIS ET SES PREMIÈRES INSTITUTIONS.

220. POPULATION PRIMITIVE DE L'ITALIE. — L'Italie a été peuplée, comme on vient de le voir, par le mélange d'une foule de peuples divers qui y étaient attirés par son admirable climat, et par les fruits précieux que la terre y produit en abondance. Des *Pélasges* originaires d'Asie, des *Celtes*, des *Illyriens*, des *Toscans* venus du centre de l'Europe, des *Grecs* poussés par la tempête après la prise de Troie et des *Troyens* fugitifs s'y établirent tour à tour et s'en disputèrent la possession pendant plusieurs siècles. Ils ne formèrent pour la plupart que des peuplades faibles et divisées, qui se livraient à l'agriculture et cherchaient à s'enrichir en enlevant les récoltes et les troupeaux de leurs voisins.

Cependant l'une de ces tribus, celle des *Toscans* ou *Étrusques*, devint peu à peu une nation puissante et civilisée. Établie dans le riant pays de Toscane, elle y fonda douze villes indépendantes l'une de l'autre, gouvernées chacune par un *lucumon*, mais alliées entre elles et réglant ensemble les affaires d'intérêt commun.

Les Étrusques avaient un grand nombre de vaisseaux qui faisaient un commerce très-actif sur les côtes de la Méditerranée, mais qui souvent aussi allaient y exercer la piraterie. Ils cultivaient avec succès les beaux-arts, et l'on a retrouvé dans les ruines de leurs monuments des vases d'une forme élégante qui révèlent à la fois l'habileté et le bon goût de leurs artistes. Leurs prêtres s'occupaient d'astronomie, de médecine, d'histoire naturelle. Ils avaient surtout acquis une grande influence par la science menteuse des *présages*, à l'aide desquels ils prétendaient découvrir les secrets de l'avenir. Le vol des oiseaux, l'aspect du ciel, les éclats du tonnerre, les entrailles des animaux immolés sur les autels étaient autant de signes qui annonçaient selon eux les événements futurs; et les populations de l'Italie tout entière venaient recueillir avec respect les prédictions des pontifes de l'Étrurie.

Malgré les progrès que la civilisation avait faits dans ce pays, les fêtes de la religion des Étrusques étaient souvent souillées par des sacrifices humains et par ces horribles combats de gladiateurs, où de malheureux esclaves s'égorgeaient les uns les autres pour le plaisir d'une foule cruelle. C'est de l'Étrurie que Rome devait recevoir plus tard ces abominables coutumes qui ont déshonoré toutes les nations païennes.

221. JEUNESSE DE ROMULUS ET DE RÉMUS. — Dans la contrée séparée de la partie méridionale de la Toscane par le fleuve du *Tibre*, et nommée le *Latium*, s'élevait la ville d'*Albe la Longue*, fondée, dit-on, dans des temps très-reculés, par *Ascagne*, fils du Troyen *Énée*, et gouvernée, huit cents ans environ avant J.-C., par le roi *Numitor*. Celui-ci fut détrôné par son frère *Amulius*, qui, voulant empêcher qu'il n'eût jamais de postérité, fit tuer son fils et mit sa fille *Rhéa Sylvia* au nombre des *Vestales*. On appelait ainsi les prêtresses de la déesse *Vesta*, qui vivaient dans un temple, occupées à entretenir un feu qui ne devait jamais s'éteindre, et auxquelles il était interdit de se marier avant l'âge de quarante ans. Quand elles manquaient à leur vœu de virginité, elles étaient condamnées à mourir de faim dans un souterrain où on les faisait descendre toutes vives. Rhéa Sylvia, malgré la crainte d'un si terrible châtiment, s'enfuit du temple de la déesse, et devint mère de deux fils jumeaux qui furent appelés *Romulus* et *Rémus*.

Amulius ayant appris cette nouvelle, entra en fureur et ordonna à l'un de ses bergers, nommé *Faustulus*, de précipiter les deux nouveau-nés dans le Tibre. Le berger obéit; mais les eaux, qui étaient alors débordées, laissèrent, en se retirant, les petits enfants sur la rive. On raconte qu'une louve, attirée par leurs cris, au lieu de les dévorer, leur présenta ses mamelles et les nourrit de son lait. Ils vécurent ainsi jusqu'à ce que des chasseurs les ayant trouvés en poursuivant la louve à travers les bois, les recueillirent et les élevèrent avec soin. Romulus et Rémus, devenus grands et forts, se livrèrent avec ardeur à la chasse et montrèrent un caractère entreprenant et audacieux qui leur donna beaucoup d'ascendant sur tous leurs compagnons. Bientôt ils prirent les armes contre les brigands qui infestaient la contrée, et sans doute aussi, contre de riches voisins dont ils allaient enlever les troupeaux. Mais un jour, ils tombèrent dans une embuscade, et Romulus ne s'échappa qu'à grand'peine, tandis que Rémus, fait prisonnier, était conduit devant le roi Amulius. Romulus, instruit sur ces entrefaites par Faustulus du secret de sa naissance, accourut avec une troupe nombreuse, délivra son frère, renversa Amulius et rétablit son grand-père Numitor sur le trône.

222. Fondation de Rome. — Meurtre de Rémus. — Commencement du règne de Romulus.

— Romulus et Rémus résolurent de fonder une ville, avec l'aide de leurs compagnons, sur le mont Palatin (n° 219), au bord de ce même fleuve près duquel ils avaient passé leur jeunesse.

Mais une querelle violente s'éleva aussitôt entre les deux frères. Chacun d'eux prétendant donner son nom à la nouvelle ville, ils convinrent enfin de s'en rapporter aux présages et se mirent à observer le ciel. Rémus aperçut le premier six vautours et s'écria que les dieux décidaient en sa faveur; mais Romulus, à son tour, en vit douze et soutint que le ciel était pour lui. Il commença aussitôt à tracer le fossé qui devait recevoir les fondations des murailles de la ville. Rémus, dans son dépit, sauta le fossé et dit d'un ton railleur : « *Voilà comment l'ennemi franchira les murs de ta ville.* » Romulus, furieux, se jeta sur son frère et le tua en s'écriant : « *Ainsi périsse quiconque franchira les remparts de Rome !* » (754 avant J.-C.)

Devenu par ce crime abominable seul chef de sa peuplade, Romulus eut bientôt achevé la construction de la ville. Mais cette Rome, future reine du monde, était alors une pauvre et chétive bourgade. Ses maisons, situées çà et là, n'étaient guère que des cabanes destinées à abriter les troupeaux en même temps que les hommes. Pour augmenter le nombre de ses sujets, Romulus ouvrit un asile à tous les vagabonds de la contrée, auxquels il promit sa protection. Tel fut le peuple romain à son origine.

Les femmes manquaient encore dans le nouvel État, et les tribus voisines refusaient avec mépris leurs filles à ceux qu'ils appelaient avec raison un ramas de malfaiteurs : « *Que n'ouvrez-vous aussi*, disait-on aux Romains, *un asile pour les femmes ?* » Romulus imagina de donner une fête brillante à laquelle il invita les *Sabins* et les habitants des contrées d'alentour. Au milieu du spectacle, il donna un signal, et les Romains enlevèrent les femmes et les filles de leurs voisins, qui étaient venues en grand nombre avec leurs maris et leurs pères. Ceux-ci se retirèrent furieux, ne pensant qu'à tirer de cette perfidie une vengeance éclatante.

Mais au lieu de fondre tous ensemble sur leur ennemi, que, réunis, ils auraient accablé sans peine, ces peuples divers eurent l'imprudence d'attaquer séparément, et ils se firent battre l'un après l'autre. Dans un premier combat, Romulus tua le roi des *Céniniens* et rentra triomphant dans Rome, couvert des dépouilles de son ennemi, portant une couronne de myrte sur la tête et une branche de laurier à la main (1). Romulus avait encore vaincu deux autres petits peuples, quand les Sabins se mirent enfin en campagne sous la conduite de leur roi *Tatius*. Arrivés près de Rome, ils rencontrèrent une jeune fille nommée *Tarpéia* qui, dans l'espoir d'une grande récompense, leur ouvrit une porte et les conduisit jusque sur un rocher qui s'élevait au milieu de la ville. Ils lui avaient promis, pour prix de sa trahison, *ce qu'ils portaient à leur bras gauche ;* la jeune fille avait voulu désigner par là les bracelets d'or et d'argent dont les soldats sabins étaient parés ; mais ceux-ci feignirent de ne pas l'avoir comprise, et ôtant les larges boucliers qu'ils portaient aussi au bras gauche, ils les lui jetèrent sur le corps jusqu'à ce qu'ils l'eussent assommée. Le rocher où périt Tarpéia prit le nom de *roche Tarpéienne*.

Cependant les Romains, surpris par l'attaque imprévue des Sabins, s'arment en toute hâte, et une bataille sanglante s'engage sur la place qui devait être le *Forum*. Déjà Romulus voit ses soldats plier, et, dans sa détresse, il promet un temple à Jupiter *Stator*, lorsque les Sabines accourent, se jettent entre leurs époux et leurs pères, et séparent les combattants. La paix se rétablit, à condition que les Sabins occuperont la roche Tarpéienne, et que leur roi Tatius partagera l'autorité suprême avec Romulus. Un grand nombre de Sabins viennent accroître la population de Rome, et les anciens habitants prennent le nom de *Quirites*, pour se distinguer des nouveaux venus (745).

225. Premières institutions politiques. — Fin du règne de Romulus. — Déjà Rome naissante avait un gouvernement régulier organisé par le génie de son fondateur. Romulus avait établi un conseil nommé *sénat*, composé de cent membres respectables par leur âge et leur sagesse (*sénateurs*), qui furent chargés de décider toutes les affaires importantes. Le nombre en fut doublé après l'établissement dans Rome des sujets de Tatius qui entrèrent pour moitié dans la composition du sénat. Les descendants des sénateurs, appelés *patriciens* ou nobles, formèrent un ordre à part auquel furent réservées toutes les dignités. Trois cents jeunes guerriers, les *célères*, furent choisis pour escorter le roi, et

---

(1) Cette cérémonie, où le vainqueur entrait *à pied* dans la ville, s'appela *ovation* ou petit triomphe.

plus tard, cette garde forma un ordre à part, celui des *chevaliers*, placés au-dessous des patriciens, mais au-dessus du reste de la nation. Les autres citoyens furent compris dans l'ordre des *plébéiens*.

Pour diminuer la distance qui séparait les deux classes de citoyens, et pour rendre leurs rapports faciles et bienveillants, Romulus ordonna à chaque plébéien de se choisir dans l'ordre des patriciens un *patron* dont il serait le *client*. Le patron devait prêter appui à son client en toute circonstance, le secourir dans ses malheurs, le protéger contre ses ennemis. Le client, de son côté, devait servir son patron avec le plus entier dévouement, le suivre à la guerre, et contribuer, selon sa fortune, au payement de sa rançon ou à la dot de sa fille. Enfin il était interdit, sous les peines les plus sévères, au patron et au client de plaider l'un contre l'autre.

Le peuple tout entier, patriciens et plébéiens, prenait part au gouvernement par ses assemblées solennelles ou *comices*. Romulus ayant partagé le peuple de Rome en trois *tribus*, comprenant chacune dix *curies*, les citoyens furent convoqués par curies. Dans chaque curie on recueillait individuellement le vote de chacune des familles ou *gentes* dont elle était composée; familles qui, étant formées de la réunion du patron et de ses clients, étaient entièrement sous l'influence du patricien qui en était le chef.

Cinq ans après l'établissement des Sabins à Rome, Tatius fut assassiné : Romulus, qui avait tué son frère pour régner seul, ne se pressa pas de venger un crime qui lui rendait tout le pouvoir. — Pour occuper la turbulente activité de ses sujets, il va ravager les pays voisins, et déjà, il envoie des colonies chez les nations vaincues. Mais l'accroissement de sa puissance inquiète le sénat, qu'il a cessé de consulter. Pendant un orage qui éclate au milieu d'une assemblée du peuple, Romulus disparaît. Les sénateurs l'avaient sans doute assassiné. Mais un d'entre eux jure devant le peuple que Romulus lui est apparu en songe, annonçant qu'il remonte dans l'Olympe, et qu'il veut être adoré sous le nom de *Quirinus*. Le peuple est dupe de cette imposture, et les meurtriers échappent à tous les soupçons en élevant des autels à leur victime. Peu leur coûtait de l'adorer au ciel, pourvu qu'ils n'eussent plus à le redouter sur la terre (715).

224. NUMA POMPILIUS. — INSTITUTIONS RELIGIEUSES. — Les sénateurs gouvernèrent eux-mêmes pendant un an, se transmettant le pouvoir l'un à l'autre tous les cinq jours.

Mais le désordre ne tarda pas à se mettre dans l'État, et les Romains, las d'avoir deux cents maîtres au lieu d'un seul, demandèrent le rétablissement de la royauté.

L'assemblée du peuple élut le Sabin *Numa Pompilius*, simple cultivateur renommé pour sa prudence, sa justice, sa piété envers les dieux (714). Romulus avait formé ses sujets à la guerre ; Numa s'appliqua au contraire à leur donner des habitudes pacifiques, à leur inspirer le respect de la religion et des lois. Il favorisa l'agriculture, qui contribue à rendre les hommes bons et vertueux, en même temps qu'à enrichir les nations ; et depuis cette époque, les Romains honorèrent les travaux des champs autant que le métier des armes.—Numa éleva plusieurs temples et mit en usage diverses cérémonies religieuses. Il établit, dit-on, le culte de *Janus*, ancien roi de l'Italie, célèbre par sa sagesse, qu'on représentait sous les traits d'un vieillard à double visage, pour indiquer qu'il voyait à la fois le passé et l'avenir, et dont le temple, ouvert pendant la guerre, était fermé pendant la paix. Il consacra un sanctuaire à la *Bonne Foi*, et, afin de donner à chacun un profond respect pour la propriété d'autrui, il introduisit le culte du dieu *Terme*, qu'on adora sous la forme d'une borne placée à la limite des champs. Il institua les *pontifes* pour célébrer les cérémonies sacrées, les prêtres *Saliens* pour garder un bouclier tombé du ciel, auquel étaient attachées, disait-on, les destinées de Rome ; les *augures* pour pratiquer l'art trompeur de prédire l'avenir. Il créa aussi le collège des *féciaux* ou ambassadeurs, qui étaient chargés d'aller déclarer la guerre aux nations voisines, en lançant sur leur territoire une flèche teinte de sang, tandis qu'auparavant les diverses peuplades de l'Italie s'attaquaient souvent en pleine paix, et ne cherchaient qu'à se surprendre les unes les autres.

Pour donner plus d'autorité à ses institutions, Numa se disait inspiré par une nymphe nommée *Égérie*, dont il allait, prétendait-il, recevoir les conseils près d'une fontaine sacrée. Les Romains ajoutèrent foi à cette fable, et, pendant plus de quarante ans, rien ne troubla le calme et la paix du règne de Numa (714-672).

225. Tullus Hostilius. — Conquête d'Albe. — Horace. —Au pacifique Numa Pompilius succéda un prince belliqueux qui fit reprendre aux Romains toutes leurs habitudes guerrières (672). Sous ce prince, une lutte acharnée éclata entre les habitants de Rome et ceux de la ville d'Albe. Les deux peuples, afin d'épargner le sang, convinrent de désigner chacun trois soldats qui combattraient seuls. Le parti dont les champions auraient l'avantage devait être déclaré vainqueur.

Les Romains choisirent trois frères nommés *Horaces*, jeunes gens forts et intrépides, et les Albains désignèrent également trois frères, les *Curiaces*, dont l'aîné devait épouser la sœur des Horaces appelée *Camille*. Les six guerriers en vinrent aux mains en présence des deux armées. Au premier choc, deux Romains tombent morts, et les trois Albains sont blessés plus ou moins grièvement. Le dernier Horace, ne pouvant combattre trois ennemis à la fois, feint de prendre la fuite. Les Curiaces le poursuivent, mais à pas inégaux, suivant la gravité de leurs blessures. Dès qu'il les voit suffisamment éloignés l'un de l'autre, Horace se retourne, attaque le premier, le tue avant que son frère ne l'ait rejoint, renverse celui-ci à son tour, et, courant sur le troisième, déjà épuisé par la perte de son sang, il l'égorge presque sans combat. Les Romains ramènent en triomphe le vaillant champion qui vient de leur assurer la victoire. Mais celui-ci, en rentrant à Rome, aperçoit sa sœur Camille qui, loin de partager l'allégresse générale, fondait en larmes en voyant son frère porter la cotte d'armes ensanglantée de son fiancé, qu'elle avait tissue de ses propres mains. Horace, transporté de colère, se précipite sur elle et la perce de son épée en s'écriant: *Ainsi périsse toute Romaine qui pleurera un ennemi!*

Le peuple, justement indigné d'un tel crime, condamna à mort le meurtrier. Horace allait être conduit au supplice le jour même de son triomphe, lorsque son vieux père se jetant aux genoux du roi, implora sa clémence en faveur de celui qui venait de sauver Rome, le supplia de ne pas le priver du dernier de ses enfants, et obtint la grâce du jeune guerrier.

Les Albains, devenus les sujets des Romains, s'étant révoltés quelque temps après, Tullus fit écarteler leur chef, et renversa la ville d'Albe de fond en comble. Tous les habitants furent transportés à Rome. Déjà la cité éternelle adoptait cette coutume de s'incorporer les vaincus, coutume qui fut peut-être la cause la plus active des perpétuels progrès de sa puissance. Tullus Hostilius mourut frappé, dit-on, de la foudre. (640). Il avait réuni le mont Cælius à la ville (n° 219).

226. Ancus Martius. — Le successeur de Tullus Hostilius (640), guerrier comme lui, sage et religieux comme Numa, *Ancus Martius,* fit respecter au dehors la nation par ses armes, tandis qu'à l'intérieur, il s'occupait activement de son organisation. Il battit les Sabins, les Étrusques, et soumit plusieurs tribus du Latium, qui vinrent augmenter la population de Rome. Il fallut étendre l'enceinte de la ville, à laquelle furent ajoutés les monts Aventin et Janicule (n° 219), et pour y maintenir l'ordre, construire une prison sur le Forum. En même temps, s'élevaient un aqueduc, un temple à Jupiter Férétrien ; l'exploitation des salines de la côte pourvoyait aux besoins de la population ; la construction du premier pont de bois sur le Tibre mettait Rome en communication avec l'Étrurie. Enfin, Ancus fonda la ville et le port d'*Ostie*, à l'embouchure du Tibre, mais moins, peut-être, pour établir un commerce maritime régulier que pour exercer la piraterie, à l'exemple des Tyrrhéniens et de plusieurs autres peuples des côtes de l'Italie.

227. Tarquin l'Ancien.—Introduction dans Rome des coutumes étrusques. — Ce fut un Grec, fils du Corinthien Démarate, et venu d'Étrurie où il avait obtenu la dignité de lucumon, qui succéda à Ancus Martius, à l'exclusion des jeunes fils de ce roi (614). Accueilli dans une ville qui originairement n'avait été peuplée que de réfugiés, il n'est pas étonnant que *Tarquin*, riche et éloquent, ait pu s'élever au trône. Un prodige avait, dit-on, annoncé l'avénement du nouveau roi. Comme il approchait de Rome, monté sur un char avec sa femme *Tanaquil*, un aigle vint enlever le bonnet qui couvrait la tête du lucumon, l'emporta au haut des airs en poussant de grands cris, et vint le replacer après avoir plané quelque temps au-dessus du char. Tanaquil, habile dans l'art d'interpréter les présages, embrassa son mari en lui disant que le sort le plus brillant lui était réservé. — Tarquin fut en effet le plus grand roi de Rome. Il introduisit les arts et la civilisation de l'Étrurie dans sa patrie nouvelle, qui vit s'établir à cette époque l'usage des chaises curules, pour les sénateurs ; des licteurs, armés de faisceaux et de haches, marchant devant le roi ; des costumes divers pour marquer les âges et les dignités. Les augures, si puissants en Étrurie, acquirent à Rome une grande influence.

Avant Tarquin, « Rome, dit Montesquieu, n'avait pas même de rues, si l'on appelle de ce nom la continuation des chemins qui y aboutissaient. Les maisons étaient placées sans ordre et très-petites ; car les hommes, toujours au travail ou dans la place publique, ne se tenaient guère dans les maisons. » Tarquin commença à donner un aspect plus régulier à la ville, il remplaça ses murs de terre par des remparts, éleva des portiques autour du Forum, bâtit un cirque pour y célébrer des jeux solennels, selon la coutume d'Étrurie, et construisit ces égouts si vastes que, selon Pline, un chariot chargé pouvait passer sous la voûte, et si solides, qu'après vingt-quatre siècles, quelques-uns subsistent encore aujourd'hui.

L'introduction de cent plébéiens dans le sénat (*patres minorum gentium*) accrut la popularité de Tarquin, et ses victoires sur les Sabins, les Latins, les Étrusques achevèrent de le rendre cher à sa patrie d'adoption. Au retour de ces glorieuses expéditions, Tarquin rentra dans la ville sur un char magnifique attelé de quatre chevaux blancs, pour exalter par le prestige de ce *triomphe* le courage de ses soldats. Mais, en 578, il fut assassiné par les fils d'Ancus, dont il avait été nommé tuteur, et qu'il avait supplantés.

228. Servius Tullius : réorganisation de l'État. — Les meurtriers ne recueillirent pas le fruit de leur crime. Un enfant d'esclave, élevé dans le palais, succéda à Tarquin, et fut aussi un grand roi. Après une guerre heureuse contre les Latins, il augmenta considérablement l'étendue et la population de Rome. La nouvelle muraille qu'il fit construire autour de la ville renferma dès lors sept collines (n° 219).

Servius Tullius (578-534) donna à l'État une organisation nouvelle fondée sur une division des citoyens toute différente de celle qui avait été instituée par Romulus. Après avoir, dans un intérêt d'ordre et de police, partagé la ville et le territoire romain en trente districts, ayant tous leurs chefs, leurs juges et leurs cérémonies religieuses, il institua le *cens* ou dénombrement pour connaître exactement les fortunes d'après lesquelles il voulait fonder la nouvelle organisation politique. Au lieu d'exiger un impôt uniforme, écrasant pour les uns, insignifiant pour les autres, il proportionna les charges aux revenus, et distribua le pouvoir d'après le même principe. Tous les citoyens furent, selon la fortune de chacun, répartis en six classes, divisées elles-mêmes en cent quatre-vingt-treize *centuries*. Chaque centurie comprenait le nombre de citoyens nécessaire pour que la masse de tous leurs revenus s'élevât à une somme déterminée. Il en résultait que les centuries des riches étaient très-multipliées, tandis qu'il fallait réunir dans une seule centurie une foule de pauvres familles pour former le taux fixé par la loi. La première classe, composée des citoyens dont la fortune s'élevait à 100,000 as, comprenait à elle seule quatre-vingt-dix-huit centuries. Il n'y avait dans la sixième classe qu'une centurie, plus nombreuse que toutes les autres ensemble. Servius ayant substitué au vote par famille ou *gentes* le vote par centuries, l'influence dans les délibérations appartint tout entière à l'aristocratie de la fortune, qui, pendant longtemps d'ailleurs, ne se distingua pas de celle de la naissance. Ainsi se maintint sous la république, au moyen des *comices par centuries*, le tyrannique empire de la classe patricienne.

Malgré la glorieuse et habile administration de Servius Tullius, les patriciens ne pouvaient lui pardonner son obscure origine. Le fils de Tarquin, qui avait épousé la fille de Servius, excita les mécontentements, gagna des partisans par ses promesses, et se présenta tout à coup au sénat couvert des ornements royaux. Au moment où Servius allait y entrer, le jeune Tarquin se jeta sur lui, l'accabla d'outrages et le précipita du haut des degrés du palais. En ce moment, *Tullia*, femme de Tarquin, accourait à la hâte sur son char pour saluer roi son époux. Elle aperçut le corps du malheureux Tullius étendu à terre au milieu du chemin. Cette fille impie fit passer les roues de son char sur le corps de son père. La rue où s'accomplit cette horrible scène reçut le nom de *Voie scélérate*.

229. **Tyrannie de Tarquin le Superbe.** — **Extension de la puissance romaine.** — Le nouveau roi, désigné dans l'histoire sous le nom de *Tarquin le Superbe*, fut un tyran impitoyable (534). Il gouverna sans consulter le sénat ni le peuple, fit trembler tous les Romains par ses cruautés, et s'empara des richesses des principaux citoyens. Pour rendre son autorité plus redoutable, il éleva, sur la roche Tarpéienne, un édifice qui devait servir à la fois de temple et de forteresse, et qu'on appela le *Capitole*, parce qu'en creusant les fondations on avait trouvé une tête humaine (*caput*). C'était, dirent les pontifes, le signe que Rome était destinée à devenir la capitale du monde.

Pendant que Tarquin terminait cet édifice, une femme avancée en âge vint lui offrir, pour une forte somme, neuf volumes qui renfermaient, selon elle, des choses d'une grande importance. Tarquin ayant refusé, elle en jeta trois dans un brasier et demanda le même prix pour les six autres. Le roi refusa de nouveau : elle brûla encore trois livres et offrit les trois derniers toujours pour la même somme : « Qui » es-tu donc ? s'écria Tarquin, étonné de son insistance. — » Je suis, dit cette femme, la sibylle de Cumes, et mes livres

» renferment les secrets de l'avenir. » Tarquin se hâta d'acheter les trois livres qui restaient encore et les plaça dans le Capitole. Dans la suite, toutes les fois que l'État était en danger, on ouvrait un des livres au hasard, et on suivait le parti indiqué par le passage qui tombait sous les yeux.

Tarquin, sentant que sa tyrannie le rendait odieux à ses sujets, chercha à consolider son pouvoir en s'alliant avec les peuples voisins, et son habile politique étendit au loin la domination ou l'influence romaine. Il institua les *Féries latines*, fêtes solennelles qui se célébraient à Rome, et où tous les peuples latins devaient se rendre. Les Étrusques firent également un traité avec lui, et reconnurent sa suprématie. Les Volsques ayant refusé d'accepter son alliance, il résolut de les y contraindre. Une de leurs villes principales, Gabies, assiégée par *Sextus*, fils de Tarquin, succomba par un stratagème après une résistance de sept années. Sextus feignant d'être disgracié et chassé par son père, se présenta aux habitants de Gabies en leur demandant asile contre la colère de Tarquin. Les Gabiens le reçurent avec empressement et lui confièrent même bientôt un des postes les plus importants. Alors Sextus envoya secrètement un messager à son père pour lui demander ce qu'il devait faire. Tarquin, sans répondre un seul mot, conduisit l'envoyé dans son jardin, et se promenant avec lui, il abattit avec une baguette les têtes les plus élevées des pavots qui croissaient çà et là. Le messager vint raconter cette circonstance à Sextus. Celui-ci en conclut qu'il devait faire périr les principaux citoyens pour s'emparer seul du pouvoir; et ayant suivi ce conseil, il ne tarda pas à rendre les Romains maîtres de la ville.

250. Mort de Lucrèce. — Expulsion de Tarquin. — Tout tremblait à Rome autour de Tarquin. Il n'épargnait pas même les membres de sa propre famille; un de ses neveux, nommé *Junius*, dont il avait fait mourir le père et le frère, n'avait échappé au même sort qu'en contrefaisant l'insensé, ce qui lui fit donner le nom de *Brutus* (fou). Tarquin, croyant n'en avoir rien à craindre, l'envoya avec ses deux fils consulter l'oracle de Delphes sur un prodige qui l'avait effrayé. Les jeunes gens, après avoir accompli les ordres du roi, demandèrent à l'oracle qui d'entre eux posséderait le pouvoir souverain : *Celui qui embrassera le premier sa mère*, répondit le dieu. A ces mots, Brutus se laissa tomber comme par hasard et embrassa la terre, mère commune de tous les hommes.

L'oracle n'allait pas tarder à s'accomplir. — Le tyran semblait plus affermi que jamais sur son trône, quand un événement inattendu vint l'en précipiter tout à coup. Sextus Tarquin ayant outragé la belle et vertueuse Lucrèce, femme de *Tarquin Collatin*, celle-ci appela en toute hâte son père et son époux, qui arrivèrent accompagnés de Brutus. Elle leur fit connaître l'affront qu'elle avait reçu, en déclarant qu'elle ne voulait pas y survivre, et se plongea tout à coup un poignard dans le cœur. A ce spectacle lamentable, Collatin et son beau-père restent immobiles, saisis d'effroi et de douleur. Mais Brutus, arrachant le poignard du corps de Lucrèce, s'écrie qu'il saura la venger. Il porte le cadavre tout sanglant sur la place publique, raconte aux Romains indignés comment l'infortunée Lucrèce a été victime de leurs tyrans, et leur fait jurer de punir ce forfait en exterminant Tarquin et toute sa famille.

A ces nouvelles, le roi, qui dirigeait alors une expédition contre un peuple du voisinage, revint précipitamment avec ses fils; mais les portes de Rome lui furent fermées, et il fut obligé de se réfugier en Étrurie, tandis que les Romains déclaraient la royauté abolie à jamais (510).

QUESTIONNAIRE. — § I. 214. Quelles étaient les limites de l'Italie ? — Nommez-en les montagnes. — 215. Faites-en connaître les volcans et les marais. — 216. Quels sont les fleuves de l'Italie ? — 217. Énumérez les principales divisions de l'Italie du nord, du centre, du midi. — 218. Faites connaître les îles dépendantes de l'Italie. — 219. Donnez quelques détails sur l'emplacement de Rome. — § II. 220. Comment l'Italie a-t-elle été peuplée ? — Donnez quelques notions sur les Étrusques. — 221. Dans quelle contrée était située Albe la Longue ? — A quelle époque vivaient Numitor et Amulius ? — Qui était Rhéa Sylvia ? — Quels furent ses fils ? — Comment furent élevés Romulus et Rémus ? — Quel dessein formèrent-ils ? — 222. A quelle occasion une querelle s'éleva-t-elle entre eux et quelle en fut l'issue ? — Décrivez la ville de Rome à son origine. — Comment fut-elle peuplée primitivement ? — De quelle manière Romulus réussit-il à procurer des femmes à ses sujets ? — Quels furent les premiers exploits de Romulus ? — Qu'est-ce qui explique les succès des Romains contre les peuples voisins ? — Racontez la trahison et la mort de Tarpéia. — Comment se termina la bataille des Romains et des Sabins ? — 223. *Faites connaître la première organisation politique de Rome.* — Comment mourut Romulus, et quelle fut la conduite des sénateurs dans cette circonstance ? — 224. Par qui Rome fut-elle gouvernée à la mort de Romulus ? — Qui était Numa Pompilius ? — Quel fut l'objet de son gouvernement ? — Parlez de Janus, du dieu Terme. — Quelles étaient les fonctions des pontifes, des augures, des féciaux ? — Quelle fable avait imaginée Numa pour donner plus d'autorité à ses institutions ? — 225. Quelle guerre éclata sous Tullus Hostilius ? — *Racontez le combat des Horaces et des Curiaces.* — Quel crime commit le vainqueur et comment échappa-t-il à la mort? — Quel fut le sort de la ville d'Albe ? — 226. Quel était le caractère d'Ancus Martius ? — Quels furent les principaux actes de son gouvernement? — Quel port fut creusé par lui et dans quel but? — 227. Quelle était l'origine de Tarquin l'Ancien? — Comment contribua-t-il au développement de la civilisation? — Comment mourut Tarquin l'Ancien? — 228. Comment Servius Tullius parvint-il au trône?—*Faites connaître ses principales institutions.* — Racontez comment il fut détrôné et mis à mort. — 229. Comment gouverna Tarquin le Superbe? — Parlez de la fondation du Capitole. — *Racontez comment Tarquin acquit les livres Sibyllins.* — Quelle fut la politique de Tarquin à l'égard des peuples voisins? — 230. Qui était Junius Brutus? — *Racontez la mort de Lucrèce.* — *Comment fut-elle vengée?*

CHAPITRE DIX-SEPTIÈME.

ORGANISATION DU GOUVERNEMENT RÉPUBLICAIN.

SOMMAIRE.

231. La révolution s'opère au profit de l'aristocratie qui établit son empire sur la classe plébéienne.
232. Les deux consuls président les assemblées, ont le pouvoir exécutif en temps de paix, commandent les armées en temps de guerre. Ils sont élus parmi les patriciens. — Le sénat a la haute direction des affaires ; les patriciens oppriment de plus en plus les plébéiens. — Brutus et Collatin sont les premiers consuls (510). — Les fils de Brutus conspirent et sont mis à mort. Collatin est banni. Valérius Publicola lui succède. Brutus est tué dans un combat. — Porsenna assiége Rome ; il est forcé à la retraite.
233. Les murmures des plébéiens et le soulèvement du Latium amènent la création de la dictature (498), magistrature qui réunit tous les pouvoirs.
234. L'oppression et la misère des plébéiens deviennent intolérables. — Trois mille plébéiens se retirent sur le mont Sacré. Ménénius Agrippa envoyé aux tribus les ramène. Les plébéiens exigent la nomination de cinq tribuns (493) qui ont le privilége du véto et de l'inviolabilité. — Les comices par tribus avec le vote par tête balanceront l'influence des comices par centuries. — Les plébiscites sont d'abord obligatoires pour les plébéiens seuls.
235. La lutte continue entre les patriciens et les plébéiens. — Térentillus Arsa (462) propose la réforme de la législation. — Au retour de commissaires envoyés en Grèce, on nomme des décemvirs

pour rédiger et promulguer un code de lois (451); ils publient dix tables de lois ratifiées par le peuple. — Les décemvirs sont maintenus. Appius Claudius et ses collègues exercent une odieuse tyrannie; ils se prorogent eux-mêmes. — Virginie, menacée par Appius, est tuée par son père. — Les décemvirs sont renversés (449).

236. La liberté du mariage entre les deux ordres est obtenue par Canuléius. — Les plébéiens prétendent au consulat. — On institue les tribuns militaires (444) qui, en fait, sont tous patriciens; puis la censure avec la surveillance des mœurs, magistrature patricienne, dont l'influence se développe peu à peu.

237. Spurius Cassius propose la loi agraire (486). Sa proposition a une influence subversive. — Licinius et Sextius luttent contre les patriciens. — Les plébéiens sont admis au consulat (366). — La tranquillité est rétablie à l'intérieur. — La préture et l'édilité curule, dignités patriciennes (339), sont créées, mais les plébéiens sont admis à la dictature, à la préture. — Les plébiscites sont obligatoires pour tous. — Le secret des formalités judiciaires est dévoilé. — Les plébéiens sont admis au pontificat (300). — L'égalité politique entre les deux ordres est réalisée.

231. Fondation de la République. — Le Sénat, les patriciens et les plébéiens.

La révolution avait été faite par les patriciens, elle fut tout entière à leur profit. Une république aristocratique s'établit; et le peuple, loin d'avoir gagné quelque liberté à l'expulsion de ses rois, tomba sous un impitoyable despotisme. Le nom de *Roi* avait échappé à la ruine de la royauté; mais il fut laissé à un pontife sans influence, qui exerça dans les sacrifices les fonctions de l'ancien chef du gouvernement.

La suprême direction des affaires publiques passa tout entière au sénat, qui, résumant en lui et conservant comme un dépôt inviolable les traditions de la politique romaine, devait régler pendant des siècles les destinées de Rome et du monde. Ses décisions, désignées sous le nom de *sénatus-consultes*, devaient être soumises à l'approbation des comices par centuries, entièrement dominés d'ailleurs par l'élément patricien. Toutefois, elles ne tardèrent pas à devenir obligatoires par elles-mêmes.

Les patriciens, fiers de leurs ancêtres et de leurs richesses, s'isolèrent entièrement du reste du peuple pour mieux le dominer; ils se réservèrent à eux seuls la fortune, les terres conquises, les charges, l'admission au sénat, l'administration de la justice, la célébration du culte. Si quelques plébéiens placés par leur fortune dans les premières centuries paraissaient pouvoir influer sur les décisions des comices, les patriciens pouvaient toujours par leurs augures dissoudre l'assemblée sous prétexte de présages funestes. Pour mieux assurer la suprématie aristocratique, une loi défendit l'union des familles patriciennes et des familles plébéiennes. Parfois, les plébéiens pouvaient implorer la protection du patricien que la loi leur donnait pour patron; mais toujours, le patron pouvait se servir de son pouvoir pour opprimer ses clients. Il fallut peu d'années pour manifester ces résultats.

232. Consuls. — Le pouvoir exécutif fut confié à deux *consuls*. Ces nouveaux magistrats avaient les mêmes attributs que les rois, excepté le diadème; ils marchaient précédés chacun de douze licteurs; mais les haches n'étaient portées que devant l'un d'eux, afin, dit Denys d'Halicarnasse, que le peuple ne pût croire qu'il s'était donné deux rois au lieu d'un seul. Les consuls convoquaient le sénat et le peuple, et présidaient les assemblées; leur puissance était grande, surtout en temps de guerre, où ils commandaient l'armée et exerçaient dans le camp une autorité absolue. Ces magistrats, essentiellement patriciens, ne pouvaient être choisis que parmi les nobles, et dans les assemblées par centuries.

Brutus et Tarquin Collatin, qui avaient été les principaux auteurs de la révolution, furent les premiers consuls. La sévérité du nouveau gouvernement déplut bientôt à de jeunes nobles, qui formèrent une conjuration en faveur des Tarquins. Le complot, découvert par l'esclave *Vindex*, fut puni par la mort des coupables : les fils de Brutus, complices du crime, furent condamnés, et leur père eut l'affreux courage d'assister à leur exécution. La haine contre les Tarquins en devint plus vive : leurs biens furent confisqués, et l'un des consuls, Collatin, fut banni parce qu'il tenait à la famille des tyrans. *Valérius Publicola* (ami du peuple) lui fut donné pour successeur.

Tarquin cependant avait intéressé à sa cause les peuples du voisinage, qui partout avaient secoué la domination de Rome; à l'extérieur, pour fruit de sa révolution, elle perdait toutes les conquêtes de ses rois. Les nations soumises naguère saisirent avidement l'occasion de venger leurs anciennes défaites. Deux peuples d'Étrurie, les Tarquiniens et les Véiens, prirent les armes les premiers. Brutus ayant rencontré dans la bataille *Aruns*, fils de Tarquin, les deux ennemis s'entre-tuèrent, et Valérius, vainqueur, rentra à Rome en triomphe. Mais *Porsenna*, roi de Clusium en Étrurie, menaçait la ville.

En vain *Horatius Coclès* défend seul un pont contre une armée (1); en vain *Mucius Scévola* tente d'assassiner Porsenna (2), et laisse consumer sa main sur un brasier pour la

---

(1) Porsenna, vainqueur des Romains dans un premier engagement, s'avança jusqu'à un pont de bois jeté sur le Tibre qui donnait entrée dans la ville. Il allait y pénétrer à la suite des fuyards, quand un soldat romain nommé Horatius Coclès, accourant à la tête du pont, arrêta seul les troupes ennemies. Tout en combattant avec un courage héroïque, il crie à ses compagnons de couper en hâte le pont derrière lui. Il continue tant qu'ils sont à l'œuvre à faire face aux assaillants jusqu'au moment où il sent les poutres s'écrouler sous les coups de hache. Alors il s'élance dans le fleuve, le traverse à la nage au milieu d'une grêle de traits, et revient triomphant à Rome, laissant les ennemis consternés de l'autre côté du fleuve. Les Romains honorèrent ce trait admirable de dévouement et d'intrépidité en élevant à Horatius Coclès une statue sur la place publique, et animés par un tel exemple, ils jurèrent de périr plutôt que de se rendre.

(2) Porsenna, n'espérant plus entrer dans Rome de vive force, résolut de la réduire par la famine, en interceptant les vivres, et bientôt les Romains furent réduits à une affreuse disette. Alors, un jeune homme, nommé *Mucius*, demanda la permission de quitter la ville pour se rendre parmi les assiégeants, promettant qu'il tuerait Porsenna. Les sénateurs l'exhortent vivement à accomplir son dessein, et aussitôt il pénètre dans le camp ennemi, au moment où l'on distribuait la solde aux troupes qui se pressaient autour de la tente du roi. A côté de celui-ci était assis son secrétaire, vêtu à peu près de même. Mucius le prit pour Porsenna lui-même et le perça d'un coup de poignard.

Arrêté aussitôt et conduit devant le roi, il lui annonce fièrement qu'un vaste complot a été formé contre sa vie. Porsenna épouvanté ordonne qu'on allume un bûcher et menace de l'y faire périr, s'il ne révèle tous les plans des conjurés. Le Romain aussitôt met sa main droite au milieu des flammes pour la punir de s'être trompée de victime, la laisse consumer comme s'il eût été insensible à la douleur, et sans faire entendre un gémissement, il dit au roi : « Vois com» bien le corps est peu de chose pour ceux qui n'ont en vue que la » gloire. » Touché d'un tel courage, Porsenna ordonne à l'instant qu'on éloigne Mucius et qu'on lui rende la liberté : « Pour reconnaître » ce bienfait, dit le Romain, je te déclare que trois cents jeunes Ro» mains ont juré ta mort. J'ai été désigné le premier par le sort : » tous les autres viendront à leur tour. » Mucius reçut le surnom de *Scévola* (gaucher), en souvenir de ce trait de courage.

Effrayé du danger qui le menaçait, Porsenna se décida à lever le siége, mais en imposant du reste aux Romains de dures conditions et en exigeant qu'on lui livrât comme otages plusieurs jeunes filles des premières familles de Rome. L'une d'elles, nommée *Clélie*, échappa à ses gardiens, sauta sur un cheval qu'elle aperçut dans la campagne, le lança sans hésiter dans les eaux du Tibre, et traversa

punir de s'être trompée de victime; suivant les traditions les plus vraisemblables, Rome est réduite à accepter un traité onéreux. Toutefois, le roi étrusque est rappelé dans ses États par une révolte, et les Tarquins ne rentrent pas à Rome.

253. DICTATEURS. — Déjà le peuple se repentait d'avoir chassé les rois; accablé de dettes, ruiné par les usures et les exactions des patriciens, il murmurait hautement : « Que nous sert de vaincre les peuples du dehors, disaient les plébéiens, si nous retrouvons dans la ville des ennemis plus cruels que les Étrusques et les Latins? » Le sénat fut heureux de les occuper loin de la ville dans une nouvelle guerre; tout le Latium se soulevait contre Rome. Ce fut à cette occasion que fut instituée une nouvelle et redoutable magistrature. Toutes les fonctions publiques furent suspendues, et on investit, pour six mois, de pouvoirs illimités un seul citoyen nommé *dictateur*, qui, entouré de vingt-quatre licteurs, pouvait juger toutes les causes sans appel, et disposer à son gré de la vie et des propriétés de tous les citoyens romains (498) : il commandait à pied l'infanterie, qui faisait la principale force de l'armée romaine, et désignait lui-même un général de la cavalerie qu'il pouvait révoquer à son gré. Pour engager le peuple à se faire enrôler, le sénat promit pleine et entière satisfaction après la guerre. L'armée marcha contre l'ennemi avec enthousiasme, et la victoire du lac Rhégille (voir n° 238), remportée par le second dictateur, anéantit pour jamais les espérances des Tarquins (496). Le vieux roi mourut à Cumes l'année suivante.

254. TRIBUNS. — Une fois hors d'inquiétude, le sénat oublia sa promesse; les soldats eurent à peine quitté les armes, qu'ils retrouvèrent les dettes et les prisons. Les débiteurs étaient vendus, enchaînés, mis à mort, coupés en morceaux, quand il y avait plusieurs créanciers. Voilà le cas que l'on faisait de l'homme chez les nations païennes! Les plébéiens murmuraient sourdement, mais sans oser faire éclater leurs plaintes, lorsque tout à coup, pendant une assemblée du peuple, un vieillard accourut au milieu du Forum, le vi-

---

ainsi le fleuve. Les Romains, qui s'étaient engagés à laisser tous les otages aux mains de l'ennemi, firent reconduire Clélie au camp étrusque; mais Porsenna, admirant l'intrépidité de la jeune fille, lui rendit la liberté en lui donnant le cheval qui l'avait transportée à travers le Tibre.

sage pâle et défait, les membres amaigris et couverts de haillons, le corps tout couvert des traces sanglantes de ses fers. C'était un brave soldat qui avait jadis été blessé en combattant pour la république, et qui, revenu à Rome, avait été jeté dans un cachot par ses créanciers. Il implore la pitié de ses concitoyens, en leur tendant ses bras chargés de chaînes : « Ma maison a été brûlée par l'ennemi, s'écrie-t-il, ma récolte saccagée, mes bestiaux pillés. J'ai été obligé d'emprunter pour payer l'impôt. Bientôt mon créancier s'est emparé de mon champ, puis il m'a saisi moi-même et s'est montré pour moi un bourreau impitoyable. » Des cris d'indignation répondent de toutes parts à ces paroles. Le peuple furieux se précipite dans les maisons des patriciens, délivre les débiteurs enchaînés et déclare qu'il ne marchera plus contre les ennemis qui s'approchent de Rome. A force de promesses et de supplications, le sénat parvient encore une fois à apaiser les plébéiens ; mais après la guerre, les vexations recommencent, et le peuple, exaspéré de la mauvaise foi des patriciens, abandonne la ville, pour se retirer à quelque distance sur le *mont Sacré*.

Cette retraite mettait Rome dans la situation la plus critique ; les patriciens épouvantés se hâtèrent d'envoyer au peuple un membre du sénat, nommé *Ménénius Agrippa*, que sa modération et sa douceur avaient rendu cher à tous ses concitoyens.

« Un jour, leur dit-il, tous les membres du corps humain se révoltèrent contre l'estomac, lui reprochant de demeurer oisif au milieu d'eux, tandis qu'ils se fatiguaient pour satisfaire à ses appétits et à ses plaisirs. Aussitôt les mains cessèrent de saisir les aliments, la bouche de les recevoir, les dents de les broyer. Mais en voulant ainsi punir l'estomac, ils ne firent que s'épuiser eux-mêmes, et bientôt la faim les réduisit à une extrême langueur. Ils reconnurent alors que l'estomac ne restait pas inactif, que c'était lui qui, en distribuant la nourriture à tous les membres, leur donnait la force et la vigueur, et ils s'empressèrent de se réconcilier avec lui. — Ceci, ajouta Ménénius, vous fait comprendre le rôle que jouent le sénat et le peuple dans la république. Le premier, par ses délibérations et ses décrets, prépare et distribue au peuple tout ce qui est nécessaire à ses besoins. Tous deux forment ensemble un même corps, vigoureux et puissant s'ils demeurent unis, faible et débile s'ils se divisent. »

Cette fable ingénieuse fit une profonde impression sur les

plébéiens qui se décidèrent à rentrer dans la ville. Mais devenus défiants à force d'être trompés, ils exigèrent la nomination de cinq magistrats de leur ordre appelés *tribuns*, revêtus de pouvoirs suffisants pour défendre leurs intérêts. Le droit le plus important des tribuns était de mettre obstacle par le refus ou *véto* de l'un d'eux aux mesures des autres magistrats, et de paralyser ainsi toute autre autorité que la leur. Ils n'étaient élus que pour un an, mais leurs personnes étaient sacrées et inviolables (492). Le peuple obtint en même temps la nomination de deux autres magistrats également plébéiens, les *édiles*, qui durent veiller à la police intérieure et au soin des édifices publics.

Le tribunat devait avoir bientôt un immense pouvoir. Non content de son rôle défensif, il ne tarda pas à prendre l'offensive.

Malgré l'institution du tribunat, l'autorité demeurait aux patriciens, et le gouvernement restait tout entier entre les mains de ce sénat qui devait être le glorieux représentant de la politique du peuple-roi. Les décisions du sénat, appelées *sénatus-consultes*, qui, à l'origine, n'avaient force de loi que quand elles avaient été approuvées dans l'assemblée du peuple, devinrent peu à peu obligatoires par elles-mêmes.

Ces assemblées elles-mêmes subirent, à la suite de l'institution du tribunat, une grave modification. On sait quelle influence appartenait aux riches et par suite aux patriciens dans les comices par centuries, en usage depuis Servius Tullius. Les tribuns obtinrent que le peuple se réunirait également en *comices par tribus*, où chaque citoyen donnant individuellement son vote, la prépondérance devait appartenir au nombre, c'est-à-dire aux plébéiens, et où nul ne pouvait interrompre un tribun parlant au peuple sans encourir une amende ou la mort. Seulement, les patriciens firent décider que les résolutions votées par tête dans les assemblées par tribus, sous le nom de *plébiscites*, ne seraient obligatoires que pour les plébéiens. Cette ligne de démarcation ne devait pas être longtemps observée, et les assemblées par tribus devinrent le principe et l'instrument des progrès et du triomphe de la démocratie.

255. Les Décemvirs. — Une lutte ardente allait se prolonger pendant de longues années entre les patriciens, forts de tous leurs privilèges, et les plébéiens, dirigés désormais par leurs tribuns. Un des premiers actes de ceux-ci avait été de faire condamner à l'exil dans les comices par tribus le patricien *Coriolan* (n° 239). Les querelles des deux ordres, suspendues à peine par les attaques incessantes des ennemis du dehors, recommençaient plus vives dès que le danger de la patrie paraissait éloigné.

L'administration de la justice excitait à bon droit les vives réclamations du peuple. Les patriciens, maîtres des tribunaux, qu'ils composaient exclusivement, interprétaient et dénaturaient à leur gré des lois dont le texte incertain n'était pas même rédigé : les procès ne pouvaient s'engager et se suivre sans l'emploi de formalités arbitraires que les patriciens créaient eux-mêmes et dont ils gardaient le secret. Pour remédier à de tels abus, le tribun *Térentillus Arsa* proposa la nomination de dix commissaires chargés de composer et de soumettre au peuple une législation régulière (462). Les patriciens comprirent que dans cette proposition, il y avait une révolution tout entière ; et pendant dix années, ils défendirent de toutes leurs forces le plus solide fondement de leur tyrannique pouvoir. Mais vainement le sénat laisse porter à dix le nombre des tribuns, afin de les diviser plus aisément. Tant que la victoire de ces hommes du peuple n'est pas assurée, ils restent unis ; ils usent de leur pouvoir pour arrêter les levées de soldats, menacent les consuls de la prison, ou les condamnent à des amendes, et soutiennent sur la place publique des luttes à main armée contre les patriciens.

Enfin le sénat est forcé de céder. La loi Térentilla reçoit son exécution. Au retour des trois commissaires envoyés, dit-on, en Grèce avec mission de recueillir les meilleures lois, dix magistrats (les *décemvirs*) sont élus pour en former un code approprié aux mœurs du peuple romain. — Le sénat sut encore obtenir que les décemvirs fussent tirés de l'ordre des patriciens, et investis d'un pouvoir dictatorial. Toutefois, la première année (451), ils usèrent avec modération de cette autorité sans limites, et dix tables de lois furent présentées à l'approbation du peuple. Ces lois, qui sont demeurées la base respectée de la législation romaine, n'étaient que les anciennes coutumes, modifiées par les exigences du moment et par plusieurs dispositions de la législation grecque ; elles réglaient le gouvernement, l'état des citoyens, la procédure, la pénalité et la police. Sans rien changer à la constitution, sans ôter l'administration aux patriciens, elles furent cependant favorables au peuple, parce qu'elles enlevaient aux nobles le pouvoir de décider arbitrairement du sort des citoyens.

Quelques lacunes à remplir rendaient de nouvelles tables

nécessaires. Le décemvirat est maintenu pour une année encore. Mais le plus fier des décemvirs, *Appius Claudius*, est réélu, et se fait donner pour collègues des hommes dévoués à ses intérêts. Dès lors, ses intentions despotiques se dévoilent. Le sénat et le peuple ne sont plus convoqués. Deux tables de lois sont publiées sans l'approbation du peuple. Appius se proroge de lui-même une troisième année, et signale sa tyrannie en assassinant le plus brave des plébéiens, *Sicinius Dentatus*, qui avait pris part à cent vingt combats, reçu quarante-cinq blessures et gagné quatre-vingt-trois colliers d'or et dix-huit couronnes pour prix de ses exploits. Les décemvirs se livrent aux plus odieux excès, jusqu'à ce qu'enfin, un dernier trait comble la mesure et fasse éclater l'indignation générale.

Appius Claudius ayant remarqué une jeune plébéienne, nommée *Virginie*, aussi vertueuse que belle, avait résolu de l'enlever à son père *Virginius*, brave centurion, et à son fiancé *Icilius*, ancien tribun du peuple. Abusant d'une manière infâme de son autorité de magistrat, il charge un de ses clients d'appeler cette jeune fille devant son tribunal et de la réclamer en justice comme étant son esclave. Le client, profitant d'un instant où Virginie traversait le Forum, accompagnée de sa nourrice, met la main sur elle, et s'efforce de l'entraîner dans sa maison. Elle résiste; la nourrice appelle du secours; la foule s'assemble, et le client d'Appius, forcé de s'éloigner, la cite pour le lendemain devant le tribunal du décemvir. Virginius, qui était alors sous les drapeaux, est aussitôt averti par ses amis, revient en toute hâte, et à l'heure fixée, il amène lui-même sa fille devant le siége de son impitoyable juge, au milieu d'un grand concours de peuple. Son visage est couvert de larmes; il implore la pitié de ses concitoyens; mais Appius, sans s'émouvoir, prononce un jugement par lequel il déclare que Virginie est l'esclave de son client et lui ordonne de l'emmener avec lui : « Permets » du moins, s'écrie Virginius, permets à un père désolé de » dire à sa fille un dernier adieu! » A ces mots, il saisit un couteau sur l'étal d'un boucher, perce le cœur de Virginie, s'élance à travers la foule, le fer sanglant à la main, et rejoint l'armée, où il fait partager à tous ses compagnons sa douleur et son indignation. En même temps, Icilius excite la fureur de la multitude assemblée, en lui montrant le cadavre de la jeune plébéienne. Le peuple et l'armée se soulèvent à la fois, et les décemvirs sont mis à mort ou chassés de Rome. Appius lui-même fut jeté dans une prison où on l'étrangla le lendemain (449).

Le décemvirat fut aboli et toutes les anciennes magistratures rétablies aussitôt.

256. Modifications successives des institutions romaines. — Le peuple ne s'en tint pas à ce succès : il était impatient d'essayer l'effet de l'arme qu'il avait conquise. Le tribun *Canuléius* réclama à la fois la liberté du mariage entre les deux ordres et l'admission des plébéiens au consulat. Il fallut accorder la première demande ; et par là, les plébéiens pénétrèrent dans le sanctuaire de la famille patricienne, participèrent à ses rites sacrés. Quant à la seconde prétention, le sénat ne consentit ni ne refusa ; il fit nommer à la place des consuls, dont il ne voulait pas compromettre la dignité, des *tribuns militaires*, moins considérés, moins puissants, parce qu'ils étaient plus nombreux (444). Ils pouvaient être choisis parmi les plébéiens ; mais les patriciens intriguèrent si habilement dans les élections, que quarante-quatre ans se passèrent sans qu'un seul plébéien parvînt au tribunat militaire.

Cependant les nobles s'apercevaient que le pouvoir suprême leur échappait peu à peu ; toute leur tactique fut dès lors de le diviser, afin de retenir pour eux seuls les dignités nouvellement instituées. Ce fut ainsi qu'en 442, la *censure* fut créée au profit des patriciens, avec des attributions qui, modestes d'abord pour ne pas inquiéter les tribuns, ne tardèrent pas à devenir d'une haute importance. Les deux censeurs nommés pour cinq ans, et institués dans l'origine pour faire le *cens* ou dénombrement et surveiller les mœurs publiques, ne tardèrent pas à exercer une haute juridiction sur tous les ordres de l'État ; ils purent retrancher du sénat des membres indignes, et priver le chevalier négligent de son cheval et de son anneau. Mais le moment approche où, malgré les efforts de l'aristocratie, toutes les fonctions publiques deviendront également le partage des deux ordres.

257. Loi agraire. — **Fin des luttes intestines ; union des deux ordres.** — Les guerres extérieures qui se renouvelaient sans cesse (voir chap. suivant), n'interrompaient guère les attaques et les progrès incessants des tribuns. Ceux-ci exploitaient avec succès un puissant moyen de popularité qu'un patricien avait imprudemment imaginé et que les magistrats du peuple s'étaient hâtés de saisir. Dès l'année 486, *Spurius Cassius* avait proposé de reprendre aux patriciens les portions du domaine public dont ils s'étaient peu à peu emparés, changeant en propriété la simple jouissance qui leur avait été d'abord concédée à la condition de payer au trésor public une redevance annuelle. Telle fut cette fameuse *loi agraire*, équitable dans son principe, mais qui devint l'aliment de toutes les passions démagogiques. Demandant à la fois le partage des terres et celui des hautes fonctions publiques, pour intéresser les plus pauvres citoyens au succès des conquêtes politiques qui ne touchaient que les riches plébéiens, les tribuns *Licinius* et *Sextius* proposèrent (376), par un même projet de loi, que le consulat, rétabli définitivement, fût accessible aux plébéiens; que les propriétés usurpées par les patriciens fussent réduites de telle sorte qu'aucun citoyen ne pût posséder plus de cinq cents arpents de terres domaniales; que chaque indigent reçût sept arpents en propriété; et enfin, qu'une partie des dettes fussent abolies. Pendant dix ans, la noblesse repoussa obstinément ces lois; pendant dix ans aussi, les plébéiens les soutinrent avec enthousiasme sous la conduite de Licinius et de Sextius, constamment réélus, et dont le terrible *veto* privait la république de tous ses magistrats.

Les dictateurs furent impuissants à lutter contre la volonté populaire. En 366, la loi *Licinia* fut adoptée par les comices, et le plébéien Sextius fut élu consul.

Les patriciens essayèrent bien encore de retenir une partie du pouvoir en instituant au profit de leur ordre seul les *préteurs*, chargés de rendre la justice, et les *édiles curules*, qui avaient à peu près les mêmes fonctions que les édiles plébéiens, quoiqu'ils fussent entourés de plus d'honneurs. Mais bientôt, la dictature elle-même, puis la censure et la préture purent être obtenues par des plébéiens; les plébiscites furent déclarés obligatoires pour tous les citoyens comme l'étaient devenus les sénatus-consultes (n° 234). Les formes de la procédure devant les tribunaux, connues des seuls patriciens, furent révélées par le greffier Flavius aux hommes du peuple, qui purent dès lors étudier la jurisprudence et diriger leurs propres affaires (304). Enfin les fonctions sacerdotales, que les patriciens s'étaient réservées les dernières et qui leur assuraient une immense influence, purent, au commencement du troisième siècle avant J.-C., être exercées par les plébéiens eux-mêmes.

Ainsi s'établit peu à peu l'égalité des deux ordres; ainsi se termina, après deux siècles entiers de querelles acharnées, la lutte qui avait divisé les patriciens et les plébéiens en deux factions ennemies. La paix intérieure put régner enfin pendant de longues années; il était temps qu'elle s'établît : Rome n'avait pas trop de toutes ses forces pour les grandes luttes qui commençaient contre les Samnites, contre Pyrrhus et contre Annibal.

QUESTIONNAIRE. — 231. Quelle forme de gouvernement fut substituée à la royauté? — Quelles étaient l'autorité du sénat et des patriciens et la situation des plébéiens? — 232. Quelles furent les attributions des consuls? — Quels furent les deux premiers consuls? — Comment le nouveau gouvernement fut-il menacé dès son origine? — Par qui Collatin fut-il remplacé? — Comment mourut Brutus? — Quel nouvel et puissant ennemi Tarquin souleva-t-il contre Rome? — *Racontez le trait héroïque d'Horatius Coclès.* — Que fit Mucius Scévola? — Comment se termina le siége de Rome? — 233. A quelle occasion fut créée une nouvelle magistrature? — Quelles en étaient les attributions? — 234. Quel était le sort des plébéiens et quelles étaient les principales causes de leur misère? — Où se retirèrent-ils? — *Dites l'apologue que leur raconta Ménénius Agrippa.* — Quelle nouvelle magistrature fut créée? — Quelles furent les attributions des tribuns du peuple? — Quelles nouvelles assemblées furent instituées pour balancer l'influence des comices par centuries? — Comment furent appelées leurs décisions? — 235. Racontez le commencement de la lutte des tribuns contre les patriciens. — Quelle proposition fit Térentillus Arsa? — Quels furent les pouvoirs des décemvirs? — *Racontez l'histoire du décemvirat et celle de sa chute.* — 236. Quel avantage important pour les plébéiens obtint Canuléius? — Quels magistrats furent substitués aux consuls? — A quelle occasion fut instituée la censure et quelles furent ses attributions? — 237. Qu'entend-on par la loi agraire et par qui fut-elle proposée? — Comment les plébéiens furent-ils admis au consulat? — Comment se réalisa l'égalité politique des deux ordres?

CHAPITRE DIX-HUITIÈME.

GUERRES DE LA RÉPUBLIQUE ROMAINE JUSQU'AU COMMENCEMENT DES GUERRES PUNIQUES.

SOMMAIRE.

238. Au moment de l'expulsion des rois, toutes les conquêtes sont perdues; la guerre éclate avec tous les peuples voisins. — Le dictateur Posthumius Albinus est vainqueur au lac Rhégille de la grande ligue des peuples latins (496).

239. Coriolan propose l'abolition du tribunat, est banni, se retire chez les Volsques (491), assiége Rome à leur tête. Rome est sauvée par les prières de Véturie (489).

PREMIÈRES GUERRES DE ROME.

240. Un consul est assiégé dans son camp par les Èques. Des pouvoirs illimités sont confiés à l'autre consul par la formule: *Caveant consules...* — L'armée romaine court un nouveau danger. Cincinnatus, dictateur, bat les Èques, abdique la dictature au bout de seize jours et retourne à sa charrue (451).

241. Après le pillage d'Anxur (405), une solde régulière est établie pour les troupes (404). Véies est assiégée et prise par Camille qui rentre en triomphe. — La prise de Falérics (392) est suivie de l'exil de Camille.

§ II. 242. Les Gaulois Sénonais établis dans la Gaule Cisalpine assiégent Clusium (390). — Ils gagnent la sanglante bataille de l'Allia. — Brennus entre dans Rome, assiége le Capitole qui est défendu par Manlius. — Les Gaulois se retirent (389).

243. Camille triomphe des peuples soulevés. — De nouvelles querelles éclatent à Rome. — Manlius est mis à mort. — Dans une seconde invasion les Gaulois sont battus près de l'Anio (367). — Manlius Torquatus se couvre de gloire. — Les Romains remportent une victoire décisive sur les Gaulois (349).

§ III. 244. Une rupture éclate entre les Romains et les Samnites. — Une première guerre se termine promptement (343-341). — Un soulèvement général des Latins fait courir à Rome de grands dangers.

245. La seconde guerre des Samnites commence en 327 ; elle se prolonge avec acharnement et est soutenue par les meilleurs généraux de Rome. Les Samnites sont secondés par tous les ennemis des Romains. Pontius Hérennius enferme les légions dans les Fourches Caudines et impose un traité honteux (321). Le sénat s'y soustrait par une perfidie.

246. La bataille décisive de Sentinum (298) fait prévoir l'issue de la guerre (290), prolongée par quelques soulèvements partiels ; en 282, la soumission est complète.

247. Pyrrhus, appelé par les Tarentins, est vainqueur à Héraclée (280) ; il envoie à Rome Cinéas qui est frappé de la majesté du sénat. Fabricius déploie sa fermeté et son patriotisme.

248. Pyrrhus livre la douteuse bataille d'Asculum, passe en Sicile (279), revient en Italie, est vaincu à Bénévent (274). Il passe en Grèce et est tué au siège d'Argos (272). — Tarente est prise ; l'Italie méridionale est soumise.

§ IV. 249. L'armée romaine, recrutée parmi tous les citoyens, se compose principalement d'infanterie qui forme la légion commandée par des tribuns militaires.

250. Une discipline sévère est maintenue dans l'armée. Les légionnaires sont habitués à toutes les fatigues. — L'étendard de la légion est l'objet d'un culte.

251. Rome affermit sa domination en établissant dans les pays conquis des colonies formées de citoyens organisées et administrées à l'image de Rome. — Les colons conservent leurs droits civils.

252. Les villes soumises reçoivent des priviléges qui les rapprochent des colonies. Les municipes gardent leur forme de gouvernement et participent aux droits des citoyens. Les préfectures sont assujetties à des gouverneurs.

§ Iᵉʳ. CARACTÈRE DES PREMIÈRES GUERRES DE ROME.

238. Guerre contre les Latins (Bataille du lac Rhégille). — Tandis que la lutte des deux ordres se poursuivait avec acharnement sur la place publique, Rome avait à soutenir contre tous les peuples voisins des guerres incessantes. La politique persévérante et adroite de ses rois lui avait constamment assuré l'avantage pendant plus de deux siècles. Au moment où la royauté fut abolie, Rome avait incorporé à son territoire celui d'Albe et une partie de la Sabine; les autres peuples Sabins lui payaient tribut; les cités de l'ancien Latium s'étaient unies étroitement à elle; dans le nouveau Latium, les Volsques lui étaient soumis; au nord du Tibre, la confédération des Étrusques subissait sa prépondérance. — Mais pour premier fruit de sa révolution, Rome perdit tout à coup la plupart de ses conquêtes. Les peuples du voisinage se crurent libérés vis-à-vis de la république des conventions faites avec les rois; ils s'attachèrent par intérêt à la cause des bannis. Les Étrusques, les Sabins, les Latins, les Volsques, prirent les armes les uns après les autres, moins pour rétablir les Tarquins que pour venger leurs anciennes défaites. Dès la seconde année de la république, sans la révolte qui éloigna Porsenna, c'en était fait peut-être de la liberté de Rome.

Dès lors se succèdent, pendant un siècle, des guerres continuelles qui présentent toutes un caractère uniforme et des résultats à peu près semblables. D'une part, les peuples voisins de Rome attaquent sans accord, sans ensemble, et se font battre isolément dans presque toutes les rencontres; d'autre part, les Romains, dénués d'armée permanente, appelant à chaque occasion tous les citoyens sous les armes, mais à la condition de les renvoyer promptement à leurs travaux, faisant des courses guerrières plutôt que des expéditions véritables sur le territoire ennemi, n'entreprenant en un mot aucune campagne régulière, ne remportent guère que des succès stériles, et sont obligés de recommencer perpétuellement des luttes sans relâche et sans terme.

A peine échappée aux attaques de Porsenna, Rome vit s'organiser contre elle une ligue redoutable, formée à Férentine de la plupart des peuples du Latium. Elle fut sauvée par l'habileté du dictateur *Posthumius Albinus*, qui écrasa les troupes latines à la grande bataille du *lac Rhégille* (496). Les chefs déclarèrent que les dieux avaient pris parti pour Rome. « Ils avaient vu deux cavaliers de taille plus qu'humaine charger à la tête des légions. Le soir, ces mêmes cavaliers entrèrent dans la ville, sur la place publique, annoncèrent la victoire, puis disparurent aux yeux de la foule. » Les Latins obtinrent toutefois un traité de paix qui les mettait sur le pied d'une entière égalité avec Rome.

239. Guerre contre les Volsques (Coriolan). — Les plus puissants et les plus belliqueux des peuples du Latium, les Volsques, n'avaient pas pris part à la bataille du lac Rhégille; ils se levèrent à leur tour, entraînant avec eux les Herniques, qui furent promptement et définitivement soumis, puis les Èques et les Auronces. Toutefois, plusieurs places étaient déjà tombées au pouvoir des Romains, et un jeune patricien, *Marcius*, avait glorieusement gagné le surnom de *Coriolan* en entrant le premier dans la ville de Corioles, quand la haine des plébéiens contre le vainqueur des Volsques fit trouver à ceux-ci un allié dans leur plus terrible ennemi. Condamné au bannissement par le peuple pour avoir proposé au sénat d'exiger l'abolition du tribunat avant de distribuer du blé aux plébéiens pressés par la famine, abandonné par les patriciens eux-mêmes effrayés de l'effervescence populaire, Coriolan s'est exilé en jurant de se venger sur toute la nation (491). Bientôt il paraît sous les murs de Rome à la tête d'une armée volsque (490). Vainqueur, il rejette dédaigneusement les prières de tous les ordres de l'État, et voit à ses pieds, sans s'émouvoir, les sénateurs et les pontifes. « Je vous montrerai, dit-il, que l'exil enflamme le courage, loin de l'abattre. » Rome tremblait; mais les femmes vont défendre par leurs larmes et par leurs prières une ville que ne protège plus la force des armes (Tite-Live). *Véturie*, mère de Coriolan, traînant après elle sa femme *Volumnie* et ses jeunes enfants, se jette aux pieds du vainqueur. Coriolan, troublé, hors de lui-même, en voyant sa mère prosternée devant lui, s'écrie : « Rome est sauvée, mais votre fils est perdu. » Il lève le siége (489); et l'on dit que peu de temps après, il mourut assassiné dans son exil (488).

La république, sauvée par une femme, voua un temple à la *Fortune féminine*.

240. Guerres contre les Èques (Cincinnatus). — Les principales tribus des Volsques venaient d'être soumises, après plusieurs victoires chèrement achetées, quand les Herniques, devenus les alliés fidèles des Romains, vinrent donner avis que le consul *Furius*, assiégé par les Èques, était sur le point d'être forcé dans son camp. Le sénat, dans ce péril extrême, crut devoir confier à l'autre consul des pouvoirs illimités par la fameuse formule : *Caveant consules ne quid detrimenti respublica capiat.* Furius fut délivré ; et pourtant, l'année suivante, les citoyens, qu'une peste affreuse décimait, virent encore du haut de leurs murailles la fumée du camp des ennemis, que la crainte de la contagion empêcha seule d'entrer dans la ville désolée. Ils s'éloignèrent, mais pour reparaître bientôt ; et les légions furent derechef à la merci de l'infatigable armée des Èques.

L'alarme fut grande parmi les Romains, et tous, d'un commun accord, proclamèrent dictateur *Quinctius Cincinnatus*. C'était un homme honoré de ses concitoyens pour ses vertus simples et modestes autant que pour son habileté et sa valeur. Il cultivait au delà du Tibre un champ de quatre arpents, et les envoyés chargés de lui faire savoir qu'il venait d'être élevé à la première dignité de l'État, le trouvèrent dans son petit domaine, occupé à conduire lui-même la charrue. Quittant aussitôt ses outils de laboureur pour reprendre son épée, Cincinnatus donne à tous les citoyens en état de porter les armes l'ordre de se rendre le soir même au champ de Mars tout équipés. Il part à leur tête, attaque les ennemis à l'improviste, les force à passer sous le joug et délivre l'armée romaine. Après cette courte et brillante campagne, il abdique volontairement, au bout de seize jours, le pouvoir suprême qu'il avait reçu pour six mois, et retourne à sa charrue (458).

241. Guerre contre les Étrusques.—Camille. — Malgré leurs nombreuses victoires, jamais les Romains n'obtenaient de triomphe complet. La république ne donnait aucune paye à ses soldats ; après chaque campagne, il fallait, comme on l'a vu (n° 238), les renvoyer à leurs champs, et, pendant ce temps de repos obligé, les ennemis reprenaient haleine. Ce système frappait de stérilité tous les efforts. Après la prise et le pillage d'Anxur ou Terracine, l'une des plus fortes villes des Volsques, le sénat consacra le butin à l'institution d'une solde pour l'infanterie (405) et pour la cavalerie (402). Dès lors, les expéditions plus longues et plus lointaines furent en même temps plus décisives : la conquête commença.

Véies fut attaquée la première, et, grâce à l'institution de la solde, Rome put retenir longtemps ses soldats sous les murs de cette riche et puissante cité. Mais l'inhabileté et la division des tribuns militaires qui conduisaient le siége favorisèrent la défense des Véiens; il fallut, au bout de dix ans, les talents et la valeur du patricien *Camille* pour vaincre la résistance des assiégés et emporter la ville (395). Camille rentra dans Rome en triomphe sur un char attelé de quatre chevaux blancs. Mais malgré la prise de Faléries, que le vainqueur des Véiens ne voulut pas devoir à la trahison (1), malgré de nouvelles victoires sur les Volsques et sur les Éques, qui furent réduits à implorer la paix, la jalousie des tribuns s'attaqua à la gloire de Camille : ce grand général fut accusé de concussion et forcé de s'exiler. Sa patrie devait chèrement payer cette ingratitude dans la lutte terrible qui allait s'engager.

Il a fallu à Rome cent vingt ans de combats pour recouvrer en Italie l'influence qu'elle y avait exercée sous le dernier Tarquin ; et voici que tout à coup sa fortune est violemment ébranlée, son existence compromise, le fruit de ses longs travaux perdu. La guerre avec les Gaulois fut la plus rude épreuve que Rome eut jamais à subir; avant d'en sortir victorieuse, elle dut soutenir une lutte de cinquante ans, marquée de temps en temps par de sanglantes défaites ; et nous verrons ces terribles ennemis, après un demi-siècle de repos, se relever au bruit de la chute des Samnites et combattre encore avec Annibal.

§ II. INVASION DES GAULOIS.

242. PREMIÈRE INVASION DES GAULOIS. — PRISE DE ROME. — Sous le règne de Tarquin l'Ancien, une tribu gauloise (Gaulois Sénonais) s'était établie dans cette partie de l'Italie appelée depuis Gaule cisalpine (n° 217); là, ils habitaient des bourgs sans murailles, vivant de pillage et faisant consister toute leur richesse dans l'or et les troupeaux, parce que ce sont les seuls biens qu'on puisse aisément transporter en tous lieux. Ces hommes demi-nomades, ayant goûté du vin d'Italie et l'ayant trouvé délicieux, prirent leurs armes, entraînèrent leurs familles, et marchèrent à la recherche de la terre qui produisait des fruits si excellents. Ils envahirent d'abord l'Étrurie (390), et mirent le siége devant Clusium. Rome envoya ses ambassadeurs. Mais ceux-ci, au lieu de négocier,

---

(1) Tite-Live rapporte qu'un maître d'école de Faléries proposa à Camille de lui livrer les enfants des principaux de la ville, et que le Romain, pour toute réponse, le fit chasser à coups de verges par ses propres écoliers jusqu'aux portes de Faléries. (Tite-Live, l. V, c. 27.)

combattirent dans les rangs des Clusiens. Les Gaulois irrités répondirent aussitôt à cette provocation ; ils marchèrent contre les Romains, les épouvantèrent par leurs cris affreux, leur stature gigantesque, leurs armes inconnues, et, à la sanglante journée de l'*Allia*, ils les punirent cruellement d'avoir violé le droit des gens. Pour la première fois, les légions s'étaient débandées sans avoir combattu. Le chef des Gaulois, *Brennus*, entra sans coup férir dans la ville que les citoyens avaient abandonnée, tant la frayeur était grande ! Plusieurs vieux sénateurs étaient restés à Rome, seuls dans les rues désertes, revêtus de leurs robes de pourpre. Ils se tenaient assis sur leurs chaises curules. Un Gaulois s'approcha de l'un d'eux, Papirius, et passa doucement la main sur sa longue barbe. Le patricien frappa l'audacieux de son bâton d'ivoire : ce fut le signal du massacre. Le Capitole, où les jeunes gens s'étaient réfugiés, osa seul se défendre. Un assaut nocturne faillit livrer à l'ennemi ce dernier asile de la puissance romaine ; mais les oies sacrées de Junon donnèrent l'alarme, et *Manlius* précipita les assaillants du haut des remparts. Pourtant les assiégés, pressés par la famine, se décidèrent à capituler. Déjà, selon Tite-Live (liv. V, ch. 49), on pesait l'or destiné à la rançon des Romains, et Brennus, jetant son épée dans un des plateaux de la balance, s'écriait : *Væ victis!* quand tout à coup, Camille parut avec une armée rassemblée à la hâte, interrompit le marché, et extermina tous les Gaulois. Malgré ce récit dramatique, il paraît certain que les Gaulois, rappelés dans leur patrie par une guerre étrangère, se retirèrent emportant avec eux les dépouilles de Rome (389).

Les Romains conservèrent un terrible souvenir des Gaulois. Ils regardèrent toujours nos ancêtres comme leurs plus redoutables ennemis ; chaque fois qu'ils apparaissaient, c'était une épouvante générale, et on ordonnait à la hâte une levée en masse de tous les citoyens en état de porter les armes (*gallicus tumultus*). — (Voir n° 249).

245. Suite des invasions gauloises. — Rome était détruite ; les tribuns voulaient transporter les citoyens à Véies. Camille, rappelé de son exil dans le danger, fit rejeter cette proposition, et la ville de Romulus fut rebâtie. A peine était-elle sortie de ses ruines, qu'elle fut attaquée par tous les peuples que l'invasion gauloise avait rendus encore une fois à l'indépendance. Camille, qui pendant le siège de Rome avait sauvé les débris de l'armée, se chargea de les réduire. Les troubles intérieurs recommençaient aussi. **Manlius** fut précipité du haut de ce Capitole qu'il avait défendu, parce qu'il aspirait à la tyrannie ; exécution aussi cruellement rigoureuse que celle des fils de Brutus ; *mais*, dit Bossuet, *la maxime fondamentale de la république était de regarder la liberté comme une chose inséparable du nom romain;* il fallait tout lui sacrifier.—Une invasion nouvelle vint faire diversion : les Gaulois arrivaient pour la seconde fois. Mais les Romains s'étaient habitués à leur aspect sauvage, à leur taille colossale, et d'heureuses innovations introduites dans l'armure des soldats les mirent en état de supporter le choc des lourdes épées gauloises. Les Barbares furent vaincus par Camille près de l'*Anio* (367), et généralement, ils éprouvèrent le même sort dans leurs autres invasions. Pendant une de ces guerres, un guerrier de la famille des Manlius mérita le surnom de *Torquatus*, en enlevant le collier du plus vaillant des Gaulois, qu'il avait tué en combat singulier (362). Émule de Manlius, *Valérius* remporta quelque temps après un semblable triomphe. Cette fois, s'il en faut croire le récit des historiens, le ciel combattit pour le Romain. Un corbeau vint se percher sur la tête du Barbare et lui creva les yeux à coups de bec. Valérius tua sans peine son ennemi aveuglé et reçut le surnom de *Corvus* (corbeau). Une victoire décisive, en 349, devait refouler pour cinquante ans les Gaulois dans leur pays.

§ III. GUERRES DU SAMNIUM ET DE PYRRHUS.

244. COMMENCEMENT DE LA GUERRE DU SAMNIUM (343). — RÉVOLTE ET SOUMISSION DES LATINS. — Au sud et à l'est du Latium, vivait dans les montagnes du Samnium un peuple aux mœurs rudes et belliqueuses. Longtemps, il avait été l'allié de Rome; mais il se déclara le défenseur de l'indépendance italienne, quand les Romains portèrent leurs prétentions sur les contrées méridionales. La ville de Capoue, assiégée par les Samnites, avait demandé des secours au sénat ; il refusait, alléguant une ancienne alliance ; mais les Capouans levèrent ses scrupules en se donnant à lui. Aussitôt les Romains s'armèrent pour défendre une propriété romaine, et la guerre du Samnium éclata (343). Après deux campagnes, les hostilités furent terminées par un traité, l'an 341. Les deux peuples n'avaient fait qu'essayer leurs forces. Tout à coup, un soulèvement général des tribus du Latium, qui voulaient ou leur ancienne indépendance ou le partage des dignités à Rome, vint remettre en question tous les progrès de la république. C'étaient de part et d'autre les mêmes armes, la même discipline, la même habitude des combats; aussi les Latins ne purent-ils être réduits qu'après trois ans d'efforts inouïs. C'est dans cette guerre que l'on vit un général, *Manlius Torquatus*, mettre à mort son propre fils qui avait vaincu contre ses ordres (1) ; et à la grande bataille de *Véséris* (340), le consul *Décius Mus* donner l'exemple de ces *dévouements* qui seront héréditaires dans sa famille. Les légions pliaient : Décius appelle le pontife, et lui demande la formule sacrée; puis se voilant la tête : « Je me dévoue, s'écrie-t-il, pour l'armée, pour les légions, pour les troupes auxiliaires du peuple romain, et je dévoue avec moi aux dieux mânes et à la terre les légions ennemies. » A ces mots, il s'élance au plus fort de la mêlée, et sa mort assure la victoire. Affaiblie par des triomphes si chèrement achetés, Rome fut obligée de satisfaire à la plupart des prétentions des vaincus ; mais elle sut rendre une révolte semblable à jamais impossible, en divisant les intérêts de ces peuples, en modifiant avec habileté la position civile et politique des différentes cités. L'ancien et le nouveau Latium était définitivement pacifiés quand la guerre recommença avec les Samnites (327).

245 Suite de la guerre du Samnium. — Fourches Caudines. — Interrompue à peine par de courtes trêves, la guerre dura jusqu'à l'entière soumission du Samnium (vers 282). L'ambition et la valeur romaines, le patriotisme et l'infatigable énergie des Samnites, donnèrent à cette lutte un caractère d'opiniâtreté incroyable. Rome y envoya tous ses meilleurs généraux. Le consul plébéien *Publilius Philo*, continué le premier dans le commandement sous le titre de *proconsul*, ouvrit la campagne par la prise de Palépolis (326). Après lui, *Papirius Cursor*, plusieurs fois consul et dictateur, le général de la cavalerie, *Fabius Rullianus*, arraché par les prières de tout le peuple au sort funeste du jeune Manlius, s'illustrèrent par d'éclatants faits d'armes.

Plus d'une fois cependant, les victoires de leurs adver-

---

(1) Le jeune Manlius, provoqué par un guerrier latin, sortit du camp et tua son ennemi. Il revenait plein de joie avec les dépouilles du mort, lorsque Manlius le fit saisir et amener devant son tribunal : « Tu as méconnu à la fois, lui dit-il, les ordres de ton général et l'autorité de ton père ; tu as mérité un châtiment qui servira d'exemple à toute l'armée. Licteurs, ajouta-t-il, attachez-le au poteau. » A l'instant, le jeune Manlius fut garrotté, battu de verges et décapité sous les yeux des soldats saisis d'horreur et d'effroi.

saires apprirent aux Romains à respecter leur courage. Dans le défilé des *Fourches Caudines* (321), le plus habile général des Samnites, *Pontius Hérennius*, pouvait anéantir l'armée romaine avec les deux consuls : « Renvoyez les Romains avec honneur, dit le vieux père d'Hérennius, et vous vous en ferez des amis fidèles ; ou bien exterminez-les tous, et vous abattrez la république. » Le Samnite aima mieux faire jurer la paix aux consuls, et forcer les légions à passer sous le joug. Mais le consul *Posthumius*, de retour à Rome, se rendit au sénat et dit : « Le traité n'oblige pas le peuple romain, et la honte » n'en retombera pas sur lui. Je l'ai signé avec mes officiers ; » livrez-nous aux Samnites et recommencez la guerre. » Le sénat applaudit à cette proposition courageuse, sans doute, mais contraire à la justice et à la bonne foi. Il ne craignit pas d'ajouter à la honte de la défaite, celle de violer les promesses solennelles auxquelles tant de Romains devaient la vie. Tous ceux qui avaient signé le traité furent conduits aux Samnites pieds et poings liés, et Posthumius, arrivé au camp ennemi, frappa le fécial romain qui l'avait accompagné, en s'écriant : « Moi qui suis devenu Samnite, j'ai outragé l'ambassadeur des Romains. Ils ont maintenant un juste sujet de recommencer la guerre. » Pontius, indigné d'une telle perfidie, ne voulait point recevoir les prisonniers et répondait : « Si vous ne voulez pas accepter le traité, venez vous replacer dans les Fourches Caudines. » Mais le sénat fut sourd à toutes ses réclamations ; il fallut combattre de nouveau, et de sanglantes défaites punirent les Samnites de leur imprudente confiance dans la foi romaine. Bientôt la Campanie fut conquise tout entière et couverte de colonies (313). En vain les Étrusques, les Ombriens, les Èques, les Salentins, les Herniques eux-mêmes, s'armèrent successivement pour une cause qui était celle de toute l'Italie. Les troupes étrusques et ombriennes furent exterminées par Fabius au delà de la forêt Ciminienne (310) et près du lac de Vadimone, malgré le serment de *la loi sacrée*, par lequel toute l'armée avait dévoué les lâches aux dieux infernaux (309). Les Herniques perdirent leur capitale ; la nation des Èques tout entière fut écrasée sous les ruines de ses quarante et une bourgades (305).

246. Fin de la guerre du Samnium. — Les Samnites seuls balançaient encore la fortune sur les champs de bataille. On les vit tout à coup quitter leur pays, apparaître en Étrurie, battre un consul, soulever les populations qu'on croyait accablées, et tendre la main aux Gaulois de la Cisalpine, ces anciens conquérants de Rome, qui redescendaient le long de l'Apennin. La ville de *Sentinum*, dans l'Ombrie, fut témoin de l'effroyable choc de toutes ces nations contre les légions de la république. Malgré l'infériorité du nombre, les Romains furent vainqueurs par le *dévouement* d'un second *Décius* (296).

Mais la défaite de Sentinum n'avait pas terminé la guerre; les Samnites tentèrent un dernier et prodigieux effort. Un grand nombre de guerriers se réunirent à Aquilonia, et là, dans une enceinte fermée de toutes parts et couverte de toiles de lin, eut lieu une cérémonie terrible. Au milieu de cette enceinte s'élevait un autel, près duquel se tenaient des centurions l'épée à la main. Les soldats étaient amenés l'un après l'autre au pied de l'autel, et le prêtre leur dictait des imprécations par lesquelles ils appelaient toutes les vengeances des dieux contre eux et leur famille, s'ils lâchaient pied dans la mêlée ou ne tuaient pas les fuyards. Ceux qui refusèrent de jurer furent égorgés à l'instant même. Tous les autres furent enrôlés dans un bataillon d'élite, appelé *légion du Lin*, qui devait marcher le premier au combat et se distinguait par ses armes éclatantes.

Il faut que cette troupe intrépide, parée pour le combat comme pour une fête, se soit fait tuer tout entière (293); il faut qu'un dernier combat ait livré le brave Hérennius et anéanti toute la jeunesse des Samnites; il faut que ce peuple indomptable ait laissé ses derniers soldats sur le champ de bataille, pour qu'il se résigne à la soumission en 290. — *Curius Dentatus* lui dicta les conditions de la paix, au moment où les Sabins tentaient un soulèvement tardif. Encore verrons-nous les Samnites, sept ans après (283), s'unir à un nouvel effort des Gaulois cisalpins, pour briser le joug des Romains. Alors seulement, et après soixante années de combats, ils quittèrent définitivement les armes d'épuisement et de désespoir (282). Le sénat se hâta d'affermir sa domination en couvrant le Samnium de colonies (n° 254).

Rome avait cessé de lutter en vue de ses murailles; lancée dans la voie des conquêtes, elle ne s'y arrêta plus.

247. INVASION DE PYRRHUS. — FABRICIUS. — Le sénat convoitait les riches provinces de l'Italie méridionale. Un prétexte se présenta bientôt. Les Tarentins, après avoir soutenu secrètement les Samnites, insultèrent quelques vaisseaux romains, et répondirent par des outrages aux ambassadeurs envoyés pour demander réparation (282). « Riez mainte-

nant, leur dit le chef de l'ambassade; bientôt vos rires se changeront en pleurs. » Effrayés déjà des suites de leur imprudence, les Tarentins appelèrent à leur secours le roi d'Épire, *Pyrrhus*, ce prince aventurier qui venait de conquérir et de perdre la Macédoine, et qui ne rêvait que de nouvelles guerres (voir ci-dessus, n° 205). Pyrrhus, quoique battu par la tempête pendant la traversée, amena avec lui une vaillante armée, disciplina la jeunesse tarentine, et vainquit les Romains à *Héraclée* (280). Toutefois, il n'avait dû ce succès qu'à la terreur inspirée par ses éléphants, et l'élite de ses troupes avait péri dans le combat. Plein d'admiration pour la valeur romaine, il traita les prisonniers avec les plus grands égards, fit donner aux blessés tous les soins nécessaires, et envoya à Rome le sage et prudent *Cinéas* (1), pour faire des propositions de paix. Cinéas était chargé de présents qu'il devait offrir aux femmes des principaux personnages, et les conditions du traité étaient des plus favorables : Pyrrhus offrait d'aider les Romains à conquérir l'Italie et de leur rendre leurs prisonniers sans rançon ; il ne leur demandait que de laisser en paix les Tarentins ses alliés. De telles propositions présentées par Cinéas avec l'éloquence la plus entraînante, avaient séduit plusieurs membres du sénat, qui engageaient vivement leurs collègues à les accepter. Mais un sénateur, de l'inflexible famille des Appius, vieillard infirme et aveugle, se fait porter à l'assemblée et s'écrie : « *Que Pyrrhus sorte de
» l'Italie, et alors seulement il pourra parler de paix.* » Cette fière réponse est adoptée avec enthousiasme, et donnée à Cinéas, qui va la reporter à Pyrrhus en lui disant: « *La ville
» de Rome m'a paru un temple, et le sénat une assemblée de
» rois ; quant au peuple romain, c'est l'hydre de Lerne, et
» vous lui verrez renaître autant de têtes que vous en couperez.* »

Le sénat, de son côté, avait envoyé des députés près de Pyrrhus, mais pour traiter seulement du rachat des prison-

---

(1) Cinéas faisait tous ses efforts pour modérer l'ambition de Pyrrhus. « Qu'espérez-vous, lui avait-il dit, en entreprenant la guerre contre les Romains? — La conquête de l'Italie. — Et ensuite, que ferez-vous ? — Je me rendrai maître de la Sicile. — Vous arrêterez-vous là ? — L'Afrique en est bien voisine ; un bon vent y portera mes vaisseaux, et je la soumettrai.— Et après, qu'entreprendrez-vous encore? — Oh! alors, nous nous reposerons et nous vivrons dans la joie et dans les plaisirs. — Eh! qui vous empêche, s'écria **Cinéas**, de goûter dès à présent le repos dont vous espérez jouir après tant de fatigues et tant de sang répandu? »

niers. Parmi ces députés était *Caïus Fabricius*, l'un des personnages les plus remarquables que présente l'histoire romaine à cette époque. C'était à la fois le modèle de cette noble simplicité de mœurs et de ce patriotisme à toute épreuve qui étaient alors les plus beaux traits du caractère romain.

La pauvreté de Fabricius avait fait penser à Pyrrhus qu'il pourrait aisément le gagner par des présents. Le Romain refusa tout, et le roi d'Épire voulut essayer s'il lui serait plus facile de l'effrayer que de le séduire. Pendant qu'il conversait avec Fabricius, il fit approcher près de lui, derrière une simple toile, un énorme éléphant. A un signal du roi, la toile fut enlevée tout à coup, et le monstrueux animal, poussant un cri horrible, étendit sa trompe au-dessus de la tête du Romain. Celui-ci ne fit que sourire, et Pyrrhus plein d'admiration voulut faire un dernier effort pour gagner un tel homme. Il lui fit secrètement offrir le quart de son royaume, s'il voulait s'attacher à lui : « *Si vous me croyez un homme* » *de bien*, lui dit Fabricius, *pourquoi essayer de me corrom-* » *pre? Si vous me croyez un malhonnête homme, pourquoi* » *désirer m'avoir près de vous?* »

248. Retraite de Pyrrhus. — Soumission de l'Italie méridionale. — Fabricius, à son retour, fut chargé du commandement de l'armée romaine. Un médecin du roi vint alors lui proposer, moyennant une somme d'argent, d'empoisonner Pyrrhus. Fabricius, pour toute réponse, fit garrotter cet homme et l'envoya à son maître, en l'informant de ce qui s'était passé : « *On détournerait plutôt le soleil de sa* » *route*, s'écria Pyrrhus, *que Fabricius des voies de la vertu.* » Les deux armées se joignirent bientôt près d'*Asculum*. Cette fois, les Romains qui s'étaient habitués à la vue des éléphants, luttèrent avec intrépidité contre ces formidables animaux ; un troisième *Décius* se dévoua pour ses concitoyens, et Pyrrhus, malgré toute son habileté, ne remporta qu'un avantage douteux. Comme on le félicitait néanmoins du résultat : « *En-* » *core une victoire pareille*, dit-il, *et nous sommes perdus!* » Il ne voulut pas courir les chances d'un autre combat, et s'empressa de quitter l'Italie, pour aller chercher de nouvelles aventures dans la Sicile (279).

Après quelques succès, Pyrrhus revint en Italie et trouva près de *Bénévent* le consul Curius Dentatus (1), prêt à lui

---

(1) Digne émule de Fabricius, Curius Dentatus aussi désintéressé et aussi brave, avait, à la fin de la guerre du Samnium (n° 246), **refusé**

ARMÉE. — DISCIPLINE.   301

livrer une bataille décisive. Pour mettre son armée à l'abri des attaques des éléphants, le général romain avait imaginé d'armer ses soldats de longues tiges de fer entourées d'étoupes enflammées qu'ils agitaient devant eux. Les éléphants, effrayés à la vue de ces torches flamboyantes, renversèrent leurs guides, se jetèrent dans les rangs de l'armée même de Pyrrhus et la mirent en désordre. Les Romains, grâce à cette manœuvre, remportèrent une victoire complète (274). Pyrrhus repassa précipitamment en Grèce, et mourut deux ans après au siége d'Argos, de la main d'une femme (n° 205).

Les Tarentins, abandonnés à eux-mêmes, ne purent résister longtemps; leur ville fut prise et démantelée (272). Les Romains, enrichis de leurs dépouilles, frappèrent pour la première fois de la monnaie d'argent. Tous les peuples voisins de Tarente et unis à sa cause, les Salentins, les Lucaniens, les Bruttiens, quelques Samnites encore, furent soumis en même temps. Du Rubicon au détroit de Messine, toute l'Italie reconnut les lois de la république. En ce temps même, un roi d'Égypte, Ptolémée Philadelphe, envoyait solliciter l'alliance du peuple vainqueur de l'Italie (n° 196).

§ IV. ORGANISATION DE LA LÉGION ROMAINE.

249. COMPOSITION DE L'ARMÉE ROMAINE. — Rome, préludant ainsi à la soumission de l'univers, avait déjà en elle tous les éléments de la puissance militaire d'une grande nation; non-seulement elle savait attaquer et vaincre, mais elle savait aussi assurer la conquête. Rome devait ses constants et durables progrès à l'excellente constitution de son armée, à son admirable système de colonisation.

Les citoyens seuls, jamais les esclaves, bien rarement les affranchis ou les indigents, composaient cette formidable légion romaine, à qui on ne demandait pas moins de patriotisme que de courage. Sur l'ordre du consul, des tribuns militaires enrôlaient les citoyens depuis seize ans jusqu'à quarante-six, en les inscrivant individuellement (*delectus*), à moins qu'un danger pressant ne nécessitât une levée en masse (*tumultus*) : il n'était guère d'apparition des Gaulois qui ne provoquât cette mesure extraordinaire (*tumultus gallicus*). Le lâche qui ne se présentait pas avait le pouce coupé, et quelquefois, il était vendu comme esclave.

La *légion*, composée d'environ quatre mille hommes au temps des guerres puniques, se divisait en *cohortes*, en *manipules* et en

---

tous les présents que lui offraient les Samnites pour le disposer en leur faveur.

centuries. Un escadron de cavalerie (*turma*), fourni par les seuls chevaliers, était adjoint à chaque cohorte. Les fantassins formaient la partie la plus redoutable de l'armée romaine, et quelquefois, les cavaliers mettaient pied à terre pour combattre parmi eux. Aux deux premiers rangs étaient les *principes* et les *hastati*, armés d'épées et de lances; ils étaient soutenus par les *triarii*, soldats d'une valeur éprouvée, qui combattaient avec la javeline. Tous étaient couverts de fortes armures. Plus tard, on introduisit les *vélites*, armés à la légère, pour harceler l'ennemi avec l'arc, la fronde et le javelot.

Le commandement suprême de l'armée appartenait au consul. Chaque légion avait à sa tête six *tribuns* militaires qui la conduisaient alternativement; les tribuns choisissaient les *centurions* (commandants des centuries), qui nommaient eux-mêmes leurs lieutenants.

Les troupes des alliés, que l'on plaçait en général sur les ailes avec la cavalerie, avaient pour chefs des *præfecti*, nommés par le général romain.

250. DISCIPLINE MILITAIRE. — La discipline la plus sévère régnait parmi les soldats de la république. Ils se laissaient décimer sans murmure, quand le général prononçait cette punition terrible; et ils regardaient comme une inestimable récompense la couronne de gazon ou de feuilles de chêne accordée au plus brave. Il n'était pas de fatigue que le légionnaire romain ne supportât avec une constance inouïe. Chacun avait avec soi des vivres pour quinze jours, plusieurs pieux pour faire des retranchements, et des ustensiles divers. Ce fardeau, qu'il regardait comme une partie de lui-même, ne l'empêchait pas de parcourir habituellement vingt milles par journée. Chaque soir, le camp, rapidement dressé, était mis en quelques instants à l'abri d'une surprise; et le soldat se préparait à l'assaut ou à la bataille du lendemain en prenant debout le frugal repas qu'il avait apprêté lui-même. Chaque manipule avait son étendard, formé d'une botte de foin attachée à l'extrémité d'une longue perche, comme pour rappeler à cette armée, d'où les prolétaires étaient exclus, que chacun combattait pour son patrimoine. Un culte religieux était voué à ce signe de ralliement, dont la perte était considérée comme un crime inexpiable. L'étendard de la légion en était appelé la divinité (*numen legionis*), et les soldats prêtaient serment devant lui. Ce fut d'abord la figure de quelque animal utile à l'agriculture, puis cette aigle aux ailes étendues, aux serres armées de la foudre, qui devait conduire les légions romaines à la conquête du monde (1).

251. COLONIES ROMAINES. — Avant d'étendre ses progrès

---

(1) L'aigle ne paraît avoir été adoptée que du temps de Marius.

au delà des limites de l'Italie, Rome y avait affermi sa domination sur des bases inébranlables par l'organisation de ses colonies. Au lieu d'envoyer dans le pays conquis un gouverneur et quelques soldats, au lieu d'y fonder un simple pouvoir militaire, qui souvent provoque les rébellions, et qui généralement asservit et n'attache pas, elle établissait un certain nombre de ses citoyens dans les villes soumises, pour y répandre l'influence de leurs mœurs et de leur caractère, les rendre romaines peu à peu par un contact perpétuel avec les enfants de Rome, et mêler leurs intérêts à ceux de leurs dominateurs. Bien différentes des colonies grecques, séparées à jamais de la métropole, les colonies de la république romaine tenaient toujours à elle par des liens de dépendance non interrompus, par des rapports continuels de protection et de services réciproques. Rome envoyait, pour ainsi dire, une partie de sa population contracter mariage avec un peuple étranger; une famille se formait, fille de la grande famille romaine, qui avait droit de lui demander dans le danger ses richesses et son sang.

Ces colonies étaient constituées à l'image de la métropole: elles en avaient l'administration, le culte, les usages, sans participer toutefois au gouvernement de la cité romaine. Les *duumvirs* annuels exerçaient les fonctions de consuls; les *duumvirs quinquennaux*, celles de censeurs; à la place du sénat était le collége des *décurions*. Les *conciliabules*, réunis sur le *forum* de la colonie, y représentaient les comices. Les habitants des colonies étaient toujours considérés comme des citoyens romains; le droit civil de Rome leur était appliqué dans toute son étendue; mais ils perdaient l'exercice des droits politiques dans la métropole et ne pouvaient voter à Rome ni y remplir les fonctions publiques.

La fondation d'une colonie était, comme tous les actes importants de la vie politique chez les Romains, accompagnée de cérémonies religieuses. Un commissaire du peuple romain attelait une vache et un taureau à une charrue, et après avoir tracé par un profond sillon l'enceinte de la ville, il offrait les deux animaux en sacrifice. Dès lors, les murailles élevées sur le sillon étaient regardées comme sacrées. Le territoire compris dans l'enceinte était distribué aux habitants, lorsque les augures consultés avaient rendu une réponse favorable. Les colons allaient prendre possession de leur domaine, revêtus de leurs armes et leurs enseignes en tête.

La colonie était une des plus anciennes créations du génie romain. Romulus avait fondé les premières colonies chez les peuples domptés par ses armes. Depuis, le nombre s'en était accru considérablement, surtout dans l'Italie centrale. Places guerrières en même temps que cités agricoles, elles assuraient la possession de tout le territoire environnant, et elles étouffèrent plus d'une fois des semences de révoltes. Près de cinquante colonies, reliées entre elles par des *voies militaires*, tenaient ainsi sous le joug la population italienne au commencement des guerres puniques; elles seules furent capables de plier l'indomptable Samnium à une durable obéissance (1).

252. MUNICIPES. PRÉFECTURES. — Les villes étrangères sur lesquelles s'était étendue la domination romaine en Italie présentaient, dans leur organisation politique, quelques analogies avec les colonies. Les plus favorisées, appelées *municipes*, ou villes libres, tout en conservant leur ancienne forme de gouvernement, jouissaient des droits de citoyens; quelques municipes faisaient même partie des tribus et votaient dans les comices. Les *préfectures* étaient assujetties à un gouverneur ou préfet que le peuple romain leur envoyait chaque année. « Leurs droits privés dépendaient des édits de ce préfet, et leur état politique des volontés du sénat romain, qui exigeait d'elles des taxes et des prestations de guerre à son gré. Cette dépendance était la punition de quelque tentative de révolte. » Les autres villes soumises aux Romains, les *cités confédérées* ne participaient en rien au droit de cité romaine, mais du moins leurs propres lois étaient respectées.

QUESTIONNAIRE. — § I. 238. Faites connaître les effets de la révolution romaine à l'extérieur.—Comment se termina la guerre contre la grande ligue latine?—239. Parlez de la guerre contre les Volsques. — *Faites connaître l'histoire de Coriolan.* — 240. Quels dangers les Èques firent-ils courir aux Romains? — Comment s'est illustré Cincinnatus? — 241. Quelle cause principale paralysait les succès des Romains? — Quels furent les effets de l'établissement de la solde des troupes? — Qui s'empara de la ville de Véies? — Quelles autres conquêtes fit Camille? — § II. 242. Quel pays habitaient les Gaulois et où se transporta une de leurs tribus?—Quelle fut la conduite des ambassadeurs romains? — Quelle fut l'issue de la bataille de l'Allia? — Que devint la ville de Rome? — Comment échoua l'attaque de Brennus contre le Capitole? — 243. Quel fut le sort de Manlius, le sauveur du Capitole? — Quelle était la situation de la république? — Comment se termina la seconde invasion des Gaulois?— Quelle fut l'issue des autres invasions gauloises?—Comment Manlius mérita-t-il le surnom de Torquatus? — § III. 244. Où était situé le Samnium? — Quel était le caractère des peuples qui l'habitaient? — A quelle occasion la guerre éclata-t-elle entre les Samnites et les Romains? — 245. Quel était le meilleur général des Samnites? — *Qu'arriva-t-il aux Fourches Caudines?* — 246. Quelle bataille décida l'issue de la guerre? — Comment se termina la guerre des Samnites? — 247. Comment s'appelait l'Italie méridionale? — Quelle fut l'origine de la querelle des Romains avec les Tarentins? — Qui ceux-ci appelèrent-ils à leur secours? — Quelle

---

(1) Au milieu de la guerre du Samnium, les Romains fondèrent, dans l'espace de onze années (315-304), des colonies à Casinum, Atina, Frégelles, Téanum, Sidicinum, Suessa-Aurunca, Sora et Alba. Ce fut également pendant la guerre contre les Samnites que le censeur Appius commença la voie Appienne, qui conduisait de Rome à Capoue au travers des Marais Pontins.

victoire Pyrrhus remporta-t-il sur les Romains? — A quoi fut dû principalement ce succès? — Quel ambassadeur fut envoyé à Rome? — *Quel était le caractère de Fabricius.* — *Citez quelques traits qui en donnent une juste idée.* — 248. Quel fut le résultat de la bataille d'Asculum? — Que fit Pyrrhus après cette bataille? — Quelle défaite éprouva-t-il et comment mourut-il? — Que devinrent les Tarentins et l'Italie méridionale après la retraite de Pyrrhus? — Quel était alors l'état de la puissance romaine? — § IV. 249. Comment était composée l'armée romaine? — 250. Donnez une idée de la discipline des légions.—251. Quelle était l'organisation des colonies? — 252. Qu'entendez-vous par municipes et préfectures?

CHAPITRE DIX-NEUVIÈME.

ROME ET CARTHAGE. — **PREMIÈRE GUERRE PUNIQUE.**

SOMMAIRE.

§ I. 253. Carthage est fondée ou plutôt agrandie par Didon (860).

254. Les Carthaginois prospèrent par la navigation, par l'état florissant de l'agriculture et par le commerce avec les nations voisines. Ils étendent leur territoire vers l'intérieur de l'Afrique; ils entretiennent des relations pacifiques avec les Tyriens avec lesquels ils se partagent le commerce maritime du monde.

255. La république carthaginoise a une sage constitution; elle est régie par des coutumes. Le gouvernement, d'abord monarchique, devient aristocratique. Le peuple élit les magistrats, intervient dans le gouvernement. — Le sénat dirige le gouvernement dans le Comité privé ou Gérusie et le Conseil général ou Synédrin. — Les cercles politiques ont une grande influence. — Les suffètes, magistrats suprêmes, ont des attributions purement administratives.

256. La force militaire est négligée à Carthage. Les troupes sont composées de mercenaires sans patriotisme. — La religion des Carthaginois est souillée par des superstitions infâmes et des sacrifices humains. Le sacerdoce et les magistratures sont unis.

257. Carthage s'empare de la Sardaigne, de la Corse, des Baléares, de la plus grande partie de la Sicile après une longue lutte.

§ II. 258. Les premières relations entre Rome et Carthage remontent à 509. Le détroit de Messine sépare seul les deux peuples au commencement de la première guerre punique. — Les Mamertins appellent les Romains en Sicile. — Les Carthaginois et Hiéron sont défaits (264). — La première victoire navale des Romains (260) est gagnée par Duillius.

259. Régulus est vainqueur près d'Ecnome (256) et en Afrique, puis il est vaincu et fait prisonnier. — Rome refuse la paix. — Amilcar Barca s'illustre en Sicile. — Claudius Pulcher est vaincu.

260. Les Romains font le siége de Lilybée ; ils remportent la victoire des îles Égates (242). Un traité de paix onéreux aux Carthaginois est conclu en 241.

261. Les mercenaires se soulèvent sous Spendius et Mathos, battent Hannon, sont exterminés par Amilcar (237). — La Sardaigne et la Corse sont livrées aux Romains (238).

§ Ier. CARTHAGE : SON GOUVERNEMENT ; ÉTENDUE DE SES POSSESSIONS.

253. ORIGINE DE CARTHAGE. — Les Phéniciens avaient fondé plusieurs colonies sur les côtes d'Afrique, à une époque très-reculée. *Utique* et *Hippone* existaient au seizième siècle avant J.-C. Selon Appien, *Carthage* fut fondée environ cinquante ans avant la prise de Troie ; mais elle n'était alors qu'un simple comptoir dépendant d'Utique, que l'on nommait par opposition la *Vieille ville* (Cartahadath). Déjà elle avait commencé à prendre quelque accroissement, quand *Didon* ou Élissa, chassée de Phénicie par la tyrannie de son frère Pygmalion, vint s'y établir et lui donner une importance toute nouvelle (860) : on attribue à cette princesse la fondation de la citadelle de Byrsa. Le concours des peuples qu'y attira sa position maritime et son activité industrielle, bien plutôt que la ruse attribuée à Didon par les Grecs (1), rendirent bientôt Carthage riche et florissante. Fille de l'ancienne Tyr, cette reine des mers qui lançait chaque année trois cents navires, elle dut aussi son existence et sa grandeur à l'industrie et au commerce. Un singulier esprit de calcul et d'économie, dont les Romains raillaient les Carthaginois en les appelant *mangeurs de bouillie*, fut cependant ce qui leur permit de consacrer de si grandes ressources au commerce maritime, et qui leur fit découvrir tous les moyens les plus propres à faciliter leurs relations commerciales, notamment, dit-on, les billets de banque.

254. GÉNIE COMMERCIAL ET AGRICOLE DES CARTHAGINOIS. — La situation géographique de Carthage était encore plus avantageuse que celle de Tyr elle-même. Son port, un des plus beaux du monde ancien, offrait un abri toujours sûr aux flottes les plus nombreuses, et avait l'immense avantage d'être situé à peu près à égale distance de toutes les extrémités de la Méditerranée. Le continent voisin, d'une étonnante fécondité, lui fournissait assez de blés pour la nourrir elle-même et pour suffire aux besoins d'un grand nombre de villes qu'elle approvisionnait par ses

---

(1) On raconte qu'en abordant en Afrique, Didon ne demanda pour s'établir, elle et les siens, qu'autant de terrain qu'en pourrait contenir une peau de bœuf ; on le lui accorda sans peine. Elle fit alors couper une peau en lanières aussi fines qu'il fut possible, et entoura ainsi une grande étendue de terrain. (JUSTIN.)

vaisseaux. Ses citoyens se firent les facteurs des peuples de l'intérieur de l'Afrique, qui alimentaient leurs entrepôts de productions inconnues sur les bords de la Méditerranée.

L'agriculture, étant ainsi la base d'une partie considérable du commerce, attira presque autant que la marine l'attention et les soins des Carthaginois. Les auteurs anciens célèbrent à l'envi le florissant aspect que présentait le territoire voisin de Carthage. « La contrée, dit Diodore, était couverte de jardins, de plantations de vignes et d'oliviers, et parsemée de canaux pour les arroser. La magnificence des maisons de campagne révélait la richesse des propriétaires. » Les grandes familles vivaient des revenus de leurs biens-fonds. Les colonies agricoles établies dans l'intérieur servaient à la fois à y faire fleurir la culture et à établir des communications avec les peuplades du voisinage.

Ce fut pour affermir ces rapports que les Carthaginois dirigèrent vers le midi leurs premières entreprises. De vastes contrées devinrent bientôt tributaires de Carthage, qui dut cette supériorité à la persévérance de sa politique et surtout à l'excellence de son système colonial, mieux entendu, dit Heeren, que celui de tout autre peuple de l'antiquité. « Quoiqu'on ne sache point d'une manière certaine jusqu'à quel point les Carthaginois se sont avancés vers le midi de l'Afrique, il paraît évident, d'après le témoignage de Ptolémée, que non-seulement, ils avaient parcouru les contrées voisines de leur domaine, qui s'étendaient à soixante lieues dans les terres, depuis les Syrtes jusqu'au détroit de Gadès, mais qu'ils avaient fait de longues excursions sur les rives du Niger et peut-être dans le cœur de l'Afrique jusqu'aux confins de l'Éthiopie. Ptolémée, qui, vivant en Égypte, pouvait avoir sur ces lieux des notions certaines, indique un grand nombre de villes dans un vaste territoire où aujourd'hui on n'en connaît pas une seule. Ainsi, les Carthaginois, il y a plus de deux mille ans, avaient découvert et exploré une grande partie de l'intérieur de l'Afrique beaucoup mieux qu'on ne l'a jamais fait depuis. » (Anderson.)

Ce ne fut guère qu'après avoir établi solidement sa puissance en Afrique que Carthage tourna ses regards vers l'Europe. Déjà elle entretenait quelques rapports avec Gadès, autre colonie phénicienne, dont les habitants offrirent à leurs frères d'Afrique l'entrée de la péninsule hispanique. Les Carthaginois convoitaient les riches mines que depuis longtemps exploitait la Phénicie. Une rivalité funeste allait-elle donc diviser la métropole et la colonie devenue indépendante? L'une et l'autre comprirent mieux leurs intérêts et leurs destinées. Un admirable accord, bien rare dans la politique ancienne, resserra jusqu'à la fin des nœuds qu'une mutuelle ambition semblait devoir briser. Au moment de la prise de Tyr par Alexandre, les Carthaginois y envoyaient encore leurs députés porter au temple du grand dieu des Phéniciens, Melkarth, la dîme accoutumée. Tyr et Carthage se partagèrent l'empire de l'univers commercial. Les Phéniciens dirigèrent plus spécialement leurs expéditions vers l'Orient, qui leur offrait les richesses de l'Inde et de l'Arabie. L'Occident s'ouvrit tout entier aux Carthaginois, et l'histoire ne fait pas mention d'une seule guerre maritime entre Carthage et la Phénicie.

235. GOUVERNEMENT DE CARTHAGE. — Carthage, qui sous d'habiles généraux allait devenir la rivale de Rome, offrait à l'intérieur des institutions qui ont fait l'admiration des historiens de l'antiquité. « L'État de Carthage semble parfaitement organisé, dit Aristote, et beaucoup de ses institutions sont excellentes. » Une preuve frappante de la sagesse de ce gouvernement, c'est qu'il subsista sans altération pendant cinq cents ans, échappant à la fois à l'anarchie et au despotisme.

Le pouvoir se partageait entre le peuple, le sénat et les suffètes.

Le *peuple* prenait une grande part à l'élection des magistrats, et l'habitude qu'avaient les grands de s'assurer de ses suffrages à prix d'argent prouve l'importance de son vote. Il avait encore le droit d'arbitrage, quand les suffètes et le sénat ne pouvaient s'accorder; enfin il ratifiait les déclarations de guerre et les traités de paix.

Toutefois, c'était le *sénat* qui avait, à proprement parler, le gouvernement entre les mains. Ce sénat était une assemblée permanente et très-nombreuse, dont cent membres, choisis parmi les plus âgés, se réunissaient en comité privé (*gérusie*) pour préparer les affaires, qui étaient ensuite soumises au conseil général ou *synédrin*. La gérusie était en même temps un tribunal suprême, qui revisait les jugements des autres tribunaux, composés toujours de magistrats spéciaux : on ne connaissait pas à Carthage ces jugements populaires, sources de tant de désordres à Athènes et à Rome. La gérusie exerçait encore sur les mœurs une censure rigoureuse.

Les attributions du sénat de Carthage étaient du reste à peu près les mêmes que celles du sénat de Rome. Toutes les transactions avec l'étranger lui étaient confiées; il entendait les rapports des suffètes, il recevait les ambassadeurs, il délibérait sur toutes les affaires de l'État. Seulement, ses décrets n'avaient force de loi que quand ils étaient acceptés par les suffètes; autrement, il fallait recourir à la décision du peuple. En dehors du conseil privé, il y avait à Carthage des cercles politiques dans lesquels se discutaient toutes les questions d'intérêt général. C'étaient les grands qui invitaient leurs collègues à des festins ou à des réunions particulières, fort semblables aux clubs des modernes, pour s'entretenir des mesures à prendre, des élections à préparer : ordinairement, toutes les résolutions étaient arrêtées quand l'affaire était portée publiquement au sénat.

Les *suffètes* ou les rois, comme les appelaient les Grecs, ont été souvent comparés aux consuls de Rome; ils avaient beaucoup plus de rapports avec les rois de Sparte. A la différence des premiers, ils étaient choisis pour la vie, du moins dans l'origine; car à l'époque de la première guerre punique, les suffètes n'étaient plus élus que pour un an, et ils avaient perdu, en grande partie, leur ancienne puissance. Leurs attributions étaient devenues purement civiles. Ils présidaient le sénat, et avaient l'administration générale de la république; mais ils n'exerçaient aucune autorité militaire par suite de leurs fonctions, quoiqu'ils pussent être placés accidentellement à la tête des armées. Le pouvoir des généraux balançait leur influence, et cette séparation des fonctions civiles et militaires était un des principes les plus excellents et les plus remarquables du gouvernement carthaginois.

256. COUTUMES ET RELIGION DES CARTHAGINOIS. — Une grande cause d'infériorité balançait tous les avantages de ce gouvernement : c'était l'absence de toute armée nationale et l'usage de n'employer à la défense de l'État que des troupes mercenaires. Cet usage, qui provenait sans doute de la nécessité où étaient les Carthaginois de se livrer tout entiers à leurs occupations commerciales, avait été sans inconvénient tant que Carthage n'avait eu qu'à veiller aux intérêts de son négoce. Mais il produisit les conséquences les plus funestes, quand, engagée dans une lutte à mort contre le peuple le plus guerrier de l'antiquité, elle eut à défendre sa nationalité et son existence. Aux armées romaines, toutes composées de citoyens qui, en combattant pour leur patrie, combattaient pour eux-mêmes, les Carthaginois n'opposèrent que des troupes sans enthousiasme et sans patriotisme. Il fallut toute la supériorité matérielle de la marine carthaginoise, il fallut l'habileté prodigieuse d'Amilcar et d'Annibal pour assurer à leur pays quelques succès importants. Et par là, on s'explique comment, malgré des victoires éclatantes, les Carthaginois, en définitive, eurent toujours le dessous dans leurs guerres avec la république romaine. Une coutume barbare devait d'ailleurs paralyser le talent de leurs généraux : on mettait en croix ceux qui revenaient après une défaite. Rome les remerciait, si, vaincus, ils n'avaient pas désespéré de la patrie !

Ce qu'on doit surtout reprocher aux Carthaginois (mais quelle nation n'a pas mérité un pareil reproche en ces siècles où Dieu s'était retiré de la terre?), c'est leur religion, souvent infâme, parfois atroce. Cette religion était un souvenir dégénéré des traditions de l'Orient, patrie des superstitions cruelles. A la Vénus tyrienne *Astarté*, il fallait des débauches; il fallait à *Moloch* des victimes humaines; par un raffinement hideux de fanatisme, des enfants, dans l'âge le plus tendre, étaient sacrifiés par leurs mères elles-mêmes : elles se faisaient un horrible honneur de les jeter sur un bûcher ou de les enfermer dans la statue d'airain embrasé de leur dieu ! Diodore rapporte que, dans une circonstance solennelle, trois cents hommes s'offrirent comme victimes. *Melkarth*, l'Hercule Tyrien, était demeuré l'objet de l'adoration des Carthaginois (n° 254); tous les ans ils envoyaient à son temple la dîme de leur butin. Cette religion, du reste, était intimement liée à la constitution politique: il n'y avait pas de caste sacerdotale à part; les magistrats accomplissaient eux-mêmes les cérémonies religieuses.

257. Étendue des possessions de Carthage. — Avant le commencement des guerres puniques, la puissance carthaginoise avait acquis un développement formidable. Partageant avec les Phéniciens l'empire des mers, ils avaient fondé des établissements sur toutes les côtes de la Méditerranée, et avaient franchi souvent les colonnes d'Hercule.

Dirigés par *Himilcon*, homme d'État aussi habile que marin expérimenté, ils retrouvèrent les Cassitérides, autrefois explorées par les Phéniciens. La sauvage population de l'Irlande et de la Cornouaille s'unit à leurs colons pour l'exploitation des mines. Les Carthaginois y introduisirent la culture du blé et l'art de tirer parti du cuir des troupeaux.

Carthage voulut être en tout la digne émule de Tyr. Les Phéniciens avaient fait le tour de l'Afrique par l'ordre du roi égyptien Néchao. Le sénat carthaginois envoya Hannon tenter encore ce périlleux voyage, et *bâtir des villes au delà des colonnes*.

Les Carthaginois avaient un grand intérêt à être maîtres des principales îles de la Méditerranée, afin d'y abriter leurs flottes et d'y établir leurs entrepôts. Ils s'emparèrent sans difficulté de la Sardaigne, de la Corse, des îles Baléares; mais la Sicile, qu'ils convoitaient à cause de ses riches productions en blés et en huiles, leur opposa la plus vive résistance. Les rois de Géla, d'Agrigente, et surtout de Syracuse, soutinrent contre eux une lutte qui se prolongea pendant plus de deux cents ans. Plusieurs fois, Carthage éprouva de sanglantes défaites. En 480, *Gélon*, roi de Géla, vainqueur à la bataille d'*Himère*, augmenta encore l'honneur de son triomphe en forçant Carthage à abolir l'affreuse coutume des sacrifices humains. A la fin du siècle suivant, *Agathocle*, tyran de Syracuse, vivement pressé en Sicile par les Carthaginois (310), eut l'audace de transporter tout à coup la guerre sous les murs de Carthage, qui aurait peut-être succombé à cette attaque imprévue, si une révolte n'avait forcé son ennemi à repasser la mer. Cependant, la domination de Carthage était établie dans la plus grande partie de l'île, dont les blés lui permettaient d'alimenter la moitié du monde, quand Pyrrhus y entreprit sa rapide expédition (279); ce prince quitta la Sicile en s'écriant: *Quel beau champ de bataille je laisse aux Romains et aux Carthaginois!* Ce fut là en effet que s'engagèrent les *guerres puniques*.

§ II. Première guerre punique.

258. Commencement de la première guerre punique. — Les relations entre Rome et Carthage avaient été peu fréquentes avant la première guerre punique. En 509, les deux premiers consuls avaient conclu avec les Carthaginois un traité de commerce également favorable aux deux nations. Un second traité bien plus important, qui comprenait les habitants de Tyr et ceux d'Utique, vint interdire aux Romains (308), engagés alors dans la guerre du Samnium, toute navigation sur les côtes de Sardaigne et d'Afrique, à condition que les vaisseaux carthaginois respecteraient les rivages du Latium : déjà, on remarque des signes de défiance mutuelle. Un dernier traité d'alliance raffermit pour un instant l'amitié chancelante des deux républiques, qui venaient de se rencontrer armées sous les murs de Tarente. Mais la Sicile allait appeler à la fois ces deux rivales d'ambition et de puissance.

Cette île était partagée alors entre les Carthaginois et les Syracusains. Au nord les *Mamertins*, brigands partis d'Italie, s'étaient emparés de Messine et en avaient fait leur repaire. Attaqués par le roi *Hiéron* (265), ils se divisèrent en deux factions : les uns appelèrent à leur secours les Carthaginois, les autres implorèrent les Romains, qui n'hésitèrent pas à soutenir en Sicile des bandits que naguère ils avaient eux-mêmes châtiés en Italie. Une armée, sous les ordres du consul *Appius*, traversa le détroit sur des radeaux ou sur des bâtiments sans pont, et Hiéron, uni aux Carthaginois, fut battu par les Romains *avant d'avoir eu le temps de les voir* (264). La prise de Messine et d'un grand nombre de villes fut le prix de cette victoire, et Hiéron, épouvanté, abandonna les Carthaginois pour se joindre irrévocablement au parti qui lui paraissait le plus fort.—Mais Carthage était avant tout une puissance maritime; le sénat romain comprit qu'il ne remporterait sur elle aucun avantage décisif, s'il ne parvenait à la vaincre sur mer. Des vaisseaux furent construits à la hâte sur le modèle d'une galère échouée. « En trois mois de temps, les matelots furent dressés et la flotte équipée ; elle mit à la mer ; elle trouva l'armée navale des Carthaginois, et la battit par un stratagème du consul *Duillius*. » (Montesquieu.) Des ponts volants armés de grappins, jetés sur les galères de l'ennemi, arrêtèrent leurs manœuvres, les enchaînèrent aux lourds bâtiments des Romains, et changèrent en quelque sorte la bataille navale en un combat de terre ferme (1), où les légion-

---

(1) Montesquieu explique parfaitement ce fait, qui serait impossible de nos jours. « Les Carthaginois avaient plus d'expérience sur la mer et connaissaient mieux la manœuvre que les Romains ;

naires retrouvèrent tout leur avantage (260). Rome voulut éterniser le souvenir de sa première victoire navale : une colonne rostrale fut élevée sur le forum en l'honneur de Duillius, et le vainqueur fut autorisé à rentrer chez lui, le soir, à la lueur des flambeaux et au son des flûtes.

259. RÉGULUS EN AFRIQUE. — ALTERNATIVE DE SUCCÈS ET DE REVERS. — La victoire eut d'immenses résultats. La Sicile presque entière fut bientôt soumise, et, en 256, *Régulus*, vainqueur près d'*Écnome* d'une nouvelle flotte carthaginoise, put débarquer en Afrique (1). Mais il ne sut pas se modérer dans le succès. Il voulut imposer aux Carthaginois d'intolérables conditions, et cette rigueur ranima l'énergie des vaincus. Commandés par le Spartiate *Xantippe*, qui leur fut envoyé de Lacédémone, ils battirent à leur tour et firent prisonnier Régulus.

Cependant ils se lassaient de la guerre. Selon la tradition romaine, les Carthaginois envoyèrent Régulus à Rome pour traiter de l'échange des captifs, après lui avoir fait jurer qu'il reviendrait s'il ne réussissait pas dans sa mission. Ils espéraient que dans le désir de recouvrer sa liberté, le Romain ferait accepter toutes les conditions par eux proposées. Leur attente fut étrangement trompée : « Ne rendez pas les prisonniers carthaginois, dit Régulus aux sénateurs ; ce sont de

---

mais il me semble que cet avantage n'était pas pour lors si grand qu'il le serait aujourd'hui. Les anciens ne se servaient que de bâtiments à rames, petits et plats ; la science du pilote était très-bornée et leurs manœuvres très-peu de chose : aussi, Aristote disait-il qu'il était inutile d'avoir un corps de mariniers, et que des laboureurs suffisaient pour cela.

» Les petits vaisseaux d'autrefois s'accrochaient soudain, et les soldats combattaient des deux parts ; on mettait sur une flotte toute une armée de terre. Pour lors, les soldats étaient pour beaucoup et les gens de l'art pour peu ; à présent, les soldats sont pour rien ou pour peu, et les gens de l'art pour beaucoup. » (*Grandeur et décadence*, chap. Ier.)

(1) Le sénat continua Régulus dans son commandement pour l'année suivante, en récompense de ses exploits. A cette nouvelle, le général fit dire que son fermier était mort, que son champ de sept arpents, seule ressource de sa famille, allait rester sans culture, qu'il ne pouvait demeurer à l'armée et laisser dans le besoin sa femme et ses enfants, quand Rome avait bien d'autres généraux capables de le remplacer. A tant de modestie et de simplicité, le sénat répondit en faisant dire à Régulus que sa famille serait nourrie aux frais du public pendant toute la durée de la guerre.

jeunes soldats et d'habiles officiers. Quant à moi, je suis vieux et ne puis guère vous être utile; laissez-moi entre les mains des ennemis. » Ce conseil héroïque fut suivi. Régulus, fidèle à ses serments, s'arracha aux larmes de ses parents et de ses amis, et retourna en Afrique, où il savait qu'un sort cruel l'attendait. On dit que les Carthaginois, furieux de la manière dont il avait conduit la négociation, le condamnèrent à subir des tortures épouvantables et à périr sur une croix.

Quoi qu'il en soit de la vérité de ce récit, la guerre continua, et des désastres multipliés sur mer obligèrent le sénat à la restreindre à la Sicile. Là était le meilleur général carthaginois, *Amilcar Barca*, qui, campé au milieu des rochers qui séparent Drépane et Lilybée, anéantissait les armées romaines dans une foule de petits combats. Le sénat ordonna à *Claudius Pulcher* de recommencer la guerre maritime. Mais les poulets sacrés refusaient de manger, et les troupes s'effrayaient de ce mauvais présage : « *Eh bien, qu'ils boivent!* » dit Pulcher; et il les jeta dans la mer en donnant ordre de faire avancer ses vaisseaux. Cet acte d'impiété avait consterné les soldats, qui n'engagèrent le combat qu'à regret; le consul fut vaincu et perdit dans la bataille trente mille hommes et quatre-vingt-dix galères, tandis que la flotte de son collègue était détruite par la tempête (249). Ce désastre laissa à Rome de longs et tristes souvenirs. Quelques années après, la sœur de Claudius, pressée par la foule sur le Forum, ayant dit à haute voix : « Plût à Dieu que mon frère commandât encore nos armées! » les édiles punirent d'une amende ce vœu homicide.

260. **Bataille des iles Égates. — Fin de la guerre.** — En vain l'armée de Sicile pressait l'importante ville de Lilybée; l'habileté d'Amilcar protégeait la ville contre toutes les attaques. La supériorité, même sur terre, échappait aux Romains, et les censeurs signalaient avec effroi une diminution de trente-six mille citoyens. Une nouvelle armée navale était sortie du port de Carthage et s'avançait vers la Sicile : si elle parvenait à joindre Amilcar, la cause des Romains semblait perdue. En ce moment critique, une flotte envoyée sous les ordres du consul *Lutatius Catulus*, pour tenter une dernière fois la fortune, rencontra près des îles *Égates* l'escadre carthaginoise, et la détruisit en partie (242). Cet avantage, d'une importance très-secondaire, et qui était loin de compenser les pertes récentes des Romains, termina cependant la guerre. Les deux peuples étaient également

épuisés ; Carthage voyait son commerce en souffrance, ses spéculations interrompues : elle aima mieux subir de dures conditions que de prolonger des hostilités ruineuses. Amilcar, qui n'avait pas été vaincu, signa la paix en frémissant. Du moins ne voulut-il pas consentir à livrer ses armes aux Romains : « Jamais, s'écria-t-il, je ne vous rendrai ces armes qu'on m'a données pour vous combattre. » Carthage s'engagea à abandonner la Sicile et les petites îles voisines, d'où dépendait la domination de la Méditerranée, et à payer en vingt ans deux mille deux cents talents (12 millions). Le sénat ne trouva pas la somme assez forte : il ajouta mille talents et abrégea le délai (241).

« Comme compagnie de commerce, les Carthaginois, en concluant ce traité, faisaient sans doute une bonne affaire ; mais ils ne comprenaient pas que leur puissance politique, une fois compromise dans une lutte avec Rome, devait, si on ne la soutenait par tous les moyens, entraîner dans sa ruine et leur commerce et leur opulence, à laquelle ils sacrifiaient si aisément l'honneur. » (MICHELET.)

Quant aux Romains, après s'être formés aux grandes entreprises par de pareilles expéditions, ils n'avaient plus rien de mieux à faire, dit Polybe, que de se proposer la conquête de l'univers, et ce projet ne pouvait manquer de réussir.

261. GUERRE DES MERCENAIRES. — Carthage, si puissante et si riche, était à peine affaiblie par les sacrifices que lui imposait Rome ; mais elle fut mise à deux doigts de sa perte par une révolte, suite de son déplorable système militaire. Les mercenaires revenaient par bandes de la Sicile, réclamant leur solde. Le sénat hésita à les satisfaire, temporisa par avarice, et bientôt l'armée entière se trouva réunie près de Carthage, exigeant avec menace ce qu'elle n'avait pu obtenir au nom de la foi promise. On objecta la pénurie du trésor, et on se servit de ce prétexte pour rançonner les villes voisines, sans toutefois payer les soldats. Les mercenaires avaient vu les richesses accumulées dans les temples et les palais de Carthage : ils se révoltèrent sous la conduite de deux des leurs, *Spendius* et *Mathos* (244). Giscon, envoyé pour négocier, ne peut se faire entendre de tous ces hommes d'origine et de langues étrangères ; il est retenu prisonnier. Presque toutes les villes, irritées des nouveaux tributs qu'on leur impose, ouvrent leurs portes aux rebelles, et soixante-dix mille hommes marchent vers Carthage. La terreur est au comble : le riche et puissant *Hannon* vient d'être battu ; on le remplace par Amilcar Barca, qui se signale aussitôt par des succès éclatants, mais dont le premier et funeste résultat est de changer en une implacable haine la jalousie des deux premières familles de Carthage. Cependant l'habileté d'Amilcar parvient bientôt à jeter la division parmi les révoltés; la cavalerie numide, gagnée par les promesses du Carthaginois, abandonne l'armée des mercenaires, qui déjà manque de vivres. Chaque jour, la désertion augmente, et Carthage va triompher; mais Spendius, pour rendre impossible un accommodement qui serait sa perte, met en croix Giscon avec sept cents Carthaginois, déclarant à Amilcar que tout prisonnier carthaginois périra dans les supplices, et que tout allié de Carthage sera renvoyé, les mains coupées. Alors commencent d'épouvantables représailles. Amilcar fait jeter aux bêtes tous ses prisonniers, et, à la tête de la cavalerie numide, il chasse les révoltés à travers la plaine jusqu'aux montagnes, où vainement ils espèrent se retrancher. Une de leurs armées, commandée par Spendius, est enfermée dans le défilé de *la Hache*, réduite par la famine à se nourrir de chair humaine, et quand ces malheureux ont posé les armes, Amilcar les fait massacrer au nombre de quarante mille. Le reste des troupes mercenaires est exterminé dans une bataille, et Mathos, amené dans Carthage, est livré en jouet à une lâche populace « qui se vengeait de sa peur (238). »

« Dans le monde sanguinaire de l'antiquité païenne, dans cet âge de fer, la guerre des mercenaires fit pourtant horreur à tous les peuples, Grecs et Barbares, et on l'appela la *guerre inexpiable*. » (MICHELET.)

Les rebelles avaient, pendant la guerre, offert la Sardaigne au sénat de Rome : celui-ci ne se fit pas longtemps scrupule de l'accepter, malgré les traités. Il la déclara, ainsi que la Corse, province romaine (237), « et exigea encore douze cents talents pour les frais de la conquête. »

QUESTIONNAIRE. — § I. 253. Quelle était l'origine de Carthage ? — 254. Parlez du commerce et de l'agriculture dans les États carthaginois. — 255. Quelle était la forme du gouvernement carthaginois ? — Comparez-le avec celui de Rome. — 256. Comment se recrutait l'armée carthaginoise ? — Quelle différence remarquez-vous avec l'armée romaine ? — Qu'avez-vous à dire de la religion des Carthaginois ? — 257. Quelles possessions Carthage avait-elle successivement acquises ? — Rappelez les principales circonstances de leur lutte en Sicile. — § II. 258. Quelle fut la cause de la première guerre punique ? — Quelle fut la conduite du roi Hiéron ? —

Racontez la première bataille navale livrée aux Carthaginois par les Romains. — 259. Quelle expédition entreprit Régulus ? — Qu'arriva-t-il à Régulus ? — Quelle mission reçut-il des Carthaginois ? — Quel général carthaginois combattit longtemps en Sicile ? —260. Quelle victoire navale remportèrent les Romains ? — Qu'est-ce qui détermina les Carthaginois à faire la paix ? — 261. Qu'est-ce qui excita le mécontentement des mercenaires et sous quels chefs se révoltèrent-ils ? — Racontez la campagne d'Amilcar Barca contre les mercenaires. — Quelles en furent les suites fâcheuses pour les Carthaginois ?

CHAPITRE VINGTIÈME.

SECONDE GUERRE PUNIQUE.

SOMMAIRE.

262. Amilcar commence la conquête de l'Espagne ; il meurt (228) et est remplacé par Asdrubal qui fait un traité avec les Romains (227). — Annibal s'empare de Sagonte malgré les protestations des Romains (219). — Annibal traverse la Gaule, franchit les Alpes et arrive en Italie (218).

263. L'armée d'Annibal est réduite à 26,000 hommes. Il défait la cavalerie romaine sur les bords du Tésin et le consul Sempronius à la Trébie ; il passe l'Apennin et les marais de l'Arno ; il bat et tue Flaminius à Trasimène (217).

264. Fabius harcèle l'armée d'Annibal malgré les stratagèmes de celui-ci. Le téméraire Varron livre la désastreuse bataille de Cannes où périssent 50,000 Romains et Paul-Émile (216).

265. Rome est sauvée par la fermeté héroïque du sénat, tandis que Carthage abandonne Annibal à lui-même (216). Marcellus et Fabius sont mis à la tête des armées romaines.

266. Marcellus défait Annibal près de Nole (215-214), fait le siége de Syracuse défendue par Archimède, prend la ville (212) ; soumet la Sicile (210). Philippe de Macédoine est défait. Capoue et Tarente sont reprises (211-209).

267. Marcellus et les deux Scipions sont tués. — Asdrubal arrive en Italie ; il est défait et tué à la bataille du Métaure (207). Annibal dans le Brutium (ou Bruttium) se défend héroïquement malgré la défaite et la mort de Magon.

268. Publius Cornélius Scipion s'illustre en Espagne par la prise de Carthagène (210) et l'expulsion des Carthaginois. Nommé consul (205), il passe en Afrique, gagne la bataille des Grandes-Plaines où Syphax est vaincu. Massinissa devient l'allié des Romains.

269. Annibal, rappelé en Afrique, a une entrevue avec Scipion. Il est vaincu à Zama (202). Un traité termine la guerre en enlevant à

Carthage l'Espagne et sa marine (201). Annibal rétablit l'ordre et la discipline dans l'administration et dans l'armée. Les intrigues d'Hannon l'obligent à prendre la fuite.

262. Prise de Sagonte. — Annibal passe les Alpes.

— Privés des deux îles les plus riches de la Méditerranée, les Carthaginois cherchèrent à s'en dédommager par la conquête de l'Espagne. En huit ans, Amilcar soumit toute l'Espagne septentrionale, et mourut (228) après avoir fait jurer à son fils *Annibal Barca* une haine éternelle contre les Romains; et ce serment, Annibal ne devait pas l'oublier. — Amilcar laissait à la tête de ses troupes son gendre *Asdrubal*, vaillant guerrier, adroit négociateur, qui soumit toutes les peuplades du rivage oriental, et fonda sur la côte en face de l'Afrique la grande ville de Carthagène. Le sénat de Rome s'inquiéta; tandis que lui-même, s'avançant vers les Alpes, soumettait peu à peu les diverses peuplades de la Gaule cisalpine, il fit conclure un traité par lequel les Carthaginois s'engageaient à ne point passer l'Èbre (227).

La paix s'était maintenue à cette condition entre les deux peuples, lorsque, à la mort d'Asdrubal, le commandement de l'armée carthaginoise fut confié au fils d'Amilcar, Annibal, instruit par son père et par son beau-frère dans l'art de la guerre, et qui fut peut-être le plus grand capitaine de l'antiquité. C'était alors un jeune homme de vingt-six ans à peine, mais à la fois plein d'audace et d'adresse, de courage et de ruse, formé à toutes les manœuvres et habile à tous les exercices du corps, infatigable au travail et intrépide dans le danger, capable de concevoir les plus vastes projets et de les exécuter avec autant d'énergie que de rapidité.

Le plan du jeune héros est arrêté déjà. Sans consulter sa patrie, dont il gagnera le consentement par ses victoires, Annibal achève la soumission du centre de l'Espagne et met le siège devant Sagonte, l'alliée des Romains; il s'en empare malgré l'héroïque résistance des habitants, qui périssent tous sous les ruines de leurs remparts, et malgré les protestations du sénat de Rome (219).

Des députés romains allèrent se plaindre à Carthage; « mais les Carthaginois rétablis n'étaient plus d'humeur à céder. La Sicile ravie de leurs mains, la Sardaigne injustement enlevée et le tribut augmenté leur tenaient au cœur. » *Fabius*, chef de l'ambassade, introduit devant le sénat carthaginois, relève un pan de sa toge, en disant : « J'apporte ici la paix ou la

» guerre, dites laquelle vous préférez. — Choisissez vous-
» même, lui répondent les sénateurs. — Eh bien! dit Fabius
» en secouant sa toge, je vous donne la guerre. » Et le Romain revient précipiter les préparatifs contre l'Espagne et la Sicile.

Mais Annibal a conçu l'audacieux projet de transporter la guerre au sein même de l'Italie : sous ses ordres marchent des troupes vaillantes, dévouées au chef qui les enrichit par ses triomphes, qui les électrise par son héroïsme; et, chose merveilleuse, « dans un pays étranger, durant seize années entières, il ne verra jamais, je ne dis pas de sédition, mais de murmures dans cette armée toute composée de peuples divers, qui, sans s'entendre entre eux, s'accorderont si bien à entendre leur général. » (BOSSUET.) Il n'a pas même demandé à Carthage le secours de ses vaisseaux ; et il s'élance vers le nord, au milieu des peuplades sauvages, qu'il espère entraîner avec lui. Il traverse rapidement la Gaule, dissipe les troupes qui défendent les rives du Rhône, gravit les Alpes, qu'aucune armée n'a jamais franchies, et escalade les rocs et les glaciers dont les montagnards lui disputent tous les passages : il emploie le fer et le feu pour se frayer une route jusqu'au sommet, et de là, il montre à ses soldats épuisés les plaines fertiles qu'arrose le Pô; il descend avec plus de dangers encore sur la pente escarpée, et après quinze jours de fatigues inouïes, il apparaît dans la Gaule cisalpine (218). En même temps, le consul *Publius Scipion*, qui faisait voile pour l'Espagne, est averti près de Marseille et retourne à la hâte vers l'Italie.

265. BATAILLES DU TÉSIN, DE LA TRÉBIE, DE TRASIMÈNE. — Annibal a perdu trente mille hommes; il lui en reste vingt-six mille à peine, dans un dénûment complet. « Il a payé de la moitié de son armée la seule acquisition de son champ de bataille, le seul droit de combattre (*Mémorial de Sainte-Hélène*); » et Rome peut lui opposer sept cent cinquante mille combattants! Mais il compte sur les ressources de son génie et sur les secours des Gaulois cisalpins, qui font un dernier effort pour leur liberté. Au bout de quelques jours, ses Numides, sur les bords du *Tésin*, sont en présence de la cavalerie de Scipion. L'habile Carthaginois pour se faire entendre de ses mercenaires veut parler à leurs yeux. Les prisonniers de la montagne sont conduits au milieu de l'armée; on jette des armes à leurs pieds. « Le vainqueur, leur dit-on, aura de belles armes et des chevaux. Qui veut combattre ? » Tous demandent une épée, et les soldats applaudissent ceux qui tombent noblement. « Eh bien ! s'écrie Annibal, dans ces combats, dans ces captifs, voyez votre propre image ; autour de vous la mer et les montagnes, nul espoir de fuir ; ou mourez avec gloire, ou saisissez les dépouilles de l'Italie. » (T.-Liv., l. 21.) — Les soldats s'élancent sur les Romains, qui ne résistent pas. Scipion, blessé lui-même, n'échappe qu'à grand'peine.—Bientôt l'autre consul, *Sempronius*, marchant aux Carthaginois à travers les eaux glacées de la *Trébie*, perd trente mille hommes dans la bataille (218). Au bruit de cet exploit, les Gaulois se déclarent de tous côtés pour Annibal. Quatre-vingt-dix mille hommes sont maintenant sous ses ordres. Sans attendre la fin de l'hiver, il traverse les Apennins et se présente à l'Étrurie comme un libérateur, renvoyant sans rançon les peuples alliés, accablant les Romains d'injures et de mauvais traitements. Ses soldats traversent les marais de l'Arno ayant de l'eau jusqu'à la ceinture, et un grand nombre périssent dans ce périlleux passage ; lui-même, monté sur son dernier éléphant, perd un œil par l'humidité et la fatigue. Mais la victoire l'attend au lac de *Trasimène* (ou Thrasymène). Le consul *Flaminius*, égaré par un épais brouillard dans les défilés qui avoisinent le lac, est taillé en pièces avec toute son armée (217).

264. Fabius le Temporiseur. — Varron. — Bataille de Cannes. — Il était temps de mettre à la tête des armées *Fabius le Temporiseur*. Ce prudent général, sans hasarder un seul combat, s'attache aux pas de son ennemi, lui coupe les vivres, le harcèle par de continuelles escarmouches, pour le détruire par la famine et la fatigue. Annibal, à force d'habileté et d'adresse, cherche à déjouer le plan de son adversaire. Enfermé un jour dans une vallée sans issue, il lâche contre les postes romains une troupe de bœufs qui portent sur leurs cornes des sarments allumés, et il échappe à la faveur du désordre. Mais en vain il multiplie les stratagèmes ; quelques succès partiels ne peuvent compenser des pertes trop fréquentes ; il voit son armée se consumer sans fruit. Peut-être allait-il être forcé de quitter l'Italie, lorsque le peuple, las d'une guerre sans victoires et sans éclat, et soupçonnant la fidélité de Fabius, dont le rusé Carthaginois épargnait à dessein les domaines, éleva au consulat le téméraire et inhabile *Varron*. Malgré les sages représentations de son collègue *Paul-Émile*, Varron prétend terminer la guerre d'un seul coup, et il profite de son jour de commandement

pour engager la désastreuse bataille de *Cannes* (216). Annibal, par ses savantes dispositions, supplée à l'infériorité numérique de son armée ; au milieu d'une plaine immense, où nulle embuscade n'est possible, il sait encore envelopper une armée beaucoup plus nombreuse que la sienne, et quand il voit le consul, suivant la vieille coutume romaine, ordonner à ses cavaliers de mettre pied à terre, il peut s'écrier *qu'on eût mieux fait de les lui livrer pieds et poings liés.* Sans perdre plus de six mille soldats, il en tue cinquante mille aux Romains, et, parmi eux, le consul Paul-Émile, quatre-vingts sénateurs, vingt et un tribuns militaires et un si grand nombre de chevaliers qu'un boisseau fut rempli de leurs anneaux d'or. Varron s'était enfui avec les débris de ses troupes.

265. Constance de Rome. — A la nouvelle du désastre, les jeunes patriciens voulurent chercher asile au delà des mers ; il fallut mettre des gardes aux portes pour empêcher le peuple de déserter la ville ; on apprenait que tout le midi de l'Italie se déclarait pour Annibal. « Rome fut sauvée par la vigueur de sa constitution. Après la bataille de Cannes, il ne fut pas permis aux femmes elles-mêmes de verser des larmes ; le sénat refusa de racheter les prisonniers... Il alla en corps au-devant de Varron, et le remercia de ce qu'il n'avait pas désespéré de la république. » (Montesquieu.)

C'était d'une politique admirable ; la consternation qui régnait dans la ville ne put tenir contre un pareil courage ; les Romains se préparèrent à la défense avec une énergie nouvelle. Les citoyens s'enrôlèrent à l'envi, et portèrent leurs richesses au trésor public ; les esclaves eux-mêmes prirent les armes. Comme dans tous les grands dangers de la patrie, un sacrifice humain fut offert aux dieux infernaux. Au bout de quelques jours, la ville fut en état de soutenir un siége.

« En avant ! disaient les jeunes Carthaginois, et dans cinq jours nous souperons au Capitole. » Annibal les retint ; il savait trop bien que Rome ne périrait pas par un coup de main, et qu'avec une armée fatiguée, il n'emporterait pas d'assaut une ville défendue par cinquante mille hommes ; il prit ses quartiers d'hiver à Capoue, pour donner quelque repos à ses troupes, et envoya demander des renforts à Carthage. Mais la faction ennemie de la glorieuse famille des Barcas et dirigée par l'envieux Hannon ne lui pardonnait pas ses triomphes. « *Si Annibal est vainqueur,* répondit-on, *il n'a pas besoin de secours ; s'il est vaincu, il en est indigne, car il nous trompe.* »

Cet injuste raisonnement flatta l'avarice des sénateurs carthaginois ; Annibal fut abandonné à ses propres ressources au moment où Rome redoublait d'efforts pour réparer ses pertes. Il comptait encore sur l'exécution d'un plan habilement combiné par lui seul. L'Espagne, où commandait son frère *Asdrubal*, devait servir à lui former des soldats qui passeraient en Italie dès qu'ils auraient appris la guerre. Mais les succès des Scipions retinrent les Carthaginois derrière les Pyrénées. En même temps, les deux meilleurs généraux de la république, *l'épée et le bouclier de Rome*, **Marcellus** et *Fabius*, étaient chargés de poursuivre sans relâche Annibal, qui avait échoué naguère devant la ville de Naples. « Fabius Maximus faisait la guerre en retraite, et était un rempart à sa patrie ; Marcellus donnait de la vigueur aux troupes par ses actions. » (Bossuet.)

De son côté, Annibal recrutait difficilement son armée, même au milieu des peuples révoltés, qui voulaient bien secouer le joug de Rome, mais ne se souciaient pas de recommencer leurs anciennes luttes : aussi pour les Carthaginois tout combat désormais était fatal, fût-il une victoire.

266. Marcellus en Sicile. — Prise de Syracuse. — Marcellus, le premier, prouva devant *Nole* qu'Annibal n'était pas invincible (215-214), et il alla réduire la Sicile, qui s'était déclarée pour Carthage. Syracuse, défendue par le génie d'*Archimède*, résista trois ans. L'illustre géomètre inventa pour repousser les assiégeants les machines les plus formidables. Elles lançaient des pierres d'un poids énorme qui, tombant sur les Romains, écrasaient des rangs entiers de soldats. Marcellus prit le parti d'attaquer la ville par mer ; mais dès que ses galères arrivèrent à l'entrée du port, des leviers garnis de crampons de fer s'accrochèrent aux cordages et enlevèrent les vaisseaux, qui furent submergés en retombant dans la mer. Le général romain éleva une sorte de tour du haut de laquelle les soldats devaient assaillir les remparts. Des masses de rochers, jetées par les machines d'Archimède, brisèrent tout l'appareil construit par les Romains. Ceux-ci n'osaient plus approcher des murailles, et dès qu'ils y apercevaient une corde ou une pièce de bois, ils s'enfuyaient en criant qu'ils allaient être foudroyés par Archimède.

Cependant, Marcellus parvint à s'emparer de la ville par surprise au moment où les Syracusains célébraient une fête solennelle. Il ordonna aux soldats d'épargner Archimède, dont il admirait la science, et qu'il voulait attacher à sa patrie. Ce grand homme, au moment de la prise de la ville, était tranquillement occupé dans son jardin à tracer sur le sable des figures de géométrie. Un soldat, entrant l'épée à la main, lui demanda qui il était. Archimède, absorbé dans son travail, ne répondit point. Le soldat, irrité, l'égorgea aussitôt. Marcellus apprit avec douleur cette catastrophe, et fit faire à l'illustre mathématicien de magnifiques funérailles (212).

La chute de Syracuse entraîna la soumission de la Sicile, qui, en 210, fut tout entière déclarée province romaine. Philippe de Macédoine, qui s'était allié avec Annibal après la bataille de Cannes (n° 209), était battu en même temps sur la côte d'Épire avant d'avoir pu passer en Italie. Forcé de brûler lui-même sa flotte, il ne retira d'une expédition entreprise dans les circonstances les plus favorables que la honte et le regret de la défaite.

267. BATAILLE DU MÉTAURE. — REVERS DES CARTHAGINOIS. — Annibal, au milieu du désastre de ses alliés, restait seul avec son génie capable de balancer tous les efforts de la puissance romaine. Il avait vu Capoue (211) et Tarente (209) retomber au pouvoir de l'ennemi, il avait fait contre Rome une vaine tentative, et au moment même où ses troupes pressaient la ville, le champ sur lequel il était campé avait trouvé un acheteur parmi les assiégés. Toutefois lui-même battait plusieurs armées, tuait dans un même combat Marcellus et son collègue, et tout en reculant vers l'Italie méridionale, laissait la péninsule en proie à un découragement général. Une foule de transfuges venaient de nouveau augmenter ses rangs, tandis que les colonies épuisées refusaient leurs secours au sénat.

En Espagne, Cnéius et Publius Scipion, vainqueurs à *Illiturgis*, à *Munda*, avaient imprudemment séparé leurs armées, et avaient succombé tous deux. Le jeune *Publius Scipion*, que l'on croyait de race divine et en communication avec les dieux, se fit nommer préteur, et osa reparaître sur le champ de bataille qui avait vu périr son père et son oncle (211) ; mais il ne put empêcher Asdrubal de passer l'Èbre et les Pyrénées. — Le frère d'Annibal s'avance à travers les Gaules, tandis que deux armées carthaginoises le remplacent en Espagne. Soixante mille hommes franchissent les Alpes avec lui. Les légions sont occupées à tenir en respect Annibal à l'autre extrémité de l'Italie. Rome est plus en danger qu'après la bataille de Cannes. Mais les messages d'Asdrubal sont interceptés. Tout à coup le consul Néron, campé en face d'Annibal, part de nuit avec sept mille hommes, traverse en huit jours toute l'Italie sans qu'Annibal ait soupçonné son départ, et se joint à son collègue. Asdrubal est vaincu près du *Métaure*, et sa tête, jetée dans le camp de son frère, lui apprend à la fois son arrivée, sa défaite et sa mort (207).

Annibal comprit que tout était fini. Il se retira dans le Bruttium; et là, comme un lion blessé à mort, mais que n'osent encore approcher les chasseurs, il sut pendant trois ans, avec son armée affaiblie, sans secours, sans alliés, repousser toutes les attaques des généraux romains. Ces dernières campagnes étaient plus admirables peut-être que celles de la Trébie et de Cannes; elles pouvaient beaucoup pour la gloire d'Annibal, elles ne pouvaient plus rien pour le triomphe de son entreprise.

Trop longtemps Carthage était demeurée neutre entre Rome et son général. L'Italie revenait au sénat ; le vainqueur de Cannes, obligé d'abandonner les provinces du centre, n'avait plus pour lui que la Lucanie et le Bruttium. *Magon*, second frère d'Annibal, reçut enfin l'ordre de quitter l'Espagne et de s'embarquer pour l'Italie ; mais il fut battu en abordant au pays des Insubres, et s'en alla mourir dans les îles Baléares.

268. Scipion en Espagne et en Afrique. — Depuis le départ d'Asdrubal, Scipion arrachait l'Espagne aux Carthaginois province par province. Le jeune général était déjà célèbre ; il avait foi en sa fortune, et se sentait appelé à de grandes destinées. Pour frapper l'imagination de ses soldats, il savait donner à chacun de ses actes un caractère mystérieux. Pendant le siège de Carthagène, il avait appris d'un pêcheur qu'à la marée basse, une tour était abordable. Il déclara que Neptune lui livrerait la ville. Ses soldats marchèrent à une victoire assurée, et Carthagène fut prise d'assaut (210). En peu de temps, sa valeur et son habileté eurent chassé toutes les armées carthaginoises, son adresse et sa modération lui eurent concilié les indigènes. « Il paraît en Afrique, et les rois numides se donnent à lui. » De retour à Rome, il brigue le consulat avant l'âge, est élu par acclamation (205), et obtient, malgré l'opposition jalouse du vieux Fabius, la permission de porter la guerre en Afrique, aux portes mêmes de Carthage. Il savait bien que c'était là le seul moyen d'arracher Annibal de l'Italie.

Scipion, avec trente mille légionnaires, a contre lui la nombreuse armée d'Asdrubal et les redoutables cavaliers du roi numide *Syphax*, qui, entraîné par sa femme *Sophonisbe*, fille d'Asdrubal, a déserté la cause romaine pour s'unir aux Carthaginois. Il négocie pour gagner du temps et observer l'ennemi ; puis tout à coup, au milieu de la nuit, il incendie à la fois le camp de Syphax et celui des Carthaginois. Les troupes échappées à ce désastre sont écrasées à la bataille des *Grandes-Plaines* (203). Le Numide *Massinissa*, l'allié de Rome, envahit les états de Syphax et s'empare de sa femme Sophonisbe. Mais Scipion réclame impérieusement la captive des Romains pour orner son triomphe, et Massinissa ne peut la soustraire à cette ignominie qu'en lui envoyant du poison.

269. Bataille de Zama. — Fin de la deuxième guerre punique. — Cependant le but de Scipion est atteint : Carthage épouvantée a rappelé Annibal. Il quitte l'Italie, pleurant de désespoir, et va tenter un accommodement avec Scipion. Ces deux grands hommes, dit Florus, se regardèrent longtemps en silence, saisis d'une mutuelle admiration ; mais ils ne purent s'entendre sur les conditions du traité, et il fallut combattre. Malgré la savante disposition de l'armée carthaginoise, malgré l'héroïque valeur de ces vieilles troupes qui avaient vaincu l'Italie, la fortune de Rome l'emporta dans la fameuse journée de *Zama* (202). Annibal rentra alors dans la ville qu'il avait quittée depuis trente-six ans, pour la forcer à subir une paix rendue nécessaire par la défaite, puisqu'elle n'avait pas voulu de la victoire quand il l'avait mise entre ses mains. Par le traité qui termina la guerre, Rome s'assura l'Espagne et toutes les îles entre l'Italie et l'Afrique. Les Carthaginois promirent de livrer leurs éléphants, leurs vaisseaux, sauf quelques bâtiments de commerce, de payer en cinquante ans dix mille talents (55 millions), et de ne faire aucune guerre sans le consentement de Rome. Cette dernière clause livrait Carthage à la discrétion de son ennemie (201).

Mais Annibal n'avait fait accepter cette paix que pour se préparer à renouveler la lutte avec plus d'énergie encore. Aussi grand homme d'état qu'il s'était montré habile général, il entreprit de réformer radicalement le gouvernement de son pays, désorganisé pendant la guerre, et de lui rendre à tout prix son ancienne force et son ancienne unité. Il mit fin à la tyrannie des centumvirs en les rendant annuels ; il démasqua les magistrats concussionnaires, en exigeant les comptes de leur gestion ; il régla avec économie l'emploi des finances ; il occupa ses soldats oisifs à tracer des routes, à cultiver les campagnes, et mit dans l'État la discipline qu'il avait su maintenir

SECONDE GUERRE PUNIQUE.

dans son armée, pendant si longtemps, au milieu de tant de peuples divers.

Mécontent de ces réformes, Hannon quitta Carthage : ce fut pour se rendre auprès des Romains, et aller leur dénoncer Annibal. Déjà, le grand homme négociait avec tous les ennemis des Romains, les Espagnols, les Gaulois, les Macédoniens, les Syriens ; déjà, il préparait avec eux une coalition formidable, et il pouvait leur promettre l'appui de Carthage. Tout à coup, un message du sénat vint sommer les Carthaginois de livrer Annibal. Le héros épargna à sa patrie une indigne lâcheté, et s'enfuit pendant la nuit sur un vaisseau.

QUESTIONNAIRE. — 262. Quels généraux carthaginois firent la guerre en Espagne ? — Qui était Annibal et quel était son caractère ? — Quel serment lui fit prêter son père ?— Quelle ville prit Annibal, malgré la protection de Rome ? — Comment la guerre fut-elle déclarée aux Carthaginois? — *Quel hardi projet Annibal forma-t-il ? — Racontez sa marche à travers les Gaules et les Alpes.* — 263. *Dans quelle situation se trouvait l'armée d'Annibal ? — Quelle première victoire remporta-t-il ?* — Quelle bataille perdit le consul Sempronius ? — Quel fut pour Annibal le résultat de ses victoires ? — Où et comment fut-il vainqueur de Flaminius ? — 264. Quel nouveau général fut opposé à Annibal ?— Quelle était sa tactique ? — Comment Fabius devint-il suspect au peuple romain ? — Où Varron livra-t-il bataille à Annibal ? — *Racontez la journée de Cannes,* — 265. Quel effet la nouvelle de ce désastre produisit-elle à Rome ? — *Quelle fut la conduite du sénat romain en cette circonstance ?* — Qu'est-ce qui empêcha Annibal d'attaquer Rome immédiatement ? — De quelle manière fut reçue à Carthage la demande de secours faite par Annibal? — Qui était Marcellus ? — 266. *Racontez le siège de Syracuse.* — Comment mourut Archimède ? — 267. Comment se défendit Annibal en Italie ? — Quels revers les Romains éprouvèrent-ils en Espagne ?—Quel plan devait accomplir Asdrubal ? — Par quelles circonstances échoua-t-il ? — *Où et comment périt Asdrubal ?* — 268. Qui commandait l'armée romaine en Espagne ? — Comment Scipion établit-il son influence sur l'esprit de ses soldats ? — Comment se rendit-il maître de Carthagène ? — Quels furent les premiers succès de Scipion en Afrique ?— Quel roi devint le fidèle allié des Romains ? — Qui était Sophonisbe et comment mourut-elle ?— 269. Pour quelle raison Annibal quitta-t-il l'Italie ? — Où eut lieu la dernière bataille de la guerre et quel en fut le résultat ? — Quelles furent les conditions de la paix entre Rome et Carthage ? — Comment Annibal gouverna-t-il Carthage après la défaite de Zama ? — Quelles réformes y opéra-t-il ? — Qui l'obligea à fuir bientôt loin de sa patrie ?

CHAPITRE VINGT-ET-UNIÈME.

CONQUÊTES DES ROMAINS AUTOUR DE LA MÉDITERRANÉE

(200 — 118.)

SOMMAIRE.

§ I. 270. Une nouvelle guerre éclate contre Philippe de Macédoine. Flamininus gagne tous les Grecs. Philippe vaincu à Cynoscéphales (197) achète la paix en livrant toute sa marine.

271. Flamininus proclame aux jeux Isthmiques la liberté des Grecs et sème parmi eux la division.

272. Annibal propose vainement à Antiochus de descendre en Italie. L'expédition mal conçue d'Antiochus en Grèce (192) où il est appelé par les Étoliens, échoue par son insouciance ; il est défait par Caton aux Thermopyles et par Lucius Scipion à Magnésie (190) ; il perd l'Asie Mineure jusqu'au Taurus. — Manlius Vulso défait les Galates (189).—Annibal, poursuivi par les Romains, s'empoisonne chez Prusias (183). Scipion meurt en exil.

273. Persée lutte pendant trois ans, est vaincu à Pydna par Paul-Émile (168), figure au triomphe magnifique de son vainqueur et meurt en prison.

274. Le sénat use d'une politique perfide et impitoyable à l'égard des Grecs. Mille Achéens sont rendus à la liberté par la dédaigneuse pitié de Caton. La Macédoine est réduite après la défaite d'Andriscus (148), la Grèce après la prise de Corinthe (146). L'ignorance et la grossièreté du consul Mummius et de ses soldats se manifeste.

275. Massinissa harcèle les Carthaginois. Les Romains, après d'infâmes perfidies, déclarent la guerre. Les Carthaginois se défendent avec héroïsme ; les consuls sont vaincus. Scipion Émilien fait le blocus de Carthage et emporte la ville d'assaut. Carthage est ruinée de fond en comble.

276. Les Espagnols opposent une résistance opiniâtre et intrépide. La victoire de Caton, la douceur de Gracchus, la perfidie cruelle de Galba sont sans résultats.—Viriathe, chasseur, brigand, puis général victorieux, défait plusieurs généraux romains ; il obtient un glorieux traité (141), est assassiné (140).

277. La guerre de Numance est signalée par la défaite de trois armées et la honteuse capitulation d'un consul. Scipion Émilien bloque Numance, rétablit la discipline, réduit la ville par la famine. Les derniers défenseurs de Numance s'ensevelissent sous ses ruines (134).

§ II. 278. Les Gaulois Cisalpins défendent avec opiniâtreté leur indépendance. Les Cénomans, les Insubres, les Boïens, les Ligures sont successivement soumis.

279. Les États de Pergame sont enlevés à Aristonic par interprétation du testament d'Attale (129).

§ Ier. CONQUÊTES HORS D'ITALIE : CHUTE DE LA MACÉDOINE (148), DE CORINTHE (146), DE CARTHAGE (146), DE NUMANCE (133) (VIRIATHE).

270. DÉFAITE DES MACÉDONIENS A CYNOSCÉPHALES. — A la fin de la seconde guerre punique, une grande question était décidée pour Rome : la seule nation qui pût lui disputer l'empire du monde était abattue. Désormais, cette idée de domination universelle que le sénat semble en tout temps avoir eue présente à la mémoire, se développe et devient le mobile constant et unique de la politique romaine. Carthage est humiliée, il faudra la détruire ; l'Espagne se débat encore, il faudra l'écraser pour la soumettre ; la Grèce est à la convenance de l'Italie, elle devra subir le joug ; puis on songera à l'Asie ; ainsi l'Orient et l'Occident seront envahis successivement. Voilà le plan qu'il faut accomplir à tout prix : le sénat mettra le bon droit de son côté quand il le pourra ; du reste, ni foi ni justice n'entreront en balance avec les intérêts de Rome.

La défaite de Carthage avait donné l'éveil au monde sur les prétentions dominatrices de Rome. Philippe de Macédoine, les Grecs, Antiochus, les Gaulois d'Italie, les Espagnols, avaient les armes à la main ou étaient prêts à les prendre ; le sénat comprit qu'il devait agir le premier et détruire ses ennemis l'un après l'autre, avant qu'ils pussent se réunir. Il avait d'ailleurs à conserver au sein de la république le pouvoir que les malheurs de la seconde guerre punique avaient remis entre ses mains, et il fallait pour cela exiler le peuple du Forum, en l'occupant aux luttes du dehors. Philippe avait déjà combattu les Romains ; les Grecs d'ailleurs se plaignaient de la Macédoine ; le sénat se déclara pour eux et engagea la lutte.

Philippe possédait Chalcis, Corinthe, Orchomène, les *entraves de la Grèce*, et il était fort derrière les montagnes de son pays (200) ; mais il s'était rendu odieux dans un temps où il devait être juste par politique et par ambition. (Voir ci-dessus, n° 209.) Le consul *Titus Quinctius Flamininus* sut tirer parti des circonstances : argent, promesses, ruses de toute espèce, il n'épargna rien. A peine eut-il pénétré en

Grèce à travers les défilés de l'Apsus, livrés par trahison, qu'il montra une conduite entièrement opposée à celle de Philippe. Toutes les villes ruinées par le Macédonien trouvaient en lui un protecteur, un appui, et bientôt, il eut détaché du parti ennemi la Phocide, l'Eubée, la Locride, la Thessalie. Les Grecs avaient plaisir à accueillir un consul si doux, *parlant si purement leur langue*, et ces légionnaires si disciplinés qui respectaient leurs biens. Le tyran *Nabis* fut séduit : Thèbes céda sans combattre ; partout les villes ouvraient leurs portes. Philippe, réduit à ses propres forces, put encore espérer de vaincre à *Cynoscéphales* (197), à l'aide de sa phalange, ce *monstre hérissé de fer*. Mais ce redoutable corps, rompu par les inégalités du terrain, fut dispersé par la cavalerie étolienne, et le Macédonien, battu, n'eut plus qu'à acheter la paix au prix de mille talents et de l'abandon de tous ses vaisseaux.

271. La liberté de la Grèce proclamée. — Les Étoliens, qui avaient eu la plus grande part à la victoire de Cynoscéphales, revendiquaient les dépouilles de Philippe et prétendaient succéder à sa suprématie. Telles n'étaient pas les vues de la politique romaine. La Macédoine abaissée, on voulait réduire la Grèce à l'impuissance, sans l'inquiéter cependant. Par une comédie habilement jouée, Flamininus sut abuser tous les Grecs et calmer leurs craintes, au moment même où il leur portait le dernier coup. « Au milieu des jeux isthmiques, dit Plutarque, un héraut proclama à haute voix que le sénat de Rome et Titus Quinctius déclaraient libres de toute garnison et de tout impôt les peuples de la Grèce, et leur laissaient le pouvoir de vivre selon leurs lois. » Les Grecs, dans le transport de leur joie, poussèrent des cris si perçants, qu'ils retentirent jusqu'à la mer. Des corbeaux, qui en ce moment volaient au-dessus de l'assemblée, tombèrent étourdis dans l'arène. Les assistants couraient en foule saluer, embrasser Flamininus, en l'appelant le défenseur, le sauveur de la Grèce. Quand ils furent las de crier devant sa tente, ils se retirèrent ; et tous ceux de leurs amis qu'ils rencontraient, ils les embrassaient et les menaient souper avec eux et faire bonne chère. Une funeste réalité allait dissiper bientôt cette folle ivresse. Proclamer l'indépendance des cités grecques, c'était dissoudre tout lien entre elles, les isoler à jamais ; et les garnisons romaines, en se retirant, laissaient partout des germes de divisions qui devaient croître et porter leurs fruits. Les Grecs, qui se croyaient libres parce que les

Romains les déclaraient tels, n'en étaient que plus désunis, plus faibles, plus dépendants. « Non contents de recevoir les généraux de Rome quand ils leur étaient envoyés, ils les demandaient, les appelaient eux-mêmes ; ils remirent entre leurs mains tous leurs intérêts : de sorte qu'en peu de temps, toute la contrée fut soumise aux Romains. » (PLUTARQUE.)

272. GUERRE CONTRE ANTIOCHUS. — Si les Romains n'avaient pas encore réduit la Grèce en province, du moins ils s'y étaient ouvert un libre chemin vers l'Orient. La vaste domination d'Antiochus le Grand, brillante encore, quoique déjà fortement ébranlée, irritait l'ambition romaine. Le roi de Syrie dut songer à la guerre (n° 190). L'arrivée d'Annibal, chassé de sa patrie par l'ombrageuse politique du sénat (n° 269), pouvait être d'un grand secours à Antiochus au moment d'une rupture. Le héros demandait onze mille hommes pour recommencer la lutte en Italie, engageait Antiochus à envahir la Grèce avec toutes ses forces, et lui promettait les secours de Carthage. Le roi aima mieux en croire d'envieux courtisans ; il donna au plus grand capitaine de l'antiquité un rôle subalterne (192). Lui-même descendit en Grèce avec dix mille soldats à peine, et, content d'avoir reçu des Étoliens le titre insignifiant de généralissime, il alla passer l'hiver à Chalcis dans les fêtes d'un hymen ridicule. Pendant qu'il s'endormait au son des lyres et au parfum des roses, l'armée romaine arrivait. Il suffit d'une campagne et de la valeur de Caton, vainqueur d'Antiochus au fameux défilé des *Thermopyles*, pour le repousser jusqu'en Asie. *Lucius Scipion*, frère de l'Africain, l'y suivit et le battit complétement à la grande bataille de *Magnésie*, qui lui valut le titre d'*Asiatique* (190). Cette défaite fit cruellement repentir Antiochus d'avoir dédaigné tous les conseils, tous les plans d'Annibal. Le roi promit, pour obtenir la paix, une contribution de quinze mille talents, et abandonna l'Asie Mineure jusqu'au mont Taurus.

Rome se hâta de partager aux petits rois de cette contrée les dépouilles d'Antiochus. Sa politique était d'imposer sa protection quand elle ne pouvait encore imposer ses lois.

La défaite des Galates ou Gallo-Grecs, fixés depuis quatre-vingt-dix ans dans une partie de la Phrygie (n° 203), et que le consul *Manlius Vulso* tailla en pièces, acheva d'établir l'influence romaine dans toute l'Asie Mineure (189). Mais Rome ne pouvait jouir en paix de tous ces triomphes : Annibal vivait ; la haine du sénat, attachée aux pas de l'héroïque vieillard, le suivit jusqu'à son dernier asile. On demanda sa tête au roi de Bithynie, qui lui avait donné l'hospitalité. Le lâche Prusias allait livrer Annibal à ses ennemis; mais il échappa à une trahison en avalant du poison qu'il portait toujours sur lui. La même année, d'après Tite-Live, la politique romaine obtenait des Messéniens la mort de Philopœmen (n° 211). La même année encore, ce peuple ingrat laissait mourir en exil Scipion, le vainqueur de Zama (183).

275. Guerre contre Persée. — Bataille de Pydna. — Il était temps d'en finir avec un pays qui ne cherchait qu'à se soustraire à la redoutable amitié de Rome : la Macédoine s'agitait sous un nouveau roi. — Déjà blessé des vexations du sénat, Philippe lui-même avait recherché l'alliance des ennemis de la république; mais la mort le surprit au milieu de ses projets (179), et il ne légua à son successeur, *Persée*, que des plans incomplets et des préparatifs inachevés (n° 212).

Persée devait le trône à l'assassinat de son frère *Démétrius*, la créature des Romains; il sentait qu'il ne pouvait les avoir que pour ennemis. Aussi, tout en mettant sa couronne aux pieds du sénat, il excita secrètement contre la république tous les peuples voisins. Les Grecs, les Thraces, Carthage même, promirent des secours pour la lutte commune. Mais il fallait payer ces secours : Persée, avare plus encore qu'ambitieux, refusa à ses alliés les sommes promises; aussi, même après la nouvelle d'une première victoire à *Sycurium* (171), aucun d'eux ne remua. Il fallut les vexations et les fautes du consul *Mancinus* (170) pour soulever l'Épire et l'Étolie.

Persée ne sut pas même tirer parti des circonstances. Au lieu d'accabler l'armée romaine imprudemment engagée dans les défilés de Tempé, il s'enfuit tout à coup sans avoir été vaincu, et courut se réfugier à Pydna. Cependant Rome s'indignait des longueurs d'une pareille guerre. *Paul-Émile* fut chargé de frapper le dernier coup; les défilés de la Macédoine furent forcés, et le consul atteignit à *Pydna* l'armée macédonienne. La victoire hésita un moment. Le front de la phalange, tout recouvert de larges boucliers, tout hérissé de piques longues de dix-huit pieds, recevait sans s'ébranler les attaques impétueuses des légionnaires. Mais tout fut perdu quand les Romains se furent jetés par pelotons dans les intervalles que présentait de temps à autre la ligne des Macédoniens. Persée s'enfuit, laissant vingt-cinq mille hommes sur le champ de bataille (168).

Ce prince voyait son armée détruite, son royaume et ses

enfants en proie aux Romains; il vint se livrer *comme une bête fauve à qui l'on ravit ses petits*, et alla traîner son ignominie dans les rues de Rome, derrière le char triomphal de son vainqueur (167).

Ce fut le plus magnifique triomphe qui eût jamais eu lieu. Les fêtes se prolongèrent durant trois jours entiers. Pendant les deux premiers, on transporta les étendards, les armes, les trésors enlevés à l'ennemi. Le troisième jour, on vit, dès le matin, s'avancer un splendide cortége. Des musiciens ouvraient la marche en jouant des airs guerriers. Cent vingt bœufs, aux cornes dorées et ornées de bandelettes, étaient conduits au temple pour être offerts en sacrifice. Le roi de Macédoine suivait à pied en vêtements de deuil, et le dernier successeur d'Alexandre le Grand était exposé comme un objet de curiosité aux regards des Romains. Près de lui, on portait quatre cents couronnes d'or, offertes au vainqueur par toutes les villes de la Grèce. Enfin, Paul-Émile paraissait lui-même couvert d'or et de pourpre, sur un char éclatant, escorté de ses officiers et de ses soldats. Il reçut de tout le peuple le glorieux surnom de *Macédonique*. — Suivant un usage cruel, les chefs ou les rois qui avaient suivi le triomphe de leur vainqueur étaient aussitôt mis à mort. On épargna cependant la vie de Persée, qui fut jeté en prison: mais il y mourut bientôt, par suite des mauvais traitements que lui fit subir son geôlier. Le fils du roi de Macédoine fut obligé, pour subsister, d'exercer la modeste profession de greffier. Le sort du vainqueur, toutefois, ne fut guère plus heureux que celui des vaincus. Paul-Émile perdit ses deux fils au moment même de son triomphe.

274. Soumission de la Macédoine et de la Grèce. — Ruine de Corinthe. — Rome, après la victoire, régla le sort de la Grèce: l'Épire fut désarmée, la Macédoine et l'Illyrie morcelées; les Rhodiens perdirent la Lycie et la Carie, et le sénat sema des divisions jusque dans le royaume de Pergame. Prusias épouvanté accourut, la tête rasée, avec l'habit et le bonnet des affranchis, féliciter les Romains de la défaite du roi de Macédoine. L'ombrageuse politique du sénat punissait jusqu'au crime d'avoir été *dans le cœur* partisan de Persée: cent cinquante mille Grecs furent réduits en esclavage; mille des principaux Achéens, arrachés à leur patrie, allèrent languir sur les rivages d'Italie; on ne leur rendit la liberté que lorsque Caton, las de leurs plaintes, eut dit en plein sénat: « N'avons-nous rien autre chose à faire qu'à

délibérer si quelques Grecs décrépits seront enterrés par nos fossoyeurs ou par ceux de leur pays? » L'Épire, qui avait vaincu jadis avec Pyrrhus, fut traitée sans pitié, et soixante-dix villes furent détruites à la fois. Enfin, le sénat étolien fut massacré, peut-être à l'instigation des Romains. Et toujours, les décrets du sénat de Rome reconnaissaient l'indépendance de la Grèce!

La guerre d'*Andriscus* mit un terme à cette sanglante ironie. Ce prétendu fils de Persée (152), arma les Macédoniens, souleva les Thessaliens et les Thraces, et détruisit une légion envoyée contre lui; mais le préteur *Métellus* anéantit en une campagne toutes les forces d'Andriscus, et la Macédoine devint une province romaine (148).

Dès lors, il n'était plus besoin de dissimuler; le sénat ordonna la dissolution totale de la ligue Achéenne (n° 213). Un transport d'indignation saisit les descendants de Miltiade et de Thémistocle: ils reprirent les armes, oubliant leur faiblesse; mais ils ne pouvaient plus que mourir. Vaincue d'abord en Locride, la ligue fut écrasée à *Leucopétra, dernière et solennelle bataille de la liberté.*

La belle Corinthe fut prise, et tomba le même jour que Carthage (voir ci-après, n° 275); comme Carthage, elle couvrit la terre de ses ruines; et, dans ce triomphe de la barbarie, on vit les légionnaires jouer aux dés sur les tableaux de Parrhasius et d'Apelle (146).

La Grèce soumise devint la province romaine d'Achaïe.

275. TROISIÈME GUERRE PUNIQUE. — CHUTE DE CARTHAGE. — Depuis la fin de la seconde guerre punique, le sénat avait préparé la ruine de Carthage, en soutenant ouvertement les nombreux partisans qu'il s'était créés en Afrique. Massinissa, sûr d'un constant appui, s'empara de la riche province des Empories (193), et à peine Annibal venait-il de mourir empoisonné chez Prusias, roi de Bithynie n° 272), que le Numide recula de nouveau ses frontières (182-174). Les Carthaginois, à qui le traité ôtait le droit de se défendre, en appelèrent aux Romains. Les commissaires du sénat arrivèrent quand Massinissa était déjà affermi dans ses conquêtes; et *Caton l'Ancien,* l'un d'eux, effrayé de la prospérité nouvelle que Carthage devait aux réformes d'Annibal, ne revint d'Afrique que pour faire retentir sans cesse la tribune de ces funèbres paroles: « Il faut détruire Carthage! *Delenda Carthago!* »

Le sénat laisse encore pendant vingt ans les factions *numide* et *romaine* lutter à Carthage contre le parti *patriotique*. Quand il pense que les divisions intestines ont assez affaibli sa rivale, il soulève de nouveau Massinissa, et le vieux Numide, malgré ses quatre-vingt-huit ans, reparaît à la tête de ses cavaliers sur le territoire carthaginois. Ceux-ci croient enfin pouvoir défendre leur existence : aussitôt, Rome crie à la violation des traités. La faction romaine fait offrir toutes satisfactions, et commence par bannir les généraux auteurs de la guerre. Cependant les consuls arrivent en Afrique (149), promettant la paix si on donne trois cents otages : les otages sont envoyés. Il faut de plus livrer les armes ; Carthage, trompée une fois, hésite ; enfin, elle se désarme, croyant encore aux serments des consuls. Alors, on ordonne aux habitants de quitter leurs murailles, et d'aller s'établir dans l'intérieur des terres.

Cette dernière perfidie combla la mesure. Un cri d'horreur et d'indignation fut la seule réponse : au bout de quelques jours, les murailles de Carthage étaient couvertes de soldats armés avec l'airain, l'or, l'argent des temples ; les femmes donnaient leurs chevelures pour faire des cordages ; des nageurs intrépides se jetaient à la mer pour aller incendier les vaisseaux romains. Un camp fortifié, où se réunirent soixante-dix mille guerriers, s'éleva près de Carthage, et bientôt, il tint à son tour les Romains assiégés. Une tentative des consuls contre Hippone leur coûta toutes leurs machines de guerre et leurs meilleurs soldats. En même temps, les Numides semblaient enfin comprendre que la destruction de Carthage serait le prélude de leur propre ruine, et abandonnaient peu à peu le parti des étrangers. « Cette troisième guerre punique, commencée par une perfidie, paraissait devoir se terminer pour les Romains par la honte. »

On crut qu'un Scipion pouvait seul vaincre en Afrique. *Scipion Émilien*, jeune homme de vingt-sept ans, avait déjà dans cette guerre sauvé l'armée romaine. Nommé consul, (148), il eut promptement refoulé les Carthaginois derrière leurs murailles et fermé l'entrée du port en jetant dans la mer une digue immense. La défense fut plus merveilleuse encore que l'attaque. Les habitants de Carthage creusèrent à travers le roc une nouvelle issue à leur port, et tout à coup, ils lancèrent contre les vaisseaux romains une flotte construite avec les poutres de leurs maisons. La destruction de cette flotte et un assaut terrible ouvrirent à Scipion l'entrée de Carthage.

Mais la ville n'était pas prise encore : on eut à faire le siège de chaque rue, de chaque maison, et pendant six jours, une lutte épouvantable se prolongea. Le septième jour, il ne restait plus que le temple d'Esculape, défendu par neuf cents transfuges, auxquels Scipion ne voulait pas faire grâce, et qui combattaient en désespérés sous les ordres du général carthaginois Asdrubal. Celui-ci vint se jeter aux pieds de Scipion, une branche d'olivier à la main. Alors, on vit un affreux spectacle. Les transfuges mirent le feu au temple ; et tout à coup, sur les murailles embrasées, parut la femme d'Asdrubal, parée comme dans un jour de fête, tenant ses jeunes enfants par la main : « Puissent les divinités de Carthage, s'écria-t-elle, punir le parjure qui a trahi ses dieux, sa patrie et sa famille ! » En disant ces mots, elle égorgea ses enfants, les précipita dans les flammes, et s'y jeta elle-même avec les derniers défenseurs du temple. La grande cité de Carthage n'était plus qu'un monceau de ruines fumantes. Scipion ne put retenir ses larmes à la vue d'un si grand désastre : il craignait déjà pour sa patrie l'inconstance du sort (146).

Six cents ans plus tard, une armée partie de Carthage devait à son tour prendre et saccager Rome. (Voir *Hist. du moyen âge*, chap. II.)

276. GUERRES EN ESPAGNE. — VIRIATHE. — En Espagne, les victoires et surtout la modération de *Sempronius Gracchus* (180-178) avaient assuré aux Romains la Carpétanie (Ancienne et Nouvelle Castille et Aragon) et donné à la péninsule une paix de seize années. Mais les exactions des préteurs poussèrent à bout les malheureux Espagnols. En 154, la défaite de deux armées romaines apprit au sénat que l'Espagne serait longtemps encore le *tombeau des légions*. Cette fois, il adopta une tactique nouvelle : ce fut à force de perfidies qu'il prétendit triompher de l'infatigable patriotisme de ses ennemis. Une garnison entière fut égorgée par *Lucullus*, malgré une capitulation (150) ; *Galba*, après avoir promis la protection de Rome à trente mille Lusitaniens, les dispersa dans plusieurs cantons et les mit à mort.

Mais un héros avait échappé au carnage : berger d'abord, puis brigand, enfin chef d'armée, *Viriathe*, se déclara le vengeur de ses frères, et prit en main la cause de la liberté nationale. Par la défaite de cinq préteurs (1), il rendit son nom

---

(1) L'un de ces préteurs voulant en finir, marcha avec toutes ses forces contre le général espagnol. Celui-ci était campé avec le gros

terrible aux Romains (149-144). Il enferma dans un défilé le consul *Fabius Servilianus*, et le sénat, négociant pour la première fois avec un ennemi vainqueur, laissa conclure un traité *entre le peuple romain et Viriathe* (141). On avait posé les armes ; tout à coup *Cépion* eut ordre d'attaquer ; mais Viriathe lui parut encore trop à craindre : il l'assassina pour échapper aux chances d'une défaite (140).

Privés de leur illustre chef, les Lusitaniens s'organisèrent en bandes isolées pour harceler de tous côtés les Romains. Mais *Junius Brutus* les soumit par la douceur autant que par les armes, et pénétra jusqu'à l'Océan.

277. Ruine de Numance. — Dans la Celtibérie, ce fut Numance, *la seconde terreur des Romains*, qui soutint tout l'effort de la guerre. Déjà trois armées s'étaient brisées contre les remparts de cette ville, menaçante encore au milieu de l'Espagne soumise ; ses huit mille défenseurs avaient fait passer sous le joug des troupes romaines et imposé au consul *Mancinus* un traité honteux (137). Enfermé avec vingt-quatre mille soldats dans un défilé, le Romain, livrant armes et bagages, avait juré la cessation des hostilités : *les légionnaires ne pouraient plus soutenir le regard d'un Numantin.*

Il fallut recourir au destructeur de Carthage : Scipion Émilien parut devant Numance. Son premier soin fut de rétablir la discipline. Il faisait faire aux soldats de pénibles marches, creuser des fossés, élever des palissades : « Qu'ils se couvrent de boue, disait-il, s'ils ne veulent pas se couvrir de sang. » Quand il eut façonné les troupes, il commença l'attaque, mais tout en prenant des précautions infinies. Il enferma les Numantins par une triple ligne de blocus, et détourna le Douro, qui traversait leurs murs. La famine seule devait réduire cette petite ville qui depuis neuf ans tenait en échec toutes les forces de Rome. Bientôt la moitié des habitants eut péri par la disette et les maladies ; beaucoup se firent tuer

---

de ses troupes derrière une forêt. A l'approche des Romains, il cache dans le bois ses soldats les plus éprouvés, et lui-même, avec une poignée d'hommes, marche au devant des Romains. A la première attaque, il recule ; ses compagnons prennent la fuite à travers la forêt. Les Romains se croyant vainqueurs s'élancent à leur poursuite et s'engagent au milieu des défilés, où ils sont soudain assaillis de toutes parts par les hommes qu'avait cachés Viriathe. Lui-même, traversant le bois par des sentiers détournés, avait été chercher le reste de son armée, qui, attaquant les Romains par derrière, les tailla tous en pièces.

dans les sorties. Il en restait quelques-uns encore : en trop petit nombre pour garder leurs remparts, ils égorgèrent leurs femmes et leurs enfants, puis ils s'entre-tuèrent par le feu, le fer et le poison. L'incendie dévora les derniers restes de Numance.

C'en était fait de la liberté de l'Espagne (134).

§ II. RÉDUCTION EN PROVINCE DE LA GAULE CISALPINE (191) ET DU ROYAUME DE PERGAME (129).

278. RÉDUCTION DE LA GAULE CISALPINE EN PROVINCE ROMAINE. — Pendant que Rome accomplissait ces conquêtes lointaines, elle avait laborieusement achevé la soumission de l'Italie septentrionale après une lutte acharnée contre les Gaulois Cisalpins, qui étaient, dit l'historien Florus, *comme la pierre sur laquelle le peuple romain aiguisait le fer de sa valeur.* Quelques années après la bataille de Zama, les Cénomans avaient été soumis (197); les Insubres et les Boïens avaient été taillés en pièces (197, 196); mais *ces hommes intrépides et féroces comme les bêtes sauvages, impétueux comme les avalanches de leurs montagnes, surgissaient plus terribles après chaque défaite.* A peine ces deux peuples venaient-ils d'être domptés (194, 192) que les Ligures, « plus difficiles encore à trouver qu'à vaincre, » avaient repris les armes avec une énergie nouvelle (189). Les Romains, après avoir déclaré la Gaule Cisalpine province romaine, furent obligés encore d'écraser des tribus entières, d'en transporter les débris aux extrémités de la péninsule italique, et de fonder de nombreuses colonies dans le Picénum et l'Ombrie, pour dompter enfin ces fiers ennemis (163). L'Istrie qui, après avoir été réduite un instant, avait recouvré son indépendance pendant la seconde guerre punique, fut définitivement conquise en 153. La Dalmatie avait cédé à son tour dès l'an 156.

279. RÉDUCTION DU ROYAUME DE PERGAME. — Quelques années après, les Romains, déjà maîtres de la Galatie, qui ne conservait plus qu'une indépendance nominale, étendaient leur domination en Asie Mineure par la soumission de Pergame. L'imbécile Attale III avait légué *ses biens* au peuple romain ; sans doute il entendait par là sa fortune particulière ; le sénat comprit qu'il léguait son royaume et envoya une armée pour faire triompher ses prétentions. Après une lutte de trois ans contre Aristonic, qui se disait fils et héritier d'Attale, Rome réduisit en province (129) les vastes États de Pergame, qui comprenaient la Mysie, la Phrygie, la Lycaonie, la Lydie et l'Ionie.

QUESTIONNAIRE. — § I. 270. Rappelez brièvement la principale bataille et l'issue de la seconde guerre contre Philippe. — 271. Que fit Flamininus vainqueur en Grèce? — Quelle était sa politique? — 272. Quel plan Annibal proposa-t il à Antiochus? — Que fit celui-ci? — Quels furent les résultats de la campagne de Caton en Grèce, et de Lucius Scipion en Asie? — Comment moururent Annibal et Scipion? — 273. Résumez les dernières luttes des Romains contre la Macédoine. — 274. Comment la Macédoine et la Grèce furent-elles réduites en provinces?—Quel fut le sort de Persée? — Donnez une preuve de l'ignorance grossière des Romains de cette époque. — 275. Quelle fut la politique de Rome à l'égard des Carthaginois après la seconde guerre punique? — Par quelles menées perfides les Carthaginois furent-ils privés de leurs moyens de défense? — Quelle résolution prirent enfin les Carthaginois? — Comment se défendirent-ils contre les premières attaques? — Qui était Scipion Émilien? — *Racontez les principales circonstances du siége de Carthage.* — *Quelle catastrophe signala la fin de la lutte?* — Quelles furent les pensées de Scipion à la vue des ruines de Carthage? — 276. Quel fut le caractère de la lutte de l'Espagne contre Rome? — Quels furent pendant longtemps les résultats des efforts des Romains? — *Racontez l'histoire de Viriathe.* — 277. *Décrivez le siége de Numance.* — 278. Quelle opinion les Romains avaient-ils de la valeur des Gaulois cisalpins?—Quand furent successivement soumises leurs diverses peuplades? — 279. Quel fut le prétexte de l'occupation du royaume de Pergame?—Sur qui fut-il conquis?

CHAPITRE VINGT-DEUXIÈME.

HISTOIRE INTÉRIEURE DE ROME, DEPUIS L'ADMISSION DES PLÉBÉIENS A TOUTES LES MAGISTRATURES JUSQU'A LA MORT DE CAIUS GRACCHUS.

SOMMAIRE.

§ 1er. 280. Le caractère général de la période est la destruction de l'équilibre politique, l'altération de la Cité romaine, l'affaiblissement des principes de religion, le développement du luxe et de la mollesse, la dépravation générale des mœurs.

281. Caton lutte contre le luxe et les progrès de la civilisation. — Les Scipions sont mis en jugement. Les crimes commis dans les bacchanales sont punis par le supplice d'une multitude de cou-

pables. — Caton le Censeur (184) prend des mesures rigoureuses et utiles.

282. Le pouvoir appartient à la richesse. — La lutte s'établit entre les riches et les pauvres. — Le sénat étend ses pouvoirs (154-141). — Les grandes familles affectent le mépris des lois.

283. Les chevaliers acquièrent une influence fondée sur la richesse; sous le nom de publicains, ils perçoivent les impôts; ils commencent à former un ordre dans l'État.

284. Les excès des gouverneurs de provinces restent impunis. La situation des pauvres à Rome est devenue déplorable. Le peuple est dépouillé de ses droits.

285. Les municipes, les colons, les alliés font des efforts pour envahir la cité romaine et y exercer les droits politiques. Les Italiens sont opprimés.

286. Les esclaves, mis au rang des choses et dont le nombre s'augmente rapidement, sont soumis au sort le plus affreux; ils se soulèvent sous Eunus (137); Rupilius met fin à la guerre. Une nouvelle guerre des esclaves (105) se termine par d'horribles massacres.

§ II. 287. Tibérius Gracchus, fils de Cornélie, forme des projets de réforme; il est nommé tribun (133); il présente une loi agraire sagement modifiée; le tribun Octavius est déposé; la loi est adoptée. Tibérius est assassiné.

288. Caïus Gracchus est élu tribun (123), et prend des mesures populaires; il acquiert un immense pouvoir; il confère l'autorité judiciaire aux chevaliers, fait exécuter de grands travaux d'utilité publique.

289. Le sénat s'efforce de renverser Caïus Gracchus en luttant avec lui de popularité. — C. Gracchus est envoyé à Carthage. — Le consul Opimius suscite une émeute où Caïus est tué (121). — Le peuple retombe dans l'oppression.

§ Ier. ÉTAT DE LA RÉPUBLIQUE ROMAINE APRÈS TOUTES SES CONQUÊTES. NÉCESSITÉ D'UNE RÉFORME.

280. ÉTAT DE LA RÉPUBLIQUE. — CORRUPTION DES MOEURS. — L'équilibre politique établi à Rome après tant d'efforts ne subsista pas longtemps; mais la révolution qui suivit n'eut rien de semblable à ce qui s'était passé dans les temps antérieurs. Ce ne fut plus la prépondérance d'un des éléments de l'État, en vertu de la constitution; ce ne fut plus la lutte acharnée, mais légale dans la forme, des divers ordres de la république; ce fut une dissolution lente, une confusion universelle dans tous les principes de morale et de politique, qui finit par dénaturer le gouvernement et bouleverser tous les rapports établis.

La *Cité* romaine, ce corps si compacte et si fort, que ses fondateurs avaient défendu par des précautions si jalouses contre quiconque serait tenté d'y pénétrer, la cité romaine va perdre sa dignité en s'ouvrant désormais sans peine aux esclaves devenus libres, aux sujets devenus citoyens.

Malgré quelques protestations énergiques, malgré quelques puissants souvenirs de l'ancien ordre de choses, la désorganisation est partout; et ce qui perdra les Gracques (n° 287), ce sera de ne pas comprendre leur époque, et de s'imaginer qu'ils trouveront dans la constitution même de la république des éléments encore assez sains, des ressorts assez vigoureux pour reconstruire l'édifice ruiné de la société romaine.

Depuis un siècle, la puissance de Rome s'était prodigieusement accrue au dehors. Et pourtant, un historien romain se demande s'il n'eût pas mieux valu pour elle dominer sur l'Italie seule, que de s'agrandir au point de s'énerver par sa propre étendue. En effet, avec les dépouilles des nations vaincues, tous leurs vices avaient inondé Rome. Cette ville, si belle naguère par ses mâles vertus, devenait un réceptacle de corruption.

Le mariage, cette institution si sainte et si respectée dans les premiers temps de Rome, avait subi de graves atteintes. En 233, *Carvilius Ruga* donna le premier exemple du divorce, qui allait bientôt se multiplier de la manière la plus scandaleuse, et jeter le trouble dans toutes les familles. L'esprit religieux commençait à faire place au scepticisme railleur. La simplicité des mœurs disparaissait avec les croyances.

Ce n'étaient plus ces anciens Romains qui cultivaient un petit champ de leurs mains triomphantes; ce n'étaient plus ces consulaires qui prenaient leurs repas dans des vases de bois ou d'argile, et se prêtaient l'un à l'autre quelques pièces d'argenterie pour traiter les ambassadeurs étrangers. L'or et l'argent brillaient sur toutes les tables; un luxe effréné devenait la seule marque distinctive des patriciens. On ne daignait plus aller à la campagne que par délassement. A l'exemple des Scipions, qu'avait séduits la douceur des mœurs orientales, la jeunesse patricienne avait abandonné l'antique rusticité de ses pères pour revêtir les formes élégantes du peuple grec.

Elle eût rendu service à sa patrie, si elle n'eût introduit à Rome que la civilisation et la politesse, si elle ne lui eût appris qu'à encourager les premiers essais d'une littérature naissante, qu'à admirer les chefs-d'œuvre apportés de l'Orient. Mais une dépravation effrayante accompagnait ce premier progrès des lumières. En 204, les censeurs *Livius* et *Néron* durent dégrader sept membres du sénat à la fois. Les plus illustres citoyens donnaient souvent d'ignobles exemples, et l'on comptait à peine quelques hommes exempts de la contagion.

281. CATON LE CENSEUR. — Parmi ceux-ci on a placé *Caton l'Ancien*, illustre déjà par ses exploits en Grèce et en Espagne; Caton, dont la censure a laissé dans l'histoire un ineffaçable sou-

venir. Admirateur outré des vertus des anciens Romains, on le voyait travailler dans les champs avec ses esclaves, ou parcourir à pied la province qui lui était confiée, et quitter un commandement aussi pauvre qu'il l'avait reçu.

Élevé au consulat (196), il soutint avec énergie, mais sans succès, la loi *Oppia*, qui défendait aux femmes de posséder plus d'une demi-once d'or. Les femmes vinrent plaider leur cause jusqu'au milieu du Forum, et Caton vaincu s'attaqua à d'autres ennemis. Il détestait comme une cause d'affaiblissement moral tous les développements de la civilisation dans Rome : « J'ai souvent répété, s'écriait-il, que deux vices contraires, le luxe et l'avarice, ruinaient la république ; ce sont les fléaux qui ont détruit tous les empires... Déjà nous avons pénétré dans la Grèce et l'Asie, si pleines de dangereuses séductions ; déjà nous tenons les trésors des rois. Ne dois-je pas craindre qu'au lieu d'être les maîtres de ces richesses, nous n'en devenions les esclaves ?... Je n'entends que trop de gens vanter et admirer les chefs-d'œuvre de Corinthe et d'Athènes, et se moquer des images d'argile de nos dieux. »

Cette aversion pour les penchants de la génération nouvelle fut un des motifs de cette haine implacable dont Caton poursuivit sans cesse Scipion l'Africain. Plus que tout autre, le vainqueur de Carthage avait contribué à polir et à relâcher les mœurs, et, on doit le dire, sa grandeur hautaine, son dédain des coutumes reçues, des lois elles-mêmes, inquiétaient à bon droit les susceptibilités nationales. L'Africain et son frère furent mis en jugement par le tribun *Pétilius*, qui les somma de rendre leurs comptes. « Romains, s'écria le vainqueur de Zama, à pareil jour, j'ai triomphé d'Annibal et des Carthaginois. Allons au Capitole rendre grâces aux dieux ! » Il fut sauvé cette fois par cet éloquent appel à la gloire de ses armes ; mais ses immenses richesses étaient contre lui une accusation permanente ; bientôt après, il mourut en exil à Literne (183).

Avant la censure de Caton, le sénat avait découvert les odieux mystères des *Bacchanales* (fêtes de Bacchus), qui avaient converti en lieux de débauche et de crimes les demeures des dames romaines. Des forfaits inouïs s'accomplissaient dans les ténèbres, et l'on apprit qu'en un an, cent soixante et dix femmes s'étaient débarrassées de leurs maris par le poison. Cette vaste conspiration contre les mœurs fut noyée dans le sang de plusieurs milliers de coupables.

Au milieu de cette dépravation universelle, Caton sollicita la censure en déclarant avec une noble franchise le but qu'il voulait atteindre : « Romains, dit-il à ses concitoyens assemblés sur le Forum, vos mœurs ont besoin d'un médecin sévère et non d'un lâche flatteur. Je sais qu'il en est plusieurs d'entre vous à qui leur conscience fait de graves reproches et qui craignent de m'avoir pour censeur. Ils veulent voter contre moi pour être plus libres au milieu de leurs désordres. Que ceux donc qui ont encore quelque amour pour la vertu, quelque haine pour le vice, me donnent résolûment leurs voix, et nous nous efforcerons de faire renaître les temps heureux de nos ancêtres. » Caton fut élu malgré l'opposition des grands.

Caton voulut trancher la racine du mal en arrêtant, par une loi sévère, les progrès du luxe chez les femmes. En même temps, il chassait plusieurs membres du sénat, dégradait du rang de chevalier Scipion l'Asiatique, faisait impitoyablement détruire les portiques des maisons des riches qui empiétaient sur la voie publique. Les revenus de l'État, ramenés tout à coup à leur taux légal, servirent à orner et à assainir la ville entière. Les canaux détournés par les particuliers furent rendus à l'usage commun de tous les citoyens. Des marchés furent passés pour la réparation des édifices publics; une basilique construite par Caton reçut le nom de l'infatigable censeur. Le peuple, en dépit des grands, lui éleva une statue sur le Forum, *pour avoir relevé la république romaine en restaurant les mœurs*. Son influence survécut à sa magistrature; les tribuns, encouragés par son exemple et ses conseils, tentèrent de continuer son œuvre. En 181, la loi *Orchia* réprima le luxe des tables; sept ans après, la loi *Voconia* déclara les femmes incapables de recevoir par testament ces richesses qu'elles dissipaient en prodigalités scandaleuses.

Et pourtant Caton, le censeur rigide, faillit lui-même à sa tâche de réformateur : l'histoire doit rappeler et flétrir les désordres de sa vie privée, même dans un âge avancé. A la prodigalité des grands, il opposait non l'économie, mais l'avarice, qu'il érigeait en précepte. « Le père de famille, disait-il, *doit fermer à l'étranger les portes de sa villa*, car il ne faut pas faire d'inutiles dépenses, ni donner ou prêter sans gain. Le père de famille doit faire argent de tout, et ne donner des saies neuves aux esclaves qu'en reprenant les vieilles; qu'il vende les vieux bœufs, les vieilles ferrailles, *les vieux esclaves et les serviteurs malades*; qu'il vende toujours : le père de famille doit être vendeur et non acheteur. » Caton mettait ses maximes en pratique, et on sait que l'usure la plus ignoble déshonora sa vieillesse : telle était la vertu avant le christianisme !

282. Changements dans le gouvernement. — Pendant cette même période, le gouvernement n'a pas été moins profondément modifié que les mœurs. Les patriciens, qui ont perdu un à un tous les privilèges de la naissance, et qui ont vu, malgré leurs efforts, l'égalité des droits proclamée pour tous, vont essayer de reconquérir la prépondérance par la richesse, aidés désormais d'un grand nombre de plébéiens devenus opulents comme eux.

Pendant près d'un siècle, les assemblées par tribus, toutes populaires, avaient remplacé presque entièrement les comices par centuries. Les patriciens, avec le concours des plébéiens riches, s'efforcèrent de restaurer l'ancienne organisation, tombée en désuétude; et, vers l'an 181, les classes et les centuries reparurent, très-altérées toutefois par l'introduction d'un grand nombre de plébéiens. C'est là véritablement le point de départ d'une lutte nouvelle au sein de la cité. Le combat n'est plus entre la noblesse et la plèbe, mais entre les riches et les pauvres, qui ne représentent qu'incomplétement les anciens partis politiques. La multitude, privée de nouveau de toute propriété, de toute garantie d'indépendance, va retomber dans l'asservissement. Les censeurs, en 176, ont neutralisé les votes de la populace, en la renfermant dans les quatre dernières tribus. Dès lors, le sénat croit pouvoir braver une opposition impuissante, et détruire peu à peu toutes les prérogatives du peuple. Il s'arroge le droit de décider seul les questions de paix et de guerre (154), et c'est à peine s'il daigne quelquefois faire ratifier les traités par les comices (141). Le suprême pouvoir judiciaire cesse d'appartenir au peuple; il est donné à quatre tribunaux permanents (149-144), dont les membres sont pris parmi les sénateurs.

Un symptôme plus inquiétant peut-être encore, c'était l'oubli des lois, le mépris de toute autorité qu'affectaient les familles puissantes par leurs richesses ou par leur gloire. Scipion l'Africain mettait hardiment la main sur le trésor public, au milieu des questeurs effrayés de ce sacrilége : et dans ce procès fameux, où il finit par succomber, il déchirait les registres publics, en s'écriant qu'il ne rendrait pas compte de 4 millions de sesterces, quand il en avait fait entrer 200 millions dans le trésor. Métellus, accusé de concussion, refusait avec hauteur de se défendre, et les juges n'osaient pas même ouvrir les livres qui étaient produits contre lui. Le frère du vainqueur de Philippe, Flamininus, égorgea de sa main, au milieu d'une orgie, un noble gaulois qui venait à lui en suppliant, pour dédommager une courtisane de n'avoir pu assister à un combat de gladiateurs.

La satire, cette vengeance du peuple opprimé, ne s'élevait pas impunément contre l'insolente tyrannie des grands. Le poëte *Nævius* alla mourir en exil pour avoir attaqué Scipion et Métellus. Les tribunaux institués pour punir la concussion, la brigue, le péculat, ne firent que constater le mal sans le réprimer.

283. PROGRÈS DE LA PUISSANCE DES CHEVALIERS. — Ce n'était plus le sénat qui allait recueillir le fruit des nouveaux triomphes remportés sur le parti populaire; il avait rencontré entre les plébéiens et lui une classe nombreuse et riche, qui pouvait désormais prétendre à devenir un *ordre* dans l'État, puisque la richesse équivalait à tous les droits.

Des modifications importantes s'étaient successivement introduites dans la situation politique des chevaliers. A l'origine, leurs fonctions s'étaient bornées à servir dans l'armée, où, peu à peu, ils avaient occupé les premiers grades. S'ils se distinguaient dès lors par l'anneau d'or et la tunique écarlate, si, tous les ans, ils allaient en grande pompe au Capitole, portant dans leurs mains les ornements militaires qu'ils avaient obtenus pour prix de leur courage, ils n'en restaient pas moins à un rang inférieur ; et quand ils passaient la revue quinquennale devant le censeur, à pied et tenant leur cheval par la bride, le magistrat patricien pouvait les dégrader en les obligeant à vendre le cheval qu'ils avaient reçu de l'État.

L'usage s'était introduit de n'admettre parmi les chevaliers que les citoyens jouissant d'une certaine fortune ; cette mesure leur donnait la majorité dans les centuries les plus importantes, et par suite, la prépondérance dans les comices. Depuis longtemps, un grand nombre d'entre eux, sous le nom de *publicains*, étaient les fermiers généraux de la république, et chargés exclusivement de la perception des impôts, ils acquéraient, en pillant les contribuables, d'énormes richesses. Ces receveurs, abhorrés dans les provinces, jouissaient à Rome d'une si haute considération, que Cicéron ne craindra pas de les appeler *les ornements de la ville et les colonnes de l'État*.

Mais ces avantages partiels ne leur suffisaient plus ; ils voulaient une part importante et déterminée dans le gouvernement : ils voulaient la puissance judiciaire, ce dernier des priviléges aristocratiques que les patriciens retenaient de tout leur pouvoir. Le tribunat de Caïus Gracchus devait consommer cette importante révolution. (Voir même chapitre, n° 288.) Jusque-là, les chevaliers n'eurent qu'à attendre pour voir tomber les obstacles et s'affermir leur influence au milieu du désordre général.

284. L'INFLUENCE POLITIQUE TOUT ENTIÈRE A LA RICHESSE. — LE PEUPLE DÉPOUILLÉ DE SES DROITS. — Les lois se multipliaient vainement pour maintenir quelque régularité dans un gouvernement qui n'avait plus pour base ni l'aristocratie ni la démocratie, mais la domination de la fortune, et bientôt de la force guerrière. En dépit de la loi *Villia*, qui fixait invariablement l'âge auquel on pouvait arriver aux charges (179), de la loi *Fulvia* (159), qui punissait de mort le trafic des voix, de la loi *Sabinia*, faite pour garantir la liberté des suffrages (139), les candidats combattaient leurs compétiteurs par les menaces et les violences, et les magistrats chargés de punir la brigue et la concussion vendaient publiquement leurs votes. Les coupables se faisaient nommer censeurs pour mieux échapper à la loi.

Aussi, n'était-il pas d'excès qui ne fussent devenus ordinaires. Les gouvernements, recherchés avec fureur comme une double source d'illustration et de fortune, donnaient à la fois des richesses immenses et un glorieux surnom à la famille. On devait voir César, perdu de dettes en quittant Rome, payer, après une année de préture en Espagne, 38 millions à ses créanciers. Toutes les provinces étaient livrées à une autorité sans frein et sans contrôle. A défaut d'or et d'argent, elles fournissaient des hommes pour être vendus comme esclaves. Après la soumission de leur pays, les Liguriens, les Épirotes, les Illyriens furent mis à l'encan par milliers. Ainsi se préparait pour le monde le despotisme impérial.

A Rome, les plébéiens, réduits à la misère, ne trouvent même plus à trafiquer de leurs votes, devenus inutiles. Les pauvres ont pour consolation l'espérance de devenir *colons* des nobles; et encore, pour ce rôle, on leur préfère les esclaves, plus faciles à nourrir, plus souples aux châtiments. Un grand nombre de ces esclaves, rendus à la liberté par la vanité des maîtres qui veulent orner d'une foule d'affranchis la pompe de leurs funérailles, prennent place aux derniers rangs de la société romaine, qu'ils dégradent et avilissent encore. Les choses en viendront à ce point que la loi finira par limiter le nombre de ces affranchissements par testament. Le peuple perd toute influence dans le gouvernement; cependant, il ne disparaîtra pas sans lutte de la scène politique : les Gracques lui rendront un instant ses libertés; Marius lavera ses opprobres dans le sang.

285. ÉTAT DES MUNICIPES, DES COLONS, DES ALLIÉS. — Au moment où ces luttes nouvelles vont éclater au sein de la république, elle est menacée à la fois par deux ennemis également redoutables : les Italiens, exclus des droits politiques, attaquent la cité romaine; les esclaves, privés des droits les plus sacrés de l'humanité même, déclarent la guerre à la société tout entière.

Au-dessous des villes organisées à l'image de Rome, et admises à la participation du gouvernement, les simples municipes ne se contentaient plus d'un droit de cité illusoire, qui ne leur permettait d'intervenir en rien dans les affaires de l'État. Les Italiens, absolument écartés de la cité, avaient prouvé pendant la guerre punique que les priviléges attachés au titre d'alliés ne leur avaient fait oublier ni leur état de sujétion, ni la perte d'une partie de leurs propriétés occupées par les colonies, ni les vexations des magistrats romains. Les Latins eux-mêmes, qui ne devenaient citoyens de Rome, qu'en laissant leurs enfants dans leur ville natale, n'achetaient guère à ce prix leur complète indépendance.

Tous s'efforçaient d'envahir la cité par mille ruses diverses. Les uns vendaient leurs enfants à des Romains, pour que l'affranchissement les rendît citoyens; les autres venaient s'établir à Rome, se perdaient dans la foule, où ils n'étaient pas reconnus, et parvenaient à s'introduire dans les tribus rustiques. Tandis que les anciennes familles de Rome s'éteignaient de jour en jour dans les guerres, ces étrangers renouvelaient, en les dénaturant, toute la population inférieure de la ville. On s'aperçut enfin que Rome regorgeait d'habitants, et que les peuples alliés ne fournissaient plus qu'avec peine leur contingent militaire. On fit des enquêtes, et en une seule année (187), seize mille familles furent renvoyées dans leur pays. Rome se vengea de ces tentatives audacieuses, et sa tyrannie devint plus dure. On vit un consul faire battre de verges le principal magistrat de Téanum, parce qu'à la porte des bains, sa femme avait attendu un instant ; on vit un simple citoyen faire mourir sous le bâton un malheureux bouvier qui avait osé rire en voyant le Romain porté sur les épaules de ses esclaves.

286. GUERRES DES ESCLAVES. — Quel devait être le sort de ces êtres que l'on ne regardait pas même comme des hommes, que l'on vendait comme des troupeaux ou des ustensiles, qu'on pouvait mettre à mort comme on tue un animal inutile, et que le droit plaçait avec les bêtes de somme au rang des choses? L'esclavage, cette lèpre du monde païen, s'était développé dans toute son horreur au sein de la société romaine. Les guerres perpétuelles avaient jeté en Italie un nombre prodigieux de captifs, qu'on cédait à vil prix sur tous les marchés. Ainsi, après la soumission de la Sardaigne, on amena au marché de Rome une foule de prisonniers, et *Sarde à vendre* signifia une marchandise sans valeur.

Pour cultiver leurs immenses jardins et entretenir leurs somptueuses villas, les riches Romains avaient à leurs ordres des milliers d'esclaves dont leur barbarie rendait le sort intolérable. Pour les moindres fautes, ils étaient marqués au front d'un fer chaud, condamnés à porter au cou un carcan, ou accablés de coups de fouet, à moins que leur maître ne préférât les enfermer dans un cachot pour y tourner la meule. Les moins dociles marchaient avec une lourde pierre attachée aux pieds. La croix était l'instrument de leur dernier supplice. Tout crime commis dans la maison de leur maître était puni sur eux, quand le coupable ne pouvait être découvert; on vit, après l'assassinat d'un propriétaire dont le meurtrier était resté inconnu, ses quatre cents esclaves crucifiés à la fois autour de son tombeau.

Ces laboureurs à la chaîne, dix fois plus nombreux que leurs tyrans, se soulevèrent pour la première fois en Sicile, sous la conduite d'un certain *Eunus*, esclave syrien, qui s'attira la confiance de ses compagnons par des prestiges grossiers, et prit le titre de roi Antiochus (137). De tous côtés, les maîtres furent mis à mort; et bientôt, Eunus eut réuni sous ses ordres deux cent mille soldats. Il choisit pour lieutenant un Cilicien plein d'activité et d'énergie, et pendant quatre années, il battit successivement les préteurs envoyés contre lui. Déjà, les esclaves s'agitaient de l'autre côté du détroit, dans la Campanie, à Rome même; déjà, Eunus s'était établi dans Tauroménium, d'où il se préparait à communiquer avec l'Italie; mais il fut assiégé dans cette ville par *Rupilius*, qui se fit ouvrir les portes par trahison, et jeta dans un précipice tous les prisonniers. La mort d'Eunus mit fin à la révolte, qui fut punie par des exécutions atroces (134).

Toutefois, trente ans après, un soulèvement non moins redoutable devait encore jeter la terreur dans toute la péninsule (105). Un Italien nommé *Salvius*, et le Grec *Athénion*, armèrent une multitude d'esclaves qu'ils formèrent à la discipline romaine. Après avoir battu trois généraux de la république, ils furent enfin vaincus et tués par le consul *Manius Aquilius*. Au milieu du massacre qui suivit cette défaite, mille prisonniers avaient été réservés pour combattre les bêtes féroces dans le cirque; ils échappèrent à ce supplice en s'égorgeant les uns les autres (102). Ces deux révoltes coûtèrent, dit-on, la vie à un million d'esclaves.

§ II. TENTATIVE DÉMOCRATIQUE DES GRACQUES.

287. TRIBUNAT DE TIBÉRIUS GRACCHUS. — SA MORT.
— Au moment où se terminait la première guerre des esclaves (133), deux patriciens, *Tibérius* et *Caïus Gracchus*, riches, mais humains et vivement touchés de la situation misérable du peuple de Rome, entreprirent d'y mettre un terme. Ils étaient fils de *Sempronius Gracchus*, illustre par ses victoires en Espagne et en Sardaigne, et de *Cornélie*, fille de Scipion l'Africain. Cette vertueuse et fière Romaine, qui avait refusé la main d'un roi d'Égypte, et qui ne voulait d'autres joyaux que ses enfants, leur demandait si on l'appellerait toujours la *belle-mère de Scipion* (Émilien avait épousé sa fille), et jamais *la mère des Gracques*. Ses fils répondirent trop bien à l'ambition maternelle.

Tibérius, riche, noble et brave, ne partageait pas l'insolent orgueil des grands de Rome. Lorsque, jeune encore, il revenait du siége de Numance, où il s'était signalé par sa valeur, il avait été frappé, en traversant l'Étrurie, de l'aspect désolé d'un pays si renommé jadis pour sa richesse. Il avait vu la population italienne, ruinée par les exactions des magistrats, épuisée par les exigences du service militaire, dépossédée de ses propriétés par les usures, abandonner la culture à des mains esclaves ou étrangères. La misère, la dégradation du peuple de Rome ne l'avaient pas moins touché. Il demanda le tribunat pour accomplir une réforme générale (133).

Une loi agraire (n° 237), rédigée avec le conseil de citoyens sages et modérés, fut présentée comme le moyen le plus doux de réparer les maux de l'injustice et de l'usurpation. Tibérius ne prétendait pas dépouiller les riches de leurs biens mal acquis; il leur laissait, outre leur patrimoine, cinq cents arpents de terres domaniales (1) pour eux, deux cent cinquante pour leurs enfants ; mais ils devaient abandonner le surplus, dont on leur remettrait la valeur en argent.

Tibérius plaidait sa noble cause avec une irrésistible éloquence. Il peignait l'affaiblissement de cette race italienne, instrument de toutes les victoires de Rome ; la décroissance du nombre des propriétaires, qui seuls composaient jadis la légion romaine, et que maintenant, il fallait mêler à des prolétaires, à des aventuriers sans lien avec la patrie, sans traditions de famille, sans amour pour la liberté qu'ils ne connaissaient pas : « Eh quoi! s'écriait-il, les bêtes sauvages
» ont leurs tanières, et ceux qui versent leur sang pour la
» défense de l'Italie n'ont d'autre propriété que l'air qu'ils
» respirent! On les exhorte à combattre pour leurs tombeaux
» et pour leurs temples; mais de tant de Romains en est-il
» un seul qui ait un autel domestique, un tombeau où reposent ses ancêtres? On les appelle maîtres de l'univers,
» et ils n'ont pas à eux une motte de terre ! »

Sa proposition, toute modérée qu'elle était, excita une violente rumeur. Les applaudissements du peuple, les manifestations enthousiastes des municipes et des colonies éveillèrent toutes les craintes de l'aristocratie, menacée dans son influence plus encore que dans sa fortune. Renonçant à lutter dans les comices, elle parvint à gagner le tribun *Octavius*, qui fit opposition à la loi de son collègue. Tibérius, indigné, proposa une loi plus sévère, qui ordonnait l'abandon pur et simple des terres usurpées. En même temps, pour désarmer Octavius, il lui offrait de le désintéresser avec ses propres biens. Remontrances, sollicitations, prières, tout échoua contre l'obstination de son collègue. Vainement encore, Tibérius, usant des plus redoutables prérogatives du tribunat, suspendit toutes les magistratures et scella lui-même le temple de Saturne, où était renfermé le trésor public. Il se décida enfin à briser une résistance qu'il ne pouvait fléchir, et fit déposer Octavius. C'était se perdre lui-même par ce triomphe d'un jour; c'était saper par la base le pouvoir des tribuns. Toutefois, la loi fut adoptée, et Tibérius, nommé triumvir avec son jeune frère Caïus et son beau-père Appius Claudius, fut chargé de la faire exécuter.

Les nobles se vengeaient par des attaques secrètes et de

---

(1) Ou terres appartenant au domaine de l'État et envahies par les nobles.

perpétuels outrages. Tibérius avait ajouté à leur mécontentement, en faisant distribuer au peuple, sans l'avis du sénat, le trésor d'Attale, roi de Pergame : le tribun fut accusé d'aspirer à la tyrannie. Le peuple lui-même se refroidissait pour son défenseur. Tibérius se mit sur les rangs pour un second tribunat, promettant des lois qui abrégeraient le service militaire, rétabliraient l'appel au peuple, enlèveraient les tribunaux aux sénateurs. Mais déjà sa mort était jurée. Il venait de paraître dans les comices, portant sa main à sa tête pour faire comprendre au peuple que sa vie était menacée, lorsque les patriciens, entraînés par *Scipion Nasica*, beau-frère de Tibérius, s'écrièrent qu'il demandait la couronne, et se précipitèrent sur lui avec leurs esclaves armés de massues et de bancs brisés. Tibérius fut assommé au pied de la tribune avec trois cents de ses partisans : son corps fut jeté dans le Tibre.

Une telle victoire criait vengeance ; et Tibérius laissait un frère aussi habile et plus ambitieux que lui.

288. Caius Gracchus. — Son premier tribunat. — Le sénat n'avait point osé abolir la loi agraire, et *Caïus Gracchus* était resté au nombre des commissaires. Les lois séditieuses du tribun *Carbon* annoncèrent une réaction. Scipion Émilien, protégé un moment par l'éclat de sa gloire, s'attira la haine implacable du peuple, en osant approuver publiquement la mort de Tibérius ; et bientôt, il fut trouvé mort dans son lit (130). Le sénat s'effrayait ; il se hâta d'éloigner Caïus Gracchus en lui donnant la questure de Sardaigne. Mais après deux années de magistrature (127-125), Caïus revint, malgré le sénat, après avoir fait admirer dans sa province son désintéressement aussi bien que sa valeur.

Aussitôt, le peuple le nomma tribun avec un tel empressement, que le Champ de Mars ne pouvant contenir la foule des votants, beaucoup donnèrent leurs suffrages du haut des toits des maisons voisines (123). Son premier acte fut de venger son frère en portant une loi contre les magistrats qui auraient mis à mort un citoyen sans jugement préalable ; puis, il reprit avec une ardeur nouvelle les plans inachevés de Tibérius. Il remit en vigueur la loi agraire, institua des distributions régulières de blé et d'argent, et fit décréter l'établissement de plusieurs colonies. Une loi mit à la charge du trésor l'habillement des soldats, et déclara que nul ne pourrait être enrôlé avant l'âge de dix-sept ans. La construction de plusieurs routes larges et solides à travers les marais et les montagnes, fournit de l'ouvrage aux classes pauvres; des greniers publics s'élevèrent pour garantir au peuple la prospérité et l'abondance. Caïus ne paraissait en public qu'entouré d'architectes et d'ouvriers, dont il hâtait les travaux. L'activité, l'intelligence, l'énergie du jeune tribun excitaient un enthousiasme contre lequel les nobles n'essayaient plus de lutter. Il fallut abandonner sans résistance l'autorité judiciaire à l'ordre des chevaliers que Caïus voulait élever contre l'influence patricienne; et le tribun put dire qu'il avait porté le coup de mort au sénat. En même temps, il faisait adopter, pour les assemblées populaires, un nouveau mode qui laissait au sort le soin de régler à quel rang voterait chaque centurie, et privait les plus riches de leur influence exclusive. Enfin, une loi non moins importante donna à Gracchus des partisans dans l'Italie entière en étendant aux Latins le droit de cité et de suffrage, et en le promettant à tous les alliés. Le sénat laissait faire et attendait, trop sûr de l'inconstance populaire. Cependant Caïus, maître du gouvernement et de l'administration, consulté dans toutes les délibérations, encensé par le peuple, Caïus était roi.

Le peuple le prorogea dans sa charge, sans qu'il se fût même présenté aux suffrages, et son pouvoir sembla définitivement affermi.

289. Deuxième tribunat de C. Gracchus. — Sa mort. — Mais le sénat attaqua sa popularité, en suscitant un tribun plus populaire que lui. *Livius Drusus*, d'accord avec les nobles, parut surpasser son collègue en dévouement à la cause des plébéiens, et fit adopter sans opposition des lois encore plus favorables au peuple que celles de Caïus. La haine contre l'aristocratie cédait peu à peu à ces faveurs inespérées; l'influence de Caïus s'affaiblissait en devenant inutile. A ce moment critique, le sénat eut l'adresse d'éloigner son ennemi en le chargeant d'établir une colonie à Carthage. Pendant son absence, intrigues, menaces, calomnies, tout fut mis en œuvre contre lui et ses partisans. Vainement, il accomplit sa mission avec une activité extraordinaire, et reparut à Rome soixante et dix jours à peine après son départ. Il trouva son crédit étrangement diminué. Repoussé du tribunat, qu'il sollicitait pour la troisième fois, il ne put voir de sang-froid son œuvre s'anéantir sous ses yeux, et prétendit encore, simple particulier, défendre ses lois contre tous. Mais le sénat l'accusa de rébellion et de tyrannie, et, comme dans les grands dangers de la république, il chargea de pouvoirs illimités un des consuls, *Opimius*, son ennemi personnel. Dans une émeute excitée à dessein, trois mille des amis de Caïus furent massacrés (121); lui-même, abandonné de tout le peuple, se fit tuer par un esclave. On avait promis de payer la tête du tribun son pesant d'or. Un homme en fit jaillir la cervelle, y coula du plomb, et l'apporta au consul Opimius. Le sénat jouit avec insolence de son triomphe : il éleva un temple à la Concorde sur le théâtre de sa vengeance, et défendit aux femmes de ses victimes de porter le deuil. — Tous les actes des Gracques furent abolis. Le parti démocratique parut anéanti, et l'oligarchie régna dans Rome.

QUESTIONNAIRE. — § I. 280. Quelle influence les conquêtes des Romains exercèrent-elles sur leurs mœurs ? — 281. Quel était le caractère de Caton l'Ancien ? — Comment Caton exerça-t-il ses fonctions de censeur ? — Quel hommage le peuple rendit-il à Caton ? — 282. Quels changements s'étaient opérés dans le gouvernement ? — 283. Quels progrès avait faits la puissance des chevaliers ? — 284. A qui appartenait l'influence politique ? — Quelle était la situation des plébéiens ? — 285. Faites connaître l'état des municipes, des colons, des alliés. — 286. Parlez de la situation des esclaves et des guerres qu'ils soutinrent contre les Romains. — § I. 287. De quels sentiments étaient animés deux jeunes patriciens ? — Quelle était leur mère ? — Quelle proposition fit Tibérius Gracchus parvenu au tribunat ? — Comment la soutint-il et la fit-il prévaloir ? — Son triomphe fut-il de longue durée ? — Comment mourut-il ? — 288. Comment Caïus Gracchus parvint-il au tribunat ? — Indiquez quelques-uns des actes de son administration. — 289. Quelles mesures furent prises contre lui ? — Comment périt-il ?

CHAPITRE VINGT-TROISIÈME.

RIVALITÉ DE MARIUS ET DE SYLLA.

SOMMAIRE.

§ Ier. 290. Jugurtha s'empare de tout le royaume de Numidie par l'assassinat d'Hiempsal, puis d'Adherbal. Calpurnius se laisse corrompre (112). Jugurtha vient à Rome ; il est vaincu par Métellus ; celui-ci est supplanté par Marius qui termine la guerre. Jugurtha, pris par le questeur Sylla, meurt dans un cachot de Rome (106).

291. Les Cimbres et les Teutons venus des bords de la Baltique, envahissent la Gaule, écrasent les armées romaines. Marius défait les Teutons près d'Aix, les Cimbres près de Verceil (102).

§ II. 292. L'influence des démagogues s'accroît à Rome ; les alliés prétendent à l'égalité des droits. Saturninus, tribun, assassine ses adversaires. Marius est forcé à prendre les armes contre lui (99). Drusus réclame le droit de cité pour les alliés; il est tué (91).

293. La guerre sociale éclate. La bravoure des Samnites fait courir de grands dangers à Rome. Sylla termine la guerre (89). La politique du sénat divise les alliés.

§ III. 294. La rivalité de Marius et de Sylla est née pendant les guerres de Numidie et des Cimbres. Sylla, chef des patriciens, obtient le commandement contre Mithridate. Marius veut le supplanter, s'enfuit à Minturnes, puis sur les ruines de Carthage; il revient en l'absence de Sylla; exerce des vengeances atroces; il meurt (86) par suite d'excès honteux.

295. Mithridate fait massacrer 80,000 Romains. Son armée envahit la Grèce (87). Sylla bat Archélaüs à Chéronée et Taxile à Orchomène après une lutte acharnée (86). Sylla conclut un traité avec Mithridate (85) et revient en Italie.

296. Un massacre au Champ de Mars signale le retour de Sylla à Rome. Il dresse les listes de proscriptions. Ses vétérans sont établis dans les domaines des proscrits. Dictateur (82), il réforme l'administration, réprime la brigue, la concussion; il rétablit l'influence de l'aristocratie. Dictateur perpétuel, il rentre dans la vie privée (79). Ses débauches sont punies par une mort affreuse (78); de magnifiques funérailles lui sont faites.

§ Ier. GUERRE DE JUGURTHA ET DES CIMBRES. — MARIUS.

290. GUERRE DE JUGURTHA. — Un homme apparaissait qui devait venger les Gracques et relever violemment le parti populaire : c'était *Caïus Marius*, ambitieux et farouche plébéien, qui, venu du bourg d'Arpinum, parvint à se tirer de l'obscurité par sa seule bravoure et par ses talents, et acquit une immense renommée par ses exploits dans deux guerres mémorables : la guerre de Jugurtha et la guerre des Cimbres.

Après la mort de Massinissa, le protégé des Romains, *Micipsa*, son fils, leur était resté fidèle, et pour leur prouver son amitié, il avait envoyé son neveu *Jugurtha* au siège de Numance. Le jeune prince s'y fit connaître par de brillants faits d'armes. Micipsa, fier de sa gloire, l'adopta, et lui laissa un tiers de son royaume, comme à ses propres fils *Hiempsal* et *Adherbal* (119).

Mais Jugurtha prétendit régner seul, et aidé des plus braves Numides, qui aimaient son intrépidité, il eut bientôt envahi la part d'Hiempsal, assassiné par ses ordres. En vain Adherbal implora la protection de Rome; malgré la présence des commissaires romains, il fut égorgé par son rival (113).

Le sénat, cédant à l'indignation publique, envoya une armée ; mais Jugurtha acheta la paix du consul *Calpurnius Pison* (112), et vint à Rome pour se justifier. Il étouffa toutes les plaintes à force de présents, osa encore assassiner un de ses parents (111), et quitta Rome en s'écriant : *O ville, tu te vendrais, si tu trouvais un acheteur !*

Cependant, il se rencontra un Romain inaccessible à la corruption, qui devait tirer vengeance de tant de crimes et d'insolence. Une armée de la république venait de passer sous le joug, lorsque *Métellus* arriva (109) ; il reprit bientôt l'avantage, et surpassa son ennemi en perfidie et en cruauté aussi bien qu'en courage. Le Romain à son tour corrompait les amis de Jugurtha, qui, craignant une trahison, résolut de conclure la paix à tout prix. Les conditions arrêtées, Métellus somma Jugurtha de se livrer lui-même, et continua la guerre à outrance. Dans chaque ville prise, tous les hommes en état de porter les armes étaient égorgés. Déjà les Numides épouvantés commençaient à poser les armes, et leur chef, aux abois, appelait à son secours le roi de Mauritanie.

Mais tout à coup, le lieutenant de Métellus, *Marius*, fit accuser son général de traîner la guerre en longueur dans l'intérêt de son ambition (107). Il parvint, à force de calomnies et d'intrigues, à le supplanter dans son gouvernement et à lui ravir l'honneur de terminer la guerre. Avec une armée levée à dessein dans les derniers rangs du peuple et parmi les prolétaires, il eut bientôt mis la dernière main à une œuvre presque achevée. Jugurtha, vaincu deux fois par Marius et bientôt après livré par son beau-père, *Bocchus*, roi de Mauritanie, à *Sylla*, questeur de Marius, fut conduit à Rome, et jeté dans un cachot, où il mourut après avoir lutté six jours contre la faim. Marius eut tous les honneurs du triomphe : Métellus dut se contenter du surnom de *Numidique* (106).

Cette guerre donnait à Rome la plus grande partie de la Numidie, mais elle devait avoir pour la liberté publique et la constitution romaine de funestes résultats. Elle avait introduit une innovation dangereuse, en appelant dans l'armée une foule d'hommes que nul intérêt de propriété et de famille n'attachait à l'État, et d'un général de la république elle avait fait un chef de parti. Déjà, revenant à Rome entouré de l'admiration populaire, Marius était l'espoir de tous les citoyens misérables. Ces hommes, pour qui la patrie n'était qu'un vain mot, devaient s'attacher exclusivement à celui qui les menait à l'ennemi et au pillage. Avec un tel appui, l'ambitieux plébéien était bien puissant; on pouvait pressentir la *rivalité de Marius et de Sylla*.

291. Marius triomphe des Cimbres et des Teutons. — A peine Marius eut-il donné au peuple le spectacle de son triomphe, qu'il eut à sauver l'Italie d'un immense péril. Les *Cimbres*, descendus des bords de la mer Baltique, et unis aux *Teutons*, peuple de Germanie, avaient inondé la Gaule, dévastant tout sur leur passage, entraînant avec eux les populations vaincues. Pendant cinq années (110-106), les armées romaines furent écrasées par les Barbares; une dernière bataille coûta la vie à quatre-vingt mille légionnaires et à quarante mille valets d'armée. Dix hommes seulement échappèrent, dit-on, avec le consul *Cépion*.

L'Italie était ouverte à l'invasion. L'épouvante fit taire la jalousie des nobles; Rome, n'espérant plus que dans Marius, l'éleva au consulat. Le sombre et dur soldat soumit les légionnaires à une discipline sévère et à de rudes travaux, tandis que les Barbares, par un bonheur inespéré, laissaient respirer les Romains pour envahir l'Espagne.

Pendant trois années, le plébéien fut maintenu au consulat dans l'attente des ennemis. Quand ils revinrent, Marius était prêt (103). Auprès d'*Aix*, il détruisit en deux batailles l'innombrable armée des Teutons, qui avait mis six jours entiers à défiler devant son camp. On eut à lutter contre un ennemi nouveau : les légionnaires trouvèrent au milieu des chariots les femmes des ennemis, qui, se jetant avec une fureur égale sur les vainqueurs et sur les vaincus, leur arrachaient leurs épées, dont elles se perçaient les unes les autres.

Aussitôt, Marius retourna en Italie, où les Cimbres avaient pénétré déjà, demandant des terres pour eux et leurs frères: « *Vous aurez*, dit Marius, *les terres dont vos frères sont en possession et pour toujours !* » La bataille se livra près de *Verceil*. Les Cimbres s'étaient liés entre eux avec des chaînes pour rendre la fuite impossible; leur infanterie occupait une lieue de terrain; leurs cavaliers, la tête couverte de mufles d'animaux sauvages et d'ailes d'oiseaux, étaient d'un aspect effrayant. Toutefois les Romains furent vainqueurs par la valeur du consul *Catulus* et de Sylla, son lieutenant, qui soutinrent presque seuls l'effort du combat, tandis que Marius errait dans la plaine, égaré par un brouillard. Cent vingt mille Barbares furent tués dans cette épouvantable journée, et le carnage ne cessa pas avec la bataille. Les femmes retranchées dans le camp égorgeaient les fuyards, puis se roulaient avec leurs enfants sous les pieds des chevaux, ou se pendaient aux arbres et aux timons des chars. De toute la nation des Cimbres il resta soixante mille prisonniers (102).

L'Italie et la civilisation antique étaient sauvées.

§ II. GUERRE SOCIALE.

292. Causes de la guerre sociale.—Saturninus. — Drusus. — « A Rome, le parti démocratique n'était pas un allié sincère de la cause italienne... Entre la plèbe romaine et les nations italiotes, il y avait une barrière comme entre le maître et l'esclave. Céder aux alliés une partie de ses droits, c'eût été aux yeux du dernier plébéien de Rome, s'avouer vaincu par des ennemis dont on lui redisait chaque jour la défaite; c'eût été comme renoncer à une propriété qui, pour n'être qu'une satisfaction d'amour-propre, ne lui en était pas moins précieuse. » (M. Mérimée, *Guerre sociale.*)

Aussi, le peuple, tout dévoué qu'il était à Marius, s'indigna-t-il quand l'ancien publicain d'Arpinum donna le droit de cité à deux mille habitants de la ville alliée de Camérie. Le tribun *Apuléius Saturninus* ne réussit pas mieux. Ce séditieux démagogue, chassé du sénat qu'il déshonorait, s'était uni à Marius pour se venger des nobles. Il assassina son concurrent au tribunat, s'y maintint, grâce à l'appui de Marius, puis fit voter une loi agraire par une foule tumultueuse composée d'hommes de la campagne et d'Italiens, qui avaient pris possession du Forum à main armée (99). Métellus, seul de tous les sénateurs, ayant refusé son suffrage à cette loi, Marius saisit cette occasion pour faire prononcer l'exil de cet ancien ennemi.

Saturninus, triomphant, voulut faire élire consul le préteur *Glaucia*, homme aussi méprisable que lui, et fit assommer sur la place publique son compétiteur *Memmius*. Cet attentat combla la mesure. La formule *Caveant consules* appela tous les citoyens à la défense de la république. Marius lui-même fut obligé de prendre les armes contre son imprudent complice, qui fut massacré par le peuple. Ce fut le signal d'une rapide réaction. Les lois de Saturninus furent abolies ; les amis du tribun furent tués ou bannis ; Marius lui-même s'éloigna de Rome. Au bout de dix-huit mois, Métellus, rappelé de son exil, fut reçu avec enthousiasme par l'Italie tout entière (98) ; enfin, les consuls *Licinius Crassus* et *Mucius Scévola* firent adopter une loi qui entoura de difficultés nouvelles l'admission des alliés dans la cité. — Les Italiens s'irritèrent et s'agitèrent de nouveau ; tandis que les chevaliers, maîtres absolus des tribunaux, menaçaient l'ordre entier des patriciens par leurs jugements arbitraires, et osaient condamner comme concussionnaire le vertueux *Rutilius*.

Une transaction semblait seule pouvoir mettre un terme à ces déchirements intérieurs : le tribun *Livius Drusus* la tenta (91). Il présenta une loi qui, pour satisfaire à toutes les prétentions diverses, rendait les jugements aux sénateurs, introduisait trois cents chevaliers dans le sénat, faisait au peuple des distributions immenses, et donnait le droit de cité à tous les Italiens. — Les passions étaient trop émues pour accepter cette voie de conciliation : toutes les factions se soulevèrent contre Drusus, qui mourut assassiné. Mais l'Italie s'était associée aux efforts du tribun. La mort du patron des Italiens apprit à tous que les sollicitations étaient désormais inutiles, et la guerre sociale éclata (90).

263. Guerre sociale. — Ses résultats. — « Bien des lieutenants et des soldats de Marius ressaisirent l'épée, mais cette fois contre Rome. C'est le glaive, c'est le pilum, ces terribles armes des Romains, qui vont frapper de part et d'autre. Rome recule aux années de son berceau, où l'ennemi n'était qu'à quelques journées, où la fumée des camps montait jusqu'aux collines de l'horizon. » Les Marses, les Picentins, les Samnites, les Hirpins, les Apuliens, les Lucaniens, etc., se levèrent à la fois. A Corfinium, les alliés nommèrent un sénat et deux consuls, *Pompéius Silo* et *Afranius*, qui ouvrirent la campagne par des avantages signalés. Les plus grands généraux de Rome, *J. César, Pompéius Strabo, P. Caton,* furent appelés à la défense de la patrie. Marius hésita à combattre la cause qu'il avait soutenue, et quitta le commandement. L'adroit et ambitieux Sylla tourna à son profit cette retraite volontaire ; placé à la tête des troupes romaines, il mit à feu et à sang la Campanie et le Samnium, et termina par deux victoires une guerre qui coûtait à l'Italie trois cent mille soldats (89). Les alliés avaient lutté avec une indomptable énergie. Le Marse *Vettius Scato*, fait prisonnier dans une retraite, était conduit au consul. Un de ses esclaves arrache l'épée d'un soldat de l'escorte, en frappe Scato, et le tue sur la place : « J'ai délivré mon maître, s'écrie-t-il ; à mon tour maintenant ! » et il se passe l'épée au travers du corps.

Toutefois, le sénat avait su diviser le parti ennemi en accordant le droit de cité à tous ceux qui se soumettaient volontairement. La guerre une fois terminée, il n'osa pas abuser d'un triomphe si chèrement acheté, et il étendit à tous la même concession, atténuant néanmoins les résultats de cette mesure par le classement des nouveaux citoyens dans les tribus inférieures. Les désordres du gouvernement et les factions renaissantes allaient faire sentir l'influence de la révolution politique qui s'était opérée.

§ III. GOUVERNEMENT ARISTOCRATIQUE DE SYLLA.

294. RIVALITÉ DE MARIUS ET DE SYLLA. — PROSCRIPTIONS ORDONNÉES PAR MARIUS. — Marius depuis longtemps voyait d'un œil d'envie la gloire et la popularité de Sylla s'accroître tous les jours. La rivalité de ces deux hommes, l'un plébéien, l'autre patricien, qui semble la personnification de la vieille inimitié des deux ordres, s'était déclarée dès leur entrée dans la carrière des armes. C'était Sylla, alors questeur dans l'armée de Marius, qui avait réussi, par ses adroites négociations, à se faire livrer Jugurtha ; c'était encore Sylla qui, à la bataille de Verceil, avait le plus contribué à la victoire par sa valeur (n° 291). Une brillante expédition en Asie avait augmenté la réputation du jeune patricien, quand l'heureuse issue de la *guerre sociale* vint y mettre le comble. Tous les yeux se portèrent sur lui lorsqu'il s'agit de faire la guerre au puissant roi de Pont, Mithridate le Grand.

Marius, se voyant supplanté, quitta aussitôt la retraite où il vivait depuis plusieurs années et reparut au Forum. Il excita contre Sylla les plébéiens et les Italiens nouvellement admis au droit de cité, et parvint à lui faire enlever par une assemblée du peuple le commandement que le sénat lui avait donné. Mais Sylla courut joindre l'armée qui déjà l'attendait en Campanie, il la ramena avec lui et fit déclarer Marius ennemi public (88). Celui-ci fut obligé de quitter Rome à la hâte, et il n'échappa à la mort qu'à travers les plus grands périls et les plus étranges aventures. Découvert dans les marais de Minturnes où il s'était caché dans la fange et dans les roseaux, il est condamné à périr, et un esclave cimbre est chargé de lui donner la mort : *Oses-tu tuer Caïus Marius!* s'écrie le vainqueur des Cimbres en lui jetant un regard terrible ; et cet homme, épouvanté, s'enfuit en jetant son épée. Marius obtient la permission de passer en Afrique. Le préteur, dévoué à son rival, lui fait porter l'ordre de quitter la province : *Va dire à ton maître*, répond le proscrit à l'envoyé, *que tu as vu Marius assis sur les ruines de Carthage!*

Cependant, il s'éloigne encore, et passe l'hiver, errant au gré des flots.

Mais tandis que la guerre contre Mithidate retenait Sylla en Asie Mineure, Marius put débarquer en Italie, rassembler ses partisans, rappeler à lui tous ses anciens compagnons d'armes et rentrer à Rome, altéré de vengeance. Ceux qui l'avaient proscrit furent mis à mort ou bannis à leur tour; le sang coula à flots de tous côtés. Sans même prendre la peine de faire condamner ses victimes, le monstre avait ordonné à ses satellites d'égorger à l'instant ceux auxquels il ne rendrait pas leur salut. Maître absolu de l'Italie, élevé pour la septième fois au consulat, Marius cependant expiait déjà cruellement tous ses crimes. Il vivait au milieu des plus mortelles inquiétudes, sachant que son rival, vainqueur de Mithridate, revenait à la tête de son armée triomphante, et n'espérant pas, déjà accablé comme il l'était par l'âge et les infirmités, pouvoir résister longtemps à son jeune et heureux ennemi. Il ne songea plus qu'à s'étourdir par l'ivresse la plus ignoble, et des excès sans cesse répétés terminèrent honteusement sa carrière, au moment où Sylla reparaissait en Italie (86).

295. Succès de Sylla contre Mithridate. — Sylla venait de terminer une rapide et brillante campagne contre le plus redoutable ennemi de Rome à cette époque, *Mithridate*, héritier de la haine d'Annibal contre les Romains.

Vainqueur de plusieurs petits rois, vainement protégés par l'amitié de Rome, ce prince avait reçu avec arrogance les plaintes du sénat, et avait battu successivement trois corps d'armée. Bientôt, l'Asie Mineure tout entière fut soumise, et Mithridate se crut assez fort pour anéantir en Orient la domination romaine : le massacre de quatre-vingt mille citoyens romains répandus dans l'Asie Mineure fut sa déclaration de guerre (88).

Déjà ses armées occupaient les provinces méridionales de la Grèce, quand Sylla parut pour répondre à sa sanglante provocation (87). Toutes les villes s'empressent de lui ouvrir leurs portes. Athènes, restée seule fidèle à l'alliance de Mithridate, est forcée de se rendre après un siége de dix mois, et Sylla, respectant ses gloires passées, *épargne les vivants en faveur des morts*. Mais les deux généraux du roi de Pont, *Archélaüs* et *Taxile*, tiennent la campagne avec deux cent mille hommes. Sylla, qui n'a sous ses ordres que seize mille soldats, anéantit l'armée d'Archélaüs au milieu des rochers de *Chéronée*. Dans la plaine d'*Orchomène*, l'innombrable cavalerie de Taxile fait plier les légions. « *Romains!* s'écrie Sylla en s'élançant dans les rangs ennemis, *quand on vous demandera où vous avez abandonné votre général, souvenez-vous que c'est à Orchomène!* » A ces mots, la déroute s'arrête, et les Romains sont vainqueurs (86). Ce double triomphe jette l'épouvante dans l'Asie Mineure, qui abandonne Mithridate. Sylla passe le détroit; il rencontre une armée dévouée à Marius, qui a mis le siége devant Pitane, où s'est enfermé le roi de Pont; mais loin de prêter secours à ses compatriotes, il favorise la fuite de Mithridate; et aussitôt, pressé de revoir l'Italie, où son parti le rappelle, il conclut un traité de paix avec son ennemi (85). Ce prince, *trop heureux de conserver la main qui a signé la mort de tant de Romains*, a perdu à la fois toutes ses conquêtes et a vu ses États dévastés; toutefois, il est roi encore, et trente années d'une guerre terrible montreront quelles sont les ressources de sa puissance et de son génie.

296. Dictature de Sylla; ses proscriptions, ses réformes, son abdication. — De retour en Italie à la tête de son armée victorieuse, l'*heureux* Sylla triompha sans peine de toutes les résistances. Après avoir battu le fils de son rival, il rentra dans Rome, où il se livra à des vengeances plus atroces encore que celles de Marius. Tandis que le sénat tremblant délibère dans le temple de Bellone, des cris affreux retentissent. « Ce n'est rien, dit Sylla, je fais châtier quelques factieux. » C'étaient six mille prisonniers qu'il faisait égorger dans le champ de Mars. Déjà une foule de citoyens avaient été mis à mort, et le carnage ne cessait pas. « Quel terme mettras-tu aux malheurs des citoyens? dit Métellus à Sylla. Délivre-nous d'une inquiétude pire que la mort, et apprends-nous qui tu veux sauver. — Je ne sais, répondit le tyran. — Nomme du moins ceux que tu as condamnés. — Je le ferai. » — Le lendemain parut la première de ces listes de proscriptions sur lesquelles devaient figurer quatre mille sept cents Romains. Des cités entières furent proscrites. Seize cents chevaliers, quatre-vingts sénateurs, dix-sept consulaires, furent mis à mort, les uns pour leur attachement à Marius, d'autres pour leur réputation, plusieurs pour leurs richesses. On punissait de mort le fils qui avait caché son père proscrit, l'esclave qui n'avait pas dénoncé son maître. Toutes les haines particulières s'assouvissaient à la faveur des vengeances du tyran.

Sylla accomplissait froidement toutes ces cruautés; il voulait anéantir le parti démocratique en rendant le pouvoir à l'aristocratie, il voulait satisfaire son propre parti avec les biens des proscrits, et distribuer à ses vétérans les terres des colons de toute l'Italie. Dans son dédain profond pour l'humanité, il calcula combien il lui fallait de morts, et il n'épargna personne de ceux qu'il avait condamnés, personne que le jeune *César* (n° 304). Puis il s'arrêta, et ne s'occupa plus qu'à légaliser son œuvre sanglante, et à fonder la suprématie patricienne. Il ordonna qu'aucun candidat ne parviendrait au consulat que par la préture et la questure, et lui-même, selon la loi ancienne, voulut recevoir d'un interroi le titre de dictateur (82).

Sylla fit d'utiles règlements pour réprimer la brigue, et l'avidité des gouverneurs de province ; il publia des lois contre les assassinats, à la suite des proscriptions ; il rendit au sénat la plénitude du pouvoir judiciaire, il ruina la puissance tribunitienne et opéra une réaction complète en faveur de l'aristocratie. Toute résistance cessait au dedans et au dehors. Un seul partisan de Marius, *Sertorius* (n° 297), résistait encore en Espagne. Rien ne pouvait plus ébranler le pouvoir de Sylla, proclamé dictateur perpétuel.

Ce fut alors que Sylla donna au monde le plus étrange spectacle. Satisfait du triomphe qu'il avait assuré à la cause aristocratique, las peut-être d'une gloire trop chèrement achetée, ou recherchant une illustration toute nouvelle, l'orgueilleux dictateur vint à la tribune abdiquer le rang suprême pour rentrer dans la vie privée. Telle était la terreur qu'il avait inspirée qu'il put vivre paisiblement dans cette ville même qu'il avait inondée de sang. Il est vrai que ses anciens soldats, établis dans les domaines des proscrits, étaient prêts dans toute l'Italie à le défendre ou à le venger (79).

Toutefois, il expia, comme Marius, pendant sa vie même, les crimes dont il s'était souillé. Une maladie affreuse, suite et châtiment de ses débauches, le conduisit au tombeau après de longues et cruelles souffrances (78).

Les vétérans de Sylla accoururent en foule à ses funérailles, qui furent célébrées avec une pompe extraordinaire. On lui éleva au milieu du champ de Mars un magnifique tombeau avec cette inscription qu'il avait dictée lui-même : *Personne n'a fait plus de bien à ses amis ni plus de mal à ses ennemis.*

QUESTIONNAIRE. — § I. 290. Qui était Jugurtha ? — Comment s'empara-t-il de la Numidie tout entière ? — Comment se termina l'expédition de Calpurnius? — Racontez le voyage de Jugurtha à Rome. — Faites connaître le succès de l'expédition de Marius contre Jugurtha, et le sort de ce prince. — 291. Qui étaient les Cimbres et les Teutons? — Parlez de leur invasion en Gaule. — *Par qui furent vaincus les Teutons?— Où se livra la bataille contre les Cimbres?— Quel en fut le résultat?* — § II. 292. Qui était Saturninus et quel fut son sort? — Que réclamèrent les Italiens? — Quel fut le sort de Drusus? — 293. La guerre sociale fut-elle soutenue avec énergie? — Qui fut chargé de la terminer et quelle en fut l'issue? — § III. 294. Faites connaître les principaux motifs de la rivalité de Marius et de Sylla. — Comment Marius fit-il éclater sa jalousie? — *Racontez les circonstances de sa fuite.* — Parlez de son retour à Rome, de ses vengeances et de sa mort. — 295. Comment Mithridate déclara-t-il la guerre aux Romains? — Quelle fut l'issue de la campagne de Sylla contre lui en Grèce, puis en Asie? — 296. Comment Sylla rentra-t-il dans Rome? — Quelles vengeances signalèrent son retour? — Parlez des listes de proscriptions. — Quel était le but de la sanglante politique de Sylla? — Quelle fut sa conduite quand il eut été élevé à la dictature? — Comment quitta-t-il le pouvoir? — Comment mourut-il?

CHAPITRE VINGT-QUATRIÈME.

HISTOIRE INTÉRIEURE ET EXTÉRIEURE DE ROME DEPUIS LA MORT DE SYLLA JUSQU'AU PREMIER TRIUMVIRAT.

SOMMAIRE.

§ Ier. 297. Sertorius, chef du parti démocratique, lutte avec huit mille hommes en Espagne contre toutes les forces de Rome. Il montre une fierté patriotique vis-à-vis des étrangers; remporte des succès contre Métellus et Pompée. Il est assassiné par Perpenna (73).

298. Les gladiateurs s'égorgent pour le plaisir des Romains. Spartacus soulève les gladiateurs et les esclaves ; après plusieurs victoires, il est défait et tué par Crassus dont Pompée usurpe la gloire (71).

§ II. 299. Lucullus, célèbre par ses talents militaires et surtout par son luxe incroyable, est envoyé en Asie; il défait Mithridate (74-71), puis Tigrane (70-69).

300. Pompée, investi de pouvoirs illimités, triomphe des pirates (67).

301. Il supplante Lucullus et termine la guerre. Mithridate, trahi par son fils, se tue (65); Tigrane se soumet. La Bithynie, le Pont, la Syrie sont réduits en province romaine (64). Pompée est l'arbitre de la Judée.—Pompée s'attache au parti populaire, et à celui des chevaliers, opulents percepteurs des impôts (publicains).

§ III. 302. L'orateur Cicéron fait condamner Verrès, spoliateur et

tyran de la Sicile. Catilina forme le projet de s'emparer du pouvoir par le bouleversement de l'État.
303. L'orateur Cicéron démasque Catilina au sénat, prononce les Catilinaires (63); il fait arrêter et exécuter les complices de Catilina. Celui-ci est vaincu et tué à Pistoia.

§ Ier. SERTORIUS. — SPARTACUS.

297. GUERRE CONTRE SERTORIUS. — Au moment de la mort de Sylla, *Sertorius*, ancien lieutenant du vainqueur des Cimbres, aussi grand capitaine et meilleur citoyen que Marius, combattait déjà depuis six ans, au milieu des Lusitaniens, pour la cause populaire. Les soldats rappelaient avec admiration qu'après cette terrible bataille où les barbares du Nord avaient tué quatre-vingt mille Romains (n° 291), Sertorius avait traversé le Rhône à la nage avec son épée et son bouclier. Ils le croyaient en communication avec les dieux; et une biche blanche, qu'il avait, disait-on, reçue de Diane, passait pour lui prédire l'avenir. En Espagne, il se montra digne de sa renommée. Forcé de se réfugier en Afrique, il en avait ramené trois mille soldats; et ce fut à la tête de cette poignée d'hommes, et de cinq mille Espagnols que lui avaient attachés son audace et son génie, qu'il soutint l'effort des meilleurs généraux de Rome (80). En trois ans (79-76), il avait détruit la flotte romaine, écrasé les légions d'un préteur et d'un proconsul et battu tous les lieutenants du consul Métellus. Du reste, Romain avant tout, il ne luttait que pour la liberté : on le vit, dans ses négociations avec Mithridate, refuser au Barbare la cession du plus chétif royaume; c'était un consul parlant au nom de la patrie : la république était dans son camp. Métellus Pius (76), *cette vieille sans vigueur*, ne put rien contre le fier proscrit, et le laissa pénétrer jusque dans la Gaule narbonnaise. Il mit à prix la tête du héros, et se flattait de terminer la guerre par la perfidie, sinon par la force, lorsque Pompée, chargé du commandement, survint à temps pour recueillir les fruits d'une trahison. Il venait d'être vaincu à son premier combat, et n'avait pu échapper qu'avec l'aide de Métellus, lorsque *Perpenna*, lieutenant de Sertorius, prétendit lui succéder. Ce traître aigrit les Ibériens contre son général, et l'assassina dans un festin (73). Pompée, après avoir été défait dans tous les combats qu'il avait livrés à Sertorius, n'eut qu'à faire égorger son meurtrier, et reçut les honneurs de la victoire.

D'heureuses circonstances favoriseront partout ce nouveau prétendant à l'empire. Il a été proclamé *imperator* par Sylla lui-même, à l'âge de vingt-trois ans; nous le verrons placé plusieurs fois, sans titre légal, à la tête des armées de la république; chargé de quelques guerres importantes, mais déjà presque terminées, il saura recueillir les fruits de l'œuvre accomplie par d'autres : ainsi, homme de médiocre génie, il excitera au plus haut point l'enthousiasme de sa patrie tout entière, et il sera le *Grand Pompée*.

La guerre éclate partout, au dedans et au dehors. Au milieu des convulsions du parti populaire expirant, Spartacus, Mithridate, les pirates, surgissent à la fois. Rome triomphe; mais un seul homme grandit par ses victoires; l'État s'abaisse, les individus dominent; bientôt il ne s'agira plus que de savoir par qui la république devra être abattue.

298. LES GLADIATEURS. — GUERRE CONTRE SPARTACUS (73-71). — Depuis longtemps déjà, le peuple romain applaudissait avec une joie féroce aux luttes des gladiateurs ; c'était là son plus agréable spectacle; au milieu des pompes funèbres, des jeux, des festins, il fallait que le sang humain coulât à grands flots. D'immenses troupeaux d'esclaves étaient nourris pour les plaisirs du peuple, et ces infortunés ne voyaient d'autre terme à la servitude que la mort. Ils se dirent enfin qu'il valait mieux périr en hommes sur un champ de bataille que de s'égorger comme des bêtes sauvages sur une arène.

Un Thrace, *Spartacus*, s'échappe de Capoue avec soixante-dix de ses compagnons, les arme de couteaux, et se cache avec eux dans les gorges du Vésuve; puis il fond à l'improviste sur le préteur qui l'assiége, le met en fuite, disperse successivement trois corps d'armée, et, secondé par une foule de colons et d'Italiens, il ravage toute la Campanie (73). Déjà soixante-dix mille soldats suivent le gladiateur, devenu la terreur de Rome. Toutefois, il ne se fait point illusion ; il ne pense pas à entrer en lutte avec les forces de la république romaine; il ne veut que la liberté, et se dirige vers le nord pour franchir les Alpes et revoir sa patrie. Il bat deux consuls qui veulent arrêter sa marche, et s'avance jusque dans les plaines du Pô. Son but va être atteint; mais ses soldats, avides de pillage, enivrés de folles espérances, ses soldats ne l'ont pas compris. Ils s'attachent à l'Italie, où ils vont trouver leur ruine, et après une victoire nouvelle dans le Picénum, ils forcent leur chef à rétrograder vers le midi. Spartacus veut passer en Sicile et y rallumer la guerre des esclaves : il est trahi par des pirates qui lui ont promis des vaisseaux, et se voit enfermé par *Crassus* dans la presqu'île de Rhégium. Une nuit orageuse facilite sa retraite : il court en Lucanie écraser deux préteurs ; mais, contraint par son armée de livrer une bataille générale, il est vaincu sur le *Silarus*, et tombe frappé à mort sur les cadavres de ses soldats (71).

Toute la gloire du succès ne fut pas pour Crassus : Pompée, débarquant d'Espagne, rencontra cinq mille fuyards et les tailla en pièces : il se vanta d'avoir terminé la guerre, et les Romains applaudirent à leur favori.

§ II. MITHRIDATE. — GRANDEUR DE L'EMPIRE.

299. **Suite de la guerre contre Mithridate.** — **Lucullus.** — Cependant l'Orient était en feu. Les malheureux Asiatiques, épuisés par les usuriers romains, forcés de vendre leurs femmes et leurs enfants, avaient imploré le grand ennemi de Rome. Mithridate avait de nouveau occupé la Cappadoce et la Paphlagonie, à la tête d'une puissante armée. Les peuples du Caucase, de la Scythie asiatique, de la Sarmatie européenne, lui envoyaient leurs soldats. Il avait appris la guerre par ses premiers revers, et, disciplinant ses troupes, renonçant au luxe de l'Asie, il formait un plan de défense redoutable. *Lucullus* fut chargé de le combattre. Ce général, instruit par la défaite de son collègue *Aurélius Cotta*, attend prudemment que l'immense armée de Mithridate s'épuise et se disperse (74) ; il lui coupe les vivres devant Cyzique, la taille en pièces sur les bords du Granique, reprend la Bithynie, et détruit une flotte qui cinglait vers l'Italie pour y porter des secours à Spartacus. En même temps, une habile politique, d'adroites réformes, lui concilient les cités. — Cette *guerre administrative* ruine Mithridate. Il s'échappe à grand'peine de Nicomédie ; il est battu de nouveau, chassé de la Cappadoce, et il n'a plus qu'à fuir chez son beau-père *Tigrane*, roi d'Arménie (71), qui envahit la Syrie. Lucullus marche contre ce nouvel ennemi à la tête de dix mille soldats : « *Si les Romains viennent comme ambassadeurs*, dit Tigrane en voyant cette poignée d'hommes, *ils sont trop nombreux ; s'ils viennent pour me combattre, ils sont trop peu.* » Les Arméniens n'en sont pas moins mis en déroute au premier choc. Tigrane laisse sur le champ de bataille sa tiare et son diadème. Les Romains avaient eu cinq hommes tués et

cent blessés. La grande ville de Tigranocerte ouvre ses portes, et une seconde bataille livre à Lucullus la plus grande partie de l'Arménie (69). Le vainqueur reçoit la soumission des petits peuples opprimés par Tigrane, et veut porter la guerre chez les Parthes; mais ses soldats, qui ont goûté les délices de la molle Arménie, refusent de le suivre. Les publicains, dont il a réprimé la rapacité, encouragent la résistance et la rébellion (68); ils reprochent à Lucullus ses immenses richesses, l'accusent auprès du peuple, obtiennent son rappel, et celui qui a mis le roi de Pont au pied de Rome va mendier un triomphe qu'il n'obtiendra qu'après trois années de prières.

500. Guerre contre les Pirates (67). — Victoire de Pompée. — L'instigateur de cette disgrâce était Pompée, qui avait tout préparé pour en profiter. Secondé par les talents de Cicéron, chevalier comme lui, soutenu par le peuple, dont il s'était déclaré le protecteur (n° 301, *in fine*), il obtint des pouvoirs, des honneurs inouïs.

Il s'agissait de mettre fin aux violences d'une multitude de pirates qui désolaient les côtes de la Méditerranée et servaient les ennemis de Rome. Ces brigands audacieux, Ciliciens, Isauriens, Cypriotes, la plupart anciens soldats du roi de Pont, s'étaient créé sur les eaux un *empire flottant* qui, partout présent, partout insaisissable, semblait une menace perpétuelle aux maîtres du monde. Les blés d'Afrique étaient interceptés; les rivages de l'Italie même n'étaient pas à l'abri; et le titre de citoyen romain n'était plus que le jouet d'une sanglante ironie. Un prisonnier voulait-il se couvrir de ce nom respecté, les pirates feignaient la terreur et s'agenouillaient à ses pieds; puis on lui apportait une toge, des sandales; enfin on appliquait une échelle au navire, et on priait le citoyen romain de s'acheminer vers la ville souveraine. *Marcus Antonius*, envoyé contre la Crète, ce camp retranché des pirates, avait fui devant eux, et le pillage de quatre cents villes ou bourgades avait suivi sa honteuse défaite (76). Mais déjà le successeur d'Antonius, *Métellus*, vengeait ses revers, et méritait le surnom de *Créticus* (68), lorsque Pompée se présenta pour mettre fin à la guerre maritime. — Sur la proposition du tribun *Gabinius*, et malgré le sénat, le défenseur du peuple reçoit de lui le commandement absolu des mers, cinq cents vaisseaux et vingt mille hommes : jamais pareille puissance n'avait été donnée à un citoyen. Il partage la Méditerranée en treize régions, divise habilement ses forces, et

GRANDEUR DE POMPÉE. — SOUMISSION DE L'ASIE. 365

bientôt il a enveloppé les pirates. Il en nettoie toutes les mers, les force à s'établir isolément dans des villages éloignés de la côte, et, après trois mois de combats, il revient jouir de la plus belle gloire, de la seule gloire incontestable qu'il ait jamais acquise (67).

301. POMPÉE TERMINE LA GUERRE CONTRE MITHRIDATE. — SES CONQUÊTES. — SON ASCENDANT. — Ce n'est pas encore assez pour cet *homme d'une divine et incroyable valeur.* Pompée s'offre à tout comme le seul appui de la république. « Faut-il faire la guerre à Sertorius, on en donne la commission à Pompée ; veut-on détruire les pirates, il n'y a que Pompée ; s'agit-il d'en finir avec Mithridate, tout le monde crie Pompée. » (Montesquieu.) La loi *Manilia*, soutenue par César et par Cicéron, confirme à l'heureux général son pouvoir illimité, et l'envoie achever la conquête de l'Asie (66).

Malgré la colère de Lucullus, le grand Pompée court, selon sa coutume, « se jeter sur celui qu'un autre a terrassé et se parer de trophées étrangers. Il n'a qu'à se présenter pour vaincre. » Quoique la retraite de Lucullus (68), et surtout l'impéritie du consul *Glabrion*, son successeur, aient rouvert à Mithridate l'entrée de son royaume (67), ce prince n'est plus en état de soutenir une lutte trop souvent malheureuse. Pompée, à la tête de soixante mille hommes, l'attaque pendant la nuit, alors que la lune, se levant derrière l'armée romaine, projette au loin les ombres des soldats. Les ennemis, assaillis au dépourvu, lancent leurs javelots sur ces ombres allongées que dans leur trouble ils prennent pour une ligne de combattants, et se débandent au premier choc. A la nouvelle de cette défaite, Tigrane vient bassement dans le camp romain mettre son diadème aux pieds du vainqueur (66), et sa lâcheté force le roi de Pont à chercher un refuge chez les Albaniens du Caucase. Du moins, ces hardis montagnards ne cèdent pas sans résistance, et disputent la victoire dans trois batailles.

Pompée se hâte de chercher des conquêtes plus faciles : il parcourt le midi de l'Asie en triomphe, met au nombre des provinces romaines la Bithynie, le Pont et la Paphlagonie, enlève sans peine le royaume de Syrie au dernier des Séleucides (n° 194), puis pénètre dans la Judée, dont il rétablit le roi légitime, *Hyrcan II*, détrôné par son frère *Aristobule*. Mais il s'empresse de mettre fin à une lutte engagée imprudemment avec les Arabes. La mort de Mithridate vient enfin le délivrer de toute crainte. Le roi de Pont, indomptable jusqu'au dernier jour, formait encore au milieu de ses revers le gigantesque projet d'une invasion en Italie, à travers la Macédoine, la Pannonie et les Alpes. Déjà, il avait rassemblé des troupes, équipé des vaisseaux, fabriqué des armes et des machines de guerre; déjà, il avait fait alliance avec ces peuples qui devaient plus tard porter le ravage au sein de Rome elle-même, et il allait entraîner à sa suite les Scythes, les Thraces et tous les Barbares du Danube; mais la grandeur des hasards qu'il allait chercher effraya les âmes énervées de ses propres sujets, qui aimèrent mieux attendre en tremblant le sort qui leur était préparé. La trahison de Pharnace, son propre fils, anéantit les dernières espérances de l'illustre ennemi de Rome. Mithridate, voyant son fils proclamé sous ses yeux, mit à mort ses femmes et ses filles, et, épargné par le poison, qui n'avait plus d'effet sur lui, il se fit égorger par un Gaulois (64). Pompée n'avait plus qu'à récompenser le crime de Pharnace : il lui abandonna le royaume du Bosphore.

Rome était désormais la maîtresse de l'Orient; les royaumes dont elle n'avait pas fait des provinces étaient soumis à son influence; mais « cela servit plus au spectacle de la magnificence romaine qu'à sa vraie puissance; et quoiqu'il parût par les écriteaux portés à son triomphe que Pompée avait augmenté le revenu du fisc de plus d'un tiers, le pouvoir n'augmenta pas, et la liberté publique n'en fut que plus exposée. » (MONTESQUIEU.)

La dictature de Sylla avait été le triomphe momentané des nobles sur les riches, et principalement sur les chevaliers. La lutte continua après la mort du dictateur. Pompée, toujours attaché au parti du plus fort, s'était montré d'abord le fidèle auxiliaire des patriciens, qu'il avait délivrés de la guerre de Sertorius; mais quand il crut que ses victoires l'avaient élevé assez haut, quand il vit que l'œuvre de Sylla commençait à s'ébranler, il se souvint des mépris des nobles, et se tourna vers les chevaliers et vers le peuple (n° 300). Nommé consul contre les lois (70), il rétablit les tribuns dans toutes leurs prérogatives, malgré la résistance de son collègue Crassus et du sénat; il restaura l'œuvre des Gracques, en partageant la judicature entre les tribuns, les chevaliers et les sénateurs.

§ III. CICÉRON ET CATILINA.

502. CONJURATION DE CATILINA (63). — Au moment même où les armées de la république recueillaient avec

Pompée des trophées brillants, mais faciles, Rome fut exposée tout à coup à un terrible danger, « et Pompée, dit Bossuet, n'aurait pas eu où triompher de tant d'ennemis, sans le consul Cicéron, qui sauva la ville des feux que lui préparait *Catilina*. » L'ascendant des chevaliers soutenus par Pompée, était devenu insupportable et tandis qu'ils étalaient à Rome leurs fortunes scandaleuses, toute une population ruinée par l'usure errait dans l'Italie, n'attendant qu'un chef pour se soulever. Pompée était éloigné ; le moment était favorable pour tenter quelque audacieuse entreprise : Catilina en profita. « *Je vois dans la république*, disait-il à Cicéron, *une tête sans corps et un corps sans tête ; et cette tête qui manque ce sera moi.* » Il avait réuni autour de lui un grand nombre d'hommes qui n'avaient plus rien à perdre, ni réputation ni fortune, et qui ne pouvaient que gagner à un bouleversement général. Une première conspiration (67), où avaient trempé par ambition César, Crassus même, avait échoué. Renvoyé d'une accusation de brigue, Catilina reprit ses projets. Son plan était de se faire nommer consul aux élections prochaines, d'abolir les dettes, de massacrer le sénat, et de partager avec ses amis les charges et les richesses. Une foule de nobles, *Antonius*, qui demandait le consulat, César, Crassus, *Lentulus*, *Céthégus*, des jeunes gens ruinés, des femmes corrompues, les vétérans de Sylla dépossédés, tous les citoyens réduits à la misère, composaient le parti de Catilina. Par sa merveilleuse flexibilité et sa dissimulation impénétrable, il avait su s'attacher les factieux, sans se rendre suspect aux citoyens les plus honnêtes, et personne ne soupçonnait ses projets. C'en était fait de Rome sans l'énergie et l'habileté de Cicéron.

Né, comme Marius, à Arpinum, *Marcus Tullius Cicéron*, avait acquis, jeune encore, par ses succès au barreau, une renommée qu'augmenta tout à coup le retentissement de plusieurs causes à jamais célèbres. Il venait de signaler son talent et son courage en poursuivant et en faisant condamner le proconsul *Verrès*, spoliateur éhonté et tyran impitoyable de la Sicile, quand il fut appelé à rendre un service plus grand encore à la république. Tous les plans des conjurés furent dévoilés à Cicéron, que la frayeur publique porta au consulat (63). Catilina, furieux, poursuivit ses préparatifs avec une activité nouvelle ; il ajourna sa candidature à l'année suivante, et tandis que ses affidés levaient des soldats sur divers points de l'Italie, il essaya de se débarrasser de Cicéron, qui faisait obstacle à tous ses desseins.

303. Consulat de Cicéron. — La position du consul était critique : à peine délivré de *Rullus*, qui présentait une loi agraire pour exciter de nouveaux troubles et s'emparer du pouvoir, il avait à défendre et sa vie et la république contre Catilina, dont le parti grossissait tous les jours. Cicéron, qui a pénétré ses criminelles espérances, démasque courageusement tous ses desseins. Le conspirateur aussitôt ordonne à ses agents de rassembler des troupes dans l'Étrurie, l'Apulie, le Picénum, et tente de nouveau d'assassiner le consul. La terreur est dans Rome ; le sénat lance le décret *Caveant consules;* Cicéron fortifie la ville et prend les mesures les plus énergiques. Catilina croit se sauver à force d'audace, et ose encore venir s'asseoir dans le sénat ; mais il est accueilli par l'indignation générale, et Cicéron, dans sa première Catilinaire, l'accable de toutes les foudres de son éloquence. « *Vous allumez un incendie contre moi*, s'écrie Catilina ; *eh bien! je l'étoufferai sous les ruines.* » Échappé, en effet, aux poignards des chevaliers, il quitte Rome, et, prenant les faisceaux consulaires, il va se mettre à la tête des troupes que son nom et ses projets ont attirées de toutes les parties de l'Italie. On le déclare ennemi public, et Antonius est chargé de le poursuivre.

Cependant à Rome, le danger était plus grand que jamais : Lentulus, Céthégus et leurs complices avaient ordre de hâter l'exécution de leurs plans. Tout fut dévoilé par des députés Allobroges, que les conspirateurs avaient essayé de gagner à leur parti. Muni des preuves du complot, le consul arrête Lentulus et les principaux conjurés. Mais s'il va recourir aux formes ordinaires de la justice, les révélations pourront compromettre des hommes de la plus haute noblesse, César, Crassus. Il porte directement l'affaire devant le sénat, qui, appelé à délibérer sur le sort des coupables, vote la mort, malgré les efforts adroits de César. Les conjurés sont secrètement exécutés dans leur prison par ordre du consul. « *Ils ont vécu!* » dit Cicéron quand on lui demande quel est leur sort.

C'en était fait de la conjuration. Toutefois Catilina était encore redoutable ; on se hâta de l'accabler avant qu'il n'eût réuni toutes ses forces. Trois armées l'environnèrent, et lui fermèrent la retraite ; forcé de combattre, le conspirateur trouva la mort au milieu des rangs ennemis après une résistance désespérée (62). Cicéron, en quittant le consulat, put prononcer ce noble serment, répété par tout le peuple de

Rome : « *Je jure que j'ai sauvé la république!* » On le nomma père de la patrie.

QUESTIONNAIRE. — § 1. 297. Qui était Sertorius? — Quels étaient ses sentiments patriotiques?— Quelle lutte soutint-il en Espagne? — Quel fut le rôle de Pompée? — 298. Qui étaient les gladiateurs? — *A quelle occasion les gladiateurs se soulevèrent-ils et sous la conduite de qui?* — Racontez la dernière bataille livrée par Spartacus. — § II. 299. Quel général fut chargé de la seconde guerre contre Mithridate? — Quelle fut l'issue de l'expédition de Lucullus contre Mithridate et Tigrane?—Par qui fut-il supplanté?—300. Faites connaître la plus glorieuse des expéditions de Pompée. — 301. Quelles conquêtes fit Pompée en Asie? — Par qui fut trahi Mithridate? — Comment mourut-il? — § III. 302. Faites connaître Cicéron. — Quels étaient les plans de Catilina? — 303. Comment fut déjouée la conjuration de Catilina? — Quel surnom reçut Cicéron?

CHAPITRE VINGT-CINQUIÈME.

PREMIER TRIUMVIRAT. — CONQUÊTE DES GAULES.

SOMMAIRE.

§ Ier. 304. César manifeste dès le jeune âge toute son ambition; il est épargné par Sylla, gagne le peuple par ses largesses, se fait le chef du parti populaire.

305. César forme le premier triumvirat avec Pompée et Crassus (60); il est nommé consul (59). Les triumvirs se partagent les provinces; César tout-puissant à Rome, en éloigne tous ses ennemis, Caton, Cicéron.

§ II. 306. Les Romains ont en Gaule une province où ils ont fondé Aix et Narbonne. La Gaule est divisée en quatre parties : 1° la Province romaine (v. pr. Aix et Narbonne) et les pays voisins (Allobroges, Voconces, Salyens, Volces, etc.); 2° l'Aquitaine (Tarbelles, Ausces, etc.); 3° la Celtique (Arvernes, Éduens, Bituriges, Armoricains, etc.); 4° la Belgique (Trévères, Nerviens, Morins, Rémois, Bellovaques, etc.)

§ III. 307. Les Gaulois sont guerriers et aventureux. Ils envoient des expéditions en Espagne, en Italie (sous Tarquin l'Ancien), sur les bords du Danube, en Grèce sous Brennus, en Asie (Galatie).

308. La Gaule est fractionnée en une foule de petits États dont chacun a sa constitution particulière. Tous les pouvoirs sont dominés par l'influence des Druides ou ministres du culte. Les Gaulois offrent des sacrifices humains.

309. César envahit la Gaule. Il écrase les Helvétiens en 58 ; il exter-

mine les Suèves et Arioviste; il soumet la Belgique (57), l'Armorique (56); il fait une campagne en Germanie, deux expéditions en Grande-Bretagne. Il comprime la grande insurrection de Vercingetorix (52) et achève la soumission de la Gaule.

§ Ier. LE PREMIER TRIUMVIRAT. — CÉSAR.

504. CÉSAR, CHEF DU PARTI POPULAIRE. — La république romaine, servie autrefois avec tant de dévouement par les plus illustres citoyens, semblait être devenue une proie offerte à tous les ambitieux. Pompée, qui revenait alors de ses brillantes expéditions en Orient, trouva ses concitoyens singulièrement refroidis à son égard et peu disposés à laisser entre ses mains la puissance immense dont il avait joui jusqu'alors. Au lieu de se résigner à rentrer dans la vie privée, il ne chercha qu'à raffermir son autorité, et dans le but de dominer sa patrie, il s'unit avec un citoyen dont les talents et l'ambition s'étaient déjà fait connaître, *Jules César*.

Cet homme célèbre avait révélé dès sa jeunesse son génie, son audace et son ambition. Banni par Sylla, qui lui avait laissé la vie, *quoiqu'il vît en lui plusieurs Marius* (n° 296), il s'était retiré en Asie, pour y étudier l'éloquence. Il fut pris dans la traversée par des pirates qui lui demandèrent vingt talents pour sa rançon; il la fixa lui-même à soixante, mais leur promit qu'il les ferait tous mettre en croix. A peine remis en liberté, il équipa quelques bâtiments, poursuivit ces pirates, en prit plusieurs, et les livra au supplice qu'il leur avait annoncé. Il rentra dans Rome après la mort du dictateur, en obtenant une amnistie pour les partisans de Lépidus. Il chercha alors à relever le parti populaire abattu par Sylla, et aida Pompée à rétablir le tribunat. Déjà il essayait ses forces, et préparait de loin l'exécution de ses plans ambitieux. Simple questeur (67), il tenta un soulèvement dans la Gaule cisalpine: édile, il osa davantage: il plaça dans le Capitole les images du vainqueur des Teutons et des Cimbres. Les nobles s'effrayèrent; mais le peuple applaudit et accepta le nouveau chef qui s'offrait à lui. César marchait à son but, et chaque jour, ses largesses augmentaient le nombre de ses partisans. S'il ne put obtenir qu'on décrétât la conquête de l'Égypte, il se fit confier le soin de poursuivre les détenteurs des deniers publics (65), et sous ce prétexte, il punit la plupart des sicaires de Sylla, tandis qu'il entretenait des liaisons avec les complices de Catilina: le parti populaire exerçait ses représailles. César fut élevé au souverain pontificat malgré la candidature des plus illustres citoyens. Il partit bientôt après pour l'Espagne, où il soumit les rebelles et rétablit sa fortune délabrée. Un mot de César dans cette campagne révèle tout son caractère. Comme il traversait une bourgade des Alpes, un de ses amis plaisanta sur les rivalités qui divisaient les habitants de ce lieu misérable : « *J'aimerais mieux être le premier ici*, dit César, *que le second à Rome.* » Les circonstances secondèrent merveilleusement son ambition. A son retour, il trouva Pompée aigri contre le sénat, qui refusait de confirmer les actes de son proconsulat en Asie ; Crassus, le plus riche citoyen de Rome, las du rôle secondaire dont son opulence n'avait pu encore le tirer ; tous deux avides de pouvoir et déterminés à tout faire pour dominer la république. César se ligua avec eux, pour s'élever par leur appui, bien que paraissant mettre à leur service toute son influence.

Les Romains ne devaient pas résister au triple ascendant de la gloire, de la richesse et du génie (60).

505. **Premier triumvirat. — Consulat de César.** — César, le plus actif et le plus habile, recueille les premiers fruits du triumvirat : il est nommé consul (59). Les nobles ne parviennent qu'à lui donner pour collègue *Bibulus*, son ennemi. Pour conserver la faveur du peuple, il propose et fait voter malgré son collègue une loi agraire qui, sans ruiner l'État ni les particuliers, devait donner des terres aux pauvres plébéiens. Il gagne les chevaliers en faisant diminuer le prix des fermes en Asie, il assure son ascendant sur Pompée en lui donnant en mariage sa fille *Julie* et en obtenant la confirmation de ses actes ; enfin il vend l'alliance de la république à Arioviste, roi des Germains, et au roi d'Égypte Ptolémée Aulète, l'ancien protégé de Pompée (n° 200).

Il restait à se partager les provinces : le tribun *Vatinius*, sur le refus du sénat, fait donner par le peuple, pour cinq ans, l'Espagne à Pompée, la Syrie à Crassus, la Gaule cisalpine à César. Bibulus, qui ne peut s'opposer à son collègue, s'enferme chez lui et déclare tous les jours fériés. Cette protestation énergique n'est accueillie que par des plaisanteries : « *Nous ne sommes pas*, disait-on, *sous le consulat de César* » *et de Bibulus, mais sous le consulat de Jules et de César.* » Le sénat vaincu veut du moins paraître encore faire acte d'autorité, et il ajoute au lot de César l'Illyrie et la Gaule transalpine, malgré *Caton*, descendant de l'austère censeur, énergique défenseur des libertés publiques, qui soutient que c'est *retrancher la tyrannie dans un fort.*

Tout avait réussi à César. Sur le point de quitter Rome pour mettre le comble à sa fortune, il ne voulut pas laisser d'ennemis derrière lui. Pompée et Crassus, qui lui étaient dévoués, devaient contenir les grands et le peuple. Il avait à craindre deux adversaires dangereux, Caton et Cicéron : le premier fut envoyé avec une mission en Chypre ; Cicéron fut mis en accusation par le tribun *Clodius*, pour avoir fait exécuter sans jugement les complices de Catilina (58). En vain le sénat et les chevaliers prirent le deuil et en appelèrent à la reconnaissance publique : délaissé par Pompée, épouvanté des violences de Clodius, l'illustre orateur s'éloigna de l'Italie. — César pouvait partir pour les Gaules. « Il avait compris qu'il lui fallait abandonner Rome livrée à l'anarchie, y laisser s'user des rivaux médiocres, Pompée, Crassus et les autres, et s'en aller préparer sa destinée dans un pays neuf et plein d'avenir, dans la Gaule. La Gaule conquise, il aurait de la gloire, des soldats, de l'or : Rome était à lui. »

§ II. GÉOGRAPHIE DE LA GAULE.

506. DESCRIPTION GÉOGRAPHIQUE DE LA GAULE. — Depuis longtemps les Romains étaient établis dans la Gaule méridionale. Les querelles de Marseille, leur alliée, avec les peuplades voisines (125) leur avaient offert l'occasion de porter leurs armes dans ce pays, et bientôt la partie comprise entre le Rhône, les Alpes et les Cévennes. avait été déclarée province romaine (118). La fondation de plusieurs colonies (Aix, *Aquæ-Sextiæ*, Narbonne, *Narbo-Martius*, etc.) et l'introduction des institutions romaines assurèrent la soumission de cette contrée. L'invasion des Cimbres et des Teutons (voir n° 291), et les guerres civiles de Marius et de Sylla, troublèrent seules la paix et la prospérité dont la nouvelle province jouissait sous la domination de Rome, tandis que des dissensions perpétuelles déchiraient le reste de la Gaule. Les Romains favorisaient adroitement ces rivalités.

Avant de faire connaître les événements qui amenèrent la soumission de la Gaule tout entière, il faut en présenter la description géographique.

Le fertile et beau pays qui porte aujourd'hui le nom de France était anciennement désigné sous celui de *Gaule*, et comprenait alors toute la contrée renfermée entre l'Océan, les Pyrénées, la mer Méditerranée, les Alpes et le Rhin dans toute l'étendue de son cours. Ces limites naturelles comprenaient, outre la France actuelle, la partie des États Sardes et de la Suisse qui se trouve à l'occident et au nord de la chaîne principale des Alpes, toute la portion des états de la Confédération Germanique qui s'étend sur la rive gauche du Rhin, toute la Belgique et une partie des Pays-Bas. Les nombreuses tribus qui en couvraient le sol lorsque les Romains y pénétrèrent appartenaient à plusieurs races différentes.

1° Au midi, sur toute la côte qui s'étend des Alpes aux Pyrénées, étaient répandus les *Ligures* ou *Liguriens*, Espagnols d'origine, et au milieu desquels étaient venues s'établir, à une époque fort reculée, diverses colonies *Phéniciennes*, et, six cents ans avant l'ère chrétienne, la colonie *Phocéenne* de *Massilie* (Marseille). Les principaux peuples de cette partie sud-est de la Gaule, en grande partie comprise dans la *province* déjà conquise par les Romains, dont les plus grandes villes étaient Aix et Narbonne, étaient, entre les Alpes et le Rhône, les *Allobroges* au nord, demeurés indépendantes ; les *Voconces*, les *Cavares*, les *Salyens*, les *Oxibiens* au midi ; à l'ouest du Rhône, les *Volces Arécomiques* et *Tectosages*, les *Bébryces*.

2° Dans la partie sud-est de la Gaule, appelée l'*Aquitaine*, était une autre race, d'origine également ibérienne ou espagnole, qui occupait tout le territoire compris entre les Pyrénées et la Garonne, et dont les peuplades les plus importantes étaient une tribu de *Bituriges*, ayant Bordeaux pour capitale, les *Ausces*, les *Tarbelles*, etc...

3° Au centre de la Gaule, les populations s'étaient déjà succédé et s'étaient confondues. Arrivées sans doute de l'Orient à travers la Germanie, et réunies sous le nom de *Galls* ou *Gaulois* et sous celui de *Celtes*, elles occupaient tout le pays compris entre la Garonne et la Seine, qui avait pris d'eux le nom de *Celtique*. C'est dans cette partie de la Gaule que se trouvaient les nations les plus populeuses et que se formèrent les plus puissantes confédérations ; telles que celles des *Arvernes*, qui ont laissé leur nom à l'Auvergne ; des *Éduens*, sur les rives de la Saône ; des *Bituriges*, dans le Berry ; des *Armoricains*, dans la péninsule de Bretagne, au milieu des récifs du sein desquels s'éleva cette Venise primitive (Vannes), capitale des *Venètes*, dont la marine exportait toutes les productions de la Celtique, amenées par la Loire dans les ports de cette côte.

Nommons encore parmi les peuples secondaires les *Redons*

à l'entrée de l'Armorique ; les *Andégaves*, dont l'Anjou tire son nom ; les *Carnutes*, au pays Chartrain ; les *Cénomans*, les *Parisiens*, les *Sénonais*, etc...

4° Au nord, au milieu des espaces laissés vides par l'immense forêt des Ardennes, habitait la plus brave des races gauloises au témoignage de César. Les tribus *Belges*, venues de Germanie comme les populations de la Gaule centrale, mais à une époque plus récente, occupaient toute cette région septentrionale ou *Belgique* jusqu'à la Seine. Nous nommerons parmi les peuples belges les *Trévères*, redoutables cavaliers ; les *Nerviens*, fantassins intrépides ; les *Éburons* vers le nord ; plus, au midi, les *Morins*, les *Lingons*, les *Médiomatrices*, les *Catalaunes*, les *Rémois*, les *Ambiens*, les *Bellovaques*, etc...

§ III. MOEURS, MIGRATIONS ET CONQUÊTES DES ANCIENS GAULOIS.

307. ESPRIT GUERRIER, MIGRATIONS ET CONQUÊTES DES GAULOIS. — « Le caractère commun de toute la race gallique, dit un auteur ancien, c'est qu'elle est irritable et folle de guerre, prompte au combat ; du reste, simple et sans malignité. Si on les irrite, les Gaulois marchent droit à l'ennemi et l'attaquent de front, sans s'informer d'autre chose. Aussi, par la ruse, on en vient aisément à bout ; on les attire au combat quand on veut, où l'on veut, peu importent les motifs ; ils sont toujours prêts, n'eussent-ils d'autres armes que leur force et leur audace. » Cette bravoure téméraire explique les succès et les défaites des Gaulois. — Malgré les rivalités et les guerres intestines qui décimaient sans cesse leurs nombreuses tribus, les populations de la Gaule se multipliaient d'une manière prodigieuse ; aussi se livraient-elles avec passion aux expéditions guerrières et lointaines. Dès les temps les plus reculés (vers l'an 1690 avant Jésus-Christ), les Gaulois ou Celtes avaient franchi les Pyrénées et pénétré jusqu'aux extrémités de l'Espagne. Un peu plus tard (vers l'an 1400), les *Ambra* ou *Ombres*, c'est-à-dire les vaillants et les nobles, sortis de la Gaule centrale, avaient franchi les Alpes et inondé toute l'Italie septentrionale où d'autres tribus celtiques parties des environs du Mans (les Cénomans), des bords de la Loire (les Boïens), du plateau de Langres (les Lingons), et des environs de Sens (les Sénonais), allèrent les rejoindre au temps du règne de Tarquin l'Ancien (l'an 587), et imposèrent leur nom (Gaule cisalpine) à toute la portion de la péninsule Italique où ils se fixèrent. Ce furent ces Gaulois qui, deux siècles plus tard (l'an 389 avant Jésus-Christ), prirent et brûlèrent la ville de Rome, et forcèrent les faibles restes du peuple romain, réfugiés en vain dans le Capitole, à racheter leur vie au poids de l'or, que le Barbare leur arracha en s'écriant : *Malheur aux vaincus!* n° 242). — Un demi-siècle après, d'autres descendants des Celtes sont rencontrés sur les bords du Danube par Alexandre le Grand. Il croit les trouver tremblants au bruit de sa naissante renommée ; mais ils lui répondent avec fierté qu'*ils ne craignent que la chute du ciel.* Ils le montrèrent bien, lorsque, après la mort du conquérant, et tandis que ses faibles successeurs s'arrachaient les lambeaux de son empire, ils en inondèrent toutes les provinces, ravagèrent la Grèce sous la conduite de Brennus (l'an 279 avant Jésus-Christ), et toute l'Asie occidentale, dont ils faisaient et défaisaient à leur gré les souverains, vendant au plus offrant l'appui de leur redoutable épée (voir ci-dessus n° 205). Enfin, chargés de dépouilles, ils fondèrent dans l'Asie Mineure un état (la Galatie) que leurs brigandages rendirent la terreur de ses voisins. Il fut aussi l'un des derniers à défendre son indépendance contre les Romains, qui reconnurent à leur bravoure ces Gaulois de l'Asie (n° 203).

398. Institutions politiques et religieuses de la Gaule. — On jugera par toutes ces conquêtes quelle influence les Gaulois auraient pu exercer dans le monde ancien, si l'union leur eût permis de disposer de toutes leurs forces et de songer à de grandes choses. Mais la Gaule, fractionnée en plus de quatre cents peuples rivaux, si l'on en croit l'historien Appien, ne reconnut jamais un chef unique. Jamais ses innombrables cités ne parvinrent à s'unir entre elles, même dans les circonstances les plus décisives pour l'indépendance de la Gaule. Quelques-uns de ses rois réussirent à diverses reprises à réunir sous leur sceptre un nombre assez considérable de ces tribus indépendantes dont nous avons parlé plus haut; mais jamais il n'exista un royaume ou empire gaulois. Chaque *Cité*, composée d'une ville capitale et d'un territoire plus ou moins étendu, sur lequel étaient répandus d'autres villes, bourgs ou villages, avait son gouvernement et sa constitution particulière. Ici, le pouvoir était entre les mains d'un roi ; là, une sorte de sénat composé des grands, des nobles, des chevaliers et des prêtres, élisait les magistrats civils et les chefs militaires, avec ou sans la participation du peuple. A des époques fixes, les députés des cités de chaque confédération se réunissaient pour régler les affaires de la confédération, et, dans les circonstances graves, des assemblées générales, formées des députés de toutes les cités, délibéraient sur les grands intérêts de la nation. L'esprit d'association et de clientèle resserrait les relations des cités comme des individus. Les cités les plus considérables prenaient sous leur protection les cités plus faibles, comme les hommes riches et puissants réunissaient sous leur patronage un nombre plus ou moins grand de clients.

Mais toute cette organisation politique, tous ces pouvoirs furent longtemps dominés par une puissance suprême. Les rois de la Gaule eux-mêmes, dit un historien, sur leurs trônes dorés, et au milieu de toutes les pompes de leur magnificence, n'étaient pas les véritables souverains de ce pays. Ils tremblaient devant une puissance plus formidable que la leur. C'était celle des *Druides*, ministres de la religion gauloise, et qui, du fond des sombres forêts de chênes où ils se réunissaient pour accomplir les cérémonies de leur culte sanguinaire, exerçaient un empire absolu sur les rois comme sur les peuples. Instituteurs de la jeunesse, dépositaires de toutes les connaissances et d'une doctrine occulte qu'ils ne transmettaient qu'à leurs adeptes, pénétrant dans les conseils des souverains, exerçant dans certaines causes importantes les fonctions de juges, les druides avaient établi leur domination par l'empire de la superstition et par la supériorité de leurs connaissances. Sous ce dernier rapport, les plus savants mêmes d'entre les Romains leur rendent un hommage qui paraît mérité. Il est certain que les lettres ne leur étaient point étrangères, puisque, outre les *druides* proprement dits, qui exerçaient les fonctions du sacerdoce, et les *ovates* ou devins, chargés de rendre les oracles, une troisième classe de druides, les *bardes*, avaient pour attribution particulière de chanter les dieux et les héros, et d'enflammer par leurs hymnes guerriers le courage des combattants. Les femmes, dont les Gaulois écoutaient les conseils avec confiance, leur reconnaissant une sorte d'inspiration divine, remplissaient en diverses circonstances le rôle de prophétesses.

Quant à la religion des anciens habitants de la Gaule, il est fort difficile d'en parler aujourd'hui. Elle n'a laissé que des monuments grossiers, mais répandus dans toutes les parties de la Gaule; ce sont de grandes pierres dressées debout (menhirs) ou placées horizontalement sur d'autres (dolmens), et des tertres élevés recouvrant ordinairement la sépulture de quelque homme brave ou puissant. Les cérémonies du culte étaient aussi simples que ces monuments. Une des principales avait pour objet la recherche et la récolte du *gui*, plante parasite qui croît, bien que rarement, sur le chêne, l'arbre sacré des druides. Elle était tout à la fois un symbole mystique et un remède universel.

Il paraît certain que la principale divinité des Gaulois était *Teut* ou *Hésus*, le terrible dieu de la guerre, qui avait tout créé, comme il avait le pouvoir trop souvent manifesté de tout détruire, qui révélait par les éclats de la foudre sa redoutable puissance, et dont les druides désarmaient la colère en lui immolant, au fond du sanctuaire de leurs impénétrables forêts, de nombreuses victimes humaines, choisies à leur gré dans toute la nation. La terre, les éléments, les génies sans nombre répandus dans les airs, et que les Gaulois croyaient présider à tous les actes de la vie, étaient aussi l'objet de leurs adorations. Leur morale était beaucoup moins compliquée ; elle se réduisait à trois points : *Servir les dieux, ne point faire de mal, être et se montrer brave.* Une immortalité de bonheur attendait l'homme vertueux au sortir de cette vie.

§ IV. CONQUÊTE DE LA GAULE.

509. GUERRE DES GAULES. — Une démonstration hostile des Helvétiens contre la Gaule romaine fournit à César un prétexte pour commencer cette conquête, qui lui coûta huit campagnes et des efforts inouïs. Les Helvétiens écrasés (58), César rencontra les Suèves, peuple de Germanie, dont les invasions menaçaient incessamment la Gaule. Leur taille gigantesque, leur aspect sauvage, leur indomptable bravoure, effrayaient les légions : *Si vous ne me suivez pas,* dit César, *j'irai avec ma dixième, et j'en ferai ma cohorte prétorienne.* Toutes les légions marchèrent, et les Suèves furent exterminés avec leur roi Arioviste. Les Belges, *les plus braves de tous les Gaulois,* s'inquiétèrent peu du voisinage de César : dans leurs impénétrables forêts, ils défiaient sa vengeance. La hache à la main, les Romains s'ouvrirent à travers les bois une route jusqu'à l'ennemi. Des peuplades se firent tuer jusqu'au dernier homme, et pourtant César l'emporta encore (57).

L'Armorique ayant été conquise l'année suivante, le Romain n'avait plus qu'à s'engager au cœur de la Gaule ; il voulut auparavant l'isoler de tous secours étrangers. Une campagne en Germanie refoula dans leurs rochers et dans leurs marais les tribus voisines du Rhin. Deux expéditions dans la Grande-Bretagne suffirent pour soumettre au tribut la plupart des peuplades de cette terre jusqu'alors inconnue, et le sénat ordonna vingt jours de supplications en l'honneur de l'audacieux vainqueur.

Mais tout n'était pas terminé : restait encore la Gaule centrale, qui s'unit en une vaste confédération contre les Romains, sous les ordres du roi des Arvernes, *Vercingétorix*. Dans les campagnes précédentes, César avait attaqué et défait les peuplades ennemies, l'une après l'autre ; maintenant, il se trouvait tout à coup exposé à un extrême danger. Presque toutes les tribus un instant soumises, s'étaient ralliées à la grande cause de l'indépendance. Les Romains étaient harcelés de toutes parts, et les Gaulois incendiaient les villes et les campagnes pour affamer l'ennemi. César comprit qu'il fallait frapper un grand coup ou périr. Il alla assiéger dans Alésia le chef des Gaulois, tandis qu'une armée de deux cent quarante mille hommes l'entourait lui-même dans ses retranchements et lui fermait la retraite. Ce siége fut un prodige de constance et de courage. De gigantesques travaux exécutés rapidement par les légionnaires les mirent à l'abri des attaques du dehors : le blocus ne fut pas rompu un instant, et bientôt la ville, désolée par la famine, fut réduite aux dernières extrémités. Vercingétorix, l'auteur et l'âme de la guerre, se dévoua pour ses compatriotes et se livra aux Romains. César le réserva pour la pompe de son triomphe. L'indépendance gauloise avait succombé avec lui (52). — Un dernier soulèvement fut puni avec barbarie. César fit couper le poing à tous les habitants d'une ville insurgée, et les Gaulois, effrayés par ce terrible exemple, posèrent définitivement les armes. Tout le pays, du Rhin aux Pyrénées, fut pacifié en 51.

Dès lors, César s'efforça de gagner par la douceur de son gouvernement ces fiers ennemis, à peine domptés par ses armes : il sut les attacher invariablement à son parti, et pendant la guerre civile, l'une de ses plus fidèles légions fut une légion gauloise. Les intérêts de la Gaule unis à ceux d'un Romain la rendirent en peu de temps romaine comme l'Italie même. Si la conquête de la Gaule semble un chef-d'œuvre de bravoure et de talent militaire, la soumission franche et entière de cette redoutable contrée est un chef-d'œuvre de politique plus admirable encore.

CÉSAR ET POMPÉE. 379

Questionnaire. — § I. 304. Qui était Jules César? — Donnez une idée de son caractère. — 305. Quel était l'homme le plus riche de Rome? — Comment fut nommée l'union de ces trois hommes? — Quels furent leurs premiers actes? — § II. 306. Faites connaître la géographie de la Gaule, ses divisions, ses principaux peuples. — § III. 307. Faites connaître l'instinct belliqueux et les migrations des Gaulois. — 308. Parlez des institutions politiques et de la religion des Gaulois. — § IV. 309. Racontez les principales circonstances de la guerre des Gaules. — Quels furent pour César les résultats de cette guerre? — Combien avait-elle duré?

CHAPITRE VINGT-SIXIÈME.

GUERRE CIVILE. — DICTATURE DE CÉSAR.

SOMMAIRE.

§ Ier, 310. En l'absence de César, Rome est agitée par les querelles de Milon et de Clodius.—Cicéron rappelé revient en triomphe (57). — César profite des troubles de Rome pour y accroître son influence.

311. Crassus entreprend contre les Parthes une expédition téméraire (54). Il est tué, et son armée est en grande partie anéantie.

312. La mort de Crassus a rompu l'équilibre du triumvirat. Pompée s'efforce d'obtenir le pouvoir suprême. César s'y oppose. Après d'inutiles négociations, la rupture éclate.

313. César passe le Rubicon. Pompée, pris au dépourvu, s'enfuit en Grèce où il rassemble une armée. César passe en Grèce, défait Pompée à Pharsale. Pompée est tué en Égypte (48).

314. César passe en Égypte auprès de Cléopâtre, court de grands dangers à Alexandrie; va vaincre Pharnace; triomphe des républicains à Thapsus en Afrique. Caton se tue dans Utique (46). Les fils de Pompée sont vaincus à Munda (45).

§ II. 315. César concentre tous les pouvoirs, reçoit les honneurs divins, exerce une véritable royauté qu'il signale par d'utiles mesures; il étend le droit de cité; il médite la réorganisation de l'empire tout entier; prépare les plus vastes travaux.

316. Les républicains forment une conjuration contre César sous les ordres de Brutus et de Cassius. Le dictateur est assassiné en plein sénat (44).

§ Ier. LA GUERRE CIVILE. — PHARSALE. — THAPSUS. — MUNDA.

310. TROUBLES A ROME. — RETOUR DE CICÉRON. — INTRIGUES DE CÉSAR. — César était parti de Rome ami de Pompée, il allait y revenir ennemi irréconciliable de

son ancien collègue. Pendant son absence, le triumvirat s'était rompu, et de grands événements avaient changé la face des affaires. L'exil de Cicéron, la mission de Caton (n° 305), l'inaction de Pompée et de Crassus, avaient laissé la place libre à Clodius. Le succès augmentant l'insolence du tribun, il cessa de ménager ceux qui l'avaient élevé. Pompée vit sa dignité insultée, sa vie même menacée ; il se décida à faire rappeler celui qu'il avait sacrifié naguère ; mais il fallut engager une lutte sérieuse, et pour vaincre Clodius par ses propres armes, lui opposer le tribun *Milon*, homme aussi factieux et aussi violent que lui. Les deux rivaux ne paraissaient dans la ville qu'entourés de gladiateurs. Clodius défendait aux sénateurs, sous peine de mort, de se réunir, et, cité en justice, il dispersait les juges les armes à la main. Milon l'emporta cependant, la paix se rétablit sur le Forum, et les citoyens des municipes accoururent pour rappeler le père de la patrie (57).

Le retour de Cicéron fut un triomphe ; mais, plus timide désormais, il se montra le docile partisan de Pompée, et il se hâta d'acquitter la dette de la reconnaissance en lui faisant donner l'intendance des approvisionnements, avec les mêmes pouvoirs qu'il avait eus contre les pirates. Toutefois l'ennemi de Cicéron, Clodius, ne pouvait se résoudre à accepter sa défaite, et le Forum était redevenu le théâtre de ses combats perpétuels avec Milon. Un homme fomentait de loin tous ces troubles, et dirigeait vraiment toutes les affaires de Rome : c'était César. Avec les richesses des Gaules il achetait toutes les consciences vénales, c'est-à-dire, celles de presque tous les hommes influents à Rome. Chaque année, il venait passer l'hiver dans la Cisalpine, et auprès de lui accouraient les magistrats et les principaux citoyens empressés à recevoir ses ordres. Pompée et Crassus commençaient à redouter un pareil allié : ils s'efforcèrent de resserrer leurs liens mutuels en rapprochant leurs intérêts. Il fut convenu dans l'entrevue de Lucques (56), que Pompée et Crassus demanderaient le consulat. Caton essaya en vain de résister ; les deux candidats furent nommés, et bientôt, un plébiscite assigna, pour cinq ans encore, l'Espagne et l'Afrique à Pompée, les Gaules à César, et la Syrie à Crassus.

311. EXPÉDITION DE CRASSUS CONTRE LES PARTHES. — Les succès faciles de *Gabinius*, qui s'était enrichi en pillant la Syrie, avaient réveillé l'ambition et l'avidité de Crassus. La Parthiène n'était pas soumise ; il en rêva la con-

quête. Malgré son âge et les dangers que présentait une telle guerre, malgré les anathèmes du tribun *Atéius*, il se hâta de passer en Asie (55-54).

Pour premier exploit, il pille les temples d'Hiérapolis et de Jérusalem, puis il se prépare à aller conquérir les trésors de l'Inde. Dédaignant les conseils du roi d'Arménie, qui lui a offert son secours, il passe imprudemment l'Euphrate sur la foi d'un Arabe transfuge. Ce traître le sépare de sa flotte et l'entraîne au milieu des sables brûlants du désert. Là, l'armée, accablée par la chaleur et la disette, est sans cesse harcelée par un ennemi qu'elle ne peut ni atteindre ni éviter : les flèches des Parthes frappent à coup sûr dans les rangs serrés des légions ; mis en déroute, ces terribles cavaliers combattent en fuyant, et leurs traits viennent arrêter les soldats romains lancés à leur poursuite. En vain le jeune Crassus, accouru de la Gaule pour rejoindre son père, se précipite sur les ennemis ; son dévouement est inutile : cerné sur un monticule après une résistance héroïque, il se fait tuer par son écuyer. Sa mort jette le découragement dans l'armée. Bientôt Crassus lui-même est égorgé dans une conférence. — Les débris de l'armée parvinrent pourtant à s'échapper de ces fatales plaines de Carrhes ; elles rentrèrent en Syrie sous la conduite du questeur *Cassius*, qui fit au moins respecter les frontières de l'empire (53).

512. RUPTURE ENTRE CÉSAR ET POMPÉE. — Les derniers événements eurent à Rome de graves conséquences : la mort de Crassus, et peu après, celle de Julie, femme de Pompée, rompirent l'équilibre du triumvirat ; rien ne balançait plus la puissance de César et de Pompée ; les deux rivaux allaient être en présence. Cependant les troubles continuaient à Rome ; et Pompée, qui seul eût pu les apaiser, les entretenait au contraire, espérant qu'on le nommerait dictateur par désespoir. Maître de la ville par son armée, qui campait sous les murs de Rome, il empêchait l'élection des magistrats ; tous les efforts de Caton et de quelques autres citoyens dévoués à la cause de la liberté, ne purent que retarder un résultat désormais inévitable.

Le sénat, las de voir le Forum converti en une arène sanglante, épouvanté des querelles de Milon et de Clodius, qui se terminèrent par la mort violente du dernier, le sénat ne crut pouvoir rétablir la paix qu'en donnant à Pompée une puissance souveraine. Sur la proposition de Caton lui-même, on le nomma seul consul afin de ne pas l'élever à la dictature

(52). L'exil de Milon et plusieurs sages mesures ramenèrent la tranquillité à Rome et affermirent l'ascendant de Pompée. On commença à croire que les vaniteuses prétentions de cet homme étaient moins à craindre que la froide ambition de César ; et le parti qui voulait sauver la république se rallia peu à peu autour du chef des chevaliers. César cependant ne s'endormait pas : bien qu'absent, il avait toujours l'œil sur Rome, où il augmentait le nombre de ses amis par ses adroites libéralités. Sans cesse il appelait d'Italie de nouveaux soldats, et renvoyait les anciens comblés de présents et dévoués pour jamais à sa personne. Il avait gagné par ses bienfaits les habitants de la Cisalpine. Quand il vit Pompée prorogé dans ses gouvernements, il réclama le même privilége (50).

Pompée, inquiet et jaloux à son tour, n'appuya sa demande qu'en apparence, et la fit rejeter par ses menées secrètes ; bientôt il redemanda deux légions de l'armée des Gaules qu'il envoya en Orient ; enfin son partisan Marcellus proposa de proroger Pompée et de rappeler César. Il fallait que celui-ci se livrât à son rival ou qu'il prît les armes. Il hésita longtemps et tenta des négociations par l'entremise du tribun *Curion*, homme éloquent et habile, qu'il avait acheté secrètement. Il proposait de se démettre avec Pompée ; mais celui-ci refusa, et lui ordonna de quitter aussitôt le commandement. En même temps, il chassa de Rome les tribuns Curion, Antoine, Cassius, qui se réfugièrent auprès du vainqueur des Gaules (49). La guerre allait éclater.

313. BATAILLE DE PHARSALE. — César se hâte de marcher vers l'Italie avec ses invincibles soldats, et arrive sur les bords du *Rubicon*, extrême limite de sa province. La franchir en armes, c'était accepter le nom d'ennemi public. César hésite un instant, mais bientôt il s'élance dans le fleuve en s'écriant : « *Le sort en est jeté !* » Pompée, plein d'une sécurité folle, avait dit qu'*il n'aurait qu'à frapper du pied la terre pour en faire sortir des légions*. « *Frappe donc !* » lui dit un sénateur en apprenant que César approchait. Mais il était trop tard. Rien n'était prêt ; la terreur régnait partout, et la rapidité de César déconcertait toutes les mesures. Pompée, pris au dépourvu, s'enfuit à Brindes avec le sénat consterné. — Le vainqueur des Gaules entre dans Rome, pille le trésor public, et occupe paisiblement toute la péninsule italique. Il lui manque une flotte pour suivre son rival en Grèce. Mais pendant que ses lieutenants s'emparent de la Sicile et de la Sardaigne, il passe en Espagne, où sont des

BATAILLE DE PHARSALE. 383

troupes nombreuses et dévouées à Pompée, et bientôt il a gagné à son parti une armée sans général. Il prend Marseille au retour, revient à Rome, où il est proclamé dictateur, abdique pour se faire donner le simple titre de consul, et arrive en Grèce, où Pompée a rassemblé une puissante armée. Les légions de César restées sur le rivage d'Italie tardaient à le rejoindre; il passe la mer sur un bateau pêcheur pour les ramener lui-même. Pendant la traversée, une tempête s'élève et menace sa frêle embarcation : « *Que crains-tu?* dit-il au pilote épouvanté, *tu portes César et sa fortune.* » Les mariniers redoublent d'efforts, et la barque touche le rivage.

La position de César est critique toutefois au milieu d'une contrée dévouée à son rival. Il est bientôt réduit à l'extrémité par l'habile tactique de Pompée, qui affame l'armée ennemie, tandis que la sienne est approvisionnée par ses vaisseaux. La perte de César semblait assurée, et déjà celui-ci songeait à la retraite, quand tout à coup, pour satisfaire à l'impatience de son armée, Pompée abandonne son plan et engage à *Pharsale* une bataille générale contre ces légions qui pouvaient bien être détruites par la famine, mais qui ne savaient pas se laisser vaincre : « *Soldat, frappe au visage!* » dit César à ses vétérans en voyant les brillants cavaliers de l'armée pompéienne. Les jeunes Romains prirent la fuite pour ne pas être défigurés par les lances des légionnaires, et César resta maître du champ de bataille. La défaite de Pharsale porta un coup mortel au parti de Pompée, qui s'en alla au delà des mers demander un asile au roi d'Égypte (48). Une barque fut envoyée à l'illustre fugitif. Pompée y mit le pied. Tout à coup deux traîtres apostés le frappèrent par derrière. Sa tête fut portée au roi d'Égypte; son corps dépouillé fut jeté à la mer, dont les flots le déposèrent sur la grève. Le lendemain, l'affranchi Philippe recueillit le cadavre, et les débris d'un bateau formèrent le bûcher de Pompée le Grand.

514. César en Orient. — Batailles de Thapsus et de Munda. — Ptolémée, qui devait le trône au rival de César, avait cru acheter par un assassinat la protection du vainqueur; il ne gagna que son mépris. César, choisi pour arbitre entre Ptolémée et Cléopâtre, se déclara pour la princesse, dont les charmes l'avaient subjugué (n° 204). Cependant les Alexandrins prirent parti pour leur roi : César fut assiégé par le peuple dans l'île du Phare ; et ce ne fut qu'après mille dangers qu'il put échapper à la vengeance des Égyptiens et rétablir Cléopâtre sur le trône. Mais tandis qu'il s'oubliait près d'elle au sein des plaisirs, le parti de Pompée, plutôt dispersé que détruit, se relevait de toutes parts. Pharnace avait profité de la guerre civile pour envahir l'Asie. César, réveillé par le péril, courut au Bosphore, et vainquit, sans s'arrêter, le fils de Mithridate. « *Veni, vidi, vici,* » écrivit-il au sénat pour annoncer sa rapide victoire (47).

Après avoir réduit l'Orient, il se hâte de revenir à Rome, où s'agitent les factions d'Antoine et de Dolabella; sa présence déconcerte tous ses ennemis, qui obtiennent leur grâce. A ce moment, les vétérans, si longtemps fidèles, se soulèvent; César paraît, donne à ses soldats le nom de *Quirites!* (1) et ce seul mot les fait rentrer dans le devoir. Élevé de nouveau à la dictature, il débarque en Afrique, où Métellus, Scipion et Caton ont rassemblé dix légions complètes, soutenues par la cavalerie de *Juba*, roi de Mauritanie. César, malheureux d'abord, est encore sauvé par la précipitation des Pompéiens, et détruit leur armée à la grande bataille de *Thapsus*. — Caton, dont on avait méprisé les conseils, se tua dans Utique, pour ne pas survivre à la liberté (46). Au moment de se donner la mort, il avait, dit-on, lu le *Phédon*, magnifique dialogue de Platon sur l'immortalité de l'âme.

César, de retour à Rome, déploya la pompe inouïe de quatre triomphes et rassasia le peuple de jeux et de fêtes; il rappela les proscrits, et combla ses ennemis de faveurs : il voulait se faire pardonner sa victoire. Toutefois, la guerre n'était pas finie : l'Espagne entière s'était soulevée, sous les deux fils de Pompée, *Cnéius* et *Sextus*. Ils attendaient l'ennemi à *Munda*. La bataille fut terrible; César n'y combattit pas seulement pour la victoire, mais aussi pour sa vie. Ses vieux légionnaires, las de verser leur sang dans toutes les parties du monde, refusaient de marcher. César saisit le bouclier d'un soldat, et s'élance au-devant des Pompéiens; ses troupes, électrisées par cet exemple, reviennent à la charge, et trente mille ennemis sont tués avec un des fils de Pompée (45). Ce fut le dernier effort du parti de la république.

Le vainqueur revint à Rome triompher de l'Espagne. Ce triomphe affligea les Romains : c'était insulter aux malheurs de la guerre civile; c'était leur faire amèrement sentir leur esclavage.

---

(1) C'est ainsi qu'on appelait les citoyens quand ils ne portaient pas les armes.

§ II. ROYAUTÉ DE CÉSAR SOUS LE NOM DE DICTATURE. — LOIS ET PROJETS DE CÉSAR.

315. Dictature, lois et projets de César. — Cependant il fallait plier. Le sénat commençait l'apprentissage de sa honteuse dépendance : il proclama César dictateur perpétuel, père de la patrie, préfet des mœurs ; il réunit toutes les dignités sur sa tête, et y mit le comble en lui décernant les honneurs divins. Une statue lui fut élevée avec cette inscription : *Au dieu invincible;* et ses images furent placées comme celles d'un nouveau roi auprès des images des Tarquins. Du reste, César usa de son pouvoir souverain pour rendre la paix et la prospérité à toute la république. Il étendit le droit de cité aux Gaulois, ses fidèles partisans ; il en fit entrer plusieurs dans le sénat ; il accorda le titre de citoyen aux étrangers distingués par leur science dans le droit ou la médecine. Il augmenta le nombre des principaux fonctionnaires, préteurs, questeurs, édiles, et créa des consuls substitués. Il multiplia les colonies pour délivrer l'Italie d'une foule de prolétaires. En même temps, il méditait des projets dignes d'un maître du monde : il voulait agrandir Rome, l'orner de monuments magnifiques, en faire la reine de l'univers. Capoue, Corinthe, Carthage, venaient d'être rebâties ; de nombreux canaux étaient tracés afin d'ouvrir des débouchés au commerce. Un plan était préparé pour dessécher les marais pontins ; une nouvelle organisation administrative devait être donnée à tout l'empire et la législation révisée tout entière. Le dictateur songeait à porter ses armes en Asie, à venger sur les Parthes la défaite de Crassus, et peut-être à subjuguer le nord pour achever la conquête du monde.

316. Mort de César (44). — Mais il ne lui était pas réservé d'accomplir de si vastes desseins. En vain il s'était efforcé d'effacer par la clémence toutes les traces de la guerre civile ; en vain il avait comblé de faveurs et élevé aux premières charges ceux qui l'avaient combattu ; en vain il avait relevé les statues de son rival et renvoyé ses gardes espagnols : rien ne pouvait désarmer les partisans de la liberté. Ils le voyaient avec horreur modifier les formes du gouvernement en concentrant en lui tous les pouvoirs, et souffrir que, dans une solennité publique, Antoine lui posât un diadème sur la tête. On l'accusa d'aspirer à la royauté, et une conjuration se forma contre lui.

Le chef du complot était *Cassius*, qui *détestait plus César qu'il n'aimait la liberté*. L'austère *Brutus*, que l'on croyait fils de César, voyait chaque jour sur son tribunal de préteur un billet mystérieux avec ces mots : « *Tu dors, Brutus! Non, tu n'es pas Brutus.* » Il céda aux obsessions, quoique à regret, et entra dans la conspiration avec plusieurs citoyens illustres. Le dictateur fut informé à temps. On lui disait de se défier des ides de mars : « La république est plus intéressée » que moi à ma conservation, » répondait-il avec confiance. Il se rendit au sénat, malgré des avertissements nombreux, malgré les supplications de sa femme. Comme il entrait, un homme lui remit un billet : « Lisez, lui dit-il, et promptement ; » il n'en put trouver le temps. C'était le détail de la conjuration. Les conjurés l'attendaient dans la salle des séances. A peine César était-il assis, que l'un d'eux, nommé Casca, lui porta un coup de poignard suivi à l'instant de plusieurs autres coups. Le dictateur se levait pour repousser les meurtriers, quand il aperçut Brutus qui s'avançait à son tour le poignard à la main : « *Et toi aussi, Brutus, mon fils!* » s'écria-t-il douloureusement ; aussitôt, il se couvrit la tête de sa robe et livra son corps au fer des conjurés. Percé de vingt-trois coups de poignard, César alla expirer au pied de la statue de Pompée (44).

QUESTIONNAIRE. — 310. Quels hommes factieux mirent le trouble dans Rome ? — A quelle occasion fut rappelé Cicéron ? — 311. Racontez l'expédition de Crassus. — 312. Quelles causes amenèrent une rupture entre César et Pompée ? — 313. Que dit César en passant le Rubicon ? — Pompée était-il prêt à combattre César ? — Racontez le trait de César traversant l'Adriatique. — Où les deux armées se rencontrèrent-elles ? — Par quelle manœuvre César décida-t-il le succès de la bataille ? — Où Pompée s'enfuit-il et comment mourut-il ? — 314. Quel fruit Ptolémée recueillit-il de son lâche forfait? — Que fit César en Égypte ? — Quels dangers y courut-il ? — Parlez de sa campagne en Asie. — Par quels mots célèbres en fit-il connaître le résultat? — Quelle victoire remporta-t-il en Afrique ? — Qui était Caton d'Utique et comment mourut-il? — Où les fils de Pompée avaient-ils réuni leurs partisans ? — Quelle fut l'issue de la bataille de Munda? — 315. Quelles dignités César reçut-il à son retour ? — Quelles réformes accomplit-il ? — Quels étaient ses projets? — 316. Quel dessein forma Cassius? — Comment Brutus fut-il déterminé à entrer dans la conjuration ? — Que répondit César aux avertissements qui lui furent donnés? — *Racontez les circonstances de la mort de César.*

CHAPITRE VINGT-SEPTIÈME.

SECOND TRIUMVIRAT. — FIN DE LA RÉPUBLIQUE.

SOMMAIRE.

§ I. 317. Profitant de l'irritation du peuple contre les conjurés, Antoine se met à la tête des partisans de César; il excite un soulèvement populaire (44). Les conjurés sont chassés de Rome.

318. Octave, le jeune neveu de César, montre une générosité habile; il est appuyé par Cicéron qui prononce les Philippiques et fait déclarer la guerre à Antoine. Octave est seul à la tête de l'armée. — Le rapprochement d'Octave, d'Antoine et de Lépide forme le second triumvirat. Les triumvirs se partagent les provinces; ils se livrent réciproquement tous leurs ennemis. Cicéron est mis à mort (43). Les listes de proscription sont publiées.

§ II. 319. Brutus et Cassius ont remporté des succès en Orient et en Grèce. A la première bataille de Philippe, Cassius est tué; à la deuxième bataille, Brutus se tue en maudissant la vertu (42).

320. Antoine en Orient montre un fol amour pour le plaisir; il se laisse séduire par Cléopâtre; il fait une expédition malheureuse contre les Parthes. Antoine blesse le patriotisme des Romains, néglige Octavie, se fait adorer en Égypte.

321. Par une conduite adroite et prudente, Octave s'attache les vétérans auxquels il partage l'Italie. Sextus Pompée est puissant sur la mer. La guerre éclate entre Octave et Sextus. Par l'habileté d'Agrippa, Sextus est vaincu à Nauloque (36), et tué bientôt après.

322. Antoine répudie Octavie (32) et décide ainsi une rupture. Il est vaincu à Actium par la faute de Cléopâtre (31). Des folies nouvelles signalent le retour d'Antoine et de Cléopâtre en Égypte. Antoine se tue par amour pour Cléopâtre. La reine fait de vains efforts pour séduire Octave et se tue. L'Égypte est réduite en province romaine (30).

323. Les provinces se soumettent de toutes parts à Octave. La république est terminée : Octave est maitre du monde.

§ 1er. LE SECOND TRIUMVIRAT : OCTAVE ET ANTOINE.

517. SITUATION DES PARTIS APRÈS LA MORT DE CÉSAR. — INFLUENCE D'ANTOINE. — Les conjurés, en tuant César, avaient cru anéantir la tyrannie et rétablir la liberté; mais, à Rome, le gouvernement républicain n'était plus possible. Les causes qui l'avaient renversé subsistaient toujours, et rien ne pouvait réorganiser ses éléments détruits. L'aristocratie, décimée par les guerres civiles et les proscriptions, n'avait plus ni unité ni vigueur. Les plébéiens n'étaient plus qu'un ramas d'affranchis, d'étrangers ou de prolétaires, pour qui la patrie, la cité n'existaient pas, qui ne prenaient part au gouvernement que pour trafiquer des restes de leur influence, ne demandant en échange de leurs votes que du bien-être et de l'oisiveté; toute cette race dégradée s'était accoutumée à la servitude et n'en désirait pas sortir.

En vain les conjurés, leur poignard sanglant à la main, appelèrent les citoyens à la liberté. Le peuple, qui regrettait la douce et paternelle domination du dictateur, ne répondit que par des cris de haine et de vengeance à l'appel des conjurés, qui se réfugièrent dans le Capitole.

Le sénat, effrayé par ces démonstrations, n'osait pourtant désavouer les champions de sa propre cause, et attendait sans agir. Le parti républicain se perdit par ses incertitudes. Pendant ce temps, le consul *Antoine*, et plusieurs amis de César, qui avaient quitté la ville dans un premier moment de terreur, reprenaient courage et reparaissaient à Rome. Le sénat espéra encore faire adopter un accommodement entre les partis. Antoine feignit d'accepter, pour mieux assurer ses plans. Tout à coup il parut à la tribune, lut devant le peuple le testament de César, et excita l'indignation générale contre ses meurtriers par le récit des bienfaits dont les comblait leur victime; puis « il déploya du haut de la tribune la robe de César, ensanglantée et percée de coups, traitant de scélérats et de parricides les auteurs de ce meurtre. Cette scène mit le comble à l'exaspération populaire. Tous les assistants faisant, à l'instant même, un bûcher avec les bancs et les tables qu'ils trouvèrent sur la place, y brûlèrent le corps de César, et prenant ensuite des tisons enflammés, ils coururent aux maisons des meurtriers pour y mettre le feu et les attaquer eux-mêmes. » Les conjurés durent quitter Rome à la hâte, et l'ambitieux Antoine profita de leur départ pour établir son autorité, sous prétexte de venger César. Il était secondé par *Lépide*, maître de la cavalerie sous le dictateur, qui lui amena des troupes.

Mais il trouva un rival auquel il ne s'attendait pas. Un enfant de dix-huit ans, faible et maladif, occupé encore à terminer ses études dans les gymnases d'Athènes, arriva tout à coup à Rome, se portant héritier de César; c'était son neveu *Octave*.

318. Octave forme avec Antoine et Lépide le second triumvirat. — Proscriptions. — Antoine avait commencé par s'emparer de toutes les sommes laissées par le dictateur. Le jeune Octave, moins avide et plus habile, promit d'acquitter ses legs, dût-il y consacrer toute sa fortune. Cette générosité lui gagna le peuple et les vétérans; ses paroles douces et modérées lui concilièrent l'affection du sénat : Cicéron, qui redoutait l'influence d'Antoine, favorisa les prétentions d'Octave, espérant en faire un instrument commode de la politique du sénat. Antoine, effrayé de la désertion générale de ses partisans, comprit enfin qu'il avait affaire à un redoutable ennemi, et quitta Rome pour assembler une armée. Cicéron aussitôt lança contre lui les foudres de ses éloquentes *Philippiques*, et fit déclarer la guerre à celui qu'il appelait un gladiateur, un brigand, un autre Catilina. On envoya à sa poursuite Octave avec les deux consuls : Antoine fut vaincu, mais les consuls moururent de leurs blessures, et, par ce singulier hasard, Octave se trouva seul à la tête d'une armée victorieuse. Alors, il pouvait se faire craindre; malgré son âge, on n'osa pas lui refuser le consulat. Cependant son parti était faible encore; comme son oncle, il résolut d'appeler à son secours l'ambition de ses propres rivaux, pour s'élever avec leur appui, et les renverser ensuite. Il ouvrit, avec Antoine et Lépide, des conférences, dont le résultat fut la formation du *second triumvirat* (43).

Ce fut une abominable alliance. Après s'être partagé les provinces *comme un héritage paternel*, donnant à Antoine les Gaules, à Octave la Sicile et l'Afrique, à Lépide la Narbonnaise et l'Espagne, les triumvirs convinrent de s'immoler réciproquement tous leurs ennemis. Octave abandonna à la haine d'Antoine Cicéron, son protecteur (n° 329); Antoine livra son oncle; Lépide, son frère. Ces crimes furent le signal d'une proscription plus affreuse que celles de Marius et de Sylla.

Les triumvirs avaient besoin d'argent pour payer leurs soldats et se préparer à la guerre; ils remplirent leur trésor en proscrivant les citoyens les plus opulents. Toutes les mesures étaient prises pour qu'aucune victime n'échappât à son sort. « Que nul ne donne asile aux proscrits, disait le décret des triumvirs. Quiconque sera convaincu d'avoir tenté de les sauver, sera lui-même proscrit. Quiconque aura donné la mort à un proscrit et nous en apportera la tête, recevra, s'il est homme libre, 25,000 drachmes; s'il est esclave, 10,000, et de plus la liberté et le droit de cité. Celui qui découvrira la retraite d'un proscrit aura une récompense égale. » Quand les trois tyrans furent gorgés de sang et de dépouilles, ils crurent pouvoir quitter sans crainte l'Italie désolée. Lépide resta seul à Rome ; Antoine et Octave passèrent en Grèce, où Brutus et Cassius les attendaient avec toutes leurs forces.

§ II. BATAILLES DE PHILIPPES ET D'ACTIUM. — CHUTE DE LA RÉPUBLIQUE.

519. GUERRE CIVILE. — BATAILLE DE PHILIPPES. — Il était difficile de prévoir l'issue de la lutte. La puissance du parti républicain était formidable encore. Pendant que les triumvirs pillaient l'Italie, Brutus et Cassius avaient fait à l'Orient de rapides conquêtes. Après avoir disputé victorieusement la Syrie à son compétiteur Dolabella, Cassius avait pris Rhodes et soumis l'Asie Mineure. Brutus avait vaincu les Thraces et était descendu en Grèce, où tous les anciens soldats de Pompée étaient venus se joindre à lui. La flotte des conjurés, unie à celle de *Sextus Pompée* (n° 314), maître de la Sicile, assurait au parti du sénat l'empire des mers.

Quand les triumvirs, malgré une victoire navale de Sextus Pompée, eurent débarqué en Grèce, Cassius, habile capitaine, comprit que dans un pays où toutes les populations leur étaient hostiles, il détruirait aisément leur armée par une guerre d'escarmouches. Déjà il avait forcé les triumvirs à rétrograder jusqu'en Macédoine, lorsque Antoine, par une manœuvre hardie et savante, déjoua le plan de son ennemi et le força d'accepter le combat. Brutus s'était joint à Cassius. Une nuit, le farouche républicain veillait sous les armes : un spectre se dressa devant lui. « *Homme ou dieu, qui es-tu ?* lui dit Brutus. — *Je suis ton mauvais génie*, repartit le fantôme. *Tu me reverras à Philippes.* » La prédiction allait s'accomplir. — Cent mille hommes du parti républicain, cent treize mille sous les ordres des triumvirs, se trouvèrent en présence dans les plaines de *Philippes*. Deux batailles y décidèrent pour jamais du sort de la république. Dans la première, Cassius, vaincu, se tua. Brutus avait été vainqueur à l'aile qu'il commandait ; il pouvait encore ressaisir l'avantage et ruiner l'armée ennemie, qui manquait de vivres, en reprenant la tactique de son collègue et en traînant la guerre en longueur. Mais il céda, comme Pompée, à l'impatience de ses troupes, et fut défait. Il gagna dans sa fuite une étroite vallée, et ayant exhorté ses amis à retourner au camp, il dit à un esclave de lui donner la mort. Mais *Straton*, qui lui était dévoué, s'écria :

« *Qu'il ne soit pas dit un jour que, faute d'amis, Brutus a péri de la main d'un esclave.* » Et il lui présenta son épée. Brutus se l'enfonça dans le sein en proférant ce mot impie : « *O vertu, tu n'es qu'un nom !* »

Les restes de l'armée républicaine furent forcés de se rendre. Antoine, qui avait vaillamment combattu, montra quelque générosité après la victoire ; Octave, qui s'était lâchement retiré du combat, fit massacrer impitoyablement tous les plus illustres prisonniers (42).

328. ANTOINE ET CLÉOPATRE. — Vainqueurs de tous leurs ennemis, Antoine et Octave ne tardèrent pas à laisser de côté le faible et incapable Lépide, dont ils n'avaient plus besoin, et se partagèrent le monde. Tandis qu'Octave, prévoyant et habile, se faisait des partisans en Italie, dont il avait conservé le gouvernement, Antoine, brave soldat, mais mauvais politique, se livrait étourdiment à ses passions les plus déréglées ; chargé du commandement des riches provinces d'Orient, il s'avança en Asie Mineure, au milieu de fêtes et de débauches continuelles qui n'étaient toutefois que le commencement de ses extravagances. Il fit citer à son tribunal la fameuse reine d'Égypte, Cléopâtre (n° 201), accusée d'avoir favorisé le parti républicain. Cette femme artificieuse, qui avait su déjà séduire Jules César (n° 314), n'eut pas de peine à prendre sur Antoine une influence bien plus grande encore. Loin de fuir l'approche du triumvir, elle s'avança à sa rencontre sur un vaisseau brillant d'or et de pierreries. Des voiles de pourpre se déployaient au vent ; des rames d'argent battaient l'onde en cadence, et une douce musique se faisait entendre sur le navire. Cléopâtre elle-même, couchée nonchalamment sous une tente de drap d'or, était entourée d'enfants qui agitaient des éventails pour rafraîchir l'air, tandis que des cassolettes répandaient les plus doux parfums.

A ce spectacle, Antoine oublia tout à coup qu'il marchait pour combattre Cléopâtre, et ébloui de sa beauté, il ne songea plus qu'à vivre avec elle au sein des plaisirs. Il fallut cependant la quitter pour aller combattre les Parthes, qui, fiers de la victoire qu'ils avaient remportée sur Crassus, ne cessaient depuis ce temps de menacer les provinces romaines (35). Mais Antoine, malgré ses talents militaires, malgré les avantages que venait de remporter un de ses lieutenants, Ventidius, compromit le succès de son expédition par son fol empressement à revoir Cléopâtre. Uniquement préoccupé d'achever promptement la campagne, il négligea les mesures de prudence qu'il devait employer avec le plus grand soin pour combattre avec avantage de si dangereux ennemis. Il fut bientôt forcé de commencer une retraite où il déploya du moins une fermeté, une patience admirables, et il revint en Syrie, après avoir perdu par la fatigue, les maladies et la disette la plus grande partie de son armée. Il courut se consoler à Alexandrie, dans les délices de la cour de Cléopâtre, et lutter avec elle de profusion et de folie.

Au milieu de cette existence désordonnée, Antoine oubliait le soin de ses plus chers intérêts et semblait détruire à plaisir son influence sur les Romains, en les irritant par les mesures les plus imprudentes. Il blessa profondément le peuple de Rome, en donnant à Cléopâtre plusieurs provinces conquises par les armées de la république, et en traitant avec dédain sa femme, la douce *Octavie*, sœur d'Octave, dont tout le monde chérissait les vertus. Il se faisait adorer en Égypte avec Cléopâtre, sous les noms d'Osiris et d'Isis, et le bruit courait qu'il allait arriver à Rome avec son Égyptienne.

521. OCTAVE ET SEXTUS POMPÉE. — Toute autre avait été la conduite d'Octave. Pendant qu'Antoine ne songeait qu'à satisfaire ses folles passions, Octave s'occupait sans relâche à étendre sa puissance aux dépens de son collègue. Investi du gouvernement de l'Occident, il s'était chargé de récompenser les soldats qui avaient vaincu à Philippes : tâche difficile et périlleuse, car il fallait dépouiller une multitude de citoyens, pour satisfaire avec leurs biens des milliers d'hommes violents et avides. Plus d'une fois, la vie d'Octave fut menacée par l'insolence des soldats vainqueurs. Mais enfin, sa politique l'emporta, et la plus vaillante armée du monde fut désormais dévouée à sa fortune.

Il avait besoin de toutes ses forces contre un ennemi redoutable qui, après la défaite des républicains sur terre, avait relevé leur parti sur mer et pouvait encore soutenir la lutte contre les triumvirs. Sextus Pompée (n° 319), à la tête d'une flotte nombreuse, bloquait les ports de l'Italie et affamait Rome. Octave, encore aux prises avec toutes les difficultés de son gouvernement, dut entrer d'abord en composition avec son adversaire et lui abandonner les grandes îles de la Méditerranée. Mais ce traité n'était qu'un piége ; et dans cette fausse réconciliation, Octave n'avait vu qu'un moyen de gagner du temps afin de se préparer à la guerre. Pour combattre Pompée, maître de la mer, Octave avait besoin d'une flotte puissante. Le génie d'*Agrippa*, son lieutenant, et la trahison d'un affranchi de Pompée fournirent au triumvir les vaisseaux qui lui manquaient ; un nouveau traité avec Antoine, conclu par l'influence d'Octavie, accrut sa flotte de cent vingt vaisseaux. Octave n'en fut pas moins battu deux fois en personne (37); mais Agrippa gagna l'année suivante la bataille décisive de *Nauloque* (36). Octave, à qui le cœur avait manqué au plus fort du combat, et qui s'était couché dans une galère, se releva vainqueur. Pompée fut forcé de s'enfuir en Asie, où un préfet de Syrie le fit mettre à mort.

322. **Bataille d'Actium** (31). — Octave n'avait perdu aucune occasion pour exciter le mécontentement des Romains contre Antoine, et déjà une sourde inimitié se manifestait entre les deux collègues. Le frère d'Antoine ayant essayé de soulever l'Italie contre Octave, celui-ci réprima l'insurrection et la punit par des cruautés effroyables. Antoine, irrité, ne gardait plus aucun ménagement, et bientôt on apprit qu'il avait répudié Octavie (32).

Ce dernier trait combla la mesure. Les comices, à cette nouvelle, déclarèrent Antoine déchu de la puissance triumvirale, ennemi du peuple romain, et chargèrent Octave d'aller le combattre.

Octave avait pour lui, comme César, une armée vaillante et dévouée ; comme Pompée, Rome et le sénat. Antoine pouvait lui opposer une flotte et des troupes plus nombreuses ; mais l'influence de Cléopâtre paralysa toutes ses forces. Tandis qu'il réunissait ses légions et les troupes des alliés, elle ne songeait qu'à préparer des rendez-vous, qu'à rassembler des bateleurs et des comédiens. Ce fut elle qui empêcha Antoine d'envahir l'Italie, et qui le décida à livrer une bataille navale, quand il avait tout avantage à combattre sur terre ; ce fut elle enfin qui causa sa défaite. Les flottes des deux ennemis se rencontrèrent près du promontoire d'*Actium*, à peu près égales en forces, montées par des soldats d'une égale valeur. Antoine pouvait espérer vaincre encore ; mais Cléopâtre prit la fuite au plus fort du combat : son indigne amant la suivit, et, attaché par un fatal pouvoir aux pas de celle qui le perdait, il ne songea pas même à l'armée puissante et fidèle qui l'attendait sur le rivage. Ces braves légions, sans chef et sans ordre, furent forcées de se rendre à Octave. La bataille d'Actium avait terminé la lutte et décidé des destinées du monde (31).

La mort d'Antoine vint encore ajouter à la honte de ses dernières années. De retour en Égypte avec Cléopâtre, il ne songea qu'à s'étourdir dans l'ivresse et la débauche la plus effrénée. Cléopâtre, pour laquelle il s'était perdu, ne cherchait désormais qu'un moyen de se débarrasser de lui et de fléchir elle-même le vainqueur. Quand Octave, arrivant à la tête de ses légions triomphantes, approcha d'Alexandrie, elle se réfugia dans un vaste tombeau, et elle fit dire à Antoine qu'elle s'était donné la mort. Le malheureux, aveuglé par sa passion, ne voulut pas lui survivre et se frappa d'un coup mortel. Il apprit alors, mais trop tard, que Cléopâtre était pleine de vie, et il se fit porter près d'elle pour expirer à ses côtés.

Cléopâtre voulut essayer sur Octave la puissance de cette beauté qui avait successivement subjugué César et Antoine. Mais Octave refusa de la voir et résolut de la conduire à Rome, pour la faire paraître chargée de chaînes à la suite de son char de triomphe. Cléopâtre, pour échapper à cette ignominie, se donna la mort en se faisant piquer par un aspic.

523. CHUTE DE LA RÉPUBLIQUE. — La mort d'Antoine et de Cléopâtre livra l'Égypte au vainqueur (n° 202). Elle fut réduite en province romaine; mais Octave n'osa confier à aucun sénateur une province si puissante et si riche. Un simple chevalier romain en reçut le gouvernement, sous le titre de préfet (30).

Les lieutenants d'Octave avaient de toutes parts soumis les provinces attachées encore au parti d'Antoine. Des déserts brûlants de l'Afrique aux bords du Danube et du Rhin, de l'Euphrate à l'Océan Atlantique, tout reconnut l'autorité du vainqueur. Il était véritablement maître du monde ; mais les anciens préjugés contre la royauté subsistaient toujours à Rome. Octave, pour établir solidement son autorité, devait ménager les susceptibilités des Romains, continuer à paraître le simple délégué du sénat et du peuple, et se servir des institutions républicaines pour fonder son pouvoir ; nous verrons que telle fut la politique constante du nouveau souverain de Rome.

Une grande période historique est terminée : à l'ère ancienne va succéder une ère nouvelle, ère de régénération et de salut. En présence de cette immense et impérissable révolution, en présence du plus grand fait de l'histoire de l'humanité, résumons rapidement les événements qui l'ont précédé, qui l'ont préparé, en empruntant à Bossuet ce magnifique tableau, où il retrace à grands traits la situation politique de l'univers à l'avénement du Sauveur.

« Les restes de la république avaient péri avec Brutus et » Cassius. Antoine et César Octave, après avoir ruiné Lépide,

» se tournent l'un contre l'autre. Toute la puissance romaine
» se met sur la mer. César gagne la bataille Actiaque : les
» forces de l'Égypte et de l'Orient, qu'Antoine menait avec
» lui, sont dissipées : tous ses amis l'abandonnent, et même
» sa Cléopâtre, pour laquelle il s'était perdu. Hérode l'Idu-
» méen, qui lui devait tout, est contraint de se livrer au vain-
» queur, et se maintient par ce moyen dans la possession du
» royaume de Judée, que la faiblesse du vieil Hyrcan avait
» fait perdre aux Asmonéens. Tout cède à la fortune de Cé-
» sar : Alexandrie lui ouvre ses portes; l'Égypte devient une
» province romaine ; Cléopâtre, qui désespère de la pouvoir
» conserver, se tue elle-même après Antoine. Rome tend les
» bras à César, qui demeure, sous le nom d'Auguste et sous
» le titre d'empereur, seul maître de tout l'empire. Il dompte,
» vers les Pyrénées, les Cantabres et les Asturiens révoltés;
» l'Éthiopie lui demande la paix, les Parthes épouvantés lui
» renvoient les étendards pris sur Crassus, avec tous les pri-
» sonniers romains ; les Indes recherchent son alliance ; ses
» armes se font sentir aux Rhètes ou Grisons, que leurs mon-
» tagnes ne peuvent défendre; la Pannonie le reconnaît ; la
» Germanie le redoute, et le Wéser reçoit ses lois. Victorieux
» par terre et par mer, il ferme le temple de Janus. Tout
» l'univers vit en paix sous sa puissance, et JÉSUS-CHRIST
» VIENT AU MONDE. »

QUESTIONNAIRE. — § I. 317. Quels sentiments le peuple de Rome éprouva-t-il à l'égard des meurtriers de César ? — Comment Antoine augmenta-t-il encore son indignation? — Quels étaient les projets d'Antoine? — Qui lui opposa une vive résistance? — Quel était le caractère d'Octave? — Qui était Lépide ? — 318. Dans quel but Antoine, Octave et Lépide s'unirent-ils ? — Comment s'appela cette alliance? — Comment les triumvirs usèrent-ils de leur puissance? — § II. 319. Entre qui éclata une lutte terrible?—Quelle fut l'issue des deux batailles de Philippes?— Comment mourut Brutus? — 320. Comment Octave et Antoine traitèrent-ils Lépide, et que firent-ils l'un et l'autre après leur victoire?— Quelle fut la conduite d'Antoine en Orient?— Quel empire Cléopâtre exerça-t-elle sur Antoine? — Quelle expédition fit celui-ci et par quelle cause échoua-t-elle? — Quels sentiments la conduite d'Antoine faisait-elle éprouver aux Romains? — 321. Quelle fut la politique d'Octave en Italie? — Comment triompha-t-il de Sextus Pompée? — 322. Qu'est-ce qui décida la rupture des deux rivaux? — Où se livra la bataille qui décida de leur sort? — Qu'est-ce qui causa la défaite d'Antoine? — Quels étaient les desseins de Cléopâtre? — Qu'est-ce qui décida Antoine à se donner la mort? — Quelle fut la conduite d'Octave à l'égard de Cléopâtre? — Comment mourut-elle? — 323. Quels furent pour Octave les résultats de la défaite et de la mort d'Antoine?

CHAPITRE VINGT-HUITIÈME.

AUGUSTE

(30 ans avant J. C. — 14 après).

SOMMAIRE.

§ I. 324. Un changement complet s'opère dans le caractère et la conduite d'Octave qui quitte son nom pour celui d'Auguste. Il **évite de prendre le titre de roi**, il réunit tous les pouvoirs en se faisant conférer toutes les dignités anciennes : il est successivement nommé *imperator*, consul, tribun, préfet de la ville et intendant des vivres, souverain pontife, père de la patrie ; ainsi s'établit le *principat*. Le pouvoir d'Auguste n'est pas absolu.

325. Auguste rétablit l'ordre dans tout l'empire, maintient la police à Rome par des répressions sévères ; il limite l'excès des affranchissements ; remet le mariage en honneur. Il établit des postes dans l'empire ; fait fleurir le commerce.

326. Il opère une réforme radicale dans l'organisation militaire ; il partage les provinces : donne au sénat les provinces centrales sans soldats, sous des proconsuls, chefs civils ; à l'empereur, les provinces frontières, avec les légions, sous des procurateurs ou chefs militaires. Les armées sont rendues permanentes, établies dans des camps, divisées en corps isolés. Des cohortes prétoriennes sont instituées pour la garde de l'empereur.

§ II. 327. L'empire est limité par le Pont-Euxin, le Danube, le Rhin, au nord ; le détroit de Gaule, l'océan Atlantique, à l'ouest ; les déserts de l'Afrique, les rochers de l'Éthiopie, les déserts de l'Arabie au sud ; le cours de l'Euphrate, à l'est. Il comprend quelques États indépendants de nom. Son étendue est de 5 millions de kilomètres carrés avec 200 millions d'habitants.

328. Les provinces sont soumises à de nouvelles circonscriptions. *Les provinces sénatoriales* sont : 1° Sicile : Syracuse ; 2° Sardaigne et Corse ; 3° Gaule Narbonnaise : Narbonne ; 4° Bétique : Séville ; 5° Macédoine : Thessalonique ; 6° Achaïe : Corinthe ; 7° Crète et Cyrénaïque ; 8° Asie proconsulaire : Pergame ; 9° Bithynie : Nicomédie ; 10° Chypre ; 11° Afrique : Carthage. — *Les provinces impériales* sont : 1° Gaule celtique : Lyon ; 2° Aquitaine : Bordeaux ; 3° Belgique : Trèves ; 4° Haute Germanie : Mayence ; 5° Basse Germanie : Cologne ; 6° Tarraconnaise : Tarragone ; 7° Lusitanie : Mérida ; 8° Pannonie ; 9° Mésie : Sardique ; 10° Alpes maritimes ; 11° Rhétie et Vindélicie ; 12° Norique ; 13° Dalmatie et Illyrie ; 14° Syrie et Phénicie : Antioche et Tyr ; 15° Cilicie : Tarse ; 16° Pamphylie ; 17° Galatie ; 18° Égypte : Alexandrie. — Le royaume de Cottius,

la Thrace, la Cappadoce, la Syrie, la Comagène, l'Arménie, la Palmyrène, la Palestine, l'île de Rhodes, la Mauritanie, indépendants de noms. Dans les îles Britanniques, la Germanie, l'Arabie et l'Éthiopie, les Romains n'occupaient que quelques points.

§ III. 329. Cicéron orateur, littérateur, philosophe, a porté l'éloquence à sa perfection ; il meurt victime de la haine d'Antoine (43).

330. Les plus grands historiens de l'époque sont Salluste et Tite-Live.

331. Mécène protége les écrivains et les artistes. Parmi les poëtes brillent : Virgile, auteur des Églogues, des Géorgiques et de l'Énéide ; Horace, auteur des Odes, des Satires, de l'Art poétique ; Ovide, auteur des Métamorphoses ; Phèdre le fabuliste.

332. Auguste embellit Rome. Il pardonne au conspirateur Cinna. Des chagrins domestiques troublent la fin de son règne.

333. Auguste soumet définitivement l'Espagne, la Rhétie, la Vindélicie, le Norique, la Mésie ; il entretient des rapports avec l'Éthiopie, l'Arménie, les Parthes, les Sarmates, les Scythes, les Indiens.

334. En Germanie, après les glorieuses campagnes de Drusus, Varus irrite les Germains. Les légions de Varus sont surprises et anéanties par Hermann (9 ap. J.-C.). Auguste meurt l'an 14 ap. J.-C.

§ Ier. ORGANISATION DU GOUVERNEMENT IMPÉRIAL.

324. AUGUSTE RÉUNIT TOUS LES POUVOIRS.—LE PRINCIPAT. — Aussitôt qu'Octave fut seul maître du pouvoir, un changement extraordinaire eut lieu dans sa conduite. Cet ancien triumvir, qui avait surpassé ses collègues en férocité, se montra tout à coup l'homme le plus clément, le plus généreux, le plus humain. Il pardonna à tous ses ennemis, mit fin à toutes les rigueurs, et, pour faire oublier ses cruautés d'autrefois, il changea jusqu'à son nom : quittant le nom d'Octave, sous lequel il avait commis tant de crimes, il prit celui d'*Auguste*, qu'il allait illustrer par la plus habile et la plus douce administration.

La bataille d'Actium lui avait livré toute l'immense domination romaine, et quoique la république existât toujours nominalement, Auguste avait véritablement entre les mains une autorité souveraine. Mais les Romains, tout habitués qu'ils étaient, depuis le temps de Marius et de Sylla, à obéir à un seul homme, avaient toujours en horreur la royauté, et Auguste, avons-nous dit (n° 324), se garda bien de prendre le titre de roi, qui aurait soulevé contre lui la plus vive animosité. On le nomma *imperator* ou *empereur*, nom qui était depuis longtemps donné aux généraux vainqueurs, et chef ou *prince* du sénat. Il eut soin de se faire décerner toutes les anciennes dignités pour en exercer les attributions à son seul profit, sans cependant les détruire. C'est ainsi qu'il reçut tour à tour l'autorité *consulaire* et *tribunitienne*, qui lui donnait le commandement des légions et rendait sa personne inviolable et sacrée ; la *préfecture des mœurs* ou ancienne censure, par laquelle il avait la surveillance de tous les citoyens ; la *préfecture de la ville* et l'*intendance des vivres*, ou l'édilité, qui lui donnait la police de Rome ; et enfin le *souverain pontificat*, qui l'élevait au-dessus de tous les ministres de la religion (13). Tous ces titres furent couronnés par celui de *père de la patrie* (8). Il ne résultait de tout cela, pour le civil, d'autre autorité légale que celle des différentes magistratures dont le prince était revêtu, et dont la juridiction restait à peu près la même que sous la république. Sauf quelques lois dont le sénat avait dispensé Auguste, les autres subsistèrent pour lui. Enfin, il n'était que le premier magistrat d'une république, et cette puissance toute particulière fut bien exprimée par le nom de *principat* (princeps, premier).

Ce n'était pas là le gouvernement absolu : la meilleure preuve, c'est qu'Auguste n'eut ni le droit ni le pouvoir d'établir à son gré des impôts ; ce fut avec la plus grande peine qu'il put fonder une caisse pour la retraite des soldats. Une taxe sur les successions fut mal accueillie et mal payée. Jamais le peuple ne voulut se soumettre à des droits d'entrée aux portes de Rome ; et pourtant, c'était ce même peuple que l'empereur était obligé de nourrir et d'amuser ; son dernier mais fatal privilége fut d'épuiser le trésor sans lui rien apporter.

C'était par le sénat et par le peuple qu'Auguste s'était fait conférer tous ses titres : il s'en fit accorder le renouvellement à des intervalles périodiques. Il eut constamment auprès de lui un conseil formé de son collègue au consulat et de plusieurs sénateurs. Le peuple conserva ses assemblées et son droit d'élection, et on vit Auguste briguer des charges pour lui et pour ses amis. Enfin, ce chef de l'État feignait de ne garder l'autorité qu'autant qu'elle pouvait être nécessaire pour rétablir et affermir l'ordre ; il offrit plusieurs fois d'abdiquer le rang suprême, et sembla ne le conserver que sur les vives instances de ses conseillers. Cette comédie prouve combien il cherchait à paraître ne tenir sa puissance que de la volonté de ses concitoyens.

525. **INSTITUTIONS CIVILES.**—Auguste usa de son pouvoir pour maintenir dans Rome la plus exacte police, et faire régner le calme dans tout l'empire. Il n'était sévère que pour

ceux qui se montraient eux-mêmes rigoureux et cruels. Tandis qu'il soupait un jour chez un riche citoyen nommé *Pollion*, un esclave cassa par accident un vase de cristal. Pollion, furieux, condamna l'esclave à être jeté dans un bassin où il nourrissait des poissons pour leur servir de pâture. Auguste, entendant cette sentence barbare, ordonna aussitôt à Pollion de mettre son esclave en liberté, et il fit briser en sa présence tous les vases de cristal qui se trouvaient dans la demeure splendide du patricien.

Auguste restreignit les affranchissements inconsidérés qui avaient inondé Rome de citoyens indignes; il éloigna de la capitale les gens flétris par des condamnations criminelles. Il tenta la réforme des mœurs, en essayant de remettre le mariage en honneur. Les candidats ayant la famille la plus nombreuse devaient avoir la préférence pour le consulat, et la prééminence avec les faisceaux devait appartenir à celui des deux magistrats qui aurait le plus d'enfants. Auguste établit des corps réguliers pour inspecter les rues de la ville, veiller à l'entretien et à la conservation des édifices, et garantir la sûreté publique par des rondes nocturnes. Un service de postes mit en relation les différentes parties de l'empire et facilita l'administration générale. Le règne d'Auguste fut pour le monde romain l'époque d'une prospérité inouïe et d'un éclat merveilleux. Le rétablissement de l'ordre dans toutes les provinces eut des conséquences rapides et fécondes. Des routes nouvelles percées de toutes parts facilitèrent les communications et donnèrent l'essor au commerce. La mer, délivrée de ces flottes ennemies qui, portant d'un bout à l'autre de la Méditerranée la guerre et le pillage, interrompaient la navigation, se couvrit de nouveau de navires transportant en sécurité les produits des trois continents. Une flotte stationnant à Misène, une autre à Ravenne, eurent pour mission de protéger la marine marchande contre les agressions des pirates. A la faveur du calme universel, les villes maritimes et commerciales, Marseille, Smyrne, Éphèse, Alexandrie, rivalisèrent d'activité et de splendeur. Est-il étonnant que le monde, si longtemps ébranlé par d'horribles secousses, ait accepté sans peine un gouvernement qui lui rendait enfin la prospérité et la paix?

526. INSTITUTIONS MILITAIRES. — C'est dans l'ordre militaire surtout que les réformes introduites par Auguste furent profondes et importantes. Leur objet principal fut d'affermir la puissance souveraine en lui donnant pour appui

des armées fortement organisées, non plus réunies pour quelques campagnes à peine comme sous la république, mais permanentes et soumises entièrement à l'autorité du prince. Il partagea l'administration des provinces avec le sénat (n° 328), lui confiant toutes celles qui étaient depuis longtemps soumises et tranquilles, où il défendit aux gouverneurs d'entretenir des soldats, se réservant les provinces récemment conquises, qu'il fallait protéger par les armes : dans celles-là seules, des troupes furent établies à poste fixe. Vingt-cinq légions, répandues sur toutes les frontières, formèrent une armée toujours sur pieds, à la disposition de l'empereur, et établie dans des camps fortifiés. Du reste, Auguste, qui avait plus d'une fois éprouvé dans les guerres civiles l'insolence et l'insubordination des soldats, se hâta d'isoler les différents corps, pour leur ôter, avec le sentiment de leur force, leur ancien esprit de révolte. — Sous le nom de cohortes prétoriennes et urbaines, quelques troupes restèrent à Rome pour la garde de l'empereur et de la ville. Ces troupes favorisées, qui avaient double paye, ne devaient pas tarder à exercer une fatale influence. Plus que les autres encore, elles dépendaient immédiatement du prince, qui fut ainsi investi de toute la puissance militaire.

Les gouverneurs des provinces sénatoriales eurent le titre de *proconsuls*, douze licteurs et tous les honneurs d'une magistrature suprême, mais ils ne reçurent pas la puissance militaire. Les gouverneurs des provinces de l'empereur, avec le simple titre de *présidents* ou de *procurateurs*, et une modeste escorte de six licteurs, portaient l'épée et commandaient les troupes. De ce partage résulta une division pareille dans les finances. Le trésor public, *ærarium*, administré par les préteurs, continua à être, en droit au moins, à la disposition du sénat ; Auguste eut son trésor particulier, *fiscus*, qui s'alimenta des revenus de tous les domaines du prince et de différents droits sur les legs et les affranchissements que l'empereur parvint à établir. Le fisc ne devait pas tarder à absorber entièrement l'*ærarium*.

§ II. BORNES ET DIVISIONS GÉOGRAPHIQUES DE L'EMPIRE.

327. LIMITES ET ÉTENDUE DE L'EMPIRE ROMAIN. — Les limites de l'Empire romain étaient vers la fin du règne d'Auguste : au N., le Pont-Euxin, le Danube, presque dans toute l'étendue de son cours, le Rhin et le bras de mer qui sépare la Gaule des îles

Britanniques, déjà soumises en partie ; à l'O., l'océan Atlantique jusqu'aux limites méridionales de la Mauritanie, dont les souverains ne régnaient qu'avec la permission du sénat ; au S., la chaîne du mont Atlas, les sables brûlants de la Libye, les rochers qui séparent l'Égypte de l'Éthiopie et des déserts arides de l'Arabie ; à l'E., enfin, le cours de l'Euphrate jusque dans l'Arménie, dont le roi avait été choisi et mis sur le trône par les Romains. Il est essentiel de faire remarquer toutefois que dans ces limites se trouvaient renfermés plusieurs États qui avaient conservé, au moins de nom, leur indépendance. Quant aux villes qui, comme Athènes, Lacédémone, Marseille, continuaient à se gouverner elles-mêmes, elles n'en étaient pas moins soumises aux Romains.

La superficie de cet immense empire n'avait guère moins de 5 millions de kilomètres carrés, ou neuf fois celle de notre France. Il est probable que l'on peut, sans exagération, porter à 200 millions le nombre de ses habitants sous Auguste.

328. DIVISION EN PROVINCES DU SÉNAT ET EN PROVINCES DE L'EMPEREUR; VILLES PRINCIPALES. — On a vu plus haut (n° 326) qu'Auguste, à peine investi du pouvoir suprême, fit avec le sénat le partage des provinces de l'Empire, divisées elles-mêmes d'après de nouvelles circonscriptions, et souvent même, revêtues de noms nouveaux ; nous en présenterons l'énumération, en indiquant en même temps les plus importantes d'entre les villes qui leur servaient de capitales ou métropoles.

PROVINCES SÉNATORIALES. — Elles étaient au nombre de onze, dont sept en Europe, savoir : 1° la SICILE, capitale *Syracuse*; 2° la SARDAIGNE avec la CORSE, cap. *Caralis*; 3° la GAULE NARBONNAISE, l'ancienne *Provincia*, cap. *Narbo-Martius* (Narbonne), villes principales : Valence, Orange, Carpentras, Aix, Marseille, Fréjus ; 4° la BÉTIQUE en Espagne, villes principales : *Hispalis* (Séville), *Corduba* (Cordoue), *Gadès* (Cadix); la MACÉDOINE, cap. *Thessalonique*, ville nouvelle qui avait remplacé *Pella*; 6° l'ACHAÏE ou GRÈCE, cap. *Corinthe*, et dont les villes principales ont été citées en détail (n° 88), l'île de CRÈTE, avec la contrée africaine de la CYRÉNAÏQUE, cap. *Parætonium*. — Trois en Asie, qui étaient : 8° l'ASIE PROCONSULAIRE ou ancien ROYAUME DE PERGAME, cap. *Pergame*; 9° la BITHYNIE avec la PAPHLAGONIE et le PONT, cap. *Nicomédie*; 10° l'île de CHYPRE, cap. *Nea-Paphos*. — Enfin, une en Afrique : 11° l'AFRIQUE PROPRE, avec la NUMIDIE, cap. *Carthage*.

PROVINCES IMPÉRIALES. — Après quelques modifications dans la répartition des provinces entre l'empereur et le sénat, on comptait à la mort d'Auguste dix-huit provinces impériales, dont treize en Europe, savoir : la GAULE CELTIQUE ou LYONNAISE, cap. *Lugdunum* (Lyon) ; 2° l'AQUITAINE, villes principales : *Elusa* (Éause), *Burdigala* (Bordeaux); 3° la BELGIQUE, ville principale : *Treveri* (Trèves); 4° la HAUTE GERMANIE, cap. *Monguntiacum* (Mayence) ; 5° la

Basse Germanie, ville principale *Oppidum Ubiorum* (plus tard *Colonia Agrippina*, Cologne). En Espagne : 6° la Tarragonaise, villes princip. *Tarraco* (Tarragone), *Carthagène* et *Cæsar Augusta* (Sarragosse) ; 7° la Lusitanie, villes princip. *Emerita Augusta* (Mérida), *Scalabis* (Santarem), *Pax Julia* (Baja) ; 8° la Pannonie, ville princip. *Sirmium ;* 9° la Mésie, villes princip. *Viminiacum* et *Sardique ;* 10° les Alpes Maritimes, ville princip. *Darantasia ;* 11° la Rhétie avec la Vindélicie, villes princip. *Curia* (Coire), et *Augusta* des Vindéliciens ; 12° le Norique, ville princip. *Lauriacum ;* 13° la Dalmatie, villes princip. *Narona* et *Delminium*, avec l'Illyrie, ville princip. *Iadera.* — Quatre en Asie : 14° la Syrie, avec la Phénicie, villes princ. *Antioche* et *Tyr ;* 15° la Cilicie, villes princip. *Tarse* et *Séleucie Trachée ;* 16° la Pamphylie, cap. *Perga ;* 17° la Galatie, cap. *Ancyre.* — En Afrique : 18° l'Égypte, cap. *Alexandrie.*

Les pays qui, quoique compris dans la circonscription de l'empire romain, avaient cependant conservé une indépendance nominale avec un gouvernement national étaient au nombre de dix, dont deux en Europe, savoir : 1. le *royaume de Cottius*, dans la chaîne des Alpes, dont presque toutes les tribus montagnardes conservaient aussi une sorte de liberté ; 2. la *Thrace :* — sept en Asie, savoir : 3. la *Cappadoce ;* 4. la *Lycie ;* 5. la *Comagène ;* 6. la *Palmyrène ;* 7. la *Palestine ;* 8. l'île de *Rhodes ;* 9. l'*Arménie ;* — enfin, un en Afrique, savoir : 10. la *Mauritanie.*

Les Romains n'avaient fait que se montrer dans certains autres pays où ils avaient seulement quelques postes avancés ; c'étaient : 1. les *Iles Britanniques ;* 2. la *Germanie*, et 3. la *Dacie*, en Europe ; — 4. l'*Arabie*, en Asie, — et 5. l'*Éthiopie*, en Afrique.

§ III. SIÈCLE D'AUGUSTE. — CICÉRON. — SALLUSTE. — TITE-LIVE. — HORACE ET VIRGILE.

529. ÉLOQUENCE. — CICÉRON. — Aux derniers jours de la république, l'éloquence, encore animée par l'enthousiasme de la liberté, fortifiée en même temps par le secours de l'art, avait produit ses chefs-d'œuvre. L'orateur *Crassus* (v. 150-87), le grand jurisconsulte *Cotta*, et *Hortensius* (114-50) tour à tour guerrier et avocat, enlevèrent plus d'une fois les suffrages populaires par leur entraînante parole. Mais ils furent tous effacés par *Cicéron* (Marcus Tullius), (106-43), qui, après avoir illustré le barreau et la tribune romaine, et écrit de beaux traités de philosophie morale, posa les préceptes du goût et de l'éloquence (traités de l'*Orateur, des Orateurs illustres*, etc.), dont ses discours sont de véritables modèles. La défense de plusieurs amis poursuivis par la haine des partis politiques exerça d'abord ses talents (plaidoyers pour *Roscius, Milon, Ligarius*) ; la noble indignation d'une âme généreuse mit dans sa bouche de foudroyantes paroles contre les odieux excès des gouverneurs enhardis par l'impunité, et la chute du proconsul concussionnaire Verrès, défendu vainement par Hortensius, fut un des plus éclatants triomphes du célèbre orateur. Tout entier désormais aux grandes questions qui intéressaient la république, on le vit, intrépide devant le poignard des assassins, devant les menaces non moins redoutables de ses adversaires politiques, renverser le parti de Catilina (n° 302, les *Catilinaires*), ébranler dans Rome par ses *Philippiques* l'influence d'Antoine (n° 318), et faire déclarer ennemi public celui que le peuple saluait naguère de ses acclamations comme le vengeur de César. Un tel homme eût agi bien fortement sur les destinées de Rome, si la constance de son caractère eût répondu à la puissance de son talent. La noble fermeté de ses derniers moments doit faire oublier et les incertitudes de sa vie publique et les faiblesses d'une vanité quelquefois puérile. Proscrit par Antoine, lâchement abandonné par Octave (n° 318), Cicéron fuyait porté dans sa litière. Il fut atteint par une troupe de sicaires dirigée par *Popilius Lænas*, qu'il avait défendu lui-même dans une accusation de parricide. Ses gens allaient mettre l'épée à la main : « *Non, s'écria-t-il, qu'il n'y ait pas plus de sang versé que n'en demandent les dieux.* » Alors il tendit la tête : « *Approche vétéran*, dit-il à Popilius, *et montre comment tu sais frapper.* » Sa tête et sa main droite furent portées à Antoine, qui témoigna une joie féroce. Le triumvir envoya le sanglant trophée à Fulvie, sa femme, qui perça la langue du grand orateur avec une épingle d'or. Sa tête fut suspendue à cette tribune aux harangues qu'il avait si longtemps illustrée (43).

350. SALLUSTE. — TITE-LIVE. — L'histoire devait fleurir chez un peuple jaloux de la gloire nationale. Depuis que le Grec *Polybe* avait appris aux Romains à consigner dans une narration animée et fidèle leurs antiques traditions, plusieurs auteurs s'étaient efforcés d'imiter cet excellent modèle. A l'exemple de Sylla et de quelques autres personnages célèbres, *César* écrivit ses *Commentaires*, si précieux sous le triple rapport littéraire, historique et stratégique. *Cornélius Népos* (v. 39) publia ses biographies; *Trogue-Pompée* (v. 40) composa une histoire du monde, perdue aujourd'hui, mais dont l'abrégé, dû à la plume de *Justin* (2e siècle après J.-C.), donne une haute idée de l'original. *Salluste* (m. v. 35), chassé du sénat pour son immoralité, tribun factieux, magistrat concussionnaire, se place toutefois au premier rang des historiens de Rome; ses livres de *Jugurtha* et de *Catilina* se font admirer par la concision et l'énergie du style et par les réflexions profondes qui viennent, trop souvent peut-être, se mêler au récit : ces ouvrages, qui font regretter vivement la perte d'une grande histoire, dont il nous reste à peine quelques fragments, expriment des sentiments et des principes qui, par malheur, contrastent singulièrement et avec les mœurs du temps et avec la conduite privée de l'auteur. — Après lui paraît *Tite-Live* (59 a v.-18 après J.-C.), l'une des illustrations du siècle d'Auguste. La richesse de ses descriptions, le charme de ses récits, la pureté de son style, l'abondance, la variété, quelquefois l'énergie de ses discours, le placent au-dessus des historiens qui l'ont précédé. Mais dans ses œuvres, et c'est là un de leurs caractères, l'honneur national passe toujours avant la vérité, et ses livres, qui embrassent la série des annales de Rome depuis sa fondation jusqu'à la mort de Drusus, sont moins une histoire qu'un éloquent panégyrique.

331. POÉSIE : HORACE, VIRGILE. — C'est surtout dans la poésie que la protection éclairée accordée aux lettres par l'empereur lui-même, et surtout par son ministre et favori *Mécène*, fit éclore des chefs-d'œuvre. Comme autrefois la maison de Périclès, le palais d'Auguste était l'asile de tous les talents. Une académie, où l'empereur assistait souvent lui-même, réunissait, par les soins de Mécène, Virgile et Horace, Properce, Tibulle, Ovide, Gallus. Sauvé par Octave de la brutale oppression des soldats, *Virgile* (70-19) consacra sa première *Églogue* à chanter les louanges de son bienfaiteur, et célébra sa grandeur naissante en prédisant au monde des jours de bonheur et de gloire. Dans les *Géorgiques*, ce trésor d'harmonie poétique, plus d'une fois il interrompt ses descriptions champêtres pour rendre hommage à son protecteur. L'*Énéide* enfin, le premier poëme épique après l'*Iliade*, est un monument élevé tout entier à la gloire du peuple romain et d'Auguste.

Le fils d'un simple affranchi, *Horace* (66-8), l'ami de Virgile, le plus grand poëte lyrique des Romains, exalte dans ses *Odes* la gloire d'Auguste, ou célèbre la molle philosophie d'Épicure; il corrige les ridicules dans ses spirituelles *Satires*, et dans son *Art poétique* il trace avec précision toutes les règles du goût. — *Ovide* se fait dans ses *Métamorphoses* l'ingénieux interprète des croyances populaires et des traditions antiques. *Properce*, *Tibulle* et *Catulle* avant eux, se distinguent par leurs gracieuses élégies. *Phèdre* compose les fables ingénieuses qui lui ont valu sa renommée.

332. ÉCLAT DU RÈGNE D'AUGUSTE. — Une foule d'autres écrivains, *Varron*, le plus savant des Romains, *Denys d'Halicarnasse*, *Diodore de Sicile*, historiens érudits, *Celse*, le médecin profond, *Vitruve*, le guide des architectes, *Labéon* et *Capiton*, *Proculus* et *Sabinus*, ces grands jurisconsultes, chefs des écoles fameuses des Proculéiens et des Sabiniens qui ont à jamais illustré la jurisprudence romaine, complètent cette réunion d'hommes de génie qui fait briller le siècle d'Auguste d'un éclat incomparable.

Protecteur des arts en même temps que des lettres, Auguste s'occupait constamment à embellir Rome de monuments dignes de la capitale du monde. Il éleva des temples, des bibliothèques, des théâtres, des portiques; il consacra des sommes immenses à la décoration du temple de Jupiter; il établit un grand nombre de fontaines jaillissantes et de bains publics. Justement fier de ces grands et utiles travaux, il put s'écrier : *J'ai trouvé une ville de briques, je la laisserai de marbre!*

Malgré les bienfaits de l'administration d'Auguste, il restait encore quelques hommes épris de la liberté passée, dont la haine menaça souvent la vie du prince. Après avoir envoyé au supplice les auteurs de plusieurs complots, il pardonna, sur le conseil de sa femme *Livie*, au jeune *Cinna*, qui avait encore tenté de l'assassiner, et il le combla de bienfaits; cette générosité désarma la vengeance de ses ennemis et mit fin aux conspirations. Mais rien ne put lui sauver les plus amers chagrins domestiques. La mort lui enleva successivement tous ses héritiers directs; il ne lui resta que *Tibère*, son beau-fils, qu'il n'aimait pas et qu'il traita plus d'une fois avec rigueur. Cependant il se vit forcé de l'adopter (4 ap. J.-C.) et de le destiner à l'empire, à la condition toutefois qu'il adopterait lui-même *Germanicus*, fils de son frère *Drusus*.

335. GUERRES EN ORIENT ET EN OCCIDENT. — VARUS.
— Auguste avait pour principe invariable qu'aucune conquête ne devait être ajoutée à l'étendue déjà démesurée de l'empire. Toutes ses forces furent donc employées à affermir, à défendre, jamais à attaquer, jamais à envahir. Il s'agissait à la fois d'achever la soumission de divers peuples qui, à l'intérieur même de l'empire, n'avaient jamais été réduits à une complète obéissance, et d'assurer la conservation des provinces lointaines en mettant les frontières à l'abri des attaques des peuples voisins. Auguste remplit généralement ce double rôle avec bonheur.

En Orient, la reine d'Éthiopie se soumit au tribut; *Tigrane III*, rétabli sur le trône d'Arménie par les Romains, se reconnut leur protégé (24 avant J.-C). Les Parthes, effrayés du voisinage des légions, renvoyèrent les aigles enlevées à Crassus (n° 311). Agrippa donna un roi aux Cimmériens; et Auguste reçut à la fois les ambassadeurs des Sarmates, des Scythes et des Indiens (20 avant J.-C.). — A l'Occident, l'Espagne, qui n'avait jamais été complètement subjuguée, fut enfin réduite (l'an 18 avant J.-C.) par la soumission des Cantabres et des Astures : il y avait près de deux cents ans que ces peuples indomptables luttaient contre Rome. Vers l'an 15, la Rhétie, la Vindélicie, le Norique (n° 328), qui séparaient les provinces illyriennes de la grande limite du Danube, furent réduits par Tibère et Drusus. Les Barbares qui inquiétaient les frontières du nord furent réprimés par l'établissement de camps fortifiés sur les rives du Danube, dont le cours entier, après la conquête de la Mœsie, servit de frontière à l'empire.

La résistance fut plus sérieuse sur le Rhin, dans ces contrées sauvages habitées par les tribus qui avaient effrayé plus d'une fois les légions de César. Il fallait constamment entretenir des armées sur leurs frontières pour contenir leur humeur belliqueuse et indépendante. Drusus, dans quatre admirables campagnes (12-9), parvint jusqu'à l'Elbe, et éleva au milieu du pays cinquante forteresses;

mais l'intrépide et adroit général mourut au retour sans avoir terminé son œuvre.

Auguste crut pouvoir mieux soumettre les peuplades germaines en les civilisant; il chargea *Varus*, gouverneur de la province de Germanie, d'établir au delà du Rhin une foule de légistes romains, qui travaillèrent à introduire dans ces contrées barbares les formes de leur jurisprudence. Cette contrainte d'un genre nouveau blessa profondément le caractère fier et indocile des Germains mal soumis. Un jeune chef, *Hermann* (Arminus), les rappela aux vieilles traditions, aux usages révérés, aux patriotiques souvenirs de leurs ancêtres. A ses paroles, toute la Germanie frémit d'indignation, et prépara contre les oppresseurs une vengeance terrible. L'armée romaine fut surprise avec Varus, dans un défilé sauvage, et entourée par une multitude de Germains en armes. Poussée dans des marécages impraticables, elle périt après trois jours d'une vaine résistance; Varus lui-même se donna la mort (9 ans après J.-C.).

La nouvelle de ce désastre plongea Auguste dans un violent désespoir : « *Varus, Varus, rends-moi mes légions!* » s'écriait-il pendant de longues insomnies. En vain, il envoya quelques nouvelles troupes sous la conduite de Germanicus et de Tibère; elles craignirent de s'enfoncer dans les forêts de la Germanie, et Auguste mourut sans avoir vengé ses légions (14 ans après J.-C.).

QUESTIONNAIRE. — § I. 324. Quel changement s'opéra dans la conduite d'Octave? — Quel nom adopta-t-il? — Pour quelle raison Auguste ne prit-il pas le titre de roi? — Quelles dignités reçut-il? — Quelle autorité lui donnaient ces divers titres? — 325. Faites connaître les mesures que prit Auguste pour rétablir l'ordre et la police dans les provinces et à Rome. — Indiquez plusieurs lois promulguées dans le but d'améliorer les mœurs. — *Citez le trait du vase de Pollion.* — 326. Faites connaître les réformes opérées dans l'organisation militaire. — Comment fut divisé le trésor? — § II. 327. Quelles étaient les bornes de l'empire? — 328. Comment furent divisées les provinces? — Citez les provinces du prince et celles du sénat. — § III. 329. *Quel est le plus éloquent orateur romain?* — *Parlez de ses plus célèbres plaidoyers.* — *Racontez sa mort.* — 330. Citez les deux plus grands historiens du siècle d'Auguste. — Caractérisez Salluste et Tite-Live. — Indiquez quelques autres historiens. — 331. Quels étaient les deux amis les plus intimes d'Auguste? — *Nommez les principaux littérateurs que protégeait Mécène?* — *Quels sont les plus célèbres d'entre eux.* — 332. Que fit Auguste pour l'embellissement de Rome et que dit-il à ce sujet? — Quelle était la cause des complots formés contre Auguste? — Comment Auguste traita-t-il Cinna? — Quels malheurs et quels chagrins de famille éprouva Auguste? — 333. Faites connaître le double but d'Auguste dans ses guerres. — Quelles provinces acheva-t-il de soumettre? — Quelles furent ses relations à l'égard des peuples du dehors? — Qui était Varus? — Quel fut son sort et celui de ses légions? — Quel effet cette nouvelle produisit-elle sur Auguste?

CHAPITRE VINGT-NEUVIÈME.

LES EMPEREURS DE LA FAMILLE D'AUGUSTE.

SOMMAIRE.

§ Ier. 334. Tibère (14-37) fait périr les petits-enfants d'Auguste. — Germanicus, envoyé en Orient, est empoisonné par Pison (18). — Tibère abolit les comices (14), introduit les accusations de lèse-majesté. Séjan est le favori et le ministre de Tibère; il est disgracié et mis à mort. — Tibère dans sa retraite de Caprée se livre à des cruautés et à des débauches infâmes; il est assassiné.

335. Caligula (37-41), fameux par ses cruautés et ses extravagances, est assassiné. — Claude est proclamé par les Prétoriens.

336. Les bonnes intentions de l'empereur Claude sont paralysées par sa faiblesse. — Toute l'influence est aux affranchis et à Messaline qui se déshonore par ses désordres (48). — Claude épouse Agrippine, sa nièce, adopte Néron. Néron épouse Octavie. Claude est empoisonné (54).

337. Les heureux commencements du règne de Néron sont suivis des meurtre de Britannicus, puis d'Agrippine (59), des supplices de Burrhus, d'Octavie, de Sénèque, etc. L'incendie de Rome prélude à la persécution des chrétiens. Néron paraît sur le théâtre. Les provinces se soulèvent (64). Néron se donne la mort (68). — Galba est proclamé par le sénat et massacré par les Prétoriens. — Othon est vaincu par les légions de Germanie qui proclament Vitellius. Ce prince ignoble est renversé par les légions d'Orient.

§ II. 338. Germanicus rend les derniers devoirs aux légions de Varus, bat les Germains (16). Hermann est assassiné (21). La Bretagne se soulève sous Caractacus et Boadicée qui est vaincue et tuée par Suétonius Paulinus (61).

339. En Orient Corbulon (m. 66) défait les Arméniens et les Parthes. Les Juifs révoltés sont combattus par Vespasien.

340. Le poète Lucain a écrit *la Pharsale*, épopée grandiose, mais emphatique. Sénèque, oncle de Lucain, a laissé de beaux traités de philosophie morale; mais sa conduite ne répond pas à ses doctrines.

341. Pline l'Ancien, l'un des plus savants hommes de l'antiquité, est célèbre par son *Histoire naturelle*; il meurt en observant le Vésuve. Tacite, le plus grand historien de l'antiquité, a écrit les *Annales*, les *Histoires*, la *Vie d'Agricola*.

§ IV. 342. N. S. Jésus-Christ vient au monde pour sauver les hommes. Les douze apôtres sont chargés de prêcher l'Évangile.

343. Saint Pierre, chef des apôtres, et saint Paul, l'apôtre des Gentils, commencent à répandre la foi, définie par le concile de Jérusalem. La doctrine chrétienne est renfermée dans le Nouveau Testament, recueil des Évangiles, des Actes des Apôtres, des Épîtres et de l'Apocalypse.

344. La première persécution qui coûte la vie à saint Pierre et à saint Paul, a lieu sous Néron (64). Les persécutions se succèdent ensuite jusqu'au commencement du quatrième siècle, avec quelques rares interruptions, sous Domitien (93), Trajan (106), Marc-Aurèle (166), Septime-Sévère (197), Maximin (235), Décius (250), Valérien (256), Aurélien (273). Les chrétiens supportent avec un courage invincible d'affreuses tortures. Saint Justin, Origène, Tertullien, publient d'éloquentes apologies du christianisme qui grandit sous la hache du bourreau.

§ 1er. LES EMPEREURS DE LA FAMILLE D'AUGUSTE.

334. TIBÈRE. — Tibère (14-37), adopté par Auguste, sembla d'abord n'accepter l'empire que malgré lui, et pour obéir aux vœux du sénat et du peuple. Mais il trahit son ambition en faisant périr les enfants d'Agrippa qui descendaient d'Auguste, et dont il craignait la rivalité. Bientôt son fils adoptif, Germanicus, qui venait de vaincre les Germains (voir n° 338), envoyé en Orient sous prétexte d'y rétablir la paix (18), mourut empoisonné par *Pison*, récemment nommé gouverneur de Syrie. L'indignation publique força Tibère à mettre Pison en jugement; mais l'empereur se hâta de faire assassiner son complice, et d'ensevelir avec lui la preuve de son forfait.

Jusqu'alors, Tibère avait paru vouloir suivre les traces d'Auguste : sage administrateur, politique habile, il flattait le sénat et le peuple, et s'efforçait de cacher sous les dehors d'une modération feinte un caractère haineux, vindicatif et cruel. Mais déjà, il avait porté le dernier coup à l'ancienne constitution, en abolissant les comices (14); déjà, il avait mis en usage les accusations de *lèse-majesté*, source des condamnations les plus arbitraires; il soudoyait les *délateurs*, lâches espions qui, pour le débarrasser de ceux qui lui faisaient ombrage, savaient trouver dans les festins, dans les réjouissances, dans les actes mêmes les plus innocents, des insultes contre sa personne sacrée. Les sénateurs tremblants ne rivalisèrent plus que d'adulations et de bassesse : leur servilité fatiguait

Tibère lui-même, et l'on dit qu'il s'écria un jour : « *O vile nation, qui cours au-devant de l'esclavage!* »

Parmi ces odieux courtisans était un homme qui ne flattait l'empereur que pour le renverser. *Séjan* était devenu le favori de son maître en secondant tous ses penchants pervers et barbares, en se faisant l'instrument aveugle de toutes ses volontés. Tibère, qui ne l'appelait que le *compagnon de ses travaux*, lui confiait le soin du gouvernement, et faisait porter les insignes du ministre à la tête des légions. Le crédit de Séjan augmentait de jour en jour. Drusus, qui lui fermait le chemin du trône, deux fils de Germanicus qui pouvaient traverser ses projets, furent mis à mort ou exilés. Le ministre semblait au comble de la puissance ; seul il régnait à Rome, tandis que Tibère, usé par ses débauches, s'en allait dans l'île de Caprée dérober aux regards des Romains sa décrépitude prématurée et ses honteuses infirmités. Séjan, plein de confiance, ne dissimulait plus qu'à peine ses ambitieuses espérances. Mais il est dénoncé à Tibère, et tout à coup, une lettre venue de Caprée porte au sénat l'arrêt de mort du favori. Adulé naguère par les grands et par le peuple, Séjan est massacré avec tous les siens : la populace acharnée sur son corps le traîne dans les rues et le jette dans le Tibre (31).

Cette catastrophe rendit le caractère de Tibère plus soupçonneux encore et plus atroce. Du fond de sa retraite de Caprée, il ordonnait le pillage des provinces, confisquait les biens des riches, et lançait une foule de condamnations qu'on devait exécuter sous ses yeux. En horreur au monde entier et à lui-même, il cherchait en vain d'ignobles distractions dans la débauche et souhaitait que tout finît avec lui. Le tyran fut assassiné par *Macron*, et le dernier des fils de Germanicus, *Caïus Caligula*, s'empara de l'empire. Tibère connaissait son successeur : « *Je laisse*, avait-il dit, *au peuple romain un serpent pour le décorer, au monde un Phaéton pour l'embraser.* »

335. **Caligula** (37-41). — Les Romains saluèrent l'avénement de ce prince d'unanimes acclamations : ils croyaient retrouver dans le fils de Germanicus toutes les vertus d'un héros que l'empire pleurait encore. Caligula ne démentit pas d'abord d'aussi douces espérances : il rappela les exilés, pardonna à ses ennemis, et ne parut occupé que du bonheur de son peuple. Mais une maladie qui mit ses jours en danger, opéra tout à coup en lui une terrible métamorphose. Son règne ne fut plus désormais qu'une longue suite de folies et

de cruautés. Les exécutions se renouvelèrent sans cesse : l'empereur revoyait tous les mois la liste des accusés, choisissant ceux qu'il fallait condamner à mort pour se procurer de l'argent : il appelait cela *apurer ses comptes*. La hache des bourreaux était trop lente à son gré ; et l'histoire a retenu ces épouvantables paroles : « *Plût aux dieux que le peuple romain n'eût qu'une tête, pour que je pusse l'abattre d'un seul coup!* »

Son extravagance surpassait encore sa férocité. Il avait épousé sa propre sœur, dont il fit bientôt placer la statue dans les temples, au milieu de celles des dieux et des déesses ; il entendait élever son cheval au consulat, et le faisait nourrir dans un palais, et on lui présentait à genoux de l'orge dorée. Il voulut être dieu : aussitôt Rome l'adora, et le sénat s'empressa de lui élever des temples. Il se montrait tantôt en Hercule, tantôt en Mercure, même en Vénus, plus souvent en Jupiter ; Castor et Pollux avaient été nommés ses portiers.

Enfin, le tribun *Cassius Chéréas* délivra l'univers de ce fou furieux (41), et, de concert avec les sénateurs, il proclama le rétablissement de la république. Mais tandis que l'assemblée perdait le temps à délibérer, les prétoriens, qui regrettaient les profusions de Caligula, envahirent le palais pour punir les meurtriers. L'un d'eux trouva caché derrière une tapisserie un homme qui le supplia de lui laisser la vie ; c'était *Claude*, frère de Germanicus ; on le proclama empereur, et un *donativum* lui eut bientôt assuré les suffrages des prétoriens et la soumission de Rome.

356. Claude (41-54). — Avec un caractère naturellement humain et de bonnes intentions, Claude devait faire ou laisser faire autant de mal peut-être que ses prédécesseurs. Toutefois, plusieurs sages mesures inaugurèrent heureusement son règne : il abolit les lois iniques et absurdes de Caligula ; il veilla à la bonne administration de la justice, que souvent il se plut à rendre lui-même ; il s'efforça de réformer les mœurs en exerçant la censure. La construction d'un aqueduc, le desséchement du lac Fucin, l'achèvement du port de Porto, employèrent utilement les revenus de l'État. Les provinces, habilement gouvernées, rivalisaient de richesse et d'éclat avec l'Italie et Rome. Mais déjà la prospérité générale avait éveillé la cupidité des êtres pervers qui entouraient l'empereur. La faiblesse de son esprit, augmentée encore par des débauches dont l'excès altérait sa raison, l'eut bientôt réduit à n'être que l'instrument et le jouet de sa femme, l'abominable *Messaline*, et de ses nombreux affranchis, aussi corrompus que l'impératrice.

Non contente d'exploiter la puissance impériale au profit de ses haines et de ses passions avides, Messaline faisait rejaillir jusque sur le trône l'opprobre de ses mœurs. Elle osa dévoiler à la face du monde ses monstrueux penchants, et épouser publiquement un second mari, le jeune *Silius*. Claude seul ignorait sa honte. Mais les êtres infâmes qui l'entouraient ne purent vivre longtemps d'accord, et Messaline fit périr un des affranchis, qui avait osé résister à ses volontés ; les autres, craignant le même sort, dénoncèrent tous ses forfaits à l'empereur et la firent mettre à mort (48).

Claude épousa sa nièce *Agrippine*, plus ambitieuse encore que Messaline et aussi cruelle. Cette femme chercha aussitôt tous les moyens d'écarter du trône le fils de Claude, *Britannicus*, et d'élever à sa place son fils *Néron*, qu'elle avait eu d'un premier mariage. Elle persuada à l'imbécile empereur d'adopter le jeune Néron, puis de lui donner en mariage sa fille *Octavie*. Toutefois, un affranchi, *Narcisse*, jaloux du pouvoir d'Agrippine, la menaçait de lui faire éprouver le même sort qu'à Messaline. L'impératrice ne recula pas devant un crime atroce pour détourner ce danger. Elle fit venir une empoisonneuse de profession, nommée *Locuste*, et lui fit préparer pour son mari un plat de champignons vénéneux. Comme l'effet ne se produisait pas assez vite, elle fit achever le malheureux prince par son médecin qui, au lieu d'un remède, lui fit prendre un nouveau poison. Aussitôt, affectant une violente douleur, elle alla trouver Britannicus, le retint dans ses bras, comme pour déplorer avec lui la mort de son père, et pendant ce temps, Néron courut se présenter aux prétoriens qui le proclamèrent empereur (54).

337. Néron (54-68). — Néron, qui allait être un exécrable tyran, commença comme Caligula par être le modèle des princes. Docile aux sages conseils de ses deux précepteurs, le philosophe *Sénèque* (n° 340) et le chef des prétoriens *Burrhus*, plein de respect pour sa mère, d'égards pour le sénat, il devint l'idole de Rome. Un jour qu'on lui présentait à signer l'arrêt de mort d'un criminel, il s'écria : « *Je voudrais ne pas savoir écrire !* » Mais peu à peu, ses mauvaises passions éclatèrent, et ses deux maîtres, n'espérant plus les contenir, eurent la lâcheté de les favoriser. De son côté, Agrippine, qui n'avait élevé son fils au trône que pour régner sous son nom, s'irritait en le voyant devenir indocile à ses volontés. Burrhus et

Sénèque engagèrent Néron à priver sa mère de tous ses honneurs. Agrippine, furieuse, menaça de rendre à Britannicus le trône qu'elle lui avait ôté, elle ne fit que hâter une double catastrophe. Britannicus est sacrifié aux inquiétudes de son rival, et meurt empoisonné au milieu d'un festin. Bientôt Néron, irrité des reproches d'Agrippine, ordonne la mort de sa mère. Après avoir tenté, sans succès, de la faire périr sur un vaisseau qui devait s'entr'ouvrir dans la traversée et la précipiter dans la mer, il envoie des assassins l'égorger dans sa maison de campagne (59). Sénèque ose faire l'apologie du parricide, et le sénat célèbre un tel forfait par de solennelles actions de grâces.

Dès lors, le tyran se livre sans frein à toutes ses ignobles passions; sa vie n'est plus qu'un tissu de crimes et de débauches. Burrhus son gouverneur, sa femme *Octavie*, qu'il a délaissée pour *Poppée*, femme de son favori *Othon*, le vertueux *Thraséas*, les poëtes *Pétrone* et *Lucain* (n° 340), Sénèque, qui avait élevé son enfance, périssent victimes de sa tyrannie. Pour égayer une de ses orgies, il fait mettre le feu à plusieurs quartiers de Rome, et il assiste à cet affreux spectacle comme à une fête, en chantant un poëme sur la chute de Troie. Tandis qu'au milieu des ruines, il élève son *palais doré*, il rejette son crime sur les chrétiens, qui se sont multipliés rapidement à Rome, et ordonne contre eux la première persécution générale (n° 346).

L'empereur, jaloux des héros de théâtre, prétend être le prince des chanteurs et des acteurs, comme le plus habile des cochers du cirque. Traînant sur la scène la dignité impériale, et punissant de mort tous ceux qui n'admiraient pas *sa divine voix*, il va en Grèce triompher à tous les jeux par la mort de ses concurrents (66). — Mais pendant qu'il revient à Rome pour y jouir de sa gloire, l'empire, las enfin de tant d'infamies, se soulève de tous côtés; la Gaule se révolte sous Vindex (67), l'Espagne sous Galba et Othon, l'Afrique sous Macer. Le sénat retrouve encore assez d'énergie pour condamner le tyran que chacun abandonne. Néron, au moment d'être saisi, se tue pour éviter la honte du supplice, et il ne trouve en mourant que cette plainte ridicule : « *Quel artiste le monde va perdre!* » (68).

Avec lui s'éteignit la famille d'Auguste. Les prétoriens reconnurent *Galba*, élu par les légions d'Espagne; mais les troupes des provinces, fières de leurs forces et de leur nombre, prétendirent bientôt se passer du concours des cohortes

GUERRES EN GERMANIE ET EN ORIENT.   413

de la ville. Les prétoriens, qui avaient assassiné Galba et proclamé *Othon*, virent ce dernier succomber à *Bédriac* (69), et essayèrent en vain de défendre *Vitellius*, qui ne parut au pouvoir que pour rendre sa gloutonnerie célèbre, et laisser en souvenir cette atroce parole : *Le corps d'un ennemi mort sent toujours bon.* Ce vil tyran fut renversé par *Vespasien*, que soutenaient les légions d'Orient. L'anarchie militaire avait duré deux années.

§ II. GUERRES DANS LA GERMANIE ET EN ORIENT.

338. GUERRES EN OCCIDENT. — A la mort d'Auguste, le sang des légions de Varus criait vengeance en Germanie (n° 333). Germanicus, neveu de Tibère, fut chargé de réparer ce désastre. Après trois pénibles campagnes et des fatigues inouïes, il pénétra jusqu'au fond de la forêt où gisaient sans sépulture les restes des Romains et leur rendit les honneurs funèbres. Dans la sanglante bataille d'Idistavisus, il sacrifia à leurs mânes toute l'armée germaine; mais la Germanie n'était pas soumise : le général romain opéra une difficile retraite, sans cesse harcelé dans les forêts et les marécages par les attaques de ses indomptables ennemis. Il voulut entrer au sein de la Germanie par les côtes; mais une tempête détruisit sa flotte, et Tibère le rappela sans qu'il eût terminé la guerre. Les ruses de la politique impériale firent plus que la force des armes : Tibère parvint à exciter de puissantes rivalités contre Hermann, et ce libérateur de la Germanie, comme l'appelle Tacite lui-même, tomba sous le poignard des assassins (21). Les Germains, sans chef, restèrent quelque temps en paix.

La Gaule, organisée par Auguste sur le modèle de l'Italie, avait montré pendant plus de soixante ans une inaltérable fidélité à ses vainqueurs. L'excès des tributs et les exactions des gouverneurs lassèrent pourtant sa longue patience. La répression d'une double révolte n'empêcha pas les Frisons de refuser la taxe qui leur était imposée (28) ; on n'osa pas les punir.

Les peuples de la Grande-Bretagne, cette incertaine conquête de César, n'avaient jamais été réduits complétement comme les Gaulois ; aussi les légions romaines furent-elles plus d'une fois occupées à les combattre. Caligula, avide de gloire militaire, fit contre eux une ridicule démonstration de guerre, et rapporta en trophée des coquillages recueillis par ses soldats sur les rivages de l'Océan. Claude ne parut en Bretagne que pour prendre le nom de Britannicus (43).

Il fallut y renvoyer des légions pendant que l'empereur triomphait à Rome. Vespasien et Titus firent connaître dans cette nouvelle guerre leurs talents militaires, et l'habile général Ostorius Scapula envoya prisonnier à Rome le plus brave des chefs bretons, Caractacus, à qui Claude rendit son royaume par admiration pour son courage. Une révolte de la reine *Boadicée*, qui coûta la vie à quatre-vingt mille Romains, ne fut apaisée qu'à la mort de l'héroïne vaincue et tuée par Suétonius Paulinus (61).

339. GUERRES EN ORIENT. — Sous les successeurs de Tibère, il semble que l'empire doive être livré sans défense aux ennemis du dehors. Il conserve pourtant son ascendant suprême, et si ses maîtres ne savent que le tyranniser, d'habiles généraux paraissent encore pour garder les frontières et faire respecter le nom romain.

En Orient, la paix rétablie par Germanicus fut troublée sous Claude par les querelles de deux prétendants au trône d'Arménie, *Rhadamiste* et *Tiridate*. L'intervention des Parthes prolongea la guerre, qui ne put être terminée que par *Corbulon*. Ce grand capitaine, luttant par des manœuvres savantes contre la redoutable cavalerie de *Vologèse*, roi des Parthes, évitant les pièges que Tiridate veut tendre à sa bonne foi, force l'ennemi à reculer vers l'Orient, où l'appelle une révolte de l'Hyrcanie excitée par les Romains. Il répare les fautes de *Pœtus*, qu'on lui a donné un instant pour successeur; enfin, il force Tiridate à rendre publiquement hommage à la statue de Néron, et le nouveau roi d'Arménie à venir recevoir sa couronne des mains de l'empereur (56-65). — La gloire de Corbulon le perdit : Néron lui devait trop pour ne pas le craindre, et le vainqueur de Vologèse trouva à Corinthe l'ordre de se tuer (66).

La guerre d'Orient la plus célèbre et la plus opiniâtre, dans cette période, fut la guerre de Judée. Réduit définitivement en province romaine après la mort d'Archélaüs, ce pays supportait impatiemment la domination étrangère, et se soulevait chaque fois qu'un imposteur, se donnant pour le Messie, annonçait la délivrance d'Israël. Les vexations du gouverneur romain excitèrent, en 66, une révolte générale. Vespasien, chargé de la réprimer, avait soumis toutes les villes et se préparait à investir Jérusalem, quand son avénement à l'empire le força de quitter la Judée, laissant à son fils Titus le soin de terminer la guerre (voir n° 346 ci-après).

§ III. SÉNÈQUE LE PHILOSOPHE. — LUCAIN. — TACITE. — PLINE L'ANCIEN.

340. SÉNÈQUE LE PHILOSOPHE. — LUCAIN. — La littérature romaine, qui a brillé d'un si vif éclat au siècle d'Auguste, va décliner rapidement. Virgile n'a pour successeur que l'emphatique *Lucain* 38-65). Espagnol d'origine, appelé à la cour de Néron et comblé d'abord de ses faveurs, il écrivit la *Pharsale*, épopée historique sur la lutte de César et de Pompée, où de grandes beautés et des traits sublimes sont déparés par l'enflure et le mauvais goût du style. Lucain, victime bientôt de la jalousie de l'empereur et impliqué dans une conjuration, fut condamné à mort; libre de choisir son supplice, il se fit ouvrir les veines (65) à l'âge de vingt-huit ans à peine, laissant son poëme inachevé.

La prose latine se soutient plus longtemps que la poésie à la hauteur où l'ont placée les écrivains du grand siècle, et des auteurs dignes de l'admiration de la postérité signalent le premier siècle de l'empire. L'oncle du poëte Lucain, appelé par Agrippine pour diriger l'éducation de Néron, *Sénèque le Philosophe*, fils d'un rhéteur du même nom et disciple de l'école des stoïciens, a laissé un grand nombre de traités philosophiques empreints d'une morale pure et élevée (1); aucun philosophe romain n'a tracé en préceptes plus nobles et plus austères les règles du beau et du bien; mais, par un contraste étrange entre ses doctrines et sa conduite, Sénèque écrivait sur une table d'or au milieu de toutes les recherches du luxe son éloge de la pauvreté, et l'auteur de l'admirable écrit sur la Providence, sur la constance du sage, approuvait publiquement le parricide de Néron ! Il fut sacrifié avec Lucain aux soupçons de son élève.

541. TACITE. — PLINE L'ANCIEN. — Dans le même temps florissait *Pline l'Ancien*, ou le *Naturaliste*, général, gouverneur, historien, savant, qu'une incroyable ardeur pour le travail avait rendu l'un des hommes les plus instruits de l'antiquité. Nous ne connaissons que le titre de ses ouvrages historiques, mais nous possédons son histoire naturelle, véritable encyclopédie où sont consignées toutes les connaissances de l'époque sur l'astronomie, la géographie, la zoologie, la botanique, la minéralogie, l'agriculture, l'industrie et les beaux-arts. Entraîné par son zèle pour la science, il voulut contempler de près une éruption du Vésuve et fut écrasé par les pierres enflammées que lançait le volcan (79).

Bien au-dessus de tous les auteurs contemporains, il faut placer le plus grand des historiens, *Tacite*, qui, dans ses *Annales* et ses *Histoires*, a flétri avec une impitoyable sévérité le despotisme sanglant des premiers césars et la servilité de Rome dégénérée, qui, dans sa *Germanie*, a tracé un admirable portrait des mœurs simples et énergiques des peuplades germaines, qui, enfin, dans sa *Vie d'Agricola*, chef-d'œuvre incomparable par la force du style comme par la hauteur des pensées, a élevé un impérissable monument à la gloire de l'homme le plus vertueux comme du général le plus habile de son siècle.

Tacite a écrit dans un âge avancé ces immortels ouvrages où la maturité du jugement n'est pas moins remarquable que l'énergie de l'expression. Il mourut vers l'an 134, âgé de plus de quatre-vingts ans.

---

(1) Les plus remarquables des écrits philosophiques de Sénèque sont les traités de *la Tranquillité de l'âme*, de *la Constance du sage*, de *la Providence*, de *la Brièveté de la vie*, des *Bienfaits*… les *Lettres morales*, etc.

EMPIRE ROMAIN.

§ IV. NAISSANCE ET PROGRÈS DU CHRISTIANISME. — LE NOUVEAU TESTAMENT. — PREMIÈRES PERSÉCUTIONS.

342. NAISSANCE DU CHRISTIANISME. — Au sein du vieil empire qui penchait vers sa ruine, de cette société décrépite et corrompue qui tombait en dissolution, s'élevait une société jeune et forte, dont la mission était de régénérer le monde, dont la destinée était d'être éternelle; c'était la société chrétienne.

L'univers avait plus que jamais besoin d'un renouvellement général. Les ténèbres de l'idolâtrie, répandues sur toute la terre, avaient fini par obscurcir toute raison et toute vérité. La philosophie, perdue dans ses vains systèmes, donnait de stériles préceptes qu'elle-même ne pratiquait plus. Les écoles de la Grèce étaient devenues des écoles de sophistes. Une corruption effrayante avait envahi toutes les classes de la société. Les mystères de la religion païenne n'étaient que des scènes de débauches; les fêtes publiques elles-mêmes présentaient un hideux spectacle de corruption; le voile de la religion couvrait toutes les infamies : le philosophe n'osait proscrire des vices auxquels on avait élevé des autels; lui-même cédait au torrent. Celui qu'on appelait vertueux n'était que le moins pervers. Les âmes s'énervaient et se dégradaient sous ces influences désastreuses, et tous les sentiments d'humanité semblaient avoir disparu. Les atroces combats du cirque, où des hommes s'égorgeaient devant la multitude et périssaient pêle-mêle avec les animaux sauvages, pouvaient seuls attirer les regards blasés d'un peuple abâtardi. Toute une classe d'hommes réduite à la condition des bêtes de somme gémissait sous un despotisme cruel.

Mais le monde se sentait mal à l'aise au milieu de sa profonde misère. Déjà les divines promesses, les dogmes sacrés conservés par les Juifs s'étaient répandus généralement. Tandis que la Judée, sur la foi des prophètes, attendait un réparateur, les peuples païens, agités par une vague inquiétude, levaient les yeux aussi pour voir luire une aurore nouvelle.

Voici venir *le Désiré des nations*.

Il se fit tout à coup un profond silence dans l'univers. La paix, si longtemps inconnue, régnait, selon la prédiction d'Isaïe, d'un bout du monde à l'autre; Auguste avait fermé le temple de Janus; l'empire était au faîte de la gloire et de la puissance. En Judée, le sceptre était sorti de la maison de Juda : c'était au milieu de la soixante-quatrième semaine comptée par le prophète Daniel. Alors un ange descend du ciel aux yeux des bergers de Bethléem, une étoile apparaît aux rois de l'Orient, leur annonçant le Messie, fils de Dieu : dans la pauvre étable où Marie a mis au monde le divin Enfant, les bergers se prosternent et adorent; les mages, prémices de la gentilité, apportent leurs présents à l'Homme-Dieu, la myrrhe à l'humanité, l'or à la royauté, l'encens à la divinité.

ORIGINE DU CHRISTIANISME.

Ce fut sous le règne de Tibère que N.-S. Jésus-Christ commença à accomplir sa mission divine. Après avoir passé trente ans dans l'obéissance et la retraite, il parcourut la Judée et la Galilée, guérissant les malades, consolant les pauvres et les affligés, enseignant à tous cette sublime morale qui se renferme dans le double précepte de l'amour de Dieu et des hommes, confirmant ses paroles par les miracles les plus éclatants, et réunissant près de lui les apôtres et les disciples qui devaient aller prêcher l'Évangile dans le monde entier. Trahi par l'un de ses apôtres, poursuivi par les outrages de ce même peuple qu'il avait comblé de bienfaits et qui venait de le recevoir en triomphe, le Sauveur parut devant l'un des procurateurs romains nommé *Ponce-Pilate*, après avoir été traîné devant le tribunal du grand-prêtre *Caïphe* et du tétrarque de Galilée *Hérode Antipas*. Quoique convaincu de son innocence, Pilate l'abandonna par lâcheté à la fureur des Juifs, et le fils de Dieu, expirant sur la croix, consomma par sa mort la rédemption du genre humain. Ressuscité d'entre les morts le troisième jour, Jésus-Christ remonta au ciel, laissant à ses apôtres la mission d'enseigner et de baptiser tous les peuples.

Douze pauvres Galiléens, ignorants et grossiers, arrachés à leurs filets pour devenir pêcheurs d'hommes, si timides et si faibles, que tous ont abandonné leur divin maître à la première épreuve, que l'un d'eux l'a renié trois fois, sont choisis pour changer la face du monde. Ils vont prêcher une doctrine dont la morale attaque toutes les passions, heurte tous les préjugés reçus; dont les dogmes révoltent la raison humaine, en lui opposant la *folie de la croix*; une doctrine que les empereurs combattent par le glaive, les philosophes et les pontifes païens par la subtilité des sophismes; que tous les grands et tous les riches de la terre repoussent au nom de la volupté et de l'orgueil. Mais *Dieu a choisi la folie selon le monde pour confondre la sagesse, la faiblesse pour confondre la force, ce qui n'est pas pour renverser ce qui est*: au bout de trois siècles, le sang des martyrs, devenu une semence de chrétiens, en aura peuplé la terre; au bout de trois siècles, la majesté impériale aura courbé la tête, et la croix du Calvaire s'élèvera sur les temples et sur le Capitole plus haute et plus triomphante que l'aigle romaine.

545. **Progrès du Christianisme. — Nouveau Testament.** — Le Saint-Esprit descendant sur les apôtres en fit des hommes nouveaux. Animés soudain d'une force toute divine, ils paraissent hardiment au milieu de Jérusalem. *Saint Pierre*, le prince des apôtres, convertit huit mille Juifs en deux prédications. A peine l'Église est-elle fondée, qu'elle est en butte aux persécutions prédites par le Sauveur. Saint Pierre et saint Jean sont battus de verges; saint Étienne lapidé devient le premier des martyrs; sa mort porte des fruits de vie; il a prié pour ses bourreaux, et l'un d'eux, Saul, ardent persécuteur, est terrassé par la grâce, et devient, sous le nom de *Paul*, le grand Apôtre des Gentils.

18.

Les douze, dans un premier concile tenu à Jérusalem, ont proclamé l'infaillibilité de l'Église, selon la parole de Jésus-Christ, et dressé le symbole de la foi qu'ils vont porter dans tout l'univers. Mais déjà, ils laissaient en Judée une société de chrétiens, dont les vertus offraient le plus touchant et le plus admirable spectacle. « Toute la multitude de ces croyants n'avait qu'un cœur et qu'une âme ; tout ce qu'ils possédaient était en commun ; il n'y avait pas de pauvres parmi eux, parce que ceux qui avaient des terres et des maisons les vendaient et en apportaient le prix. Ils persévéraient dans la prière et dans la fraction du pain. Et le nombre de ceux qui croyaient au Seigneur s'accroissait de jour en jour. » (Saint Luc, *Actes des Apôtres*.)

Le récit de la vie de Notre-Seigneur, son enseignement et celui de ses apôtres sont consignés dans le *Nouveau Testament*. Ce livre divin, dépôt de la vérité chrétienne, renferme : 1° les quatre *Évangiles*, de saint Mathieu, l'un des douze apôtres, saint Marc, disciple de saint Pierre, saint Luc, converti par saint Paul, saint Jean, le disciple bien aimé du Sauveur ; 2° les *Actes des Apôtres*, écrits par saint Luc ; 3° les quatorze *Épîtres*, ou Lettres pastorales adressées par saint Paul aux fidèles d'Éphèse, de Corinthe, de Rome, de Thessalonique, etc. ; sept autres Épîtres émanées des apôtres saint Pierre, saint Jacques, saint Jean, saint Jude ; 4° l'*Apocalypse*, ou récit des révélations mystérieuses faites à saint Jean.

Ces livres sacrés déclarés canoniques par l'Église catholique dans les premiers conciles et séparés par elle de divers écrits apocryphes sont le fondement invariable de la doctrine chrétienne.

Cependant les apôtres s'étaient dispersés par toute la terre. Saint Pierre avait fondé l'Église d'Antioche et établi à Rome, centre du paganisme, ce siège pontifical qui devait élever la Rome chrétienne au dessus de la Rome des Césars. Saint Paul, après avoir converti l'Asie Mineure, évangélisé Corinthe et Athènes, vint rejoindre, dans la capitale du monde, le chef visible de l'Église. Les païens s'alarmaient ; déjà plusieurs apôtres avaient péri victimes de la jalousie de la synagogue ; la persécution allait devenir universelle.

344. PREMIÈRES PERSÉCUTIONS (1). — Pendant les trois premiers siècles de l'ère chrétienne, de nombreux édits furent portés contre les chrétiens, et ils ne furent jamais révoqués ; la persécution fut à peu près continue pendant ce long espace de temps ; pourtant quelques princes faisaient exécuter les édits avec plus de rigueur, et poursuivaient les fidèles avec plus d'acharnement ; c'est pourquoi l'on a compté dix persécutions jusqu'à celle de Dioclétien. La première fut ordonnée par Néron (n° 337). — Ce tyran, que l'on accusait de l'incendie de Rome, imputa son crime aux chrétiens, et

---

(1) Les faits exposés dans ce numéro se rapportant à la suite de l'histoire des empereurs, nous renvoyons une fois pour toutes aux chapitres suivants.

PREMIÈRES PERSÉCUTIONS.

la religion naissante fut proscrite (64). Des supplices nouveaux furent inventés pour punir un forfait d'une nouvelle espèce. *Convaincus d'être odieux au genre humain*, les chrétiens étaient revêtus de peaux de bêtes et jetés aux chiens; ou enduits de résine, ils servaient de torches pour illuminer les jardins de Néron. Saint Pierre fut crucifié sur le Janicule, saint Paul eut la tête tranchée.

Les troubles de l'empire et les règnes pacifiques de Vespasien et de Titus donnèrent quelque relâche aux chrétiens. Mais sous Domitien (n° 345) la persécution recommença (93); ce prince voyait avec effroi la religion chrétienne pénétrer jusque dans son palais; il n'épargna personne. Clément, son cousin germain, fut mis à mort, et sa femme envoyée en exil. Un consul, Glabrion, subit le sort de Clément; et saint Jean l'Évangéliste, après avoir été plongé à Rome dans l'huile bouillante, fut relégué à l'île de Pathmos, où il écrivit l'Apocalypse.

Un édit contre les sociétés secrètes fut le prétexte d'une nouvelle persécution sous Trajan (n° 349). On confondait les mystères des chrétiens avec ceux de ces sectes impures qui se réunissaient dans les ténèbres pour commettre les excès les plus hideux. La chasteté était une vertu si inconnue au monde, que les païens ne concevaient pas même qu'elle pût exister chez les chrétiens; ils les accusaient de se cacher pour se livrer à d'infâmes débauches; le dogme de l'Eucharistie, dont ils n'avaient qu'une idée confuse, leur fournissait un sujet d'accusations absurdes. L'Église fut proscrite comme renouvelant les anciennes bacchanales (106). Le quatrième successeur de saint Pierre, l'évêque de Jérusalem, l'évêque d'Antioche *saint Ignace*, furent mis à mort. Ignace, interrogé par Trajan lui-même, fut envoyé à Rome pour être livré aux bêtes dans l'amphithéâtre, et servir à l'amusement de cette populace qui ne demandait que du pain et des jeux. Cependant, sur les représentations d'un gouverneur païen, Pline le jeune (n° 349), Trajan, effrayé du nombre des victimes que frappait sa loi cruelle, ordonna que les chrétiens ne seraient plus recherchés, mais qu'on punirait de mort ceux qui se feraient connaître.

Les Juifs s'étaient alliés aux idolâtres. C'étaient eux qui, la plupart du temps, montraient le plus d'acharnement contre les disciples de Jésus-Christ; c'étaient eux qui excitaient de continuelles séditions contre les plus fidèles sujets des empereurs. Le peuple, habitué à croire la prospérité de l'empire attachée au culte des dieux, attribuait aux chrétiens toutes les calamités publiques. « Si une guerre récente, une peste ou une famine affligeait l'empire, si une pluie excessive avait détruit les moissons, si le Tibre débordait ou si le Nil ne débordait pas, tout un peuple en fureur s'écriait : « *Les chrétiens aux lions!* » Les philosophes s'inquiétaient du discrédit où l'influence naissante du christianisme menaçait de faire tomber leurs doctrines; leur cause devenait celle de l'idolâtrie; ils la défendirent d'abord par les sophismes, et bientôt, ils appelèrent les bourreaux à leur secours. Le stoïcien Marc-Aurèle (n° 351), élevé à la dignité impériale, prit parti dans la lutte, et appuya de l'autorité de ses édits ses arguments philosophiques. La quatrième persécution commença (166). Elle fut exercée avec la même cruauté, supportée avec le même courage que les précédentes. — Cependant les chrétiens, confiants dans la vérité de leur foi, s'efforçaient d'éclairer la rage aveugle de leurs persécuteurs. *Saint Justin*, dans son éloquente Apologie, prouva jusqu'à l'évidence la pureté de la doctrine chrétienne, la sainteté de sa morale; il repoussa les accusations de révolte par les préceptes de l'Évangile qui enjoignent comme un devoir sacré la soumission aux puissances; il détruisit les absurdes calomnies débitées contre les assemblées des chrétiens, par le simple exposé de leurs pieuses cérémonies. « Si cette doctrine vous » paraît raisonnable, s'écriait-il en finissant, faites-en l'estime » qu'elle mérite. Du moins ordonnez une recherche exacte des cri» mes qu'on nous impute, et si nous ne faisons aucun mal, ne » nous condamnez pas par cela seul que nous sommes chrétiens. » Cette noble défense de la foi arracha à Antonin quelques décrets favorables; mais l'influence des philosophes, de Celse, de Crescens, ennemi personnel de Justin, détruisit l'effet qu'elle avait pu produire sur Marc-Aurèle. Les édits furent renouvelés, et Justin paya de sa vie son courage. Une des plus illustres victimes de cette persécution fut *saint Polycarpe*, évêque de Smyrne. Ce vénérable vieillard, traîné à Rome pour être jeté dans l'amphithéâtre, n'arriva que lorsque les jeux étaient finis, et fut brûlé vif par le peuple. L'événement miraculeux qui sauva l'armée de Marc-Aurèle, dans une guerre contre les Marcomans (n° 351), événement attribué aux prières d'une légion toute chrétienne appelée *legion fulminante*, put seul déterminer l'empereur à ralentir la persécution.

Elle se ralluma pourtant sous son règne même, et plus violente que jamais, dans les Gaules. Les tourments auxquels on condamna les chrétiens furent affreux; quelques-uns succombèrent à l'atrocité de leurs souffrances, et sacrifièrent aux idoles; la plupart furent inébranlables. L'admirable patience d'une jeune esclave, *Blandine*, qui au milieu de ses tourments ne savait que s'écrier : *Je suis chrétienne!* lassa les bourreaux eux-mêmes, stupéfaits à la vue de tant de courage. L'imagination s'épouvante de la seule pensée des tortures que l'on faisait endurer aux chrétiens. Leurs corps, tenaillés avec des pinces de fer rougi, déchirés par des crochets aigus, à demi consumés par les flammes ardentes ou le plomb fondu, étaient jetés dans des cachots pour y subir sans repos le supplice du chevalet, machine qui écartait horriblement leurs membres. On ne les précipitait dans les bûchers ou dans les amphithéâtres, pour en finir, que lorsque tous les genres de supplices avaient été épuisés sur eux. Il était défendu de plaindre les victimes. Un sénateur gaulois offrit de plaider leur cause; on enferma dans un cachot *l'avocat des chrétiens*.

Après la mort de Marc-Aurèle, l'Église eut quelques années de trêve. Mais l'impitoyable Septime-Sévère (n° 359), après avoir proscrit les ennemis de sa puissance, crut devoir proscrire ceux de sa religion. Dans toutes les provinces ses instruments de supplice reparurent (197); d'illustres martyrs versèrent leur sang pour la foi: *saint Irénée*, le pape *saint Victor* à Rome, les saintes femmes *Félicité* et *Perpétue* à Carthage. Les fidèles étaient conduits en foule à la mort; si quelqu'un leur accordait un mot de compassion, il était traîné lui même au supplice, comme suspect de christianisme. Rien pourtant ne ralentissait l'ardeur des chrétiens; ils se présentaient eux-mêmes devant les tribunaux. Sans cesse de nouveaux athlètes remplaçaient dans la lutte ceux qui avaient disparu. A Alexandrie, *Origène*, âgé de dix-sept ans, osa se charger des fonctions de catéchiste, après la fuite de l'évêque.

Cependant l'héroïque courage, l'admirable union, la charité toute divine des chrétiens, touchaient les persécuteurs eux-mêmes. *Voyez comme ils s'aiment!* disaient les païens étonnés. *Tertullien*, ce mâle génie, que la constance des martyrs avait gagné à la foi, présenta au sénat la plus forte et la plus éloquente défense du christianisme. La persécution se ralentit ou changea de mode; on permit aux chrétiens de racheter leur vie par des taxes, et, quelques années après, les rigueurs cessèrent entièrement, sous le règne d'Alexandre-Sévère. Déjà l'action du christianisme se faisait sentir dans toutes les classes de la société; la mère d'Alexandre, imbue elle-même des maximes de l'Évangile, en avait inspiré le goût à son fils. Il adorait dans son oratoire particulier Jésus-Christ et Abraham, mais à côté d'Orphée et d'Apollonius de Tyane, imposteur du premier siècle. La lumière ne brillait pas encore; toutefois les ténèbres s'éclaircissaient (n° 360).

Mais la brutalité féroce de Maximin, l'assassin d'Alexandre, ne pouvait épargner les protégés de sa victime. La persécution (235) tomba principalement sur les prêtres et sur les évêques; on craignait de dépeupler les provinces en sacrifiant tous les fidèles; du moins les églises et les édifices consacrés au culte du vrai Dieu furent abattus ou livrés aux flammes. La mort de Maximin rendit le repos à l'Église pour plusieurs années : Philippe favorisa les chrétiens à tel point qu'on l'accusa lui-même d'avoir embrassé leur religion. Cette faveur leur attira la vengeance de Décius, le vainqueur et le meurtrier de Philippe (n° 361).

Décius, qui les croyait partisans de son rival, les persécuta avec fureur comme ennemis de sa religion et de sa puissance (250); aucune persécution n'avait encore été aussi atroce : la mort du pape *Fabien* fut le prélude d'une foule d'exécutions accompagnées de tortures inouïes. A plusieurs le courage manqua, et les faibles furent flétris du nom de *tombés*. Quelques-uns s'enfuirent dans les déserts et donnèrent avec *saint Paul l'ermite* le premier exemple de la vie monastique. La plupart cependant firent tête à l'orage : sur les échafauds, dans les amphitéâtres où les bêtes féroces venaient s'abreuver du sang des fidèles, on n'entendait retentir que ces mots : *Je suis chrétien!* et le peuple, furieux, pressé sur les gradins du cirque, à Rome, à Carthage, répétait ce cri sinistre : *Les chrétiens aux lions!*

L'Afrique et la Gaule furent les principaux théâtres de la huitième persécution, ordonnée par l'empereur Valérien (256). *Saint Cyprien*, évêque de Carthage, eut la tête tranchée : *saint Denis* et ses compagnons, apôtres de la Gaule, scellèrent de leur sang leur œuvre divine, et le mont des Martyrs (*Montmartre*), près de Lutèce, fut leur tombeau. Cependant les désastres et la captivité de l'empereur, tombé au pouvoir des Perses (voir ci-dessus), effrayèrent Gallien son fils, qui crut y reconnaître une punition du ciel, et ordonna la restitution des églises et des cimetières. Une peste épouvantable qui ravagea l'Italie et les provinces donna aux chrétiens l'occasion d'exercer leur admirable charité envers les païens comme envers leurs frères. Le peuple, ému de leur dévouement sublime, revenait de sa haine contre le nom chrétien : mais l'influence croissante des nouveaux platoniciens et les écrits de Porphyre ranimèrent la fureur des défenseurs du paganisme. Aurélien (n° 363) recommença la persécution (273), qui ne s'interrompit guère jusqu'au règne de Dioclétien. Le massacre d'une des plus braves légions de l'armée romaine, la légion thébaine, qui tout entière déposa ses armes pour tendre le cou au fer des bourreaux, fut un des plus frappants exemples de l'aveugle cruauté des empereurs. Partout où il y avait des fidèles, il y avait des martyrs ; la Grande-Bretagne, où la foi pénétrait à peine, fut arrosée du sang de plusieurs chrétiens.

Encore un combat, et l'Église enfin jouira en paix de son triomphe ; mais ce dernier combat sera aussi le plus sanglant : *l'ère des martyrs* va commencer (n° 367).

QUESTIONNAIRE. — § I. 334. Quel était le caractère de Tibère? — Comment mourut Germanicus? — Quelle fut depuis cette époque la conduite de Tibère? — Quel était le favori de ce prince? — Quel fut le sort de Séjan? — Qu'entendait-on par crime de lèse-majesté? — Où Tibère se retira-t-il? — Comment employa-t-il les dernières années de son règne? —335. Quelles espérances Caligula donna-t-il d'abord? — Quel changement s'opéra en lui? — Donnez une idée de la férocité et de l'extravagance de Caligula. — Comment mourut-il? — Qui disposa du pouvoir souverain après la mort de Caligula? — 336. Quel était le caractère de Claude? — Quelle fut l'influence de Messaline et des affranchis? — Par qui fut remplacée Messaline? — Quels étaient les plans d'Agrippine? — De quelle manière Agrippine fit-elle monter Néron sur le trône? — 337. Quels étaient les précepteurs de Néron? — Quels sentiments montra-t-il au commencement de son règne? — Quel changement eut lieu en lui? — Quelle fut alors la conduite de ses maîtres? — Comment Britannicus fut-il mis à mort? — Comment périt Agrippine? — Citez

VESPASIEN. — TITUS. — DOMITIEN.

quelques-uns des crimes de Néron. — Quelle fut la cause de l'incendie de Rome et qui Néron en punit-il? — Quels étaient les divertissements que recherchait Néron? — Comment finit le règne de Néron? — Quel fut le sort de Galba? — Comment périt Othon? — Par qui fut proclamé Vitellius? — Comment est-il célèbre? — § II. 338. Racontez l'expédition de Germanicus en Germanie? — Quels soulèvements eurent lieu en Gaule et en Bretagne? — 339. Parlez des exploits de Corbulon et du commencement de la guerre de Judée. — § III. 340. Donnez une idée du génie de Lucain. — Comment Sénèque est-il célèbre? — Qu'avez-vous à dire de sa conduite? — 341. En quoi Pline l'ancien est-il remarquable? — Quel est le plus grand historien de l'antiquité? — Quels écrits a laissés Tacite? — § IV. 342. Quel était l'état du monde à la venue de Jésus Christ? — Comment devait s'établir et se propager le christianisme? — 343. Quels furent les premiers progrès de la foi chrétienne? — Où se tint le premier concile? — Quels livres renferme le Nouveau Testament? — 344. Comment ont commencé les persécutions? — *Racontez la première persécution.* — Dites quelques mots des autres persécutions. — Signalez quelques-uns des martyrs les plus célèbres. — Comment les chrétiens supportèrent-ils les tourments? — Faites connaître les docteurs qui ont fait l'apologie du christianisme pendant la persécution.

CHAPITRE TRENTIÈME.

LES EMPEREURS FLAVIENS.

SOMMAIRE.

§ Ier. 345. Vespasien est appelé à Rome et proclamé empereur; il se signale par sa sage administration et sa rigide économie. Titus (79-81) s'illustre par sa clémence, ses réformes, ses bienfaits; le monde pleure sa mort prématurée. — Domitien, tyran cruel, est assassiné (96).

§ II. 346. Titus s'empare de Jérusalem, et la détruit de fond en comble après la résistance la plus opiniâtre (70).

347. Le Batave Civilis se rend indépendant (70). Sabinus est défait et mis à mort. L'habile général Agricola soumet la Grande-Bretagne et organise sa conquête.

348. Domitien achète la paix des Daces qui ont envahi l'empire et donne ainsi un funeste exemple.

§ Ier. LES EMPEREURS FLAVIENS.

545. VESPASIEN. — TITUS. — DOMITIEN. — Après la mort de l'infâme Vitellius, l'empire romain retrouva enfin sous un prince aussi sage qu'habile le calme, la prospérité et l'éclat dont il avait été privé depuis tant d'années. Tandis que

Vespasien (69-79), reçu à Rome en triomphe, se livrait sans relâche aux soins du gouvernement, et surveillait avec vigilance l'administration des provinces, ses généraux remportaient d'éclatants triomphes (n° 346).

Vespasien sut rendre le calme à l'empire et faire disparaître les traces sanglantes des discordes civiles. Par une rigide économie, poussée peut-être jusqu'à l'avarice, il restaura les finances dilapidées; il rétablit l'ordre par sa fermeté inébranlable, contint les troupes dans le devoir, encouragea les lettres et les arts, releva la dignité du sénat, et fit revivre les beaux jours du règne d'Auguste. Il laissa l'empire à son fils *Titus*.

Ce prince, qui, élevé à la cour de Néron, en avait adopté la vie dissolue, étonna le monde par le changement qui s'opéra dans sa conduite. Aussi sage que son père, mais plus clément et plus humain, on le vit punir les délateurs et pardonner à des patriciens qui voulaient attenter à ses jours. Il réforma l'organisation judiciaire et administrative, et rendit au sénat et au peuple une juste liberté. Sa prudente économie lui permit d'embellir Rome, de multiplier les fêtes, et surtout, d'adoucir les tristes suites d'une épouvantable catastrophe, l'éruption du Vésuve, qui ensevelit les villes de Pompéies, d'Herculanum, de Stabies (n° 215). Ce désastre avait coûté la vie à l'homme le plus savant de cette époque, *Pline le Naturaliste* (n° 341).

Au bout de deux ans à peine (81), Rome eut à pleurer la perte d'un prince qu'elle avait déjà surnommé les *délices du genre humain*, et qui disait, après un jour passé sans faire du bien : « *Mes amis, j'ai perdu ma journée!* »

Domitien, coupable peut-être de la mort de son frère, dissimula d'abord son affreux caractère sous les dehors d'une administration toute bienfaisante, tandis que ses généraux soutenaient dignement la gloire des armes romaines (n° 347). Bientôt il secoua toute contrainte et ne cacha plus ses desseins tyranniques. Rome se peupla de délateurs; le sénat devint le jouet du prince, dont il servit complaisamment toutes les passions; les plus nobles citoyens, *Helvidius, Rusticus, Sénécion, Céréalis*, l'illustre Agricola lui-même, furent mis à mort, et un nouvel édit de proscription fut publié contre les chrétiens (n° 344). La révolte d'Antonius, facilement réprimée, n'avait fait qu'irriter la vengeance du tyran et redoubler sa cruauté; il périt enfin assassiné par sa femme et par ses principaux officiers, qui prévinrent ainsi le sort funeste qui les menaçait (96).

§ II. PRISE DE JÉRUSALEM. — CIVILIS. — CONQUÊTE DE LA BRETAGNE.
— LES DACES.

346. **Prise de Jérusalem par Titus** (70). — Chargé de terminer la guerre contre les Juifs révoltés (n° 339), Titus mit le siége devant Jérusalem. Les Juifs, quoique partagés en plusieurs factions, défendirent la ville avec un incroyable acharnement. La fête de Pâques (14 avril de l'an 70) avait, malgré les fureurs de la guerre, attiré dans cette ville une grande foule de peuple. Le blocus commença pendant que toute cette multitude s'y trouvait renfermée ; aussi la famine se fit-elle bientôt sentir avec toutes ses horreurs : une mère dévora son enfant. Titus s'étant emparé d'une partie de la ville (le 28 avril), fit faire aux Juifs des propositions de paix qu'ils rejetèrent toujours. La prise de la tour *Antonia* qui défendait le temple, avec lequel elle communiquait par une galerie, amena les Romains sous les murailles de l'enceinte extérieure. Un assaut général fut repoussé ; mais un soldat romain, conduit, dit l'historien Josèphe, par une inspiration divine, ayant lancé un tison enflammé dans un des appartements qui entouraient le sanctuaire, le feu se communiqua avec rapidité dans toutes les parties du temple, et, malgré les efforts de Titus, qui voulait conserver cet admirable monument, il fut entièrement consumé. Ainsi que l'avait prédit Jésus-Christ, il n'en resta pas pierre sur pierre. Les soldats romains pillèrent tout ce qu'ils purent arracher aux flammes, et telle fut la richesse de ces dépouilles, que la valeur de l'argent baissa de moitié dans la Syrie. Malgré la destruction du temple, les assiégés prolongèrent encore un mois leur résistance dans la ville haute : mais elle finit par tomber également au pouvoir des Romains (le 8 septembre 70). Plus de treize cent mille Juifs, qui périrent dans cette guerre, portèrent ainsi le poids de l'anathème que leurs pères avaient prononcé contre eux-mêmes en demandant que le sang du Christ retombât sur eux et sur leurs enfants. Épouvanté lui-même par une telle catastrophe, le païen Titus y reconnut une vengeance divine. Les dépouilles de Jérusalem, rapportées à Rome, ornèrent le Capitole que Vespasien venait de rebâtir (70). — Une nouvelle révolte devait achever bientôt la ruine de la nation juive (135), dont les débris, dispersés dans l'univers, étaient destinés à offrir dans la suite des siècles un lamentable exemple de la colère divine.

347. **Civilis. — Conquête de la Bretagne. — Agricola.** — En même temps, les armées de Vespasien avaient à combattre en Gaule une insurrection redoutable excitée par les druides, pontifes de la religion gauloise (n° 308). Le Batave *Civilis*, qui avait donné le signal de la guerre, entraîna à sa suite les tribus des bords du Rhin ; les légions chargées de la garde du fleuve se joignirent à lui, de gré ou de force, et il osa écrire sur ses bannières :

Empire Gaulois. Il soutint la lutte avec tant de vigueur et de succès, qu'il obtint un traité par lequel les Bataves furent déclarés alliés et non plus sujets de Rome (70). Un autre chef, *Sabinus*, avait pris aussi en Gaule la pourpre impériale ; mais, moins heureux que Civilis, il fut vaincu, et réduit à se cacher dans un souterrain où il resta neuf ans ; enfin, il fut découvert et mis à mort, malgré l'admirable dévouement de sa femme *Éponine*, qui avait partagé volontairement sa sépulture anticipée.

La Bretagne seule était encore en armes. La mort de Boadicée (n° 338) n'avait apaisé qu'un instant les hostilités, et il fallut continuer la lutte avec une nouvelle énergie. Vespasien, qui s'était lui-même distingué en Bretagne, et qui connaissait les difficultés de cette guerre, y envoya *Agricola*, beau-père de l'historien Tacite et le meilleur général de l'empire (n° 341) ; mais la gloire de la conquête n'était pas réservée à son règne.

Sous Domitien, Agricola soumit, après des efforts incroyables, toutes les peuplades de l'île jusqu'aux frontières de la Calédonie, pénétra dans les montagnes sauvages de cette région inconnue, battit *Galgacus*, le plus brave des chefs calédoniens, et explora toutes les côtes en faisant le tour de l'île sur ses vaisseaux. Il divisa la Bretagne en trois provinces, et, pour la mettre à l'abri des invasions des Calédoniens (Scots et Pictes), il établit au nord une ligne de forteresses entre les rivières de Glota et de Bodotria. Mais, de retour à Rome, il y trouva la mort pour prix de ses services : Domitien, jaloux de la gloire d'Agricola, le fit empoisonner (n° 345).

348. LES DACES ÉLOIGNÉS A PRIX D'ARGENT. — Sous le règne de Domitien se place un fait remarquable, en ce qu'il est le premier acte d'une politique bientôt adoptée par la plupart des empereurs romains à l'égard des peuples barbares, aveugle politique qui allait préparer de loin l'invasion de l'empire.

Les Daces, peuple belliqueux répandu dans les vastes contrées qui s'étendent entre le Danube, le Pont-Euxin et le Dniestr, avaient franchi les frontières de l'empire, et leur roi Décébale, vainqueur dans quelques engagements, menaçait l'Italie. Domitien, au lieu d'opposer à cette tentative d'envahissement une résistance énergique, acheta à prix d'argent la retraite des Barbares. C'était reculer le danger, pour le rendre un jour plus formidable. Les Barbares, habitués aux subsides de l'empire, allaient bientôt lui emprunter les ressources mêmes qu'ils devaient employer pour le combattre.

QUESTIONNAIRE. — § I. 345. Quel était le caractère de Vespasien ? — Faites connaître son administration. — Qu'avez-vous à dire du règne de Titus ? — Comment régna Domitien ? — § II. 346. *Racontez la prise de Jérusalem.* — 347. Quel fut le résultat du soulèvement de Civilis et de celui de Sabinus ? — Quel grand général combattit en Bretagne ? — Parlez des exploits et de la mort d'Agricola. — 348. Quelles furent les relations de Domitien avec les Daces ? — Quel dangereux exemple donna-t-il ?

CHAPITRE TRENTE-UNIÈME.

LES ANTONINS.

SOMMAIRE.

§ Ier. 349. Une ère nouvelle commence pour l'empire. Le sénat sanctionne l'avènement de Nerva (96). — Trajan, adopté par Nerva, lui succède (98-117); il défait Décébale, roi des Daces, et réduit la Dacie (101-106); il met l'ordre et la vigilance dans l'administration ; fait une expédition au delà du Tigre, soumet l'Arabie Heureuse. — Pline le Jeune, grand écrivain, habile administrateur, est honoré de l'amitié de Trajan.

350. Adrien adopte une politique pacifique (117-138); il publie l'édit perpétuel, fait des voyages dans l'empire, élève une muraille en Bretagne. Plusieurs villes sont embellies par lui.

351. Antonin, fils adoptif d'Adrien (138-161), repousse les Barbares, se rend célèbre par sa clémence. Antonin assure la prospérité de l'empire. — Marc-Aurèle (161-180), prince philosophe, lutte contre les Germains, les Parthes. L'indigne Vérus est associé à l'empire et meurt (169). Une ligue des peuples barbares met l'empire en danger. L'armée romaine est sauvée par les chrétiens dans une guerre contre les Marcomans (174). Marc-Aurèle a supporté les désordres de Faustine et donné une mauvaise éducation au jeune Commode.

352. L'infâme Commode (180) combat dans l'arène, achète la paix des Barbares; il meurt empoisonné (192).

§ II. 353. Le pouvoir du prince est devenu à peu près absolu. L'autorité du sénat a passé au conseil du prince. Le préfet du prétoire est le second personnage de l'empire. Le préteur conserve le pouvoir judiciaire. Les provinces sont mises en communication par un service de postes à la disposition de l'empereur et des fonctionnaires seuls. La perception des impôts divisés en directs et indirects est régularisée. Le cadastre est établi. Les impôts casuels se multiplient.

354. L'administration locale de chaque cité ou municipe appartient au collège des décurions ou curie. Les duumvirs sont les premiers magistrats de la cité constituée à l'image de Rome.

355. L'industrie est soumise à une organisation particulière. Les corporations réglées d'une manière invariable déterminent la condition des personnes attachées à chaque profession; elles sont investies de privilèges divers à charge d'obligations imposées.

356. Un grand nombre de monuments sont élevés pour célébrer les hauts faits des princes de cette époque : les arcs de Titus, de Trajan, les colonnes Trajane, Antonine, le Colysée, les Thermes de Titus, les Arènes de Nîmes, le pont du Gard datent de cette épo-

que. La sculpture, la peinture murale, surtout la gravure sur pierre sont cultivées avec soin.

357. L'état moral de la société profondément corrompue peut faire pressentir la chute prochaine de l'empire.

§ Ier. LES ANTONINS.

349. NERVA. — TRAJAN. — Opprimé sous Domitien, l'empire allait respirer sous une suite de princes illustres par leurs talents comme par leurs vertus, qui, pendant un siècle entier, firent régner dans le monde romain fatigué de tant de secousses, la plus étonnante prospérité.

Les meurtriers de Domitien avaient, pour le remplacer, jeté les yeux sur le vieux *Nerva* (96-98), que sa sagesse et sa bravoure, depuis longtemps connues, rendaient digne de la souveraine puissance. Le sénat s'empressa de sanctionner un pareil choix, et ce règne commença sous les plus heureux auspices. Mais l'âge avait affaibli l'énergie du prince; il ne retrouva pas son ancienne vigueur pour résister aux exigences des prétoriens, qui regrettaient les profusions de Domitien. Nerva sentit lui-même qu'il avait besoin d'un appui, et son dernier acte fut un bienfait pour l'empire : il adopta *Trajan* et le désigna pour son successeur.

Formé à l'école de Plutarque l'historien moraliste, administrateur sage et économe autant qu'habile capitaine, simple dans ses mœurs, mais ferme et noble dans son caractère, Trajan fut l'un des plus grands empereurs de Rome (98-117). Rien n'obscurcirait sa gloire, s'il n'eût permis de nouvelles persécutions contre les chrétiens (n° 344). Il inaugura son règne en lavant les armes romaines d'un récent affront. Les Daces, soudoyés par Domitien (n° 348), n'en avaient pas moins envahi l'empire; Trajan marcha contre eux, dompta le Danube en jetant sur ses rives un pont gigantesque, vainquit dans deux campagnes Décébale, qui se tua de désespoir (101, 105), et réduisit la Dacie en province romaine (106). La colonne Trajane perpétua le souvenir de cet exploit.—Occupé du bonheur aussi bien que de la gloire de Rome, Trajan rendit au sénat sa majesté, diminua les impôts, punit les délateurs, fit régner l'abondance dans l'empire; des ports, des routes, des aqueducs, des écoles publiques, s'élevèrent de toutes parts. L'empereur s'occupait avec activité de tous les détails de l'administration : les gouverneurs le consultaient sans cesse, et il éclairait toutes les questions par de sages réponses. Protecteur éclairé des lettres et des arts, Trajan était lié d'une étroite amitié avec *Pline le Jeune*, élégant écrivain dont les *lettres* sont célèbres, et qui prit une grande part comme homme d'État à tous les travaux de l'empereur.

Les Romains reconnaissants avaient donné à Trajan le surnom de *Très-bon*, et la prospérité régnait dans tout l'empire. Malheureusement, Trajan se laissa entraîner par le désir des conquêtes et l'amour de la gloire militaire. Il résolut d'ajouter, en Asie, de nouvelles provinces à l'empire, et soumit plusieurs contrées au delà de l'Euphrate et du Tigre ; il vainquit les Parthes et s'avança jusqu'aux rivages de l'océan Indien. « *Que ne suis-je plus jeune*, s'écriait-il, *pour entreprendre ce qu'a fait Alexandre !* » Les fatigues de tant de campagnes épuisèrent ses forces et il mourut en Cilicie, tandis qu'il ramenait du fond de l'Orient son armée victorieuse (117).

350. ADRIEN. — *Plotine*, veuve de Trajan, déclara que l'empereur avait en mourant adopté *Adrien;* les soldats, qu'on avait eu soin de gagner à l'avance, le proclamèrent et le sénat confirma cette élection. Adrien avait, sous Trajan, déployé de grands talents militaires ; dès qu'il eut revêtu la pourpre, il comprit que de nouvelles conquêtes ne pouvaient être que funestes à l'empire : il ne chercha qu'à lui assurer la paix. Pour éviter de nouvelles guerres avec les Parthes, il se hâta d'abandonner les provinces récemment soumises. Tout son règne fut rempli par les soins d'une administration vigilante, tandis que par ses ordres les monuments épars du droit romain étaient réunis en un seul édit (*édit perpétuel*). Il entreprit de longs voyages et parcourut presque toutes les provinces de l'empire, corrigeant les abus, embellissant les villes, favorisant l'industrie et le commerce, assurant la défense des frontières. « *Un empereur* disait-il, *doit imiter le soleil, qui éclaire toutes les régions de la terre.* » La Bretagne fut fermée aux incursions des Pictes par une muraille de vingt-sept lieues (entre la Tyne et le golfe de Solway). Plusieurs villes des Gaules furent ornées d'amphithéâtres et de magnifiques monuments. Athènes, la cité des études philosophiques, reçut de nombreux privilèges. Les encouragements du prince donnèrent une activité nouvelle au commerce de l'Égypte. Ce règne, troublé seulement par une révolte des Juifs (135) (voir n° 346), fut heureux et paisible. Mais on doit reprocher à Adrien de honteuses débauches et des cruautés qui déshonorèrent les derniers jours de sa vie (138).

351. Antonin (138-161).—Marc-Aurèle (161-180).
—Adopté par Adrien, *Antonin le Pieux* vint achever son œuvre, et fit régner dans le monde la prospérité, l'abondance et la paix. Sa générosité répara les malheurs de la famine et de la peste qui affligèrent quelques provinces ; son activité réprima les attaques de quelques peuplades barbares. Du reste, le règne d'Antonin n'est marqué par aucun grand événement ; il savait que la gloire des souverains coûte cher aux peuples, et le silence de l'histoire est son plus bel éloge. Sa clémence est célèbre. Une conspiration ayant été découverte, il défendit les perquisitions : « *Je ne veux pas*, dit-il, *faire savoir combien de gens me haïssent.* » Son nom est resté comme celui du modèle des princes et ses successeurs se firent un honneur de le porter. Antonin mourut après avoir adopté *Marc-Aurèle* (161).

Le nouvel empereur avait passé toute sa jeunesse à étudier la philosophie stoïcienne ; il s'attacha à la mettre en pratique quand il fut appelé au trône, et se montra le digne successeur d'Antonin le Pieux. Il fut également habile et comme administrateur et comme général. Il repoussa lui-même les Germains, tandis que ses lieutenants soutenaient une guerre acharnée contre les Parthes qui furent vaincus après quatre campagnes. Pour suffire à tous les soins du gouvernement, Marc-Aurèle crut nécessaire de se donner un collègue, et il appela avec lui au pouvoir, *Vérus*, son frère adoptif. Mais ce choix ne fut pas heureux. Cet homme, au lieu de veiller au salut de l'empire, se livra à tous les excès de la plus honteuse débauche et passa tout son temps au milieu d'une troupe de comédiens et de bouffons. Les Marcomans, peuple de Germanie, profitant de son incapacité et de sa faiblesse, pénétrèrent jusqu'en Italie (167). Marc-Aurèle, pour repousser l'invasion, fut obligé d'enrôler les esclaves et les gladiateurs ; il dut vendre jusqu'aux meubles de son palais, afin de payer son armée. Les Barbares furent repoussés à grand'peine, et Marc-Aurèle, débarrassé de son indigne collègue qui mourut vers cette époque (169), résolut d'aller les poursuivre jusque dans leur pays. Mais il fut attiré dans un défilé et cerné de tous côtés par les ennemis. Son armée privée d'eau et de vivres allait y périr d'inanition, quand un orage extraordinaire obtenu par les prières d'une légion chrétienne, épouvanta les Barbares et sauva les Romains (174). Marc-Aurèle mourut six ans après (180). On doit lui reprocher d'avoir persécuté les chrétiens et d'avoir toléré les désordres de sa femme *Faustine*, dont son fils *Commode* reçut la plus détestable éducation.

352. Commode (180-192). — L'indigne fils de Marc-Aurèle ne tarda pas à justifier les craintes que son odieux caractère avait inspirées dès son enfance. On le vit vendre le droit de meurtre, envoyer à la mort ses sœurs et sa femme, et surpasser en débauches ses plus infâmes prédécesseurs. Néron avait été comédien, Commode voulut être gladiateur ; il triompha, dit-on, plus de sept cents fois dans l'arène, et, fier de tels exploits, il prit le nom et les attributs d'Hercule. Pour se livrer tout entier à ses ignobles plaisirs, il acheta des Barbares une paix de peu de durée, et abandonna les soins du gouvernement à ses favoris. Enfin, il fut empoisonné par *Marcia*, l'une de ses concubines, qui avait vu son nom inscrit sur une liste de proscription (192).

Commode avait clos pour longtemps la liste des bons princes qui, depuis Nerva, s'étaient succédé sur le trône.

§ II. ÉTAT DE L'EMPIRE AU DEUXIÈME SIÈCLE. — MONUMENTS DE LA GRANDEUR ROMAINE.

353. Administration générale. — L'empire avait conservé en apparence les formes administratives de la république, sauf les changements considérables qu'Auguste avait apportés dans l'organisation militaire (n° 326) et qui continuaient à être la base du système de défense des frontières. Au dedans, l'abolition des comices depuis Tibère (n° 334) était la seule grande modification apportée aux anciennes institutions. Les consuls, les préteurs, le sénat conservaient leurs titres, mais le pouvoir leur avait échappé. Les consuls ne prenaient plus part au gouvernement ; les préteurs n'avaient conservé que l'attribution, toujours fort importante du reste, de rendre la justice avec l'assistance de juges pris parmi toutes les classes de citoyens, et de former la jurisprudence par les *édits* qui interprétaient et souvent modifiaient les lois anciennes. Le sénat avait vu sous Adrien les restes de son autorité transportés au *conseil du prince*. L'empereur avait acquis de l'avis des jurisconsultes ou *prudents* le pouvoir législatif et ses volontés avaient force de loi. Le second personnage de l'empire était le *préfet du prétoire*, dont la milice redoutée avait déjà disposé de l'empire et devait dominer le souverain autant que le défendre. Le peuple de Rome, foule avilie et sans rôle politique, mais nourrie et amusée par le prince, n'avait plus qu'un dernier et fatal privilège, celui d'épuiser le trésor sans rien lui apporter.

L'organisation administrative s'était perfectionnée d'ailleurs, à mesure que le pouvoir central s'était fortifié.

Les provinces étaient unies entre elles par des routes nombreuses qui assuraient entre le chef de l'État et les hauts fonctionnaires des communications rapides. Un service de postes était établi dans ce but, mais au profit du gouvernement et de ceux qui voyageaient pour un intérêt public et bien spécifié, comme les ambassadeurs étrangers, les députés des villes auprès de l'empereur. Il y avait sur toutes les routes principales deux sortes de stations : les unes, simples relais (*mutationes*) pourvus de chevaux, attelages de mules, voitures; les autres (*mansiones*) embrassant dans leurs dépendances des hôtelleries commodes, des magasins de vivres et de fourrages.

Du reste, le gouvernement impérial n'avait eu en vue, dans l'établissement de ce système de communications générales, que son intérêt exclusif : l'administration y avait gagné en régularité; les particuliers n'en retiraient aucun bénéfice. Et pourtant, les bâtiments des postes étaient construits et entretenus aux frais des provinces, et l'obligation où elles se trouvaient de fournir les chevaux de remonte pour chacun des relais était à des agents cupides un prétexte d'exactions incessantes qui ruinaient les contribuables.

La haute administration des finances formait un des objets les plus importants des fonctions des préfets. Elle s'était étendue et développée avec les besoins de l'empire, dont il fallait à tout prix augmenter les revenus. Les sources de ces revenus étaient les *impôts directs* et *indirects*.

L'impôt direct comprenait la contribution foncière ou *indictio* portant sur les propriétés, et la contribution personnelle ou *capitatio* atteignant les individus.

Tout le territoire de l'empire avait été divisé en un certain nombre de cantons, frappés tous d'une taxe égale, prise à la charge des propriétaires de chaque canton dans la proportion de l'étendue de leurs domaines.

L'impôt fut reparti sur tout l'empire au moyen d'un *cadastre* (*capitastra* ou *cadastra*) dressé tous les dix ans ou tous les quinze ans, pour faire connaître à l'administration centrale l'état de toutes les terres, avec l'indication de leur nature et de leurs produits.

Pendant les premiers temps de l'empire, l'Italie seule était exempte de l'impôt direct ; toutes les provinces y étaient soumises, par suite du principe admis dans le droit romain que tous les pays conquis devenaient la propriété du peuple ou de l'empereur, et que, par conséquent, les particuliers n'y recevaient qu'un droit de possession et de jouissance qu'ils devaient acheter par une redevance annuelle. L'extension du *jus italicum*, vendu par les empereurs pour se procurer des ressources immédiates aux dépens de l'avenir, eut pour effet de soustraire peu à peu un grand nombre de villes à l'impôt.

Les impôts indirects (*vectigalia*), *réguliers* ou *casuels*, étaient une source de revenus d'autant plus féconde qu'il était plus facile de l'étendre au gré des volontés impériales. Les impôts indirects réguliers se composaient du *monopole* ou produit de la vente du sel que se réservaient les empereurs; des droits de douanes qu'on affermait sur enchères; des droits de passage sur les fleuves, sur les canaux ; des droits sur les marchés, etc.

Les impôts casuels comprenaient : les confiscations, les amendes, les dons gratuits ou réputés tels (le *coronarium* payé chaque année à l'empereur), les successions vacantes; les corvées ou contributions pour l'entretien des routes, imposées à tous sans exception ; le transport des denrées pour l'armée, les fournitures de chevaux, les logements militaires, mis à la charge des habitants des villes et des campagnes.

354. ADMINISTRATION LOCALE. — L'*administration générale*, qui centralisait entre les mains du prince la direction des affaires de l'empire, n'avait pas détruit l'*administration locale*, résultat des institutions particulières à chaque cité. On sait que, d'après un antique usage (n° 225), les Romains s'efforçaient, pour assurer la soumission des pays conquis, non pas d'anéantir les populations ou de les réduire en servitude, mais de se les attacher par des intérêts communs : c'est pourquoi, ils constituaient chaque province sur le modèle de leur propre organisation, soit en envoyant des citoyens de Rome porter au loin leurs coutumes et leurs lois, soit en appelant les vaincus eux-mêmes à la formation de ces cités nouvelles : ainsi s'établirent, avec le même caractère romain, et les *colonies*, composées de citoyens, et les *municipes*, composés d'étrangers. Les colonies (n° 251), établissements militaires dans le principe, se confondirent peu à peu avec les municipes.

Les municipes, soit qu'ils n'eussent que les droits civils sans participation aux droits politiques de Rome, soit qu'ils exerçassent à la fois et les droits de leur cité et ceux de la cité romaine, les municipes avaient tous ce caractère commun, qu'ils formaient de petits états, des souverainetés secondaires s'administrant elles-mêmes, à l'image de la métropole (n° 252).

A l'origine, le pouvoir suprême résidait dans l'assemblée du peuple, qui choisissait ses magistrats et votait les règlements d'intérêt local. Le pouvoir exécutif appartenait à un collége appelé *ordo decurionum* ou *curia*. L'influence ne tarda pas à passer tout entière du peuple à la curie, qui s'empara du gouvernement de la cité, régla les revenus, les dépenses et toutes les affaires intérieures, et s'arrogea le privilége de disposer de toutes les fonctions publiques. Les *décurions* ou *curiales* furent seuls électeurs et éligibles ; on ne laissa au peuple que le droit illusoire de dresser des listes de candidats.

Les premiers magistrats municipaux étaient les *duumvirs*, dont les fonctions annuelles rappelaient celles des consuls de Rome. Ils avaient la juridiction civile et criminelle, qu'ils exerçaient par eux-mêmes ou par des juges délégués. L'appel de leurs jugements était porté au préfet du prétoire, qui bientôt leur enleva les affaires importantes.

355. CORPORATIONS. — Au sein des villes romaines et en dehors de l'administration municipale existaient des sociétés avec une organisation à part, dont l'origine remonte à celle de Rome elle-même, et dont la durée se perpétue jusqu'aux temps modernes. Ce sont les *corporations*, qui avaient acquis au deuxième siècle de l'empire une importance considérable.

Depuis que les artisans des divers métiers avaient été réunis en corporations sous Numa, ces associations s'étaient régularisées et étendues; sous l'empire, elles comprenaient non-seulement les métiers mécaniques et industriels, mais encore des professions d'un ordre plus relevé. Ainsi, à côté des corporations des fournisseurs de vivres (*frumentarii*), des boulangers (*pistores*), des mineurs (*metallarii*), des monnayeurs (*monetarii*), s'étaient formées celles des banquiers (*argentarii*), des percepteurs (*susceptores*), des notaires (*tabellarii*)... La puissance législative s'était occupée de régler les unes et les autres, dans le double objet, et de retenir forcément dans chaque corporation l'individu qui y avait été une fois introduit, et de rendre cette espèce de servitude tolérable en lui attribuant divers priviléges et en empêchant la concurrence extérieure. Il était absolument interdit aux membres d'une corporation d'en sortir pour exercer aucune fonction publique. Le notaire qui quittait son étude, ou le boulanger sa boutique, y étaient ramenés de force; leurs enfants, leurs femmes, quand cela était possible, devaient s'attacher à la même profession. La naissance décidait irrévocablement quel serait le métier de l'enfant, comme elle décidait s'il était citoyen et s'il était libre. On punissait d'une forte amende ceux qui auraient aidé un artisan à se soustraire à ses obligations. Il était attaché à son métier comme le colon à la terre, comme le décurion à la curie.

Pour compenser cette dure obligation, les membres d'une corporation (*corporati* ou *collegiati*) jouissaient de certains droits particuliers. Ils obtenaient les secours de la société dans leur détresse; ils pouvaient, dans leurs contestations judiciaires, décliner la compétence des magistrats inférieurs. On autorisait difficilement l'existence de sociétés nouvelles. Ainsi, Pline le Jeune, ayant demandé à Trajan la permission d'établir une corporation (*collegium*) d'artisans destinés à porter secours dans les incendies, l'empereur refusa, alléguant des raisons de police : « Mieux vaut, disait-il, se munir de tout ce qui est nécessaire pour éteindre le feu, et en cas de besoin, recourir à l'aide du peuple. » (Lettres de Pline.)

L'accès de toute corporation était sévèrement interdit aux étrangers. Il fallait obtenir des magistrats municipaux une concession particulière pour être admis dans une de ces associations. Quelques métiers, pour lesquels on exigeait des garanties spéciales, étaient absolument inaccessibles à ceux que n'y appelait pas leur naissance.

Les bases de l'organisation des corporations, ainsi posées dans les lois romaines, devaient se conserver pendant tout le moyen âge.

556. Monuments de la grandeur romaine. — Le deuxième siècle n'a pas seulement laissé des traces profondes en perfectionnant ces institutions administratives dont l'influence s'est étendue si longtemps sur les nations modernes; c'est lui surtout qui, préoccupé de la splendeur en même temps que de la puissance de l'empire, a produit les monuments les plus remarquables qui nous restent encore de l'art chez les Romains. Les Flaviens et les Antonins mirent leur gloire à décorer les principales villes d'édifices imités des chefs-d'œuvre de la Grèce, et souvent, de statues empruntées à cette patrie des beaux-arts. Chacun de leurs exploits a été immortalisé par quelque monument ; ainsi, l'*arc de Titus*, à Rome, reproduit dans ses bas-reliefs le triomphe de ce prince sur les Juifs ; la *colonne Trajane* représente les principaux épisodes des expéditions guerrières de Trajan, ainsi que l'arc élevé par le sénat en l'honneur de ce prince et vulgairement appelé l'arc de Constantin. Bénévent et Ancône possèdent deux arcs de triomphe remarquables élevés à ce prince guerrier. A Titus appartient la gloire d'avoir terminé le plus grandiose des cirques antiques, le *Colysée* commencé par Vespasien, dont les ruines imposantes rappellent le sacrifice de tant de martyrs immolés dans son enceinte. Les *Thermes de Titus*, le *palais d'Adrien*, dans sa villa de Tibur, la *colonne Antonine*, les *Arènes de Nismes*, le *pont du Gard* doivent leur origine aux Flaviens ou aux Antonins. Les nombreuses statues trouvées dans les débris de ces grands monuments prouvent avec quel soin les empereurs de cette époque s'entouraient de tous les chefs-d'œuvre des arts recueillis dans les diverses parties de l'empire ou imités par les artistes de Rome. La décoration des simples maisons d'une ville secondaire, *Pompéies*, à la fin du premier siècle, révèle les progrès de la peinture murale (n° 345). L'art de la gravure sur pierre dure avait acquis une perfection attestée par les nombreux camées conservés jusqu'à nos jours, dont quelques-uns des plus remarquables se rapportent à cet âge d'or de l'empire.

557. État de la société romaine. — Mais, malgré tout cet éclat extérieur, malgré tous ces signes de prospérité, la corruption des mœurs, arrivée à son dernier terme, avait miné jusque dans ses bases la société romaine. Soutenue quelque temps par le génie des grands hommes qui, pendant un siècle, se sont succédé au trône, elle va pencher vers sa ruine et tomber dans une rapide décadence, dès qu'elle aura perdu ce dernier appui.

La société, minée dans sa base, n'avait plus pour appui ni les mœurs, depuis longtemps perverties, ni les lois, impuissantes contre les mœurs. En vain Auguste et plusieurs empereurs avaient tenté quelques réformes. La religion et la philosophie autorisaient tous les excès ; les princes en donnaient l'exemple, et les richesses accumulées dans Rome par la conquête y avaient introduit, avec un luxe effréné, l'habitude des plus scandaleux désordres. La corruption universelle avilissait de plus en plus le mariage, malgré la protection des décrets impériaux, et dissolvait les liens de famille; la population diminuait rapidement sous ces désastreuses influences. Les vertus publiques s'éteignaient avec les vertus privées. Dans les âmes dégradées, le patriotisme avait perdu sa chaleur et son énergie. Marc-Aurèle lui-même avait déprécié le droit de cité, si cher aux anciens Romains, en l'étendant à plusieurs provinces pour augmenter les revenus de l'empire.

De pareilles mesures ne donnaient que des ressources éphémères et dangereuses à un état dont les charges augmentaient sans cesse. Il fallait nourrir les citoyens, il fallait soudoyer les Barbares aussi bien que les soldats, payer les ennemis comme les défenseurs de l'empire. Les soldats eux-mêmes étaient sans cesse à craindre pour les empereurs, qu'aucune loi de succession régulière n'avait appelés au trône, et qui ne se maintenaient que par l'appui intéressé de leurs satellites. L'adoption et l'hérédité avaient paru dominer quelque temps; mais les événements qui suivent la mort de Commode prouvent qu'on ne les avait jamais admises comme un droit. La force armée s'empare du pouvoir après ce prince, pour le garder pendant un siècle, et il y aura bientôt autant d'empereurs que d'armées dans l'empire. Et que sont ces armées elles-mêmes? qu'est devenue cette légion de citoyens, si forte de son patriotisme? Ce ne sont plus que des prolétaires recrutés dans les provinces, qui reconnaissent seulement le chef qui les paye, et dont les séditions protestent contre toute autorité et toute discipline. Et cependant, les dangers de l'empire se multiplient. Rome a refoulé pendant longtemps ses ennemis vers le nord; ils commencent maintenant à retomber sur elle : du jour où elle a cessé d'attaquer, elle a été attaquée à son tour. Les Barbares n'ont fait encore que des efforts inutiles, mais ils s'amassent autour de l'empire; ils se pressent sur toutes les frontières. En présence de tels dangers, menacé au dehors par les Barbares, au dedans par ses vices, l'empire doit succomber; le génie de quelques princes ne pourra plus que retarder sa chute.

QUESTIONNAIRE. — § I. 349. Quel fut le successeur de Domitien? — Qui Nerva adopta-t-il? — Quels furent les principaux exploits de Trajan? — Comment gouverna-t-il l'empire? — Qui était Pline le Jeune? — Comment finit le règne de Trajan? — 350. Par quoi distingue-t-on particulièrement le règne d'Adrien? — Quels éloges et quels reproches mérite ce prince? — 351. Donnez une idée de la sagesse et des vertus d'Antonin. — Quel bel hommage fut rendu à la mémoire de ce prince? — Qui était Marc-Aurèle? — Qui associa-t-il à l'empire? — Comment Marc-Aurèle fut-il sauvé dans une guerre contre les Barbares? — Que doit-on reprocher à Marc-Aurèle? — 352. Comment s'était manifestée la cruauté de Commode?

— Quelle circonstance fut cause de la mort du tyran? — § II. 353. Faites connaître la situation de l'administration centrale. — Quels étaient les grands pouvoirs de l'État? — Parlez des postes, du système des impôts. — 354. En quoi consistait l'administration des cités?— 355. Faites connaître les corporations.— 356. Citez les principaux monuments de la grandeur romaine à cette époque.— 357. Quel était l'état moral de la société?

CHAPITRE TRENTE-DEUXIÈME.

LES PRINCES SYRIENS. — L'ANARCHIE MILITAIRE. LES PRINCES ILLYRIENS.

SOMMAIRE.

§ Ier. 358. La force armée dispose de l'empire. Le vieux Pertinax (193) est assassiné par les prétoriens. — Didius Julianus, qui a acheté l'empire, est mis à mort.—Niger, Albinus sont vaincus par Septime Sévère.

359. Sévère à Rome exerce un despotisme impitoyable; il maintient une sage administration; il entreprend la guerre contre les Parthes (199-202), contre les Arabes, contre les Calédoniens. Mort de Sévère (211).

360. Caracalla, assassin de Géta, se rend odieux (212). Il augmente les impôts; paie des subsides aux Barbares. — Bassien Héliogabal est proclamé par les légions (218); il avilit le gouvernement et le sénat; il adopte Alexandre Sévère qui règne de 222 à 235; fait des réformes utiles; il favorise le christianisme, réorganise l'armée. Alexandre est assassiné par ses soldats.

§ II. 361. Sous Maximin les chrétiens sont persécutés. Maximin est massacré par ses soldats. — Cinq empereurs sont assassinés. — De nouvelles révoltes éclatent. — Philippe l'Arabe (244-249) parvient au trône. — Décius persécute les chrétiens. L'empire est accablé par des fléaux de tous genres. L'anarchie est dans tout l'empire. — Valérien, brave général, combat de nouvelles invasions des Barbares. Valérien est fait prisonnier par Sapor. — Gallien, fils de Valérien (260-268), montre une lâche indifférence. Les Barbares envahissent l'empire de tous côtés.

362. Les trente tyrans se disputent le pouvoir au milieu d'une confusion universelle. Victoria, la mère des armées, et Zénobie, reine de Palmyre, se signalent par leur vaillance.

§ III. 363. Claude II (268-270) et Aurélien mettent fin à l'anarchie (270). — Aurélien bat les Goths, écrase les Allemands et triomphe des Vandales. Vainqueur de Zénobie, reine de Palmyre, il célèbre

un magnifique triomphe; il persécute les chrétiens; il est assassiné en Orient (275).
364. L'empire reste vacant pendant huit mois. — Tacite, nommé par le sénat, administre sagement. — Probus (276-282) laisse l'administration au sénat, entreprend des guerres glorieuses contre les Barbares. Il est assassiné par ses soldats qui témoignent un repentir tardif.

§ Ier. LES EMPEREURS SYRIENS.

358. PERTINAX. — L'EMPIRE MIS A L'ENCAN. — Le monde païen expire dans les convulsions de l'anarchie; la force armée donne et ôte la pourpre impériale; il n'y a plus ni loi ni gouvernement. L'adoption, qui après les deux fils de Vespasien a élevé sans trouble quatre empereurs, n'est plus reconnue. Les prétoriens, les légions et le sénat se disputent l'élection; quelques milliers de soldats donnent ou vendent à leur élu cent vingt millions d'hommes.

Pour justifier leur attentat, les assassins de Commode allèrent porter la pourpre à un homme respecté des légions, *Helvius Pertinax* (193). La promesse de 12,000 sesterces entraîna les prétoriens; les cris du peuple et les acclamations du sénat, désormais courbé sous le despotisme militaire, confirmèrent l'élection du nouvel empereur. C'était un homme vertueux et ferme; sorti des rangs les plus humbles du peuple, il avait passé par tous les grades de l'armée, et, soldat rigide aussi bien qu'administrateur habile, il entendait rendre aux armes romaines leur vigueur, aux lois leur antique énergie. Les Barbares durent restituer cet or au prix duquel le lâche Commode avait acheté la paix; un instant, le sénat retrouva son influence avec sa liberté; l'ordre reparut partout à l'intérieur. Mais les courtisans débauchés, et surtout les prétoriens, redemandaient la licence et les orgies du temps de Commode: après un règne de quatre-vingt-six jours, troublé par deux révoltes, Pertinax fut massacré dans son palais, et sa tête sanglante fut promenée dans les rues de Rome par les meurtriers, annonçant que le sceptre de la terre était au plus offrant. Le sénateur *Didius Julianus* court le marchander avec *Sulpicianus*, beau-père de Pertinax; il promet 5,000 drachmes à chaque soldat (environ 4,500 fr.), et l'empire est à lui. Mais c'est une ombre sur le trône. Détesté des prétoriens, qui réclament en vain le prix du marché, méprisé du peuple qui s'indigne d'un tel joug, il fléchit sous le poids de son pouvoir usurpé. En même temps, les légions, se souvenant qu'à la mort de Néron, elles ont disposé de l'empire, repoussent le maître que leur ont donné les soldats de Rome. Les troupes d'Asie proclament *Pescennius Niger;* celles de la Grande-Bretagne, *Clodius Albinus;* celles de Pannonie, *Septime Sévère*, qui prévient ses rivaux et marche vers l'Italie. En vain, Julianus lui offre de partager l'empire, l'ambitieux général annonce qu'il va venger Pertinax, entre dans Rome, dissout les cohortes prétoriennes, et se forme d'une légion de Barbares une garde nouvelle. Celui que l'or a fait maître du monde expire sous la hache du bourreau, en exhalant cette plainte stérile : « Quel mal ai-je fait? »

359. Septime-Sévère (193-211). — Sévère n'a triomphé encore que du plus faible de ses rivaux; l'Europe et l'Asie sont en armes. Pour endormir l'activité d'Albinus, il le fait déclarer César, et se précipite sur l'Orient. Niger fortifie inutilement les passages de la Cilicie et du Taurus; vaincu à Cyzique, à Nicée, puis enfin à la décisive bataille d'*Issus*, il voit tomber Antioche, et lui-même est tué dans sa fuite. Byzance, prise d'assaut, est ruinée de fond en comble (194); la sanglante et cruelle victoire de Sévère fait connaître au monde celui qui va le dominer. Tranquille pour l'Orient, le nouvel empereur se tourne contre Albinus, tente vainement de l'assassiner, et va le vaincre dans les plaines de *Lyon*; puis il entre furieux dans la ville et fait égorger tous les partisans d'Albinus (197). Rome tremble à son tour : vingt-deux sénateurs, ennemis de Sévère, sont mis à mort, quarante-une familles sont proscrites, et le peuple craint un instant d'être retombé sous le joug sanglant de Commode. « A la politique d'Auguste, à la tyrannie de Néron, qu'il exaltait comme un dieu, Septime-Sévère substitua le despotisme militaire, et posa en principe que la volonté de l'empereur était la loi de l'État. Il eut soin de ses sujets comme un maître intéressé de ses esclaves. Aucun prince ne sut mieux profiter pour lui et pour l'État des confiscations et des supplices; aucun ne sut mieux employer les richesses et ne laissa plus d'argent dans le trésor. » L'ordre fut remis dans les finances, la régularité dans les lois, la majesté impériale domina toutes les institutions et comprima toutes les résistances : *Plautien*, préfet du prétoire et gendre de l'empereur, fut immolé sur de simples soupçons. Le prince avait, du reste, pour appui cinquante mille prétoriens, que ses largesses attachaient à sa défense. *Bien traiter les gens de guerre, sans s'inquiéter du reste :* telle était la maxime de Sévère; elle exprime toute sa politique.

Ce prince, qui avait grandi par les armes, fit respecter l'empire au dehors. Les Parthes, ces perpétuels ennemis du nom romain, avaient favorisé Niger et reçu de nombreux transfuges : Sévère porta ses armes victorieuses au delà de Babylone et de Ctésiphon (199-202). S'il échoua devant Atra, défendue par les Arabes, du moins, il sut opposer à ces peuples le chef puissant des tributs de la Palmyrène, *Odenath,* avec lequel il fit alliance. A l'autre extrémité de l'empire, les montagnards de la Calédonie insultaient les frontières romaines, en dépit des faibles murailles destinées à les retenir dans les rochers du nord. Sévère alla lui-même avec ses deux fils, *Caracalla* et *Géta,* affronter cette nature âpre et sauvage (208); au milieu de bois inaccessibles, de marais insalubres, il vit succomber cinquante mille légionnaires et d'habiles lieutenants; il triompha pourtant et releva le rempart d'Agricola. Pendant longtemps, les bardes de la Calédonie pleurèrent les malheurs de leurs armes et le trépas de leurs plus braves guerriers (210).

360. CARACALLA. — HÉLIOGABAL. — ALEXANDRE SÉVÈRE. — Sévère mourut en Bretagne, laissant le trône à ses deux fils, *Caracalla* et *Géta.* Ce dernier fut bientôt assassiné par son frère, qui fit peser sur l'empire une affreuse tyrannie, acheta la paix des Alamans ou Allemands, qui venaient de former au nord du Rhin une confédération redoutable, et dissipa avec une prodigalité insensée toutes les ressources de l'État (211-217). Son successeur, *Macrin,* usurpateur d'un jour, fut remplacé par le jeune *Bassien Élagabal* ou *Héliogabal* (218-222), de la famille de Sévère. Le nouvel empereur, prêtre d'une idole syrienne qu'il amena pompeusement à Rome, dépassa, par ses débauches, ses folies et ses cruautés, les plus odieux de ses prédécesseurs.

Les calamités de ces trois règnes firent saluer avec transport l'avénement d'*Alexandre Sévère* (222-235). Ce jeune prince, digne d'un temps plus heureux, soumis à la bienfaisante influence du christianisme, dont il révérait le divin auteur (n° 344), aidé par les conseils des illustres jurisconsultes, *Paul* et *Ulpien,* rendit un moment de calme et de prospérité à l'empire. Ce fut sous son règne que l'empire des Parthes, miné par des divisions profondes, s'écroula pour faire place au nouvel empire des Perses, fondé par *Artaxerxès,* fils du berger *Sassan* (226). Alexandre Sévère combattit avec succès ce nouvel ennemi de l'empire; mais ses réformes effrayèrent les soldats. Un pâtre de Thrace, *Maximin,* l'assassina pour régner à sa place avec toute la brutalité d'une bête féroce (235).

§ II. L'ANARCHIE MILITAIRE. — PREMIÈRE APPARITION DES FRANCS.

361. AANRCHIE MILITAIRE. — PREMIÈRE APPARITION DES FRANCS. — Dès lors, commença une période d'anarchie, où

le monde romain fut livré à la discrétion de l'armée (235). On vit se succéder une foule de princes, despotes parce qu'ils étaient élevés par la violence, mais dépendants de la soldatesque, à qui ils devaient la pourpre. Les derniers des légionnaires, les étrangers de tous les pays, purent prétendre au premier rang. L'avénement du pâtre Maximin, celui de l'Arabe *Philippe* (244), successeur de cinq empereurs assassinés l'un après l'autre, en donnèrent promptement la preuve. Philippe fut à son tour mis à mort par son général *Décius* (249), dont le règne ne fut guère signalé que par une effroyable persécution contre les chrétiens (n° 344), et qui périt au bout de deux ans dans une guerre contre les Goths. Enfin un vieux guerrier, *Valérien* (253), parut appelé à rétablir l'ordre dans l'empire. Mais il fallait lutter à la fois sur toutes les frontières, pour repousser les Barbares qui de toutes parts envahissaient les provinces. Les Francs réunis en confédération s'étaient montrés pour la première fois dans la Gaule et avaient été repoussés par le vaillant Aurélien (n° 363). Pendant que ses lieutenants combattaient sur les bords du Rhin et du Danube, Valérien, laissant le gouvernement à son fils *Gallien*, courut lui-même en Orient pour arrêter la marche triomphante du roi de Perse, *Sapor I*^{er}. Mais il tomba entre les mains de ce terrible ennemi qui le condamna à lui servir de marchepied quand il montait à cheval. Le lâche Gallien, devenu empereur pendant la captivité de son père, se plongea dans les plaisirs les plus désordonnés, tandis que des calamités de toute espèce fondaient à la fois sur l'empire. La peste, la famine, les tremblements de terre désolaient les provinces pendant que les sauvages tribus de l'Orient et du Nord envahissaient les frontières abandonnées.

362. LES TRENTE TYRANS. — Le monde romain semblait condamné à périr au milieu d'une confusion épouvantable. De tous côtés, des ambitieux s'emparaient du pouvoir que Gallien n'osait même pas essayer de leur disputer. Plusieurs généraux se rendaient indépendants dans les provinces qui leur avaient été confiées. Mais la plupart songeaient plus à se déchirer entre eux qu'à repousser les attaques des Barbares. Dans ce chaos universel, on vit même des femmes se mettre à la tête des armées et se distinguer par leurs exploits, comme pour rendre plus honteuse encore la mollesse de Gallien. En Gaule, où parurent alors quelques hommes remarquables (n° 388), une courageuse Romaine, nommée *Victoria*, mérita le nom de *Mère des armées*. La plus célèbre de ces héroïnes fut *Zénobie*, veuve du roi de Palmyre Odenath, qui combattait vaillamment au milieu des soldats. Après avoir été, du vivant d'Odenath, alliée des Romains, elle se déclara contre eux après la mort de son mari, et agrandit ses États aux dépens de l'empire. On vit, à ce moment de désorganisation générale, jusqu'à trente personnages à la fois prendre le titre d'empereurs, et cette période a été appelée l'époque des *Trente tyrans*.

§ III. RESTAURATION DE L'EMPIRE PAR LES PRINCES ILLYRIENS.

363. AURÉLIEN. — Le désordre ne cessa qu'après la mort de Gallien, assassiné tandis qu'il marchait contre l'un de ses rivaux. Le sceptre passa enfin entre les mains d'un homme aussi ferme qu'habile, *Claude II* (268-270), qui eut bientôt vaincu et tué plusieurs usurpateurs, et repoussé les Allemands et les Goths; il se préparait à de nouveaux succès, quand il mourut tout à coup de la peste.

Le successeur de Claude, *Aurélien*, originaire d'Illyrie, continua glorieusement sa tâche (270-275). Il battit de nouveau les Barbares du nord, Allemands, Goths, Vandales, qui avaient osé pénétrer jusqu'en Italie, et tourna ses armes contre Zénobie, qui, maîtresse de l'Égypte, avait étendu sa domination sur presque tout l'Orient. La courageuse reine se défendit dans les murs de Palmyre jusqu'à ce qu'une famine effroyable rendît la résistance impossible. Elle essaya alors de s'enfuir sur un dromadaire à travers le désert; mais elle fut atteinte par les cavaliers romains et ramenée captive auprès de l'empereur, qui détruisit de fond en comble la superbe Palmyre (273).

Après avoir achevé de soumettre les provinces qui s'étaient déclarées indépendantes, Aurélien, vainqueur de tous ses ennemis, revint à Rome célébrer ses exploits par un triomphe magnifique, où Zénobie parut chargée de chaînes d'or, couverte de pierreries, et soutenue dans sa marche par quatre esclaves persanes.

Aurélien fut généreux envers sa captive; et cette femme extraordinaire chercha à se consoler de son infortune en cultivant les belles-lettres. Du reste, l'empereur déploya à la fin de son règne une rigueur qui allait souvent jusqu'à la cruauté; après avoir répandu la terreur dans tout l'empire, il fut assassiné par un de ses affranchis.

364. PROBUS (276-282). — Le successeur d'Aurélien, *Tacite*, descendant de l'illustre écrivain de ce nom (n° 341) et renommé pour sa sagesse et sa prudence, n'eut pas un sort plus heureux; il fut tué par des soldats révoltés, moins d'un an après son avénement, et remplacé par *Probus*, l'un des plus grands et des meilleurs princes qui aient gouverné le monde romain.

Doué d'une activité infatigable, il se livrait aux soins du gouvernement, tout en courant sur toutes les frontières repousser les incursions des peuples barbares. Les cinq premières années de son règne ne furent qu'une suite continuelle de triomphes remportés sur tous les ennemis de l'empire, en Asie, en Afrique, en Europe, sur les bords du Danube et sur ceux du Rhin. Au retour de ces brillantes expéditions, Probus célébra des jeux d'une splendeur inouïe, et Rome put se croire revenue à ses plus beaux jours. Malheureusement, l'insubordination des soldats vint mettre promptement un terme à cette période de gloire et de prospérité. Probus s'occupait, au sein de la paix, de réformer l'administration et de raffermir la discipline militaire en employant à des travaux utiles les soldats oisifs, lorsque ceux-ci, mécontents de ce régime sévère, se soulevèrent et assassinèrent l'empereur (282). Toutefois, ce grand homme inspirait un tel respect, que ses meurtriers, pénétrés aussitôt de repentir, lui élevèrent un tombeau magnifique, sur lequel ils gravèrent cette inscription : « *Ici est enseveli Probus, le meilleur des empereurs, le vainqueur des tyrans et de toutes les nations barbares.* »

QUESTIONNAIRE. — § I. 358. Qui disposa de l'empire à la mort de Commode ? — Comment mourut Pertinax ? — De quelle honteuse manière Didius Julianus parvint-il au trône ? — Par qui fut-il renversé ? — 359. D'où Sévère était-il originaire ? — Quels étaient les rivaux de Sévère et où furent-ils défaits ? — Comment gouverna ce prince ? — Quelles furent ses principales expéditions ? — 360. Quels étaient les deux fils de Sévère ? — Comment mourut Géta ? — Quel fut le sort de Macrin ? — Qui était Héliogabal ? — Qu'avez-vous à dire du règne de cet infâme empereur ? — Quel était le caractère et quelle fut la conduite d'Alexandre Sévère ? — Quels étaient ses sentiments à l'égard du christianisme ? — Comment finit le royaume des Parthes et par qui fut fondé le nouvel empire des Perses ? — § II. 361. Qui était Maximin ? — Comment périt-il ? — Quel étranger parvint au trône ? — Comment s'est signalé Décius ? — Par quelle catastrophe se termina le règne de Valérien ? — Quelle fut la conduite de Gallien ? — Quelle était alors la situation de l'empire ? — 362. Qui appela-t-on les trente tyrans ? — Citez les deux femmes les plus célèbres de cette époque d'anarchie. — § III. 363. Qui succéda à Gallien ? — Racontez le glorieux règne d'Aurélien et son triomphe. — Comment finit la domination de Zénobie ? — 364. Nommez les deux princes remarquables qui régnèrent après Aurélien. — Parlez spécialement du règne de Probus. — Comment mourut-il ?

CHAPITRE TRENTE-TROISIEME.

DIOCLÉTIEN.

SOMMAIRE.

§ Ier. 365. Dioclétien (284) s'associe Maximien Hercule, l'un gouverne l'Orient, l'autre l'Occident. Les deux Augustes, les deux Césars se partagent l'administration sans altération de l'unité de l'empire. La dignité impériale est entourée d'un éclat nouveau. Les dernières institutions républicaines sont détruites. L'Italie est assimilée aux provinces.

366. Le règne de Dioclétien est illustré par les victoires de Maximien en Gaule et en Germanie; de Constance Chlore en Germanie et en Bretagne; de Galérius sur le Danube et sur les Perses, de Dioclétien en Égypte. — Dioclétien célèbre un magnifique triomphe; il quitte le pouvoir avec Maximien et se retire à Salone (305), laissant le titre d'Auguste à Galère et à Constance Chlore.

§ II. 367. Galère suscite la dernière et la plus violente des persécutions (303). Mais le christianisme sort victorieux de l'ère des martyrs. Son triomphe se prépare.

§ Ier. DIOCLÉTIEN.

365. DIOCLÉTIEN ET MAXIMIEN. — DIVISION DE L'EMPIRE. — Depuis la mort d'Alexandre Sévère, et malgré l'énergie de quelques princes, l'empire était tombé dans un état de désorganisation inouïe. Une anarchie universelle, des luttes sans fin, avaient anéanti partout le pouvoir, ruiné les provinces, découragé les populations et ouvert les frontières aux Barbares. Dioclétien, et après lui Constantin, tentèrent un immense effort pour rendre quelque vigueur à ce corps épuisé. Ils comprirent que la grande cause de la décadence de l'empire était cette incertitude sur la nature et les attributs de la puissance impériale, qui tenait à l'origine même, à la formation de cette puissance, et qui, après l'avoir minée lentement, l'avait fait tomber en dissolution. Ils résolurent de rompre entièrement avec le passé, d'établir un ordre de choses tout nouveau, et de constituer une véritable *monarchie*.

Au moment où Dioclétien reçut la pourpre (284), toutes les parties du monde romain avaient également besoin d'une administration ferme et habile. Dioclétien associa au gouvernement le brave mais farouche *Maximien Hercule;* il se réserva l'Orient, et abandonna les provinces d'Occident à son collègue. Pendant huit années (284-292), les deux princes s'occupèrent activement de relever sur les frontières les forteresses en ruines, de repeupler les campagnes en y établissant les Barbares faits prisonniers. Mais les attaques répétées des ennemis du dehors et les révoltes intérieures appelèrent une modification nouvelle. Dioclétien crut devoir adjoindre aux deux *Augustes* deux nouveaux auxiliaires; il choisit parmi les généraux deux *Césars*, lieutenants impériaux, héritiers présomptifs de l'empire, et qui devaient eux-mêmes s'assurer par adoption des successeurs (292). *Galère*, gardien de troupeaux dans sa jeunesse, homme de mœurs sauvages, mais habile guerrier, et *Constance Chlore*, estimé pour sa modération et sa sagesse autant que pour ses talents militaires, furent investis les premiers de cette haute fonction.

L'empire fut divisé en quatre grands départements, dont chacun eut son chef et son armée. Dioclétien conserva les provinces d'Asie et d'Égypte; il donna à Maximien l'Italie et l'Afrique; à Galère, la Grèce, la Macédoine, la Thrace et l'Illyrie; à Constance, les provinces d'Occident.

Toutefois, pour que l'unité du gouvernement ne fût pas rompue, les actes de chacun des quatre princes furent publiés au nom de tous.

En même temps, Dioclétien s'efforçait d'organiser l'autorité monarchique en élevant le pouvoir souverain sur les ruines de tous les autres pouvoirs. Les premiers empereurs, qui avaient plutôt la réalité que les insignes extérieurs de la puissance souveraine, n'avaient pas de cour proprement dite. Dioclétien emprunta aux royautés asiatiques leur faste et leur magnificence; il introduisit dans son palais le luxe, les mœurs, les habitudes de l'Orient; il ne se montra plus que ceint du diadème qu'Aurélien avait commencé à porter; il revêtit la personne du prince d'un caractère sacré, et mit en usage le cérémonial humiliant dont s'entouraient depuis tant de siècles les despotes de l'Asie. Tout cet éclat attira à la cour les personnages influents; les dignités du palais devinrent l'objet des ambitions les plus vives, et les intrigues des courtisans remplacèrent les séditions des généraux.

Dioclétien cherchait à effacer tous les vestiges de l'ancien gouvernement. Il porta le dernier coup à l'influence du sénat en punissant un grand nombre de sénateurs comme coupables de conspirations. Le corps redoutable des prétoriens disparut en même temps ; il fut cassé définitivement, et remplacé par des légions qu'on fit venir d'Illyrie.

La nouvelle organisation du gouvernement devait entraîner un nivellement général entre toutes les parties de l'empire. Rome, l'Italie, n'avaient plus pour elles que leurs souvenirs, et les provinces, depuis longtemps leurs égales en puissance, s'indignaient de leurs priviléges. Dioclétien étendit pour la première fois à l'Italie ce tribut, dont elle avait toujours été exempte. Rome elle-même cessa d'être le siége de la puissance souveraine. Maximien habita Milan ; Dioclétien, Nicomédie. Les deux Césars, Constance Chlore et Galère, gardèrent les frontières du Rhin et du Danube ; c'était pour l'avenir le principe d'une scission totale : le partage définitif de l'empire se préparait. (Voir pour les détails de l'administration le chapitre suivant, n° 374.)

366. GRANDEUR ET ABDICATION DE DIOCLÉTIEN. — Ce système nouveau, bien que vicieux en lui-même, bien que destiné à produire une anarchie véritable, du moment qu'un génie supérieur ne maintiendrait pas l'accord entre des pouvoirs égaux, ce système répondit pour un temps aux vues de celui qui l'avait conçu. Dioclétien, doué de toute l'activité d'un esprit puissant et hardi, sut trouver dans l'empire des forces et des ressources : avant lui, les Romains pouvaient à peine se défendre contre les ennemis du dehors ; il les mit en état de réparer leurs pertes et de venger leurs affronts. Maximien Hercule va dompter les paysans de la Gaule (*Bagaudes*, 285), soulevés par la misère, repousse les Francs, les Allemands, les Bourguignons, s'avance sur le territoire Batave, et prépare les succès de Constance Chlore, qui rendra le nord de la Gaule et la Bretagne à l'empire (292-306). Partout les aigles romaines paraissent avec gloire : Galère, aux rives du Danube, défait les Sarmates et couvre les frontières ; Constance refoule les peuplades de la Germanie, les divise, les affaiblit, et force les fiers vaincus à défricher le sol ; enfin Dioclétien lui-même, tout en veillant à la sûreté de l'empire entier, va renverser *Achillée* en Égypte (296), et défaire les Blemmyes, tandis que passant d'occident en orient, Galère, vaincu d'abord par les Perses dans les plaines de *Carrhes*, force le roi *Narsès* à implorer la paix et à rendre le trône d'Arménie au prince chrétien *Tiridate*, qu'il a dépouillé. Un magnifique triomphe célèbre la *paix de Nisibe* (303) : Rome, pour la dernière fois, contemple la pompe de cette antique solennité.

Ce fut en descendant de son char de victoire que Dioclé-

DIOCLÉTIEN. — ÈRE DES MARTYRS.

tien, affaibli par la maladie, fatigué du poids des affaires, et insensible aux plaisirs comme aux illusions du pouvoir, céda aux importunités de Galère, et quitta le trône avec Maximien, aux yeux de la foule étonnée. « Il jeta son manteau de pourpre sur les épaules de Galère, le pâtre de Dacie; » puis, indiquant pour Césars deux soldats, *Sévère* et *Maximin Daïa*, il alla cacher sa gloire passée dans les jardins de Salone, sa ville natale (305). Dans le même temps, l'Occident proclamait Auguste son sage et vaillant chef, Constance Chlore. Dioclétien vécut neuf ans à Salone, respecté et consulté par les princes auxquels il avait cédé l'empire. « *Maintenant je vis*, disait-il; *maintenant je vois la beauté du soleil.* » Quand Maximien le pressa plus tard de remonter sur le trône : « *Tu m'épargnerais ce conseil*, lui répondit-il, *si tu voyais les belles laitues que j'ai plantées de mes mains à Salone.* »

Le règne de Dioclétien eût été grand, si ce prince ne l'eût souillé par de sanglantes vengeances, s'il n'eût consenti à l'effroyable persécution soulevée par Galère contre les chrétiens (n° suivant). Il laissait d'ailleurs les provinces à bout de ressources, pressées par les Barbares, menacées d'une dissolution inévitable. Si Constance Chlore, le protecteur des chrétiens, se fait aimer par sa justice et sa douceur dans les Gaules, la Bretagne et l'Espagne, Galère ne songe qu'à renverser tout ce qui s'oppose à sa domination suprême. Il attend avec impatience la mort de Constance, et veut se défaire de son fils, *Constantin*, dont les talents l'inquiètent; mais le jeune capitaine est sauvé pour accomplir les desseins de Dieu.

§ II. ÈRE DES MARTYRS.

567. ÈRE DES MARTYRS. — Galère, entouré de sophistes, ces irréconciliables ennemis du christianisme, avait juré l'extinction totale de la religion. Dioclétien, cédant à ses importunes sollicitations, tourmenté d'ailleurs par la rumeur publique, qui attachait les destinées de l'empire à celles de ses dieux, laissa publier trois édits, dont l'un interdisait le culte public du christianisme, et défendait aux chrétiens de se défendre devant les tribunaux, alors même qu'ils seraient attaqués; le second ordonnait l'emprisonnement de tous les chefs de l'Église; le troisième permettait d'employer la torture contre ceux qui refuseraient de sacrifier aux idoles. Galère n'était pas satisfait encore : deux fois, il fit mettre le feu au palais de Dioclétien et en accusa les chrétiens. L'empereur furieux ordonna enfin une persécution générale, et prononça la peine de mort contre quiconque refuserait d'abjurer le christianisme (303). Toutes les provinces de l'empire, toutes les classes de citoyens, fournirent une multitude de martyrs. Un grand nombre d'officiers du palais de l'empereur furent condamnés à mort; le sable du Colysée se rougit de nouveau du sang des chrétiens. Les formalités d'un jugement étaient trop longues; on massacrait les fidèles par bandes. En Égypte, le Nil engloutissait tous les jours une foule de victimes; en Phrygie, une petite ville fut livrée aux flammes avec tous les chrétiens qui l'habitaient. La Gaule seule, sous le gouvernement de Constance Chlore, père de Constantin, fut paisible au milieu de cette tempête. Partout ailleurs, il y eut tant de sang répandu que les persécuteurs, fiers de leur effroyable vengeance, osèrent la célébrer par cette inscription triomphale : *Le nom des chrétiens est détruit; la superstition chrétienne est abolie en tous lieux, et le culte des dieux est rétabli.*

Il suffit d'un moment de calme pour leur apprendre la vanité de leur victoire. En quelques jours les chrétiens, sortis de leurs cachots ou revenus de l'exil, reparurent de toutes parts. *Prisca*, femme de Dioclétien, *Valeria*, sa fille, adoraient elles-mêmes Jésus-Christ. La rage de la persécution se décourageait : la mort affreuse du plus cruel des persécuteurs, Galère (311), vint frapper les païens de terreur (n° 368).

Maximin, intimidé d'ailleurs par les lettres de Constantin, ne fit plus périr les fidèles que secrètement. Les proscriptions de Maxence en Italie (n° 368) allaient mettre les chrétiens à leur dernière épreuve : l'heure du triomphe avait sonné.

QUESTIONNAIRE. — § I. 365. Quelle était la situation de l'empire à l'avénement de Dioclétien? — Comment partagea-t-il le gouvernement? — Que fit-il pour relever le pouvoir souverain? — Quelles furent les résidences des quatre princes? — 366. Faites connaître les succès des armes romaines sous Dioclétien. — Comment se termina le règne de ce prince? — Quels furent les nouveaux Augustes et quel était leur caractère? — § II. 367. Par qui fut suscitée la dernière persécution? — Quel nom reçut-elle et pourquoi? — Comment se termina-t-elle?

CHAPITRE TRENTE-QUATRIÈME.

CONSTANTIN.

SOMMAIRE.

§ Ier. 368. L'anarchie règne de nouveau dans tout l'empire après l'abdication de Dioclétien. Six empereurs paraissent à la fois. Constantin, échappé aux embûches de Galère qui meurt (311) vainqueur de tous ses rivaux, tue Maxence au pont Milvius (312) et entre à Rome. Il partage le pouvoir avec Licinius, puis le renverse (324).

369. Constantin publie l'édit de Milan (313). Le christianisme devient la religion de l'empire. Constantin en favorise les progrès. L'influence du christianisme s'étend rapidement.

§ II. 370. Pour combattre l'hérésie d'Arius qui nie la divinité de Jésus-Christ, le concile œcuménique de Nicée se rassemble en 325. Saint Athanase réfute Arius qui est condamné. Le symbole de Nicée résume la foi catholique.

371. La hiérarchie catholique comprend le pape, chef visible de l'Église; les archevêques et évêques, les prêtres, les diacres. Les conciles conservent le dépôt de la foi enseignée par les pasteurs.

§ III. 372. Rome païenne et indocile est abandonnée pour Byzance qui reçoit le nom de Constantinople et d'importants priviléges.

373. Constantin fonde la monarchie impériale; il crée une nouvelle noblesse et multiplie les hautes dignités; sept ministres forment son conseil.

374. Constantin perfectionne la centralisation administrative fondée par Dioclétien. L'empire est divisé en quatre préfectures du prétoire, Gaule, Italie, Illyrie, Orient, subdivisées en diocèses. Les préfets du prétoire ont les hautes fonctions administratives et judiciaires Les fonctions militaires, séparées des fonctions civiles, appartiennent aux maîtres de la milice.

375. Le nouveau système relève l'éclat du pouvoir, mais multiplie les charges, énerve la force militaire et prépare une dissolution. Constantin meurt (337) après avoir commis des meurtres politiques.

§ Ier. CONSTANTIN. — TRIOMPHE DU CHRISTIANISME.

568. CONSTANTIN DEVIENT SEUL MAITRE DE L'EMPIRE.
— Constantin s'était déjà distingué par ses exploits dans la Perse et dans l'Égypte. Échappé à travers mille dangers aux embûches de Galère, il fut proclamé Auguste par les légions de Bretagne, à la mort de son père (306); mais malgré l'éclat de ses victoires sur les Barbares de la Germanie, il se contenta du titre de César, pour ménager la soupçonneuse irritabilité de son collègue. En même temps, le peuple de Rome, indigné de l'abandon où les empereurs laissaient la ville reine du monde, favorisait les prétentions de *Maxence*, fils de Maximien, qui lui-même reprit le sceptre. Sévère étant mort, Galère proclama un nouvel Auguste, *Licinius* (307); Maximin jaloux se fit aussitôt donner le même titre par son armée, pendant que l'ancien collègue de Dioclétien envoyait, de son côté, la pourpre au fils de Constance Chlore (308). On vit jusqu'à six Augustes à la fois.

Une pareille anarchie ne pouvait durer; Maximien, traître

envers Constantin, qu'il avait servi d'abord, est mis à mort par ses ordres ; Galère, le plus atroce des persécuteurs, expie ses cruautés et ses débauches par une mort horrible, signe manifeste d'une vengeance divine (311). Constantin délivrera le monde de ses autres tyrans. L'Italie, accablée par les vexations de Maxence, appelle un libérateur. Constantin s'avance avec rapidité, fort de la protection du ciel, une croix lumineuse lui est, dit-on, apparue dans les airs, et lui présage la victoire. Devenue sa bannière (*labarum*), elle triomphe dans les trois batailles de *Turin*, de *Vérone*, du *pont Milvius* (312). Maxence, battu aux portes de Rome, se noie en traversant le Tibre. Constantin entre dans la ville, et, vainqueur par la croix, il se hâte d'embrasser publiquement la religion du Christ (voir n° 369).

Constantin n'a plus qu'un seul concurrent, Licinius, qui vient d'abattre Maximin. Il lui donne en mariage sa sœur *Constantia*, et après une querelle vidée par les armes, la paix se maintient pendant huit années entre les deux Augustes. Mais rivaux d'ambition, différents de religion et d'intérêts, ils ne peuvent rester plus longtemps unis : la *bataille d'Andrinople* (323), puis celle de *Chalcédoine*, ruinent la puissance de Licinius, qui dépose le sceptre et est mis à mort bientôt après (324). Constantin demeure seul maître de l'empire.

369. TRIOMPHE DU CHRISTIANISME. — Le nom de Constantin rappelle un souvenir qui suffirait pour sa gloire, celui du triomphe de la religion chrétienne. Ce fait immense avait été préparé par Constance Chlore, dont la justice avait toujours protégé les chrétiens. La paix avait régné constamment dans les Gaules pendant que le sang des martyrs coulait à flots dans toutes les provinces, et les églises s'y étaient multipliées rapidement. La soumission des nouveaux convertis, comme le spectacle de leurs vertus, avait disposé le fils de Constance en faveur de la foi chrétienne, longtemps avant qu'il ne se décidât à l'embrasser. Lorsque, au pont Milvius (n° 368), le *labarum* eut triomphé des aigles antiques, l'Église, déjà grande et forte, sortit des catacombes ; la vérité put briller au jour et illuminer le monde : le christianisme devenait la religion de l'empire. (*Édit de Milan*, 313.)

En donnant à l'Église des édifices et des biens, en transférant au clergé chrétien les priviléges accordés jadis aux prêtres des idoles, en plaçant avec lui le christianisme sur le trône, Constantin ne pouvait négliger les lieux qui en furent le berceau. *Sainte Hélène*, sa mère (320), alla renverser les autels sacriléges de Vénus et d'Adonis, élevés par Adrien sur le Calvaire et à Bethléem, en dérision de nos divins mystères. Une église magnifique fut bâtie dans ces saints lieux pour recevoir la croix du Sauveur, retrouvée par les soins pieux de l'impératrice (326).

Dès lors, l'influence du christianisme s'étend rapidement, et son premier résultat est d'adoucir et d'épurer les mœurs. Le paganisme se retire peu à peu, comme un torrent dont la source est tarie. Avec lui disparaissent ces infâmes coutumes qui avaient ravalé si longtemps la dignité humaine. La suppression des combats de gladiateurs est un des premiers fruits du triomphe de la foi; l'esclavage, trop généralement répandu, trop fortement enraciné pour céder aussi vite, s'adoucit du moins, et les affranchissements encouragés se multiplient. Les barbares excès de la puissance paternelle deviennent de plus en plus rares; les prisonniers, les indigents, apprennent à bénir la charité évangélique.

Pendant que l'action bienfaisante du christianisme régénère une société corrompue, les esprits retrouvent l'élévation et l'énergie sous l'inspiration des hautes vérités, des sublimes enseignements de la religion; le génie des sciences et des lettres se ranime: la littérature chrétienne va donner au monde ses chefs-d'œuvre.

§ II. CONCILE DE NICÉE. — HIÉRARCHIE DE L'ÉGLISE.

370. ARIANISME. — CONCILE DE NICÉE. — Sous le règne de Constantin, l'Église, à peine sortie des persécutions, eut à supporter une nouvelle et plus redoutable épreuve, et déploya pour la vaincre la majesté de ces assemblées augustes, infaillibles interprètes de la doctrine apostolique, qui devaient conserver à travers les siècles le dépôt de la tradition.

Saint Paul avait annoncé qu'il y aurait des hérésies, et pendant toute la durée des persécutions, des sectaires avaient attaqué successivement les principaux dogmes de la foi; mais l'Église se retrempait trop souvent alors dans le sang de ses membres pour que la corruption pût faire de grands progrès. Ce fut après la victoire qu'elle eut à soutenir une lutte terrible contre toutes les passions de ses enfants révoltés.

Une ambition trompée fit naître, sous Constantin, la plus funeste et la plus célèbre des hérésies anciennes, l'Arianisme. *Arius*, repoussé du siége épiscopal d'Alexandrie, auquel il aspirait, enveloppa dans son ressentiment et dans sa haine le patriarche *Alexandre*, qui lui avait été préféré, et toute l'Église catholique (312). Il attaqua le dogme fondamental de la religion chrétienne, en niant la divinité de Jésus-Christ. Alexandre, après s'être vainement efforcé de le ramener par ses avertissements et ses prières, l'excommunia, et dénonça à tous les évêques l'ennemi public de la foi. Arius répondit à la lettre d'Alexandre par un poëme indécent, qu'il distribua au peuple pour répandre sa doctrine. Il parvint à gagner *Eusèbe*, évêque de Nicomédie, et réussit même à surprendre la bonne foi de Constantin. Mais l'empereur, bientôt détrompé, convoqua, d'accord avec le pape, le premier concile *œcuménique* ou universel, à *Nicée* (325). L'évêque de Cordoue présida l'assemblée à la place du pape, que son grand âge retenait à Rome. Trois cent dix-huit évêques, prêtres ou diacres, dont plusieurs portaient encore les glorieuses cicatrices du martyre, se réunirent de toutes les parties du monde. Le jeune diacre *Athanase* montra dans cette grande assemblée ses lumières et son zèle pour la foi, en confondant toutes les subtilités d'Arius, qui vint soutenir sa doctrine au sein du concile. Le *Symbole de Nicée*, en repoussant l'hérésie, établit dans toute leur pureté les dogmes catholiques. Beaucoup d'ariens se soumirent et signèrent la condamnation de leur secte; mais Arius refusa de rétracter ses erreurs, et fut relégué en Illyrie. Au moment où rappelé de l'exil et rentré en faveur, il se flattait de paraître en grande pompe dans l'église de Constantinople, il mourut d'une honteuse maladie au milieu même de la cérémonie; mais son erreur devait lui survivre et jeter le trouble dans tout l'empire sous les successeurs de Constantin.

371. HIÉRARCHIE DE L'ÉGLISE. — Au moment où le christianisme, triomphant avec Constantin, commence à régner en paix sur les ruines du paganisme, on voit, au sein du calme universel, se révéler dans toute sa grandeur la magnifique unité de l'Église catholique, fondée sur une puissante hiérarchie.

Au premier rang est le *Pape*, successeur de saint Pierre, choisi par Jésus-Christ lui-même pour être son vicaire en ce monde, le prince des apôtres, le chef visible de l'Église. Son siége est établi à Rome, la reine du monde chrétien, comme elle a été la reine du monde païen. Centre de l'unité catholique, le pape veille au maintien de l'intégrité de la foi et à sa propagation dans tout l'univers. Il dénonce et anathématise les erreurs; il examine les questions douteuses, pour les décider en union avec l'Église entière. Il reçoit les appels des évêques condamnés par les synodes (Concile de Sardique). A l'exemple de saint Pierre, il préside les assemblées générales de l'Église par lui-même ou par ses légats (*legati*). Cette suprématie spirituelle, bien que rarement manifestée dans les premiers temps, au milieu des persécutions et de la dispersion des fidèles, existe pourtant dès l'origine et se perpétue sans interruption à travers les siècles.

HIÉRARCHIE DE L'ÉGLISE.

Les *Évêques* (Episcopi, surveillants), héritiers directs des apôtres, forment essentiellement l'Église enseignante ; ils sont répandus sur toute la terre pour y propager la foi par les instructions et les prédications, et par l'administration des sacrements. Ils possèdent la plénitude du sacerdoce et le communiquent par l'ordination ; ils maintiennent ou modifient dans leur application, suivant les besoins des fidèles, les règles particulières de discipline. Sans détruire cette égalité de pouvoirs spirituels, certaines distinctions sont établies parmi les évêques eux-mêmes ; les *Archevêques* ou *Métropolitains*, revêtus du *pallium* en signe de prééminence, surveillent les différentes églises d'une même *province*, et président les assemblées particulières des évêques. Les *Patriarches* de Jérusalem, d'Antioche, d'Alexandrie, premiers siéges apostoliques, les *Primats* d'Occident, ont rang au-dessus des simples archevêques ; tous sont également soumis à la suprématie du pape.

Les *Curés* de paroisse et les simples *Prêtres* (Presbyteri, anciens) forment le troisième ordre dans la hiérarchie ecclésiastique ; subordonnés à l'évêque, ils l'assistent ou le suppléent dans l'enseignement de la religion, dans la célébration des saints mystères, dans l'administration de la plupart des sacrements.

Les *Diacres* et les *Sous-Diacres*, revêtus aussi d'un caractère sacré, n'exercent cependant pas encore le sacerdoce ; ils se préparent au ministère et assistent le prêtre dans les cérémonies. A l'origine, leur principal emploi était de visiter les pauvres et de leur distribuer les aumônes des fidèles.

Au dernier rang de la hiérarchie, à laquelle ils ne sont encore retenus par aucun lien indissoluble, les *acolytes*, les *lecteurs*, les *psalmistes* et les *portiers*, sont attachés aux paroisses pour y exercer quelques fonctions subalternes.

Le dépôt de la foi, confié au chef visible et aux pasteurs de l'Église, se conserve principalement par les *Conciles*, dont le premier fut cette assemblée des apôtres qui se réunirent à Jérusalem sous la présidence de saint Pierre pour affranchir les chrétiens des rites du judaïsme. Il y eut depuis ce temps des conciles *œcuméniques* ou universels, des conciles *nationaux* et des conciles *provinciaux* ou *synodes*. Dans les conciles œcuméniques, dont le souverain pontife est président, les évêques, avec l'assistance du Saint-Esprit, qui *sera avec eux jusqu'à la consommation des siècles*, décident souverainement les questions de foi et de discipline générale. Quiconque récuse son autorité se sépare de la foi catholique. Le privilège de l'infaillibilité appartient aux conciles œcuméniques. Les questions de discipline locale sont réglées dans les conciles particuliers que président les primats, les patriarches ou les archevêques. Les décrets des conciles sont appelés *canons* (règles).

La doctrine des conciles, qui est celle de l'Église, est enseignée aux fidèles par les pasteurs. Les instructions spécialement destinées aux convertis (*néophytes*) ont pour but de les préparer à recevoir avec le baptême le caractère de chrétiens. Dans les premiers temps, les néophytes ou *catéchumènes*, avant d'être admis au baptême, prononçaient devant le peuple assemblé une profession de foi solennelle. Ce n'est qu'après avoir reçu le baptême que l'on peut s'approcher des autres *sacrements*, signes sensibles des grâces que Dieu dispense aux fidèles par le ministère de l'Église.

§ III. FONDATION DE CONSTANTINOPLE. — RÉORGANISATION DE L'EMPIRE.

372. FONDATION DE CONSTANTINOPLE. — Constantin, sous le point de vue politique, est le continuateur de Dioclétien. La centralisation complète du pouvoir entre les mains de l'empereur, la destruction de la force militaire, le nivellement des diverses parties de l'empire, tout cela est en germe dans les institutions du fondateur de la tétrarchie; tout cela se développe et se réalise dans les institutions monarchiques de Constantin.

Comme pour rompre entièrement avec le passé, Constantin inaugura la réorganisation de l'empire par la fondation d'une capitale nouvelle. La monarchie se sentait mal à l'aise sur la terre d'Italie. Constantin ne pouvait souffrir dans Rome ni ses vieux souvenirs de liberté, ni son fantôme de sénat, ni l'insolence de son peuple, ni surtout son attachement obstiné au paganisme; le besoin de la défense l'attirait d'ailleurs vers l'Orient. Il transporta le siége de l'empire à Byzance, qu'il agrandit et embellit, et qu'il enrichit de tous les priviléges de l'ancienne capitale du monde. Admirablement située sur le rivage de l'Hellespont, ouvrant son port aux navires qu'y apportaient les deux mers, placée en face de toutes les provinces d'Orient, Constantinople ne tarda pas à l'emporter en luxe et en splendeur sur sa rivale détrônée. La ville nouvelle naissait sous l'inspiration des idées chrétiennes et des idées monarchiques. Constantin put librement y développer son plan.

373. RÉORGANISATION DE L'EMPIRE. — LA COUR IMPÉRIALE. — Afin d'augmenter l'éclat du pouvoir suprême, Constantin s'entoura de plusieurs classes privilégiées, destinées à remplacer l'ancienne noblesse, éteinte dans les guerres. Ce furent les *illustres*, placés au sommet de la hiérarchie aristocratique, parmi lesquels se rangèrent les *patrices*, investis du plus haut titre de noblesse, et les autres grands officiers; puis les *respectables*, les *honorables* et les *perfectissimes*, composés de tous les personnages qui exerçaient les premières fonctions de l'empire. La multitude des dignitaires forma la cour de l'empereur qui lui-même ne fut plus salué que des titres de maître et de seigneur.

La haute administration fut confiée à sept ministres qui formaient le conseil du prince : le *grand-chambellan* (*præpositus sacri cu-*

bicùli) était à la tête du palais impérial; le *maître des offices*, chargé des affaires de l'intérieur, recevait les appels judiciaires, assurait l'approvisionnement de l'empire; le *comte des largesses* avait la direction des finances publiques; le *comte du trésor privé*, celle des revenus particuliers du prince; le *questeur* examinait les questions de législation et de jurisprudence, et préparait les édits et les décrets impériaux; les deux *comtes des domestiques* commandaient les gardes du prince. Une foule de fonctionnaires inférieurs agissaient sous les ordres des ministres.

374. **CENTRALISATION ADMINISTRATIVE. — SÉPARATION DES POUVOIRS CIVIL ET MILITAIRE.** — Comme Dioclétien, Constantin voulut partager le gouvernement: l'empire fut divisé en quatre *préfectures*, subdivisées en *diocèses* et en *provinces*. L'unité subsista cependant: au-dessus de ces autorités égales entre elles s'éleva la puissance souveraine pour les dominer et les unir. C'est la tétrarchie dominée par un pouvoir supérieur. Le *monarque*, pour assurer son omnipotence, brise l'influence militaire, l'isole totalement; les *préfets* et *vice-préfets* n'ont plus que des fonctions purement civiles; les *officiers de l'armée* sont chargés exclusivement du commandement des troupes.

Les quatre préfectures du prétoire, la Gaule, l'Italie, l'Illyrie, l'Orient, embrassent tout le territoire des deux empires. La préfecture de Gaule a trois diocèses, la Gaule, l'Espagne, la Bretagne, comprenant ensemble vingt-huit provinces; à l'Italie appartiennent les diocèses d'Illyrie occidentale, d'Italie et d'Afrique, subdivisés en trente provinces; à la préfecture d'Illyrie, la Macédoine et la Dacie, partagées en onze provinces; à celle d'Orient, la plus vaste de toutes, les diocèses de Thrace, d'Asie, de Pont, d'Orient et d'Égypte, entre lesquels sont réparties cinquante provinces. Au reste, le nombre des provinces doit être modifié à plusieurs reprises. Les deux capitales, Rome et Constantinople, restent en dehors de cette division, et chacune est administrée par un *préfet de la ville*.

A la tête de chaque gouvernement ou préfecture, le *préfet du prétoire* est investi des hautes fonctions administratives et judiciaires, mais non du pouvoir militaire.

Les bureaux d'administration, d'une organisation peu compliquée, expédient promptement toutes les affaires qui ont rapport à l'entretien des routes, à la surveillance des greniers publics, des manufactures, des établissements commerciaux de tout genre, aux opérations du recrutement.

Le préfet lui-même est chargé à la fois d'interpréter et d'appliquer les lois. Comme le préteur à Rome, dans les premiers temps de l'empire, il a le droit d'expliquer, d'étendre même et de restreindre avec un pouvoir à peu près discrétionnaire les édits impériaux.

En principe, c'est au préfet seul qu'appartient toute la juridiction civile et criminelle, en premier et en dernier ressort. Toutefois, sa juridiction en première instance est suspendue dans les villes qui ont reçu avec le *jus italicum* des juges spéciaux, ou dans celles qui sont pourvues de *défenseurs*, magistrats inférieurs qui retiennent à leur tribunal les affaires de peu d'importance. Dans tous les cas, l'appel est porté devant le préfet.

Le préfet est suppléé dans chaque diocèse par un *vicaire* qui remplit des fonctions analogues, et reçoit l'appel des affaires dont a connu en première instance le *président* de chaque province. Les vicaires relèvent directement du préfet, qui contrôle leur administration, comme eux-mêmes surveillent celle de chacun des présidents de leur ressort.

L'administration militaire, désormais séparée de l'administration civile, a ses fonctionnaires spéciaux. Les deux *maîtres de la milice* dominent la hiérarchie. Au-dessous, les *comtes* et les *ducs* sont préposés à des districts tout différents des divisions provinciales, et déterminés par les besoins de la défense. Ils commandent les troupes pendant la guerre ; pendant la paix, ils sont chargés de presque toutes les parties de l'administration dans leur district ; ils exercent, avec l'assistance des *centeniers*, une juridiction fort étendue sur les militaires, principalement, sur cette partie de l'armée établie à demeure sur les frontières pour les défendre contre les invasions. Ces soldats (*limitanei*, *riparenses*) recevaient de l'empereur des bestiaux, des esclaves, des terres dont ils n'étaient pas propriétaires, mais dont ils jouissaient à perpétuité, et qu'ils transmettaient même à ceux de leurs enfants qui embrassaient la même carrière. La plupart des *riparenses* étaient des Barbares que l'appât des bienfaits impériaux avait attachés à la défense de l'empire. — D'ailleurs, les légions proprement dites sont diminuées et envoyées pour la plupart en garnison dans les villes. Tout le système ancien est renversé, et sur ses ruines règne la toute-puissance impériale.

375. RÉSULTATS DU SYSTÈME NOUVEAU. — MORT DE CONSTANTIN. — Toutes ces institutions nouvelles révèlent l'activité et l'étendue du génie de Constantin ; elles auraient pu régénérer l'empire, s'il avait eu encore assez de force pour supporter une réorganisation aussi complète. « Il en résultait un équilibre salutaire entre les diverses autorités, qui se contrôlaient et se contenaient mutuellement. Les généraux, n'ayant plus que des attributions purement militaires, ne pouvaient rien entreprendre sans la coopération des autorités civiles ; et, de leur côté, les fonctionnaires civils, tout en disposant des approvisionnements et de l'argent, étaient sans pouvoir direct sur les soldats. » Cet arrangement, qui en multipliant les ressorts de l'administration, avait l'inconvénient de nuire dans bien des circonstances à la rapidité de l'exécution, cet arrangement assurait du moins la tranquillité de l'empire et le libre exercice du pouvoir, en détruisant les bases de cette prépondérance excessive, qui avait tant de fois rendu les généraux redoutables aux empereurs eux-mêmes.

Malheureusement Constantin, trop préoccupé des abus qu'il voulait détruire, ne vit pas qu'il en faisait naître de plus fâcheux encore. Il avait réussi à anéantir toute autorité capable de nuire à celle du prince, à concentrer dans ses mains tout le pouvoir; mais en séparant les fonctions civiles et militaires, en compliquant l'administration générale, il avait multiplié les charges à l'infini et augmenté d'une manière effrayante les dépenses du gouvernement. En vain son système financier éleva les revenus. Les taxes, devenues énormes, amenèrent, avec la ruine des contribuables, une misère et une dépopulation générales. Les décurions ou curiales chargés, sous leur responsabilité, du recouvrement de l'impôt dans chaque cité, ne tardèrent pas à succomber sous un fardeau excessif et à fuir la cité pour échapper à de ruineux honneurs. L'affaiblissement de l'esprit de révolte avait suivi l'affaiblissement matériel des légions, mais aussi l'empire perdait ses anciens et ses plus naturels défenseurs. Les soldats, énervés dans les cantonnements nouveaux qui avaient remplacé les camps fortifiés, ne furent plus en état de supporter les fatigues de la guerre. Il fallut alléger leur armure, il fallut les débarrasser de ces bagages que les légionnaires savaient porter autrefois en allant à la conquête du monde; il fallut, parmi ces troupes dégénérées, introduire comme auxiliaires une foule de Barbares, qui s'élevèrent au premier rang par la supériorité de la force et de la valeur. L'armée romaine cessa d'être une armée nationale : c'en était fait de l'ancien patriotisme des légions.

Sous Constantin, toutefois, l'empire ne perdit aucune partie de son territoire; quelques provinces même y furent ajoutées à l'Orient. L'éclat d'un règne long et brillant put dissimuler bien des causes de décadence.

Satisfait d'avoir remédié aux maux les plus apparents de l'empire, d'avoir fait respecter sa puissance aux peuples barbares (1), Constantin mourut (337), après avoir partagé le gouvernement à ses fils et à ses neveux.

Le personnage de Constantin a été l'objet des jugements les plus divers; parmi les historiens, les uns l'ont exalté sans mesure; les autres l'ont dépeint sous d'odieuses couleurs. On aimerait à célébrer sans réserve le premier empereur chrétien; mais des monuments incontestables nous révèlent qu'élevé au sein du paganisme, il ne sut pas en dépouiller entièrement l'esprit et les traditions. Des meurtres politiques, et surtout la condamnation précipitée de son fils *Crispus*, faussement accusé par une marâtre, sont des taches ineffaçables à sa mémoire. Les superstitions nationales préoccupent encore une âme que le baptême ne purifia qu'au lit de mort. En éle-

---

(1) Il n'y eut pendant le règne de Constantin que quelques expéditions contre les Francs, les Alamans, les Goths et les Sarmates. Les autres peuples sollicitèrent l'alliance et l'amitié de ce prince.

vant des églises chrétiennes, Constantin répare le temple de la Concorde, et dans une de ses constitutions, il ordonne de consulter les aruspices. Mais, hâtons-nous de le dire, ces inconséquences, trop bien expliquées par une éducation païenne, ne sauraient prévaloir sur des services incontestables, immenses, sur les qualités d'un génie vaste, actif, avide de lumières; elles sont loin d'autoriser l'injustice de certains écrivains, qui, par haine pour le christianisme, n'ont voulu voir dans Constantin qu'un prince faible, superstitieux et cruel.

QUESTIONNAIRE. — § Ier. 368. Quelle était la situation de l'empire après l'abdication de Dioclétien? — Comment Constantin triompha-t-il successivement de ses rivaux et notamment de Maxence? — Comment se rendit-il seul maître de l'empire? — 369. Que fit Constantin en faveur du christianisme? — Comment la religion chrétienne manifesta-t-elle son influence? — § II. 370. Faites connaître l'hérésie d'Arius. — Par quelle grande assemblée fut-elle condamnée? — 371. Faites connaître en quoi consiste la hiérarchie catholique. — Qu'entendez-vous par conciles? — § III. 372. Quelle ville agrandit Constantin et dans quel but? — 373. Comment Constantin constitua-t-il la monarchie impériale et que fit-il pour en rehausser l'éclat? — 374. Faites connaître la nouvelle organisation de l'empire. — Sur quel principe essentiel reposait-elle? — 375. Quelles furent les conséquences de ces réformes? — Quand mourut Constantin? — Que doit-on lui reprocher?

CHAPITRE TRENTE-CINQUIÈME.

LES SUCCESSEURS DE CONSTANTIN.

SOMMAIRE.

376. Le peuple massacre les neveux de Constantin (337). Constantin II, Constance et Constant se partagent l'empire. Par la mort de Constantin II et de Constant, Constance devient seul empereur (350). Constance favorise l'arianisme. Saint Athanase est persécuté. Les ariens se divisent. — Gallus et Julien sont nommés césars. Gallus est tué.

327. Julien fait la guerre contre les Francs et les Alamans; il fait régner la prospérité en Gaule. Lutèce est embellie. Julien déclare son apostasie; il est proclamé empereur. Constance meurt (361). L'administration de Julien est sage et économe; il fait des efforts impolitiques pour rétablir le paganisme et déploie une tactique perfide et adroite pour anéantir le christianisme. Il suscite les sophistes, les juifs et les hérétiques contre l'Église. Julien meurt (363) dans une expédition en Orient.

378. A Jovien succèdent Valentinien et Valens (364). Valentinien,

empereur d'Occident (364), défend les frontières menacées par les Barbares ; il meurt (375). — Valens, empereur d'Orient, favorise l'arianisme ; il persécute les catholiques ; il cède à la fermeté de saint Basile.

379. Les Huns arrivent en Europe (374). Les Visigoths entrent dans l'empire. A la bataille d'Andrinople, Valens est vaincu et tué par les Goths (378).

376. **Constance et l'arianisme.** — Constantin, dans son testament, appelait à sa succession ses trois fils, *Constantin II, Constance* et *Constant*, et même plusieurs de ses neveux. Les grands, prévoyant peut-être les suites désastreuses d'un déchirement pareil, s'unirent pour empêcher l'accomplissement des dernières volontés de l'empereur. L'armée, gagnée par eux et enflammée d'une fureur aveugle, massacra les frères et les neveux de Constantin. Un évêque put à grand'peine sauver *Gallus* et son frère *Julien*, qui, par la suite, mérita le surnom d'Apostat. Les trois fils de Constantin, débarrassés de leurs concurrents, se partagèrent l'empire. Constantin II eut les régions occidentales, Constant régna au centre, Constance à l'Orient (337). Toutefois la discorde se mit bientôt entre les trois frères. Constantin II périt en combattant Constant (340), qui fut tué lui-même quelques années après, en cherchant à réprimer une révolte (350). Constance était seul maître de l'empire ; mais, au lieu de combattre les Barbares, qui recommençaient à assaillir les frontières, il mit toute son activité à favoriser les progrès de la funeste hérésie d'Arius, qui avait pris naissance, comme on l'a vu (n° 370), sous le règne du grand Constantin.

A la fin du règne de ce prince, l'artificieux Eusèbe parvint encore à réhabiliter Arius dans son esprit, et à faire exiler saint Athanase, qui avait été nommé évêque d'Alexandrie, jusqu'à ce que l'empereur, ouvrant enfin les yeux, rappelât le saint prélat et abandonnât définitivement le parti d'Arius. Mais l'hérésiarque trouva dans Constance un protecteur puissant et dévoué.

A peine a-t-il réuni sous son sceptre tout l'héritage paternel, que l'indigne fils de Constantin signale son autorité en bannissant saint Athanase et plusieurs illustres évêques. Au concile de *Sardique* (347), qui s'était déclaré pour la foi de Nicée, les évêques ariens opposent divers conciliabules, dont les décisions sont une nouvelle occasion de vexations et de troubles. Constance tolère dans tout l'empire les plus odieuses violences. Il déclare que *sa volonté doit servir de canons*, entoure de soldats les évêques assemblés pour s'assurer de leurs décisions, et exile ceux qui refusent de se plier à ses ordres. Mais déjà les ennemis de l'Église, tout en répétant leurs attaques contre elle, commençaient à se faire la guerre à eux-mêmes. Les Ariens avaient à peine quelques années d'existence, et déjà, ils étaient séparés en deux camps. L'empereur, en favorisant tour à tour l'un et l'autre parti, ne fit qu'accroître leurs discordes. Leurs professions de foi, en se multipliant, divisaient les esprits au lieu de les réunir. En 360, les Ariens en étaient déjà à leur treizième symbole : dès lors, l'Église catholique n'avait plus besoin de les combattre ; ils se détruisaient eux-mêmes.

Pendant que les dissensions religieuses déchiraient l'empire à l'intérieur, il fallait le défendre contre les Barbares qui l'attaquaient de toutes parts ; le faible Constance, effrayé d'une pareille tâche, songea à en partager le fardeau avec les deux jeunes princes échappés au massacre de sa famille. Gallus et Julien furent successivement proclamé césars ; mais Gallus, devenu le gendre de Constance, et cédant aux conseils d'une femme ambitieuse, osa affecter l'indépendance, et mit à mort les officiers envoyés par l'empereur. Constance se hâta de l'attirer auprès de lui pour le faire périr (354). Julien fut plus habile et plus heureux.

377. JULIEN ET LE PAGANISME. — Constance ne redoutait pas l'ambition de ce jeune homme, élevé jusqu'alors dans la retraite et l'obscurité, et mieux fait en apparence pour écouter les leçons des philosophes que pour commander des armées.

Les prévisions de l'empereur furent trompées en tout point. Le jeune débutant dans la carrière des armes avait tous les talents d'un grand général ; le disciple des philosophes était le plus adroit des ambitieux. Quoique entouré d'obstacles par la défiance de l'empereur et par le déplorable état des provinces gauloises, il ouvrit une longue série de succès par une brillante victoire auprès de Strasbourg (357). Les Francs (n° 361) et les Alamans chassés des Gaules, virent trois fois au delà du Rhin les légions de Julien pénétrer dans leurs forêts. La terreur du nom romain se répandit dans toutes les contrées voisines. Les Barbares humiliés implorèrent la paix, et la Gaule fut mise pour quelques années à l'abri de l'invasion. Pendant l'hiver, dans les intervalles des campagnes, Julien s'occupait activement à relever les places fortes détruites par les Barbares ; il embellissait Lutèce, sa demeure de prédilection; il travaillait à soulager les provinces, ruinées par l'excès des impôts, désolées par la famine ; il distribuait des grains achetés à l'étranger, réprimait sévèrement les concussions, et faisait régner dans tout son gouvernement une prospérité inconnue. Une telle conduite lui avait concilié l'affection de l'armée et du peuple, tandis que le bruit de ses succès se répandait dans tout l'empire. Il n'en fallait pas tant pour éveiller la jalousie de Constance.

L'empereur ordonna à Julien d'envoyer en Orient la plus grande partie de ses troupes ; mais ces soldats, dévoués à leur général, refusèrent de le quitter et lui offrirent la pourpre. Julien accepta, pour obéir, disait-il, à la volonté de Jupiter, qui lui était apparu en songe. Déjà depuis longtemps, il n'était plus chrétien. A peine eut-il revêtu la pourpre, qu'il déclara publiquement son apostasie. Constance, à ces nouvelles, s'empresse de conclure la paix avec les Perses et revient en toute hâte vers l'Italie ; mais il meurt en chemin, et son heureux rival, sans même avoir combattu, reste seul maître de l'empire (361).

Instruit par la philosophie païenne, Julien l'Apostat apporta sur le trône le costume comme les habitudes et les principes d'un philosophe païen. Trop adroit pour engager une lutte ouverte contre l'Église, qui grandissait sous la hache du bourreau, il l'attaqua par des moyens moins violents, mais plus sûrs, et fut pour la foi un ennemi plus redoutable que les plus cruels persécuteurs. Il releva les autels du paganisme, reprit le titre de grand pontife, et rétablit les sacrifices et les oracles. Les païens furent comblés de biens et seuls appelés aux honneurs. En même temps, Julien priva les membres du clergé catholique de tous leurs priviléges : il voulait, disait-il avec dérision, les ramener à la perfection de leur état en les réduisant à la pauvreté évangélique. Les biens des églises furent donnés aux temples des idoles ; les chrétiens furent exclus des fonctions publiques, sous prétexte que l'Évangile leur défendait de se servir du glaive. Souvent, on leur fermait l'accès des tribunaux, parce que, disait-on, leur religion leur interdisait les procès et les querelles. Cet indigne abus de la morale évangélique était accompagné de vexations de toute espèce. Ceux qui avaient la lâcheté de renier leur foi étaient élevés aux dignités ; dans les armées, on payait à prix d'or l'apostasie des soldats.

En même temps, Julien s'efforçait de soulever contre l'Église tous ses anciens ennemis. Il encourageait les hérétiques en autorisant leurs disputes, pour triompher des divisions de ceux qu'il appelait par mépris les Galiléens. Les Juifs reçurent l'ordre de rebâtir le temple de Jérusalem pour faire mentir les prophéties de Jésus Christ; mais un prodige déconcerta les projets de l'empereur. — La mort de Julien allait bientôt mettre un terme à l'affliction de l'Église. Tandis qu'à ses desseins impies Julien mêlait d'utiles réformes dans l'administration et les finances de l'empire, le roi des Perses, Sapor II, envahissait les provinces d'Orient et ravageait la Syrie. Julien courut à sa rencontre, et après une brillante victoire, il le repoussa au delà de l'Euphrate; mais il fut blessé mortellement dans un second combat et mourut à l'âge de trente-un ans sans avoir voulu désigner de successeur (363).

578. Valens favorise l'arianisme. — Le duc *Jovien* accepta la tâche difficile de ramener du fond de l'Asie une armée épuisée et sans vivres; pour en sauver les débris, il fallut subir un traité ignominieux, qui livrait à Sapor une partie des provinces d'Orient. Le règne de Jovien, si tristement commencé, finit bientôt, et deux frères *Valentinien* et *Valens*, furent élevés à la dignité impériale. Le premier eût l'Occident, et le second l'Orient (364). L'œuvre de Dioclétien était consommée; l'empire était partagé sans retour.

Valentinien, brave officier de fortune, était parvenu par ses seuls talents au premier grade de l'armée. Il sembla se multiplier pour veiller à la défense de toutes les frontières, sans négliger les affaires intérieures de l'empire, dont il parvint à apaiser les troubles par sa fermeté à l'égard des Ariens. Pendant que les deux *Théodose*, ses vaillants et habiles lieutenants, délivraient l'Afrique et les rives du Danube, il poursuivit les Allemands, les Calédoniens, les Saxons (365-370), avec une égale valeur, les refoula au fond de leurs forêts, et les força à implorer humblement la paix. De ses résidences de Trèves, de Milan et de Lutèce, il surveillait tous les mouvements des Barbares; il mourut en combattant les *Quades*, laissant l'empire d'Occident à ses fils *Gratien* et *Valentinien II* (375).

En Orient, Valens, ardent arien, songeait plus à persécuter ses sujets catholiques qu'à repousser les attaques du dehors : il renouvela les persécutions de Constance, et l'arianisme releva la tête. Un nouveau bannissement de saint Athanase, toujours en butte aux attaques de l'hérésie, annonça à tous les évêques le sort qui les attendait. Cependant les mur-

murs des habitants d'Alexandrie obligèrent Valens à leur rendre leur pasteur. L'évêque de Césarée, *saint Basile*, sut également par sa fermeté se faire respecter de l'empereur. Le préfet chargé de l'obliger à recevoir les ariens dans sa communion fut frappé d'étonnement par l'intrépidité d'un homme qui ne redoutait ni les confiscations, car il n'avait pas de richesses, ni l'exil, car il regardait toute la terre comme un lieu de passage, ni la mort, car elle devait le réunir à Dieu. « *Quel est donc cet homme? s'écria le magistrat; nul ne m'a jamais parlé avec cette hardiesse. — C'est qu'apparemment*, répondit Basile, *vous n'avez jamais eu affaire à un évêque.* » L'empereur, instruit de cette réponse, ordonna de laisser Basile sur son siége épiscopal. Mais il venait de faire périr quatre-vingts prêtres catholiques; il avait chassé une foule d'évêques de leurs diocèses; il envoyait, après la mort d'Athanase, un évêque arien à Alexandrie, et le sang des fidèles coulait en Syrie; enfin l'arianisme était prêché aux Visigoths. L'hérésie célébrait déjà son triomphe. Toutes ces espérances furent renversées par la mort de Valens, tué dans une expédition contre les Goths (n° suivant).

579. Commencement de la grande invasion des barbares. — Le monde oriental venait d'être en proie à une violente agitation.

Les *Huns*, originaires des contrées qui avoisinent les monts Ourals, avaient d'abord dirigé leurs invasions vers les contrées orientales. Après avoir fondé dans l'Asie septentrionale un puissant empire, après avoir envahi la Chine et les pays voisins, ils avaient vu tout à coup s'écrouler leur immense domination. Les révoltes des peuples soumis forcèrent une partie de leur nation à chercher une autre patrie. Arrivées sur les bords de l'Oxus, ces tribus errantes se divisèrent en deux corps : les unes allèrent attaquer les Perses; les autres s'établirent à l'Occident sur les rives du Volga. — Vers la fin du quatrième siècle, les Huns, attiré par les richesses de l'empire romain, franchirent le fleuve et se mirent en marche, entraînant avec eux les *Alains* (374). L'arrivée de ces Barbares en Europe répandit partout l'épouvante, et les populations menacées se précipitèrent vers le midi : la grande invasion commençait. Les *Ostrogoths* (Goths de l'Est), terrifiés à l'aspect de ces hordes de cavaliers sauvages, au visage difforme et tatoué, sont vaincus et se soumettent (376); les *Visigoths* (Goths de l'Ouest), pour échapper au même sort, gagnent le Danube sous la conduite de *Fritigern* et d'*Alavivus*, leurs juges, et demandent asile à Valens. Le christianisme avait déjà pénétré chez les Visigoths. *Ulphilas*, leur apôtre, avait traduit pour eux les livres saints. Cet évêque, médiateur habituel entre son peuple et l'empire, fut choisi cette fois encore pour entamer les négociations. Il eut la faiblesse de consentir aux propositions de Valens, qui promettait aux Visigoths les deux Mœsies, à condition qu'ils embrasseraient l'arianisme et déposeraient leurs armes. Ces conditions furent acceptées et les Barbares franchirent le Danube. Mais irrités par les cruautés et les rapines de deux officiers, *Maxime* et *Lupicinus*, ils tournèrent contre les Romains les armes que leur avait laissées l'avarice de ces deux gouverneurs, et marchèrent sur Constantinople. Valens accourut à la tête d'une nombreuse armée; il fut vaincu à la bataille d'*Andrinople* (378). L'empereur blessé s'était fait porter dans une pauvre chaumière : des pillards y mirent le feu, et il périt dans les flammes.

QUESTIONNAIRE. — 376. A qui Constantin laissa-t-il le pouvoir? — Quel fut le sort des princes de sa famille? — Qui demeura seul maître de l'empire? — Quelle fut la conduite de Constance à l'égard des catholiques? — Parlez des premiers progrès de l'arianisme. — 377. Qui étaient Gallus et Julien? — Faites connaître le caractère de Julien. — Quels furent ses premiers exploits? — Comment parvint-il à l'empire? — Comment Julien mérita-t-il le surnom d'Apostat? — De quelle manière chercha-t-il à détruire la foi chrétienne? — Comment mourut-il? — 378. Qui succéda à Julien? — Par qui fut remplacé Jovien? — Comment l'empire fut-il partagé? — Qui était Valentinien? — A qui laissa-t-il le pouvoir? — Quelle conduite tint Valens à l'égard des catholiques? — 379. D'où venaient les Huns? — Que firent les Goths à l'approche des Huns? — Quelle fut la cause et quel fut le résultat de leur soulèvement?

CHAPITRE TRENTE-SIXIÈME.

THÉODOSE. — FIN DE L'EMPIRE D'OCCIDENT.

SOMMAIRE.

§ Ier. 380. Valentinien II et Gratien montent sur le trône. Théodose est associé à l'empire; il s'illustre par son habileté et ses succès Gratien est assassiné par Maxime (383), qui est vaincu et tué par Théodose (388). Valentinien est assassiné par Arbogast (390). Théodose demeure seul empereur (394-395), et règne avec gloire. Le massacre de Thessalonique est expié par la pénitence de Théodose.

§ II. 381. L'armée et les fonctions publiques sont occupées par les Barbares. L'empire romain (395) est définitivement partagé en deux

THÉODOSE.

empires. Arcadius est empereur d'Orient; Honorius, empereur d'Occident. Les frontières de l'Illyrie en Europe, celles de la Cyrénaïque, en Afrique, séparent les deux empires.

382. Rufin gouverne pour Arcadius, Stilicon pour Honorius. Le premier appelle Alaric que Stilicon repousse. Les Suèves sont exterminés avec Rhadagaise par Stilicon (406). La grande invasion se précipite sur la Gaule. Alaric prend et saccage Rome.

383. Sous Valentinien III la rivalité de Boniface et d'Aétius a pour résultat de livrer l'Afrique aux Vandales (435). Attila envahit la Gaule, est vaincu à Châlons (452) et pénètre en Italie. Genséric et les Vandales prennent Rome et la mettent à feu et à sang (455).

384. Le Suève Ricimer est maître de l'empire d'Occident; il élève et renverse à son gré les empereurs. Majorien veut lui résister et est renversé. Romulus Augustulus, le dernier empereur, est détrôné par le Hérule Odoacre (476).

§ Ier. THÉODOSE.

580. RÈGNE DE THÉODOSE LE GRAND. — Le désastre d'Andrinople (370) semblait devoir entraîner la chute de l'empire. Mais un grand homme parut, qui, par son génie, allait le retenir un moment sur le penchant de sa ruine. Tandis que le jeune *Valentinien II* prenait la pourpre quelque temps après la mort de Valens, Gratien associait Flavius Théodose à l'empire, et le chargeait de combattre les Goths. Cet habile général, après avoir repris l'avantage dans plusieurs engagements, parvint à s'attacher les vaincus par sa conduite généreuse, et même à en faire d'utiles alliés pour l'empire. Le roi de Perse, effrayé de ses succès, n'osa pas s'exposer à une lutte qui lui eût été fatale, et se hâta de conclure la paix, qui ne devait plus être troublée de longtemps (379). La mort de Gratien, assassiné par *Maxime*, laissa Théodose seul maître de l'Orient (383). A l'Occident, Valentinien avait été contraint de céder à Maxime la moitié de ses provinces. L'usurpateur n'était pas satisfait : il envahit l'Italie. Mais il rencontra Théodose, que Valentinien avait appelé à son secours; il fut pris dans Aquilée et mis à mort (388). Valentinien, débarrassé de son rival, régna seul en Occident, et se montra quelque temps le digne émule de Théodose, qu'il prenait en tout pour modèle. Une expédition heureuse contre les Francs avait affermi sa domination, quand un chef de cette nation, *Arbogast*, qui avait réussi à s'emparer de sa confiance, fit donner à ses concitoyens tous les postes civils et militaires de l'empire, et se rendit tout-puissant lui-même. Bientôt, il assassina Valentinien, et mit à sa place un fantôme d'empereur, le

rhéteur *Eugène*, l'un des secrétaires de sa victime (390). Arbogast régna quelque temps sous le nom de cet homme. Mais Théodose ne pouvait laisser sans vengeance le meurtre de son collègue : en 394, la défaite et la mort des usurpateurs soumirent l'Occident comme l'Orient à sa puissance. Cette dernière réunion avant la scission définitive devait à peine durer un an.

L'année 395 allait voir mourir Théodose. Ce prince s'était fait baptiser en montant sur le trône, et les discordes religieuses s'étaient éteintes par ses soins en Orient, en même temps qu'elles s'apaisaient en Occident sous Valentinien et Gratien, protecteurs éclairés de la foi catholique. Le triomphe de l'arianisme était passé. L'Église, qui avait prononcé son arrêt fatal au concile de Nicée, confirma sa sentence au deuxième concile œcuménique réuni à *Constantinople* par les soins de l'empereur Théodose (381). Les décrets du concile de Nicée furent renouvelés; l'arianisme et toutes les sectes séparées de l'Église furent anathématisées. L'empereur reçut avec respect et fit publier dans tout l'empire les canons du concile, et bientôt l'arianisme disparut, pour ne revenir qu'avec les Barbares. Théodose rétablit la paix dans l'empire comme dans l'Église, et fit bénir sa clémence en accordant aux prières de l'évêque *Flavien* le pardon d'Antioche, révoltée contre lui. On ne peut lui reprocher que le massacre de Thessalonique, ordonné dans un accès de colère, mais noblement expié. La ville s'était insurgée. L'empereur ordonne un massacre général. Les citoyens sont invités en son nom aux jeux du cirque : tout à coup, des soldats se précipitent l'épée à la main, et huit mille personnes, hommes, femmes, enfants, tombent égorgés. On sait que *saint Ambroise*, évêque de Milan, fit entendre à l'empereur des paroles sévères, et lui refusa l'entrée de son église, jusqu'au moment où le coupable eut effacé son crime par une pénitence publique (390).

§ II. PARTAGE DÉFINITIF DE L'EMPIRE. — DERNIÈRES ANNÉES DE L'EMPIRE D'OCCIDENT.

581. PARTAGE DÉFINITIF DE L'EMPIRE. — Théodose, par son administration sage et forte, avait rendu quelque prospérité à l'empire, ou du moins, avait dissimulé ses misères; mais il ne pouvait plus que retarder le moment d'une ruine désormais inévitable. Il n'avait pu remplir si glorieusement sa tâche sans employer pour ses guerres et pour ses réformes les dernières ressources de l'État. Dans l'épuisement de la population romaine, il avait combattu le

Barbare Arbogast avec une armée entièrement composée de Barbares : les étrangers occupaient toutes les charges, tous les pouvoirs : le territoire était encore le même, mais les hommes avaient changé. Enfin, l'unité de domination fut rompue pour jamais après Théodose ; le spectacle de ce vaste ensemble offert encore une fois au monde par le digne successeur des plus glorieux des Césars, disparut pour jamais. A la mort de Théodose, l'empire romain n'existait plus ; il y avait un empire d'Orient et un empire d'Occident.

Arcadius, fils aîné de Théodose, eut l'empire d'Orient, comprenant les deux préfectures d'Orient et d'Illyrie, c'est-à-dire l'Égypte, l'Asie entière, la Thrace, la Mésie, la Dacie et toute la Grèce. *Honorius*, à l'Occident, régna sur les préfectures d'Italie et des Gaules, composées de l'Illyrie, de la Pannonie, du Norique, de la Rhétie, de l'Italie, de l'Afrique, de l'Espagne, des Gaules et de la Grande-Bretagne. Arcadius résida à Constantinople, Honorius à Milan, bien que Rome conservât son titre de capitale. L'empire d'Orient devait conserver pendant près de dix siècles encore une languissante existence. L'empire d'Occident allait s'écrouler au siècle suivant au milieu d'un bouleversement universel. Les deux princes, incapables et sans énergie, laissèrent à leurs ministres les soins du gouvernement. Le Vandale *Stilicon* fut chargé de l'Occident, et le Gaulois *Rufin* de l'Orient.

582. INVASION D'ALARIC (1). — GRANDE INVASION. — Stilicon, qui avait fait la guerre avec le grand Théodose, était un guerrier plein de courage et de talents. Rufin, d'un caractère bas et ombrageux, conçut contre son collègue une profonde jalousie, et excita les Barbares à ravager les provinces gouvernées par Stilicon. Le chef des Visigoths, *Alaric*, s'empressa de répondre à l'appel de Rufin, et muni, par les soins de celui-ci, d'armes et de provisions, il se jeta sur l'Italie en ravageant tout sur son passage. Depuis longtemps l'Italie ne fournissait plus de soldats, et il fallut que Stilicon courût en toute hâte chercher des troupes aux frontières, tandis que le lâche Honorius s'enfermait dans les murs d'*Asti*. Alaric, vaincu trois fois par son redoutable adversaire, fut obligé de s'enfuir précipitamment après avoir perdu toute son armée (402). L'empereur, transporté de joie, célébra le triomphe de son général par des jeux magnifiques où, pour la dernière fois, les affreux combats de gladiateurs ensanglantèrent l'arène. Ce fut la religion chrétienne qui y mit un terme : « Un moine, nommé *Télémaque*, transporté de douleur en voyant des créatures humaines s'égorger les unes les autres pour le divertissement de la foule, se jeta au milieu des combattants et les sépara au péril de sa vie. Le peuple, furieux de voir interrompre son plaisir, massacra le courageux moine. » Mais

---

(1) Les détails relatifs à cette époque seront donnés au chapitre II de l'histoire du moyen âge.

il eut honte de sa vengeance, et honora sa victime comme un martyr. Honorius publia aussitôt un édit pour abolir à jamais ces abominables spectacles.

Alaric avait montré le chemin aux Barbares, et les invasions allaient désormais se succéder sans relâche. Tandis qu'Honorius cherchait à se mettre à l'abri des attaques en s'établissant à *Ravenne* au milieu des lagunes, les *Suèves* passaient les Alpes sous les ordres de *Rhadagaise*, et s'avançaient jusque sous les murs de *Florence*. Mais le vaillant Stilicon créa une nouvelle armée en enrôlant des esclaves auxquels il donna la liberté, parvint à enfermer les Barbares sur les rochers de *Fésules*, et les extermina avec leur chef (406).

Honorius, sauvé encore une fois par Stilicon, récompensa les services de ce grand homme en le faisant assassiner. Il allait être cruellement puni de ce lâche forfait. Au moment où il se privait lui-même de son seul défenseur, toutes les tribus barbares accouraient à la fois pour venger Rhadagaise. Le reste de la nation des Suèves, les Vandales, les Alains, les Bourguignons, se précipitèrent en troupes innombrables sur l'empire d'Occident, écrasèrent sur les bords du Rhin la tribu des *Francs Ripuaires* qui essaya vainement de les arrêter, et se répandirent dans toute la Gaule comme un torrent débordé, ne laissant derrière eux que ruine et dévastation (407). Les Bourguignons s'établirent sur les rives de la Saône et du Rhône; les autres peuples alèrent ravager l'Espagne.

En même temps, Alaric s'apprêtait à réparer ses premiers revers : « *Quelque chose me pousse*, disait-il, *à aller saccager Rome!* » Il rentra dans l'Italie que personne ne protégeait plus (409), mit le siège devant l'ancienne capitale du monde, la prit d'assaut et la livra au pillage (410). Honorius, réduit aux lagunes de Ravenne, incapable de se défendre lui-même, fut sauvé par la mort inattendue d'Alaric (411). Mais il ne put recouvrer l'Italie et conserver quelques provinces qu'en se résignant à en abandonner un grand nombre. N'espérant plus chasser les Barbares qui avaient pénétré dans l'empire, il chercha à s'en faire des alliés en leur cédant les contrées où ils s'étaient établis. C'est ainsi que se fondèrent le royaume des Bourguignons à l'est de la Gaule, et au midi celui des Visigoths, dont le nouveau chef, *Ataulfe*, épousa la sœur d'Honorius et se fit le défenseur de son beau-frère. Les Visigoths étendirent bientôt leur domination sur une partie de l'Espagne, dont le reste était occupé par les Vandales et par les Suèves. Le démembrement de l'empire d'Occident ainsi commencé sous Honorius, continua rapidement sous ses successeurs.

383. GENSÉRIC ET ATTILA. — La décadence parut un instant s'arrêter pendant que deux femmes illustres, *Placidie* et *Pulchérie*, gouvernaient les deux empires : la première, en Occident, pour son fils *Valentinien III* (425-455), la seconde, en Orient, au nom de son frère, *Théodose II* (408-450). Deux vaillants

GENSÉRIC ET ATTILA.

généraux, *Aétius* et *Boniface*, veillaient à la défense des provinces. Mais tout fut perdu par l'inimitié de ces deux hommes : Aétius, jaloux de Boniface, alors gouverneur d'Afrique, l'accusa faussement de trahison, et lui fit enlever son commandement. Boniface, dans son ressentiment, appela en Afrique les Vandales et leur roi *Genséric*. C'était un des chefs les plus habiles et les plus féroces des peuples barbares : il répondit en toute hâte à l'appel de Boniface, et celui-ci, ramené au devoir par le grand évêque d'Hippone, *saint Augustin*, essaya vainement d'arrêter le cruel ennemi qu'il avait déchaîné contre l'empire. Valentinien fut forcé de céder au Vandale presque toute l'Afrique (435), espérant encore conserver *Carthage* qui était redevenue riche et florissante comme aux jours de son ancienne splendeur. Mais Genséric s'en empara par surprise (439), en fit la capitale de son empire, et construisit dans son port une multitude de vaisseaux avec lesquels il alla conquérir toutes les îles de la Méditerranée et piller les côtes des deux empires. La patrie d'Annibal, redevenue l'ennemie de Rome, allait à son tour voir à ses pieds la ville de Scipion.

Tandis que Genséric ravageait tout le Midi, un Barbare plus terrible encore épouvantait alors les provinces septentrionales des deux empires. *Attila*, chef des Huns, signalait son passage par les plus affreuses dévastations, et s'appelait lui-même le *Fléau de Dieu*. Théodose, attaqué le premier, voulut résister ; mais, en quelques jours, Attila fut aux portes de Constantinople, et l'empereur épouvanté acheta la paix au prix d'un énorme tribut de deux mille livres d'or.

Toutefois, le successeur de Théodose II, le vaillant *Marcien* (450-457), imposa par sa fermeté au Barbare. Le chef des Huns, craignant une résistance vigoureuse, s'éloigna des États de Marcien et se jeta sur l'Occident pour punir Valentinien de lui avoir refusé la main de sa sœur.

La Gaule fut envahie la première et mise à feu et à sang. *Paris* cependant fut sauvé par les prières de *sainte Geneviève*, simple bergère de *Nanterre*. Les habitants d'Orléans, encouragés par leur évêque *saint Aignan*, arrêtèrent les Huns par leur résistance intrépide, et donnèrent aux troupes romaines le temps d'arriver à leur secours. Aétius accourut au-devant d'Attila avec une nombreuse armée, augmentée de toutes les troupes des Visigoths, des Francs et des Bourguignons. Une effroyable bataille se livra près de *Châlons-sur-Marne* (451). Plus de cent cinquante mille hommes y périrent, dit-on, avec le roi des Visigoths. Enfin, les Huns furent forcés d'abandonner le champ de bataille. Attila quitta la Gaule pour aller envahir l'Italie ; il rasa la ville d'*Aquilée* qui avait osé lui résister, et marcha sur Rome (452), qui fut sauvée, suivant une tradition respectable, par la noble attitude du pape *saint Léon le Grand*.

Attila mourut peu de temps après (453) ; mais son digne émule,

Genséric, allait achever la ruine de l'empire d'Occident. Valentinien venait de priver Rome de son dernier défenseur en faisant mettre à mort Aétius. Genséric, ne craignant plus de résistance, débarqua en Italie avec ses hordes sauvages, au moment où Valentinien lui-même mourait assassiné. La reine du monde n'eut pas même l'énergie de se défendre, et les supplications du pape saint Léon ne purent obtenir aux habitants que la vie sauve (455). La ville fut pillée pendant quatorze jours entiers, et les dépouilles de Rome allèrent enrichir Carthage.

384. CHUTE DE L'EMPIRE D'OCCIDENT. — Les Barbares continuent à dominer dans les provinces, tandis que leurs frères les resserrent au dehors. L'empire romain à l'agonie se débat encore un quart de siècle sous cette double étreinte. Le rhéteur *Avitus*, proclamé après la mort de Maxime, est assassiné par le Suève *Ricimer*, qu'il a mis à la tête des Barbares alliés et qui s'arroge le droit de disposer de l'empire. *Majorien*, à qui il donne la pourpre (457), croit pouvoir exercer la puissance impériale, relever l'honneur du nom romain, se faire redouter des ennemis du dehors. Déjà il a rendu quelque régularité à l'administration, en réorganisant la perception des taxes, en déchargeant les magistrats municipaux d'une responsabilité ruineuse, en rétablissant l'ancien et utile office des *défenseurs* des villes (n° 389). Déjà il a équipé une flotte et se prépare à porter la guerre au sein de l'empire des Vandales. Mais Ricimer craint pour sa puissance; il met à mort Majorien, après avoir fait échouer par trahison ses généreux projets; et trois empereurs obscurs surgissent et tombent successivement à la voix du Barbare.

Enfin, après la mort de Ricimer (472), le patrice *Oreste* revêt de la pourpre son fils *Romulus Augustulus*, comme pour clore la liste des empereurs par un nom qui rappelle à la fois le fondateur de Rome et le fondateur de l'empire. Oreste a l'imprudence de mécontenter les Barbares alliés des Romains en leur refusant les terres qu'ils réclament; ils se révoltent avec le Hérule Odoacre, déjà élevé aux premiers grades de l'armée; Oreste est massacré et son fils banni. Désormais, Rome n'eut plus d'empereurs (476).

QUESTIONNAIRE. — § I. 380. Qui fut associé au pouvoir par Gratien? — Indiquez les principaux exploits de Théodose le Grand. — Quel fut le sort de Valentinien II? — Quel crime commit Théodose et comment l'expia-t-il? — § II. 381. Quel devait être le sort de l'empire romain après Théodose? — Quel fut le lot d'Arcadius et quel fut celui d'Honorius? — Quels furent les ministres de ces deux princes? — 382. Qui était Alaric? — Parlez de la première invasion. — Comment furent abolis les combats de gladiateurs? — Quel fut le sort de Rhadagaise? — Qu'entend-on par la grande invasion? — Quels peuples y prirent part? — Par qui Rome fut-elle prise pour la première fois? — Où s'établirent les Bourguignons et les Visigoths? — 383. Qui gouverna les deux empires sous Valentinien III et Théodose II? — Qui étaient Aétius et Boniface? — Par qui fut appelé Genséric et quelle fut l'issue de son invasion en Afrique ? — Quel fut le plus terrible chef des Huns? — Dites quelle fut l'attitude de Théodose II et celle de Marcien à son égard. — Quel fut le résultat de l'invasion des Huns en Gaule ? — Comment fut arrêtée, dit-on, l'invasion d'Attila en Italie ? — Quel crime commit Valentinien et quelle en fut la conséquence ? — Par qui Rome fut-elle prise pour la seconde fois ? — 384. Qui était Ricimer? — Parlez des derniers empereurs d'Occident. — Comment finit l'empire d'Occident?

CHAPITRE TRENTE-SEPTIÈME.

CONDITION DE LA GAULE PENDANT TOUTE LA DURÉE DE L'EMPIRE.

SOMMAIRE.

385. La Gaule est divisée par Auguste en quatre provinces : la Narbonnaise (Narbonne et Fréjus); l'Aquitaine (Bordeaux) ; la Lyonnaise (Lyon) ; la Belgique ou Germanie (Trèves), subdivisées en soixante cités. On compte dix-sept provinces en Gaule au quatrième siècle, subdivisées en cent vingt cités. L'administration militaire est distincte de l'administration civile. La civilisation se développe en Gaule. Des écoles dans les principales villes donnent un enseignement complet et élevé. On voit en Gaule de nombreux monuments élevés par les Romains : Arcs de triomphe, Thermes, Cirques, Temples, etc. Des fabriques sont établies dans plusieurs villes ; le commerce est favorisé par la facilité des communications.

386. Le christianisme est propagé en Gaule par saint Pothin, saint Irénée, martyrs ; saint Denys et ses compagnons, apôtres des Gaules ; saint Gatien, saint Martin de Tours. Constance Chlore favorise le christianisme. L'influence du clergé s'établit et s'accroît en même temps que s'affaiblit toute autorité régulière dans la société. La littérature chrétienne brille avec saint Ambroise, docteur de l'Église, saint Sulpice Sévère, saint Hilaire de Poitiers, Salvien, Prosper d'Aquitaine.

387. L'esprit d'indépendance est fomenté par les Druides, qui sont persécutés. Florus soulève les Trévères, Sacrovir, les Eduens ; ils échouent (21). Les Bataves avec Civilis se rendent indépendants (70). Sabinus est vaincu par Céréalis.

388. La Gaule joue un glorieux rôle pendant l'anarchie de l'empire. Posthumius, empereur, est surnommé l'Hercule gaulois, Victoria, la mère des armées.

389. La décadence rapide de la Gaule, la misère des campagnes se manifestent par l'insurrection et le massacre des Bagaudes sous Dioclétien. Des modifications sont apportées dans l'organisation de la curie par la concentration du pouvoir. La responsabilité du recou-

vrement des impôts est mise à la charge des curiales dont la détresse est toujours croissante.

390. La Gaule est livrée aux incursions et ravages des Barbares Francs et Alamans. Julien repousse les Barbares et réforme l'administration. La décadence reprend son cours. La Gaule est comprise dans l'empire d'Occident.

385. ORGANISATION ADMINISTRATIVE DE LA GAULE ROMAINE. — César, trop habile pour ne pas apprécier toutes les ressources et par conséquent toute l'importance de la province qu'il venait d'ajouter à l'empire romain, s'était efforcé, comme on l'a vu (n° 309), de faire oublier à la Gaule les calamités de l'invasion, en lui accordant d'importants priviléges, et en appelant à l'honneur insigne de s'asseoir dans le sénat romain ceux de ses guerriers dont la bravoure et la fidélité s'étaient signalées en combattant pour sa cause à la journée de Pharsale. Auguste et quelques-uns de ses successeurs suivirent une politique plus habile encore. Ils s'appliquèrent à détruire la nationalité gauloise en enlevant à la Gaule ses institutions politiques et religieuses pour lui donner une organisation toute romaine.

Les villes les plus importantes, et particulièrement celles qui s'étaient illustrées par leur résistance, virent leurs noms changés contre d'autres formés de ceux de César et d'Auguste, mais qui, pour la plupart, ne purent prévaloir sur les dénominations nationales. Les noms et l'étendue des provinces de la Gaule subirent aussi d'importants changements. Elle fut divisée en quatre provinces : la *Narbonnaise* (métropole *Narbo-Martius*, Narbonne), l'*Aquitaine* (métropole *Burdigala*, Bordeaux), la *Lyonnaise* (métropole *Lugdunum*, Lyon), la *Belgique* (métropole *Augusta Treverorum*, Trèves), subdivisées elles-mêmes en soixante cités régulièrement pourvues d'une administration municipale.

Par la suite, les révoltes survenues dans plusieurs des provinces de l'empire ayant déterminé l'inquiète susceptibilité des empereurs à diminuer l'importance de ces provinces en les subdivisant, pour en augmenter le nombre, on en compta jusqu'à dix-sept dans la Gaule, devenue un des trois vicariats de la *Préfecture des Gaules*. Ces dix-sept provinces comprenaient elles-mêmes cent vingt cités. Le gouvernement civil y était entièrement distinct de l'administration militaire. Celle-ci avait pour chef dans les Gaules, comme dans les autres préfectures de l'empire, un *maître général de la milice* ayant sous lui un *comte* militaire, commandant supérieur de toutes les troupes stationnées dans le vicariat des Gaules proprement dit. Ce dernier avait lui-même sous ses ordres les *ducs* (n° 374) qui commandaient les garnisons placées dans les villes fortes et sur les frontières, et les chefs des légions qui occupaient dans les différentes parties de la Gaule ces nombreux camps retranchés, connus vulgairement sous le nom de *camps de César*, et dont l'emplacement avait été choisi avec un discernement qui a fait de tout temps l'admiration des plus habiles capitaines. Des routes ou *voies militaires* tracées dans toutes les directions, et dont on retrouve aussi partout les vestiges, permettaient à ces légions, chargées de veiller à la tranquillité des provinces, de se porter rapidement sur tous les points.

386. LA CIVILISATION ROMAINE EN GAULE. — Le résultat de cette organisation toute romaine depuis la conquête de César avait été un développement rapide de la civilisation dans les Gaules. L'étude des lettres latines et grecques florissait dans une foule de grandes écoles qui faisaient la gloire des principales villes : Marseille, Arles, Lyon, Autun, Narbonne, Toulouse, Bordeaux, etc. — On y enseignait la philosophie, la médecine, la jurisprudence, les belles lettres, la grammaire, l'astrologie, en un mot, toutes les sciences de cette époque; et ce qui prouve la faveur que le gouvernement impérial accordait à ces études, ce sont les priviléges assurés par les édits des empereurs aux professeurs, qui étaient, ainsi que leurs familles, exempts de toutes fonctions et de toutes charges publiques, de quelque nature que ce fût. A côté des écoles étaient placées des bibliothèques, au moins dans plusieurs villes ; Trèves en possédait une qui paraît avoir été fort importante.

Ces écoles formèrent plusieurs écrivains distingués, à la tête desquels il faut placer le poëte *Ausone;* mais la gloire littéraire de la Gaule romaine est surtout dans sa littérature chrétienne (n° ci-après).

Les arts, cultivés à l'égal des lettres, ont laissé sur notre sol de magnifiques vestiges qui peuvent faire juger de la perfection à laquelle ils s'étaient élevés sous la domination romaine. Il suffit de citer l'arc de triomphe d'Orange, le plus beau qui se soit conservé jusqu'à nous, et ceux d'Aix, d'Arles, de Reims, d'Autun, de Trèves, etc. ; les aqueducs dont on voit encore des restes à Lyon, et dans les environs de Metz et de Paris ; les thermes ou bains dont notre capitale possède un fragment important, reste d'un édifice élevé par Julien; le temple ou *maison carrée* de Nimes, chef-d'œuvre d'harmonieuses proportions; les superbes *arènes* de cette ville et tant d'autres cirques ou théâtres dont les ruines attestent l'antique splendeur.

Le progrès littéraire et artistique avait été accompagné dans notre patrie d'un grand développement industriel et commercial. Grâce aux voies militaires construites par les conquérants de la Gaule, des communications rapides avaient pu s'établir entre les principales villes, et leurs relations avaient été fécondes en résultats importants. Un grand nombre de cités reçurent avec de vastes établissements militaires des fabriques d'armes et de machines de guerre. Plusieurs avaient des manufactures de draps, de lainages, de toiles, fondées et entretenues aux frais du trésor impérial; les produits de ces fabriques, recherchés dans tout l'empire, donnaient lieu à un commerce actif qui enrichit singulièrement plusieurs cités.

387. LE CHRISTIANISME EN GAULE. — L'abolition du druidisme et des vieilles croyances nationales des Gaulois avait été l'un des soins de la politique romaine; mais les campagnes et les bois leur avaient servi d'asile, et nous ignorons jusqu'à quel point le culte imposé des divinités de l'Empire s'était propagé dans la Gaule, lorsque l'Évangile y fut apporté vers le milieu du second siècle. Les premiers Gaulois chrétiens, dont le souvenir ait été conservé, sont les premiers martyrs qui ont versé leur sang pour la foi dans cette contrée. Saint *Pothin*, évêque de Lyon, et son successeur, saint *Irénée*, qui, dans un court espace de temps, dit Grégoire de Tours, rendit chrétienne la ville tout entière, ouvrent cette liste sanglante et glorieuse. Pothin subit le martyre sous le règne de l'empereur Marc-Aurèle (l'an 179 de Jésus-Christ); Irénée et neuf mille autres chrétiens de la Lyonnaise furent victimes de la persécution ordonnée par Septime-Sévère (vers l'an 202). Soixante-dix ans après (272), la persécution de Valérien coûtait la vie à saint *Denys*, évêque de Paris, décapité avec ses compagnons sur la montagne des Martyrs (Montmartre). Déjà toutes les parties de la Gaule avaient eu leurs apôtres; *Trophime* avait fondé le siège métropolitain d'Arles, *Paul* celui de Narbonne, *Saturnin* celui de Toulouse; *Strymonius* avait porté l'Évangile dans les montagnes de l'Auvergne, *Martial* à Limoges: le christianisme avait pénétré jusqu'aux extrémités de la Gaule. Trèves même et Cologne avaient leurs évêques, et le siège métropolitain de Tours, fondé par saint *Gatien*, était illustré vers la fin du quatrième siècle par l'épiscopat de saint *Martin*, vénéré dans les premiers siècles de la monarchie française comme le plus célèbre des apôtres de la Gaule.

Les persécutions furent moins violentes et moins longues dans cette contrée que dans plusieurs autres provinces, soit à cause de son éloignement du centre de l'empire, soit parce que plusieurs de ceux qui la gouvernèrent, tels que Constance Chlore, père du grand Constantin, se montrèrent favorables aux chrétiens. Sous ce dernier prince, le triomphe de la religion chrétienne dans l'empire romain favorisa la prédication de l'Évangile, dont la propagation ne fut plus contrariée dans la Gaule que par l'attachement des habitants de la campagne (*pagani*, les paysans, et par suite les païens) à leurs antiques superstitions. C'est à cet obstacle que les écrivains ecclésiastiques de cette époque attribuent la lenteur des conversions dans la Gaule, qui n'était pas encore totalement chrétienne quand les Barbares y parurent.

Toutefois, dès le commencement du quatrième siècle, le clergé de la Gaule, dans le Midi surtout, avait formé une corporation déjà fortement organisée, et non moins vénérée pour la gravité et la pureté de ses mœurs que pour ses lumières et son zèle à maintenir les vraies doctrines du christianisme contre les erreurs propagées par les hérétiques, et particulièrement contre l'arianisme.

L'influence du clergé, fondée sur ses vertus en même temps que qui sa puissante organisation, était augmentée encore par les lumières et le talent d'un grand nombre de ses membres.

La littérature chrétienne, cultivée dans les monastères qui commençaient à se multiplier dans la Gaule, offre des noms illustres. A la tête de tous, se place saint *Ambroise*, né à Trèves vers l'an 340, dont les œuvres nombreuses se composent de traités sur toutes les grandes questions qui occupaient les esprits religieux à cette époque, de commentaires sur les livres saints, de discours, lettres, hymnes, etc. Après lui, nous nous bornerons à nommer l'Aquitain saint *Sulpice Sévère*, saint *Hilaire*, évêque de Poitiers, le prêtre marseillais *Salvien*; enfin saint *Prosper*, d'Aquitaine, célèbre à la fois comme poëte, comme historien, comme mathématicien et comme théologien.

388. Rôle politique de la Gaule sous l'Empire; Insurrection de Florus et Sacrovir, de Civilis et Sabinus. — Malgré la transformation rapide opérée dans les mœurs des Gaulois par l'organisation toute romaine de la patrie, les druides, gardiens du culte et des traditions nationales, fomentaient secrètement un esprit d'indépendance qui ne tarda pas à exciter les inquiétudes des gouverneurs romains. Des mesures sévères furent prises contre eux, afin de mettre obstacle aux assemblées religieuses que l'on considérait comme des foyers de révolte; mais les Gaulois embrassèrent avec énergie la cause de leurs ministres, et un soulèvement formidable éclata sous le règne de Tibère.

Sacrovir, chef éduen, aidé du Romain *Julius Florus* qui souleva les Trévères, arbora le drapeau de la liberté. Mais Florus fut vaincu et réduit à se tuer; Sacrovir lui-même, battu à Autun (21), périt avec ses amis dans une maison en flammes, et l'insurrection fut comprimée pour quelque temps.

Pendant l'anarchie qui suivit la chute de Néron (68-69), la Gaule, indignée de voir quelques légions régler à leur gré les destinées du monde, se leva tout entière pour reconquérir son indépendance par un puissant effort. Les druides sortirent de leurs retraites sacrées et appelèrent les guerriers aux armes, au nom de la patrie et des dieux. L'enthousiasme de la liberté se ralluma de toutes parts. Malgré le succès obtenu par le Batave *Civilis*, entraînant à sa suite les tribus des bords du Rhin et les légions chargées de la garde du fleuve, et qui parvint à se soustraire à la domination romaine, l'insurrection de *Sabinus*, qui avait pris aussi en Gaule la pourpre impériale, eut un sort bien différent et la Gaule fut maintenue sous le joug.

Toutefois, la Gaule devait avoir son tour dans le gouvernement du monde. Lorsque le sceptre impérial, tant de fois disputé, tomba aux mains du plus brave et du plus habile, les Gaulois le saisirent au milieu du désordre et de l'anarchie. *Posthumius*, un des plus habiles généraux de l'empereur Valérien, maintenait depuis plusieurs années la tranquillité dans les Gaules, sous le règne désastreux de Gallien, lorsque ce lâche tyran tenta de le faire périr. Les Gaulois irrités se soulevèrent, et Posthumius, proclamé empereur par les suffrages unanimes de la Gaule et de la Bretagne (261), se montra digne du rang suprême par ses talents et son énergie. La sœur de Posthumius, l'illustre *Victoria* (ou Victorina), lui fit adopter son fils, le jeune *Victorinus*, qui fut revêtu de la pourpre en 264. C'était une famille de héros. Tandis que Posthumius, vainqueur des Francs et des Germains, méritait le surnom d'*Hercule Gaulois*, Victorinus repoussait vaillamment les troupes de Gallien. Posthumius étant mort assassiné au milieu de ses triomphes avec son fils *Posthumius le Jeune*, qu'il avait proclamé césar, Victorinus devint le seul maître de la Gaule qu'il disputa avec succès à *Lollianus*. Assassiné lui-même par un Gaulois dont il avait outragé la femme, Victorinus fut remplacé par son fils *Victorinus le Jeune*, dont Victoria défendit glorieusement l'héritage. Adorée des soldats, qui la nommaient la *mère des armées*, cette femme célèbre ayant perdu son petit-fils, fit élire successivement le brave *Marius*, simple ouvrier gaulois, puis le sénateur *Tétricus* (268), qui signala son règne par ses victoires contre les Barbares et étendit sa puissance sur la Bretagne et sur l'Espagne. Il se soutint pendant cinq années (273), jusqu'à ce que l'empereur Aurélien, triomphant de toutes les résistances, rétablit enfin l'unité de l'empire. La Gaule, indépendante depuis douze ans, rentra sous la domination romaine.

389. Décadence du système municipal. — Misère et dépopulation de la Gaule. — Le temps de sa prospérité était passé. Les vices d'une administration dirigée presque uniquement dans le but d'augmenter, par tous les moyens possibles, des impôts devenus écrasants, se manifestèrent d'abord par la misère et la dépopulation des campagnes. L'insurrection des *Bagaudes*, sous Dioclétien (n° 365), avait été, dès la fin du troisième siècle, le premier symptôme d'un mal déjà profond et bientôt irrémédiable. Un grand nombre de paysans ou colons des environs de Lutèce se révoltèrent en 285, sous la conduite d'un certain *Amandus*, et ils parcoururent une partie de la Gaule en répandant partout le ravage et l'incendie. Il fallut que le collègue de Dioclétien, l'empereur Maximien, marchât lui-même contre eux et écrasât dans plusieurs combats ces bandes dévastatrices, dont une place de Paris (place Baudoyer, *porta Bagaudarum*) a conservé le nom.

Bientôt une désorganisation effrayante allait se manifester à la suite de graves altérations introduites dans le système municipal. Au quatrième siècle, un changement paraît s'être opéré dans la première dignité de la curie, qui, depuis cette époque, semble avoir été régie par un seul magistrat, nommé le *Principal* ou le *Prince*. La création de ce magistrat unique, qui ne devait plus sa dignité à l'élection, qui jouissait d'une dignité dont la durée fut étendue jusqu'à quinze années, et qui cumulait les triples fonctions de la questure, de la censure et de l'édilité, fut une importante révolution opérée dans la cité, au profit du pouvoir monarchique, et porta une funeste atteinte aux libertés municipales.

Peu à peu, tous les actes de quelque importance, que la curie avait à l'origine décidés souverainement, furent soumis à l'approbation du gouverneur de la province; les affaires dont le jugement définitif avait appartenu jusqu'alors aux curies tombèrent, par voie de réclamation ou d'appel, sous l'autorité de l'empereur ou de ses délégués dans les provinces; enfin, le droit laissé à la curie de nommer ses magistrats devint illusoire, par la faculté attribuée au gouverneur de la province d'annuler les nominations de la curie. Ce n'était point encore assez: une dernière mesure acheva de réduire la curie et les curiales à n'être plus que les plus odieux et les plus serviles agents de l'autorité souveraine.

Cette mesure, la plus désastreuse de toutes celles qu'ait inventées le génie de la fiscalité impériale, fut le décret qui rendit les curiales solidairement responsables des impôts établis au profit du trésor de l'empereur. Ces impôts, acquittés à l'avance par les curiales, étaient ensuite répartis par eux, à leur gré, sur leurs concitoyens; de sorte qu'ils se trouvèrent transformés en agents gratuits du gouvernement pour le recouvrement des impositions dont ils répondaient ainsi sur leurs biens propres. Or, les dépenses énormes et les folles prodigalités des empereurs ayant rendu les impôts excessifs (celui de la capitation fut porté jusqu'à la somme de trois cent trente-six francs par tête, sans compter l'impôt foncier que payait chaque arpent de terre), les curiales, après avoir ruiné leurs compatriotes pour les forcer au paiement de ces impôts, furent ruinés à leur tour par les exigences du fisc, et, comme les lois ne leur permettaient pas de se soustraire aux fonctions curiales, dont les hauts fonctionnaires publics, l'armée et le clergé seuls étaient affranchis, leur misère devint bientôt extrême, et leur ruine ne tarda pas à être complète. Ce fut ainsi que se consomma en peu de temps l'entier anéantissement de toute cette classe de propriétaires, devenus désormais trop pauvres même pour faire valoir les terres que les lois, qui les tenaient emprisonnés dans la curie, leur défendaient d'aliéner. Il en résulta que, malgré les précautions les plus rigoureuses prises par les lois impériales, qui en vinrent jusqu'à punir de mort les curiales fugitifs, leur nombre alla sans cesse en diminuant. Or, comme le despotisme impérial ne pouvait consentir à se trouver privé des ressources qu'il tirait des curies, il y fit entrer de force jusqu'aux enfants illégitimes, jusqu'aux juifs, jusqu'aux clercs exclus du sacerdoce à cause de leur indignité, et même jusqu'à ceux qu'un jugement avait flétris en les déclarant infâmes.

Ainsi composée, la curie devint bientôt, on le conçoit, un fléau pour les populations qu'elle accablait de vexations de tout genre. Ce fut alors que les réclamations élevées de toutes parts determinèrent le gouvernement à instituer une nouvelle magistrature destinée à protéger les citoyens contre les exactions des curiales et les injustices des officiers impériaux. Ce fut celle du *défenseur* (n° 384), pris hors des rangs de la curie, et élu par la totalité des citoyens, y compris même tous les membres du clergé, et dont la mission s'agrandit bientôt de telle sorte, que, non-seulement, il en vint à tenir le premier rang dans la cité, mais qu'il en fut bientôt, par le fait, le magistrat unique.

L'institution du défenseur réussit à diminuer quelque peu la somme des maux produits par le despotisme ; mais elle fut impuissante pour rendre la vie aux institutions nationales et relever la Gaule de la décadence où l'entraîna la misère profonde de sa population tout entière.

390. Ravages des Barbares. — De nouvelles causes de ruine vinrent du dehors se joindre aux calamités intérieures. Depuis la fin du troisième siècle, les confédérations franques et allemandes envoyèrent sans cesse leurs guerriers ravager les provinces du Rhin. Harcelée par ces nouveaux ennemis, la Gaule respira pourtant sous le gouvernement doux et habile de Constance Chlore, et surtout sous celui de Julien qui sut la mettre pendant quelques années à l'abri de l'invasion. On a vu (n° 377) avec quelle activité Julien sut repousser les Barbares, les poursuivre jusqu'au delà du Rhin, et, dans les intervalles de ses rapides campagnes, réorganiser de toutes parts l'administration, réformer les abus, réparer les maux produits par l'excès des impôts et la misère des populations.

Mais la décadence, un instant suspendue, reprit rapidement son cours, et le mal était arrivé à son comble, quand, après le partage définitif de l'empire (395), la Gaule tomba dans le lot d'Honorius, pour passer bientôt au pouvoir des jeunes et belliqueuses tribus qui de toutes parts envahissaient l'empire (chapitre précédent, § II).

Questionnaire. — 385. Faites connaître la division des Gaules sous Auguste et au quatrième siècle.— 386. Faites connaître l'état intellectuel de la Gaule.—Citez les monuments les plus remarquables élevés par les Romains. — Quelle était l'industrie de diverses villes et comment se développa le commerce ? — 387. Indiquez l'origine et les premiers progrès du christianisme en Gaule. — Quels furent les plus illustres martyrs ? — Quelles furent les causes du développement de l'influence du clergé ? — Parlez des plus célèbres docteurs de l'Église des Gaules. — 388. Comment l'influence des Druides fut-elle combattue par les empereurs ? — Quelle fut l'issue de l'insurrection de Florus et de Sacrovir ? — Quel fut le succès de celle de Civilis ? — Quel fut le rôle de la Gaule pendant l'anarchie de l'Empire ? — Citez les personnages les plus marquants de cette époque. — 389. *Quelles furent les causes de la décadence et de la détresse des Gaules ?* — Qu'était-ce que les Bagaudes ? — 390. Quels peuples envahirent la Gaule ? — Comment la Gaule fut-elle gouvernée par Julien ? — A qui échut-elle dans le partage de l'empire ?

TABLE GÉNÉRALE DES MATIÈRES.

	Pages.
Chapitre I. — Géographie physique du monde connu des anciens	1
Chapitre II. — Temps primitifs et histoire des Hébreux jusqu'à l'établissement de la royauté	12
Chapitre III. — Histoire des Hébreux depuis l'établissement de la royauté jusqu'à la fin de la captivité de Babylone	44
Chapitre IV. — Égypte	63
Chapitre V. — Assyriens et Babyloniens jusqu'à Cyrus	77
Chapitre VI. — Phéniciens, Mèdes et Perses jusqu'aux guerres Médiques	89
Chapitre VII. — Géographie et histoire primitive de la Grèce	108
Chapitre VIII. — Histoire de la Grèce jusqu'au retour des Héraclides dans le Péloponèse	125
Chapitre IX. — Histoire de Sparte et d'Athènes jusqu'aux guerres Médiques	134
Chapitre X. — Guerres Médiques	152
Chapitre XI. — Grèce depuis la fin des guerres Médiques jusqu'à la prise d'Athènes	171
Chapitre XII. — Grèce et Macédoine depuis la délivrance d'Athènes jusqu'à l'avénement d'Alexandre le Grand	191
Chapitre XIII. — Alexandre le Grand	211
Chapitre XIV. — États formés du démembrement de l'Empire d'Alexandre	230
Chapitre XV. — La Macédoine et la Grèce de 323 à 146	247
Chapitre XVI. — Géographie de l'Italie. — Rome sous les rois.	258
Chapitre XVII. — Organisation du gouvernement républicain	277
Chapitre XVIII. — Guerres de la république romaine jusqu'au commencement des guerres puniques	288
Chapitre XIX. — Rome et Carthage. — Première guerre punique	305

CHAPITRE XX. — Seconde guerre punique.................. 316
CHAPITRE XXI. — Conquêtes des Romains autour de la Méditerranée.. 326
CHAPITRE XXII. — Histoire intérieure de Rome, depuis l'admission des plébéiens à toutes les magistratures jusqu'à la mort de Caïus Gracchus................................ 337
CHAPITRE XXIII. — Rivalité de Marius et de Sylla......... 350
CHAPITRE XXIV. — Histoire intérieure et extérieure de Rome depuis la mort de Sylla jusqu'au premier Triumvirat...... 360
CHAPITRE XXV. — Premier Triumvirat. — Conquête des Gaules.. 369
CHAPITRE XXVI. — Guerre civile.—Dictature de César..... 379
CHAPITRE XXVII. — Second Triumvirat. — Fin de la république.. 387
CHAPITRE XXVIII. — Auguste............................ 396
CHAPITRE XXIX. — Les empereurs de la famille d'Auguste.. 407
CHAPITRE XXX. — Les empereurs Flaviens................ 423
CHAPITRE XXXI. — Les Antonins......................... 427
CHAPITRE XXXII. — Les princes Syriens. — L'anarchie militaire. — Les princes Illyriens........................ 437
CHAPITRE XXXIII. — Dioclétien.......................... 444
CHAPITRE XXXIV. — Constantin......................... 448
CHAPITRE XXXV. — Les successeurs de Constantin........ 458
CHAPITRE XXXVI. — Théodose. — Fin de l'empire d'Occident. 464
CHAPITRE XXXVII. — Condition de la Gaule pendant toute la durée de l'Empire.................................... 471

FIN DE LA TABLE.

Paris. — Imprimerie de Mme Ve Dondey-Dupré, 46, rue Saint-Louis.

www.ingramcontent.com/pod-product-compliance
Lightning Source LLC
Chambersburg PA
CBHW060233230426
43664CB00011B/1637

www.ingramcontent.com/pod-product-compliance
Lightning Source LLC
Chambersburg PA
CBHW060233230426
43664CB00011B/1637